Wege der Verständigung zwischen Deutschen und Franzosen nach 1945

edition lendemains 7

herausgegeben von
Wolfgang Asholt (Osnabrück) und Hans Manfred Bock (Kassel)

Corine Defrance / Michael Kißener
Pia Nordblom (Hrsg.)

Wege der Verständigung zwischen Deutschen und Franzosen nach 1945

Zivilgesellschaftliche Annäherungen

Bibliografische Information der Deutschen Nationalbibliothek

Die Deutsche Nationalbibliothek verzeichnet diese Publikation in der Deutschen Nationalbibliografie; detaillierte bibliografische Daten sind im Internet über http://dnb.d-nb.de abrufbar.

Umschlagabbildung: Städtepartnerschaft Frankenthal/Colombes, « Straße der Freundschaft », ohne Datum / Jumelage de villes Frankenthal/Colombes, « Route de l'amitié », sans date.
© OFAJ/DFJW Steffen Lang.

© 2010 · Narr Francke Attempto Verlag GmbH + Co. KG
Dischingerweg 5 · D-72070 Tübingen

Das Werk einschließlich aller seiner Teile ist urheberrechtlich geschützt. Jede Verwertung außerhalb der engen Grenzen des Urheberrechtsgesetzes ist ohne Zustimmung des Verlages unzulässig und strafbar. Das gilt insbesondere für Vervielfältigungen, Übersetzungen, Mikroverfilmungen und die Einspeicherung und Verarbeitung in elektronischen Systemen.
Gedruckt auf säurefreiem und alterungsbeständigem Werkdruckpapier.

Internet: http://www.narr.de
E-Mail: info@narr.de

Printed in Germany

ISSN 1861-3934
ISBN 978-3-8233-6421-4

Inhalt

Vorwort/Préface 9

1. Einführung

Corine Defrance
Société civile et relations franco-allemandes 17

Hans Manfred Bock
Transnationalismus in der Zwischenkriegszeit. Die Berliner
Deutsch-Französische Gesellschaft als Beispiel einer folgenreichen
zivilgesellschaftlichen Erfindung 33

2. Milieus und Akteure

Fabien Théofilakis
D'un après-guerre à un avant-paix : le rapprochement franco-allemand
face à l'expérience des prisonniers de guerre allemands en mains
françaises (1945-1948) 57

Andreas Roessner
Les anciens combattants et le rapprochement franco-allemand jusque
dans les années 1960 73

Michael Kißener
Der Katholizismus und die deutsch-französische Annäherung in den
1950er Jahren 89

3. Beziehungen unter ideologischen Auspizien

Ulrich Pfeil
Das Schicksal der Frankreichemigranten in der DDR am Beispiel von
Franz Dahlem (1892-1981) 101

Hélène Yèche
Les Échanges Franco-Allemands et le rapprochement avec « l'Autre
Allemagne » (depuis 1958) 119

4. Vereinigungen und Organisationen

Beate Gödde-Baumanns
Bürgerschaftliche Basis der Annäherung: Die Deutsch-Französischen
Gesellschaften – Einblicke in die Praxis
Anhang: Kongresse der Deutsch-Französischen Gesellschaften
(1957-2009): Eine Übersicht 137

Margarete Mehdorn
Deutsch-Französische Gesellschaften in Deutschland (1947-1955):
Schnittstellen zwischen Zivilgesellschaft und amtlicher französischer
Kulturpolitik 159

Katharine Florin
Zivilgesellschaftliche Initiativen der deutsch-französischen Annäherung
in Nordhessen (1945-1963): Le Cercle Français de Kassel 175

5. Städtepartnerschaften

Barbara Dümmer
Die Städtepartnerschaft Frankenthal – Colombes (1958) und die
Bedeutung transnationaler Kommunalverbände 189

Ulrich Pfeil
„Alles begann mit der Jugend": Die Städtepartnerschaft zwischen
Saint-Étienne und Wuppertal (1960) 205

Florence Pacchiano
Le jumelage Bordeaux – Munich (1964) : liens historiques et poids des
intérêts économiques 223

Jürgen Dierkes
Freundschaft ohne Grenzen? Die Städtepartnerschaft Borgentreich –
Rue (1986) 237

Hélène Simoneau
Les jumelages entre villes françaises et est-allemandes (1959-1975) 255

6. Geographie : Grenze, Raum, Region

Sandra Petermann
Orte des Triumphes oder Stätten der Versöhnung? Gedenkräume der
Schlacht von Verdun 273

Pia Nordblom
Zur Rolle der Grenzgebiete im Prozess der bilateralen Annäherung.
Das Beispiel der literarischen Vereinigungen (seit 1945) 291

Christian Sebeke
„Wir müssen Brücken bauen von Mensch zu Mensch". Die Partnerschaft
Rheinland-Pfalz – Burgund als regionales Annäherungsmodell
(1953-1969) 311

Silvia Keiser
Peter Altmeiers Europapolitik. Handlungsrahmen – Konzeption –
Maßnahmen 327

7. Forschungsperspektiven

Hans Manfred Bock
Transnationalisierung als zeitdiagnostisches Kennwort und
zeitgeschichtliches Konzept für die deutsch-französischen Beziehungen ... 349

ANHANG

Zusammenfassungen/Résumés 381

Abkürzungen 401

Personenregister 405

Die Autoren 411

Vorwort

„Die deutsch-französische Versöhnung [...] wird endgültig erreicht sein, wenn sie so fest in den Herzen und den Köpfen der Bürger beider Völker verwurzelt ist, dass sie auch Zwistigkeiten zwischen führenden Politikern beider Länder, die immer vorkommen können, übersteht"[1].

Das ist die Botschaft, die Pierre Pflimlin, ehemaliger Bürgermeister von Straßburg, am Ende eines Lebens, das er weitgehend in den Dienst der europäischen Sache und der deutsch-französischen Annäherung gestellt hatte, an die jüngeren Generationen weiter geben wollte. Seit der Erfahrung der kurzfristigen „Aufheiterung" in den deutsch-französischen Beziehungen in der zweiten Hälfte der 1920er Jahre, die das Ende der „Ära Stresemann – Briand" nicht überlebte, ist allgemein bekannt, dass die gouvernementalen Akteure – so wichtig ihre Rolle auch sein mag – nicht die einzigen Akteure der inter- und transnationalen Beziehungen sind. Erst die Interaktion und das Zusammenwirken aller Beteiligten ermöglichen es, eine stabile Verbindung zwischen den Gesellschaften zu knüpfen. Der historischen Forschung der letzten Jahre ist es zu verdanken, dass der Rahmen der zwischenstaatlichen Beziehungen zwischen Frankreich und den beiden deutschen Staaten bereits gut erfasst ist. Die Zivilgesellschaft und die von privaten Akteuren ausgehenden Initiativen erweisen sich hingegen als ein Terrain, das es noch weitgehend zu ergründen gilt. Bisher haben sich lediglich wenige punktuelle Untersuchungen mit großen Mittlerpersönlichkeiten wie Joseph Rovan, Alfred Grosser oder Carlo Schmid, sowie mit einigen der wichtigsten Annäherungsorganisationen befasst (der Gesellschaft für übernationale Zusammenarbeit/Bureau international de Liaison et de Documentation, dem Comité français d'Échanges avec l'Allemagne nouvelle, dem Deutsch-Französischen Institut in Ludwigsburg), aber die an der Basis der Gesellschaft auf lokaler Ebene geleistete Arbeit war bisher kaum Gegenstand systematischer Untersuchungen. Doch nur eine eingehende Analyse der zivilgesellschaftlichen Vernetzung wird tiefere Erkenntnisse darüber ermöglichen, wie sich die Idee der Versöhnung und Partnerschaft vom Ende der 1940er Jahre bis in die 1960er Jahre allmählich in der Vorstellung der Franzosen und Deutschen verankerte und so zur Grundlage für eine langfristige bilaterale Kooperation wurde.

Daher war die Zielsetzung des Kolloquiums, das vom 19. bis 21. September 2007 in Mainz stattfand, eben die verschiedenen, an dieser Annäherung beteiligten Akteure und Milieus sowie Kanäle, Formen und geografische Orte der deutsch-französischen Annäherungsbestrebungen zu analy-

---

[1] Siehe den Beitrag von Beate Gödde-Baumanns in diesem Band.

sieren. Diese Bestrebungen waren in der Tat vielfältig und die vorgestellten Untersuchungen beziehen sich sowohl auf die westdeutsch-französischen als auch auf die ostdeutsch-französischen Initiativen und stehen somit für eine erneuerte Historiographie, die die Verflechtungen in einer „asymmetrischen Dreiecksbeziehung" beleuchtet.

Eine Besonderheit des Kolloquiums bestand darin, mehrere Forschergenerationen, also „junge" Master-Studenten und Doktoranden, mit erfahrenen Forschern und Hochschullehrern zusammenzubringen und ihnen dadurch die Möglichkeit zu geben, ausgehend von einer Reihe von Fallstudien ein umfassenderes Bild zu erörtern und zu erarbeiten. Ein weiteres Merkmal dieser Tagung war ihr interdisziplinärer Ansatz: Historiker, Politologen, Geografen, Germanisten und Romanisten stellten ihre Ansätze einander gegenüber und diskutierten sie. Schließlich wurden Forscher und Vertreter der Praxis – Akteure der Zivilgesellschaft – für eine fruchtbare Diskussion zusammengeführt. Der vorliegende Band umfasst die beim Kolloquium vorgetragenen Beiträge sowie einen Aufsatz von Beate Gödde-Baumanns, Historikerin *und* bedeutende Vertreterin privater Organisationen, die sich für die bilaterale Kooperation einsetzen, sowie zwei Fallstudien von Jürgen Dierkes und Ulrich Pfeil, die sich mit zwei Beispielen von Städtepartnerschaften beschäftigen.

Nach einigen einleitenden Überlegungen zur Zivilgesellschaft und einem Beitrag, der am Beispiel der Deutsch-Französischen Gesellschaft Berlin an die deutsch-französische zivilgesellschaftlichen Initiativen in der Zwischenkriegszeit erinnert, ist der erste Teil den Akteuren und Milieus transnationalen Austauschs gewidmet, den Kriegsgefangenen, Veteranen und katholischen Gruppen. Im zweiten Teil befassen sich die Verfasser mit der Bedeutung der Ideologie, was sie dazu führt, sich mit der Frage auseinander zu setzen, inwieweit der Begriff „Zivilgesellschaft" in der DDR zutreffend war, und Fragen hinsichtlich der Verflechtung von politischen Interessen und Zivilgesellschaft bei den französischen Organisationen aufzuwerfen, die sich ausschließlich oder vorrangig für die Annäherung mit der DDR einsetzten. Die im dritten Teil zusammengefassten Beiträge stellen Formen zivilgesellschaftlicher Organisation in Frankreich und Deutschland und die Verbindungen zwischen der Zivilgesellschaft und den „offiziellen" Akteuren in den deutsch-französischen Beziehungen dar. Der vierte Teil ist ausschließlich den Städtepartnerschaften gewidmet, eine der spektakulärsten und zugleich charakteristischsten Formen gesellschaftlicher Zusammenarbeit nach dem Zweiten Weltkrieg. Hierbei handelt es sich um ein noch sehr wenig erforschtes und für eine Annäherung an die Zivilgesellschaft und die transnationalen Beziehungen äußerst vielversprechendes Feld. Der letzte Teil schließlich soll räumliche Spezifika der deutsch-französischen Beziehungen beleuchten: Welche Wahrnehmung der Räume gab es? Wie wurden symbolische Räume geschaffen? Welche Bedeutung kommt der Nähe oder der Entfernung der Grenze zu und welches war die Rolle der Grenzräume? Wie wurden die regionalen Kooperationen geschaffen? Schließlich eröffnet

Vorwort

Hans Manfred Bock neue Forschungsperspektiven, indem er die Begriffe „Transnationalisierung", „Transnationalismus" und die unterschiedlichen Kategorien von transnationalen Akteuren näher beleuchtet, um die Einheit und Vielfalt der Interaktionsformen auf der zivilgesellschaftlichen Ebene besser zu verstehen.

Die Organisatoren des Kolloquiums, das durch eine Zusammenarbeit des Historischen Seminars der Universität Mainz mit dem Forschungszentrum IRICE (UMR 8138) in Paris zustande kam, danken all jenen sehr herzlich, die diese Tagung und die vorliegende Veröffentlichung ermöglicht haben: allen Kolloquiumsteilnehmern natürlich, dem Institut für Europäische Geschichte, das drei Tage lang seine Räumlichkeiten zur Verfügung stellte, dem Deutsch-Französischen Jugendwerk (DFJW/OFAJ), der Deutsch-Französischen Hochschule (DFH/UFA, Saarbrücken), der Fondation Entente Franco-Allemande (FEFA, Straßburg), dem Maison de France in Mainz, dem IRICE, dem Verein der Freunde der Universität Mainz sowie dem Zentrum für Interkulturelle Studien (ZIS, Mainz), die wertvolle Unterstützung geleistet haben. Wir möchten uns schließlich bei Margarete Mehdorn für ihre Übersetzungsarbeit bedanken; Sarah Baltz, Sylvia Landau, Esther Möller, Tobias Ott und Michael Ucharim haben uns dankenswerteweise ihre Layout-Fähigkeiten zur Verfügung gestellt, und Meike Jöst hat souverän die Kartographie erstellt.

Corine Defrance, Michael Kißener, Pia Nordblom

Préface

« La réconciliation franco-allemande [...] sera définitivement acquise lorsqu'elle sera si fortement enracinée dans le cœur et dans l'esprit des citoyens des deux peuples qu'elle survivra même à des brouilles, toujours possibles, entre dirigeants nationaux »[1].

C'est l'enseignement que Pierre Pflimlin, l'ancien maire de Strasbourg, tenait à transmettre aux plus jeunes générations à l'issue d'une vie largement consacrée à la cause européenne et au rapprochement franco-allemand. Instruit par l'expérience de la brève embellie franco-allemande dans la seconde moitié des années 1920, qui n'avait pas survécu à la fin de « l'ère Briand – Stresemann », chacun sait désormais que les acteurs gouvernementaux – aussi important que soit leur rôle – ne sont pas les acteurs uniques des relations inter- et transnationales. C'est l'interaction et la synthèse du travail des uns et des autres qui permet de tisser un lien solide entre les sociétés. Grâce à la recherche historique des dernières années, le cadre des relations interétatiques entre la France et les Allemagnes est désormais bien établi. Cependant, la société civile et les initiatives émanant d'acteurs privés constituent encore largement un terrain à défricher. Jusqu'à présent, quelques études ponctuelles ont porté sur certaines grandes figures de médiateurs, tels Joseph Rovan, Alfred Grosser ou Carlo Schmid, et sur certaines des principales organisations de rapprochement (le Bureau international de Liaison et de Documentation, le Comité français d'Échanges avec l'Allemagne nouvelle, l'Institut franco-allemand de Ludwigsburg), mais le travail effectué à la base de la société, à l'échelon local, n'a guère fait l'objet d'une étude systématique. Or, seule une étude approfondie du maillage de la société civile permettra de mieux comprendre comment l'idée de la réconciliation et du partenariat s'est progressivement ancrée dans les mentalités françaises et allemandes de la fin des années 1940 aux années 1960, jetant les bases d'une coopération bilatérale sur le long terme.

Aussi l'objectif du colloque qui s'est tenu à Mayence du 19 au 21 septembre 2007 était-il précisément d'analyser les différents acteurs et milieux impliqués dans ce rapprochement, les canaux, les formes et les lieux géographiques des rapprochements franco-allemands. Ces rapprochements sont en effet pluriels et les études présentées prennent en compte tant les initiatives franco-ouest-allemandes que franco-est-allemandes, s'inscrivant ainsi dans une historiographique renouvelée qui met en lumière les imbrications au sein d'une « relation triangulaire asymétrique ».

L'une des particularités de ce colloque a été de réunir plusieurs générations de chercheurs, des « jeunes », étudiants en master et doctorants, aux

---

[1] Voir la contribution de Beate Gödde-Baumanns dans ce volume.

Préface   13

enseignants-chercheurs confirmés, qui ont ainsi eu l'occasion de débattre et d'élaborer ensemble, à partir d'un certain nombre d'études de cas, des bilans plus synthétiques. L'interdisciplinarité a été une autre caractéristique de cette manifestation : historiens, politologues, géographes, germanistes et romanistes ont confronté et croisé leurs approches. Enfin, chercheurs et « témoins » – acteurs de la société civile – ont été mis en présence pour un débat fructueux. Les articles ici réunis sont issus des communications prononcées lors de ce colloque, enrichis de la contribution de Beate Gödde-Baumanns, historienne *et* représentante éminente de l'engagement des organisations privés pour la coopération bilatérale, ainsi que de deux autres contributions de Jürgen Dierkes et de Ulrich Pfeil consacrées à deux études de jumelages.

Après quelques réflexions introductives sur la société civile et le rappel, à l'exemple de la Deutsch-Französische Gesellschaft de Berlin, des initiatives sociétales franco-allemandes entreprises dans l'entre-deux-guerres, la première partie est consacrée aux milieux et aux acteurs des échanges transnationaux : prisonniers de guerre, anciens combattants et catholiques. Dans la deuxième partie, les auteurs auscultent le poids de l'idéologie, ce qui les conduit à s'interroger sur la pertinence de la notion de société civile en République démocratique allemande et sur les imbrications entre intérêts politiques et société civile pour les organisations françaises oeuvrant de manière privilégiée voire exclusive pour le rapprochement avec la RDA. Les études regroupées dans la troisième section visent à appréhender les formes d'organisation de la société civile en France et en Allemagne et les liens entre la société civile et les acteurs « officiels » dans les relations franco-allemandes. La quatrième section est entièrement consacrée aux jumelages de villes, l'une des formes les plus spectaculaires et les plus caractéristiques de la coopération sociétale de l'après Seconde Guerre mondiale. Il s'agit d'un champ de recherche encore peu exploité et extrêmement prometteur pour approcher la société civile et les relations transnationales. La dernière partie entend mettre en lumière les spécificités spatiales des relations franco-allemandes : quelle a été la perception de l'espace ? Comment des espaces symboliques ont-ils été construits ? Quelle est l'importance de la proximité ou de l'éloignement à la frontière et le rôle des espaces frontaliers ? Comment les coopérations régionales se sont-elles mises en place? Enfin, Hans Manfred Bock ouvre de nouvelles perspectives de recherche en interrogeant les notions de transnationalisation, transnationalisme et les catégories d'acteurs transnationaux pour appréhender l'unité et la diversité des formes d'interaction au niveau de la société civile.

Les organisateurs de ce colloque, fruit d'une coopération entre le Historisches Seminar de l'Université de Mayence et l'Unité mixte de recherche (UMR 8138) IRICE de Paris, tiennent à remercier très chaleureusement toutes celles et ceux grâce auxquels le colloque a pu être organisé et cette publication voir le jour : tous les participants, bien entendu, l'Institut für Europäische Geschichte qui nous a accueilli dans ses locaux trois jours durant, et aussi l'Office franco-allemand pour la Jeunesse (OFAJ/DFJW), l'Université franco-allemande (UFA/DFH, Sarrebruck), la Fondation Entente Franco-Allemande (FEFA, Strasbourg), la Maison de France de Mayence, l'IRICE, le Verein der Freunde der Universität Mainz ainsi que le Zentrum für Interkulturelle Studien (ZIS, Mayence) qui nous ont apporté leur précieux concours. Nous adressons enfin nos très vifs remerciements à Margarete Mehdorn qui a mis ses compétences de traductrice à notre disposition, à Sarah Baltz, Sylvia Landau, Esther Möller, Tobias Ott et Michael Ucharim, qui nous ont constamment aidé au fil du travail éditorial, et enfin à Meike Jöst qui a réalisé toute la partie graphique et cartographique de cet ouvrage.

Corine Defrance, Michael Kißener, Pia Nordblom

1. Einführung

Corine Defrance

Société civile et relations franco-allemandes

La notion de société civile est un concept très ancien qui a été remis en usage et redéfini depuis les années 1980. Il a donné et donne toujours lieu à de nouvelles études, notamment dans une perspective comparée entre les sociétés civiles de différents pays ou espaces géographiques[1]. Mais le concept s'impose toujours plus aussi dans l'étude des relations internationales, en insistant sur le rôle des sociétés dans ces relations, à travers divers types d'organisations et d'associations. C'est pourquoi, depuis plusieurs années déjà, le terme de « relations transnationales » vient compléter celui de « relations internationales ». Et les travaux se multiplient sur l'émergence d'une société civile dépassant le cadre national et d'espaces publics transnationaux, européens ou globaux. Dans les relations bilatérales franco-allemandes, ces contacts et échanges entre sociétés civiles ont déjà fait l'objet de nombreux travaux depuis les années 1990, leurs liens aux instances officielles en termes de complémentarité, de coopération ou de concurrence ont été analysés pour diverses époques. Malgré l'ampleur de ces travaux, il reste encore à explorer bien des pistes de recherche que cette contribution se propose de repérer, après avoir rappelé la notion de société civile, puis l'importance de la société civile dans les relations internationales et en particulier franco-allemandes. Elles permettront de mieux cerner le rôle du milieu sociétal franco-allemand dans les relations bilatérales.

1. Une notion ancienne et complexe

1.1 Une brève histoire du concept

Le concept de société civile a été forgé par les philosophes dès l'Antiquité pour définir la *polis*, c'est-à-dire la communauté des citoyens. Au Moyen Âge et à l'époque moderne, ce terme servit surtout à démarquer un espace « citoyen » ou « politique » de la sphère privée. Il renvoie alors aux liens entre le particulier et la communauté. Aux XVIIe et XVIIIe siècles, la notion de société civile connut un développement nouveau. Il s'agissait alors de désigner un processus de *Zivilisierung*, d'accroissement du degré de civilité, visant à se démarquer et de l'état de nature et de la barbarie. Les liens entre

---

[1] Ainsi, dès 1998, le Zentrum für Vergleichende Geschichte Europas, qui venait d'être ouvert à Berlin, organisa avec l'Institut de Genshagen pour la coopération franco-allemande un colloque sur les sociétés civiles dans l'Est et l'Ouest de l'Europe ; voir Manfred Hildermeier, Jürgen Kocka, Christoph Conrad (éd.), *Europäische Zivilgesellschaft in Ost und West. Begriff, Geschichte, Chancen*, Francfort/Main, 2000.

la société civile et la sphère économique, par les notions de travail et de commerce, étaient alors étroits, tout comme le lien entre la société civile et l'éducation ou la culture. Le concept est alors idéalement lié aux valeurs de paix, de tolérance, d'universalité. À l'époque des lumières, le concept tendit à signifier essentiellement la remise en cause du pouvoir absolu et la prise de distance à l'égard du militaire, l'État s'étant assuré le monopole de la force militaire. C'est l'idée d'une société des citoyens émancipés et responsables qui ne se réduisent pas à des sujets. Mais au XIXe siècle, avec l'essor du capitalisme et de l'industrialisation, la société civile (*Bürgergesellschaft*) fut perçue comme la sphère des intérêts particuliers. Elle fit l'objet de critiques, et fut opposée à l'État, considéré comme le garant de l'intérêt général. Comme l'a noté François Rangeon, le retournement de la notion est alors accompli : « Cette évolution engendre une inversion du sens du mot société civile qui a d'abord signifié la société politiquement organisée c'est-à-dire l'État, puis le contraire, c'est-à-dire la société privée ou la société sans l'État »[2]. Avec Marx, la critique de la société civile atteignit son paroxysme, celle-ci étant dénoncée comme la société des bourgeois (*bürgerliche Gesellschaft*) et non plus des citoyens, comme une société qui exclut (société de classe) plus qu'elle ne rassemble. Ces critiques devaient conduire à la longue éclipse de la notion de société civile, notamment pendant une grande partie du XXe siècle[3]. Même la pensée libérale s'en désintéressa[4].

C'est vers la fin des années 1970 que la notion même de société civile fut réhabilitée, suite aux mouvements de dissidence à l'Est qui émergèrent dans le sillage de la conférence d'Helsinki (1975). La société civile désignait alors ces mouvements d'opposition et l'émergence d'une opinion publique malgré l'emprise de l'État sur la société[5]. Dans cette première perspective, le terme renvoie au processus de transformation des dictatures en démocraties[6]. Mais le concept connut aussi un nouvel essor dans les démocraties libérales pour désigner la capacité de citoyens à s'organiser et à faire preuve d'autonomie par rapport à l'État et aux intérêts économiques, et à créer un espace de discussion publique[7]. Cela traduit la prise en charge des citoyens par eux mêmes et la volonté de « démocratiser la démocratie »[8]. La société civile,

---

[2] François Rangeon, « Société civile : histoire d'un mot », in : Jacques Chevallier et al., *La société civile*, Paris, 1986, pp. 9-32, ici p. 10.

[3] Jürgen Kocka, « Zivilgesellschaft als historisches Problem und Versprechen », in : Hildermeier, Kocka, Conrad (note 1), pp. 13-39, ici pp. 14-16 ; id., « Zivilgesellschaft in historischer Perspektive », in : *Forschungsjournal Neue Soziale Bewegung*, 16 (2003) 2, pp. 29-38 ; Jürgen Schmidt, *Zivilgesellschaft. Bürgerschaftliches Engagement von der Antike bis zur Gegenwart. Texte und Komentare*, Reinbek bei Hamburg, 2007, pp. 21-28.

[4] Rangeon (note 2), pp. 27-28.

[5] Winfried Thaa, *Die Wiedergeburt des Politischen. Zivilgesellschaft und Legitimitätskonflikt in den Revolutionen von 1989*, Opladen, 1996.

[6] Joachim Hirsch, « Das Ende der ‚Zivilgesellschaft' », in : *Widerspruch*, 1992, 24, pp. 43s.

[7] Jean Cohen, Andrew Arato, *Civil Society and Political Theory*, Cambridge Massachusetts, Londres, 1992.

[8] Frank Adloff, *Zivilgesellschaft. Theorie und politische Praxis*, Francfort/Main, 2005, p. 12.

Société civile et relations franco-allemandes 19

comme secteur intermédiaire, devient d'autant plus importante que croît le sentiment que l'efficacité de l'État est limitée. Se développent alors les « nouveaux mouvements sociaux » (*Neue Soziale Bewegungen*[9]), tels le mouvement écologiste, le courant pacifiste, le mouvement féministe, qui visent à transformer les sociétés en se présentant comme des acteurs alternatifs à l'État et à l'économie de marché. Dans cette perspective, la société civile présuppose une société libérale et pluraliste et un État de droit qui permet son développement[10].

Analysant la résurgence du terme, François Rangeon estime que l'éclipse n'a été que le

« prélude à la transformation du concept en un véritable *mythe*. [...] Aux constructions théoriques complexes de Hegel, Marx et Gramsci succède un manichéisme simplificateur faisant de l'État le symbole du mal et inversement de la société civile la représentation mythique du bien ».

Il relève que le terme de société civile est associé aux valeurs de créativité, liberté, spontanéité, responsabilité, solidarité..., ensemble de valeurs positives de référence qui contribuent à la constitution d'un « mythe politique »[11].

1.2   La société civile comme « troisième secteur » ?   ZUG = 3. Bereich

Dans une perspective historique, la société civile est un troisième secteur, intermédiaire entre la sphère privée (« amorphe Masse der entpolisierten Privatpersonen »[12]) et le domaine de l'État. Mais aujourd'hui, c'est essentiellement dans un autre sens qu'est évoqué un troisième secteur, renvoyant à l'idée d'une distinction fonctionnelle entre l'État, l'Économie et la société civile. Ce sont les frontières entre ces secteurs qui sont particulièrement délicates à établir et qui restent objets de controverses.

Avec l'économie d'une part. Aujourd'hui il existe un certain antagonisme entre la société civile et le capitalisme en raison de la crainte que les principes de compétition acharnée et d'individualisme ne s'imposent comme valeurs dans les relations sociétales[13]. Mais, historiquement, les imbrications entre le développement des marchés et celui des structures de la société civile ont été fondamentales. Pour la période plus récente, Hartmut Kaelble

Wirtschaft

---

[9]   Adloff (note 8), pp. 11, 131-136 ; Hartmut Kaelble, *Sozialgeschichte Europas 1945 bis zur Gegenwart*, Munich, 2007, pp. 306-320.
[10]   Ulrich Herbert, « Liberalisierung als Lernprozeß. Die Bundesrepublik in der deutschen Geschichte – eine Skizze », in : Ulrich Herbert (éd.), *Wandlungsprozesse in Westdeutschland. Belastung, Integration, Liberalisierung 1945–1980*, Göttingen, 2002, pp. 7-49, ici p. 13. La constitution d'une société civile, selon Ulrich Herbert, est intrinsèquement liée à la modernisation et à la libéralisation de la société : modernisation politique et sociale, mais aussi modernisation des modes de vie, des normes ou valeurs.
[11]   Rangeon (note 2), pp. 27-32, ici p. 27 pour la citation.
[12]   Hans Manfred Bock (éd.), *Projekt deutsch-französische Verständigung. Die Rolle der Zivilgesellschaft am Beispiel des Deutsch-Französischen Instituts in Ludwigsburg*, Opladen, 1998, p. 15.
[13]   Kocka, « Zivilgesellschaft als historisches Problem » (note 3), p. 22.

notamment a montré combien le rôle des groupes d'intérêts et des lobbies, souvent liés à de grandes entreprises, a été prépondérant pour développer une société civile en parallèle de la construction politique de l'Europe. Il évoque même, pour les premiers temps, le « caractère exclusivement économique de la société civile européenne », cependant en voie d'estompement avec l'élargissement du champ des compétences de l'Union[14].

Avec l'État d'autre part. S'il y a souvent conflit, les deux sont très liés. Pour se déployer, la société civile a besoin de l'État de droit qui permet la participation démocratique et établit des cadres. La société civile, comme ideal-type, est incompatible avec certaines formes d'organisation politique comme la dictature. Pour notre objet d'étude, cela pose la question des possibilités mêmes d'existence d'une société civile en République démocratique allemande : dans les régimes dictatoriaux, non seulement il n'y a pas d'État de droit, mais c'est la distinction même entre privé et public qui est remise en cause. Il y a cependant, comme toujours, un fossé entre cette conception normative de la société civile et l'analyse de sa réalité historique. Ainsi a-t-on observé historiquement, en particulier dans l'Allemagne de la fin du XIXe et du début du XXe siècles, le développement d'un autre type de société civile, dont le principe fondamental n'était pas la tolérance et la solidarité, mais la discrimination et l'exclusion[15]. Ainsi les multiples *Vereine* de la fin du IIe Reich puis de l'époque de Weimar avaient-ils surtout abouti à diviser et compartimenter la société allemande et, à terme, à faire le jeu du national-socialisme[16]. L'expérience montre donc qu'un groupe organisé de citoyens, même indépendants de l'État, peut se mobiliser pour des valeurs « négatives » minant la démocratie[17].

Si l'on considère à nouveau les relations entre la société civile et l'État, dans le cadre démocratique, la question centrale est celle de la complémentarité, des interdépendances – la question du financement notamment par le biais des subventions – et aussi des formes d'instrumentalisation possibles. Ainsi, pour prendre le cas franco-allemand, l'appel lancé à la société civile par les deux gouvernements au sommet de Potsdam, en 1998, pour « s'impliquer pleinement dans la relance des relations »[18], a-t-il suscité de l'amertume dans les milieux sociétaux franco-allemands. Non seulement la société civile n'avait pas l'impression d'avoir jamais relâché ses efforts, mais les représentants de ce monde associatif eurent le sentiment qu'il s'agissait d'une « tentative de culpabilisation des citoyens par les sphères gouverne-

---

14 Harmut Kaelble, *Les chemins de la démocratie européenne*, Paris, 2005, pp. 175–176, 182.
15 Adloff (note 8), pp. 100–107.
16 Sheri Berman, « Civil Society and the Collapse of the Weimar Republic », in : *World Politics*, 49 (1997) 3, pp. 401–429.
17 Kaelble (note 9), p. 300 ; Schmidt (note 3), pp. 13–21.
18 Cf. la déclaration franco-allemande finale à l'issue du sommet de Potsdam, 1er décembre 1998, publiée in : Pierre Jardin, Adolf Kimmel (éd.), *Les relations franco-allemandes depuis 1963*, Paris, 2001, pp. 470–472.

mentales »[19], alors que ces dernières non seulement ne renforçaient pas le soutien financier aux associations, mais paraissaient même se désengager dans le domaine de la coopération socio-culturelle en « restructurant » – euphémisme pour parler de quasi-fermeture – le réseaux des instituts culturels dans le pays partenaire[20]. De nouveaux malentendus crispèrent à nouveau les relations en 2005 quand la réforme de l'Office franco-allemand pour la Jeunesse (OFAJ) imposée par les deux gouvernements (cf. l'accord du 26 avril 2005), parut remettre en cause le système de coopération entre instances étatiques et société civile qu'incarnait l'ancien Conseil d'administration/Kuratorium de l'Office[21].

Pour conclure ces considérations sur la notion de société civile, il faut souligner que, malgré les différences d'interprétation, un certain nombre de points communs permet de dégager une base pour une définition de la société civile. Il s'agit d'une sphère d'institutions, d'organisations, de citoyens – les médiateurs socio-culturels notamment[22] – et de mouvements sociaux disposant d'un capital en termes de confiance, de réseaux de communication, de savoir, d'éducation, de capacité à participer et à former le débat public, reposant sur l'engagement individuel et collectif, qui n'ont pas de fonction directement politique et ne sont pas directement contrôlées par l'État, mais ont une influence sur lui et peuvent compléter son action. Ces organisations sont plus que des instances de coordination des intérêts privés, elles constituent des communautés et disposent d'une identité collective[23].

---

[19] Bernard Lallement, « Vous avez-dit : société civile ? », in : *Documents*, 54 (1999) 5, pp. 96–102.

[20] Au sujet de la réforme des instituts français et instituts Goethe en RFA et en France, voir Henri Ménudier, « La réforme des réseaux culturels. Les Instituts Français en Allemagne. Les réformes de 2001 et 2002 », in : *Documents*, 56 (2001) 2, pp. 4–9 et l'ensemble du dossier consacré à cette question ; Dieter Strauss, « Je me consacre corps et âme aux réformes et rien qu'à cela. À propos du processus de réforme à l'Institut Goethe », in : *Allemagne d'aujourd'hui*, 162 (2002), pp. 165–168 ; Voir aussi le dossier dirigé par Joachim Umlauf, « Von privilegierten zu reduzierten Kulturbeziehungen ? Auswärtige Kulturpolitik in Deutschland und Frankreich », in : *Lendemains*, 26 (2001) 103/104.

[21] Daniel Vernet, « Offensive bureaucratique franco-allemande », in : *Le Monde*, 16 mars 2005. Pour l'analyse de la réforme de l'OFAJ, voir Hans Manfred Bock, « Le bilatéralisme à l'épreuve de l'unification allemande, de l'européanisation et de la mondialisation », in : Hans Manfred Bock, Corine Defrance, Gilbert Krebs, Ulrich Pfeil (éd.), *Les jeunes dans les relations transnationales. L'Office franco-allemand pour la Jeunesse 1963–2008*, Paris, 2008.

[22] Katja Marmetschke, « Mittlerpersönlichkeiten. Neuere biographische Arbeiten zur Mittlerfunktion zwischen Frankreich und Deutschland », in : *Lendemains*, 25 (2000) 98/99, pp. 239–257. Pour une typologie des médiateurs distinguant les créateurs, les organisateurs et les vulgarisateurs, voir Hans Manfred Bock, « Initiatives socio-culturelles et contraintes politiques dans les relations universitaires entre la France et l'Allemagne dans l'entre-deux-guerres », in : *Revue d'Allemagne et des pays de langue allemande*, 34 (2002) 3, pp. 297–310.

[23] Voir, entre autres, les définitions proposées par Emil Angehrn, « Zivilgesellschaft und Staat. Anmerkungen zu einer Diskussion », in : *Politisches Denken. Jahrbuch 1992*, Stutt-

2. La Société civile dans les relations internationales et bilatérales franco-allemandes

Longtemps, les théoriciens des relations internationales ont considéré que les États et les gouvernements étaient les seuls acteurs des relations internationales et ont postulé la séparation quasi hermétique entre politique intérieure et politique étrangère. Puis, de nouvelles interprétations sont venues complexifier le champ d'investigation. Les relations internationales pouvaient être comprises comme un système de communication et pas seulement de domination[24]. Les responsables et praticiens des relations internationales ont même contribué à mettre en lumière le rôle plus large des sociétés dans ces relations transnationales : Ainsi, Ralf Dahrendorf, Staatssekretär à l'Auswärtiges Amt, fit-il mention en 1969, dans un discours devant le Bundestag, de la *zwischenstaatliche Gesellschaftspolitik* (politique sociétale transnationale)[25]. L'objectif était de passer d'une politique étrangère des États à une politique étrangère des sociétés [26] dans le cadre du processus de démocratisation (« Mehr Demokratie wagen »[27]) voulu par le chancelier Willy Brandt.

Dans cette perspective, il devient fondamental de prendre en compte le rôle de tous les acteurs des relations entre différents pays et même les représentations mentales des populations. Cette nécessité est particulièrement pressante si l'on veut saisir la « normalité amicale » et la complexité des relations franco-allemandes qui s'est progressivement instaurée dans l'après-guerre[28]. Harmut Kaelble affirme qu'aujourd'hui les sociétés civiles sont, après les médias, le deuxième acteur de la société capable d'influencer les gouvernements, en raison de leur capacité à dépasser le cadre national[29]. Par ailleurs, la frontière entre politique intérieure et relations extérieures s'est avérée toujours plus ténue. Dans les années 1990, en lien avec la globalisation, le rôle des individus et celui des organisations infranationales a été

---

gart, Weimar, 1993, p. 150 ; Bock (note 12), pp. 15–16 ; Kocka, « Zivilgesellschaft in historischer Perspektive » (note 3), pp. 29–37; Kaelble (note 9), pp. 299–300; id. (note 14), p. 174.

[24] Karl W. Deutsch, *Transnational communications in the international system*, Berlin, 1978.

[25] PA-AA [Politisches Archiv, Auswärtiges Amt, Berlin], B 90–600, Nr. 931, discours de Ralf Dahrendorf devant le Bundestag, 28 novembre 1969, *Bulletin* (147), 3 décembre 1969.

[26] Cité d'après Karl Sebastian Schulte, *Auswärtige Kulturpolitik im politischen System der Bundesrepublik Deutschland*, Berlin, 2000, p. 50.

[27] Déclaration gouvernementale de Willy Brandt, 1969, consultable sur le site du Deutsches Historisches Museum : http://www.dhm.de/lemo/html/dokumente/ KontinuitaetUndWandel_erklaerungBrandtRegierungserklaerung1969/ index.html.

[28] Cf. Michael Kißener, « Die deutsch-französische Freundschaft. Aspekte einer Annäherungsgeschichte », in : *Historisch-politische Mitteilungen. Archiv für Christlich-Demokratische Politik*, 11 (2004), pp. 183–201.

[29] Kaelble (note 9), p. 299.

mis en valeur[30] et, dans ce système d'interactions extrêmement complexes entres États, Économies, Sociétés civiles et individus dans le jeu international, il ne paraît plus guère possible de défendre le primat de l'État et de la politique étrangère[31].

Dans les relations transnationales, on peut considérer que la société civile est constituée par l'ensemble des associations, organisations, groupes d'amitiés, unions départementales ou régionales de coopération ou comités de jumelage poursuivant des objectifs de connaissance de l'Autre, d'échanges culturels ou socio-culturels (*erweiterter Kulturbegriff*). À la différence des partis politiques, des syndicats et des sociétés multinationales, ces associations ne cherchent pas un profit politique ou économique direct et ne sont pas concentrées sur des intérêts sectoriels. Comme l'a montré Hans Manfred Bock,

> « das sozio-kulturelle Lernen und Handeln, die politisch relevante Informations-Sammlung und –Vermittlung, und die Förderung übernationaler Kontakte sind die besonderen Funktionsmerkmale der zivilgesellschaftlichen Akteure in der transnationalen Politik »[32].

Cette double définition de la société civile selon leur nature et de leur fonction doit conduire à s'interroger sur l'origine et le processus de formation des associations, leurs liens éventuels avec les partis et leurs objectifs réels. Qu'en est-il par exemple de l'association française « Échanges franco-allemands » (EFA) ? Sa proximité avec le PCF – à laquelle elle ne se réduit pas cependant – conduit-elle à remettre en cause – au moins partiellement – son statut d'association de la société civile ? Mais dans quelle mesure celle-ci n'est-elle pas toujours impliquée, à un certain degré, dans le jeu politique ?

La définition proposée de la société civile dans les relations transnationales conduit sans doute à marginaliser le rôle des mouvements de société, qui n'ont pas la connaissance de l'Autre et l'échange avec l'Autre comme objectif. Elle exclut aussi celui des groupes d'intérêt et des « experts » qui jouent pourtant un rôle important dans la constitution de la société civile européenne.

---

[30] James N. Rosenau, « Les individus en mouvement comme source de turbulence globale », in : Michel Girard (éd.), *Les individus dans la politique internationale*, Paris, 1994, p. 85.
[31] Cf. Ulrich Lappenküper, « Primat der Außenpolitik. Die Verständigung zwischen der Bundesrepublik Deutschland und Frankreich 1949-1963 », in : Eckart Conze, Ulrich Lappenküper, Guido Müller (éd.), *Geschichte der internationalen Beziehungen. Erneuerung und Erweiterung einer historischen Disziplin*, Cologne, 2004, pp. 45-63. Voir dans le même ouvrage, Guido Müller, « Internationale Gesellschaftsgeschichte und internationale Gesellschaftsbeziehungen aus Sicht der deutschen Geschichtswissenschaft », pp. 231-258 ; Eckart Conze, « Abschied von Staat und Politik? Überlegungen zur Geschichte der internationalen Politik », pp. 15-43 ; Corine Defrance, « Les relations culturelles franco-allemandes dans les années cinquante : Acteurs et structures des échanges », in : Hélène Miard-Delacroix, Rainer Hudemann (éd.), *Wandel und Integration : deutsch-französische Annäherungen der fünfziger Jahre/Mutations et intégration. Les rapprochements franco-allemands dans les années cinquante*, Munich, 2005, pp. 241-256.
[32] Bock (note 12), p. 18.

Si le rôle des associations françaises et allemandes qui se sont vouées au rapprochement et à la coopération bilatérale est particulièrement important dans l'après Seconde Guerre mondiale, ce phénomène associatif dans les relations bilatérales n'est pourtant pas nouveau. Comme on le sait, des myriades d'associations, de cercles, de sociétés furent fondées au temps du « Locarno intellectuel » (1925-1930) caractéristique de l'ère Briand-Stresemann[33]. Mais dans l'entre-deux-guerres, l'essentiel du monde associatif engagé dans le rapprochement franco-allemand était issu de la bourgeoisie économique, culturelle, universitaire[34]. La société civile « franco-allemande » était le fait d'une petite élite qui œuvrait en cercle fermé, sans véritable relais vers la base de la société. Au total, malgré toute la réalité de la coopération culturelle franco-allemande dans l'entre-deux-guerres, le rapprochement bilatéral ne fut qu'une fragile façade qui s'effondra sous les premiers coups de boutoir du nationalisme au tout début des années 1930, car l'idée « d'ennemi héréditaire » restait très enracinée dans les esprits. A contrario, l'embellie locarnienne montre que les « grands hommes » ne peuvent imposer un nouveau cours sans le soutien et le relais de la société civile. En revanche, en 1963, de Gaulle et Adenauer purent largement s'appuyer sur ces médiateurs sociétaux, ce qui fut une condition de la réussite de leur entreprise. La fondation de l'Office franco-allemand pour la Jeunesse, en juillet 1963, n'aurait pas été envisageable sans la mise en place antérieure et le travail déjà réalisé par le réseau associatif français et allemand engagé dans le rapprochement mutuel[35]. Car l'élargissement des bases sociales de la société civile en France et en Allemagne de l'Ouest après 1945/1949 est l'élément fondamental qui explique qu'il y ait eu ancrage populaire progressif de l'idée de rapprochement puis de réconciliation.

Il faut encore s'interroger sur les facteurs qui permirent l'essor de la société civile en France et en République fédérale après la Deuxième Guerre mondiale. C'est largement en réaction aux expériences du national-socialisme et de la guerre qui avaient précisément anéanti toute société civile

---

[33] Ina Belitz, *Befreundung mit dem Fremden. Die Deutsch-Französische Gesellschaft in den deutsch-französischen Kultur- und Gesellschaftsbeziehungen der Locarno-Ära*, Francfort/Main, Berne, 1997 ; Guido Müller, *Europäische Gesellschaftsbeziehungen nach dem Ersten Weltkrieg. Das deutsch-französischen Studienkomitee und der Europäische Kulturbund*, Munich, 2005.

[34] Hans Manfred Bock, Reinhart Meyer-Kalkus, Michel Trebitsch (éd.), *De Locarno à Vichy, les relations culturelles franco-allemandes dans les années 1930*, Paris, 1993 ; Hans Manfred Bock, *Kulturelle Wegbereiter politischer Konfliktlösung. Mittler zwischen Deutschland und Frankreich in der ersten Hälfte des 20. Jahrhunderts*, Tübingen, 2005.

[35] Hans Manfred Bock, « Les racines de l'OFAJ dans la société civile. Les initiatives privées de rapprochement en République fédérale et en France de 1949 à 1964 », in : Bock, Defrance, Krebs, Pfeil (note 21) ; en version allemande, « Private Verständigungs-Initiativen in der Bundesrepublik Deutschland und in Frankreich 1949 bis 1964 als gesellschaftliche Enstehungsgrundlage des DFJW », in : Hans Manfred Bock (éd.), *Deutsch-französische Begegnung und europäischer Bürgersinn. Studien zum Deutsch-Französischen Jugendwerk 1963-2003*, Opladen, 2003, pp. 13-37.

Société civile et relations franco-allemandes 25

en Allemagne que, celle-ci connut un nouvel élan, contribuant cette fois-ci à ancrer et consolider la démocratie[36]. Si l'immédiat après-guerre, marqué par la misère et le souci de survivre au quotidien, fut plutôt caractérisé par l'apathie politique[37], la société civile s'étoffa dans les années 1950 et 1960. Un certain nombre d'éléments y contribuèrent notamment la constellation internationale – avec l'engagement américain, la guerre froide et l'ancrage à l'Ouest – et aussi la réussite économique, la transformation d'une société ouest-allemande en voie de décloisonnement culturel, confessionnel et social, et la stabilité politique du nouveau régime démocratique[38]. Jürgen Kocka a souligné que la société civile prenait pied en Allemagne de l'Ouest au moment où il n'y a plus d'État nation. Cela dénote selon lui la capacité qu'a la société civile à s'abstraire de l'idée nationale, correspondant à son caractère historiquement et essentiellement universaliste[39].

Si, en France aussi, la fin des années 1940 ne fut pas particulièrement propice à l'engagement[40], les premières organisations visant à favoriser la connaissance et la compréhension du voisin allemand ou la coopération européenne – et à ce titre la relation franco-allemande – furent mises en place dès 1945. Jean du Rivau fut l'instigateur du Bureau international de Liaison et de Documentation (BILD) et aussi de son jumeau allemand, la Gesellschaft für übernationale Zusammenarbeit (GÜZ)[41]. En 1948 furent mises en place dans chacun des deux pays des organisations qui devaient s'avérer fondamentales pour le rapprochement : d'une part le Comité français d'Échange avec l'Allemagne nouvelle, fondé par le philosophe Emmanuel Mounier[42] ; d'autre part, l'Institut franco-allemand (DFI) de Ludwigsburg, grâce à l'action conjointe de Theodor Heuss, Carlo Schmid et Fritz Schenk[43]. Si le nom de cette dernière institution, purement allemande, met en avant l'objectif – le « franco-allemand » – plus que l'origine, le choix du nom de l'organisme français met en lumière le fait qu'il s'agit d'un comité « français ». Certes le contexte historique permet d'expliquer ce positionnement originel différent, mais il faut se demander si la volonté de la société

---

[36] Adloff (note 8), pp. 100–107.
[37] Denis Goeldel, *Le tournant occidental de l'Allemagne après 1945. Contribution à l'histoire politique et culturelle de la RFA*, Strasbourg, 2005, pp. 165–169.
[38] Adloff (note 8), pp. 105–107.
[39] Kocka (note 3), p. 33.
[40] Kaelble (note 9), p. 323.
[41] Michel Gurvel, « Le fondateur Jean du Rivau », in : *Documents*, 45 (1990) 1, pp. 125–131 ; Raïssa Mézières, « *Documents, revue des questions allemandes* et l'idée européenne, 1945–1949 », in : *Bulletin de l'Institut Pierre Renouvin* (Université de Paris I–Panthéon-Sorbonne), 5 (1998), pp. 33–50 ; Henri Ménudier, « La revue *Documents* et le BILD », in : *Passerelles et Passeurs* (Hommages à Gilbert Krebs et Hansgerd Schulte), Asnières, 2002, pp. 233–256.
[42] Carla Albrecht, « Das Comité français d'échanges avec l'Allemagne nouvelle als Wegbereiter des Deutsch-Französischen Jugendwerks », in : *Lendemains*, 27 (2002) 107/108, pp. 177–189.
[43] Bock (note 12).

civile à s'abstraire du cadre national dans l'engagement international n'a pas été plus forte en Allemagne de l'Ouest qu'en France. Les associations agissant dans le domaine franco-allemand étaient clairement françaises ou allemandes et le restent encore aujourd'hui, bien que la fondation de l'OFAJ en 1963 ait ouvert la voie à l'institutionnalisation de structures binationales et par conséquent supranationales. Les règles juridiques font qu'il reste très difficile de créer des organisations ou des associations binationales, ce qui, ajouté au problème de la langue, limite les possibilités de développement d'une société civile intrinsèquement franco-allemande. Citons à cet égard l'exemple de la Fédération des Associations Franco-Allemandes (FAFA). En 1957 avait été fondé à Wetzlar le Arbeitskreis Deutsch-Französischer Gesellschaften/Cercle de travail des Associations Franco-Allemandes, dirigé alors par Elsie Kühn-Leitz, proche du chancelier Adenauer[44]. Il s'agissait alors d'une institution juridiquement allemande. En 1965, l'Arbeitskreis devint légalement une organisation bilatérale dirigée par un conseil d'administration franco-allemand. Mais en 1984, l'Arbeitskreis – devenu entre temps un *Verein* en 1981– se scinda en raison « de considérations essentiellement juridiques », entre le Verein der Deutsch-Französischen Gesellschaften (VDFG) côté allemand et la FAFA côté français, celle-ci étant officiellement créée en 1984 comme association loi 1901[45]. Cette séparation semble alors s'être effectuée « dans la douleur », selon les termes de la FAFA, même si depuis lors une coopération étroite lie les deux organisations fédératives[46].

Il existe aujourd'hui, dans chacun des deux pays, un nombre considérable d'organismes et de sociétés engagés dans l'approfondissement des relations bilatérales et européennes. Le répertoire édité en 1996 sous l'égide des deux ministères des Affaires étrangères, sous le nom de *Les chemins de l'amitié – Wege zur Freundschaft*, qui les recense ne compte pas moins de 400 pages. À eux seuls la FAFA et le VDFG rassemblent plus de 250 associations, soit environ 60 000 membres individuels dans les deux pays.

Mais au-delà du nombre de ces associations, il faut s'interroger sur leur représentativité et leurs possibilités d'action. Quelle est actuellement leur place entre les associations « nationales » et les structures européennes ou internationales ? Dans quelles mesures ont-elles contribué ou contribuent-

---

[44] L'autre grande fédération, fondée en 1954, fut le Arbeitskreis der privaten Institutionen für internationale Begegnung und Bildungsarbeit (APIIBB). Pour la fondation de ces fédérations, traduisant la réaction du milieu associatif à la suite de la signature des accords culturels bilatéraux, voir Hans Manfred Bock (note 35).

[45] http://www.fafa.fr.eu.org/ [rubrique « historique » de la FAFA, mise à jour le 14 mars 2007].

[46] Ibid. ; voir aussi Bernd van Deenen, « Die Vereinigung Deutsch-Französischer Gesellschaften in Deutschland und Frankreich e.V. (VDFG). Versuch einer Standortbestimmung », in : Klaus Otto Naß (éd.), *Elsie Kühn-Leitz. Mut zur Menschlichkeit. Vom Wirken einer Frau in ihrer Zeit*, Bonn, 1994 ; Bernd van Deenen, Georges Koch, « La F.A.F.A. », in : Henri Ménudier (éd.), *Le couple franco-allemand en Europe*, Paris, 1993, pp. 314–319; voir la contribution de Beate Gödde-Baumanns dans ce volume.

elles à l'émergence d'une société civile européenne ? Dans l'après-guerre, les liens furent souvent très imbriqués entre les engagements franco-allemand et européen comme le montrent les trajectoires de quelques grands médiateurs comme Joseph Rovan[47]. Mais dans les années 1950 et 1960 l'engagement pour le rapprochement franco-allemand fut plus durable et profond que la vague européenne, dont l'enthousiasme retomba largement dès la fin des années 1940[48]. Au niveau associatif, certaines organisations se concentraient sur la relation bilatérale (le Deutsch-Französisches Institut, le Comité français d'Échanges avec l'Allemagne nouvelle, l'Union Internationale des Maires pour le rapprochement franco-allemand, dans le cadre de laquelle la majorité des jumelages franco-ouest-allemands furent conclus jusque vers la fin des années 1960), tandis que d'autres qui s'inscrivaient dans un cadre européen plus large (Le Centre d'Échanges internationaux, le Cercle culturel de Royaumont, la Deutsche Auslandsgesellschaft Lübeck, le Conseil des Communes d'Europe, qui joua lui aussi un rôle majeur dans la conclusion des jumelages bilatéraux) consacrèrent une large partie de leurs activités au rapprochement et à la coopération européenne. Soulignons encore que des initiatives franco-allemandes initiées par la société civile comme la conférence franco-allemande des recteurs, établie en 1958 sur initiative des universitaires, ou le phénomène des jumelages et des échanges de jeunes, qui connurent un développement d'une intensité particulière dans les relations franco-allemandes, ont contribué à créer et consolider une confiance, une culture et une société civile européenne[49]. Après la chute du Mur et les bouleversements en Europe de l'Est, ces associations ainsi que l'OFAJ ont joué un rôle considérable pour faire émerger et structurer une société civile engagée dans la relation franco-allemande et européenne dans l'Est de l'Allemagne[50]. Ainsi la FAFA a-t-elle permis de rassembler un grand nombre des associations locales liées à France–RDA depuis la dissolution de cette association et au VDFG d'accueillir les associations des nouveaux *Länder*. Leur action vise même à s'étendre au-delà du franco-allemand dans le reste de l'Europe centre-orientale. Elles se sont donné pour nouvel objectif de « participer à la construction d'une Europe de paix et de liberté dans le respect des droits de l'Homme » et « d'ouvrir la voie de l'Union Européenne aux États et aux Peuples de l'Europe centrale et orientale »[51]. Que l'on pense aussi à l'action de l'OFAJ avec ses programmes ouverts aux tiers, qui a préparé cette intégration européenne. L'OFAJ a encore servi de modèle pour

---

[47] Joseph Rovan, *Erinnerungen eines Franzosen, der einmal Deutscher war*, Munich, 2000.
[48] Harmut Kaelble, « Demokratie und europäische Integration seit 1950 », in : Hildermeier, Kocka, Conrad (note 1), pp. 251–252.
[49] Kaelble (note 9), p. 319 ; id. (note 14), p. 181.
[50] Ulrich Pfeil, « Die Integration der neuen Bundesländer in die Strukturen und das Programmspektrum des DFJW », in : Bock (note 35), pp. 193–217 ; pour la version française, « L'intégration des nouveaux Länder dans les structures et les programmes de l'OFAJ », in : Bock, Defrance, Krebs, Pfeil (note 21).
[51] http://www.fafa.fr.eu.org/ et http://www.vdfg.de/

mettre sur pied un office germano-polonais pour la Jeunesse devant contribuer au rapprochement entre les sociétés allemande et polonaise[52]. Il y a donc un lien fort entre les organisations de la société civile engagées dans la coopération franco-allemande et le processus de constitution d'une société civile européenne.

3. Perspectives de recherche sur « société civile et relations franco-allemandes »

Le nouveau rôle des associations franco-allemandes face à la Réunification allemande et à l'Union européenne, en une période actuelle de difficultés de la coopération franco-allemande et de « désintérêt amical » – ce que traduit l'effondrement de l'apprentissage de la langue de l'Autre, est un sujet à part entière qui méritera une étude approfondie. Pour saisir le problème dans sa dimension historique, commençons par mettre l'accent sur les premiers temps du rapprochement et plus généralement la période antérieure à la chute du Mur. Certains s'interrogent peut-être : Que reste-t-il encore à dire sur une thématique traitée si intensément au cours des deux dernières décennies ? Il est vrai que le bilan des recherches effectuées est consi-dérable[53]. Le rôle des grandes associations, qui visaient à sensibiliser de futurs médiateurs et « multiplicateurs » plutôt qu'à agir directement à la base de la société, est désormais bien connu, comme la formation des premières fédérations et le parcours de quelques grandes personnalités médiatrices[54]. Pourtant, les études manquent encore sur la profondeur de l'ancrage sociétal de la réconciliation de l'après 1945. Quelques études encore éparses cherchent à approcher les formes de coopération proches de la base de la société, telles les jumelages[55]. Mais l'origine de ces appariements, la composition sociolo-

---

[52] Carla Albrecht, « Das DFJW als Avantgardist des internationalen Jugendaustauschs : Die Drittländerprogramme des Jugendwerks », in : Bock (note 35), pp. 287–301 ; pour la version française, « Les échanges trilatéraux. L'OFAJ comme médiateur dans le contexte international », in : Bock, Defrance, Krebs, Pfeil (note 21).

[53] Cf. Hans Manfred Bock, Ulrich Pfeil, « Les acteurs culturels et la coopération franco-allemande : formes, objectifs, influences », in : Corine Defrance, Ulrich Pfeil (éd.), *Le traité de l'Élysée et les relations franco-allemandes, 1945–1963–2003*, Paris, 2005, pp. 193–209.

[54] Hans Manfred Bock, « Wiederbeginn und Neuanfang in den deutsch-französischen Gesellschafts- und Kulturbeziehungen 1949 bis 1955 », in : *Lendemains*, 21 (1996) 84, pp. 58–66 ; Petra Weber, « Die deutsch-französischen Beziehungen im Spiegel von Autobiographien : Zum historischen Quellenwert der Erinnerungen Carlo Schmids und Joseph Rovans », in : *Revue d'Allemagne et des pays de langue allemande*, 33 (2001) 4, pp. 469–486 ; id., *Carlo Schmid 1896–1979. Eine Biographie*, Munich, 1996 ; Martin Strickmann, *L'Allemagne nouvelle contre l'Allemagne éternelle. Die französischen Intellektuellen und die deutsch-französischen Verständigung, 1944–1950*, Francfort/Main, 2004.

[55] Cécile Chombard-Gaudin, « Pour une histoire des villes et communes jumelées », in : *Vingtième Siècle*, juillet–septembre 1992, pp. 60–77 ; Antoine Vion, « L'invention de la tradition des jumelages (1951–1956) : Mobilisations pour un droit », in : *Revue française de science politique*, 53 (2003) 4, pp. 559–582 ; John E. Farquharson, Stephen Holt, *Europe*

gique des initiateurs et des participants, ou les spécificités régionales restent encore largement méconnues. De premiers sondages laissent entrevoir le rôle de « cercles franco-allemands », associations locales, constituant le maillage sociétal initial en vue du rapprochement[56]. Ces « cercles » ont souvent préexisté aux jumelages qui marquent déjà le premier aboutissement de ce travail.

L'un de nos objectifs est donc de « cartographier » l'ensemble de ces associations en France et sur le territoire des deux Allemagnes, et de faire apparaître des particularités locales ou régionales (approche géographique) : l'éloignement géographique et la moins grande familiarité linguistique condamnaient-ils les populations à un moindre engagement bilatéral, comme semble l'indiquer la participation plus limitée des régions périphériques tant françaises qu'allemandes à la première vague des jumelages jusqu'en 1963 ? Les gouvernements s'impliquèrent-ils particulièrement pour soutenir les réseaux associatifs dans ces « terres de mission » ? Inversement, la proximité géographique au voisin prédisposait-elle à une coopération sociétale plus précoce et soutenue ? La réponse varie selon les espaces considérés et le destin historique de chacun d'entre eux, mais aussi selon les domaines de coopération. Ainsi, alors que la Sarre fut toujours pionnière en matière de coopération universitaire franco-allemande[57], aucune ville sarroise n'était encore jumelée avec une commune française au moment de la signature du traité de l'Élysée. Le poids des tensions suscitées par le statut de la Sarre avait laissé des traces. Côté français, l'attitude des populations frontalières paraît assez différente selon qu'il s'agisse de l'Alsace ou de la Lorraine. Plusieurs villes lorraines – de la Lorraine naguère annexée ou de la partie restée française pendant la Guerre – se jumelèrent précocement avec des cités alle-

---

from below. An Assessment of Franco-German popular contacts, Londres, 1975 ; Hans Manfred Bock, « Europa von unten. Zu den Ursprüngen und Anfängen der deutschfranzösischen Gemeindepartnerschaften », in : Annette Jünemann, Emanuel Richter, Hartmut Ullrich (éd.), *Gemeindepartnerschaften im Umbruch Europas*, Francfort/Main, 1994, pp. 13–35 ; Corine Defrance, « Les premiers jumelages franco-allemands, 1950-1963 », in : *Lendemains*, 21 (1996) 84, pp. 83–95 ; Bertrand et Marina Girod de l'Ain, Sylvie Banoun, « Des liens indestructibles. Histoire des jumelages franco-allemands », in : *Documents* 51 (1996) 2, pp. 122–128 ; Corine Defrance, « Les jumelages franco-allemands: aspect d'une coopération transnationale » in : *Vingtième Siècle*, (2008) 99, pp. 189–201.

[56] Au sujet du cercle franco-allemand de Bordeaux, voir Corine Defrance, « ›Es kann gar nicht genug Kulturaustausch geben‹ : Adenauer und die deutsch-französischen Kulturbeziehungen 1949–1963 », in : Klaus Schwabe (éd.), *Adenauer und Frankreich, 1949–1963. Stand und Perspektiven der Forschung zu den deutsch-französischen Beziehungen in Politik, Wirtschaft und Kultur*, Rhöndorfer Gespräche, vol. 21, Bonn, 2005, pp. 137–162, ici pp. 149–150.

[57] Corine Defrance, « Die Universitätsaustausch in den Begegnungsprogrammen des DFJW 1963 bis 2003 » in : Bock (note 35), pp. 219–243 ; pour la version française, « Les échanges universitaires dans le programme d'activités de l'OFAJ » in : Bock, Defrance, Krebs, Pfeil (note 21) ; id., « Les relations universitaires franco-allemandes avant 1963. Impulsions institutionnelles et initiatives privées », in : *Lendemains*, 27 (2002) 107/108, pp. 202–219, ici p. 210.

mandes (Nancy/Karlsruhe dès 1955 ; Metz/Trier en 1957), tandis qu'en Alsace (Strasbourg/Stuttgart en 1962) le poids du passé fut plus durablement une entrave au rapprochement[58] : ainsi, en 1963, le très européen maire de Strasbourg Pierre Pflimlin, devait déconseiller aux autorités allemandes l'ouverture d'un Institut Goethe dans sa ville en leur confiant qu'il y avait encore « trop de méfiants et de malveillants »[59].

Par rapport aux études déjà existantes, il reste encore à préciser la composition sociologique du milieu de la société civile franco-allemande. Ce secteur peut être abordé par des études transversales sur rôle des prisonniers de guerre[60], des anciens combattants, des anciens travailleurs forcés[61], des catholiques, des émigrés et des migrants (étudiants, enseignants, jeunes filles au pair, professionnels). L'impact des mariages franco-allemands, qualifié par Alfred Grosser de « capital humain », et le rôle des enfants issus des couples mixtes (pendant la guerre et après la guerre) mériteraient également des études systématiques[62]. Une synthèse reste aussi à écrire sur les positionnements des milieux résistants, et sur l'impact positif ou négatif de courants d'idées ou de facteurs idéologiques (le fédéralisme européen, le communisme...) sur les relations avec les deux Allemagnes. Une autre manière d'analyser la structure sociologique des milieux engagés dans le ou les relations franco-allemandes, consiste à partir de l'étude précise d'un certain nombre d'associations, de comité de jumelage, d'unions régionales. Cette perspective, combinée aux approches biographiques et prosopographiques, permet aussi de repérer les liens éventuels (personnels ou héritages structurels) avec les cercles franco-allemands éclos dans le souffle de Locarno : Dans quelle mesure y a-t-il continuité ou rupture avec les associations de l'entre-deux-guerres ? Ceux qui s'engagent dans le rapprochement bilatéral appartiennent-ils majoritairement à une nouvelle génération, dont les figures de proue seraient alors Joseph Rovan et Alfred Grosser[63], tout juste âgés

---

[58] Defrance, « Les jumelages franco-allemands » (note 55).
[59] PA–AA, B 96, vol. 876, note de Hans Günther, consul de la RFA à Nancy, 24 juillet 1963.
[60] François Cochet, « Le rôle des anciens prisonniers et des anciens déportés français dans le rapprochement franco-allemand (1945-1965) », in : Antoine Fleury et al. (éd.), *Le rôle des guerres dans la mémoire des Européens*, Neuchâtel, 1997, pp. 123–135 ; id., « La captivité de 1939–1945 et les jumelages des villes : du rêve au réveil », in : Sylvie Caucanas, Rémy Cazals, Pascal Payen (éd.), *Les prisonniers de guerre dans l'histoire. Contacts entre peuples et cultures*, Paris, 2003, pp. 293–304.
[61] Helga Bories-Sawala, *Franzosen im Reicheinsatz : Deportation, Zwangsarbeit, Alltag. Erfahrungen und Erinnerungen von Kriegsgefangenen und Zivilarbeitern*, Francfort/Main, 1996.
[62] Musée des Alliés/AlliiertenMuseum, Berlin, *Sonderaustellung : Tout a commencé par un baiser. Les relations germano-alliées après 1945/Es begann mit einem Kuß. Deutsch-alliierte Beziehungen nach 1945*, 21 octobre 2005–19 mars 2006, p. 35 ; Fabrice Virgili, *La France 'virile'. Des femmes tondues à la Libération*, Paris, 2004 ; id., *Naître ennemi. Les enfants de couples franco-allemands nés pendant la Seconde Guerre mondiale*, Paris 2009 ; Jean-Paul Picaper, *Enfants Maudits*, Paris, 2004 ; id., *Le crime d'aimer. Les enfants du STO*, Paris, 2005.
[63] Alfred Grosser, *Une vie de Français. Mémoires*, Paris, 1997.

d'une vingtaine d'années quand ils entreprirent leur travail de « passeurs » entre les deux rives du Rhin au lendemain de 1945 ?

Un troisième objectif de notre projet (approche temporelle) serait d'aboutir à une typologie de la société civile franco-allemande en repérant les associations en fonction du moment de leur création, afin de distinguer le temps des pionniers et des obstacles à surmonter de celui d'un engouement plus partagé : ainsi la courbe quantitative des jumelages présente-t-elle une inflexion marquée en 1963 (25 jumelages entre 1950 et 1958 ; plus de cent jumelages nouveaux entre 1958 et 1963[64]), démontrant que la signature du traité de l'Élysée a eu un effet d'entraînement sur les mentalités, sans représenter une « année zéro » de la réconciliation. L'état du maillage associatif devra donc être mis en regard de l'état de l'opinion et il conviendra d'ausculter précisément la phase initiale, où les premiers projets furent échafaudés alors que les opinions publiques, de part et d'autre, nourrissaient toujours une image négative du voisin[65], afin de dégager les dynamiques et les synergies entre les actions entreprises par les différents types d'acteurs et l'établissement de réseaux[66]. Certes, il est difficile d'évaluer l'écho et la réception des activités des associations sur les opinions publiques. À ce premier classement selon la date de création, se combine une ventilation en fonction des modalités d'intervention de ces associations : seules, en « réseau » national (il s'agit ici notamment du rôle des fédérations), en partenariat binational (comme souvent le Comité français d'Échanges avec l'Allemagne nouvelle et le Deutsch-Französisches Institut de Ludwigsburg) ; par le biais de manifestations et/ou de publications et de leurs champs d'actions, qu'il soit sectoriel (culturel, sportif, confessionnel, qu'il s'agisse de rencontres de jeunes ou de professionnels ; de conférences ; de jumelages) ou territorial (action locale, régionale, nationale).

Enfin, dans chacun de ces cas, les interactions avec les acteurs « officiels » doivent être analysées afin de déterminer les coopérations, les complémentarités ou les rivalités dans la pratique. Dans cette perspective, signalons pour conclure, combien l'OFAJ a constitué une forme historiquement novatrice d'institutionnalisation de la coopération transnationale et combien l'étude de cet Office est fructueuse pour démêler les imbrications complexes entre instances gouvernementales et représentants de la société civile.

---

[64] Defrance, « Les jumelages franco-allemands » (note 55).
[65] Dietmar Hüser, « Frankreich, Deutschland und die französische Öffentlichkeit 1944-1950 : Innenpolitische Aspekte deutschlandpolitischer Maximalpositionen », in : Stefan Martens (éd.), *Vom 'Erbfeind' zum 'Erneuerer'. Aspekte und Motive der französischen Deutschlandpolitik nach dem Zweiten Weltkrieg*, Sigmaringen, 1993, pp. 19-64 ; Edgar Wolfrum, « Die Besatzungsherrschaft der Franzosen 1945 bis 1949 in der Erinnerung der Deutschen », in : *Geschichte in Wissenschaft und Unterricht*, 46 (1995) 10, pp. 567-582.
[66] François Beilecke, « Netzwerke und Intellektuelle. Konzeptionelle Überlegungen zur politischen Rolle eines zivilgesellschaftlichen Akteurs », in : id., Katja Marmetschke (éd.), *Der Intellektuelle und der Mandarin. Für Hans Manfred Bock*, Kassel, 2005, pp. 49-63.

Hans Manfred Bock

Transnationalismus in der Zwischenkriegszeit. Die Berliner Deutsch-Französische Gesellschaft als Beispiel einer folgenreichen zivilgesellschaftlichen Erfindung

Wenn in den internationalen Meinungs- und Willensbildungsvorgängen ex post deutlich erkennbare Veränderungen eintreten, wie dies in der Entstehung einer zivilgesellschaftlichen Komponente in den deutsch-französischen Beziehungen der Zwischenkriegszeit der Fall ist, so ist es prinzipiell problematisch, diesen Strukturwandel von einem einzigen chronologischen Anfangspunkt her zu datieren. So vermag man durchaus schon vor 1914 Ansätze einer Mobilisierung gesellschaftlicher Kräfte für die Verbesserung bilateraler außenpolitischer Beziehungskonstellationen in Deutschland festzustellen, wie sie beispielsweise von der Zeitschrift „Nord und Süd" mit Bezug auf Großbritannien unternommen wurde.[1] Zu einem soziokulturellen Phänomen wurde die Mobilisierung und Organisierung gesellschaftlicher Kräfte für die Intensivierung der bilateralen Beziehungen zwischen Deutschland und anderen europäischen Nationen jedoch erst in den zwanziger Jahren des 20. Jahrhunderts, als eine größere Zahl von „zwischenstaatlichen Gesellschaften"[2] ins Leben gerufen und als öffentlichkeitsrelevante Einrichtungen von der Diplomatie anerkannt wurden. Vor allem die deutschfranzösischen Beziehungen, die nach 1918/19 das größte Konfliktpotential bargen, wurden ab Mitte der zwanziger Jahre zu dem Terrain, auf dem die meisten zivilgesellschaftlichen Initiativen organisatorische Gestalt annahmen.[3] Unter ihnen war es die am Jahreswechsel 1927/28 gegründete Deutsch-Französische Gesellschaft (DFG), die im weiteren Verlauf des 20. Jahrhunderts beispielgebend wurde.

---

[1] Vgl. dazu Bruch, Rüdiger vom, *Weltpolitik als Kulturmission. Auswärtige Kulturpolitik und Bildungsbürgertum in Deutschland am Vorabend des ersten Weltkrieges*, Paderborn 1982; vgl. auch Bock, Hans Manfred, Vom europäischen Panoptikum zum Forum europäischer Friedenspolitik. Die Kulturzeitschrift „Nord und Süd" im Kaiserreich von 1877 bis 1914, in: *Le discours européen dans les revues allemandes (1871-1914). Der Europadiskurs in den deutschen Zeitschriften (1871-1914)*, hrsg. v. Michel Grunewald u.a., Bern 1996, S. 291-314.

[2] Unter diesem Rubrum wurden die entsprechenden Organisationen in der Sprache der Diplomatie bereits in den Zwischenkriegsjahren registriert.

[3] Als Überblick vgl. die Darstellung dieser Neugründungen in: Bock, Hans Manfred, Das Deutsch-Französische Institut in der Geschichte des zivilgesellschaftlichen Austauschs zwischen Deutschland und Frankreich, in: *Projekt deutsch-französische Verständigung. Die Rolle der Zivilgesellschaft am Beispiel des Deutsch-Französischen Instituts in Ludwigsburg*, hrsg. v. Hans Manfred Bock, Opladen 1998, S. 21-56.

Die Berliner DFG ist die älteste zivilgesellschaftliche Vereinigung zwischen Deutschland und Frankreich. Sie wurde am 12. Januar 1928 in Berlin gegründet und diente in den späten Weimarer Jahren als Ausgangspunkt von rund einem halben Dutzend ähnlicher DFGs in den Großstädten des Deutschen Reiches.[4] Sie diente im weiteren Fortgang der Geschichte auch als nomineller Bezugspunkt für die Gründung einer nationalsozialistischen DFG am 25. Oktober 1935 im Berliner Schloß Monbijou[5] und einer kommunistischen DFG in der Zeit der deutschen Teilung, die am 17. Februar 1962 in Ost-Berlin konstituiert wurde.[6] In den Wiedergründungsbemühungen um eine Austausch- und Verständigungsorganisation zwischen Berlin und Frankreich nach dem Zweiten Weltkrieg, die ab 1949 belegbar sind, spielte der Bezug auf die Weimarer DFG unter zwei Aspekten eine Rolle. Sie standen im Zeichen eines demokratischen Selbstverständnisses und sie wiesen Spuren von Kontinuität auf der Berliner wie auf der Pariser Seite auf.[7] Im Folgenden soll in erster Linie die DFG Berlin der Weimarer Jahre interessieren, deren Geschichte zwar kurz, aber folgenreich für die Entwicklung der deutsch-französischen Beziehungen war. Sie stellte eine authentische gesellschaftliche Erfindung dar, da mit ihrer Gründung eine neue Dimension in den bilateralen Beziehungen zwischen beiden Nationen entstand, die zwischen dem individuellen Privatverkehr der Staatsbürger einerseits und dem institutionellen Regierungshandeln andererseits angesiedelt ist. Diese Dimension organisierten zivilgesellschaftlichen Wirkens zwischen beiden Ländern fand ihre Entfaltungsbedingungen erst nach dem Zweiten Weltkrieg und bildete die gesellschaftliche Infrastruktur für die Versöhnungs-, Verständigungs- und Kooperations-Geschichte zwischen Deutschland und Frankreich bis heute.[8] Sie ist nach der Auffassung einflussreicher Zeitdiagnostiker der Gegenwart ein Antriebsmotor für die vielfältigen Transnationalisierungsvorgänge der letzten zwanzig Jahre.[9]

---

[4] Vgl. dazu Belitz, Ina, *Befreundung mit dem Fremden. Die Deutsch-Französische Gesellschaft in den deutsch-französischen Kultur- und Gesellschaftsbeziehungen der Locarno-Ära*, Frankfurt/Main 1997, S. 385-444 zu den DFG-Vereinigungen in Frankfurt/Main, Stuttgart, Hamburg, Mannheim, Breslau und Nürnberg.

[5] Vgl. dazu Bock, Hans Manfred, Die Deutsch-Französische Gesellschaft 1926 bis 1934. Ein Beitrag zur Sozialgeschichte der deutsch-französischen Beziehungen der Zwischenkriegszeit, in: *Francia*, 17/3 (1990), S. 97 ff.

[6] Pfeil, Ulrich, *Die „anderen" deutsch-französischen Beziehungen. Die DDR und Frankreich 1949-1990*, Köln 2004, S. 300 ff.

[7] Vgl. dazu *1928-2003. 75 Jahre Deutsch-Französische Gesellschaft in Berlin. 75 ans Société Franco-Allemande à Berlin*, Berlin 2003, S. 117; vgl. ebd. das Dokument von Franz Becker (S. 28) und den Nachweis der Vortragstätigkeit von Maurice Boucher und Edmond Vermeil (S. 36 und 40), die an exponierter Stelle in den deutsch-französischen Gesellschaftsbeziehungen der Weimarer Zeit tätig waren.

[8] Vgl. dazu im vorliegenden Band den Beitrag von Corine Defrance zum Konzept der zivilgesellschaftlichen Beziehungen im internationalen Kontext.

[9] Vgl. die Darstellung der entsprechenden Argumentation in meinem Schlussbeitrag zu diesem Buch.

1. Entstehung „zwischenstaatlicher Gesellschaften"

Zuerst zu den Anfängen zivilgesellschaftlicher Kontakte zwischen Deutschen und Franzosen in den Locarno-Jahren der Weimarer Republik und damit zu den Anfängen der Berliner DFG. Es sollen im Folgenden einige Facetten ihrer Entstehung, Arbeitsweise und beispielgebenden Bedeutung mitgeteilt werden, die abschließend zum Vergleich mit den gegenwärtigen Interaktionsformen und -problemen zwischen Deutschland und Frankreich zurückführen. Erst die Forschungen der letzten zwanzig Jahre ermöglichen es übrigens, eine solche Skizze zu versuchen.[10]

Die Entstehung der Berliner DFG war eng verbunden mit der Entwicklung der diplomatischen Beziehungen zwischen Frankreich und Deutschland[11] und mit der Lebensgeschichte des DFG-Gründers Otto Grautoff. Bedingt durch die relative ökonomische Stabilisierung, den Regierungswechsel in Frankreich und die Lösung der Währungskrise in Deutschland, die die Verträge von Locarno (Oktober 1925) ermöglichten, entstanden ab Mitte der zwanziger Jahre gleich mehrere gesellschaftliche Organisationen, die sich die Verbesserung der deutsch-französischen Beziehungen und die Herbeiführung der europäischen Einigung zum Ziel gesetzt hatten: Es wurden gegründet im wirtschaftsbürgerlichen Bereich das Deutsch-Französische Studienkomitee (auch Mayrisch-Komitee genannt),[12] der Europäische Kulturbund konservativer Prägung (der in Frankreich den Namen Union intellectuelle française trug),[13] die den demokratischen Kräften offene Paneuropa-Union[14] und schließlich die Deutsch-Französische Gesellschaft, die in Frankreich Kontakt hielt zu einer „Schwesterorganisation" unter dem Namen Ligue d'études germaniques (L.E.G.).[15] Kompliziert wie die Gründung der Berliner DFG Anfang 1928 waren auch der Lebensweg und das Persönlichkeitsbild des Otto Grautoff (1876-1937), ihres Gründers.

Grautoff war lange Zeit nur als enger Schul- und Jugendfreund von Thomas Mann bekannt.[16] Dank einer französischen und einer deutschen Disserta-

---

[10] Vgl. dazu den (inzwischen ergänzungsbedürftigen) bibliographischen Überblick in: *Projekt deutsch-französische Verständigung*, hrsg. v. Bock (wie Anm. 3), S. 379-477.
[11] Zur gouvernemental-diplomatischen Konstellation vgl. jetzt Blessing, Ralph, *Der mögliche Frieden. Die Modernisierung der Außenpolitik und die deutsch-französischen Beziehungen 1923-1929*, München 2008.
[12] Vgl. Müller, Guido, *Europäische Gesellschaftsbeziehungen nach dem Ersten Weltkrieg. Das Deutsch-Französische Studienkomitee und der Europäische Kulturbund*, München 2005.
[13] Vgl. ebd., S. 309 ff.
[14] Vgl. Ziegerhofer-Prettenthaler, Anita, *Botschafter Europas. Richard Nikolaus Coudenhove-Kalergi und die Paneuropa-Bewegung in den zwanziger und dreißiger Jahren*, Wien, Köln 2004.
[15] Vgl. dazu Bock, Hans Manfred, Die Ligue d'études germaniques (L.E.G.) 1928-1936. Ein unbekannter Aspekt der deutsch-französischen Gesellschaftsbeziehungen der Zwischenkriegszeit, in: *Lendemains*, 53 (1989), S. 138-148.
[16] Vgl. dazu Mendelssohn, Peter de (Hg.), *Thomas Mann. Briefe an Otto Grautoff 1894-1901 und Ida Boyd-Ed 1903-1928*, Frankfurt/Main 1975. Vgl. auch die Interpretationen in:

tion wissen wir inzwischen mehr über ihn.[17] Er kam aus einer großbürgerlichen Lübecker Familie, konnte jedoch aufgrund des unternehmerischen Bankrotts seines Vaters nicht studieren. Nach einer Buchhandels-Ausbildung profilierte und etablierte sich Grautoff in München als Literatur- und Kunst-Publizist. Ab 1904, spätestens ab 1908, lebte er mit seiner Frau, einer kulturell ambitionierten Tochter aus einer Berliner Großhandelsfamilie, in Paris auf der Ile Saint-Louis (Quai Bourbon). Die Grautoffs unterhielten dort einen deutsch-französischen Salon und zahlreiche gute Beziehungen zu zeitgenössischen Schriftstellern (vorzugsweise aus dem Kreis der Abbaye de Créteil) und zu bildenden Künstlern. Grautoffs Ehrgeiz, mit Hilfe der deutschen Botschaft einen mehr als privaten Treffpunkt, ein deutsch-französisches Institut, zu gründen, wurde durch den Ersten Weltkrieg vereitelt. Die Grautoffs trugen mit ihrer Arbeit bei zur Einführung der zeitgenössischen französischen Literatur in Deutschland; ihre gemeinsame Übersetzung des Jean-Christophe-

---

Vaget, Hans Rudolf, Auf dem Weg zur Repräsentanz. Thomas Mann in Briefen an Otto Grautoff (1894-1901), in: *Neue Rundschau*, 2/3 (1980), S. 58-82, und Sauermann, E., Thomas Mann und die Deutschnationalen. Otto Grautoff als Faktor der Rezeptionssteuerung von Thomas Manns Frühwerk, in: *Internationales Archiv für Sozialgeschichte der deutschen Literatur* 11 (1991), S. 57-78. Thomas Mann gab mit Otto Grautoff die ephemere Schülerzeitschrift *Der Frühlingssturm. Monatsschrift für Kunst, Literatur und Philosophie* heraus. Vgl. dazu Winston, Richard, *Thomas Mann. Das Werden eines Künstlers 1875-1911*, München 1985, S. 64 ff.

[17] Neben der Münsteraner Dissertation von Ina Belitz, *Befreundung* (wie Anm. 4) ist dies die ungedruckt gebliebene Doktorarbeit an der Sorbonne von Pellissier, Béatrice, *Un dialogue franco-allemand de l'entre-deux-guerres: la Deutsch-Französische Rundschau (janvier 1928-juin 1933) et la Revue d'Allemagne (novembre 1927-décembre 1933)*, Paris 1991-1992, 2 Bde., 659 S. Die Arbeit ist überwiegend inhaltsanalytisch angelegt. Sie ist u.a. deshalb unentbehrlich, weil sie auf den ersten 50 Seiten die Autobiographie Otto Grautoffs zusammenfaßt, die dieser im Pariser Exil verfaßte und seinem guten Bekannten Henri Lichtenberger für das Germanistische Institut an der Sorbonne überließ. Die Autobiographie Grautoffs (Ein deutsch-französisches Leben, 2 Bde.) ist seit über 15 Jahren leider nicht zugänglich für die Forschung. Ergänzende Literatur zu Grautoff und zur Berliner Deutsch-Französischen Gesellschaft bisher Bock, Hans Manfred, Transnationale Begegnung im Zeitalter des Nationalismus. Der Lebensweg Otto Grautoffs zwischen Deutschland und Frankreich, in: *Kulturelle Wegbereiter politischer Konfliktlösung. Mittler zwischen Deutschland und Frankreich in der ersten Hälfte des 20. Jahrhunderts*, hrsg. v. Hans Manfred Bock, Tübingen 2005, S. 41-59; ders., Otto Grautoff und die Berliner Deutsch-Französische Gesellschaft, in: *Französische Kultur im Berlin der Weimarer Republik. Kultureller Austausch und diplomatische Beziehungen*, hrsg. v. ders., Tübingen 2005, S. 69-100; Beneke, Sabine, Otto Grautoff, Franz Jourdain und die Ausstellung bayrischen Kunstgewerbes im "Salon d'Automne" von 1910, in: *Distanz und Aneignung. Relations artistiques entre la France et l'Allemagne 1870 - 1945. Kunstbeziehungen zwischen Deutschland und Frankreich 1870 - 1945*, hrsg. von Alexander Kostka und Francoise Luchert, Berlin 2004, S. 119-138; Foucart, Claude, André Gide, Bernhard Groethuysen et Otto Grautoff ou la définition du politique chez Gide, in: *Bulletin des Amis d'André Gide* 114/115 (1997), S. 193-208; Bock, Hans Manfred, Deutsch-französische Gesellschaften der Weimarer Zeit. Otto Grautoff, ein Wegbereiter im Geiste Stresemanns, in: *Dokumente. Zeitschrift für den deutsch-französischen Dialog*, 3 (1989), S. 226-231.

Zyklus von Romain Rolland erschien während des Ersten Weltkrieges.[18] Auch zur Rodin-Rezeption trug Otto Grautoff bei, der kurz vor Kriegsbeginn mit einer großen Arbeit über den klassizistischen Maler Nicolas Poussin in Bern als Kunsthistoriker promovierte.[19] Aufgrund seiner Tätigkeit für die Kulturpropaganda des Auswärtigen Amtes, für dessen Zentralstelle für Auslandsdienst er während der Kriegsjahre arbeitete,[20] aber auch aufgrund persönlicher Taktlosigkeiten in seinen Beziehungen zu Romain Rolland,[21] haftete dem Frankreich-Experten Grautoff zu Beginn der Weimarer Republik das Odium an, zu einem „pangermaniste" geworden zu sein.

Trotz diesem (teilweise berechtigten) Vorwurf, der ihn die Freundschaft mit Romain Rolland und Stefan Zweig und die Enteignung der Ausstattung seiner Wohnung am Quai Bourbon kostete, knüpfte der seit 1914 in Berlin lebende Kunst- und Literatur-Publizist bereits ab 1920 wieder persönliche Kontakte mit alten und neuen Bekannten in Paris an. Grautoff erhielt eine Dozentur für Kunstgeschichte an der Berliner Handelshochschule, die er bis zu seiner Entlassung durch die Nationalsozialisten im Sommer 1933 wahrnahm. Seine geräumige Berliner Wohnung war – gemäß den unlängst veröffentlichten Erinnerungen seiner jüngsten Tochter[22] – gekennzeichnet durch großbürgerliche Repräsentativität, einen leicht bohèmehaften Lebensstil und kosmopolitischen Besucherverkehr. Seit seiner Arbeit für die Zentralstelle für Auslandsdienst mit einigen leitenden Mitarbeitern im Auswärtigen Amt in der Wilhelmstraße eng verbunden und über seine Mitgliedschaft im Berliner Honoratioren-Club Deutsche Gesellschaft mit den Interna der außenpolitischen Willensbildung in Berlin gut bekannt, setzte Grautoff ab 1924 in seiner ausgreifenden publizistischen Tätigkeit entschlossen auf die sich diplomatisch abzeichnende Verbesserung der deutsch-französischen Beziehungen. Er unternahm in der ersten Jahreshälfte 1925 in Absprache mit dem Auswärtigen Amt und dem Preußischen Kultusministerium eine ausgedehnte Frankreichreise und machte von sich reden durch die von ihm veröffentlichte Zusage des französischen Erziehungsministers Anatole de Monzie, die Blockade deutscher Wissenschaftler auf internationalen Kon-

---

[18] Der erste Band erschien 1914, die beiden anderen 1918 bei Rütten und Loening in Frankfurt/Main. Eine Neuauflage in drei Bänden erschien in der Büchergilde Gutenberg, Rolland, Romain, *Johann Christof. Die Geschichte einer Generation*, Frankfurt/Main o.J. Eine Sammlung seiner Aufsätze zu Romain Rolland erschien in: Grautoff, Otto, *Romain Rolland*, Frankfurt/Main 1914.
[19] Vgl. dazu Grautoff, Otto, *Auguste Rodin*, Bielefeld, Leipzig 1908 und ders., *Nicolas Poussin. Sein Leben und Werk*, München, Leipzig, 1914, 2 Bde.
[20] Vgl. dazu Belitz, *Befreundung* (wie Anm. 4), S. 68-76, und Kott, Christina, *Préserver l'art de l'ennemi? Le patrimoine artistique en Belgique et en France occupées, 1914-1918*, Brüssel 2006, S. 81-85.
[21] Vgl. dazu die Grautoff betreffenden Stücke in der Korrespondenz: *Romain Rolland – Stefan Zweig. Briefwechsel. Bd. 1 1910-1923*, Berlin 1987.
[22] Fuld, Werner, Ostermaier, Albert (Hgg.), *Die Göttin und ihr Sozialist. Christiane Grautoff – ihr Leben mit Ernst Toller*, Bonn 1996.

gressen fortan aufzuheben.[23] Ab 1926 galt sein Bestreben der Gründung einer Frankreich-Zeitschrift und eines damit verbundenen Frankreich-Instituts in Berlin. Dafür warb er bei den beiden Ministerien (Auswärtiges Amt und Preußisches Kultusministerium), bei den Repräsentanten der Industrie und der Banken und bei den Vertretern des Bildungsbürgertums. Er erhielt (nach Verhandlungen im Quai d'Orsay mit Jean Giraudoux und Jean Mistler) die Förderungszusage zuerst des französischen, dann des deutschen Außenministeriums, die Absage des (im Mayrisch-Komitee organisierten) Wirtschaftsbürgertums und schließlich die entscheidende Unterstützung unterschiedlicher Gruppen des Bildungsbürgertums. Auf dieser materiellen Grundlage entstand in Berlin im Oktober 1926 der eingetragene Verein Gesellschaft der Deutsch-Französischen Rundschau (GDFR). Im März 1927 konstituierte sich mit Unterstützung der Industrie- und Handelskammer ein Vorbereitender Ausschuss des Präsidiums der GDFR. Als es auch diesem Ausschuss nicht gelang, die erforderlichen Finanzierungsgrundlagen für die Zeitschrift einzuwerben, gründete Grautoff Ende Dezember 1927 die DFG, die sich am 12. Januar 1928 öffentlich konstituierte und wesentlich auf die materiellen Ressourcen der Abonnenten der „Deutsch-Französischen Rundschau" (DFR) aus dem Bildungsbürgertum angewiesen war.

2. Erprobung transnationaler Interaktionsformen

Die Lebens- und Arbeitsfähigkeit der ersten deutsch-französischen zivilgesellschaftlichen Organisation wurde in den ersten drei Jahren bis 1930 durchaus bestätigt, nahm aber dann ab in dem Maße, wie sich die diplomatischen Beziehungen zwischen Deutschland und Frankreich verschlechterten.[24] Die am 12. Januar 1928 angenommenen Statuten der DFG enthielten folgende Zweckbestimmung der Vereinigung:

> „Die DFG will das Verständnis für Frankreich in Deutschland heben und vertiefen. Durch Bestandsaufnahme der französischen Geistesgüter, durch tiefgreifende Erkenntnis unseres Nachbarn will sie an einer Entspannung zwischen beiden Ländern mitwirken und unter Wahrung des eigenen Staatsgefühls der beiden Nationen zwischen Frankreich und Deutschland Brücken schlagen. Ihr Ziel ist, Deutsche und Franzosen aus allen Kreisen und Gebieten zu einer Arbeitsgemeinschaft zusammenzuschließen, durch den Gedankenaustausch dieser schöpferischen Völker des Okzidents Europa zu dienen."[25]

---

[23] Sein Bericht und sein Briefwechsel mit de Monzie ist dokumentiert in: Grautoff, Otto, *Das gegenwärtige Frankreich. Deutungen und Materialien*, Halberstadt 1926, S. 175-187 und S. 204ff. Weitere Publikationen über seine Informationsreise nachgewiesen bei Belitz, *Befreundung* (wie Anm. 4), S. 545 f.

[24] Vgl. dazu Knipping, Franz, *Deutschland, Frankreich und das Ende der Locarno-Ära 1928-1931*, München 1987.

[25] Deutsch-Französische Gesellschaft, Bd. V im Politischen Archiv des Auswärtigen Amtes, H 024039.

Für die Jahre 1928 bis 1933 sind 1.594 DFG-Mitglieder in Berlin nachweisbar.[26] Lehrer und Hochschullehrer stellten rund 13,5 % ihrer Mitgliedschaft und waren damit die am stärksten repräsentierte Gesellschaftsgruppe. Die Journalisten und Künstler waren mit 3,7 % ebenso überrepräsentiert. Aus der öffentlichen Verwaltung und aus Unternehmerkreisen kamen je 7,4 % ihrer Mitglieder. Zum Vorsitzenden war auf der Gründungssitzung Otto Grautoff gewählt worden. Der langjährige Generalsekretär der DFG war Edgar Stern-Rubarth (1883-1972), ein enger Vertrauensmann von Gustav Stresemann.[27] Die politische Linie, die vor allem in der Zeitschrift der DFG („DFR") publizistisch vertreten wurde, wies auf die Parteien der Weimarer Koalition (also Liberale, Zentrum und Sozialdemokratie). Mit seiner Beitrittserklärung abonnierte jedes der rund 2700 DFG-Mitglieder im Reich die „DFR". Die Monatsschrift erschien mit rund 100 Druckseiten (also jährlich über 1000 Seiten) und wurde von einer deutsch-französischen Herausgeber-Equipe geleitet, der neben Grautoff und Stern-Rubarth vier weitere deutsche und drei französische Mitglieder angehörten. Aus Frankreich waren das zwei Hochschulgermanisten (Henri Lichtenberger und Maurice Boucher[28]) und ein Literaturkritiker (Edmond Jaloux). Die „DFR" war das verbindende und verbindliche Kommunikationsmittel für alle DFG-Mitglieder im Reich. Sie wurde redaktionell von Grautoff und zwei Sekretärinnen in seiner Wohnung in Berlin hergestellt. Sie wurde die quantitativ und qualitativ beste Frankreich-Zeitschrift in Deutschland während des 20. Jahrhunderts (auch im Vergleich mit den entsprechenden Periodika der zweiten Hälfte des vergangenen Jahrhunderts!²⁹).

Über diese aufwendige Zeitschriften-Herausgabe hinaus hatte sich die Berliner DFG in ihrem Gründungsprogramm von Januar 1928 darauf verpflichtet, regelmäßige deutsch-französische Tagungen, Vorträge, Theater- und Musikaufführungen und andere „gesellschaftliche Veranstaltungen jeglicher Art" durchzuführen (§ 3 der Satzung). Sie kam in den Jahren 1928 bis 1933 dieser Selbstverpflichtung mit beeindruckender Tatkraft nach. Die auf größere Öffentlichkeitswirkung gerichteten deutsch-französischen Manifestationen fanden im Hotel „Esplanade" statt, andere informelle Veranstaltungen in den Geschäftsräumen fördernder DFG-Mitglieder oder auch in

---

[26] Sie wurden ermittelt aufgrund der Listen der Neumitglieder, die regelmäßig in der DFR veröffentlicht wurden. Siehe dazu die Angaben in: Bock, Die deutsch-französische Gesellschaft (wie Anm. 5), S. 81.

[27] Dazu jetzt die erste monographische Studie Bock, Hans Manfred, Stresemanns publizistischer Prätorianer. Zum frankreich- und europapolitischen Wirken von Edgar Stern-Rubarth in der Weimarer Republik, in: *Zeit-Geschichten aus Deutschland, Frankreich, Europa und der Welt. Lothar Albertin zu Ehren*, hrsg. v. Ingo Kolboom, Andreas Ruppert, Lage 2008, S. 67-88.

[28] Vgl. dazu Bock, Hans Manfred, Henri Lichtenberger, Begründer der französischen Germanistik und Mittler zwischen Frankreich und Deutschland, in: *Kulturelle Wegbereiter* (wie Anm. 17), S. 217-231.

[29] Vgl. dazu Asholt, Wolfgang, Bock, Hans Manfred (Hgg.), Deutsch-französische Zeitschriften, in: *Lendemains*, 100 (2000), S. 10-96, bes. S. 16 ff.

den Privatwohnungen der DFG-Leiter. Von einer überwiegend revisionistischen Öffentlichkeit nicht ohne Argwohn beäugt, fanden diese Auftritte der DFG in Berlin Kritik und Zustimmung. Die grobschlächtigste Kritik kam von den Nationalsozialisten, die Observanten in die DFG eingeschleust hatten und von „pazifistisch linksgerichteten" Kräften und „vollkommener Verjudung" der Verständigungsorganisation schwadronierten.[30] In den Augen der sozialistischen Linken war die DFG Berlin eine bürgerlich-mondäne, opportunistische Organisation, die an den Symptomen statt an den Ursachen der internationalen Krise ansetzte. Das kulturell liberale und politisch nationale Terrain, auf dem Grautoff die Organisation verankern wollte, schrumpfte gegen Ende der Weimarer Republik drastisch. Der DFG-Gründer übte heftige Kritik an der politischen Verzagtheit des deutschen Bürgertums und isolierte damit zusätzlich die Vereinigung von ihren Trägergruppen. In den der größeren Öffentlichkeit zugänglichen Veranstaltungen der Berliner DFG machte sich ab 1930 eine signifikante Veränderung bemerkbar: Dienten die zahlreichen Vorträge französischer Gäste anfangs der Selbstdarstellung der Redner und der Bekanntmachung mit den Realitäten Frankreichs, so standen sie ab 1930 im Zeichen der wachsenden Kontroversen zwischen beiden Ländern, die in der Form sogenannter „kontradiktorischer Aussprachen" ausgetragen wurden.[31] Die französischen Botschafter dieser Jahre in Berlin, Pierre de Margerie und André François-Poncet, ließen (gemäß eigenem Bekunden) keine dieser öffentlichkeitsrelevanten Veranstaltungen aus. Die größten Publikumserfolge in der kurzen Geschichte der Berliner DFG der späten Weimarer Jahre waren kultureller Art[32]: Zum Beispiel eine Ausstellung bibliophiler Luxusdrucke aus Frankreich, die am 13. Oktober 1929 in den Räumen des Juweliergeschäfts Flatow und Priemer eröffnet wurde. Sie war mit der tätigen Hilfe von Botschafter de Margerie und des Kunsthändlers Alfred Flechtheim zusammengestellt worden und repräsentierte 29 französische Verlagshäuser. Teilweise im organisatorischen Zusammenhang mit dieser vom Berliner Publikum sehr gut aufgenommenen Ausstellung stand der Berlin-Besuch der Erfolgsschriftstellerin Gabrielle Colette (1873-1954). Sie trug bei Flatow und Priemer vor brechend vollem Hause vor und sprach über sich und ihr Werk. Die Berliner Presse überschlug sich vor Begeisterung und Colette wurde von namhaften Journalisten wie Monty Jacobs, Kurt Tucholsky und Kurt Pinthus interviewt. Die Autorin wurde bei dem an den Vortrag anschließenden Bankett von Ludwig Fulda, Arnold Zweig, Alfred Flechtheim und Otto Grautoff gewürdigt und am folgenden Tage in der französischen Botschaft sowie im Berliner PEN-Club empfangen. Die Schriftstellerin (deren Berlin-Besuch in keiner der Biogra-

---

[30] Vgl. Belitz, *Befreundung* (wie Anm. 4), S. 231 ff. und Bock, Die deutsch-französische Gesellschaft (wie Anm. 5), S. 91 ff.
[31] Vgl. die Analyse der Veranstaltungen in: Bock, Otto Grautoff und die Berliner DFG (wie Anm. 17), S. 86-95.
[32] Vgl. zum Kontext Bock, Hans Manfred (Hg.), *Französische Kultur im Berlin der Weimarer Republik. Kultureller Austausch und diplomatische Beziehungen*, Tübingen 2005.

phien erwähnt wird, die ihr bis heute gewidmet wurden) war ihrerseits von ihrer Aufnahme in Berlin entzückt und kam bereits vier Wochen später wieder in die deutsche Hauptstadt. Einen ähnlichen Erfolg hatte die Berliner DFG bei dem von ihr veranlassten Besuch des pazifistischen Erfolgsschriftstellers Victor Margueritte (1866-1942), des Autors von „La Garçonne",[33] der im Mai 1932 in der DFG, der Deutschen Liga für Menschenrechte und dem Berliner PEN-Club vortrug.

Andere bilaterale Interaktionsformen, die den Dialog zwischen Deutschen und Franzosen fördern sollten, wurden in dem halben Jahrzehnt der Existenz der DFG erprobt und fanden gerade wegen ihrer Neuartigkeit große öffentliche Aufmerksamkeit. Dazu gehörten die Gruppenreisen, die von der Berliner DFG nach Paris und von der L.E.G. an wechselnde Orte im Deutschen Reich durchgeführt wurden. Die teilweise bis zu 70 Mitreisende umfassenden Gruppen setzten sich auf beiden Seiten weitgehend ähnlich zusammen. Sie umfassten Vertreter der Lehrberufe, der freien Berufe und des Industrie- und Handelsbereichs.[34] Die erste Gruppenreise der DFG im Mai 1929 führte (wie die drei folgenden Frankreichreisen) nach Paris. Die 33 Mitglieder umfassten – nach dem Zeugnis der „DFR" – „Ärzte, Bankiers, Chemiker, Ingenieure, Juristen, Kaufleute, Künstlerinnen, Studienräte".[35] Sie wurden von den Amitiés Internationales (einer von mehreren französischen Organisationen zur Förderung der transnationalen Beziehungen) mit einem Empfang geehrt. An ihm nahmen teil Minister Anatole de Monzie, das Redaktionsmitglied der „DFR", Edmond Jaloux, der Schriftsteller Jules Romains und der Sorbonne-Germanist Henri Lichtenberger. Die Gruppe wurde begrüßt im Quai d'Orsay und in der deutschen Botschaft und der Leiter der Studienfahrt, Otto Grautoff, erhielt die Möglichkeit, über den französischen Rundfunk die Ziele der DFG zu erläutern.[36] In umgekehrter Richtung trat im September 1930 eine Gruppe von 70 L.E.G.-Mitgliedern die Reise an nach Berlin und in das Land Brandenburg. Die Berliner Presse würdigte den Besuch mit dem Kommentar, dies sei der größte Gruppenbesuch französischer Intellektueller seit fünfzig Jahren.[37] Eine andere Form der öffentlichen Werbung für den deutsch-französischen Austausch war die von der „DFR"

---

[33] Vgl. dazu die literaturwissenschaftliche Monographie Drost, Julia, *La Garçonne. Wandlungen einer literarischen Figur*, Göttingen 2003.

[34] Vgl. dazu die Belege in: Bosquelle, Dominique, Voyages et séjours de germanistes en Allemagne dans les années trente, in: *Les études germaniques en France (1900-1979)*, hrsg. v. Michel Espagne, Michael Werner, Paris 1994, S. 251-265; Bock, Hans Manfred, Les associations de germanistes français. L'exemple de la L.E.G, in: *ebd.*, S. 282 f. Vgl. zum Wandel der bis dahin vorherrschenden Individualreise zwischen beiden Nationen zur Gruppenreise im Sinne der Völkerverständigung: Bock, Hans Manfred, Reisen zwischen Berlin und Paris in der Zwischenkriegszeit. Ein historisch-soziologischer Überblick, in: *Die Blicke der Anderen. Paris-Berlin-Moskau*, hrsg. v. Wolfgang Asholt, Claude Leroy, Bielefeld u.a. 2006, S. 25-46.

[35] *Deutsch-Französische Rundschau*, 1929, S. 586 ff.: Bericht über die Studienfahrt der DFG.

[36] Vgl. Bock, Die Deutsch-Französische Gesellschaft (wie Anm. 5), S. 88.

[37] *Deutsch-Französische Rundschau*, 1930, S. 750.

1928 durchgeführte Enquête zu den Möglichkeiten konkreter Kontaktaufnahme zwischen beiden Nationen. In den Leitfragen der Enquête wurde um Stellungnahme gebeten zum Mittlerpotential bestimmter Berufsgruppen. Zum Beispiel zu den zu erwartenden Auswirkungen eines Austauschs zwischen deutschen Romanisten und französischen Germanisten, zwischen Historikern, Juristen, Wirtschaftswissenschaftlern und Technikern beider Länder und zu dem möglichen Ertrag einer zeitweiligen wechselseitigen Vertretung zwischen Gymnasiallehrern, Verlags- und Pressevolontären sowie von Mitarbeitern in den Finanz-, Handels- und Industriebetrieben.[38] Die Antworten auf diese Fragen kamen teilweise von bekannten Wissenschaftlern und Schriftstellern; sie enthielten prospektive Elemente, die ihrer Zeit weit voraus waren und Perspektiven aufwiesen, die von der offiziellen Auswärtigen Kulturpolitik erst im Übergang zu den dreißiger Jahren ansatzweise verwirklicht wurden.[39] Den deutsch-französischen Schüler- und Studentenaustausch betrieb die DFG (in Kooperation mit anderen zivilgesellschaftlichen Organisationen[40]) in begrenztem Umfang und in eigener Regie bis 1933.[41]

Die Philosophie bzw. die handlungsanleitende Überzeugung der Protagonisten der DFG, die hinter diesen zahlreichen Begegnungsaktivitäten steckte, wurde exemplarisch formuliert von Stefan Zweig. Der weithin bekannte Biograph und Essayist hatte sein Zerwürfnis der Weltkriegsjahre mit Grautoff hinter sich gelassen und unterstützte das Projekt der DFG und ihrer Zeitschrift „DFR" aktiv. Anfang 1929 schrieb er zu deren Zielsetzung:

> „Hier sollte jeder, der irgend etwas Lebendiges, etwas Weiterbringendes und Verständnissteigerndes zwischen den beiden Nationen anzuregen oder zu erörtern hat, seine Vorschläge machen dürfen und alle Diskussionen sich sammeln, die auf Verinnerlichung und gleichzeitig Festigung der beiden Brudervölker hinzielen. Denn darum handelt es sich vor allem. Realitäten schaffen, nicht bloß ins Geistige, auch unmittelbar ins Praktische zu wirken, denn weder die Ideologie noch die pathetischen Liebeserklärungen helfen auch nur einen Zoll weit zu einem so weltbedeutenden Ziele. Lieber kleine Fortschritte im Realen, die dauern und wirkliches Verständnis schaffen, als vage Sentimentalitäten. Es ist viel zu tun, sehr viel noch, damit dieser Kontakt und dieses Verstehen [...] nicht nur auf die oberste und von den Wurzeln der Nation schon fast abgelöste Elite beschränkt

---

[38] Vgl. dazu Bock, Weimarer Intellektuelle und das Projekt deutsch-französischer Gesellschaftsverflechtung, in: *Europa und die Europäer. Quellen und Essays zur modernen europäischen Geschichte*, hrsg. v. Rüdiger Hohls u.a., Stuttgart 2005, S. 422-427. Vgl. auch Themenportal Europäische Geschichte (2008), URL: http://www.europa.clio-online.de/2008/Article=107.

[39] Vgl. dazu die einschlägigen Beiträge in: Bock, Hans Manfred, Meyer-Kalkus, Reinhart, Trebitsch, Michel (Hgg.), *Entre Locarno et Vichy. Les relations culturelles franco-allemandes dans les années 1930*, Paris 1993, 2 Bde.

[40] Zu den französischen Kooperationspartnern s. die Skizze bei Belitz, *Befreundung* (wie Anm. 4), S. 467 ff; dort namentlich zu den „Amitiés Internationales", S. 478 ff.

[41] Vgl. dazu ebd., S. 445-466. Auch zum Kontext Tiemann, Dieter, *Deutsch-französische Jugendbeziehungen der Zwischenkriegszeit*, Bonn 1989.

bleibe, sondern dass die Durchdringung eine vollkommenere und volkshaftere werde. Es geht längst nicht mehr darum, ein paar Künstler und ein paar Politiker dem Verständigungswillen zu gewinnen, sondern die Lehrer vor allem, die Fortbildner der Jugend, der nächsten Generation, nicht nur die Hauptstädte, sondern auch die Provinzen, das ganze, den meisten Ausländern fast unbekannte Land. Das kann nur durch viele Einzelarbeit geschehen, aber immer einzig durch Arbeit, die auf Realität zielt, auf das Praktische und Erfüllbare."[42]

Der Berliner DFG blieb nicht viel Zeit, dieses anspruchsvolle Programm zu verwirklichen. Sie wurde nach dem 30. Januar 1933 von den Nationalsozialisten lahmgelegt und unter ihrem Druck am 12. Juli 1934 aufgelöst. Otto Grautoff, von Botschafter François-Poncet auf seine Gefährdung hingewiesen, verließ Berlin Ende Juni 1933 und wurde von seinen Freunden in Paris, besonders von Henri Focillon (Kunsthistoriker am Collège de France) in prekäre Beschäftigungsverhältnisse vermittelt.[43] Er erhielt einen Vertrag mit der New School of Social Research in New York, dem Sammelpunkt deutscher akademischer Hitler-Flüchtlinge, und starb im April 1937 während der Vorbereitung seiner Reise nach New York. Seine Frau Erna Grautoff war in Berlin geblieben und veröffentlichte 1937 eine Georges-Sand-Biographie, die vermutlich die bedeutendste ihrer zahlreichen Veröffentlichungen war.[44] In dem Streit, der zwischen den Nationalsozialisten und dem exilierten Grautoff 1933/34 öffentlich ausgetragen wurde, kam die Verdächtigung auf, dass der Gründer der DFG insgeheim ein Arrangement mit den neuen Machthabern in Berlin gesucht habe.[45] Glaubwürdiger als diese Darstellung erscheint der Bericht seiner Tochter Christiane, die sich als (Film-)Schauspielerin einen Namen gemacht und in einem Interview öffentlich gegen die Nationalsozialisten ausgesprochen hatte. Sie erhielt in ihrem Zürcher Exil den Anruf ihres Vaters aus Paris, in dem er sie wegen der Gefährdung der in Berlin verbleibenden Familienmitglieder zusammenstauchte, um dann zu enden: „Ich bin sehr stolz auf Dich!"[46] Die Organisation, die ihm die Nationalsozialisten aus den Händen genommen hatten, gab einer neuen Dimension außenpolitischer Meinungs- und Willensbildung Gestalt, die fortan in den deutsch-französischen Beziehungen nie wieder ganz verschwinden sollte, aber mehrfachen Wandlungen ausgesetzt war.

3. Entfaltung zivilgesellschaftlicher Organisationen in den deutsch-französischen Nachkriegsbeziehungen

Die Idee der Notwendigkeit gesellschaftlicher Fundamentierung der bilateralen politischen Beziehungen zwischen Deutschland und Frankreich und

---

[42] *Deutsch-Französische Rundschau*, 1930, S. 2.
[43] Vgl. Pellissier, *Un dialogue franco-allemand* (wie Anm. 17), S. 14.
[44] Grautoff, Erna, *Aurore. Geliebte, Mutter, Dichterin*, Wien, Berlin 1937.
[45] Vgl. Bock, Die Deutsch-Französische Gesellschaft (wie Anm. 5), S. 96.
[46] Fuld, Ostermaier, *Die Göttin* (wie Anm. 22), S. 53.

die beispielgebende transnationale Praxis der Berliner DFG in den Jahren 1928 bis 1933 hatten sich zum Zeitpunkt der reichsweiten Zerschlagung der Grautoffschen Organisation und der erzwungenen Flucht ihres Gründers nach Frankreich bereits durchgesetzt. Trotz der widrigen politischen Umstände war im Dezember 1930 in Nürnberg die letzte offizielle Ortsgruppengründung einer DFG und in 1932 sogar noch die Konstituierung einer L.E.G. in Marseille erfolgt.[47] Die Nationalsozialisten wollten nach der Unterdrückung der demokratischen Weimarer DFG im Juli 1934 nicht darauf verzichten, die Interaktion gesellschaftlicher Gruppen zwischen Deutschland und Frankreich fortzusetzen. Sie bauten mit maßgeblicher Hilfe ihres späteren „Botschafters" im besetzten Frankreich Otto Abetz (1903-1958)[48] ein neues Organisationsgefüge auf, das mit der Grautoffschen DFG einzig und allein den (usurpierten) Namen gemeinsam hatte. Der offiziell im Oktober 1935 in Berlin ins Leben gerufenen nationalsozialistischen DFG entsprach auf der französischen Seite ab Ende November 1935 ein Comité France-Allemagne (CFA).[49] Obwohl das Organisationskonstrukt (NS-)DFG/Comité France-Allemagne noch immer nicht hinlänglich erforscht ist,[50] kann man für den deutschen Zweig dieser „zwischenstaatlichen Gesellschaft" der dreißiger Jahre konstatieren, dass in ihm die bildungsbürgerlichen Fundamente der Weimarer DFG keine ausschlaggebende Rolle mehr spielten. An ihre Stelle traten berufsständische Gruppen, deren Zusammensetzung von der NSDAP bestimmt wurde und deren Auftrag in erster Linie darin bestand, dass sie in den bilateralen Austauschaktionen ein propagandistisches Bild vom „neuen Deutschland" in Frankreich erzeugten. Das zivilgesellschaftliche Unterscheidungsmerkmal der Eigenaktivität gesellschaftlicher Kräfte war in dieser Praxis getilgt und die Ersetzung des Bildungsbürgertums durch handwerkliche, industrielle und agrarische Berufsvertreter war deshalb eine Pseudodemokratisierung der Rekrutierungsbasis der deutsch-französischen Austauschorganisation. Die von der DFG/CFA herausgegebenen zweisprachigen und reich bebilderten „Deutsch-Französischen Monatshefte/Cahiers franco-allemands" wandten sich vor allem an die Jugendorganisationen und die Verbände der Kriegsteilnehmer, in denen vor 1933 Ansätze deutsch-französischer Annäherungsbemühungen existiert hatten, und bedienten sich ihrer Tradition, um im Namen eines „internen Nationa-

---

[47] Vgl. Belitz, *Befreundung* (wie Anm. 4), S. 440 ff. und Bock, Die Ligue d'études germaniques (wie Anm. 15), S. 142.
[48] Vgl. dazu Lambauer, Barbara, *Otto Abetz et les Français, ou l'envers de la collaboration*, Paris 2001, S. 89ff. und Ray, Roland, *Annäherung an Frankreich im Dienste Hitlers? Otto Abetz und die deutsche Frankreichpolitik 1930-1942*, München 2000, S. 156 ff.
[49] Vgl. zur Vorgeschichte Thalmann, Rita, Du cercle de Sohlberg au Comité France-Allemagne: une évolution ambiguë de la coopération franco-allemande, in: *Entre Locarno et Vichy. Les relations culturelles franco-allemandes dans les années 1930*, hrsg. v. Hans Manfred Bock, Reinhart Meyer-Kalkus, Michel Trebitsch, Paris 1993, S. 67-86.
[50] Die Arbeiten von Lambauer und Ray befassen sich nur punktuell mit diesen Organisationen, nicht aber mit deren Zusammensetzung und Arbeitsweise.

lismus" alle Wendungen der Hitlerschen Außenpolitik zu rechtfertigen.[51] Die auf diese Weise zur (mehr oder minder) subtilen Propagandaorganisation ausgestaltete DFG der Nationalsozialisten bot keine Anknüpfungspunkte für die Versuche nach 1945, von der gesellschaftlichen Basis beider Nationen aus neue Wege der wechselseitigen Kontakt- und Kenntnisnahme zwischen Deutschen und Franzosen zu finden.

So war der Rückgriff auf die demokratische Tradition zivilgesellschaftlicher Verständigungsbestrebungen der Weimarer Republik vorgezeichnet, die bei einigen Überlebenden auf beiden Seiten noch in Erinnerung war. Dass die Entfaltung zivilgesellschaftlicher Organisationen und Aktivitäten in der frühen Bundesrepublik möglich war, ist jedoch nicht primär auf diese individuellen historischen Reminiszenzen zurückzuführen, sondern auf besondere strukturelle Gegebenheiten der Frankreich- und Außenpolitik der Ära Adenauer. Diese bestanden darin, dass zum einen mit Konrad Adenauer ein ehemaliger Kommunalpolitiker Bundeskanzler wurde, der in seiner Tätigkeit als Oberbürgermeister von Köln unmittelbar gestaltend beteiligt gewesen war am Aufbau zivilgesellschaftlicher Kommunikationsstrukturen zwischen Deutschen und Franzosen. Zum anderen ließ der rechtliche und reale machtpolitische Status der jungen Bundesrepublik den Aufbau außenpolitischer Institutionen nur etappenweise zu (von der kleinen Revision des Besatzungsstatuts bis zu den Pariser Verträgen von 1955) und erschwerte überdies die außenkulturpolitische Repräsentation des westdeutschen Teilstaates erheblich.

Wenn Adenauer in seiner Regierungserklärung vom September 1949 und insbesondere in seinem Friedlaender-Interview vom 3. November 1949 den deutsch-französischen Beziehungen im Allgemeinen und den bilateralen Kulturbeziehungen im Besonderen einen hohen Stellenwert einräumte,[52] so war das keine Eingebung des Augenblicks, sondern in seinem Erfahrungshorizont als Kölner Oberbürgermeister angelegt. Er hatte dort den Ehrgeiz entwickelt, Köln zu einem rheinischen Knotenpunkt westeuropäischer Auslandsbeziehungen zu machen.[53] In diesem Zusammenhang stand seine För-

---

[51] Vgl. dazu Unteutsch, Barbara, *Vom Sohlbergkreis zur Gruppe „Collaboration"*. Ein Beitrag zur Geschichte der deutsch-französischen Beziehungen anhand der Cahiers franco-allemands/Deutsch-Französische Monatshefte 1931-1944, Münster 1990. Zur Diskursanalyse der Zeitschrift siehe auch Grunewald, Michel, Le „couple France-Allemagne" vu par les nazis. L'idéologie du „rapprochement franco-allemand" dans les Deutsch-Französische Monatshefte/Cahiers franco-allemands (1934-1939), in: *Entre Locarno et Vichy*, hrsg. v. Bock u.a. (wie Anm. 39), S. 131-146.

[52] Vgl. dazu Defrance, Corine, „Es kann gar nicht genug Kulturaustausch geben". Adenauer und die deutsch-französischen Kulturbeziehungen 1949-1963, in: *Konrad Adenauer und Frankreich. Stand und Perspektiven der Forschung zu den deutsch-französischen Beziehungen in Politik, Wirtschaft und Kultur*, hrsg. v. Klaus Schwabe, Bonn 2005, S. 137-162.

[53] Vgl. dazu Müller, Guido, Adenauers Europa- und Kulturpolitik als Kölner Oberbürgermeister 1917-1933, in: *Geschichte in Köln*, (2000) 47, S. 48-70 und Düwell, Kurt, Universität, Schulen und Museen. Adenauers wissenschafts- und bildungspolitische Be-

derung der Gründung einer DFG und eines Deutsch-Französischen Instituts in Köln. Seit 1926 stand der Kölner Oberbürgermeister auf der Liste der Persönlichkeiten, mit der Otto Grautoff um Unterstützung warb für sein Projekt einer deutsch-französischen Verständigungsorganisation.[54] Adenauer erkundigte sich im März 1928 beim Auswärtigen Amt nach der Seriosität des Grautoff-Projekts und wurde im Sommer 1928 Mitglied der DFG sowie Ende desselben Jahres einer von vier Ehrenpräsidenten der DFG. Allerdings blieben seine Versuche, eine Ortsgruppe der DFG in Köln ins Leben zu rufen, ohne Erfolg und es gab dort lediglich eine kleine Zahl von individuellen Mitgliedern der zivilgesellschaftlichen Organisation. Erfolgreicher waren auf dieser Ebene Adenauers Bemühungen, ein Deutsch-Französisches Institut der Stadt Köln an der dortigen Universität zu gründen. Die auf die Verwirklichung dieses Projekts zielenden Initiativen (in denen auf französischer Seite der lothringische Katholik Comte de Pange und der Hochschulgermanist Henri Lichtenberger eine Rolle spielten[55]) führten am 12. November 1930 zur offiziellen Eröffnung des Deutsch-Französischen Instituts. Es sollte nach den Vorstellungen Adenauers nicht allein „der Erfüllung rein wissenschaftlicher Aufgaben, sondern auch [...] der Pflege wirtschaftlicher und allgemein kultureller Dinge" dienen.[56] Genau diese Vorstellung von einer unauflösbaren Trias von politischer, wirtschaftlicher und kultureller Interaktion lag auch seiner Konzeption für die Gestaltung der deutsch-französischen Beziehungen zugrunde, die er im Friedlaender-Interview vom 11. November 1949 darstellte.[57] Zu den Gesellschaftsbeziehungen zwischen beiden Ländern führte er aus:

> „Hierbei denke ich natürlich zunächst an den Austausch von Hochschullehrern und Studenten, an Konzerte und Vorträge, an Erleichterungen privater Reisen. Aber man darf das Wort ‚Kultur' nicht zu eng fassen. Ich könnte mir aber auch einen Arbeiteraustausch in gewissem Umfange denken, der unmittelbar für die Kultur beider Länder von großem Vorteil wäre. Auf all diesen Gebieten ist bisher viel zu wenig geschehen."[58]

---

strebungen für Köln und das Rheinland (1917-1932), in: *Konrad Adenauer. Oberbürgermeister von Köln*, hrsg. v. Hugo Stehkämper, Köln 1976, S. 167-247.

[54] Vgl. die Belege in: Bock, Die Deutsch-Französische Gesellschaft (wie Anm. 5), S. 72.

[55] Vgl. dazu jetzt Marmetschke, Katja, Deutschland- bzw. Frankreichforschung beiderseits des Rheins in der Zwischenkriegszeit. Die Universitäten Frankfurt a.M., Köln und Paris, in: *Deutsch-französische Kultur- und Wissenschaftsbeziehungen im 20. Jahrhundert*, hrsg. v. Ulrich Pfeil, München 2007, S. 73-101.

[56] Zitiert ebd., S. 87.

[57] Vgl. dazu Bock, Hans Manfred, Marmetschke, Katja, Gesellschaftsverflechtung zwischen Deutschland und Frankreich. Transnationale Beziehungen, Gesellschaft und Jugend in Konrad Adenauers Frankreichpolitik, in: *Konrad Adenauer und Frankreich*, hrsg. v. Schwabe (wie Anm. 52), bes. S. 169 ff.

[58] Vgl. Bundeskanzler Adenauer: Interview mit der Wochenzeitung „Die Zeit", in: *Die Bundesrepublik Deutschland und Frankreich. Dokumente 1949-1963*, hrsg. v. Horst Möller, Klaus Hildebrand, München 1997, Bd. 1, S. 59-63, Zitat S. 63.

Für die Programmgeschichte zivilgesellschaftlichen Handelns zwischen Deutschland und Frankreich ist an diesen Überlegungen bemerkenswert, dass der Bundeskanzler sich das Interaktionsspektrum weit über die Grenzen des Bildungsbürgertums hinausgehend vorstellte und „Kultur" in einem weiteren Sinne aufgefasst sehen wollte. Damit formulierte er ein Motiv deutsch-französischer Gesellschaftsverflechtung, das in den zivilgesellschaftlichen Organisationen der fünfziger Jahre unter dem Schlagwort des „erweiterten Kulturbegriffs" dominant wurde.[59]

Wenngleich die politische Gestaltungsmöglichkeit des ersten Bundeskanzlers (der ja lange Zeit sein eigener Außenminister war) zumindest bis zur Ablösung des Besatzungsstatuts 1955 nicht unterschätzt werden sollte, so kam seinen Programmsätzen zum deutsch-französischen Austausch nicht die Bedeutung eines politischen Auftrages zu, sondern die einer Anregung und Ermutigung an die gesellschaftlichen Kräfte, sich in diesem Bereich zu engagieren. Denn dieses Engagement hatte bereits begonnen zum Zeitpunkt der Konstituierung der ersten Bundesregierung im Herbst 1949. Stärker als im Falle der Entstehung der Weimarer DFG und anders als im Falle der Gründung der nationalsozialistischen DFG (die ein artifizielles Konstrukt von oben war) formierten sich von 1947 bis 1949 die deutsch-französischen Verständigungsorganisationen von unten, von der Basis der Gesellschaft her. Und zwar in der französischen Besatzungszone teilweise, indem kulturelle Einrichtungen, die von der Militärregierung in großer Zahl ins Leben gerufen worden waren, ganz von den deutschen Beteiligten übernommen und weitergeführt wurden.[60] In den angelsächsischen Besatzungszonen waren die sich (anfangs unter verschiedenen Namen) konstituierenden deutsch-französischen Vereinigungen originäre Gründungen, bei deren Zustandekommen (in einigen Fällen nachweisbar) ehemalige Mitglieder der Weimarer DFG beteiligt waren. So sind in den Jahren 1947 bis 1949 bereits nicht weniger als neun deutsch-französische Vereinsgründungen nachgewiesen worden. Sie fanden in der Regel statt ohne zentrale Steuerung und Verbindung miteinander und sind dokumentiert für Hamburg, Stuttgart, Duisburg, Hannover, Nürnberg, Oldenburg, Düsseldorf, Dortmund und Wiesbaden.[61] Da in diesen frühen Nachkriegsjahren an direkten Austausch (zumal von Deutschland nach Frankreich) nicht zu denken war, gestaltete

---

[59] Vgl. dazu eingehender die Darstellung Bock, Hans Manfred, Private Verständigungs-Initiativen in der Bundesrepublik Deutschland und in Frankreich 1949 bis 1964 als gesellschaftliche Entstehungsgrundlage des DFJW, in: Gesellschaftliche Neubegründung interkulturellen Austauschs. Zur Vorgeschichte und Struktur des DFJW 1949-1964, S. 146-176, in: *Lendemains*, 107/108 (2002), S. 139-224.

[60] Vgl. dazu jetzt Mehdorn, Margarete, *Gouvernementale Kulturmission und zivilgesellschaftliche Initiativen. Französische Kulturpolitik und Deutsch-Französische Gesellschaften in der Bundesrepublik Deutschland 1945-1970*, Diss. phil. Mainz 2008, S. 111 ff. [Veröffentlichung unter dem Titel: *Französische Kultur in der Bundesrepublik Deutschland. Politische Konzepte und zivilgesellschaftliche Initiativen 1945-1970*, Köln 2009]

[61] Dazu ebd., S. 90 ff.

sich das Innenleben dieser Vereinigungen überwiegend als rezeptive Pflege französischer Kultur und Sprache, sowie der Erinnerung an positive historische Beispiele deutsch-französischer Kooperation.

In der Grundkonstellation dem zivilgesellschaftlichen Organisationsspektrum der Weimarer Republik nicht unähnlich, bildeten sich neben den deutsch-französischen Kulturvereinen in diesen frühen Nachkriegsjahren Vereinigungen, die auf dem Prinzip der Partnerschaft beruhten und durch die Informationstätigkeit über das Nachbarland im eigenen Land eine korrespondierende Wirkungsabsicht verfolgten. Anders als das elitäre Mayrisch-Komitee in der Zwischenkriegszeit[62] setzten diese korrespondierenden Verständigungsorganisationen zwischen der Bundesrepublik und Frankreich von Anfang an auf eine breite soziologische Öffnung ihrer Mitglieder und Adressaten. Das war namentlich der Fall bei den zivilgesellschaftlichen Vereinen, die im katholischen und im demokratischen Parteien-Milieu in den ersten Nachkriegsjahren gegründet wurden. Im katholischen Milieu entstanden das Bureau International de Liaison et de Documentation (BILD) in Frankreich und die Gesellschaft für übernationale Zusammenarbeit (GÜZ) in der Bundesrepublik unmittelbar nach 1945. Auf Initiative demokratischer Intellektueller (Carlo Schmid, Theodor Heuß) wurde 1948 das Deutsch-Französische Institut (DFI) in Ludwigsburg und 1949 in Paris das Comité français d'échanges avec l'Allemagne nouvelle (Emmanuel Mounier, Alfred Grosser) gegründet.[63] Aufgrund der überregionalen Rekrutierung von Mitgliedern und der Reichweite ihres Wirkens fiel diesen korrespondierenden deutsch-französischen Organisationen schon früh die Rolle intellektueller Diskursführerschaft zu, die sie über die Herausgabe von Periodika ausübten.

Zu den lokalen bilateralen Kulturvereinigungen und den überregionalen Verständigungsorganisationen trat schließlich im Übergang zu den 1950er Jahren noch ein weiterer zivilgesellschaftlicher Akteur hinzu. Das war die Gemeindepartnerschafts-Bewegung, die in ihren Anfängen eine europäische Bewegung aus der Schweiz gewesen war.[64] Auch die Idee von „Schwesterstädten", die zwischen Deutschland und Frankreich Gesellschaftskontakte herstellen und unterhalten sollten, war schon im Umfeld der Berliner DFG

---

[62] Erwähnenswert ist in diesem Zusammenhang, dass Bundeskanzler Adenauer im Gespräch mit Hochkommissar François-Poncet von seinen angeblichen Kontakten zum Mayrisch-Komitee in den späten 1920er Jahren berichtete. Siehe zu dieser (möglicherweise irrtümlichen) Darstellung, Bock, Marmetschke, Gesellschaftsverflechtung zwischen Deutschland und Frankreich (wie Anm. 57), S. 172 f.

[63] Vgl. dazu Albrecht, Carla, Das Comité français d'échanges avec l'Allemagne nouvelle als Wegbereiter des Deutsch-Französischen Jugendwerks, in: *Lendemains*, 107/108 (2002), S. 177-189; Strickmann, Martin, *L'Allemagne nouvelle contre l'Allemagne éternelle. Die französischen Intellektuellen und die deutsch-französische Verständigung 1944-1950*, Frankfurt/Main 2004.

[64] Zu diesem zivilgesellschaftlichen Phänomen, das relativ gut erforscht ist, s. neuerdings Defrance, Corine, Les jumelages franco-allemands. Aspect d'une coopération transnationale, in: *Vingtième Siècle*, 99 (2008), S. 189-201.

Transnationalismus in der Zwischenkriegszeit 49

der Weimarer Jahre vertreten worden,[65] konnte dort aber nicht verwirklicht werden. Die 1948 in der Schweiz gegründete Internationale Bürgermeister-Union (IBU) veranstaltete im Juni desselben Jahres eine Tagung auf dem Mont Pèlerin, wo kommunale Spitzenvertreter aus Deutschland und Frankreich zusammengeführt wurden, um die Möglichkeiten gemeinsamen Handelns für die deutsch-französische Versöhnung und die europäische Einigung zu besprechen. Die Ziele interkommunaler Kooperation wurden in den Richtlinien der IBU in geradezu paradigmatischer Definition zivilgesellschaftlicher Wirkungsweise umrissen:

> „Die Union will die schöpferische Kraft der Gemeinden im zwischenstaatlichen Leben in erster Linie für die Verständigung zwischen Frankreich und Deutschland mobilisieren und einsetzen, um unabhängig von den wechselnden Situationen der hohen Politik eine kontinuierliche Entwicklung der Annäherung beider Länder zu gewährleisten und damit die Grundlagen für eine europäische Zusammenarbeit zu sichern."[66]

Die von dieser Prämisse geleiteten deutsch-französischen Begegnungen waren anfangs noch begrenzt auf das kommunale Verwaltungspersonal, wurden dann jedoch erweitert auf die bildungs- und sozialpolitischen Einrichtungen und Vereine der beteiligten Gemeinden. Die erste Gemeindepartnerschaft wurde 1950 am Rande des 3. IBU-Kongresses in Stuttgart durch die Vermittlung des Direktors des DFI zwischen Ludwigsburg und Montbéliard beschlossen und wurde zum Ausgangspunkt für die Gründung einer schnell wachsenden Zahl von weiteren Vereinigungen. 1959 existierten bereits 51 solcher Kooperationsabkommen und 49 weitere waren in Vorbereitung.[67] Die Städte- und Gemeindepartnerschaften (denen Schul- und Universitätspartnerschaften folgten) wurden zum quantitativ bedeutendsten Phänomen der zivilgesellschaftlichen Beziehungen zwischen der Bundesrepublik und Frankreich.[68]

Die in den ersten zehn Jahren nach dem Zweiten Weltkrieg rasch zunehmende Zahl und Vielfalt zivilgesellschaftlicher Beziehungsakteure zwischen beiden Ländern hatte zur Folge, dass sie in der Bundesrepublik die Funktion von Trägern transnationaler Kontakte ausübten, für die auf Bundesebene noch nicht die institutionellen Voraussetzungen bestanden.

---

[65] Vgl. dazu Bock, Hans Manfred, Europa von unten? Zu den Ursprüngen und Anfängen der deutsch-französischen Städtepartnerschaften, in: *Städtepartnerschaften*, hrsg. v. Annette Jünemann u.a., Frankfurt/Main 1993, S. 13-35.
[66] Vgl. ebd., S. 26 f.
[67] Vgl. dazu auch Bock, Hans Manfred, Kalter Krieg und „deutsche Gefahr". Politischgesellschaftliche Motive französischer Deutschland-Wahrnehmung und ihres Wandels in den fünfziger Jahren, in: *SOWI. Sozialwissenschaftliche Informationen*, 1 (1999), S. 43-51.
[68] Vgl. dazu u.a. Woesler, Dietmar (Hg.), *Deutsch-französische Städtepartnerschaften*, Düsseldorf 1995; Grünert, Thomas, *Langzeitwirkungen von Städtepartnerschaften*, Kehl am Rhein 1981; Garstka, Hans Jürgen, *Die Rolle der Gemeinden in der internationalen Verständigung nach dem Zweiten Weltkrieg, gezeigt am Beispiel der deutsch-französischen Verständigung*, Stuttgart 1975.

Zugleich gab es ab Mitte der fünfziger Jahre bei den DFGs und bei den Vereinen für den internationalen Austausch, die mit dem Deutsch-Französischen Institut in Kommunikation standen, die Neigung, sich zur inneren Effektivitätssteigerung und zur äußeren gemeinsamen Interessenvertretung zu Dachverbänden zusammenzuschließen. Bundeskanzler Adenauer, der allen diesen zivilgesellschaftlichen Initiativen wohlwollend gegenüberstand, kam in den frühen fünfziger Jahren mit seiner Strategie der komplementären Politik- und Gesellschaftsverflechtung zwischen der Bundesrepublik und Frankreich (die er im Friedlaender-Interview umrissen hatte) einstweilen im kulturellen Bereich nicht voran. Sein Versuch, die institutionellen Grundlagen für die Regelung der offiziellen Kulturbeziehungen zwischen beiden Staaten zu schaffen, begann schon Ende 1949. Es sollte ein Kulturabkommen mit Frankreich abgeschlossen werden, das in den Grundrissen von den zuständigen Dienststellen ab April 1951 ausgearbeitet war, dann jedoch aufgrund der EVG-Debatte und der Kompetenzstreitigkeiten zwischen Bund und Ländern erst im Oktober 1954 unterzeichnet wurde.[69] Das Abkommen vom 23. Oktober 1954 schrieb die Förderung des Austauschs akademischer Gruppen (Hochschullehrer, Studenten) fest, aber auch von „Leitern von Gruppen, die außerhalb der Hochschulen stehen" (Art. 3). Die Modalitäten der Durchführung dieser Maßnahmen und die Feststellung „der Eignung der auszutauschenden Persönlichkeiten" wurden einem (von den Außen- und den Kultusministerien ernannten) „ständigen gemischten Ausschuss" (Art. 16) übertragen. Da es auch bei der Besetzung dieses zwölfköpfigen Ausschusses von deutscher Seite zu Konflikten kam, blieb er ein nicht sehr tatkräftiges Steuerungsinstrument für die Auswärtige Kulturpolitik und dieses Politikfeld wurde in der Bundesrepublik erst im Übergang zu den sechziger Jahren administrativ straffer strukturiert.[70] Von den beiden Föderierungsansätzen der zivilgesellschaftlichen Organisation, die bis dahin die weitgehend autonomen operativen Träger der deutsch-französischen Gesellschaftsbegegnungen waren, wurden unterschiedliche Reaktionen auf das Deutsch-Französische Kulturabkommen an den Tag gelegt. In den DFGs und Kulturvereinen war das Fehlen einer Zentrale, die (wie die Berliner DFG der Weimarer Jahre) die Verbindung zwischen den Ortsvereinen gewährleistete, schon in den späten vierziger Jahren als Unzulänglichkeit empfunden worden. Die im Januar 1949 gegründete DFG Wiesbaden setzte sich die Schaffung einer solchen Koordinierungsstruktur zum Ziel, scheiterte aber damit an internen Konflikten.[71] Die Bestrebungen, zumindest eine informelle Verbindungsstelle für alle DFG einzurichten, erlangten eine neue

---

[69] Vgl. dazu Lappenküper, Ulrich, „Sprachlose Freundschaft": Zur Genese des deutsch-französischen Kulturabkommens vom 23. Oktober 1954, in: *Lendemains*, 84 (1996), S. 67-82.

[70] Vgl. dazu Stoll, Ulrike, *Kulturpolitik als Beruf. Dieter Sattler (1906-1968) in München, Rom und Bonn*, Paderborn 2005, S. 315 ff.: Regisseur auf der „Dritten Bühne" der Außenpolitik. Leiter der Kulturabteilung des Auswärtigen Amtes (1959-1966).

[71] Vgl. dazu Mehdorn, *Gouvernementale Kulturmission* (wie Anm. 60), S. 95.

Qualität, als nach den Pariser Verträgen die Kulturabteilung des französischen Außenministeriums und der französischen Botschaft einen Teil der damals existierenden DFG Ende Juni 1956 zu einer einwöchigen Parisreise einlud.[72] Die gemeinsame Reise war die Gelegenheit zur eingehenden Kontaktnahme der 20 DFG-Vertreter untereinander und diese führte zur konkreten Planung eines Arbeitskreises der Deutsch-Französischen Gesellschaften, der am 29. Juni 1957 in Wetzlar gegründet wurde. Diese Vereinigung wurde anfangs von Elsie Kühn-Leitz (1903-1985) geleitet, die 1954 von Bundeskanzler Adenauer privat zum zivilgesellschaftlichen Engagement für die deutsch-französische Verständigung angeregt worden war und in der Folgezeit eine DFG in Wetzlar sowie eine Städtepartnerschaft zwischen ihrer Heimatstadt und Avignon in die Wege geleitet hatte.[73] Die DFG-Vereinigung, die dann periodisch Tagungen abhielt und ein „Mitteilungsblatt" herausgab, legte Wert auf die Zusammenarbeit mit den lokalen Institutionen der französischen Auswärtigen Kulturpolitik (Instituts bzw. Centres français) und war – wenngleich formal überparteilich – über die Honorationen in den lokalen DFG mit dem Milieu der christdemokratischen Regierungspartei verbunden. Sie akzeptierte folglich auch die im deutsch-französischen Kulturabkommen vorgesehenen Regeln für die Förderung des Austauschs gesellschaftlicher Gruppen und Einzelrepräsentanten.

Das war nicht so bei dem anderen Arbeitskreis der zivilgesellschaftlichen Organisationen, der sich Mitte der fünfziger Jahre konstituierte. Dort fand sich ein bunter Reigen von privaten Organisationen, die – weit über das Honorationenmilieu der DFG hinausgehend – sich die jugend- und erwachsenenbildnerische Betreuung von Auslandskontakten diverser Gesellschaftsgruppen zum Ziel gesetzt hatten. Der erste Direktor des Deutsch-Französischen Instituts in Ludwigsburg, Fritz Schenk (1906-1985), hatte seit 1948 die Hoffnung genährt, dass sein Institut (das ein eingetragener Verein war) zum Föderator der zahlreich in Erscheinung tretenden Organisationen werden könnte, die das Ziel verfolgten, den Deutschen wieder den Kontakt mit dem Ausland zu ermöglichen und zu erleichtern.[74] So wie die Vereinigung der DFG Ende der fünfziger Jahre die Beziehungen zu entsprechenden Organisationen in Frankreich ausbaute,[75] so nahm das DFI in Ludwigsburg schon in den frühen fünfziger Jahren das Gespräch auf mit der Dachorganisation international tätiger Vereinigungen in Frankreich, dem Comité de coordination des associations d'échanges internationaux. Dieser französi-

---

[72] Vgl. ebd., S. 191 ff.
[73] Vgl. Nass, Klaus Otto (Hg.), *Elsie Kühn-Leitz. Mut zur Menschlichkeit. Vom Wirken einer Frau in ihrer Zeit*, Bonn 1994.
[74] Viele dieser Vereine harren noch der eingehenderen Erforschung. Zum Kontext vgl. auch Bock, Hans Manfred, Pfeil, Ulrich, Kulturelle Akteure und die deutsch-französische Zusammenarbeit. Formen, Ziele, Einfluß, in: *Der Élysée-Vertrag und die deutsch-französischen Beziehungen, 1945–1963–2005*, hrsg. v. Corine Defrance, Ulrich Pfeil, München 2005, S. 215-234.
[75] Dazu Bock, Projekt deutsch-französische Verständigung (wie Anm. 10), S. 64 ff.

sche Partnerverband war das Modell für den Zusammenschluss der transnational tätigen Vereine, die sich der Initiative des DFI anschlossen. Im März 1954 wurde dieser Zusammenschluss unter der Federführung des DFI und unter dem Namen Arbeitskreis der privaten Institutionen für internationale Begegnung und Bildungsarbeit (APIIBB)[76] vollzogen. Eines der entscheidenden Motive für diese Organisationsgründung war die Befürchtung, dass mit Abschluss des Deutsch-Französischen Kulturabkommens das weitgehende Gestaltungsmonopol und damit auch die öffentlichen Ressourcen (von denen diese Vereine abhängig waren) von der zivilgesellschaftlichen auf die gouvernementale Entscheidungsebene verlagert würden. Die großen deutsch-französischen Konferenzen, die von diesem Arbeitskreis in Marlyle-Roi und in Ludwigsburg in den folgenden Jahren veranstaltet wurden, waren wegweisend für die organisatorische Austauschpraxis gesellschaftlicher Gruppen und für die praxisrelevante Konzeption des „erweiterten Kulturbegriffs" in der Auswärtigen Kulturpolitik.[77] Sie bereiteten insofern die Fundamente für die ersten Schritte des 1963 geschaffenen Deutsch-Französischen Jugendwerks (DFJW) vor.[78] Dem APIIBB gehörten auch einige DFGs an, die sich den Föderierungsbestrebungen der DFG ab 1956 nicht anschlossen.

Das Spektrum zivilgesellschaftlicher Akteure in den deutsch-französischen Beziehungen hatte in der Bundesrepublik somit im Laufe der fünfziger Jahre eine Breite und Vielfalt erreicht, wie sie in der langen Vorgeschichte dieser Komponente der außenpolitischen Willens- und Meinungsbildung zuvor niemals existiert hatte. Die soziologischen Voraussetzungen und Fundamente zivilgesellschaftlicher Aktivität veränderten sich allerdings erheblich in der hier thematisierten Zeitspanne (und auch in beschleunigtem Tempo von den sechziger Jahren bis heute). Der sehr ausgeprägt bildungsbürgerliche Zuschnitt der Berliner DFG der Weimarer Jahre konnte nach 1945 nicht umstandslos wieder zum tragenden Fundament der sich neu formierenden deutsch-französischen Verständigungsinitiativen werden, da das Bildungsbürgertum in seinen Traditionen durch das „Dritte Reich" erschüttert war.[79] Die im nationalsozialistischen Deutschland erfolgte totale politische Instrumentalisierung der DFG konnte nach dem Zweiten Weltkrieg allenfalls als negative Erfahrung verbucht werden und zur Verweigerung jeglicher Zentralisierung der neu geformten DFG führen. Die Brechung

---

[76] Die Darstellung dieses Arbeitskreises erstmalig in: Bock, Gesellschaftliche Neubegründung interkulturellen Austauschs (wie Anm. 59).
[77] Vgl. dazu ebd., S. 151 ff. Als wichtigste Quelle vgl. Die Bedeutung der privaten Initiative für die Deutsch-Französische Verständigung. Referate und Ergebnisse der Ludwigsburger Tagung 1957, v.O. o.J. [Ludwigsburg 1958].
[78] Vgl. dazu Bock, Hans Manfred, Defrance, Corine, Krebs, Gilbert, Pfeil, Ulrich (Hgg.), *Les jeunes dans les relations transnationales. L'Office franco-allemand pour la Jeunesse 1963-2008*, Paris 2008, S. 15-38.
[79] Eine partielle Fortsetzung dieser Tradition unterstellt die Studie Zimmermann, Marita, *Kultur : Culture. Zum Verhältnis zwischen Deutschen und Franzosen. Eine Analyse des „gepflegten" Kulturaustauschs*, Frankfurt/Main 1995.

des bildungs- und wirtschaftsbürgerlichen Monopols der Eliten in den deutsch-französischen Gesellschaftsbeziehungen, auf die sich die Nationalsozialisten in ihrer Austauschpraxis beriefen, war als Trug entlarvt, weil sie diese dem Monopol der totalitären Partei auslieferten. Die Praxis und die Theorie transnationalen Austauschs und interkulturellen Lernens eigenverantwortlicher Gesellschaftsmitglieder und Staatsbürger zwischen Frankreich und Deutschland musste nach 1945 teilweise neu erfunden werden in Entsprechung zu einer andersartigen internationalen, innen- und gesellschaftspolitischen Konstellation.

2. Milieus und Akteure

Fabien Théofilakis

D'un après-guerre à un avant-paix : le rapprochement franco-allemand face à l'expérience des prisonniers de guerre allemands en mains françaises (1945-1948)

En mai 1979, Hans Wilhelm invite amis et camarades à fêter les trente ans de l'Amicale des anciens prisonniers de guerre (PG) du dépôt 144 de Chambéry, rappelant :

> « 30 Jahre sind es her, dass erste Briefe nach Frankreich gingen, um mit denen, die uns „bewachten", Verbindung und Versöhnung und schließlich Freundschaft zu suchen und zu finden! Unverbrüchliche Kameradschaft und die Freundschaft mit den Menschen in Savoyen sind die tragenden Elemente unserer Gemeinschaft – sind Werte, an die wir glauben – die wir weitergaben in der Hoffnung, dass sie Früchte tragen, und wir so in dem uns möglichen, bescheidenen Masse mitgeholfen haben, Stacheldraht auch in den Herzen niederzureißen und Freundschaft zu erringen! »[1].

Cette citation liminaire vise à souligner les difficultés que pose une étude de la captivité allemande en mains françaises au sortir de la Seconde Guerre mondiale sous l'angle de ce rapprochement et la gageure que peut présenter une étude sur le rôle des centaines de milliers de « boches » prisonniers des Français dans le rapprochement des deux pays. 900 000 prisonniers allemands ont été détenus par les autorités françaises en métropole, entre 1945 et 1948[2]. 740 000 d'entre eux leur ont été cédés par les Américains. Ces prisonniers sont répartis sur tout le territoire national dans des camps où les conditions de vie sont longtemps désastreuses.

C'est précisément cette présence massive en France d'ennemis que l'on pensait encore héréditaires après un conflit d'une violence idéologique et physique inouïe et avant l'ère officielle du rapprochement franco-allemand, qui a fourni l'interrogation à rebours pour cette contribution. Au-delà du « faux semblant de continuité »[3], célébrée par une certaine historiographie

---

[1] Bundesarchiv-Militärarchiv (BA-MA), Fribourg-en-Brisgau, MSg 200/1076, „Kameradengemeinschaft ehem. KG im Depôt 144 Chambéry".
[2] L'Historique du service des Prisonniers de guerre de l'Axe, 1943-1948, rédigé sous la direction du général Buisson de la Direction générale des prisonniers de guerre de l'Axe, p. 48.
[3] Pieter Lagrou, « La Résistance et les conceptions de l'Europe, 1945-1965. Le monde associatif international d'anciens résistants et victimes de la persécution devant la Guerre froide, le problème allemand et l'intégration européenne », in : Antoine Fleury

européaniste, entre une expérience supposée commune de la Seconde Guerre mondiale et la convergence européenne après, le seul thème véritablement transnational était « l'hostilité à l'occupant allemand ». Dans ce contexte, l'expérience de cette captivité confère aux prisonniers un statut particulier dans les rapports franco-allemands. Dans quelle mesure peut-on les considérer comme des médiateurs dans le rapprochement des deux pays ?

La contribution de ces prisonniers de guerre au rapprochement doit également être interrogée en fonction de leur rapatriement en Allemagne, qui s'est fait par contingents mensuels de 12 à 30 000 sur près de vingt mois. La question du rôle de ces PG dans le rapprochement renvoie donc à une double expérience – expérience en France, mais aussi expérience du rapatrié dans la société civile allemande – et à la capacité des rapatriés à transmettre leurs « expérience française » à cette dernière.

Ce texte tentera de préciser dans quelle mesure l'expérience de la captivité des prisonniers de guerre allemands (PGA) en France a créé, à l'échelle individuelle, les conditions nécessaires, mais pas nécessairement suffisantes, pour une dynamique de compréhension qui allait trouver près de deux décennies plus tard le cadre institutionnel dans lequel elle pourrait s'épanouir. J'analyserai d'abord les représentations réciproques des acteurs, français et allemands, au sortir de la guerre avant de chercher à comprendre, en prenant l'exemple de la mise au travail des PG, comment l'expérience de la captivité a pu créer les conditions du changement de l'image de l'ennemi. Enfin, adoptant le point de vue allemand, j'essayerai de montrer comment le PG a vécu sa captivité et l'impact qu'elle a pu avoir sur la population de la zone française d'occupation.

1. Quelle place l'ennemi occupe-t-il dans les imaginaires sociaux français et allemands à la Libération ?

1.1 Les PGA vus par les Français

La presse, à travers trois quotidiens nationaux et trois titres de la presse régionale fournit des premiers éléments de réponses. Le PGA apparaît d'abord comme un double symbole de victoire, victoire sur l'Allemagne nazie et de l'appartenance française aux camps des vainqueurs. D'où jusqu'au mois de mai, la présence quasi-exclusive d'articles indiquant le nombre des captures. La forte présence des photographies donne à voir le renversement des rôles entre nouveaux vaincus et anciens vainqueurs. Seule la légende apporte une interprétation politique fortement différenciée selon les journaux.

---

et al. (éd.), *Le rôle des guerres dans la mémoire des Européens. Leur effet sur la conscience d'être européen*, Neuchâtel, 1997, p. 178.

	Presse nationale			Presse régionale			
	Le Monde (centre gauche)	L'Humanité (communiste)	La Croix (démocrate chrétien)	Le Midi libre (Hérault)	Nord Littoral (Pas-de-Calais)	L'Humanité Alsace-Lorraine	
1944		14		8	1		
1945	54	19	27	11 (dépouillement non exhaustif)	61	25	
1946	58	57	41	23	63	non dépouillé	
1947	26	11	7	32	65	27	
1948	10	2	3	5	17	10	
Total	148	89	78	71	206	62	

1.1.1 Les PGA dans la presse quotidienne française (1944-1948)

Si la capitulation n'entraîne pas l'apparition soudaine d'un discours accusant le PGA, tous les titres partagent la conception métonymique qui fait de lui le représentant de l'Allemagne. Ce sont les « boches » dans *L'Humanité*, les « Chleus » dans *Nord Littoral*. Jacques Fauvet dans *Le Monde* conclut ainsi sa discussion avec « un bel aryen blond de Westphalie » : « Quand deux Allemands se rencontrent, ils forment une seule personne, une même âme, une même pensée. Les prisonniers ne font pas exception »[4]. C'est pourquoi la majorité des articles concerne l'utilisation économique des PG, vus comme responsables de la destruction de la France et sa principale source de réparations. En juin 1945, à propos des PG utilisés au déminage de Dunkerque, *Nord Littoral* affirme : « il paraît que nombreux sont ceux qui sautent […] nous pouvons penser que c'est normal que les semeurs de mines sautent sur les engins qu'ils ont si perfidement placés sur notre sol »[5].

La réification du PG actualise la mobilisation culturelle en temps de paix contre l'ennemi. Aucun article n'aborde la captivité dans la perspective d'un rapprochement franco-allemand.

---

[4] Jacques Fauvet, « L'emploi de la main-d'oeuvre allemande. Des Prisonniers allemands en Beauce », in : *Le Monde*, 1ᵉʳ septembre 1945, p. 7.
[5] « Déminage », in : *Nord Littoral*, n° 161, 30 juin 1945, p. 1.

1.1.2 À une échelle inférieure, les milieux des prisonniers de guerre et déportés résistants français renvoient une image du prisonnier allemand plus contrastée

La Fédération nationale des prisonniers de guerre considère le PG sous l'angle de son utilisation économique. Avec un décalage toutefois, puisque dans le renversement des rôles, les déportés et PG français occupent une place centrale. Les dix articles de son journal, le PG, en 1945 renvoient une certaine image non pas tant du PG que de ce qui est considéré comme devant être la relation normale des Français vis-à-vis du vaincu. Les prisonniers et déportés français protestent contre les « procédés inhumains employés à certains endroits »[6] et définissent les règles de traitement pour limiter tout contact.

Dans Le Patriote résistant, le journal de la Fédération nationale des déportés et internés résistants, d'orientation communiste, l'argument économique est complètement remplacé par l'extrême politisation de la figure du PGA. Apprenant que des PG ont pu acheter un radio-récepteur, elle proteste « énergiquement contre une telle mansuétude à l'égard de ceux qui ont été et qui sont toujours nos pires ennemis »[7]. Nous sommes en juillet 1946.

1.1.3 Il est difficile de savoir si ces images reflètent l' « état d'esprit » des populations locales.

Les rapports des services préfectoraux d'Eure-et-Loir[8] font tout d'abord état d'une « haine persistante de l'Allemagne dont l'opinion souhaite la défaite »[9]. Cependant, les autorités relèvent le décalage avec son attitude vis-à-vis des PG présents dans le département. Jusqu'à la défaite allemande, ils font l'objet d'une « indifférence totale »[10].

Cette apparente tolérance ne traduit néanmoins aucune empathie. La population condamne unanimement le « régime de faveur »[11] des PGA en mains américaines. Si la mise au travail collectif est acceptée, le PG ne doit pas côtoyer le Français, sous peine de provoquer des révoltes[12]. L'attitude de la CGT qui mène campagne contre cette utilisation pousse certains agriculteurs à renoncer à la main-d'œuvre allemande[13]. Les Euréliens n'acceptent la

---

[6] « 5° Emploi des prisonniers allemands dans l'agriculture », in : Le PG, organe de la Fédération nationale des PG, n° 12, 30 novembre 1945, p. 40.
[7] « Ils se la coulent douce ! », in : Le patriote résistant. Organe de la fédération nationale des déportés et internés résistants et patriotes, n° 9, 1er juillet 1946, p. 4.
[8] Entre fin 1944 et juillet 1945.
[9] Archives départementale d'Eure-et-Loir (ADEL), Chartres, 1 W 132, rapport 16/4 du 13 novembre 1944 de la gendarmerie nationale sur la « situation générale et l'état d'esprit ».
[10] ADEL, 1 W 133, rapport 201/4 du 11 septembre 1945 de la gendarmerie.
[11] ADEL, 1 W 132, rapport 161/4 du 14 mai 1945 de la gendarmerie.
[12] ADEL, 1 W 132, rapport du 18 juin 1945 du commissaire spécial sur la « situation économique et sociale et politique du département ».
[13] ADEL, 1 W 132, rapport du 25 avril 1945 de la sous-préfecture de Nogent-le-Rotrou.

D'un après-guerre à un avant-paix (1945-1948) 61

logique économique que dans la mesure où elle correspond à leur représentation des Allemands : au travail mais hors du contact des Français.

1.1.4 Des voix se sont pourtant élevées

Des lettres de particuliers, une campagne de presse nationale sur le thème « Ne pas les imiter. Un prisonnier, même allemand, est un être humain »[14], l'intervention de grandes figures de la Résistance, comme Robert Antelme[15], et des milieux catholiques. Mais ces voix révèlent, à leur manière, les violentes réactions que provoque alors la présence des PGA et la difficulté morale pour des Français de défendre l'Allemand sans passer pour un collaborateur.

1.2 La perception des Français par les Allemands

1.2.1 Comment les forces françaises sont vues par la propagande nazie ?

Leur image s'inscrit en continuité avec l'idéologie antifrançaise du régime. Elle se fonde sur le distinguo entre forces régulières, respectueuses du droit et des personnes[16] et civils armés, ces « Terroristen ». Lors des captures, Forces françaises de l'Intérieur (FFI) et Francs-tireurs et Partisans (FTP) violenteraient les prisonniers, les dépouilleraient, ne tiendraient aucun compte de la Convention de Genève et procéderaient à des exécutions sommaires. La discipline des camps constitue également une illustration du « sadistische Behandlung » que « gaullistes », et autres « wilden disziplinlosen Elementen », font alors subir aux PG. La population, cette « Strassenpöbel »[17], est associée à cette « Lynchjustiz »[18].

1.2.2 Les PGA ont-ils intégré cette image ?

Selon les rapports du Comité Allemagne libre pour l'Ouest (CALPO), la grande majorité des premiers PG croient que les Français coupent bras et jambes de leurs captures[19], fusillent tout captif[20]. Jusqu'à la fin de la guerre,

---

[14] Jacques Fauvet, « Un prisonnier, même allemand, est un être humain », in : Le Monde, 1er octobre 1945, p. 2.
[15] Robert Antelme, Vengeance ?, 1946, republié chez Farrago.
[16] Archives du Comité international de la Croix-Rouge (ACICR), Genève, G8/51 V, 316, note du Wehrmachtsoberpfarrer Damrath, Hôpital de la Pitié, 28 août 1944.
[17] ACICR, G 25/666, 25/32, lettre 2417/44 du consulat allemand (Genève) au CICR, 6 novembre 1944.
[18] ACICR, G 25/631, 25/5/XII, lettre 2977/44 du consulat allemand (Genève) au CICR, 19 décembre 1944.
[19] Service historique de la Défense, armée de terre (SHD-AT), Vincennes, 10 P 423, interrogatoire 239/2/S du 22 février 1945 de trois prisonniers, par les FFMB, 19e DI, Vannes.
[20] SHD-AT, 10 P 458, interrogatoire d'un prisonnier par le 1er GTM, s/secteur de la Durance, 10 octobre 1944.

la propagande nazie garde toute son efficacité, limitant les redditions[21]. Fin 1944, le groupe du CALPO à Marseille constate son échec dans la « Brechung der Furcht vor den Partisanen » : « Bis auf ganz wenige Fälle haben selbst Hitlergegner geglaubt, dass die Partisanen sie alle umbringen würden »[22].

C'est dans ce contexte que les autorités françaises fondent à l'été 1945 leur politique de réparation sur l'emploi massif de main-d'œuvre PG.

2. Le rapprochement via l'utilisation économique de la main-d'œuvre PG ?

Cette position des autorités françaises n'est pas motivée par des considérations politiques, mais se fonde sur une réalité économique : la France manque de main-d'œuvre pour effectuer sa reconstruction. Les autorités doivent gérer une situation contradictoire : convaincre les employeurs potentiels d'embaucher des PG ; éviter que cette proximité à l'échelle locale ne brouille les statuts de vaincus et de vainqueurs. Comment ont-elles tenté de concilier nécessité économique et mobilisation culturelle ?

2.1 Mettre au travail les PGA

2.1.1 Quelle est la présence des PG dans l'économie française ?

550 000 PGA contribuent à la reconstruction de la France entre 1945 et 1948. Ils représentent 2,3 % de la population active[23].

Ils sont présents dans toutes branches d'activité prioritaires pour la reconstruction, notamment, comme le montre le graphique ci-dessous :

1) dans les mines. Leurs contacts avec les populations locales se limitent aux mineurs polonais.

2) dans la Reconstruction et le déminage en commandos. Ils travaillent sous direction française et sont rarement en contact avec les populations locales.

3) surtout dans le secteur agricole qui occupe près d'un PGA sur deux.

---

[21] Un article publié dans *L'Aurore*, « Les PGA se déclarent satisfaits de leur sort », décrit le traitement particulièrement agréable que les PGA reçoivent dans un camp américain. Le visiteur s'enquiert, avant de quitter les lieux, auprès du lieutenant s'il y a des évasions : « Non [...], nous avons une fois pour toutes, averti les prisonniers que s'ils s'échappent, ils seraient repris par les FFI..., et aucun n'a tenté de franchir les barbelés ».

[22] Stiftung Archiv der Parteien und Massenorganisationen (SAPMO) der DDR im Bundesarchiv Berlin/Lichterfelde (BA-SAPMO), RY 61 – 28, rapport de Hauser du 30 septembre 1944 sur Marseille.

[23] Wagenblaß, Horst, Die Bedeutung der Arbeit deutscher Kriegsgefangener für die französische Volkswirtschaft in den Jahren 1945 – 1948, in : Kurt W. Böhme, *Die deutschen Kriegsgefangenen in französischer Hand. Zur Geschichte der deutschen Kriegsgefangenen des Zweiten Weltkrieges*, volume XIII, Munich, 1971, pp. 234-247.

Cette présence est renforcée par les structures de mise au travail. Dans l'agriculture, des commandos sont formés qui imposent aux employeurs de ramener chaque jour leur PG dans un local surveillé. La rationalité économique pousse dès septembre 1945 les autorités à les autoriser à conserver leur PGA chez eux.

Cet éparpillement qui est particulièrement important dans le secteur agricole change les modalités du rapport à l'ennemi : à l'échelle de l'Ille-et-Vilaine, ce sont désormais 1 814 prisonniers qui sont confrontés non plus à l'image du « Franzosen » de la propagande nazie mais à des fermiers bretons réels répartis dans 260 communes en juillet et en octobre 1947[24].

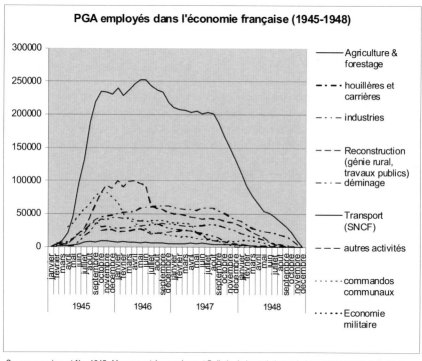

Source: pour jan. et fév. 1945: *Mouvement économique et Bulletin de la statistique générale (1945-1948)*. A partir de mars 1945: SHED-Terre, 29R5(3). De mars 1945 à juillet 1946: données pour le 15 de chaque mois (excepté pour juin le 31), à partir d'août 1946 jusqu'à décembre 1948 pour le 1er. NB: Pas de données disponibles pour octobre et novembre 1946.

---

[24] Fritz Jesse, *Les prisonniers de guerre allemands en Bretagne. Rencontres et expériences entre capture, captivité et vie parmi les Français, 1944-1948/49*, mémoire de maîtrise, Rennes 2, 2004, pp. 14–121. Avec 33 % de PG employés dans le secteur agricole jusqu'en juin 1946, la Bretagne présente toutefois un taux d'occupation inférieur à la moyenne nationale, qui s'explique en partie par la petite taille des exploitations et la pauvreté du milieu paysan local.

L'application à l'échelle locale d'une politique économique définie à Paris fait naître paradoxalement les conditions de relations interpersonnelles. Cela n'a pas échappé aux autorités qui rappellent que le PG « ne [doit] pas être intimement mêlé à la vie française »[25]. Comment maintenir un tel jeu de rôles ?

2.1.2 Limiter les contacts avec la logique de surveillance

Pour y parvenir, les autorités imposent un cadre réglementaire à cette utilisation. Dans sa note de l'été 1945[26], le préfet du Bas-Rhin rappelle aux maires que les PG doivent être « internés après le travail ou les jours de repos dans un local unique [...] gardé par des hommes armés », « reconduits le soir à heure fixe, et après appel nominatif [...], enfermés sous bonne garde jusqu'au lendemain matin ». Ils doivent porter leur tenue militaire ou une tenue civile marquée des initiales « PG ». Les dimanches et jours de fêtes, ils ne peuvent sortir que sous escorte, et à heure fixe. L'accès de tout lieu public leur est interdit[27].

Ces prescriptions, présentes dans tous les départements, renvoient à ce que Michel Foucault appelle une logique disciplinaire. Centrée sur les « corps individuels à surveiller, [...] éventuellement à punir »[28], corps qu'il « faut à la fois rendre utiles et dociles », cette logique vise à reconduire hors du camp l'ordre qui y règne. Elle cherche à tout réglementer : séparation spatiale, séparation vestimentaire, séparation sociale. C'est quasiment une logique de police qui appréhende l'Allemand uniquement comme un corps ennemi et trace une frontière entre « eux » et « nous » pour bloquer toute évolution de l'image de l'autre. Une telle discipline hors les barbelés a-t-elle été respectée ?

2.2 Sociabilité villageoise et logique de sécurité

Les archives du service du travail de la préfecture à Strasbourg et les dossiers des sous-préfectures de Saverne[29] et d'Erstein[30] permettent de dégager de grandes tendances.

---

[25] *L'Historique* (note 2), p. 149.
[26] Archives départementales du Bas-Rhin (ADBR), Strasbourg, 324 D 6, note 933/45 du préfet aux maires concernant « hébergement et surveillance des PGA ». Version du 7 juillet 1945, mais manifestement la version originale date du 14 juin 1945.
[27] ADBR, 349 D 86, note de service 3016 5/FS/HF de l'état-major, 10e région militaire sur la « surveillance des PGA affectés aux besoins civils », 25 juillet 1945.
[28] Michel Foucault, « Cours du 17 mars 1976 », in : *Il faut défendre la société, Cours au Collège de France, 1976-1977*, Paris, 2004, p. 222.
[29] ADBR, 1366 W 54, « PG (hébergement, indemnités compensatrices) ».
[30] ADBR, 1458 W 146, « Main-d'œuvre : prisonniers de guerre employés comme main-d'œuvre : instructions et correspondance ».

D'un après-guerre à un avant-paix (1945-1948) 65

Les rapports entre PGA et populations du Bas-Rhin au regard de l'administration							
	Evasion et arrestation	Garde et surveillance	Hébergement à domicile	Correspondance clandestine	Relations	Vêtements non conformes	Total
1945	21	26	8	0	1	0	56
1946	286	87	44	30	10	4	461
1947	70	43	187	51	6	0	357
1948	32	3	37	1	0	1	74
Total	409	159	276	82	17	5	948

2.2.1 On constate d'abord la faillite progressive de la logique disciplinaire

Certes, l'évolution du nombre d'infractions concernant les évasions, corrélative à l'emploi croissant des PGA dans le Bas-Rhin, illustre l'application de cette logique. Mais, elle n'explique pas l'évolution des autres postes.

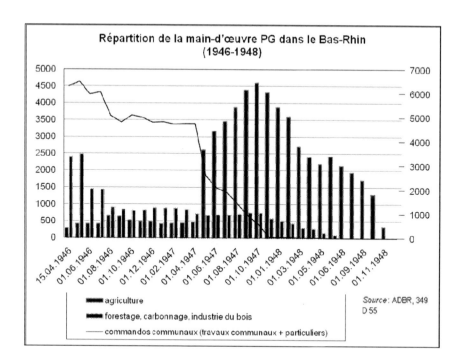

L'augmentation en 1947 des demandes d'héberger à domicile des PG, alors que la possibilité existe depuis un an et que les besoins en main-d'œuvre n'ont pas subitement cru comme celle des cas de correspondance clandestine rendent compte de l'évolution du regard des cultivateurs alsaciens sur les PG : on accepte désormais d'avoir un Allemand chez soi dont la qualité de travailleur prime celle d'ennemi. On ose formuler de telles demandes sans craindre de passer pour « mauvais Français ». L'évolution des infractions à la garde ressortit de la même dynamique, le nombre d'infractions évoluant de façon inversement proportionnelle à celui des commandos. À côté des motivations économiques, la confiance a joué dans l'effacement de la méfiance politique. Cette démobilisation culturelle rend inopérante la logique disciplinaire car autorités et populations locales ne partagent plus la même image de l'Allemand. Gardons-nous cependant d'interpréter l'attitude de ces dernières en termes de rapprochement, comme le rappelle le faible nombre d'infractions portant sur des relations intimes. Quel nouvel équilibre se dégage ?

2.2.2 L'avènement d'une logique de sécurité et de main-d'œuvre

Je prendrai un exemple tiré des procès-verbaux de gendarmerie pour montrer comment la proximité quotidienne débouche sur une logique dite de sécurité.

Jacques, cultivateur à Hurtigheim, est censé ramener après midi son prisonnier au local communal[31]. Mais comme à son habitude, il se contente de le suivre des yeux. Or, ce 28 avril 1946, celui-là s'évade. Il reconnaît qu'il doit reconduire son PG, mais, ajoute-t-il, « cela ne s'est jamais fait à Hurtigheim jusqu'à présent ». Un des gardiens confirme : « les employeurs ne se conforment nullement au règlement applicable aux PG [...] ». Le maire, mis au courant, n'a guère réagi et tolère des prisonniers aux vêtements non marqués. Les gardiens sont également fautifs : l'un d'eux est parti, laissant deux jours le commando sans surveillance. Cette affaire révèle combien l'évasion constituerait un quasiment non événement pour le village.

La logique de sécurité n'a en effet plus pour objet de dresser les corps. Elle vise à trouver un équilibre global dans la réalité dont les PG constituent un élément à part entière. Elle laisse donc les acteurs s'organiser eux-mêmes. Le tout règlement ne cède pas au tout est permis mais « il y a un niveau auquel le laisser-faire est indispensable »[32]. En faisant du PG un acteur de la vie villageoise, la mise au travail aboutit à son humanisation et rend possible la transformation des prisonniers en travailleurs libres à partir de 1947.

---

[31] ADBR, 324 D 9, procès-verbal de gendarmerie n° 269 du 29 avril 1946 relatif à l' « évasion de deux PGA à Hurtigheim ».
[32] Michel Foucault, « Leçon du 18 janvier 1978 », in : *Sécurité, territoire, population. Cours au Collège de France*, 1977-1978, p. 49.

2.3 1947-1948 : le tournant du rapatriement et de la transformation

2.3.1 Comment la société française réagit-elle à la transformation en travailleur libre ?

Face à la demande américaine de libérer les prisonniers, les autorités françaises proposent mi-1947 aux PG de rester travailler en France pendant un an comme travailleur civil libre. Le fait qu'elles proposent ce qu'elles avaient envisagé dès août 1945 pour le rejeter aussitôt, jugeant une telle opération « prématurée »[33], marque leur abandon de la logique disciplinaire pour la logique de sécurité. Les autorités n'hésitent plus à offrir aux anciens ennemis les mêmes avantages que ceux accordés aux travailleurs immigrés, y compris le droit de faire venir leur famille.

Les syndicats ouvriers, pour des raisons de concurrence, refusent d'abord l'opération. L'attitude du PG transformé dont le « rendement et la docilité » diminuent entraîne le retournement de leur position : la GCT lance une campagne d'adhésion auprès de ces nouveaux camarades.

Les associations de résistants présentent un front désuni. Si *Le PG* accepte la transformation, *Le patriote résistant* parle dès septembre 1946 de « Scandale »[34], traduisant le refus d'une partie de l'opinion française :

> « [...] on veut maintenir sur le sol français même des boches. A-t-on oublié que ces PG, si dociles au début de leur captivité, sont ces mêmes SS, ces mêmes soldats de la Wehrmacht qui nous ont torturés, massacrés, et qui ont dévasté et pillé la France ? [...] Ose-t-on réellement nous proposer, à nous, anciens déportés, internés et résistants, de côtoyer désormais, dans la vie de tous les jours, nos anciens gardiens SS ou autres qui, par leur obéissance aveugle, ont rendu possible le maintien du régime hitlérien ? »

Les résultats fin 1948 sont un succès relatif : 137 000 PGA choisissent de rester en France, 50 000 de signer pour une deuxième année. Le nombre de candidats, supérieurs aux espérances françaises, ne suffit pas à combler les besoins en main-d'œuvre pour réaliser le plan Monnet.

2.3.2 Le gouvernement organise l'immigration allemande

Les premiers projets datent également de 1945. En mars, lorsque que le Haut Comité de la population définit la politique d'immigration de la France, il distingue une immigration quantitative temporaire visant à satisfaire les besoins en main-d'œuvre et une immigration qualitative permanente destinée à compenser le déficit démographique. L'Allemagne occupe alors l'avant-dernière place du classement « par ordre de valeur démogra-

---

[33] Ministère des Affaires étrangères (MAE)/Colmar, AP 311-1, note 1002/D3300 du 18 août 1945 sur la « situation de la main-d'œuvre en France et l'emploi des PG ».

[34] « Scandale. Les PGA deviendraient sous peu travailleurs libres », in : *Le patriote résistant. Organe de la fédération nationale des déportés et internés résistants et patriotes*, n° 14, 15 septembre 1946, p. 1.

phique »³⁵. Les prisonniers allemands, future main-d'œuvre quantitative, devront à expiration de leur contrat « être automatiquement rapatriés et évacués immédiatement du territoire français ».

En 1947-1948, la position des autorités s'est inversée. Il s'agit non seulement d'encourager une immigration allemande massive mais de la fixer, si possible définitivement. Les PG transformés deviennent le principal argument de campagne en Allemagne. Avec l'immigration qualitative apparaissent les premières considérations en termes de rapprochement. Une note sans doute de fin 1947 souligne l'intérêt politique d'une telle immigration : « Il est certain que [les travailleurs allemands] en tireront un enseignement fécond et le rapprochement entre la France et l'Allemagne en sera facilité ». Trois ans après la fin de la guerre, les autorités promeuvent une troisième logique, une logique de population³⁶ qui donne le droit au PG devenu libre de devenir également français.

3. Le point de vue du PGA et de la société allemande, de l'histoire à la mémoire

3.1 En quoi l'expérience de la captivité a-t-elle pu être vécue comme un rapprochement à l'échelle individuelle par le PG ?

Prenons le parcours de Heinrich qui a écrit juste après son rapatriement un récit de captivité³⁷. À la fin de la guerre, c'est un jeune Allemand né en 1928, qui n'a connu que l'idéologie nazie comme valeurs politiques. À 16 ans, il rejoint un camp de Jeunesse Hitlérienne ; début 1945, il intègre le *Reichsarbeitsdienst* et fin mars il est enrôlé dans la *Wehrmacht*. Lorsqu'il est capturé par les Américains le 7 mai, il n'a que 17 ans et n'a jamais tiré un coup de feu.

3.1.1 Sa rencontre avec l'ennemi constitue le premier choc

Son récit se caractérise par l'importance donnée aux « acteurs » de cette captivité :
– tout d'abord, les soldats américains.

Plus que la capture, ce sont les fouilles qui le marquent. Elles constituent la première étape d'un processus de dépossession qui enlève au PG tout support d'identification. Le second souvenir saillant de sa captivité en mains américaines concerne son transfert aux autorités françaises et ce « Verladen auf Viehwaggons », vécue comme une déshumanisation.
– les souvenirs attachés aux Français sont plus nombreux :

---

[35] Archives nationales de France (ANF), Paris, F 7 16040, note de la Direction des Conventions administratives sur la « politique d'immigration », 16 mars 1945.
[36] Alexis Spire, *Etrangers à la carte. L'administration de l'immigration en France* (1945-1975), Paris, 2005.
[37] Heinrich Deml, *Als Kriegsgefangener in Frankreich, 1945-1948*, Munich, s.d.

1/ les premiers contacts avec la population sont hostiles. Le convoi de Heinrich reçoit insultes et jets de pierre. À partir de ce moment, notre PG adopte une règle simple dans ses relations avec le nouveau pays : plus la foule est lointaine, plus il convient d'être méfiant. Heinrich vit son arrivée en France comme une mise en esclavage. Sa première impression est alors qu'un « Allemand en ce temps-là était un hors-la-loi en France »[38].

2/ les gardes sont souvent évoqués. Il associe les premiers temps « unfreundlich » aux gardiens résistants et la fin des violences arbitraires à l'apparition de l'uniforme militaire. La rencontre avec des gardiens de couleurs est vécue comme un choc visuel qui ravive les stéréotypes raciaux hérités du nazisme. Vient ensuite la constatation qu'ils sont aussi des « prisonniers des Français ». Ce parallélisme des situations fonde une certaine solidarité entre « sous-privilégiés » et conduit le PG à réviser son jugement.

3.1.2 Le second choc arrive avec la vie dans les « Franzosenlager »

Il n'en connaît pas moins de dix. Tous présentent les mêmes conditions de vie désastreuses. Heinrich est impressionné par cette masse de plusieurs milliers d'hommes, par le spectacle des corps déformés. D'autant qu'il ne peut plus compter sur la solidarité qui structurait la *Volksgemeinschaft*, car elle disparaît dans les camps. Pire, l'organisation du camp devient source d'inégalités. L'ordre ancien qui n'est plus capable d'assurer ni discipline ni réconfort moral, est irrémédiablement défait. Heinrich en fait par exemple l'expérience quand son compagnon d'infortune lui vole son tabac. Le camp apparaît comme le lieu de crise, au double sens d'altération, mais aussi de renouveau. Car dans ces conditions, il se pourrait que le Français ne soit pas aussi mauvais qu'on le dit.

3.1.3 Le 3ᵉ choc correspond à l'acculturation en milieu français

Le transfert dans un commando ou chez des particuliers est vécu comme une libération par Heinrich.

- en commando, Heinrich peut nouer d'étroites relations avec ses gardes civils, souvent d'anciens prisonniers de guerre français en Allemagne. Les contacts sont plus faciles car ils savent, comme un des gardes du commando de Montclus, que « tous les hommes ne sont pas mauvais en Allemagne ».

- chez les particuliers, Heinrich trouve une seconde famille, voire une nouvelle *Heimat*. Pour la première fois depuis sa capture, il retrouve une certaine normalité. Il n'est plus considéré comme un nazi, comme un prisonnier, ni même comme un Allemand, mais comme un *Mensch* appelé « Henri ». Il s'habille en civil. En 1948, il note combien l'attitude des Français à l'égard des PGA a changé. Quand il achète des chaussures, on lui donne du « Monsieur », il peut même parler allemand sans faire scandale. Il aura

---

[38] *Idem*, chap. 2.

alors remplacé l'ancienne image de la France par une nouvelle bien plus positive[39].

3.2 PGA, transformation et société allemande : le début du rapprochement officiel ?

Difficile pourtant de savoir dans quelle mesure les PG, une fois rapatriés, cherchent à maintenir ce contact privilégié avec des Français et peuvent diffuser l'image désormais positive de l'ancien ennemi dans leur milieu d'accueil. Les opérations de transformation peuvent fournir d'intéressants éléments de réponse.

La population de la Zone française d'occupation (ZFO) les a-t-elle reçues comme les ont présentées les autorités françaises, à savoir le premier pas vers une compréhension politique ? En juin 1947, les autorités françaises réalisent un sondage pour connaître sa position[40]. Les avis sont légèrement négatifs : 32 % considèrent que les PG accepteront, 39 % le contraire. Les raisons font clairement apparaître l'absence de toute considération politique : les besoins économiques des deux pays et les liens affectifs éclipsent totalement les 2 % de la réponse « en restant en France, les prisonniers connaîtront la mentalité des Français et travailleront pour l'entente ». Cela ne veut pas dire que l'expérience des PG n'a rien changé à l'image des Français, comme le révèle le faible score des réponses renvoyant à une perception négative : 6 % pour la proposition « les Français maltraitent les Allemands », quelques-uns pour « Les Français sont trop différents des Allemands ».

Si l'on se place à présent plus tard dans l'opération, entre fin 1947 et mars 1949, on lit dans la presse de la zone française une interprétation beaucoup plus politique comme dans l'*Allgemeine Zeitung und Wirtschaftsblatt* de Mayence. Un premier article de juin 1947 qualifie d' « historischer Vorgang » la transformation, car elle permet enfin aux deux peuples de se connaître après des décennies de vains efforts :

> « Jedermann weiss, dass dann beide aneinander genug Wertvolles finden würden, um einander zu achten und zu schätzen, insbesondere um einander zu verstehen und im Geiste freundnachbarlicher Eintracht und Verbundenheit miteinander zusammenleben »[41].

Un an plus tard, un nouveau pas est franchi avec un article présentant le chemin parcouru par les PG transformés comme « [...] einen Aktivposten

---

[39] Voir les efforts de Heinrich pour apprendre le français afin de se rapprocher de sa famille de paysans, qui « incarne [...] une autre France que celle qu'il avait souvent connue jusque-là », *idem*, chapitre 18.

[40] MAE/Colmar, AP 102/1, sondage de l'opinion publique allemande n° 8, « Chômage et immigration », 12 juin 1947.

[41] « Deutsche Arbeiter in Frankreich », in : *Allgemeine Zeitung und Wirtschaftsblatt, Wochenausgabe des neuen Mainzer Anzeigers. Hauptausgabe, Mainz*, n° 78, 5 décembre 1947, p. 7.

auf dem Wege zu einer europäischen Verständigung, insbesondere aber zu einer deutsch-französischen Klärung und Annäherung »[42].

Le dernier article sur le sujet en mars 1949 confère aux PG des deux pays le rôle de pionniers dans la compréhension entre leurs peuples. Intitulé « Frankreich hasst die Deutschen nicht »[43], il explique l'absence paradoxale de sentiments germanophobes après 1945 par l'expérience des millions de PG et déportés français mis au travail hors des camps et celle des PG et transformés en France. Sie « bilden, so klein ihre Zahl verhältnismäßig auch sein mag, ein weiteres praktisches und symbolisches Element dieser grundlegenden Änderung in der Psychologie zwischen Franzosen und Deutschen ».

3.3   La mise en récit de la captivité dans l'histoire européenne

La réalité semble avoir été moins optimiste. Sur la soixantaine d'anciens PG que j'ai interviewés, aucun n'a eu conscience de jouer un rôle politique particulier dans un tel rapprochement. Lors de leur rapatriement, ils ne semblent pas avoir fait l'objet d'attentions particulières de la part des autorités. Ils ne l'avaient d'ailleurs pas attendu. La quasi-totalité indique l'absence d'intérêt de leur entourage pour leur captivité. Lorsque le thème est abordé, il le fut à la marge ou seulement en famille.

Même absence de mise en perspective à finalité réconciliatrice dans les journaux ou récits de captivité. Ils ne tentent pas l'inscription d'une expérience personnelle dans une dynamique politique collective.

Le contraste est saisissant avec les souvenirs écrits plus tardivement comme celui de Johannes Sticker, PG en Bretagne, dont le sous-titre et le bandeau offrent une tout autre interprétation de sa captivité[44]. Son récit écrit en 1977, mais publié en France seulement en 2005 regorge d'anachronismes mémoriels. Ainsi considère-t-il que de sa captivité datent « les premières plantes fragiles de la réconciliation et de la paix – premiers instants de l'avenir »[45] ; il voit dans le choix de son employeur breton fin 1945 de le faire désormais asseoir à sa gauche « l'une des nombreuses racines sur lesquelles est né le rapprochement franco-allemand. Un avenir précoce »[46].

---

[42] « Als Zivilarbeiter in Frankreich. Auszüge aus Briefen in die Heimat", in : *Allgemeine Zeitung und Wirtschaftsblatt, Wochenausgabe des neuen Mainzer Anzeigers. Hauptausgabe, Mainz*, n° 68, 28 mai 1948, p. 2.
[43] « Frankreich hasst die Deutschen nicht. Woher rührt die Wandlung?", in : *Allgemeine Zeitung und Wirtschaftsblatt, Wochenausgabe des neuen Mainzer Anzeigers. Hauptausgabe, Mainz*, n° 71, 25 mars 1949, p. 2.
[44] Johannes Sticker, *Moi, Johannes Sticker prisonnier allemand en Bretagne 1945–1947 (un avenir précoce)*, Sables-d'Or-les Pins, 2005, et le bandeau de promotion : « ... un petit pas sur la longue route menant du statut de *boche* à celui de compatriote européen », p. 6.
[45] Ibid., p. 4.
[46] Ibid., p. 93.

****

Comment expliquer un tel décalage d'interprétation dans le rôle des PGA ? Sans doute par un retournement de perspective historique et mémorielle. En janvier 1949, *Le Monde* évoque

> « un des derniers chapitres de la Deuxième Guerre mondiale [qui] vient de se clore, sans bruit, on pourrait dire dans l'indifférence presque générale : le départ des prisonniers allemands [...] Tournons la page. La captivité allemande fait désormais partie de l'histoire »[47].

Pour Jean Couvreur comme pour les PGA d'alors, la libération est vécue comme une clôture, celle d'une expérience passée associant guerre et captivité. Une clôture nécessaire pour recommencer à vivre et imposée par une société allemande qui avait d'autant plus de mal à entendre ses PG qu'ils symbolisaient un passé rejeté.

La perspective dans laquelle s'inscrit le récit de Sticker est radicalement différente. Il profite de la crise des histoires nationales. Ces mises en récit officielles qui offraient une lecture close de la guerre, en répartissant les responsabilités entre vaincus et vainqueurs[48] de façon univoque, ne pouvaient accueillir les PGA, comme Sticker en a fait l'amère expérience : « J'ai demandé plus de trente fois à des maisons d'édition allemandes de les publier, mais toujours en vain. Beaucoup donnaient comme raison ne pas vouloir nuire aux relations franco-allemandes ». La crise des mémoires nationales héroïques depuis les années 1990 et l'institutionnalisation du rapprochement franco-allemand rendent désormais possible l'insertion des récits de captivité au sein d'une histoire européenne. Contrairement à 1948, les PG ne sont plus vus comme des vaincus mais comme des Européens appartenant à une même communauté d'histoire et de destin que leurs anciens vainqueurs. Ils sont devenus les pionniers, in extremis, du rapprochement par leur expérience qui se veut désormais ouverture.

---

[47] Jean Couvreur, « Le bilan d'une captivité de 4 ans. Plus d'un million de prisonniers allemands ont fourni à la France des centaines de millions de journées de travail », in : *Le Monde*, 5 janvier 1949.

[48] Pieter Lagrou, *Mémoires patriotiques et Occupations nazies. Résistants, requis et déportés en Europe occidentale, 1945–1965*, Paris, 2003.

Andreas Roessner

Les anciens combattants et le rapprochement franco-allemand jusque dans les années 1960

Par leur poids numérique et leur influence morale, les anciens prisonniers de guerre (PG) ainsi que les anciens déportés français et allemands représentent un facteur non négligeable dans leurs sociétés d'après-guerre respectives[1]. Dans le contexte de la sortie de guerre, ils jouent un rôle important sur le plan national, mais également international, au niveau de cet « ensemble complexe, hétérogène, fluctuant de corps intermédiaires, distincts des institutions politiques »[2] qu'on appelle communément la société civile. Cette contribution a pour but d'analyser les positionnements de quelques-unes des nombreuses associations du monde des anciens combattants (AC) des deux côtés du Rhin et de retracer leur action dans le domaine du rapprochement franco-allemand après 1945. Le tableau dressé ne peut cependant pas être exhaustif pour deux raisons : premièrement, les archives pas ou peu classées que détiennent les associations respectives sont très lacunaires. Deuxièmement, de nombreuses associations ne veulent ou ne peuvent pas donner accès à leurs fonds. Plutôt que de procéder par un choix positif, une sélection des différentes fédérations par voie d'élimination progressive s'est imposée. Ainsi, ce travail se concentrera essentiellement sur la Fédération nationale des Combattants Prisonniers de Guerre (FNCPG) et la Fédération nationale des Déportés Internés Résistants Patriotes (FNDIRP) en France et sur leurs homologues allemands respectifs, le Verband der Heimkehrer (VdH) et la Vereinigung der Verfolgten des

---

[1] Cf. Antoine Prost, *Les anciens combattants et la société française*, Paris, 1977 (3 tomes) ; id., *In the wake of war* : « *Les anciens combattants* » *and French society*, Providence/R.I., Berg, 1992 ; Erich Maschke (éd.), *Zur Geschichte der deutschen Kriegsgefangenen des Zweiten Weltkriegs*, 15 tomes et deux carnets supplémentaires en 22 volumes, Munich, 1972 ; Jay Lockenour, *Soldiers as citizens : former Wehrmacht officiers in the Federal Republic of Germany 1945–1955*, Lincoln, 2001.

[2] Jean Boissonnat, « Les Français et la société civile », in : *Études*, 393 (2000) 4, p. 328.

Naziregimes (VVN). François Cochet a déjà présenté des travaux relatifs à ces structures[3], mais il n'a pas pu consulter les archives du VdH, qui apportent cependant quelques éclaircissements sur les relations entre les deux fédérations de prisonniers de guerre française et allemande, et permettent notamment de préciser la chronologie.

Dans un premier temps, il convient de retracer la création des différentes structures et de déterminer les moments et circonstances de la (re)prise de contact avec les voisins d'Outre-Rhin. Le contexte de la Guerre froide doit impérativement être pris en compte quand on considère le choix que font les associations françaises entre les deux États allemands. Les différentes approches entre anciens PG et anciens déportés dans le processus du rapprochement permettent de cerner l'impact positif ou négatif des aspects idéologiques qui entrent en jeu en dépit de l'apolitisme que revendiquent généralement les associations du monde combattant. Enfin, il faut se demander quels étaient les facteurs qui ont permis à la France et à l'Allemagne d'avancer dans la voie de la réconciliation et de la coopération dans l'après Seconde Guerre mondiale alors que les efforts de l'entre-deux-guerres n'avaient pas permis un rapprochement durable. À quel point l'ancrage sociétal et, le cas échéant, les actions des AC, représentent-ils un facteur décisif dans ce qui allait ultérieurement déboucher sur la réconciliation des anciens « ennemis héréditaires » ?

1. La constitution des associations en France et en Allemagne

Après sa réinsertion dans la société civile et un accueil souvent mitigé dans les deux pays, le monde combattant français et allemand s'organise d'abord dans de petites structures d'entraide. Progressivement, ces structures donnent naissance à des organisations plus grandes qui influencent considérablement la société civile et dans une moindre mesure le monde politique[4]. Dans un premier temps, les efforts des associations d'AC, de PG et de déportés ne sont déployés que sur le plan national. Cela s'explique par les conditions généralement désastreuses et difficiles dans les pays respectifs. Il faut

---

[3] Cf. François Cochet, « Le rôle des anciens prisonniers et des anciens déportés français dans le rapprochement franco-allemand », in : Antoine Fleury (éd.), *Le rôle des guerres dans la mémoire des Européens*, Neuchâtel, 1997, pp. 123-135 ; id., « Le long chemin : Les associations d'anciens prisonniers, déportés et victimes de guerre et leur rôle dans le rapprochement franco-allemand : 1945-1962 », à paraître fin 2009 dans les actes du colloque dirigé par Philippe Buton sur les relations franco-allemandes entre 1945 et 1962.

[4] Cf. Christophe Lewin, *Le Retour des Prisonniers de Guerre Français. Naissance et développement de la FNCPG 1944-1952*, Paris, 1986 ; Serge Wolikow, *Les combats de la Mémoire, la FNDIRP de 1945 à nos jours*, Paris, 2006.

attendre que la situation matérielle se stabilise pour que les associations s'intéressent aux relations bi- ou multinationales[5].

Dans ce processus de constitution des différentes structures, les chronologies française et allemande ne se ressemblent guère. Elles sont respectivement influencées par les deux sorties de guerre qui sont très différentes l'une de l'autre. Notons, premièrement, que la captivité pour les Allemands commence essentiellement au moment où les PG et déportés français, eux, rejoignent leurs foyers en 1945. Deuxièmement, les statuts des deux pays voisins – la France dans le camp des vainqueurs, l'Allemagne vaincue et occupée – font en sorte que le monde combattant se constitue différemment d'un pays à l'autre. La création des associations allemandes n'intervient que très tardivement par rapport aux structures françaises.

En France, la FNCPG est constituée avant même la fin des hostilités le 4 novembre 1944. La FNDIRP, quant à elle, est créée dans l'immédiat après-guerre, le 7 octobre 1945, cinq mois après la victoire sur le nazisme. Poussées par leur désir d'instaurer une paix durable à l'avenir, les associations françaises cherchent vite à créer des structures internationales. Dès 1946, le comité fédéral de la FNCPG demande que la fédération poursuive activement ses démarches en vue d'entrer en relation avec toutes les organisations de PG des pays alliés et ex-ennemis, mis à part l'Allemagne[6]. Cependant, ce n'est qu'en septembre 1949, lorsque les fédérations nationales ont liquidé pour l'essentiel les problèmes nés pour leurs adhérents de la captivité, que prend forme la Confédération internationale des anciens Prisonniers de Guerre (CIAPG) sur une initiative tripartite entre la France, la Belgique et la Hollande. Les rapports franco-allemands ne figurent pas parmi les priorités au départ. Et pourtant, le rapprochement franco-allemand se fait, notamment dans le cas de la FNCPG et du VdH, par le biais de la CIAPG. Cette dernière joue un rôle prépondérant dans la mesure où elle permet de rassurer les adhérents des fédérations nationales qui restent en partie critiques à l'égard des premières tentatives de coopération.

Les organisations internationales des déportés ne présentent pas le même intérêt que celles des anciens PG. Elles intègrent facilement les Allemands dans la mesure où les déportés de toutes les nationalités se rassemblent majoritairement autour d'un consensus politique et idéologique qui date de leur captivité si ce n'est pas de l'avant-guerre. En 1946 est créée, à Varsovie, la Fédération internationale des anciens Prisonniers politiques (FIAPP), la première organisation internationale visant à regrouper sous une direction

---

[5] Cf. Alfred Wahl (éd.), *Mémoire de la Seconde Guerre mondiale* : actes du Colloque de Metz, 6-8 octobre 1983, Centre de recherche histoire et civilisation de l'Europe occidentale, Metz, 1984.

[6] Ceci s'explique d'une part par le fait qu'il n'y ait pas encore d'association d'anciens PG en Allemagne à cette date et d'autre part par la rancœur et la méfiance qu'éprouvent les associations françaises vis-à-vis des Allemands en général jusqu'au début des années 1950.

communiste tous les rescapés des bagnes hitlériens. En juillet 1951, la FIAPP est remplacée par la Fédération internationale des Résistants (FIR)[7]. Les associations françaises se constituent donc rapidement après la fin de la Guerre. En Allemagne, la situation ne se prête évidemment pas à un processus similaire : Plus de onze millions d'Allemands deviennent prisonniers des alliés au printemps et à l'été 1945[8]. À la fin des hostilités, les alliés décident d'un commun accord que toute structure pouvant avoir trait à la guerre, au national-socialisme ou au militarisme allemand en général, était à interdire après la défaite[9]. La reconstitution d'anciennes associations était également formellement proscrite. Cela explique pourquoi le VdH n'est créé qu'en 1950 par fusion entre groupements locaux d'anciens PG et de groupements au niveau de certains Länder[10]. Une fois constitué, il représente la seule organisation de PG rapatriés en RFA.

La VVN, étant donné qu'elle n'est pas composée d'AC, mais d'anciens déportés, a pu se constituer bien plus tôt que le VdH. Des comités antifascistes de prisonniers politiques sont créés dès le printemps 1945. Dans le courant des années 1946/1947, de petites associations se rassemblent au niveau des Länder et ensuite au niveau des zones d'occupation pour former la VVN[11]. Dans la zone soviétique, celle-ci s'aligne vite derrière les directives du Sozialistische Einheitspartei Deutschlands (SED). Dans les zones occidentales, les partis non communistes, dont notamment le Sozialdemokratische Partei Deutschlands (SPD) de Kurt Schumacher, et plus tard la Christlich Demokratische Union (CDU), appellent au boycott de la VVN. Dès le début des années 1950, les tentatives d'exclure la VVN de la vie publique en RFA, nouvel État allemand auquel les anciens déportés s'étaient opposés dès sa création, se multiplient. Si la VVN ne disparaît pas, elle est constamment en conflit avec le gouvernement fédéral. Cela réduit sa marge de manœuvre dans d'autres domaines, dont celui des échanges internationaux. Contrairement à la situation en RFA, l'histoire de la VVN en RDA n'est pas caractérisée par des poursuites et des interdictions. Cependant, elle est d'une courte durée : l'association des persécutés du régime nazi n'existe que pendant six ans en Allemagne de l'Est avant d'être dissoute par le SED

---

[7] Archives Nationales de Paris, Section du XXe siècle, Fonds Teyssandier (non-classé lors de la consultation), Fascicule de l'Union Internationale de la Résistance et de la Déportation (UIRD).

[8] Bundesarchiv – Militärarchiv Freiburg i. Breisgau [BA-MA], B/433, 226, dossier sur l'histoire du VdH.

[9] « Les vainqueurs décrètent, par la proclamation n° 2 du Conseil de Contrôle allié du 20 septembre 1945, l'interdiction totale de créer des organisations regroupant des AC, ce qui est expressément confirmé et répété par la loi n° 34 du Conseil de Contrôle, en date du 20 août 1946. », Georg Meyer, « Fédérations d'Anciens Combattants et Réarmement Allemand », in : Wahl (note 5), p. 82.

[10] BA-MA, B/433, 226, dossier sur l'histoire du VdH.

[11] Cf. Ulrich Schneider, *Zukunftsentwurf Antifaschismus – 50 Jahre Wirken der VVN für eine neue Welt des Friedens und der Freiheit*, Bonn, 1997 ; Max Oppenheimer, *Vom Häftlingskomitee zum Bund der Antifaschisten : der Weg der VVN*, Francfort/Main, 1972.

au début de 1953[12]. Ceci n'empêche pas que les anciens déportés se rassemblent dans d'autres comités antifascistes par la suite.

2. Les premiers contacts

En termes de chronologie du rapprochement franco-allemand dans le monde combattant, les anciens déportés et persécutés peuvent être considérés comme des précurseurs par rapport aux anciens PG. Ceci s'explique par le contexte politique et les enjeux qui en découlent pour les associations d'anciens déportés : les adhérents de la FNDIRP et de la VVN, minoritaires aussi bien en France qu'en Allemagne (de l'Ouest) à cause de leur adhésion à la doctrine communiste, semblent se rapprocher les uns des autres afin de mieux résister aux développements nationaux et internationaux qui leur sont généralement défavorables. La solidarité dont ils font preuve peut être considérée comme une nécessité idéologique pour faire barrage au bloc occidental. Leurs missions sont identiques.

L'enjeu est, premièrement, d'empêcher qu'une nouvelle Allemagne régie par des anciens nazis puisse se relever et de lutter contre tout signe d'un éventuel réarmement d'un État allemand qui ne soit pas créé sur le principe de l'antifascisme stalinien. À l'opposé des menaces que fait planer le bloc occidental sur la paix mondiale – le plan Schuman est considéré comme « plan de guerre et de fascisme »[13] – le bloc soviétique et ses États, dont notamment la RDA, sont présentés comme les seuls garants d'un avenir paisible et juste.

Deuxièmement, les problèmes administratifs que rencontre la VVN en RFA agissent comme moteur pour les relations entre les déportés communistes allemands et français. Cette menace planant sur l'association allemande permet aux anciens déportés français et allemands de resserrer les rangs, mais semble les empêcher de concentrer leurs efforts sur des échanges et des jumelages. Grâce à leur proximité idéologique, la FNDIRP et la VVN entrent donc en relation assez rapidement après la Guerre, dès 1949[14], sans que cela ne se fasse par le biais d'une organisation internationale.

Les PG français et allemands nouent des contacts plus tard seulement. Les premiers pourparlers ne se nouent que suite à une initiative allemande au début des années 1950. Une fois constitué, le VdH cherche rapidement à se faire admettre au sein de la CIAPG. Pour ce faire, il entre en relation avec la FNCPG qui occupe une place primordiale au sein de la confédération. Ce désir d'adhésion représente certes un premier pas vers le rapprochement

---

[12] Cf. Elke Reuter, Detlef Hansel, *Das kurze Leben der VVN von 1947 bis 1953 – Die Geschichte der Vereinigung der Verfolgten des Naziregimes in der sowjetischen Besatzungszone und in der DDR*, Berlin, 1997.

[13] Archives de la FNDIRP, dossier « Activités internationales », déclaration contre le plan Schuman du 13 août 1950.

[14] *Le Patriote Résistant*, n° 76, mai 1949.

franco-allemand, mais il sert également à des aspirations purement nationales : en tant que membre de la CIAPG, le VdH espère pouvoir compter sur l'aide de celle-ci pour libérer les PG allemands détenus en URSS. N'oublions pas que l'épineux problème du retour des prisonniers allemands est une grande préoccupation de la communauté des PG allemands jusqu'au milieu des années cinquante. Mais l'adhésion allemande est également utile à la FNCPG. En intégrant leurs homologues allemands dans la structure internationale dès 1953, les instances directrices de la fédération espèrent pouvoir calmer les inquiétudes de quelques associations départementales ou sections locales françaises qui restent méfiantes à l'égard des Allemands.

Les premiers entretiens officiels tripartites ont lieu les 25 et 26 septembre 1952 au siège de la FNCPG à Paris entre le VdH, la CIAPG et la FNCPG[15]. Par la suite, la délégation allemande invite des représentants de la CIAPG et de la FNCPG à assister au congrès national des rapatriés allemands en novembre 1952 à Bonn. Georges Lepeltier, délégué général de la CIAPG et ancien président de la FNCPG, semble définitivement briser la glace en assistant au congrès national du VdH le 18 octobre 1953, où il tient un émouvant discours en allemand au nom de l'entente entre les peuples :

> « Puisque l'Allemagne a rejeté tout système d'oppression, à l'intérieur comme à l'extérieur, puisque vous voulez, vous aussi, travailler pour la Paix, il faut que vos voisins ne pensent pas seulement à leur passé douloureux et travaillent pour l'avenir ; mais il faut aussi que l'Allemagne, travaillant maintenant avec ses voisins, ne pense pas seulement à son présent et à son avenir »[16].

En juin 1953, la FNCPG affirme que le VdH est dorénavant admis en qualité d'observateur à toutes les réunions internationales de la CIAPG. Notons qu'ainsi, le monde combattant s'inscrit dans un mouvement qui va à contre-courant du rapprochement au sein du monde politique : pendant que le processus de la construction européenne est essentiellement fondé sur le couple franco-allemand, les Allemands ne font pas partie des pères fondateurs de la communauté internationale des PG. Mais les frontières entre le monde politique et le monde combattant sont très floues.

3. La question de l'apolitisme

Si le monde des AC fait partie des « secteurs intermédiaires entre la masse amorphe des individus dépolitisés et les structures étatiques »[17] qu'est la société civile, il n'est pas apolitique pour autant, même si l'ensemble des associations en question, à l'exception de la VVN, revendique un strict apoli-

---

[15] Le PG, n° 153, 30 septembre 1952.
[16] Archives de la FNCPG, dossier CIAPG-Allemagne 1953, discours, prononcé en allemand, par Georges Lepeltier à Bonn le 18 octobre 1953 lors du congrès du VdH.
[17] Hans Manfred Bock, Projekt deutsch-französische Verständigung. Die Rolle der Zivilgesellschaft am Beispiel des Deutsch-Französischen Instituts in Ludwigsburg, Opladen, 1998, p. 15.

tisme[18]. Les prises de position dans les journaux associatifs et les discours sont souvent d'ordre idéologique et politique. En cela, les associations françaises de l'après Seconde Guerre mondiale ressemblent à leurs prédécesseurs de l'entre-deux-guerres. Après 1918, elles étaient théoriquement apolitiques et dévolues à transmettre l'unité des tranchées à la société civile, mais en réalité elles étaient déchirées par des divisions idéologiques[19]. En RFA, le refus du communisme qui avait été renforcé par l'éducation, la guerre et la captivité a trouvé un écho dans la propagande américaine et est devenu un facteur non négligeable d'intégration[20]. Le communisme joue un rôle de moteur dans le rapprochement des acteurs non communistes franco-allemands[21]. Dans quelle mesure cela s'applique-t-il au monde combattant du temps de la Guerre froide ?

La revendication d'apolitisme peut être justifiée dans la mesure où les associations ne semblent pas supporter de façon active et ouverte des partis politiques. Mais si une association n'affirme pas être proche d'une formation politique ou être liée à elle, ses adhérents le sont sans doute[22]. Le monde des AC est divisé lors de la création des deux États allemands. D'un côté se trouvent ceux qui soutiennent le projet d'une Allemagne qui adhère au modèle de l'URSS ; de l'autre, se rassemblent ceux qui souhaitent faire avancer la démocratie libérale dans l'esprit américain. La coopération entre associations du monde combattant emprunte ces deux modèles : les associations d'inspiration communiste, et notamment la FNDIRP, ont essentiellement des contacts avec la RDA. Elles la considèrent comme l'Allemagne guérie des démons du nazisme grâce à son régime socialiste. À l'opposé se trouvent les autres organisations, notamment celles des PG, qui se rapprochent au fur et à mesure de la RFA, qu'elles considèrent comme la nouvelle Allemagne que l'on doit aider à retrouver son chemin dans le concert des nations.

Comme toutes les autres associations, le VdH aussi bien que la FNCPG revendiquent être apolitiques. On peut cependant constater qu'ils se situent clairement en dehors du camp communiste. François Cochet a confirmé qu'« à partir de 1953, s'affirme un anticommunisme assez évident au sein de la FNCPG. La solidarisation avec le VdH allemand passe par un alignement

---

[18] Voir les statuts des différentes structures dans les fonds respectifs auprès des associations concernées.
[19] Cf. Prost (note 1), p. 91.
[20] Le communisme et son idéal utopique d'une société sans classes et d'une révolution mondiale auraient pu submerger la RFA et ses citoyens loyaux, responsables et patriotes. Or, les associations d'AC sont convaincues que les militaires qui regroupent les Allemands les plus loyaux, responsables et patriotes peuvent servir comme modèle de citoyenneté qui permet de résister aux sirènes du communisme. Cf. Lockenour (note 1), p. 183.
[21] Cf. Bock (note 17), p. 340.
[22] Voir notamment les biographies des membres dirigeants de la FNDIPR in : Wolikow (note 4), p. 290, 291, 295.

sur certaines revendications de la RFA »[23]. Mais il faut également noter que le VdH, par son implantation en RFA, se tient naturellement à l'écart de la doctrine communiste. Néanmoins, le VdH et la FNCPG font à plusieurs reprises l'objet d'infiltrations communistes visant à fragiliser les liens créés entre eux. Mais, au lieu de séparer les deux associations ou de compromettre leur coopération, ces tentatives ont pour effet de les rapprocher, même si elles sont désormais contraintes d'être plus vigilantes et de faire en sorte que les échanges ne se fassent que par le biais des dirigeants nationaux dans un premier temps.

Si la Fédération nationale se montre disposée à prendre des contacts avec les anciens PG en Allemagne occidentale, les associations départementales sont souvent sceptiques voire hostiles à ces efforts[24]. L'association de la Seine, d'inspiration communiste, est généralement la première à monter au créneau, les autres se contentant d'exprimer leur avis dans leurs journaux associatifs départementaux. Pierre Bugeaud, son président, ne cache pas son hostilité à l'égard des efforts entrepris par Georges Lepeltier, président d'honneur de la FNCPG et délégué général de la CIAPG, en faveur d'un rapprochement avec le VdH.

Les deux camps, communiste et non communiste, se méfient considérablement l'un de l'autre et croient respectivement promouvoir le rapprochement avec la « bonne Allemagne ». Au fur et à mesure que les contacts se solidifient au niveau des dirigeants nationaux, les différentes structures cherchent à transposer les échanges aux adhérents des associations par le biais de jumelages.

4. Les jumelages du monde combattant

Les jumelages du monde des AC, phénomène que n'a pas connu l'après Première Guerre mondiale, peuvent être considérés comme l'un des facteurs qui ont contribué à la réussite du rapprochement de l'après 1945. Ce travail visant un rapprochement à la base a permis d'éviter les manquements du « Locarno intellectuel »[25]. Les AC n'ont pas été précurseurs dans ce domaine, mais ils ont considérablement contribué au succès des initiatives franco-allemandes en sensibilisant une grande partie de la société civile aux bons rapports avec le voisin.

Au départ, l'idée n'était pas forcément de créer des jumelages entre les communes, mais de permettre aux sections locales d'anciens PG ou déportés

---

[23] François Cochet, « La captivité de 1939–1945 et les jumelages des villes : du rêve au réveil », in : Sylvie Caucanas, Rémy Cazals, Pascal Payen (éd.), *Les prisonniers de guerre dans l'histoire. Contacts entre peuples et cultures*, Paris, 2003, pp. 293–304.

[24] Cf. Cochet (note 3), p. 124. L'auteur démontre cela notamment à l'aide de *Le barbelé*, bulletin bimensuel de l'association des Anciens Prisonniers de la Marne.

[25] Cf. Hans Manfred Bock, Reinhart Meyer-Kalkus, Michel Trebitsch (éd.), *De Locarno à Vichy, les relations culturelles franco-allemandes dans les années 1930*, Paris, 1993.

de nouer ou de reprendre des contacts avec leurs homologues à l'étranger. Ce n'est qu'au fur et à mesure que les AC essayent de coordonner leurs efforts avec les initiatives prises par les municipalités ou les régions afin de faciliter les échanges. Des partenariats entre villes et communes ont souvent pu faciliter et induire des jumelages entre associations du monde combattant. Mais force est de constater qu'inversement, il existe aussi des partenariats entre villes qui trouvent leur origine dans des jumelages entre sections d'AC[26]. Les archives de la FNDIRP étant particulièrement lacunaires concernant les jumelages, l'exemple des anciens déportés, contrairement à celui des anciens PG, ne pourra pas être développé de façon détaillée ici.

5. Les jumelages des prisonniers de guerre

Lorsque la CIAPG fut créée en 1949, elle portait en elle l'idée des jumelages entre les différentes associations nationales[27]. En parallèle aux initiatives de l'Union internationale des Maires[28] (UIM) visant à instaurer des jumelages de villes, le troisième congrès du VdH en 1955 se félicite de la décision de la CIAPG qui prévoit des jumelages entre différentes sections d'associations de PG. Il semble pourtant qu'il n'y ait pas eu de jumelage avant 1958. Selon la CIAPG[29], c'est cette année là qu'est donné le véritable coup d'envoi pour les partenariats binationaux. À partir de ce moment, les jumelages se multiplient et des structures propres à cette fin, telles que la commission des jumelages internationaux datant de 1960, sont créées au sein des associations.

Par conséquent, l'on peut supposer que les AC ne sont pas en avance par rapport à d'autres acteurs de la société civile. Corine Defrance a fait état de vingt-cinq jumelages conclus entre 1950 et 1957 en dehors du monde combattant. Deux listes des fonds de la FNCPG évoquent respectivement 55 jumelages franco-allemands en 1967 et 101 partenariats après 1974. Selon le rapport du congrès de la CIAPG en 1968 à Genève, il existe cependant « environ 150 jumelages franco-allemands [conclus par des associations de PG] »[30]. Sans pouvoir donner un nombre précis des partenariats PG, il semble certain que le bilan chiffré soit inférieur par rapport à la situation globale : on compte

---

[26] À titre d'exemple, citons Evreux et Rüsselsheim, Giromagny et Schwabmünchen, Châteauroux et Gütersloh ainsi que Lusignan et Altusried.
[27] BA-MA, B/433, 461, dossier « Internationale Zusammenarbeit », article de Léopold Moreau (FNCPG) dans *Magazine PG*, n° 1, avril 1968.
[28] UIM : Cet organisme fut créé, sur une initiative suisse, en mai 1950 à Stuttgart en RFA. Le « père fondateur », Eugen Weyler, considérait que les maires, en tant qu'élus les plus proches du peuple souverain, pouvaient avoir une influence bénéfique sur le rapprochement franco-allemand. Cf. Corine Defrance, « Les premiers jumelages franco-allemandes, 1950-1963 », in : *Lendemains*, (1996) 84, pp. 83-94.
[29] Archives de la FNCPG, dossier « Jumelages », rapport du Congrès de la CIAPG à Genève les 1er et 2 novembre 1968.
[30] Ibid.

déjà plus de 400 partenariats franco-allemands en dehors du monde des AC à la fin des années soixante[31].

Il faut également noter que ces initiatives n'ont pas toujours été accueillies favorablement par les sections françaises. En octobre 1955, Werner Kiessling, secrétaire général du VdH, fait parvenir à Louis Beaudoin, secrétaire général de la FNCPG, les adresses des sections allemandes qui souhaitent nouer des contacts avec des sections de la FNCPG. Or, la motivation et les efforts du VdH ne suscitent pas le même enthousiasme au sein des sections françaises. Plusieurs correspondances du VdH démontrent que les responsables allemands regrettent le mutisme des sections françaises[32].

À cela s'ajoutent d'épineux problèmes financiers. Généralement, les associations ne disposent pas de ressources budgétaires suffisantes. Il semble que les ministères responsables en France et en Allemagne n'aient pas subventionné les projets de jumelages. Vu les ressources limitées des associations respectives, il semblait opportun de miser sur une entente avec les administrations communales ainsi que sur une coopération avec des structures tierces.

6. La coopération avec des structures tierces

Les premiers jumelages de l'après-guerre ont essentiellement été rendus possibles par le biais de trois grandes associations : l'UIM – organisme ayant pour but essentiellement le rapprochement franco-allemand), le Conseil des Communes d'Europe (CCE) et Monde bilingue/Fédération mondiale des Villes jumelées (FMVJ)[33]. Tout comme les associations d'anciens prisonniers ou de persécutés, ces trois organismes ont été marqués par la Guerre froide, leurs convictions politiques les opposant les unes aux autres. La question d'une éventuelle coopération entre ces différents acteurs et le monde combattant s'impose dès lors.

Au début de 1958, Werner Kiessling demande au CCE qu'on lui fasse parvenir la liste la plus récente des jumelages entre municipalités françaises et allemandes afin qu'il puisse à nouveau inciter ses sections à entrer en relation avec les sections françaises des villes concernées. Le but affiché était de transposer progressivement vers la base les bonnes relations qu'entretenaient la FNCPG et le VdH au niveau de leurs présidents et d'associer les jumelages PG existants aux jumelages réalisés dans le cadre du CCE. Hans Muntzke, directeur du CCE allemand, se félicite de la demande des anciens

---

[31] Cf. Defrance (note 28), p. 92.
[32] BA-MA, B/433, 355, dossier « Internationale Partnerschaften LV Hessen », lettre de Werner Kiessling à Louis Beaudoin, datée du 18 juin 1956. B/433, 351, dossier « Internationale Partnerschaften Allgemein », lettre de Werner Kiessling à Louis Beaudoin, datée du 9 mai 1958. Les réponses françaises n'ont pas été retrouvées.
[33] Cf. Corine Defrance, « Les jumelages franco-allemands dans l'après Seconde Guerre mondiale », in : *Vingtième Siècle*, (2008) 99, pp. 189–201.

PG : « Vous pouvez espérer ainsi avoir jeté les bases pour une bonne coopération dans l'esprit européen »[34].

En 1962, étant donné le succès que connaissent par la suite les initiatives conjointes entre CCE, VdH et FNCPG, la FMVJ, se sentant mise à l'écart, contacte le VdH pour lui proposer une collaboration. Elle essaye de gagner les faveurs de ce dernier pour élargir sa zone d'influence en RFA, afin de ne pas rester cloisonnée dans les relations franco-est-allemandes. Suite à ces démarches, Werner Kiessling est mis au courant des opinions du CCE qui le met en garde contre la FMVJ[35]. L'implantation en Allemagne de l'Ouest du VdH, des facteurs idéologiques ainsi que les avertissements des dirigeants du CCE finissent par empêcher toute coopération[36]. L'antagonisme idéologique entre la FMVJ et le CCE se répercute également dans la presse nationale[37] et le choix que font les PG entre les différentes coopérations possibles infirme l'apolitisme ouvertement revendiqué.

Suite aux pourparlers entre dirigeants nationaux sur le plan national, les jumelages peuvent être considérés comme une deuxième étape dans le processus de rapprochement ; cette fois-ci au niveau des adhérents, sur le plan local par conséquent. Au premier abord, cela peut paraître négligeable par rapport aux initiatives étatiques et diplomatiques. Mais l'on peut supposer que cet « élargissement de la clientèle »[38] fait partie intégrante des éléments qui ont permis à l'après Seconde Guerre mondiale d'être une réussite. Par le biais de jumelages, les associations d'anciens PG ont intégré le plus grand nombre possible de leurs membres dans une dynamique de rapprochement

---

[34] BA-MA, B/433, 351, dossier « Internationale Partnerschaften Allgemein », lettre de Hans Mutzke à Werner Kiessling datée du 25 septembre 1958.

[35] BA-MA, B/433, 351, dossier « Internationale Partnerschaften Allgemein », plusieurs courriers échangés entre W. Kiessling et le directeur du CCE, Hans Muntzke.

[36] BA-MA, B/433, 351, dossier « Internationale Partnerschaften Allgemein », lettre de Werner Kiessling à la FMVJ datée du 5 janvier 1962.

[37] Ainsi, Jean Maurice Chevallier de la FMVJ, membre du conseil économique et culturel des villes jumelées, organisme d'études le la FMVJ, s'exprime dans Le Monde du mercredi 16 octobre 1963, dans un article intitulé « La vague allemande ». La RFA, accusée d'utiliser les jumelages pour une « propagande unilatérale », compromettait les jumelages entre la France et la RDA. Les jumelages franco-est-allemands seraient faussement stigmatisés comme étant « une manœuvre politique » de la RDA. La réplique d'Arnulf Klett, maire de Stuttgart, vice-président de l'UIM, ne tarde pas. À son tour, il écrit dans Le Monde du 30 novembre 1963 : « ...dans la mesure où la Fédération Mondiale des Villes Jumelées s'emploie à atteindre le but d'un échange vraiment libre entre l'Est et l'Ouest, elle pourra être assurée de l'appui de tous les Allemands sensés. Cependant, ce qui est regrettable, c'est que l'on a dû constater en Allemagne que la FMVJ se tait devant les entraves artificielles et inhumaines érigées entre l'Est et l'Ouest, tandis qu'elle encourage les `échanges culturels' dirigés par les puissances de l'Est ». C'est pour cette raison que les villes de la RFA refusent leur coopération à la FMVJ.

[38] Cf. Corine Defrance, « Les relations culturelles franco-allemandes dans les années cinquante : Acteurs et structures des échanges », in : Hélène Miard-Delacroix, Rainer Hudemann (éd.), *Wandel und Integration : deutsch-französische Annäherung der fünfziger Jahre / Mutations et intégration. Les rapprochements franco-allemands dans les années cinquante*, Munich, 2005, p. 251.

concrète et non abstraite. Ces expériences personnelles sont vitales et indispensables pour un changement en profondeur des attitudes. Tout rapprochement sous l'égide de l'état semble difficilement réalisable sans qu'il y ait une adhésion de l'opinion publique, dont les anciens combattants constituent un facteur important dans la sortie de guerre.

7. Un jumelage en litige : le cas de Béziers et de Heilbronn

Les jumelages jouent donc incontestablement un rôle essentiel dans l'action internationale des anciens PG. Les rapports des congrès nationaux et internationaux montrent que cette action est vue d'un œil favorable par la plupart des délégués et adhérents des différentes associations et fédérations. Il ne faut cependant pas en rester à un tableau purement idyllique en écartant les zones d'ombre. Notons qu'en dépit du succès qu'ont pu connaître les partenariats binationaux, il y a eu des projets contestés et/ou avortés.

Le cas des sections locales des villes de Heilbronn et Béziers en est un bon exemple. Depuis le 30 avril 1965, les deux municipalités sont liées par un jumelage entre villes[39], mais la section des PG de Béziers, soucieuse de l'unité de l'association et du maintien des effectifs, estime ne pas pouvoir accepter la demande de la section allemande : « Il est certain qu'un jumelage de nos deux sections de PG provoquerait une chute spectaculaire de nos effectifs, non seulement de la ville de Béziers, mais de l'Arrondissement de Béziers – St. Pons »[40]. De nombreuses lettres du VdH restent sans réponse. Ce n'est qu'en 1967 que la FNCPG rappelle à nouveau à la section de Béziers que les PG allemands, au bout de trois ans, sont toujours en attente d'une réponse définitive. Le litige entre Heilbronn et Béziers dure jusqu'en 1970. La fédération nationale affirme auprès du VdH vouloir faire le nécessaire pour obtenir une réponse définitive[41]. Dans la suite, elle informe les PG allemands qu'aucune réponse n'a été faite aux demandes renouvelées de jumelage. « De même que précédemment, notre démarche est restée sans suite et nous pensons qu'il conviendrait d'abandonner l'idée de ce jumelage désormais »[42]. Ainsi, le partenariat n'aura jamais lieu.

Six années durant, de 1964 à 1970, les deux sections locales ne trouvent pas de terrain d'entente. Cela démontre que la signature du traité de l'Élysée en 1963 n'a pas immédiatement transformé les mentalités de tous ceux qui restaient méfiants à l'égard des Allemands pendant les années 1960. À un

---

[39] Voir : http://www.ville-beziers.fr/culture/08.cfm#2.
[40] Archives de la FNCPG, dossier « Jumelages », lettre confidentielle de l'association départementale des Combattants PG de l'Hérault adressée à la FNCPG, datée du 26 octobre 1970.
[41] Archives de la FNCPG, dossier « Jumelages », lettre de Joseph Perrin (FNCPG) à Rudolf Maul (VdH), datée du 27 juillet 1970.
[42] Archives de la FNCPG, dossier « Jumelages », lettre de Robert Paumier du secrétariat général adjoint de la FNCPG à Rudolf Maul (VdH), datée du 6 novembre 1970.

moment où la plupart des sections ont surmonté les plaies de la Seconde Guerre mondiale, il persiste des bastions de résistance qui refusent de nouer des liens amicaux avec l'ancien ennemi.

Afin de comprendre le positionnement d'une section locale, il faut aussi impérativement tenir compte de son contexte historique local. Le refus de Béziers face aux demandes allemandes est certainement motivé par le souvenir de l'occupation. Le 7 juin 1944, 18 otages ont été exécutés par les Allemands, en plein jour à 13h.45, au centre de la ville de Béziers, Place du Champ de Mars, en présence de la population. La population de cette ville ne cherche pas à comparer son sort à celui des villes martyres comme Oradour-sur-Glane ou Tulles, mais, outre de nombreuses arrestations, tortures et assassinats individuels, cette exécution publique représente un traumatisme notamment au sein des AC et PG.

8. Les jumelages entre associations d'anciens déportés

Les jumelages entre la FNDIRP et les associations de déportés allemands, quant à eux, ont un caractère foncièrement politique. Ainsi, François Cochet note qu'il s'agit « toujours de rapprocher les forces anti-fascistes de part et d'autre du rideau de fer »[43]. De toute manière, une approche non politisée semble être difficile en RDA dans la mesure où, jusqu'à la réunification des deux Allemagnes, seuls des contacts approuvés par des structures étatiques étaient permis.

En dehors des échanges de délégations et de l'organisation de manifestations en commun, les jumelages doivent surtout servir la lutte contre toute initiative de réarmement, contre l'activité d'anciens responsables militaires, au châtiment des criminels de guerre et à des actions de soutien et de solidarité à la VVN qui doit « constamment faire face à l'hostilité des anciens nazis et parfois même des autorités de la République Fédérale »[44].

Dans le cas des anciens déportés, les partenariats semblent donner son véritable sens à la réconciliation franco-allemande seulement dans la mesure où ils comportent la condamnation du nazisme et du militarisme allemands. Ainsi, il n'est pas étonnant de voir que les deux associations se montrent déçues en déplorant que la plupart des jumelages, dont le nombre n'a pas pu être établi à l'aide des fonds consultés, « ne fonctionnent que sporadiquement ou se limitent à des contacts de caractère touristique »[45]. La VVN et la FNDIRP soumettent aux associations départementales et sections locales des objectifs fixés conjointement. Toute demande de jumelage doit être adressée à la Fédération nationale, qui prendra ensuite contact avec les sec-

---

[43] Cochet (note 3), p. 135.
[44] Archives de la FNDIRP, dossier « Activités internationales », note concernant les jumelages avec les sections de la VVN (RFA), mars 1966.
[45] Archives de la FNDIRP, dossier « Activités internationales », lettre de Charles Joineau aux associations départementales et sections locales datée du 4 mars 1966.

tions concernées à l'étranger. S'il existe déjà un jumelage officiel entre une ville française et une ville allemande de la RFA, le jumelage devrait avoir lieu avec la section correspondante de la VVN. Cela permettrait notamment de

« – empêcher que le jumelage officiel se fasse sur la base de l'oubli des crimes du nazisme [...]
– être renseignés par la VVN sur l'attitude passée et actuelle des personnalités allemandes [...]
– fixer ainsi notre attitude par rapport à ces jumelages officiels étant donné que nous ne pouvons, en aucun cas, couvrir les entreprises de blanchiment ou de réhabilitation des crimes de guerre.
– participer à ces jumelages officiels dans la mesure où les principes pour lesquels nous combattons ne sont pas mis en cause, bénéficier ainsi de tous les avantages matériels qu'ils comportent et leur donner leur véritable sens.
– éventuellement, demander aux municipalités d'intervenir pour que des représentants de la VVN fassent partie des délégations allemandes invitées »[46].

Pour la FNDIRP, la participation aux jumelages officiels est d'un grand intérêt pour faire entendre son message à la condition que, du côté allemand, les victimes du nazisme soient également représentées. La fédération espère qu'ainsi la représentativité de la VVN, souvent écartée par les municipalités d'Allemagne fédérale, ne sera plus contestée.

L'exemple du jumelage entre Drancy et Stalinstadt montre que le contexte historique local peut également jouer un rôle important dans le cas des anciens déportés. En 1960, la mairie communiste de Drancy – ville dont le nom restait indissociablement lié au calvaire qui avait conduit environ 120 000 Juifs aux chambres à gaz d'Auschwitz – décide de se jumeler avec Stalinstadt en RDA, considérée comme une ville « symbole de l'Allemagne nouvelle débarrassée des fauteurs de guerre et de crimes »[47]. Ce projet divise profondément la communauté des anciens déportés. Les uns y voient une « intolérable offense à la mémoire de nos camarades disparus et aux sentiments les plus légitimes et les plus respectables de leurs familles et des rescapés dont nous sommes les mandataires »[48]. Le Réseau du Souvenir se montre même « opposé, par principe, [...] aux jumelages prématurés des villes d'Allemagne et de France [...] »[49] affirmant que « le nom de cette ville est devenu un symbole et n'appartient plus à elle-même ». En opposition à ces prises de position, la FNDIRP soutient le projet de jumelage en se ralliant

---

[46] Archives de la FNDIRP, dossier « Activités internationales », note concernant les jumelages avec les sections de la VVN (RFA), mars 1966.
[47] Archives de la FNDIRP, dossier « Activités internationales », article de L'Humanité du 28 mars 1961.
[48] Archives de la FNDIRP, dossier « Activités internationales », lettre de Roland Teyssandier, secrétaire général de l'Union nationale des Associations de Déportés Internés et Familles de Disparus (UNADIF) au maire de Drancy du 13 octobre 1960.
[49] Archives de la FNDIRP, dossier « Activités internationales », déclaration du Réseau du Souvenir suite à l'assemblée générale du 25 février 1961.

au député maire communiste de Drancy qui estime que les multiples mérites imputés à la RDA dans le domaine de la dénazification et du réarmement justifient le jumelage envisagé : « Chacun sait qu'aujourd'hui en RDA, contrairement à l'Allemagne fédérale de l'Ouest, les racines du nazisme et du militarisme ont été extirpées »[50]. Malgré de nombreuses protestations et l'émotion suscitée – même au niveau de la presse nationale – le jumelage est conclu en 1963.

****

En dépit des problèmes d'ordre idéologique et structurel, le monde des AC de l'après 1945 semble ne pas avoir répété les erreurs de l'après Première Guerre mondiale. Sur le plan national en Allemagne, les fédérations d'AC de l'entre-deux-guerres avaient contribué à la dégradation du climat politique sous la République de Weimar tandis que celles après 1945, dont le VdH, réussissent à « faire la paix avec l'ordre fondamental libéral et démocratique et avec le régime étatique qui s'appuie sur lui »[51] une fois surmontées les difficultés initiales. Sur le plan international, les rencontres entre AC allemands et français de l'entre-deux-guerres étaient extrêmement rares et il persistait bien des réticences, notamment en France, à ce sujet[52]. Cela ne s'applique pas aux PG de l'après 1945 : Georges Lepeltier (FNCPG) et Werner Kiessling (VdH) ont incontestablement su établir des relations non seulement durables et amicales, mais également efficaces sur le plan bilatéral. Dans ce contexte, il convient de souligner encore une fois l'importance des jumelages, en dépit des échecs qu'il a pu y avoir, ainsi que celle des échanges de jeunes qui n'ont pas pu être traités ici. Ceux-ci ont effectivement permis à des couches très variées de la société civile de rencontrer le voisin d'outre-Rhin. Si ces initiatives ont aujourd'hui perdu beaucoup de leur dynamisme initial[53], il ne faut pas sous-estimer l'impact qu'ils ont pu avoir à la fin des années cinquante et au début des années soixante. Cela est d'autant plus vrai que, dans l'après-guerre, le monde des AC représente une population particulièrement sensible et très influente par son nombre et ses expériences. Sans les efforts entrepris par les responsables nationaux, l'ensemble de cette couche de la population aurait pu faire barrage au rapprochement sur le plan politique. Les efforts des deux camps d'AC observés ont donc certainement influencé le processus du rapprochement franco-allemand de manière positive, mais il faut tenir compte de l'hétérogénéité des approches et attitudes. Les anciens PG ont mieux su faire valoir leur poids dans ce processus que les déportés. Ces derniers, minoritaires dans l'après-guerre en raison de leurs convictions idéologiques et en partie contraints de lutter

---

[50] Archives de la FNDIRP, dossier « Activités internationales », lettre du député maire de Drancy, Maurice Nilès, du 30 mars 1961, destinataire inconnu.
[51] Georg Meyer, « Fédérations d'Anciens Combattants et Réarmement Allemand », in : Wahl (note 5), p. 82.
[52] Cf. Prost (note 1), tome I, p. 76.
[53] Cf. Cochet (note 23), pp. 303–304.

pour leur existence, ont certes également permis des rencontres entre Allemands et Français. Force est cependant de constater que leurs échanges étaient pendant longtemps exclusifs et fondés sur un effort d'empêcher la construction européenne telle qu'elle a eu lieu. Notons enfin qu'il ne faut pas comparer les efforts du monde des AC à ceux des structures purement franco-allemandes tels que par exemple le Bureau International de Liaison et de Documentation (BILD), le Comité français d'Échanges avec l'Allemagne nouvelle, le Deutsch-Französisches Institut (DFI) de Ludwigsburg ou encore l'Office Franco-Allemand pour la Jeunesse (OFAJ) sans tenir compte du fait suivant : l'action internationale des AC n'était qu'une petite partie d'un grand ensemble qui englobait avant tout le pécule, des soins médicaux, des questions de logement, des prises en charge juridiques, des commémorations etc. Cela rend les acquis du monde combattant dans le rapprochement franco-allemand d'autant plus remarquables.

Michael Kißener

Der Katholizismus und die deutsch-französische Annäherung in den 1950er Jahren

Dass für die Geschichte der deutsch-französischen Annäherung und Aussöhnung nach 1945 und im Gefolge dessen auch für die europäische Integration prononciert katholische Staatsmänner von großer Bedeutung waren, ist seit langem bekannt. Wem fielen nicht gleich die Namen von Konrad Adenauer oder Robert Schuman ein, deren Verständigung gerade auch eine Basis im gemeinsamen, genuin christlich geprägten Wertekanon hatte. Welche Hintergründe und verdeckten Intentionen diese Verständigung hatte, ob und in welchem Umfang auch die Idee einer von Werten getragenen Aussöhnung unter dem Schlagwort des „christlichen Abendlands" überhaupt tragfähig war, ist heute umstritten und in der einschlägigen Forschungsliteratur bereits mehrfach kritisch reflektiert worden.

Über dieser Problematisierung der Staatsmänner und ihrer Politik ist vielfach die zivilgesellschaftliche Basis aus dem Blick geraten, die eine auf christlichen Werten fußende Aussöhnungsarbeit bereits zu praktizieren begann, als es in Deutschland noch gar keine zentralen staatlichen Institutionen gab, die ein solches fundamental wichtiges politisches Programm hätten in die Wege leiten können. Diesen bislang weithin unbekannten oder unbeachtet gebliebenen Aktivitäten widmet sich der nachfolgende Beitrag. Dabei sind in einem ersten Schritt zunächst die im Krieg liegenden Wurzeln einer Versöhnungsarbeit anzusprechen, die dann in der Pax Christi-Bewegung Ausdruck gefunden haben. Die Versöhnungsaktivitäten dieser kirchlichen Gruppierung sollen sodann am Beispiel des Bühler Friedenskreuzes exemplarisch dargestellt werden. Ergänzend dazu werden in einem dritten Schritt die in der Diözese Speyer initiierten Versöhnungsaktivitäten thematisiert, die bereits 1948 in deutsch-französischen Priestertreffen auf dem Rosenberg bei Waldfischbach-Burgalben fassbar werden und schließlich sichtbaren Ausdruck in der Speyerer Friedenskirche gefunden haben.

1.

Die Rolle der katholischen Kirche im Dritten Reich und ihre Qualität als „Widerstandsorganisation" ist in der deutschen historischen Forschung seit langem höchst umstritten[1]. Für die Katholiken in der unmittelbaren Nachkriegszeit sowohl in Deutschland wie in Frankreich war sie das nicht. Französische Katholiken sahen in ihrer überwiegenden Mehrheit in der deutschen katholischen Kirche einen Hort, wenn nicht des Widerstandes, so doch der weltanschaulichen Gegnerschaft zum Nationalsozialismus. In der französischen Résistance-Zeitschrift „Témoignage chrétien" waren immer wieder Hirtenworte deutscher Bischöfe abgedruckt worden als Belege für die Distanz, die der deutsche Katholizismus gegenüber dem Nationalsozialismus bewahrte.[2] Nicht zuletzt deshalb hatte es Kontakte zwischen deutschen und französischen Bischöfen sogar im Krieg gegeben, die zur Einschleusung von französischen Geheimpriestern nach Deutschland führten, mit denen die seelsorgliche Betreuung der französischen Zwangsarbeiter und Kriegsgefangenen sichergestellt werden konnte.[3] Was diese Priester bei ihrer gefährlichen Arbeit an Unterstützung von deutschen Katholiken erfuhren, empfanden sie in ihrer Mehrzahl als vorbildlich, und sie haben dies auch nach dem Krieg oft genug bezeugt. Umgekehrt setzten sich dann auch französische Priester für deutsche Kriegsgefangene in Frankreich ein: Das bekannteste Beispiel ist das „Seminar hinter Stacheldraht" in Chartres, für deutsche Studenten der katholischen Theologie, das mit dem Namen des Abbé Stock in besonderer Weise verbunden ist.[4] Ein besonders überzeugter Vertreter eines zukünftigen Ausgleichs mit den Deutschen war der Bischof von Montauban, später Lourdes, Pierre Marie Théas. Er war wegen seines Eintretens für die französischen Juden selbst Opfer der Gestapo geworden und suchte noch in der Haft – freilich oft erfolglos – seine Landsleute davon zu überzeugen, dass die wichtigste Aufgabe der Zukunft die Beilegung der deutsch-französischen „Erbfeindschaft" sei. [5]

Théas wurde nach dem Krieg zum Gründer der internationalen Pax Christi-Bewegung, die sein Anliegen eines universalen Friedens in die Breite

---

[1] Vgl. dazu Hummel, Karl-Joseph, Kißener, Michael (Hgg.), *Die Katholiken und das Dritte Reich*, Paderborn u.a. 2009.

[2] Hürten, Heinz, Aussöhnung zwischen Franzosen und Deutschen. Die Rolle der katholischen Kirche und der christlich-demokratischen Parteien, in: *France-Allemagne 1944 – 1947*, hrsg. v. Klaus Manfrass, Jean-Pierre Rioux, o. O. 1990, S. 255-264 (Cahiers de l'Institut d'histoire du temps présent 13/14).

[3] Vgl. Eikel, Markus, *Französische Katholiken im Dritten Reich. Die religiöse Betreuung der französischen Kriegsgefangenen und Zwangsarbeiter 1940-1945*, Freiburg i.Br. 1999.

[4] Eikel, Markus, Pioniere der Aussöhnung? Erfahrungen französischer Katholiken in Deutschland 1940-1945, in: *Dokumente*, 56 (2000), S. 335-341; Zu Stock siehe auch: Lanz, Dieter, *Abbé Franz Stock: kein Name - ein Programm, Das christliche Europa – eine reale Vision*, Paderborn 1997; Kock, Erik, *Abbé Franz Stock: Priester zwischen den Fronten*, Mainz 1996.

[5] Vgl. Guinlet-Lorinet, Sylvaine, *Pierre-Marie Théas. Un évêque à la rencontre du XXème siècle*, Tarbes 1993.

der katholischen Bevölkerung tragen sollte. Den Anfang dazu sah man in der deutsch-französischen Aussöhnungsarbeit. Dazu wurde zunächst ein Aufruf formuliert, der auch in Deutschland Beachtung fand. In Frankreich gab Théas eine kleine Zeitschrift heraus, die bemüht war, den französischen die deutschen Katholiken näher zu bringen. Darin hieß es 1946, man kenne nur zu gut das böse Gesicht Deutschlands. „Wir haben eine andere Aufgabe, Frankreich das wahre Gesicht Deutschlands zu enthüllen". Das war damals angesichts der vorherrschenden Ressentiments gegenüber Deutschen in der französischen Bevölkerung alles andere als leicht. Zunächst galt es kleine Fortschritte zu machen: Bei der französischen Kreuzwallfahrt nach Vézelay 1946 konnte ein erster Erfolg erzielt werden. Den deutschen Kriegsgefangenen, die die Unterbringung der 30.000 französischen Pilger in einer Zeltstadt zu bewerkstelligen hatten, wurde erlaubt, auch ein deutsches Kreuz anzufertigen und sich der Wallfahrt anzuschließen. 1947 lud Théas eine 48-köpfige deutsche Delegation zur 73. französischen Nationalwallfahrt nach Lourdes ein, der es mit seiner Unterstützung gelang, die vielfachen Hindernisse der Besatzungsgrenzen zu überwinden und tatsächlich bis nach Lourdes zu gelangen. Dort wurden sie von ihm besonders herzlich begrüßt. 1948 gelang es, im deutschen Wallfahrtsort Kevelaer einen Internationalen Pax Christi-Kongress zu organisieren, der dann sofort zur Gründung des deutschen Zweiges der Pax Christi-Bewegung führte.[6] Die Präsidentschaft für Pax Christi Deutschland übernahm der Aachener Bischof Johannes Joseph van der Velden, der authentisch den Willen zur Aussöhnung in Deutschland vertreten konnte, weil auch er Opfer des nationalsozialistischen Kirchenkampfes geworden war.[7] Zwischen van der Velden, Théas und dem Pariser Kardinal Feltin entwickelte sich seit dem Frühjahr 1948 eine vertrauensvolle Zusammenarbeit, die nicht zuletzt auch dadurch Stärkung erfuhr, dass van der Velden die katholischen Christen zu einem demütigen Eingeständnis ihrer Mitschuld am Nationalsozialismus öffentlich aufforderte und wie schon in den 1930er Jahren zum Frieden aufrief.

Höhepunkt des Kevelaer Kongresses war eine Messe, in der Théas rund 260 deutschen Kindern die Erstkommunion reichte, unter ihnen viele, deren Väter noch in französischer Kriegsgefangenschaft waren. In seiner Ansprache konnte er verkünden, dass auf Drängen der französischen Bischöfe und durch das Entgegenkommen der französischen Regierung etliche Väter entlassen worden seien. Den versammelten über 10.000 Gläubigen bot er öffentlich die Versöhnungsbereitschaft der französischen Katholiken an: „Ich grüße das gesamte Deutschland und bringe ihm den Bruderkuß des christlichen Frankreichs, einen Kuß, der Verzeihung gewährt und solche sucht, das heißt

---

[6] Brecher, August, „Im Kreuz ist Heil". Die Geschichte des Aachener Friedenskreuzes, Aachen 1992, S. 23, 37, 39, 40 ff.
[7] Löhr, Wolfgang, Johannes Joseph van der Velden (1891-1954), in: Zeitgeschichte in Lebensbildern, Bd. 6, hrsg. v. Jürgen Aretz u.a., Mainz 1984, S. 76-87.

den Kuß der Versöhnung."[8] Wenige Wochen später ging er bei einem Aufenthalt in Trier noch weiter:

„Ich kann nicht für ein anderes Volk Schuldbekenntnisse ablegen, ich kann es nur für mein Volk tun. So bitte ich Sie alle um Vergebung für alles, was meine französischen Landsleute in der besetzten Zone getan haben."[9]

Damit reagierte er öffentlich auf vielfältige deutsche Kritik am Verhalten der französischen Besatzungsmacht und öffnete über alle Widrigkeiten der vorherrschenden Situation hinweg die Wege für eine Verständigung. Pax Christi gewann so schnell Mitglieder, 1948 waren es 400.000, davon etwa die Hälfte Deutsche. Die Wallfahrtsarbeit wurde intensiviert: 1949 wurden bereits vier deutsche Sonderzüge benötigt, um die Pilger zum Internationalen Friedenskongress nach Lourdes zu bringen. Die Pax Christi-Bewegung zog bald auch schon weitere Kreise: 1954 z.b. war es schon fast selbstverständlich, dass viele hundert deutsche Katholiken in einem Sonderzug nach Frankreich fuhren, um die Basilika der heiligen Theresia vom Kinde Jesu in Lisieux mit einzuweihen. Bischof Feltin hatte dazu eingeladen.[10]

In der Folgezeit hat sich auf deutscher Seite insbesondere der Eichstätter Bischof Joseph Kardinal Schröffer für die Friedensidee und die Pax Christi-Bewegung engagiert: schon 1949 trat er bei dem internationalen Pax Christi-Treffen in Altötting auf, 1951 lud er selbst nach Ingolstadt ein. Beide Male kamen mehrere 10.000 Gläubige. Von Anfang an fungierte Schröffer als Vizepräsident der deutschen Pax Christi-Bewegung, mehr und mehr übernahm er aber bald die Führungsfunktion, weil van der Velden erkrankte. Mit Théas' Nachfolger Feltin verband ihn bald eine herzliche Freundschaft, die zu besonderen Versöhnungsgesten führte: so etwa zur Stiftung eines deutschen Sühnekelches für das Verbrechen von Oradour, den der zuständige Bischof von Limoges, Louis Rastouil, entgegennahm. In Oradour-sur-Glane waren am 10. Juni 1944 alle Einwohner von einer Waffen-SS-Einheit ermordet worden. Bei der Gedenkmesse am 11. Jahrestag des Massakers am 10. Juni 1955 wurde der Kelch zum ersten Mal benutzt.[11] Die Aktivitäten von Pax Christi entfalteten besondere Wirkung, weil sie gerade die Jugend ansprachen und damit zum deutsch-französischen Jugendaustausch anregten. Auf dieses Mittel der Versöhnungsarbeit setzten auch andere katholische Institutionen. So kam es beispielsweise schon 1947 in Vlotho/Westfalen zu einer Begegnung zwischen Vertretern deutscher und französischer Jugendorganisationen, bei der die deutschen Jugendgruppen von der milieuorientierten katholischen Jugendarbeit in Frankreich lernen wollten. Nach dem ersten Nachkriegs-Katholikentag 1948 in Mainz, auf dem die Orientierung der kirchlichen Jugendarbeit am französischen Vorbild empfohlen wurde,

---

[8] Ansprache von Bischof Théas (Tarbes und Lourdes), in: *Dokumente*, 4 (1948), S. 252-256.
[9] *Pax Christi. Zeitschrift des Gebetskreuzzuges der Nationen*, 1 (1948), S. 1-6; Pax Christi Bewegung (Hg.), *Schafft eine Atmosphäre des Friedens*, Aachen 1953, S. 78-83.
[10] Basilika für den Frieden, in: *St. Konradsblatt*, 34 (1954), S. 569.
[11] Schickel, Alfred, *Joseph Kardinal Schröffer. Ein Leben für die Kirche*, Eichstätt 1991, S. 104-120.

entstand die Christliche Arbeiterjugend, die engen Kontakt mit dem französischen Vorbild, der Jeunesse ouvrière chrétienne, hielt.[12]

2.

Ein besonders beeindruckendes Beispiel der Versöhnungsarbeit im ersten Nachkriegsjahrzehnt stellt das monumentale, 14 Meter hohe Friedenskreuz dar, das 1952 im badischen Bühl errichtet wurde. Die Idee dazu ging auf den Bühler Caritas-Direktor Johannes Schmidt zurück, der sich zur Verwirklichung des Vorhabens mit dem Kapuzinerpater Manfred Hörhammer in Verbindung setzte, der als Sohn einer französischen Mutter und eines deutschen Vaters ein besonderes, persönliches Interesse an der Verständigung von Deutschen und Franzosen hatte. Hörhammer war deshalb von Anfang an ein eifriger Förderer der Pax Christi-Bewegung geworden und fungierte seit der Gründung des deutschen Zweiges 1948 als erster Sekretär. Beide sammelten Geld, warben bei lokalen Firmen um Spenden und brachten es schließlich fertig, dass das Kreuz gebaut werden konnte. In das 15 Tonnen schwere Kreuz wurden u.a. Steine vom deutschen Westwall und der französischen Maginotlinie eingearbeitet – auch sonst achtete man auf vielfältige Symbolik, die den Wert des Bauwerkes erhöhen sollte. Über die Einweihung des Friedenskreuzes am 4. Mai 1952 urteilte 20 Jahre später rückblickend der Straßburger Generalvikar Eugen Fischer:

> „Es war die erste große Manifestation hier nahe an der Grenze, an der Deutsche und Franzosen, Vertreter der Behörden beider Länder ... teilnahmen. Was einige Jahre vorher noch undenkbar gewesen war, das war nun Wirklichkeit geworden, und wir verstanden wohl, dass es am Platz war, ein Zeichen zu setzen für dieses größte Ereignis der politischen Geschichte unserer beiden Länder in diesem Jahrhundert."

In den folgenden Jahren entwickelte sich das Bühler Friedenskreuz zum wahren Publikumsmagneten. Eine Vielzahl deutsch-französischer Priestertreffen fanden seit seiner Errichtung in Bühl statt, Pilgerzüge aus Frankreich und Deutschland trafen sich dort, aber auch das französische Militär nahm den Ort der Versöhnung an und organisierte verschiedene Veranstaltungen.[13]

---

[12] Eikel, Pioniere (wie Anm. 5), S. 337.
[13] GA Bühl, Bh neu 372. Vgl. auch: Oser, Kurt, *Die Geschichte des Bühler Friedenskreuzes im Zusammenhang mit dem Beginn der deutsch-französischen Versöhnung und der Entstehung der Pax-Christi-Bewegung*, Bühl 1983; Ders., Das Bühler Friedenskreuz, in: *Badische Heimat*, 83 (2003), S. 25-33.

3.

Ein „ragendes Denkmal" der deutsch-französischen Versöhnung sollte auch die Friedenskirche in Speyer werden. Ihr Bau 1953/54 geht auf eine Idee des Speyerer Bischofs Isidor Emanuel und seines Generalvikars Haußner zurück. Isidor Emanuel war schon vor seiner Konsekration zum Speyerer Bischof 1952 in der deutsch-französischen Versöhnungsarbeit aktiv gewesen, und zwar als Rektor des Exerzitienhauses Maria Rosenberg. Dort hatten auf Initiative des Speyerer Bischofs und des französischen Militärbischofs 1948 und 1949 zwei große deutsch-französische Priestertagungen stattgefunden, die Isidor Emanuel organisiert hatte. Gekommen waren neben dem Doyen der deutsch-französischen Aussöhnung Jean du Rivau[14] vor allem die *Aumoniers nationaux* der katholischen Arbeiter- und Landjugend Frankreichs wie auch Abbé Jean Rodhain, der als *Aumônier général* den Einsatz der französischen Geheimpriester während des Krieges in Deutschland gesteuert hatte. Ziel dieser Treffen war, wie der französische Militärbischof Picard de la Vacquerie in seiner Eröffnungsansprache ausführte, eine Stärkung der deutsch-französischen Annäherung als Grundlage für die Vereinigung Europas. Es werde, so Vacquerie weiter,

> „eine Aufgabe der Katholiken, besonders der Priester sein, diese Annäherung vorzubereiten, besonders die Atmosphäre zu schaffen, in der der Friedensgedanke wachsen kann. Der Episkopat beider Länder ist sich in diesem Ziele einig, wie eine demnächst stattfindende private Konferenz deutscher und französischer Bischöfe zeigt."

Bischof Wendel von Speyer beendete die Tagung mit einer Hl. Messe, assistiert von französischen Priestern. In seiner Predigt formulierte er: „Vom Altare aus soll die Völkerverständigung ihren Ausgang nehmen und die Völker als Brüder zu den Altären zurückführen; daran mitzuhelfen, ist wahrhaft eine drängende Seelsorgsaufgabe in der Krisis unserer Zeit."[15] Die Verständigung lief so positiv, dass man weiteren Kontakt und gegenseitige Hilfe vereinbarte. Das bezeugt ein noch erhaltener Stimmungsbericht des Mutterstädter Pfarrers Huba, der dem Bischof seine Eindrücke von der Konferenz schilderte und Anregungen auf die selbst gestellte Frage gab: „Quid nunc faciendum est?" Das freundschaftliche Miteinander mit den französischen Priestern hatte ihn inspiriert. Zwar, so meinte er, habe man leider im deutschen Pfarrklerus keine so beeindruckende, mitreißende Gestalt wie Jean du Rivau, aber man könne doch von den Franzosen lernen, sollte die

---

[14] Zum Wirken und zur Ausrichtung Rivaus vgl. Winkelheide, Josef, Der katholische Beitrag zur deutsch-französischen Verständigung, in: *Kehrt um und glaubt – Erneuert die Welt. 87. Deutscher Katholikentag vom 1. September bis 5. September 1982 in Düsseldorf*, hrsg. v. Zentralkomitee der Deutschen Katholiken, Paderborn 1982, S. 372-385.

[15] Lauer, Deutsch-französische Seelsorgertagung auf Maria Rosenberg, in: *Dokumente* 5 (1949), S. 473 f. Bis auf wenige Einzelheiten identisch mit dem Beitrag in: *Der christliche Pilger*, Jg. 99, Nr. 40, 2. Oktober 1949.

Katholizismus und deutsch-französische Annäherung in den 1950er Jahren 95

Kontakte ausbauen und über die Priesterschaft, die den Versöhnungsgedanken in die Gemeinden tragen könne, für eine grenzüberschreitende Zusammenarbeit wirken.[16]
Dazu sollte es dann auch einige Zeit später wirklich kommen. Schon Ende der 1950er Jahre begannen die katholischen Gemeinden im pfälzischen Herxheim und Jockgrim, Kontakte zu notleidenden französischen katholischen Priestern in der Provinz herzustellen. Dies wurde 1963 durch einen Kontakt zwischen dem elsässischen Priester Corbethau und dem Speyerer Diözesanfrauenseelsorger, Domvikar Ernst Gutting, weiter verbreitet und schließlich 1965 in der Aktion „Contact Abbé" formiert. „Contact Abbé" war keine vom Speyerer Bischofsstuhl institutionalisierte Einrichtung, sondern vielmehr ein aus privatem Engagement erschaffenes Hilfswerk, das deutsche Hilfe für verarmte französische Priester organisierte. Über gesammelte Spenden und Freundschaftspakete, die man in immer größerer Zahl zu Weihnachten nach Frankreich schickte, kam es zu vielfältigen persönlichen Kontakten, auf die die steigende Zahl der Mitglieder von „Contact Abbé" besonders stolz war. Man besuchte sich gegenseitig, meist wurden die so schlecht bezahlten französischen Priester aus südfranzösischen Diasporagemeinden aber nach Deutschland zu Urlauben eingeladen. Diese wiederum trugen ein völlig verändertes Deutschlandbild in ihre Gemeinden – es kam zu größeren Besuchergruppen von Gemeindemitgliedern aus Deutschland und Frankreich usw. So schuf man über die Kirche ein Netzwerk von Kontakten, das bis weit in die 1990er Jahre halten sollte. Ergänzt wurde „Contact Abbé" durch den „Ottrotter Kreis", eine Gruppe von katholischen in der Arbeitnehmer-Pastoral engagierten Arbeitern, die ihrerseits zur französischen katholischen Arbeiterbewegung Kontakte aufbauten und auf diesem Weg die Verständigung zwischen deutschen und französischen Laienorganisationen intensivierten. Leider findet sich über die Aktivitäten dieser Gruppen kaum mehr Quellenmaterial. Bei „Contact Abbé" jedenfalls sprach man selbstbewusst bald davon, man wolle ein „Europa der Landpfarrer" schaffen. Seit den 1970er Jahren kamen schließlich auch große Jahrestagungen dazu, mal in Frankreich, mal in Deutschland. Das Treffen 1986 hatte das Motto „Europa braucht eine christliche Seele".[17]

Doch zurück in die 1950er Jahre: Als Isidor Emanuel 1952 Bischof von Speyer wurde, berichtete er in Anwesenheit französischer Festgäste über seine Absicht, in Speyer eine neue Kirche für die Innenstadt zu bauen wie auch über die anstehenden Gedenkfeierlichkeiten zum 800. Todestag an den Hl. Bernhard von Clairvaux, der auch für den Speyerer Dom durch seine dort 1146 abgehaltene Kreuzzugspredigt eine große Bedeutung hat. Damals habe der Hl. Bernhard in Speyer nur romanisch und lateinisch gesprochen und sei dennoch verstanden worden, wohl weil er die Sprache der Liebe

---

[16] Bistumsarchiv Speyer A-XVI-69 Pfr. Huba an den Bischof von Speyer, 16. September 1948.
[17] Bistumsarchiv Speyer, Chronik des Domkapitels Bd. 3, 1949, S. 80; Bestand A-XVI-69, Bestand „Contact Abbé" Ordner 1-5 und Fotosammlung.

gesprochen habe, räsonierte der Bischof. Aus diesen Gedanken entstand der Plan, den Kirchenneubau mit dem Bernhardsjubiläum zu verbinden und damit zugleich auch ein Zeichen der Versöhnung zwischen Deutschen und Franzosen zu setzen. Der Plan fiel in eine Zeit höchster europapolitischer Anspannung: 1951 war Deutschland in den Europarat aufgenommen und 1952 war die Montanunion ins Leben gerufen worden, jetzt beriet man über eine Europäische Verteidigungsgemeinschaft, während im Juni 1953 der Volksaufstand in der DDR ausbrach. Diese spezifische politische Lage dürfte den französischen Botschafter in Deutschland André François-Poncet veranlasst haben, das Vorhaben zu fördern und spontan die Übernahme der Hälfte der Baukosten zuzusagen, damit das Bauwerk eine wirkliche deutsch-französische Gemeinschaftsleistung werde. Ein Festkomitee wurde ins Leben gerufen und prominent besetzt: der französische Gouverneur für die Pfalz, André Brozen-Favereau gehörte ihm an, der „Père d'Europe", Robert Schuman, der rheinland-pfälzische Ministerpräsident Altmeier sowie Bundeskanzler Konrad Adenauer. Und auch der Vorsitzende des Verfassungsausschusses des Europarates, Heinrich von Brentano, engagierte sich. Neben den weltlichen standen eine Vielzahl von geistlichen Würdenträgern: Ortsbischof Isidor Emanuel natürlich, der Erzbischof von München Kardinal Wendel, die französischen Bischöfe Kardinal Maurice Feltin, Erzbischof von Paris, und der Bischof von Dijon, Guillaume-Marius Sembel.

Das Fest der Grundsteinlegung für diese Kirche am 23. August 1953 geriet zu einem Großereignis mit ca. 40.000 Teilnehmern, darunter auch ca. 1.000 französische Soldaten.[18] Schon im Vorfeld waren durch vielfältige deutsch-französische Absprachen Kontakte geknüpft worden, die durch eine Wallfahrt der Speyerer Katholiken nach Frankreich noch intensiviert wurden. Wie nicht anders bei einem solchen Anlass zu erwarten, begannen die Feierlichkeiten mit Festgottesdiensten. Im Dom zelebrierte Bischof Heintz von Metz, im Domgarten der Abt von Stift Neuburg Ohlmeyer für die vielen tausend Gläubigen, die keinen Platz mehr im Dom gefunden hatten. Eine französische Predigt hielt der Bischof von Troyes, Le Couëdic, eine deutsche Bischof Schröffer von Eichstätt. Nach den Gottesdiensten unterzeichneten die Ehrengäste im Bischofshaus die Urkunde für den Grundstein der neuen Kirche. Darin wurden die christlichen Völker des Abendlandes zur Einigung aufgerufen und man gab der Hoffnung Ausdruck, dass „die Friedensmission des heiligen Abtes von Clairvaux in einer durch Unfriede zerrissenen Gegenwart aufs neue" wirke, dass die ihm nun zu weihende Kirche „ein ragendes Denkmal der Versöhnung ... zwischen Deutschland und Frankreich und allen Völkern des europäischen Kontinents" sein werde. Diesem Bekenntnis verlieh der Bischof von Metz ganz praktischen Ausdruck, indem er dem nicht wenig irritierten Bischof von Speyer 200.000 DM

---

[18] Im Folgenden Einzelnachweise und Zitate in: Kißener, Michael, Ein „ragendes Denkmal" des christlichen Abendlandes. Der Bau der Friedenskirche in Speyer 1953/54, in: *Jahrbuch für europäische Geschichte*, 9 (2008), S. 93-105.

in bar in 100-DM-Scheinen als Beihilfe der französischen Katholiken für den Kirchenbau überreichte. Am Nachmittag zog man in einer feierlichen Prozession vom Dom zum Bauplatz der Kirche. Dabei wurde ein Reliquienschrein mit Gebeinen des Hl. Bernhard mitgeführt. Die Festreden am Bauplatz waren bestimmt von den Politikern. Der rheinland-pfälzische Ministerpräsident Altmeier ebenso wie Robert Schuman betonten die Friedensbereitschaft ihrer Völker und riefen zur Einheit Europas im christlichen Geiste auf. Der französische Botschafter André François-Poncet erinnerte an die Verantwortung des Christentums für Frieden und Einheit in Europa: Man müsse

„die nationalen Streitigkeiten überwinden, dass wir uns unserer Solidarität, unserer tiefgehenden Verwandtschaft, inneren Brüderlichkeit bewusst werden in der Zugehörigkeit zu einer gleichen Religion, zu einer gleichen Zivilisation; in unserer Liebe zu den gleichen moralischen Werten und dem Willen sie zu verteidigen."

Diese Beschwörung des christlichen Abendlandes als Wertegemeinschaft setzte sich schließlich auch bei der abendlichen Festveranstaltung fort, zu der Bundeskanzler Konrad Adenauer kam. Vom Balkon des Bischofshauses rief er der Menge zu, Frieden und Freiheit in Europa könnten nur unter Führung des Christentums gesichert werden.

Das Presseecho auf diese Festveranstaltung war im In- wie im Ausland denkbar positiv, allseits feierte man die Speyerer Grundsteinlegung als gelungene Manifestation eines christlich inspirierten europäischen Einigungswillens. Das gleiche gilt für die ein Jahr später stattfindende Einweihungsfeier, die freilich, wohl wegen des abgekühlten europapolitischen Klimas, etwas weniger Prominenz anzog. Nach wie vor dominierte 1954 in den Festansprachen, vor allem in der von André François-Poncet, der Versöhnungsgedanke zwischen Deutschen und Franzosen, vor allem die Begeisterung darüber, dass diese politische Idee steinernen Ausdruck in einem eigens dafür erbauten Gotteshaus gefunden habe. In den 50er Jahren hat die Kirche diese Funktion wohl auch weitgehend erfüllt: Französische Katholiken stifteten noch eine eigene Bernhardstatue für die Kirche, deutsch-französische Hochzeiten fanden hier unter großer öffentlicher Aufmerksamkeit statt, auch Priestertreffen und Begegnungen deutscher und französischer Jugendlicher.

Nimmt man nur diese Beispiele, die sich durch eine Reihe ähnlicher Aktivitäten auf konfessioneller Basis ergänzen ließen, so wird deutlich, dass die Rolle der Katholiken für die Einleitung von Versöhnungs- und Verständigungsbemühungen zwischen Franzosen und Deutschen nach dem Zweiten Weltkrieg kaum zu überschätzen ist. Diese Anstrengungen begannen bereits gegen Ende des Krieges und erfassten Katholiken auf allen Ebenen der Kirchenhierarchie: Bischöfe machten sich zum Anwalt der Versöhnungsidee, Priester griffen diese auf und setzten sie für ihren Verantwortungsbereich um, aber vor allem die katholischen Laien haben sie zunächst zu Hunderten, dann bald schon zu Tausenden getragen. Die Kontaktaufnahme wurde dabei durch den internationalen Charakter des Glaubens, die konfessionelle Verbundenheit zwischen katholischen Deutschen und Franzosen wie auch durch die versöhnende Autorität des römischen Papsttums erleichtert. Bemerkenswert ist, dass diese Anläufe vor allem aus dem deutsch-französischen Grenzgebiet, das mit der französischen Besatzungszone weitgehend identisch war, erwuchsen – ein weiterer Hinweis auf die Vermittlerrolle, die diese Räume bei solchen Integrationsprozessen haben.

3. Beziehungen unter ideologischen Auspizien

Ulrich Pfeil

Das Schicksal der Frankreichemigranten in der DDR am Beispiel von Franz Dahlem (1892-1981)

„Was ist im Sozialismus am schwersten vorauszusehen? Die Vergangenheit!" Dieser kurz nach Nikita Chruschtschows Moskauer Geheimrede im Frühjahr 1956 in der DDR kursierende Flüsterwitz wurde für viele ehemalige West- bzw. Frankreich-Emigranten ab Ende der 1940er Jahre zur bitteren Realität. Ihre im Exil geknüpften Verbindungen ließen sich nun leicht als „parteilich" deklarieren und machten sie zu „Geiseln im Dienst der SED-Stalinisierung und der Transmission wechselnder sowjetischer außenpolitischer [...] Interessen während der Entfaltung des Kalten Krieges".[1] Ihr Schicksal in der DDR gehört damit im Bereich der Elitenforschung zur Geschichte der Disziplinierung, Repression und Opposition im SED-Herrschaftsapparat, wirft jedoch zugleich die Frage nach den Möglichkeiten und Grenzen ihres Mittlerpotentials zwischen der DDR und Frankreich auf,[2] dem immer wieder eine Brückenfunktion zwischen den Kommunisten westlich des Rheins bzw. östlich der Elbe zugeschrieben wird.[3] Besaßen die ehemaligen Frankreich-Emigranten in der DDR die Gelegenheit, sich als „Virtuosen der kulturellen Übersetzungsarbeit, Artisten in der Verschmelzung ganzer Werthorizonte"[4] zu betätigen? Welche Voraussetzungen fanden sie vor, um ihre in der Emigration erworbenen Werte und ihre transnationale Sensibilität einsetzen zu können? Die klassische Definition von „Mittler" erlaubt bereits erste Zweifel, ob dieser Begriff als analytische Kategorie in den intersystemischen Beziehungen des Ost-West-Konflikt seine Berechtigung findet, bot die verstaatlichte Gesellschaft der DDR – wenn überhaupt – doch nur wenig Platz für vermittelnde Aktivitäten auf der Ebene der Zivil-

---

[1] Klein, Thomas, Die Herrschaft der Parteibürokratie. Disziplinierung, Repression und Widerstand in der SED, in: *Aus Politik und Zeitgeschichte*, 20 (1996), S. 3-12, hier S. 7.
[2] Vgl. allgemein Pfeil, Ulrich, *Die „anderen" deutsch-französischen Beziehungen. Die DDR und Frankreich 1949-1990*, Köln 2004.
[3] Vgl. Süchting-Hänger, Andrea, Widerstandstradition – Brücke zwischen Frankreich und der DDR, in: *Vis-à-vis: Deutschland und Frankreich*, Köln 1998, S. 179-186; Zumbaum-Tomasi, Guilhem, L'histoire et la mémoire des Allemands communistes dans la Résistance en France, in: *Cahiers d'histoire*, 100 (2007), S. 85-94.
[4] Söllner, Alfons, Normative Verwestlichung. Der Einfluß der Remigranten auf die politische Kultur der frühen Bundesrepublik, in: *Westbindungen. Amerika in der Bundesrepublik*, hrsg. v. Heinz Bude, Bernd Greiner, Hamburg 1999, S. 72-92, hier S. 92.

gesellschaft, deren Existenz für den Kasseler Intellektuellenforscher Hans Manfred Bock die unerlässliche Voraussetzung für ihr Wirken darstellt.[5]

> „Die Operationsbasis der Mittler ist die Zivilgesellschaft. Sie versuchen, in ihr bereits vorhandene Energien zu fördern oder dort neue Kräfte zu wecken für die dauerhafte Verständigung, Kontaktnahme und Kenntnisvermittlung über die nationalen Grenzen hinweg. Die erforderliche Dauerhaftigkeit und die begründete Erfolgsaussicht dieser Bestrebungen hängt wesentlich davon ab, ob in der Nachbarnation verständigungspolitische Partner gefunden werden. Jede Mittlerpersönlichkeit, die über längere Zeit auf der anderen Seite der nationalen Grenze ohne Respons und analoge Bemühungen bleibt, wird im eigenen Land ihre Glaubwürdigkeit verlieren".[6]

Wie präsentierte sich nun die Situation für die ehemaligen Frankreichemigranten in der sowjetischen Besatzungszone (SBZ)/DDR? Im Prozess der Ausgrenzung, Vereinheitlichung und Komplexitätsreduktion ihrer unerwünschten kommunikativen Erinnerung geriet die aus dem Westexil in die DDR heimgekehrte Personengruppe in das Visier der „Moskau-Kader". Dank ihrer Exilerfahrung und den vielfältigen Kontakten zu Widerstandskämpfern aus den unterschiedlichsten Ländern und den verschiedenen politischen sowie sozialen Milieus verfügten sie im Gegensatz zu den im Moskauer Hotel „Lux" kasernierten Kadern über einen breiteren weltanschaulichen und sozialen Horizont sowie ein kulturelles Kapital, das die SED zur Anknüpfung von transnationalen Kontakten ins westliche Ausland nur abzurufen brauchte. Wie im Fall von Albert Norden[7] wartete dieser Kreis nur darauf, sein Beziehungsnetz zum Wohle der Partei und eines sozialistischen Deutschlands einzusetzen.[8] Seine Anregung zur

> „Schaffung aller Arten von Kontakten persönlicher und organisatorischer Natur mit dem Ziel, in weitesten Auslandskreisen nicht nur Sympathie, sondern regelrechte auch organisatorisch verankerte Bewegungen für die demokratische Lösung des deutschen Problems, d.h. für unsere demokratische Aufbauarbeit in der Ostzone und gegen die Züchtung der Reaktion in West- und Süddeutschland"

zu schaffen, ging unmittelbar auf seine Exilvergangenheit zurück:

> „Wenn während der Emigration relativ bedeutende Erfolge bezüglich der Beeinflussung der ausländischen Presse und Politiker von deutschen Antifaschisten erzielt werden konnten, obwohl numerisch nur ganz schwache Kräfte ohne Appa-

---

[5] Bock, Hans Manfred, Vom Beruf des kulturellen Übersetzens zwischen Deutschland und Frankreich, oder: Versagen die Mittler, in: *Lendemains*, 22 (1997) 86/87, S. 8-19.
[6] Ebd., S. 9.
[7] Albert Norden hatte über die CSSR den Weg nach Frankreich gefunden hatte, wo er zwischen 1939 und 1941 zeitweilig in Internierung geraten war. 1941 hatte er in die USA ausreisen können, von wo er 1946 nach Deutschland zurückkehrte.
[8] Vgl. zu den Beweggründen für die Rückkehrwünsche politischer Emigranten: Hirschbach, Frank D., Heimkehr in die Fremde. Zur Remigration deutscher Schriftsteller nach 1945, in: *Fremdheitserfahrung und Fremdheitsdarstellung in okzidentalen Kulturen, Theorieansätze, Medien/Textsorten, Diskursformen*, hrsg. v. Bernd Lenz, Hans Jürgen Lüsebrink, Passau 1999, S. 332.

Das Schicksal der Frankreichemigranten in der DDR 103

rat zur Verfügung standen, so können wir unter den heutigen Verhältnissen in ganz anderem Maßstab und mit weit größeren Chancen an die Arbeit gehen".[9]

Doch die Zeiger standen ab 1950 nicht mehr auf Vermittlung, sondern auf dogmatischer Abgrenzung und Machtsicherung. Paul Merker wurde in dem gegen ihn angestrengten Prozess u.a. vorgeworfen, dass ihm die Flucht aus Frankreich nur dank der Hilfe von Gaullisten des französischen Geheimdienstes geglückt sei, für den er dann als Gegenleistung als Agent tätig geworden sei.[10] Auch der aus einer jüdischen Rechtsanwaltsfamilie stammende Gerhard Leo („Paul") erregte trotz einer scheinbar makellosen antifaschistischen Biographie[11] infolge seiner Kontakte nach Frankreich das Misstrauen der Parteikontrolleure:

> „Die Darstellung Pauls über seine Teilnahme an der Widerstandsbewegung ist romantisch und abenteuerlich; es ist nicht bekannt, inwieweit diese Angaben überprüft wurden [...]. Bei Paul muss berücksichtigt werden, dass er aufgrund seiner Familien-Beziehungen über eine große Bekanntschaft im In- und Ausland verfügt, insbesondere auch zu trotzkistischen Elementen".[12]

Der spätere erste DDR-Botschafter in Frankreich, Dr. Ernst Scholz, wurde trotz seiner Vergangenheit in der französischen *Résistance* im Zuge der Säuberungswelle ohne nähere Erklärungen „in die Wüste nach Rostock geschickt", wo er sich zu bewähren hatte.[13]

Den stärksten Repressionen aber war wohl einer der deutschen Kommunisten der ersten Stunde ausgesetzt, Franz Dahlem, der am 14. Januar 1892 in Rohrbach-lès-Bitche/Lothringen[14] geboren worden war und nach dem Ende des Zweiten Weltkriegs schnell zu einem der führenden Parteifunktio-

---

[9] Albert Norden an das ZK der SED, 2.2.1947; Stiftung Archiv der Parteien und Massenorganisationen (SAPMO) der DDR im Bundesarchiv (BA-SAPMO), NY 4217/14.

[10] Vgl. Ackermann, Joachim, Parteisäuberungen: Die Fälle Paul Merker und Franz Dahlem, in: *Arbeitspapiere des Forschungsverbundes SED-Staat*, 22 (1996), S. 1-62; vgl. auch „Les épurations successives dans le Parti de l'Unité Socialiste de l'Allemagne Orientale", 12 mai 1953; Ministère des Affaires étrangères (MAE)/Colmar, GMFB Conseiller politique (CP) 193.

[11] Er war 1933 mit seinen Eltern von Berlin nach Paris geflohen, wo er 1940 das Abitur machte, 1934 in der französischen Hauptstadt in die Kinderorganisation der sozialistischen Roten Falken und später in die Sozialdemokratische Arbeiterjugend Frankreichs eingetreten war und zwischen 1940 und 1945 in der französischen Résistance gegen die deutsche Besatzung kämpfte; Auskunftsbericht der HA XX/AG RV über Gerhard Leo vom 26.1.1972; BStU, HA XX/82330, 92, Bl. 168 ff.

[12] Zusammenfassender Bericht über die Untersuchung des ehemaligen Nachrichtenapparates der Partei und über dessen Abwicklung [1952]; BStU, HA II/6, 1158, Bl. 48-57.

[13] Ich danke seiner Witwe Irmgard Scholz für das Gespräch am 21.2.2002.

[14] Seine beiden Brüder lebten nach 1945 weiterhin in Lothringen. Jacques (Jakob) Dahlem war Mitglied der PCF; Bericht über meine Reise nach Frankreich vom 26.3.-16.4.1971; BA-SAPMO, NY 4072/235, Bl. 121 ff.

näre in der SBZ/DDR aufgestiegen war und innerhalb der SED als Leiter der Westkommission faktisch als Führer der westdeutschen KPD galt.[15]

1. Die gesellschaftliche Ausgrenzung der Westemigranten

Geprägt von seinen Erlebnissen im französischen Exil und während seiner Inhaftierung forderte Franz Dahlem in den ersten Monaten nach der Befreiung eine herausgehobene gesellschaftliche und politische Position für die ehemaligen (kommunistischen) KZ-Insassen in der europäischen Nachkriegsordnung, habe der Kontakt zwischen Menschen aus den verschiedensten Schichten „mit den verschiedenartigsten Partei- und Weltanschauungen" in den Lagern doch zur „Achtung vor den verschiedenen Standpunkten" geführt: „So bringen auch unsere Genossen aus den Konzentrationslagern ein großes Kapital an Vertrauen mit für die Wiederanknüpfung von freundschaftlichen Beziehungen mit den anderen Völkern".[16] Im Kontakt mit „Antifaschisten" aus anderen Ländern sah Dahlem dabei eine Grundlage für den Aufbau eines „friedlichen, demokratischen Deutschlands".

Bei den nun anstehenden Anstrengungen zur Überwindung des Misstrauens des Auslands gegenüber Deutschland und der Wiederherstellung von freundschaftlichen Beziehungen mit den Nachbarstaaten dachte der Lothringer Dahlem besonders an Frankreich, „dem das Hitlerregime tiefe Wunden geschlagen, das es so schwer diffamiert und verächtlich behandelt hatte und das dank seiner national-revolutionären Erhebung und Erneuerung wieder ein großes und stolzes Land geworden ist." Dahlem sah in der Arbeit der internationalen Parteileitung während der Haft in Mauthausen und in dem in dieser Zeit möglichen Austausch von gegenseitigen Erfahrungen eine Grundbedingung für die erfolgreiche Aufrechterhaltung von Parteistrukturen:

> „Das war ein Stück internationaler kommunistischer Zusammenarbeit, wo jede Nation ihre Kenntnisse und Erfahrungen lieferte, eine Zusammenarbeit, die sich immer enger gestaltete und die Kader der einzelnen Nationen in einem internationalistischen Geiste erzog".[17]

Mit diesen Positionen manövrierte sich Dahlem jedoch schnell in Opposition zu den so genannten „Moskau-Kadern" mit Ulbricht und Pieck an der Spitze, die schon vor Kriegsende in Übereinstimmung mit Stalin die Macht im zukünftigen Deutschland beanspruchten und ihre Legitimation aus der Tatsache herleiteten, dass sie während des Krieges zu Füßen des Kreml-

---

[15] Vgl. Anlage Nr.1 zum Protokoll Nr. 3/49 der Politbürositzung des ZK der SED, 15.2.1949; BA-SAPMO, DY 30/IV/2/2/3, Bl. 4.
[16] „Linie für Mauthausener KZ'ler. Einige Probleme unserer Arbeit in Deutschland"; BA-SAPMO, DY 30/IV 2/4/373, Bl. 129, 130, 107.
[17] „Die Parteiarbeit im KZ Mauthausen"; BA-SAPMO, DY 30/IV2/4/373, Bl. 104.

Das Schicksal der Frankreichemigranten in der DDR 105

Chefs gesessen hatten.[18] In ihrer pathologischen Fixierung auf „feindliche Elemente" drängten sie nach und nach ehemalige KZ-Insassen und Westemigranten an den Rand, so dass sich auch Dahlem auf der Reichsberatung der KPD am 8./9. Januar 1946 in Berlin veranlasst sah, zum Abbruch der privaten Kontakte nach Westen aufzurufen:

„Wo Genossen von früher her zur Widerstandsbewegung, besonders zur französischen Widerstandsbewegung, aber auch in Zusammenarbeit mit England und Amerika in irgendwelchen vertraulichen Beziehungen stehen, können sie abgebrochen werden. Es sind noch Hunderte und Tausende Genossen, die solche Beziehungen haben. Es ist absolut notwendig, damit Schluss zu machen".[19]

Dieses frühe Einknicken von Dahlem gab bereits eine erste Vorahnung auf eine Entwicklung,[20] die ihren offiziellen Ausgangspunkt in dem Beschluss vom 3. Juli 1948, die SED in „eine Partei neuen Typus" umzuwandeln. Mit dieser Stalinisierung begannen Säuberungsprozesse auf allen Ebenen, die neben bürgerlichen Kräften insbesondere die ehemaligen Westemigranten, in Westberlin wohnende Funktionäre, Sozialdemokraten, frühere antistalinistische Splittergruppen trafen. Zwar gereichten Franz Dahlem seine Kontakte zur Parti communiste français (PCF) in der Zwischenkriegszeit und seine Auslieferung durch Vichy-Frankreich im Jahre 1942 als Reaktion auf seinen „früheren Kampf gegen die imperialistische Politik Poincarés" 1949 noch zur Ehre, so dass er zum privilegierten Kontaktmann in den Beziehungen zur PCF auserkoren wurde,[21] doch begann die SED zur gleichen Zeit bereits an diesen makellos erscheinenden antifaschistischen Lebensläufen zu kratzen. Als das SED-Politbüro am 18. Oktober 1949 beschloss, „alle führenden Funktionäre, die länger als drei Monate in englischer, amerikanischer, französischer oder jugoslawischer Gefangenschaft oder in englischer oder in amerikanischer Emigration waren", systematisch zu überprüfen, wurde der Westemigrant Dahlem von der Verantwortung für Kaderfragen entbun-

---

[18] Vgl. „Nach Hitler kommen wir". Dokumente zur Programmatik der Moskauer KPD-Führung 1944/45 für Nachkriegsdeutschland, hrsg. v. Peter Erler u.a., Berlin 1994, S. 281f.; Keiderling, Gerhard, „Gruppe Ulbricht" in Berlin. April bis Juni 1945. Eine Dokumentation, Berlin 1993, S. 354.

[19] Zit. nach: Kubina, Michael, „Was in dem einen Teil verwirklicht werden kann mit Hilfe der Roten Armee, wird in dem anderen Teil Kampfrage sein." Zum Aufbau des zentralen Westapparates der KPD/SED 1945-1949, in: Die Anatomie der Parteizentrale. Die KPD/SED auf dem Weg zur Macht, hrsg. v. Manfred Wilke, Berlin 1998, S. 413-500, hier S. 476.

[20] Die SED kümmerte sich offiziell zum ersten Mal mit den Remigranten aus Frankreich bei der Sitzung des Zentralsekretariats am 11.6.1947; vgl. Protokoll Nr. 110/47 der Sitzung des Zentralsekretariats, 11.6.1947; BA-SAPMO, DY 30/IV2/2.1/99, Bl. 1/2; vgl. auch „Richtlinien für die Arbeit: Rekonstruktion der Parteikader aus der Illegalität 1933-1945 und Sammlung des parteigeschichtlichen Materials aus der Illegalität und Emigration von 1933-1945"; BA-SAPMO, DY 30/IV 2/11/136, Bl. 33 ff.

[21] Vgl. Pressedienst vom 21.9.1949; BA-SAPMO, NY 4072/217, Bl. 2; Protokoll Nr. 69/50 der Sitzung des ZK der SED vom 31.1.1950; BA-SAPMO, DY 30/IV 2/2/69; Bl. 1-28, hier: Bl. 5.

den.²² Eine nächste Etappe war die Anweisung vom 25. Oktober 1949, dass die Westemigranten sowie die ehemaligen Kriegsgefangenen der kapitalistischen Mächte den „Hauptkreis der zu Erfassenden" bilden würden,²³ um die „Kommandohöhen" in den Griff zu bekommen.²⁴ Am 28. Oktober beschloss die SED, „die politische Vergangenheit und das Verhalten in der Emigration oder in der Kriegsgefangenschaft" näher zu untersuchen,²⁵ und setzte für diesen Zweck Kommissionen ein, die die Überprüfung von oben nach unten vornehmen sollten. Eine neue Verschärfung des Säuberungsprozesses erfolgte im Anschluss an den III. Parteitag der SED (20.-24. Juli 1950), auf dem die Weichen zum „Aufbau des Sozialismus" nach sowjetischem Vorbild gestellt wurden. Mit Unterstützung einer Delegation der PCF, die ihren Aufenthalt aus Anlass des III. Parteitages extra verlängert hatte, intensivierte die SED nochmals ihre Nachforschungen zu den Biographien der in der DDR lebenden Westemigranten.²⁶

2. Die Säuberung von Westemigranten aus der SED-Parteiführung

Bei den nun beginnenden Säuberungen stand „die fast pathologisch zu nennende Phobie der SED-Führung vor Agententätigkeit und Subversion"²⁷ in engem Zusammenhang mit einer Entwicklung, die in ganz Osteuropa ab 1949 anzutreffen war und als „Konstrukt Field" bezeichnet wird. Der Amerikaner Noel H. Field und sein Bruder Hermann waren im Rajk-Prozess (in Abwesenheit) im September 1949 in Budapest beschuldigt worden, Kommunisten im Exil in westlichen Ländern nur unterstützt zu haben, um diese als Agenten für den amerikanischen Geheimdienst zu werben.²⁸ Moskau suchte fieberhaft nach Informationen, ob führende Kommunisten mit ihm in Kontakt waren und für die CIA gearbeitet hatten. Diese konstruierte Kampagne produzierte laufend neue Opfer, war Noel H. Field doch – wie seine Biographin schreibt –

---

[22] Protokoll Nr. 51/49 der Sitzung des Politbüros des ZK der SED, 18.10.1949; BA-SAPMO, DY 30/IV 2/2/51.

[23] Protokoll der Sitzung der ZPKK mit den Vorsitzenden der LPKKs, 25.10.1949; BA-SAPMO, DY 30/IV 2/4/437, Bl. 78/81.

[24] Vgl. BA-SAPMO, NY 4076/154, Bl. 8.

[25] Protokoll Nr. 60/49 der Sitzung des Kleinen Sekretariats, 28.10.1949; BA-SAPMO, DY 30/J IV 2/3/60.

[26] À propos d'une vaste épuration dans le parti socialiste-communiste d'Allemagne orientale, 27.9.1950; Service Historique de la Défense, armée de terre (SHD-AT), 14 S 19, 2 RFA (1948-1976).

[27] Heydemann, Günther, *Die Innenpolitik der DDR*, München 2003, S. 16.

[28] Vgl. Kaplan, Karel, Svátek, František, Die politischen Säuberungen in der KPC, in: *Terror. Stalinistische Parteisäuberungen 1936-1953*, hrsg. v. Hermann Weber u.a., Paderborn 1998, S. 487-599.

Das Schicksal der Frankreichemigranten in der DDR

„so etwas wie der Träger eines unsichtbaren, heimtückischen Bazillus gewesen, den er unwissentlich auf alle übertrug, die in seine Nähe kamen. Die Befallenen gaben die Krankheit unabsichtlich weiter, und der Name Field wurde ein Synonym für Angst".[29]

Diese „Epidemie" war im Sommer 1950 auch auf die DDR übergeschwappt und begann in ganzer Schärfe mit dem am 1. September 1950 im „Neuen Deutschland" (ND) veröffentlichten Zentralkomitee (ZK)-Beschluss zur Säuberung der mit Field in Kontakt gestandenen Westemigranten.[30] Obwohl Käthe Dahlem sich an Field gewandt hatte, um ihren Mann aus dem Lager Le Vernet zu befreien, blieb das Ehepaar Dahlem vorerst noch unbehelligt, während Paul Merker, Willy Kreikemeyer, Lex Ende u.a. umgehend aus der SED ausgeschlossen wurden, was auch die französischen Autoritäten in Berlin als Triumph der „émigrés de Moscou" über die Westemigranten in der SED werteten.[31] Die verstärkte Unruhe an der Basis zeigte der SED jedoch, dass ihre Machtposition im Jahre 1950 noch nicht soweit ausgebaut war, dass sie schon zu einer Generalsäuberung schreiten konnte. Aus diesem Grund beendete sie vorerst die Überprüfung der Westemigration im Herbst des gleichen Jahres.

Nachdem die Parteisäuberungen bereits 1951 einen vorläufigen Höhepunkt erreicht hatten,[32] radikalisierte sich der Bedrohungskomplex der SED-Führung im Sommer 1952 zu einer ungezügelten Verfolgungsaktion.[33] Der Prozess gegen den ehemaligen KPTsch-Generalsekretär Rudolf Slansky und andere führende Kommunisten in Prag, denen direkte Kontakte zu Field vorgeworfen wurde,[34] bewog umgehend auch die ostdeutsche Staatsmacht, den Ring um die Westemigranten enger zu ziehen. Nicht zuletzt weil Franz Dahlem mit dem ebenfalls in Prag Angeklagten Arthur London im KZ Mauthausen eingesessen hatte, wurde er zur Zielscheibe der Parteiführung. Am 2. Januar 1953 forderte das Politbüro, die Emigrationszeit und das Verhalten der Parteimitglieder in dieser Zeit nicht mehr mit dem „Mantel der Liebe" zu bedecken. Wieder aufgewärmt wurde auch die Haltung der Pariser Auslandsleitung unter Franz Dahlem zum Hitler-Stalin-Pakt und bei Kriegsausbruch[35], zu der Dahlem bereits 1950 befragt worden war. Schon

---

[29] Lewis, Flora, *Bauer im roten Spiel. Das Leben des Noel H. Field*, Berlin 1965, S. 15.
[30] Vgl. Barth, Bernd-Rainer, Wer war Noel Field? Die unbekannte Schlüsselfigur der osteuropäischen Schauprozesse, in: *Vielstimmiges Schweigen. Neue Studien zum DDR-Antifaschismus*, hrsg. v. Annette Leo, Peter Reif-Spirek, Berlin 2001, S. 197-221.
[31] À propos d'une vaste épuration dans le parti socialiste-communiste d'Allemagne orientale, 27.9.1950; SHD-AT, 14 S 19, 2 RFA (1948-1976).
[32] Vgl. Malycha, Andreas, *Die SED. Geschichte ihrer Stalinisierung*, Paderborn 2000, S. 435 ff.
[33] Vgl. Mählert, Ulrich, „Die Partei hat immer recht!" Parteisäuberungen als Kaderpolitik in der SED 1948-1953, in: Weber, *Terror* (wie Anm. 28), S. 351-458, hier S. 427.
[34] Vgl. Lukes, Igor, Der Fall Slanský. Eine Exilorganisation und das Ende des tschechoslowakischen, in: *Vierteljahrshefte für Zeitgeschichte*, 47 (1999) 4, S. 459-501.
[35] Vgl. Protokoll Nr. 1/53 der Sitzung des Politbüros des ZK der SED vom 2.1.1953; BA-SAPMO, DY 30/J IV 2/2/255, Bl. 4; Otto, Wilfriede, Visionen zwischen Hoffnung und

zum damaligen Zeitpunkt hatte er sich gegen die Version von Anton Ackermann gewandt, die dieser Pieck und Ulbricht im Mai 1940 in Moskau präsentierte hatte, wonach die Pariser Auslandsleitung kein Verständnis für den Hitler-Stalin-Pakt gezeigt habe.[36] Am 6. Januar 1953 erschien im „ND" jedoch ein Artikel, der die Gefahr andeutete, in die Mitglieder der ehemaligen Pariser Auslandsleitung nun gerieten: „Sehr ernste Lehren muss die SED aus dem kapitulantenhaften Verhalten der Pariser Emigrationsleitung der KPD zur Zeit des Beginns des II. Weltkriegs ziehen".[37]

Die Auslandsleitung habe kurz nach dem Kriegsausbruch alle deutschen Emigranten aufgefordert, „sich den französischen Behörden zu stellen. Sie wurden ohne Ausnahme interniert, so dass auf diese Weise die Leitung der Auslandsgruppe in Frankreich die Parteigruppen der KPD in Frankreich selbst liquidierte." Diese Entscheidung sei auf ein ungenügendes Vertrauen in die Sowjetunion zurückzuführen gewesen und habe auf einer falschen Einschätzung des deutsch-sowjetischen Nichtangriffspakts beruht. In der Annahme, Frankreich würde „einen ernsthaften Kampf gegen den Hitler-Faschismus" führen, habe die Auslandsleitung übersehen, dass die Westmächte danach getrachtet hätten,

> „Deutschland und die Sowjetunion tief in den Krieg zu verstricken, damit sie sich gegenseitig schwächten [...]. Der Verlauf und die Ereignisse des zweiten Weltkriegs beweisen eindeutig, dass die freiwillige Internierung den Interessen der imperialistischen Westmächte Vorschub leistete. Die Liquidation der deutschen Parteigruppe schwächte den Widerstandskampf im okkupierten Frankreich und verhinderte vor allem die Entfaltung einer wirksamen Agitation unter den deutschen Besatzungstruppen [...]. Die Auslandsleitung der KPD in Frankreich hat mit ihrer Liquidationspolitik [...] auch die nationalen Interessen Deutschlands geschädigt; denn der Kampf gegen den Faschismus mit allen Mitteln und an allen Orten würde die antifaschistischen Kräfte in Deutschland gestärkt und die Zerschlagung des Hitler-Faschismus beschleunigt haben".[38]

Dieser einer Anklageschrift gleichkommende Zeitungsartikel erweckte das Interesse in Lothringen an dem „Sohn Rohrbachs unter den roten Diktatoren Ostdeutschlands" zu neuem Leben, nachdem Franz Dahlem „praktisch jede Fühlung mit seiner Verwandtschaft verloren" hatte. Zutreffend war dabei die Einschätzung, dass hinter dem verschärften Vorgehen gegen die Frankreichemigranten auch machtpolitische Intrigen steckten:

Täuschung, in: *Visionen. Repression und Opposition in der SED (1949-1989)*, hrsg. v. Otto Wilfriede u.a., Frankfurt/O. 1996, S. 218.

[36] Vgl. Kießling, Wolfgang, *Partner im „Narrenparadies"*. *Der Freundeskreis um Noel Field und Paul Merker*, Berlin 1994, S. 15 ff.

[37] „Lehren aus dem Prozess gegen das Verschwörerzentrum Slánský", in: ND, 6.1.1953, vgl. auch Protokoll der 10. ZK-Tagung vom 20.-22.11.1952; BA-SAPMO, DY 30/IV 2/1/107.

[38] Auf der 67. ZPKK-Sitzung am 17. Januar 1953 verschärfte Hermann Matern den Kurs weiter und kündigte an, dass die Untersuchungen auch auf ehemalige KZ-Insassen und deren damalige Haltung in „politischen Fragen ausgeweitet werden würden"; vgl. Protokoll der 67. Sitzung der ZPKK, 17.1.1953; BA-SAPMO, DY 30/IV 2/4/445, Bl. 32.

Das Schicksal der Frankreichemigranten in der DDR 109

„Doch dieser Rüffel scheint zunächst nur ein Schreckschuss zu sein für den Fall, dass es Dahlem einmal gelüsten sollte, die seit Jahren zwischen ihm und Ulbricht schwelende Kontroverse zu einer Palastrevolution ausarten zu lassen".[39]

Am 3. März 1953 wurde eine Kommission (Walter Ulbricht, Hermann Matern, Wilhelm Zaisser) eingesetzt, die ein Dokument zur Überprüfung der SED-Mitglieder aus der Westemigration auszuarbeiten hatte,

„in dem die Lehren aus den Maßnahmen gegen feindliche Elemente in der Partei, im Staatsapparat und in Massenorganisationen gezogen werden und dem Politbüro Vorschläge unterbreitet werden über die Säuberung der Partei von solchen Elementen".[40]

Am 17. März 1953 wurde die Zentrale Parteikontrollkommission (ZPKK) schließlich beauftragt, Dahlems Verbindungen zu Field zu untersuchen, so dass seine Parteifunktionen bis zum Abschluss der Untersuchungen ruhen sollten.[41] Er konnte jetzt an den ihn betreffenden Politbürositzungen nicht mehr teilnehmen und hatte nicht nur seine Position als „zweiter Mann" hinter Ulbricht verloren, sondern musste gar einen Schauprozess fürchten.[42]

Um seinen verlorenen Einfluss zurück zu gewinnen, entwickelte Dahlem eine ausgiebige Korrespondenz mit sowjetischen Stellen, die Ulbricht jedoch freie Hand ließen und nach dem Tod Stalins am 5. März 1953 das Interesse an den parteiinternen Säuberungen in ihren Satellitenstaaten verloren hatten, wie aus dem Protokoll vom 14. April 1953 hervorgeht:

„Vor Eintritt in die Tagesordnung teilt Genosse Ulbricht mit, dass Genosse Dahlem einen Antrag an das Zentralkomitee der KPdSU gerichtet hat, sowjetische Genossen mit der Untersuchung seiner Angelegenheit zu beauftragen und dass das Zentralkomitee der KPdSU mitgeteilt hat, dass es sich um eine interne Angelegenheit der Sozialistischen Einheitspartei Deutschlands handele".[43]

Am 20. April wurde Dahlem erneut vorgeworfen, die „reaktionäre und sowjetfeindliche Rolle" der Pariser Regierung völlig verkannt zu haben, wie aus einem Dokument hervorgeht, das sich heute im Archiv des französischen Außenministeriums in Colmar befindet:

„Die Leitung der KPD in Moskau habe damals 1940 das Verhalten von Franz Dahlem verurteilt und ihm verboten, im Namen der KPD zu sprechen. Die Untersuchung habe weiter ergeben, dass fast alle Emigranten, die nach Mexiko oder

---

[39] Dahlem, Franz, Kaderchef des SED-Zentral-Komitees in Ost-Berlin, in: *Le Courrier de la Sarre*, 4.2.1953.
[40] Vgl. Protokoll Nr. 11/53 der Sitzung des Politbüros des ZK der SED, 3.3.1953; BA-SAPMO, DY 30/J IV2/2/265, Bl. 7.
[41] Vgl. Protokoll Nr. 16/53 der Sitzung des Politbüros des ZK der SED, 17.3.1953; BA-SAPMO, DY 30/J IV2/2/270, Bl. 12.
[42] Vgl. Dahlem, Franz, Nachgelassenes. Ausgelassenes. Über einen Prozess und die Schwierigkeiten seiner richtigen Beurteilung, in: *Beiträge zur Geschichte der Arbeiterbewegung*, 32 (1990) 1, S. 17-25.
[43] Protokoll Nr. 21/53 der Sitzung des Politbüros des ZK der SED, 14.4.1953; BA-SAPMO, DY 30/J IV2/2/275, Bl. 2.

den USA fuhren [...], mit Zustimmung und auf Anweisung von Franz Dahlem gefahren sind, obgleich sie für den Kampf in Frankreich dringend benötigt wurden. Es stehe fest, dass die im Jahre 1939 erfolgte Kapitulation vor dem französischen Imperialismus sich für die Dauer des ganzen Krieges hemmend auf die Widerstandsarbeit der deutschen Emigranten auswirkte. Auf den Kapitulationsbeschluss stützten sich die [Lex] Ende, [Paul] Merker, [Willy] Kreikemeyer und andere, um ihre Sabotage der Arbeit unter den deutschen Soldaten zu tarnen. Es stehe also fest, dass der ganze Absatz des ZK-Beschlusses zum Slansky-Prozess über das Verhalten der Auslandsleitung der KPD in Frankreich richtig ist. Der Protest von Franz Dahlem gegen diesen Beschluss sei daher nur ein Versuch, seine in Frankreich begangenen Fehler zu vertuschen und ihre Aufklärung zu verhindern".[44]

Dahlem wandte ein, „er hätte nicht wissen können, dass die französische Regierung keinen ernsthaften Kampf gegen Hitlerdeutschland führen würde." Die ZPKK beschuldigte ihn jedoch neben der freiwilligen Internierung zudem, einen Sender benutzt zu haben, der mit Duldung und unter Zensur der Daladier-Regierung gearbeitet habe:

„Dieser Sender habe keine klare Haltung gegenüber der Sowjetunion eingenommen, da die französische Regierung, die ihn zensierte, und selbst eine wütende Hetze gegen die Sowjetunion betrieb, keine positive Haltung zur Sowjetunion duldete."

Nachdem auf Beschluss des Politbüros alle Materialien bzw. Briefe, die Dahlem seit Beginn der Untersuchung verfasst hatte, der ZPKK übergeben worden waren,[45] wurde er am 6. Mai zur „Sicherung der Parteiführung" aus dem ZK der SED entfernt,[46] womit die SED die Lehren aus dem „Prozess gegen das Verschwörerzentrum Slansky" gezogen zu haben glaubte.[47] Auf der 13. ZK-Tagung am 13. Mai 1953 wurde die Enthebung Dahlems von sämtlichen staatlichen und Parteifunktionen beschlossen. Dieser erklärte daraufhin, „dass er dem Beschluss des Zentralkomitees zum SED-Prozess, soweit er das Verhalten der Auslandsleitung der KPD in Frankreich betrifft, nicht einverstanden sei, trotzdem aber diesem Beschluss zugestimmt ha-

---

[44] „Säuberung der SED" [1953]; MAE/Colmar, GMFB CP cave 19 ZS/2/1/0-126/6, S. 5f. Die Quelle und der Ursprung dieses Dokuments in deutscher Sprache im Besitz des GMFB konnte nicht geklärt werden. Diese undatierte und unsignierte, acht Seiten lange Ausarbeitung beginnt mit der Bekanntgabe im ND vom 1.9.1950, dass führende Parteimitglieder, die Kontakt zu Noel H. Field hatten, aus der Partei gesäubert wurden. Waren diese Parteiausschlüsse noch stets mit Zeitungsausschnitten belegt, werden die Quellen zur Säuberung von Dahlem nicht genannt. Aus einer „Note d'information" des GMFB zur „Révision de l'affaire Dahlem" vom 23.12.1954 geht hervor, dass die französischen Stellen über einen Informanten im ZK der SED verfügten; MAE/Colmar, GMFB CP cave 19 ZS/2/1/0-126/6.

[45] Vgl. Protokoll Nr. 23/53 der Sitzung des Politbüros des ZK der SED, 28.4.1953; BA-SAPMO, DY 30/J IV2/2/277, Bl. 2.

[46] Vgl. Protokoll Nr. 25/53 der Sitzung des Politbüros des ZK der SED, 6.5.1953; BA-SAPMO, DY 30/J IV2/2/279, Bl. 1; Les épurations successives dans le Parti de l'Unité Socialiste de l'Allemagne Orientale, 12.5.1953; MAE/Colmar, GMFB CP 193.

[47] Dokumente der SED, Bd. IV, Berlin (DDR) 1954, S. 394 ff.

be".[48] Dahlem schien auf die Beschlüsse der PCF Bezug genommen zu haben und bekräftigte die bereits von Merker gemachte Aussage, dass sich die KPD-Mitglieder in Paris an der Linie der französischen Genossen orientiert hätten. Diese Argumentation hielt das Politbüro jedoch für unzulässig und warf ihm „parteischädigendes" Verhalten vor.[49] Im Anschluss erhielt er dann nicht mehr das Recht, sich gegen die ihn betreffenden Vorwürfe zu wehren.[50]

Am 20. Mai 1953 veröffentlichte das „ND" einen Artikel von Hermann Matern „Über die Durchführung des Beschlusses des ZK der SED. Lehren aus dem Prozess gegen das Verschwörerzentrum Slansky", in dem er Dahlem die Verantwortung für die „Liquidierung der Auslandsleitung"[51] zuschob: „Die Leitung der KPD in Moskau hat damals 1940 das Verhalten des Genossen Dahlem verurteilt und ihm verboten, im Namen der KPD zu sprechen". Er habe bereits Ende Juli oder Anfang August 1939 die Aufforderung erhalten, nach Moskau zu kommen, sei jedoch freiwillig in ein Internierungslager gegangen: „Es ist unsere Auffassung, dass Genosse Dahlem die wirklichen Motive" dazu „bisher nicht gesagt hat". Die Annahme von einem Konflikt zwischen der Pariser Exilleitung unter Dahlem und der Parteiführung in Moskau wird von dem Historiker Erwin Lewin unterstützt. Nachdem die III. Internationale und das ZK der KPD den in der Frankreichemigration befindlichen Kommunisten angeordnet hätten, in den Untergrund zu gehen, um sich der Internierung zu entziehen, hätten die in Moskau anwesenden deutschen Kommunisten die Haltung von Dahlem verurteilt und ihm in einem Schreiben politische Fehler und Unverständnis für die Rolle der Sowjetunion vorgeworfen. Dahlem und die anderen Mitglieder der Pariser Leitung seien der Verhaftung nur entkommen, weil sie außerhalb der Reichweiten des Kreml gewesen seien.[52] Hans-Albert Walter neigt der Version zu, nach der sich das Pariser Auslandssekretariat der KPD unter Franz Dahlem entgegen der Parteiweisung freiwillig in die Internierung begeben habe, um nicht die Politik der Parteiführung zu unterstützen, die Hitlers Aggressionsplänen freie Hand gab[53]. Auch die französische Militärregierung

---

[48] „Säuberung der SED" [1953], S. 4; MAE/Colmar, GMFB CP cave 19 ZS/2/1/0-126/6.
[49] Vgl. Protokoll Nr. 26/53 der Sitzung des Politbüros des ZK der SED, 12.5.1953; BA-SAPMO, DY 30/J IV2/2/280, Bl. 3.
[50] Vgl. Müller-Enbergs, Helmut, *Der Fall Rudolf Herrnstadt. Tauwetterpolitik vor dem 17. Juni*, Berlin 1991, S. 163 ff.
[51] Die französische Militärregierung in Berlin wusste von erheblichem Widerstand gegen die Säuberung Dahlems, der noch über erhebliche Unterstützung in der SED verfügt habe; *L'épuration du Parti de l'Unité socialiste de l'Allemagne Orientale*, 20.5.1953; MAE/Colmar, GMFB CP 193.
[52] Vgl. Lewin, Erwin, Der Konflikt zwischen der Moskauer Parteiführung und dem Sekretariat des ZK der KPD in Paris 1939/40, in: *Kommunisten verfolgen Kommunisten. Stalinistischer Terror und „Säuberungen" in den kommunistischen Parteien Europas seit den dreißiger Jahren*, hrsg. v. Hermann Weber, Dietrich Staritz, Berlin 1993, S. 275-291, hier S. 275 ff.
[53] Vgl. Walter, Hans-Albert, Das Pariser KPD-Sekretariat, der deutsch-sowjetische Nichtangriffspakt und die Internierung deutscher Emigranten in Frankreich zu Beginn des Zweiten Weltkriegs, in: *Vierteljahrshefte für Zeitgeschichte*, 36 (1988) 3, S. 483-528.

in Berlin kam 1953 zu dem Schluss, dass Dahlem den Hitler-Stalin-Pakt nicht mittragen wollte:

> „Autrement dit, Dahlem avait fait preuve, à l'époque, de suffisamment de bon sens pour comprendre de quel côté était le fascisme et en refusant de s'associer à la trahison de Moscou dirigée contre la France au profit de l'Allemagne hitlérienne".[54]

Die konservative lothringische Regionalpresse kam zu einem ähnlichen Schluss und nutzte die Verurteilung zu einem Seitenhieb gegen die PCF und ihren Vorsitzenden Maurice Thorez: „Mit Franz Dahlem fällt einer der letzten Bonzen der Emigration der KPD, die während des Krieges in Frankreich verblieben und 1939 nicht dem Rufe Moskaus gefolgt [...] waren".[55]

Nachdem sich Dahlem bereits 1939/40 nicht bereit gezeigt hatte, den Anordnungen der Parteiführung zu folgen, „diskreditierte" er auch 1953 wieder den Beschluss des ZK, indem er sich weigerte, wie ihm Matern vorwarf, die ZK-Entscheidung anzuerkennen und durchzuführen, so dass ihm der Parteiausschluss drohte. Die ZPKK sah sich „durch weiteres authentisches Material in der Untersuchung" gegen Dahlem in der Richtigkeit der gegen ihn erhobenen Vorwürfe bestätigt und warf ihm „politische Blindheit gegenüber Agenten" in Frankreich vor. Sie wollte zudem das ZK der Kommunistischen Partei der Sowjetunion (KPdSU) bitten, die von Dahlem an den französischen Ministerpräsidenten Édouard Daladier kurz nach seiner Internierung verfassten Briefe, die Berichte der Auslandsleitung in Paris sowie den „Beschluss des Politbüros über die Fehler der Auslandsleitung in Paris" zu beschaffen.[56] Wie der französische Informant innerhalb des ZK der SED vermutete, habe sich Moskau aber geweigert, diese Dokumente herauszugeben, weil Daladier in der damaligen Zeit zu den vehementesten Gegnern einer Europäischen Verteidigungsgemeinschaft (EVG) in Frankreich gehörte und sein Name damit aus aktuellen Gründen nicht in vergangene Geschichten hineingezogen werden sollte:

> „Dans le combat contre l'impérialisme et le militarisme allemand Daladier est à considérer comme notre allié. Il serait toujours possible que cet échange de lettres contiennent aussi certaines choses que l'ex-Chef du gouvernement français n'aimerait pas voir rappeler, et qui risquerait peut-être de le pousser dans le camp opposé si on en faisait usage. (Mais répétons-le, ce n'est là, de la part du fonctionnaire en question, qu'une hypothèse seulement")[57].

---

[54] „Note d'information" du GMFB „Révision de l'affaire Dahlem", 23.12.1954; MAE/Colmar, GMFB CP cave 19 ZS/2/1/0-126/6.
[55] Der ehemalige Kaderchef der SED Franz Dahlem hospitalisiert, in: *Le Courrier de la Sarre*, 3.6.1953.
[56] Vgl. Protokoll Nr. 34/53 der Sitzung des Politbüros des ZK der SED vom 9.6.1953; BA-SAPMO, DY 30/J IV2/2/288, Bl. 1.
[57] „Note d'information" du GMFB „Révision de l'affaire Dahlem", 23.12.1954; MAE/Colmar, GMFB CP cave 19 ZS/2/1/0-126/6.

Das Schicksal der Frankreichemigranten in der DDR 113

Das Vertrauen in die Regierung Daladier und die „falsche" Interpretation des Hitler-Stalin-Pakts reichten jedoch für den Moment, um Dahlem auf dem 17. ZK-Plenum am 22./23. Januar 1954 eine strenge Rüge zu erteilen[58]. Diese Verurteilung nahmen andere Frankreich-Emigranten zum Anlass, um sich in Abgrenzung zu Dahlem gegen mögliche Verdächtigungen zu verwahren. Edith Zorn (1910-1967) führte das Abreißen der Verbindungen zwischen den in Frankreich weilenden deutschen Kommunisten unmittelbar auf die „schädliche, kapitulantenhafte Haltung von Franz Dahlem" zurück.[59]

Der Zenit der Parteisäuberungen war jedoch zum damaligen Zeitpunkt schon überschritten, so dass das ZK der SED auf seinem 21. Plenum (12.-14. November 1954) entschied, den Beschluss auf Erteilung einer strengen Rüge in eine einfache Rüge umzuwandeln und das Funktionsverbot aufzuheben, so dass Dahlem wieder die Möglichkeit gegeben wurde, „eine seinen Fähigkeiten und Neigungen entsprechende Arbeit zu übernehmen".[60] Von dieser Entscheidung wurde der Betroffene jedoch weder persönlich in Kenntnis gesetzt, noch erschien eine öffentliche Verlautbarung in den Organen der Partei. In einem Gespräch mit Matern im Vorfeld der 21. Tagung des ZK am 6. November 1954 hatte Dahlem erfahren, dass das Politbüro eine „Normalisierung" seiner Situation beschlossen habe. Er machte Matern darauf aufmerksam, dass „eine verantwortliche Arbeit im Zusammenhange mit dem gegen mich bestehenden Verbot der Ausübung einer Parteifunktion stände". Der allmächtige Parteigenosse stellte ihm daraufhin die Aufhebung des Verbots in Aussicht stellte, ohne jedoch den Sinneswandel der Partei zu begründen. In einem Schreiben an Ulbricht vom 21. Dezember 1954 bat Dahlem daher „um Kenntnisnahme des Wortlauts jenes Beschlusses, samt Begründung und Unterlagen, die zu der Strafe der schweren Rüge und des Funktionsverbots geführt hatten".[61] Eine Antwort schien er jedoch nicht erhalten zu haben. Erst durch eine Mitteilung der SED-Kreisleitung an die Leitung der für Dahlem zuständigen Grundorganisation wurde er auf diese Neuigkeit aufmerksam und erfuhr nach Vorsprache am 20. Januar 1955 bei der Kreisparteikommission Lichtenberg erstmals offiziell von dem Inhalt des Beschlusses.[62]

---

[58] Begründung durch die ZPKK für die Erteilung der strengen Rüge an Franz Dahlem vom 24.4.1954; BA-SAPMO, DY 30/IV 2/11 v. 5280/2; Bestätigung der Beschlüsse der ZPKK im Protokoll Nr. 3/54 der Sitzung des Politbüros des ZK der SED vom 12.1.1954; BA-SAPMO, DY 30/J IV2/2/341, Bl. 1.

[59] Lebenslauf von Edith Zorn, 15.7.1954; BA-SAPMO, Sgy 30/1400/40, Bl. 408-414.

[60] ZPKK (Herta Geffke) an BPKK Berlin, 25.11.1954; BA-SAPMO, DY 30/IV 2/11 v. 5280/2. Dass Dahlem im Gegensatz zu anderen führenden SED-Mitgliedern noch nicht verhaftet worden war sei, führte das GMFB auf den Schutz zurück, den Dahlem in Moskau genieße; „Note d'information" du GMFB „Révision de l'affaire Dahlem", 23.12.1954; MAE/Colmar, GMFB CP cave 19 ZS/2/1/0-126/6.

[61] Franz Dahlem an Walter Ulbricht, 21.12.1954; BA-SAPMO, NY 4090/699, Bl. 180.

[62] Franz Dahlem an das SED-Politbüro zu Händen von Walter Ulbricht; an die Genossen Wilhelm Pieck, Otto Grotewohl, Hermann Matern, 25.1.1955; BA-SAPMO, NY 4090/699, Bl. 175.

Um „nicht länger von der aktiven verantwortlichen Mitarbeit ausgeschaltet zu bleiben und das Lebensbedürfnis endlich aus dem für mich und meine Angehörigen schon bald 2 Jahre währenden unerträglichen Zustand ständigen psychischen Drucks wegen meiner ungerechtfertigten öffentlichen Disqualifizierung" herauszukommen, kämpfte Dahlem auch nach der Aufhebung der Parteistrafen um seine vollständige öffentliche Rehabilitierung:

> „Meine Verurteilung und Disqualifizierung erfolgte in breitester Öffentlichkeit; ich habe deshalb das Recht zu beanspruchen, dass nach Klärung der gegen mich erhobenen Verdächtigungen auch eine öffentliche Rehabilitierung durch das Zentralkomitee erfolgt".[63]

Er suchte nach schnellem „Anschluss an meine seit März 1953 unterbrochene Arbeit im gesamtdeutschen und internationalem Maßstab" und nach Kontinuität in seinem Schaffen, in dessen Mittelpunkt stets Frankreich stand:

> „Seit dem Jahre 1919 habe ich im Auftrage der Führung der Partei zahlreiche Aufträge durchgeführt, die mich in besonders enge Verbindung mit der Kommunistischen Partei Frankreichs und mit der französischen Widerstandsbewegung brachten, was meine besondere Neigung zur Zusammenarbeit des deutschen und französischen Volkes erklärt. Deshalb möchte ich in dieser internationalen und gesamtdeutschen Arbeit, die anerkanntermaßen als erfolgreich bezeichnet wurde, weiter öffentlich im Parteiauftrage wirken".[64]

Als Genugtuung musste es Dahlem empfinden, dass das Politbüro auf seiner Sitzung am 5. Juni 1956 empfahl, die gegen ihn ausgesprochene Rüge nach der gelungenen Reintegration in das Parteileben zu streichen. Nachdem diese Entscheidung auf der 28. ZK-Tagung (27.-29. Juli 1956) bestätigt worden war, konnte sich Franz Dahlem damit offiziell als rehabilitiert ansehen.[65] In einem Schreiben an Ulbricht, Grotewohl und Schirdewan vom 23. September 1956 beklagte er sich jedoch über die mangelnde Öffentlichkeit dieses Beschlusses, der lediglich im Kommuniqué der 28. ZK-Tagung wiedergegeben worden sei. Weitere Maßnahmen lehnte das SED-Politbüro allerdings ab.[66] Dafür entschied es am 29. Dezember 1956, auf dem 30. Plenum des ZK der SED (30. Januar-1. Februar 1957) die Kooptierung Dahlems als Mitglied des ZK vorzuschlagen.[67] Mit der Bestätigung dieses Beschlusses sah es zugleich alle von Dahlem „noch gestellten Fragen als erledigt" an. In

---

[63] Ebd., Bl. 175 ff.
[64] Dahlem führte dafür die Adresse des ZK der SED zu seinem 60. Geburtstag am 14.1.1952 und die Verleihung des Ordens „Held der Arbeit" durch Wilhelm Pieck an; vgl. ebd., Bl. 176 f.
[65] Protokoll Nr. 26/56 der Sitzung des Politbüros des ZK der SED, 5.6.1956; BA-SAPMO, DY 30/J IV2/2/480, Bl. 8; Protokoll Nr. 28/56 der Tagung des ZK, 27.-29.7.1956; BA-SAPMO, DY 30/IV 2/1/164, Bl. 132/147/203.
[66] Vgl. Hermann Matern an Franz Dahlem, 29.9.1956; Anlage Nr. 5 zum Protokoll Nr. 46/56 der Sitzung des Politbüros des ZK der SED, 25.9.1956; BA-SAPMO, DY 30/J IV2/2/500, Bl. 18.
[67] Vgl. Protokoll Nr. 66/56 der Sitzung des Politbüros des ZK der SED, 29.12.1956; BA-SAPMO, DY 30/J IV2/2/520, Bl. 4.

den folgenden Jahren ließ ihn Ulbricht zudem spüren, dass sein Platz nicht mehr an der Spitze der Partei war.[68]

Die unzweifelhafte menschliche Tragik dieses Säuberungsverfahrens mit seinem willkürlich angestrengten Verschwörungskonstrukt sollte nicht dazu verleiten, Dahlem in den Kreis der Dissidenten und Oppositionellen aufzunehmen. Bis zu seiner Säuberung war er selbst Teil des Repressionsapparates und wurde dann Leittragender stalinistischer bzw. poststalinistischer Machtverteilungskämpfe.[69] Nach seiner Rehabilitierung konnte er es gar nicht abwarten, über Ergebenheitserklärungen und Selbstkritik sowie „durch erfolgreiche Arbeit als Mitglied des Zentralkomitees dessen Vertrauen zur Wiederwahl in das Politbüro zu erwerben. Das betrachte ich als den Schlussstein für meine volle Rehabilitierung".[70]

Inhaltlich wollte er sich primär der gesamtdeutschen Arbeit und der Reaktivierung der internationalen Zusammenarbeit widmen. Für dringend hielt er die Anknüpfung von Kontakten nach Frankreich und nach Polen sowie „in Ausnutzung meiner Rehabilitierung – die als Präzedenzfall von zahlreichen alten Kommunisten, Spanienkämpfern, Politemigranten und KZlern (ehemaligen VVN-Mitgliedern), betrachtet wird," die Reintegration von marginalisierten Parteimitgliedern, um deren Biographie für die Parteiarbeit zu nutzen: „Wie man in lockerer Form die alten Kader der Widerstandskämpfer zu einem Instrument zur Beeinflussung unserer Jugend und zur internationalen antifaschistischen Arbeit zusammenfasst, muss man überlegen. Man muss es aber tun".[71]

Bis Ende der 1950er Jahre hatten Ämterkampf, politische Intrigen und nationale Überlegungen die macht- und deutschlandpolitischen Strategien der SED-Führungsspitze um Ulbricht und Matern bestimmt, der es nicht nur gelungen war, die Westemigranten in der Partei und in der Gesellschaft zu isolieren, sondern auch ihr Beziehungsnetz durch Repression und konspirative Zersetzungsarbeit zu zerstören. Vorsätzlich missachtete die Parteiinquisition die zweifellos unübersichtlichen Realitäten des Westexils, war Frankreich doch „ein reichlich verstrüpptes Gelände mit unübersichtlichen Demarkationslinien, ein Land höchst komplexer Beziehungen, die zudem erheblich der Dynamik der Entwicklung unterworfen waren, sich also ständig veränderten", wie Klaus-Michael Mallmann konstatiert.[72] Das kommu-

---

[68] Die Missachtung, die Ulbricht gegenüber Dahlem empfand, kam nicht zuletzt darin zum Ausdruck, dass dieser auf seine Briefe vom 25.1.1955, 14.2.1955, 27.2.1956 und 18.3.1956, in denen Dahlem auf öffentliche Klärung seiner Angelegenheiten gedrängt hatte, nie antwortete; Franz Dahlem an Walter Ulbricht, 6.7.1956; BA-SAPMO, NY 4090/699, Bl. 183.

[69] Vgl. Neubert, Ehrhart, *Geschichte der Opposition in der DDR 1949-1989*, Berlin 2000, S. 33/62.

[70] Franz Dahlem an Otto Grotewohl, 22.2.1957; BA-SAPMO, NY 4090/699, Bl. 196f.

[71] Franz Dahlem an Walter Ulbricht, 17.2.1957; BA-SAPMO, NY 4090/699, Bl. 192.

[72] Mallmann, Klaus-Michael, Frankreichs fremde Patrioten. Deutsche in der Résistance, in: *Internationales Jahrbuch für Exilforschung*, Bd. 15: Exil und Widerstand, München 1997, S. 33-65, hier S. 46 f.

nikative Gedächtnis jener aus dem Westen zurückgekommenen Remigranten sollte in der Nachkriegsgesellschaft der DDR keinen Erinnerungsraum finden bzw. wurde in ein entpersönlichtes Ritual umgelenkt,[73] das sich durch Ausgrenzung, Vereinheitlichung und Komplexreduktion der unerwünschten kommunikativen Erinnerung auszeichnete. Die Prozesse gegen die Westemigranten gehören damit zu jenem Vorgang des verordneten Vergessens, den Aleida Assmann als „strukturelle Amnesie" mündlicher Überlieferung bezeichnet.[74] Damit hatten die persönlich verbürgten und kommunizierten Westexilerfahrungen ihren Bezugsrahmen verloren und mussten sich in den von der Partei vorgegebenen Bezugsrahmen einpassen. Ein Teil der generationsspezifischen Erfahrungen stand damit der Öffentlichkeit nicht mehr zur Verfügung und wurde dem Austausch zwischen den Generationen vorenthalten. Die DDR hatte sich damit jenen „kalten Gesellschaften" im Verständnis von Claude Lévi-Strauss genähert, die „jeder Veränderung ihrer Struktur, die ein Eindringen der Geschichte ermöglichen würde, verzweifelt Widerstand [...] leisten".[75] Mit diesem erinnerungspolitischen Rüstzeug fühlte sich die SED nun ausreichend abgesichert, „Ereignisse, Einbrüche von Kontingenz" hinzunehmen, ohne fürchten zu müssen, „dass sie sich zur Geschichte verdichten".[76]

Mit dem Beginn ihrer „Anerkennungspolitik", in der Frankreich die Rolle eines „Schwerpunktlandes" zukam, konnten nun auch wieder Frankreichemigranten wie Franz Dahlem reaktiviert werden, die jetzt als moralische Instanz eines „besseren" Deutschlands und Kenner der französischen Verhältnisse eingesetzt wurden. Ihre Aufgabe war es dabei nie, wechselseitiges Verständnis für andere Denkweisen zu wecken und trennende Gegensätze zu überwinden. In Anlehnung an das Essai von Julien Benda „La Trahison des clercs" (1927) muss auch ihr Engagement für die Klassengesellschaft als Verrat an den universellen Werten angesehen werden. Ihre handlungsleitende Kategorie blieb die Klasse, deren Interessen sie der Versöhnung zwischen den Völkern vorzogen. Während sich das zivilgesellschaftliche Engagement der „bürgerlichen" Mittler durch das Fehlen eines

---

[73] Der „parteilich" überwachte Schreibprozess bis zu schließlich genehmigten Publikationen der Memoiren von Franz Dahlem und anderen Altkommunisten kann hier als eines von vielen Beispielen angeführt werden; vgl. Pfeil, Ulrich, Le genre biographique dans l'historiographie de la RDA, in: *Revue d'Allemagne et des pays de langue allemande*, 33 (2001) 4, S. 487-500; ders., Zwischen „Parteilichkeit" und Geschichte „wie ich sie tatsächlich erlebt habe". Textgenese am Beispiel der Memoiren von Franz Dahlem, in: *Deutschland Archiv*, 35 (2002) 1, S. 81-89; ders., Konstruktion und Dekonstruktion von Biographien in der DDR-Historiographie, in: *Die DDR – zwischen Mauerbau und Mauerfall*, hrsg. v. Heiner Timmermann, Münster 2003, S. 68-95.
[74] Assmann, Aleida, Assmann, Jan, Schrift, Tradition und Kultur, in: *Zwischen Festtag und Alltag*, hrsg. v. Wolfgang Raible, Tübingen 1988, S. 25-50, hier S. 35.
[75] Levi-Strauss, Claude, *Das wilde Denken*, Frankfurt 1973, S. 270.
[76] Assmann, Assmann, Schrift, Tradition und Kultur (wie Anm. 74), S. 35.

macht- und parteipolitischen Kalküls auszeichnet,[77] sind die Aufgabenbereiche der transnational wirkenden Verbindungspersonen kommunistischer Provenienz gerade auf dieser Ebene anzusiedeln. Dieser politisierten Grundauffassung entsprach es, dass Dahlem am 9. Juli 1964 das Präsidentenamt der Deutsch-Französischen Gesellschaft der DDR übernahm,[78] um der westdeutsch-französischen Annäherung nach Abschluss des Elysée-Vertrages am 22. Januar 1963 entgegenzuwirken.[79]

---

[77] Vgl. Marmetschke, Katja, Mittlerpersönlichkeiten. Neue biographische Arbeiten zur Mittlerfunktion zwischen Frankreich und Deutschland, in: *Lendemains*, 25 (2000) 98/99, S. 239-257.

[78] Vgl. „M. Franz Dahlem est élu président de l'Association Allemagne–France", in: *Le Monde*, 11.7.1964; Arbeitsprotokoll Nr. 46/64 der Sitzung des Sekretariats des ZK der SED vom 2.6.1964; BA-SAPMO, DY 30/J IV 2/3A/1071.

[79] Defrance, Corine, Pfeil, Ulrich, Der Élysée-Vertrag und die deutsch-französischen Beziehungen: Eine Einleitung, in: *Der Elysée-Vertrag und die deutsch-französischen Beziehungen 1945 – 1963 – 2003*, hrsg. v. Corine Defrance, Ulrich Pfeil, München 2005, S. 10-38, hier S. 19 ff.

Hélène Yèche

Les Échanges Franco-Allemands et le rapprochement avec « l'Autre Allemagne » (depuis 1958)

Dans le cadre du projet « Société civile et relations franco-allemandes », l'exemple de l'association Échanges Franco-Allemands (EFA), créée à Paris en 1958 sur base privée, représente un canal particulier de rapprochement entre la France et la RDA par le biais d'une société d'échanges culturels qui insiste sur les « valeurs humanistes » sur lesquelles elle repose. Depuis près de cinquante ans, les EFA, plus connus durant une certaine période sous le nom de « France–RDA », œuvrent à la connaissance réciproque et au rapprochement entre la France et l'Allemagne[1].

S'inscrivant dans la droite ligne des Freundschaftsgesellschaften, sociétés d'amitié entre les peuples et associations d'échanges culturels avec la RDA fondées à des fins de propagande politique dès la mise en place du régime socialiste, les EFA se distinguent toutefois du modèle est-allemand par l'initiative citoyenne et l'implication directe dans leurs activités de membres de la société civile[2] française sans attache politique avérée. Cependant, les présupposés idéologiques qui ont présidé à la naissance de l'association ainsi qu'à la destinée de ces échanges sont tellement prégnants tout au long de son histoire que l'on peut se demander dans quelle mesure il est vraiment possible d'envisager l'activité d'une association comme les EFA du point de vue de la société civile stricto sensu.

---

[1] Fidèle à son principe fondateur de connaissance de toute l'Allemagne, cette association n'a pas disparu après 1989 : elle existe encore aujourd'hui et fête son cinquantenaire en 2008. Hormis les récents travaux publiés par Ulrich Pfeil (*Die « anderen » deutsch-französischen Beziehungen – Die DDR und Frankreich 1949-1990*, Cologne, 2004) et en dépit de la parution récente de plusieurs monographies consacrées à des structures semblables de rapprochement entre la RDA et la Grande-Bretagne, la Belgique ou l'Italie, il n'existe en France pratiquement aucune recherche sur cette association, dont les archives se trouvent actuellement en partie à Paris dans les locaux actuels de l'association (3 rue de la Condamine, Paris 17e) et à la Stiftung Archiv der Parteien und Massenorganisationen (SAPMO) der DDR im Bundesarchiv Berlin/Lichterfelde (BA-SAPMO). Le fonds parisien présente la particularité de ne pas être encore classé.

[2] On entend par « société civile » la sphère d'institutions indépendantes de tout pouvoir politique et économique dont l'action fondée sur des initiatives individuelles représente un espace autonome d'influence entre État, marché et domaine privé. Cf. Pfeil (note 1), p. 30.

1. Les relations franco-allemandes dans les années cinquante

Au lendemain de la Libération, la France entend bien, dans un premier temps, participer au règlement du sort de l'Allemagne au même titre que les autres Alliés. Mais le partage du monde entre Moscou et Washington, qui se profile dès la conférence de Yalta, ne lui en laisse guère le loisir. De Gaulle et ses successeurs doivent concéder des compromis engageant sur la voie du rapprochement avec le voisin allemand. Le souci primordial de la France demeure la sécurité du pays face à une Allemagne qu'il faut « empêcher de redevenir une menace pour la paix ». La fondation de la République Fédérale en mai 1949 ne rassure guère le gouvernement français. Il faut l'initiative spectaculaire de Robert Schuman, qui propose le 9 mai 1950 la création du pool charbon-acier afin d'éliminer l'opposition séculaire entre la France et l'Allemagne, pour relancer la question des relations franco-allemandes sur une voie positive qui aboutissent, malgré l'échec de la CED puis l'entrée de l'Allemagne dans l'OTAN en 1954, à la construction européenne par les traités de Rome de mars 1957. La réconciliation franco-allemande est alors donnée comme la clé de l'unité européenne. À l'issue d'une rencontre avec le chancelier Adenauer en septembre 1958, De Gaulle déclare : « Pour la France, il n'y a en Europe qu'un partenaire possible, je dirais même souhaitable, c'est l'Allemagne, l'Allemagne d'aujourd'hui »[3].

Or de quelle Allemagne s'agit-il ? De la seule République Fédérale, tandis que l'Autre Allemagne, la République démocratique allemande, fondée quelques mois plus tard en octobre 1949, n'avait pas voix au chapitre. « Pareille situation et pareille politique ne pouvaient satisfaire les Français » déclare alors l'historien Georges Castellan qui ajoute : « L'honnêteté intellectuelle obligeait à prendre des distances avec les thèses officielles. L'historien ne pouvait se satisfaire des manichéismes sommaires de l'Ouest et de l'Est »[4]. C'est donc sur la base de cette différence de traitement entre les deux Allemagnes, sur l'indifférence officielle que la France manifeste à l'égard de la RDA, que les Échanges Franco-Allemands bâtissent leur action dont l'objectif premier est de faire connaître au public français cette « Autre Allemagne, pays méconnu », pour reprendre le titre de l'ouvrage que le germaniste Gilbert Badia consacre à la RDA dans les années 1960[5].

En novembre 1959, le doyen de la faculté des Sciences de Paris, Albert Chatelet, premier président des EFA, lance aux Français un appel qui résume bien cette position de départ :

---

[3] Cité par Georges Castellan et Roland Lenoir dans l'ouvrage *France–République démocratique allemande. 30 ans de relations*, Paris, 1978, p. 30.
[4] Ibid., p. 25. Cet ouvrage retrace, de l'intérieur, la genèse des EFA et dresse un premier bilan à l'occasion du vingtième anniversaire de l'association. Si aucun autre ouvrage depuis ne s'est penché sur l'histoire des EFA, il est à noter que chaque congrès décennal fut l'occasion d'un bilan actualisé des activités de l'association.
[5] Cf. Gilbert Badia, Pierre Lefranc, *Un pays méconnu : la République Démocratique Allemande*, Dresde, 1963.

Les Échanges Franco-Allemands et le rapprochement avec « l'Autre Allemagne »   121

« Comme la France entretient des relations diplomatiques avec la République fédérale allemande (sic), les échanges culturels et économiques avec cet État s'effectuent sans difficulté. Par contre, ses rapports avec la République démocratique allemande ne sont que sporadiques, voire quasi inexistants. De ce fait, la plupart de nos compatriotes sont peu ou mal informés sur les différents aspects de l'activité de cet autre État allemand où vivent près de 20 millions d'habitants[6] ».

L'association Échanges Franco-Allemands fut donc fondée en avril 1958 pour répondre, selon les organisateurs, à un besoin d'information de la population française. Cependant, le contexte historique particulier dans lequel est née l'association porte d'emblée l'accent sur la dimension forcément politique d'un projet qui emprunte sciemment une voie non officielle.

2. Le contexte particulier de la politique étrangère de la RDA

On sait de l'histoire du partage de l'Allemagne après la défaite de 1945 que les Alliés surent imposer leurs volontés dans leur zone d'occupation respective. Pour parvenir à l'édification d'un « État socialiste » à l'Est, Moscou entendait lutter contre l'impérialisme occidental et se faire des alliés. La politique culturelle en zone d'occupation soviétique, dès mai 1945, visa à atteindre cet objectif. Cette politique fut l'œuvre de l'administration militaire, en liaison directe avec Moscou et avec le Sozialistische Einheitspartei Deutschlands (SED)[7]. C'est dans ce cadre que se développa le processus de création des sociétés d'amitié de la RDA à l'étranger[8].

La première mesure fut la création de la Ligue culturelle pour le renouveau démocratique de l'Allemagne le 3 juillet 1945 (Kulturbund zur demokratischen Erneuerung Deutschlands). Initiative d'inspiration « humaniste », association culturelle œuvrant pour le rapprochement de toutes les forces intellectuelles désireuses de lutter contre le fascisme, le Kulturbund n'était pas une organisation de masse comme les autres. C'était au premier chef une association chargée de regrouper sous un même toit les anciennes associations culturelles et de les organiser en groupes de travail. Mais si le Kulturbund se définit d'abord comme une force de mobilisation, il apparaît également comme un organe de contrôle déterminant dans le cadre du renouveau démocratique de l'Allemagne, un organe qui exerce aussi une fonction politique puisqu'il s'agit, à terme, d'amener ces associations à collaborer étroitement avec le Parti socialiste unifié, le SED. Après une première phase

---

[6] Cf. *Rencontres franco-allemandes*, Organe de l'Association française pour les échanges culturels avec l'Allemagne d'aujourd'hui : « Échanges Franco-Allemands », n° 1 trimestriel daté de novembre 1959, p. 1.
[7] Le SED était le parti socialiste unifié issu en 1946 de la fusion forcée entre le SPD et le KPD dans la zone d'occupation soviétique.
[8] Cf. BA-SAPMO – DY13 Liga für Völkerfreundschaft – DY27 Kulturbund. Voir aussi : Ulrike Köpp, « Heimat DDR: im Kulturbund zur demokratischen Erneuerung Deutschlands », in : *Berliner Blätter*, (2003) 31, pp. 97–107.

de « rééducation des mentalités », orchestrée par le Kulturbund[9] dans les années cinquante, s'impose au début des années soixante une deuxième phase d'instrumentalisation politique des échanges avec l'étranger, dans laquelle s'inscrit le développement des sociétés d'amitié de la RDA à l'étranger.

La première association d'échanges culturels fut la Helmut-Gerlach-Gesellschaft für kulturelle, wirtschaftliche und politische Beziehungen zu dem neuen Polen, fondée en août 1948 et qui devint en 1950 la Deutsch-Polnische-Gesellschaft für Frieden und gute Nachbarschaft. En 1952 fut créée la Gesellschaft für kulturelle Verbindungen mit dem Ausland (GfkVA), un organe destiné à chapeauter les contacts dans les domaines de la culture, de la science et de la technique établis par la RDA avec des pays socialistes dans un premier temps, puis à partir du milieu des années cinquante avec des pays capitalistes également. L'une des priorités de la GfkVA était de favoriser la création d'associations d'échanges culturels (Freundschaftsgesellschaften) avec des pays où la présence d'un parti communiste fort facilitait la tâche, ce qui fut d'ailleurs le cas de la France. Kurt Heiß, secrétaire général de la GfkVA, s'entendit en février 1958 avec les représentants du PCF pour que la future structure des Échanges Franco-Allemands joue le rôle de catalyseur des forces progressistes au sein de la société civile française[10].

En décembre 1961, un nouvel organisme voit le jour, la Liga für Völkerfreundschaft der DDR : « eine gesellschaftliche Organisation, deren Ziel darin besteht, friedliche und freundschaftliche Beziehungen der Bevölkerung der DDR zu anderen Völkern herzustellen und zu pflegen »[11]. Cette structure se donne pour devise : « Freundschaft der Völker festigt den Frieden », dont découle directement l'appellation « Freundschaftsgesellschaften », sociétés d'amitié entre les peuples qui sont d'office membres de la Ligue. L'emblème de la Ligue est un globe à cinq points (pour les cinq continents) qui rappelle la visée internationale des échanges.

---

[9] Le changement de nom du Kulturbund, qui devient en 1958 le Deutscher Kulturbund, sans plus aucune référence au combat antifasciste, signifie bien qu'un premier volet de la politique culturelle de la RDA est achevé. Si jusque-là le Kulturbund pouvait se prévaloir d'une certaine liberté d'action vis-à-vis du SED, l'orientation socialiste de toutes ses actions sera désormais patente. Et au début des années 1970, la reconnaissance de la RDA sur la scène internationale conduira à la nouvelle dénomination du Deutscher Kulturbund qui devient à partir de 1974 le Kulturbund der DDR, dénomination tout à fait symptomatique d'une politique de démarcation consciente de la RDA vis-à-vis de son voisin de l'Ouest. Cf. Dieter Riesenberger, « Heimatgedanke und Heimatgeschichte in der DDR, 1991 », in: *Grüner Weg 31a, Zeitschrift für die Sozial- und Ideengeschichte der Umweltbewegungen*, mars 1999, pp. 15-30.

[10] Ulrich Pfeil cite d'ailleurs dans son chapitre consacré aux EFA un rapport de l'ambassade de la République fédérale à Paris qui dénonce dans l'entreprise des EFA une façon de « rendre fréquentable la zone d'occupation soviétique » (note 1), p. 270.

[11] Extrait des statuts de la Ligue, BA-SAPMO, DY 13 Liga für Völkerfreundschaft.

Mais au-delà de cet internationalisme humaniste, la mission politique de la Ligue est clairement définie dès 1961 par son premier président, Philip Daub, maire de Magdebourg : « Ihr Hauptanliegen ist, die Völker aller Länder über die DDR als friedliebenden und souveränen Staat, über ihren sozialistischen Aufbau und ihre kulturelle und wirtschaftliche Entwicklung zu informieren »[12].

La Ligue est sous le contrôle à la fois du comité central du SED et du ministère des Affaires étrangères de la RDA. Il s'agit donc d'un organe clairement désigné pour la propagande socialiste qui va d'ailleurs se transformer, durant la période-clé qui précède la signature du Traité interallemand en 1972, en véritable tête de pont de la campagne pour la reconnaissance de la RDA en tant qu'État souverain[13]. Elle s'appuie dans cette action sur les différentes sociétés d'amitié[14] qui ont initié une coopération avec de nombreux pays étrangers ainsi que sur leurs homologues à l'étranger. Car l'une des principales caractéristiques du système des Freundschaftsgesellschaften réside en effet dans la double structure associative, puisqu'il existe généralement une société est-allemande et son correspondant dans le pays concerné.

Or, dans le cas des EFA, la fondation d'une association sous l'impulsion des forces progressistes et communistes françaises a précédé de plusieurs années la mise en place de son homologue socialiste par les autorités de RDA selon le cadre officiel qui vient d'être rappelé. La Deutsch-Französische Gesellschaft (Deufra) ne sera fondée que le 17 février 1962.

Du côté français il existait déjà, avant la création des EFA, des initiatives ponctuelles de coopération non officielle entre la France et la zone d'occupation soviétique, puis la RDA, depuis la fin de la Guerre. Sur le plan politique, ces relations étaient bien entendu l'apanage des communistes : la CGT avait signé en juin 1950 à Berlin un accord avec le FDGB (Freier Deutscher Gewerkschaftsbund) ; le mouvement de la jeunesse communiste française s'était rapproché de la FDJ (Freie Deutsche Jugend), fondée en 1946, et des centaines de jeunes Français avaient participé au Festival mondial de la Jeunesse organisé à Berlin en 1950 ; enfin le Parti communiste français entretenait des relations avec son homologue est-allemand, le SED[15]. Sur le plan culturel, des germanistes proches du PCF (Émile Bottigelli et Gilbert Badia) avaient fondé en 1952/53 le « Cercle Heine » dans le but de promouvoir des échanges intellectuels avec la RDA, alors largement inconnue des enseignants de la langue allemande : ce cercle avait déjà organisé des conférences

---

[12] *Neues Deutschland*, 17 décembre 1961.
[13] La reconnaissance officielle de la RDA sur la scène internationale à partir de janvier 1973 constitue une césure importante dans le travail de la Ligue : instrument politique au service de la reconnaissance de l'État socialiste dans les années soixante, la Ligue se consacre désormais à améliorer l'image de la RDA à l'Ouest.
[14] Jusqu'en 1961, les sociétés d'amitié à l'Est étaient régies comme des associations civiles classiques. Après la création de la Ligue pour l'amitié entre les peuples, le SED imposa un personnel politique dévoué à la cause socialiste.
[15] Cf. Castellan, Lenoir (note 3), p. 28.

sur la littérature à l'Est et invité des écrivains et des professeurs (Hans Mayer, Anna Seghers) ; l'historien Georges Castellan, fondateur de la revue *Allemagne d'aujourd'hui*, y avait introduit une rubrique sur la RDA ; et le doyen Albert Chatelet avait favorisé les échanges d'étudiants et de professeurs avec les deux Allemagnes, et en particulier entre la Sorbonne et l'université Humboldt à Berlin. Enfin, des relations s'étaient établies entre citoyens français et habitants de la RDA au niveau des associations de déportés et de résistants, et de victimes du nazisme en général[16].

Mais aucun organisme ne chapeautait ces différentes initiatives, alors que se dégageaient aisément de leur entreprise des objectifs communs ainsi qu'une certaine parenté idéologique entre les divers acteurs de ces premiers contacts : en effet, si l'éthique humaniste du chercheur prime dans les entreprises culturelles du doyen Chatelet (mathématicien éminent et grand humaniste, que l'on retrouve à la tête des EFA dès leur création) ou du Cercle Heine (dont l'un des fondateurs est l'historien marxiste Gilbert Badia), il faut bien reconnaître qu'il y a dans la volonté de découvrir et de nouer des relations avec l' « Autre » État allemand un profond désir de s'opposer à la RFA et au capitalisme, même chez les associations de déportés qui voyaient dans le combat antifasciste de la RDA le garant de la lutte contre le nazisme : « Seuls les communistes français, malgré des tensions quasi permanentes et quelques déceptions, misèrent sur l'autre Allemagne, à l'Est, seule alternative socialiste à la RFA capitaliste »[17].

D'ailleurs Roland Lenoir, l'un des fondateurs des EFA (ensuite secrétaire général de l'association), était membre du PCF et a eu le premier l'idée d'une association qui s'occuperait des rapports avec la RDA en 1952, après un séjour effectué sur place où l'avait envoyé le parti communiste et dont il rendit compte à Maurice Thorez[18].

3. La mise en place des Échanges Franco-Allemands

Les consultations menées par Roland Lenoir et qui aboutirent à la création des EFA prouvent bien l'influence communiste qui a présidé à la naissance de l'association. Parmi les premières personnalités à répondre favorablement à son initiative, on retrouve l'écrivain Pierre Abraham (qui dirigera ensuite la revue *Europe* proche du parti communiste), l'historien Gilbert Badia (fondateur dans les années 1970 à l'université de Paris 8 d'un centre d'études sur la RDA et de la revue *Connaissance de la RDA*) et le germaniste Émile Bottigelli (traducteur des œuvres de Marx et Engels). Mais sur la liste

---

[16] Ibid., p. 27. Dans son étude, Ulrich Pfeil montre d'ailleurs l'instrumentalisation évidente de ce rapprochement dans un chapitre intitulé : « Die Kanalisierung des Opferdiskurses in der SBZ/DDR » (note 1), pp. 188-193.
[17] Ulrich Pfeil, « Les relations entre la RDA et la France (1945/49-1990). Méthodologie et problématique », in : *Allemagne d'aujourd'hui*, (2004) 169, pp. 48-65.
[18] Témoignage du 27 juillet 1978, cité par Castellan et Lenoir (note 3), pp. 28-29.

des premiers adhérents publiée en novembre 1959 en première page du numéro 1 de la revue *Rencontres franco-allemandes* sous le titre « Parmi les personnes qui ont déjà donné leur adhésion, il y a lieu de citer : »[19], on trouve des personnalités très variées : des représentants de la résistance comme Mme Jean-Richard Bloch ou la présidente de l'association des Femmes de Fusillés ; Charles Hernu ; des professeurs d'allemand et des germanistes distingués comme Pierre Grappin, mais également des artistes, des députés, des conseillers municipaux, des professeurs d'université etc. En particulier figure le nom de Georges Castellan, professeur d'histoire à l'université de Poitiers, qui écrira par la suite bon nombre d'ouvrages allant dans le sens d'une meilleure connaissance de la RDA.

Une des questions qui agitent les premières réunions porte sur le nom à donner à l'association : le nom de « France–RDA » est évoqué, mais la mention du sigle « RDA », qui à l'époque n'était jamais utilisé par les politiciens ni en France, ni en République fédérale pour bien marquer le refus de reconnaissance de l'existence officielle du second État allemand, paraît sûrement trop dangereuse politiquement parlant, et l'on s'entend finalement sur l'appellation Échanges Franco-Allemands, dont la forme n'est cependant pas sans rappeler de manière volontairement équivoque le comité fondé par Emmanuel Mounier et Alfred Grosser[20]. Par ailleurs, l'association se dote d'un sous-titre important, qui subira des modifications significatives à certaines périodes : « Association française pour les échanges culturels avec l'Allemagne d'aujourd'hui », sous réserve de l'accord du directeur de la revue *Allemagne d'aujourd'hui*, Georges Castellan, futur spécialiste de l'histoire communiste en Europe centrale, qui ne tardera pas à rejoindre lui-même les rangs de l'association.

Les statuts des EFA sont déposés à la préfecture de police à Paris et enregistrés le 22 avril 1958. Régie par la loi de 1901, l'association a pour objet : « encourager, développer et coordonner les échanges culturels entre la France et l'Allemagne par ses propres moyens et en liaison avec les organismes officiels »[21].

Il est important de noter qu'il n'y a pas dans les statuts officiels de restriction des relations à la seule RDA. Au contraire, l'association réaffirme bien sa volonté de faire le lien avec l'ensemble de l'Allemagne. Par ailleurs, l'expression « par ses propres moyens » se lit comme un gage d'indépendance politique en dépit des remarques précédentes sur l'obédience communiste manifeste de l'association. Et effectivement, les EFA affirment leur volonté d'ouverture dès leur création comme en témoignent à la fois l'appel

---

[19] Cf. *Rencontres franco-allemandes* (note 6), n° 1, novembre 1959, p. 1.
[20] Comité Français d'Échanges avec l'Allemagne Nouvelle.
[21] Statuts de l'association, non classé, Archives des EFA, Paris 17e.

lancé par le doyen Albert Chatelet en novembre 1959, après le baptême officiel de l'association, et les premières réactions des adhérents aux EFA[22].

Le contexte politique agité de la fin de l'année 1958 en France aux prises avec le drame de la guerre d'Algérie retarde quelque peu la naissance officielle de l'association. En octobre 1959, les EFA décident de commémorer le 10ème anniversaire de la fondation de la RDA et de présenter à l'occasion la jeune association au public français : 1 300 personnes représentant un vaste éventail politique viendront assister à la manifestation. Le doyen Chatelet, président des EFA, lance alors le mot d'ordre qui allait devenir celui des EFA jusqu'en 1973 : « Des liens ont été rétablis avec une partie de l'Allemagne, ils peuvent, ils doivent être étendus à toute l'Allemagne, aux deux États séparés, ou réunis »[23].

À la suite de cette rencontre, la réaction des autorités politiques à Paris et à Bonn ne se fit pas attendre, car une telle déclaration impliquait à terme la reconnaissance officielle de la RDA par la France. Les EFA furent immédiatement considérés comme une agence communiste à traiter avec la plus grande prudence, ce qui limita de fait les relations des EFA à la seule République démocratique.

Pour clarifier la position de l'association, le doyen Chatelet décida peu après, en novembre 1959, de lancer un appel aux Français diffusé dans le numéro 1 du bulletin *Rencontres franco-allemandes*, revue alors trimestrielle, organe de l'association créé pour l'occasion. En première page de ce numéro 1 figure un extrait de l'appel qui fait allusion à la situation politique du moment dans les relations franco-allemandes :

> « Cette situation […] rend difficile l'établissement de relations sans lesquelles ne saurait se développer entre Français et Allemands l'entente souhaitable. C'est pour cette raison que l'Association juge utile de consacrer plus spécialement ses efforts au développement des échanges avec la République démocratique allemande : échanges et relations entre professeurs, étudiants, architectes, artistes, hommes d'affaires, etc., et à l'organisation de manifestations artistiques et culturelles de toutes sortes, susceptibles d'amener une meilleure connaissance réciproque des deux peuples ».

L'association surtout se veut tolérante :

> « Elle est disposée à encourager l'activité de cercles plus spécialisés dont les préoccupations rejoignent les siennes […] tout en laissant à chacun de ces organismes la plus entière liberté dans le choix de ses manifestations. L'adhésion à l'Association, ou la participation aux manifestations qu'elle organise, n'implique aucune prise de position particulière. Elle est pleinement compatible avec l'adhésion et la participation aux initiatives d'autres groupements. L'Association

---

[22] Ulrich Pfeil note avec justesse que cette volonté d'ouverture fait partie de la stratégie politique des EFA qui, à l'instar d'autres structures de ce type, ont fait volontairement appel à des personnalités de tous bords (gaullistes, socialistes…) pour servir de couverture à une entreprise pourtant pilotée par les communistes comme en témoigne la composition du secrétariat. Cf. Pfeil (note 1), p. 271.

[23] Cf. *Rencontres franco-allemandes* (note 6), n° 1, novembre 1959, p. 3.

s'adresse à tous les Français que cette initiative intéresse et sollicite leur concours. »

Par cet aspect, les EFA se placent résolument – en théorie – sur un plan civil et non politique. Après l'échec relatif du rapprochement des deux nations dans l'entre-deux-guerres, il fallait miser sur la société civile et les échanges culturels pour mettre en œuvre un lien transnational[24]. Pourtant, on constate dès les premiers jours que les adhésions ne sont pas dénuées d'intentions politiques, bien au contraire.

En page 2 du premier bulletin figurent des courriers d'adhérents désireux de témoigner de leur enthousiasme vis-à-vis de la naissance des EFA. Dans cette rubrique intitulée « Des Français de toutes opinions saluent notre initiative », on trouve principalement des témoignages d'anciens résistants et d'anciens déportés ou prisonniers de guerre soucieux de « rendre plus facile la lutte nécessaire contre le militarisme allemand renaissant et favoriser la paix » ; un adhérent précise même littéralement qu'il souhaite donner une signification politique à son adhésion ; il est encore question de favoriser « la détente internationale », d'aider à la normalisation des relations diplomatiques entre la France et la RDA, de faire connaître « une seconde Allemagne totalement différente de la première, où l'on craint la guerre, le `militarisme' »[25].

On retrouve dans ces témoignages les principales raisons qui ont favorisé à cette époque les relations entre une certaine France et la RDA : tout d'abord la crainte du conflit passé et la peur du militarisme allemand, ravivée par la question du réarmement de la RFA, constitue le premier point fort de ces relations du côté français ; ensuite la tradition antifasciste, qui a présidé à la naissance de la RDA, figure comme un a priori favorable par rapport à la RFA et apparaît comme l'un des principaux lieux d'ancrage de la relation entre la France et la RDA ; enfin, la volonté de réconciliation sur la base de la détente internationale et de la paix rappelle la présence d'un parti communiste fort dont on trouve trace dans tous les comités locaux et départementaux des EFA en France[26] et représente aussi l'un des facteurs importants du rapprochement.

Les revendications des adhérents sont très concrètes et trahissent une ligne idéologique claire alors que les EFA au départ s'efforcent de ne pas afficher d'objectif politique déclaré. Dans l'allocution qu'il prononce à l'occasion du 10ème anniversaire de la fondation de la RDA à Paris, le doyen Chatelet demeure très vague, ne formule aucune mesure concrète mais insiste au contraire sur les valeurs humanistes générales de paix et de tolérance, sur

---

[24] Cf. Pfeil (note 17), p. 49. Voir aussi Hans Manfred Bock, « Wiederbeginn und Neuanfang in den deutsch-französischen Gesellschafts- und Kulturbeziehungen 1949 bis 1950 », in : *Lendemains*, 21 (1996) 84, pp. 58–66.

[25] Cf. *Rencontres franco-allemandes* (note 6), n° 1, novembre 1959, p. 2.

[26] Les EFA patronnent des dizaines de comités locaux et départementaux dans toute la France, avec une forte représentation des départements du Nord et Pas de Calais et de la région parisienne (« ceinture rouge »).

« l'œuvre de fraternité » poursuivie par les EFA et, citant Romain Rolland, il déclare : « Le devoir est de constituer, et plus large, et plus haute, dominant l'injustice et les haines des nations, l'enceinte de la ville où doivent s'assembler les âmes, fraternelles et libres, du monde entier »[27].

À cette volonté d'ouverture apolitique, humaniste et pacifiste affichée par les EFA répond donc immédiatement la volonté politique concrète et affirmée d'une partie de la population française, objectif réel de l'association qui va s'empresser d'emboîter le pas à la demande naturelle de ses adhérents.

4. Des échanges culturels aux revendications politiques

Comme l'indique le titre de l'association, c'est par des échanges culturels que l'on cherche à développer la connaissance de l'autre : expositions d'artistes, conférence-lecture d'écrivains, reportages photographiques, échanges de jeunes, séjour d'études pour les professeurs d'allemand, etc. : on mise donc sur la société civile pour surmonter les barrières politiques qui séparent les nations. La volonté d'établir des relations normales avec la RDA repose sur un constat objectif d'inégalité de traitement diplomatique entre les deux parties de l'Allemagne. Or, très rapidement, la réalité politique et historique du terrain va avoir raison de l'utopie humaniste qui avait guidé les premiers pas de l'association.

Dès le début des années soixante, le rapprochement entre De Gaulle et Adenauer, qui aboutit au traité de l'Élysée en 1963, court-circuite les actions des EFA qui se heurtent à des difficultés avec les autorités françaises pour accueillir les citoyens de RDA. L'association inscrit alors la reconnaissance officielle de la RDA par la France comme condition indispensable à l'établissement de contacts suivis entre les deux pays. Dès la première assemblée générale des EFA en mai 1960, le point 4 du rapport établi par Roland Lenoir précise qu'il faut « s'efforcer de faire lever tous les obstacles à des relations normales entre notre pays et la RDA grâce à la reconnaissance diplomatique de cet État »[28].

Les revendications des EFA pour la reconnaissance de la RDA ne résultent pas d'ordres donnés directement par la Liga für Völkerfreundschaft de Berlin-Est (puisque la naissance des EFA précède de plusieurs années la constitution de la société d'amitié franco-allemande en RDA, placée sous la houlette de la Ligue pour l'Amitié entre les Peuples). D'ailleurs, si la Deufra se permet à partir de sa création de rappeler à l'association française la ligne de conduite à tenir, elle souligne surtout le mérite des EFA dans les efforts de normalisation des relations entre les deux pays. Un extrait d'un courrier de Franz Dahlem, président de l'association Allemagne-France en RDA et vice-président de la Ligue pour l'Amitié entre les Peuples, daté du 11 février

---

[27] Cf. *Rencontres franco-allemandes* (note 6), n° 1, novembre 1959, p. 3.
[28] Archives de l'association, non classé, Paris 17e arrondissement.

1966, adressé à André Hauriou à l'occasion du deuxième congrès national des Échanges Franco-Allemands, fait le bilan de l'activité des deux associations pour la connaissance réciproque des deux pays :

> « Si, pour de larges couches de la population française, la RDA, de pays méconnu, est devenu un pays connu et reconnu, cela aussi est largement le résultat des initiatives prises par l'Association pour les Échanges Franco-Allemands, par son Comité national, par ses nombreux comités départementaux et locaux et, enfin, par ses adhérents »[29].

Avant de devenir un véritable sujet de combat politique de 1968 à 1973, la reconnaissance de la RDA est donc réclamée par l'association française comme condition nécessaire à la réconciliation franco-allemande ainsi qu'en témoigne une banderole sur une photo de presse datée de février 1966 sur laquelle figurait la phrase suivante : « pas de véritable et durable réconciliation franco-allemande sans la reconnaissance de la RDA »[30]. Bien qu'elle ait toujours affirmé que l'action politique n'était pas sa priorité, l'Association Échanges Franco-Allemands se trouva d'emblée confrontée à des questions de stratégie diplomatique entre États.

5. Initiatives et actions des EFA : un bilan en faveur de la coopération franco-allemande

Mais en dépit des nombreux obstacles d'origine politique, les EFA ont très rapidement contribué à promouvoir la connaissance de la RDA. En 1963, au bout de cinq années d'activité, ils comptaient en France 4 000 adhérents répartis en une centaine de comités locaux et avaient le quasi monopole des échanges avec la RDA. Même si leur bilan n'était pas comparable à celui des échanges entre la France et la République Fédérale – qui à l'époque passaient par plusieurs canaux différents dont le tout récent Office franco-allemand pour la Jeunesse (OFAJ) créé en juillet 1963 et le Comité français d'Échanges avec l'Allemagne nouvelle –, les chiffres sont tout à fait éloquents : 40 villes jumelées, 2 000 séjours d'enfants et de jeunes, 90 germanistes et plus de 100 délégations diverses en visite en RDA. Roland Lenoir pouvait légitimement se réjouir : alors que le gouvernement est-allemand venait d'ériger le mur de Berlin, une association française s'efforçait de briser un autre mur : « On peut considérer que dans une certaine mesure, une brèche a été faite dans le mur de silence édifié en France autour de la RDA »[31]. Confrontés à la non reconnaissance diplomatique de la RDA par le gouvernement français, les EFA assurent la présence française en RDA dans les années 1960. L'association ne cesse de nouer et de renforcer les liens avec le peuple de

---

[29] Ibid.
[30] Ibid. Titre de la coupure : « Le comité départemental des Échanges Franco-Allemands a tenu son congrès, dimanche, à Soissons ».
[31] Ibid.

l'Autre l'Allemagne[32]. Dans son effort pour faire connaître la RDA en France, l'association multiplie les manifestations. De 1964 à 1974, 195 expositions sont organisées dans différentes villes françaises sur le thème de la vie en République Démocratique. La « commission culturelle » des EFA, présidée par Castellan, organise des conférences en Sorbonne sur des sujets intéressant toute l'Allemagne (Brecht et ses musiciens, le *Bauhaus* et l'art contemporain, le Cinéma allemand de 1920 à 1925...). Et surtout, la revue *Rencontres franco-allemandes* lancée en 1959 rend compte des activités de l'association et permet de faire le lien entre les différents comités des EFA. C'est un témoignage précieux de l'évolution des orientations des EFA depuis leur création.

Organe des Échanges Franco-Allemands, le bulletin *Rencontres franco-allemandes* commence à paraître en novembre 1959, sous forme de publication trimestrielle, imprimée par les presses communistes S.P.E.C. à Châteauroux et tirée d'abord à 300 exemplaires pour atteindre les 6 000 exemplaires en 1966[33]. Et même si l'on trouve des publicités pour la voix officielle de la RDA, la *DDR-Revue*[34], on constate que le bulletin *Rencontres franco-allemandes* demeure autonome par rapport au gouvernement est-allemand dans ses choix éditoriaux. La revue rend compte des actions de l'association dans tous les domaines : dès le numéro 1 par exemple, il est question des rencontres d'Erfurt du 3 au 23 août 1959 – après celles de Weimar en 1957 et Dresde en 1958 – avec des professeurs allemands de français qui améliorent leur prononciation et leur diction et surtout s'informent par des conversations libres des problèmes contemporains de la France ; la revue propose également des reportages illustrés sur la RDA (économie, vie sociale, etc.), des fiches historiques rédigées par le professeur Castellan ou d'autres historiens comme Henri Smotkine, mais aussi une page culturelle sur différentes activités artistiques (livres, expositions, etc.), des comptes rendus de jumelages, une rubrique sur la vie des comités locaux ainsi que des témoignages d'adhérents. L'indépendance relative de la publication garantit aux lecteurs une vision de la RDA fondée sur l'expérience individuelle, préférée à la position officielle du gouvernement français vis-à-vis de la RDA (refus de la reconnaissance diplomatique), même si le ton est parfois un peu trop enthousiaste[35].

---

[32] De nombreux germanistes et futurs promoteurs de la culture est-allemande font leurs premiers pas à l'Est sous l'égide de cette association, comme par exemple Alain Lance, poète et traducteur, qui effectua son premier séjour à Leipzig en 1962/63 avec les EFA et qui rencontra à l'occasion Volker Braun, dont il devint l'ami et le traducteur.

[33] Cf. Pfeil (note 1), p. 278.

[34] Ibid., pp. 306–307: La *DDR-Revue* ainsi que le bulletin *Écho d'Allemagne* étaient distribués gratuitement par voie postale en France et en Belgique par le biais de la Ligue pour l'Amitié entre les peuples et faisaient la promotion d'un État socialiste démocratique à visage humain.

[35] Cf. *Rencontres franco-allemandes* (note 6), n° 1, novembre 1959, p. 4. Récit très partisan de Marcel Chuzeville, instituteur, Chandon, Loire qui note « l'assurance que le jeune État démocratique allemand avance sur la voie du progrès et du bonheur », « à la crèche de

La revue prendra cependant à partir de 1970 un caractère résolument militant en diffusant auprès de ses adhérents une pétition en faveur de la reconnaissance officielle de la RDA par la France (n° 62) qui recueillera d'ailleurs entre 80 000 et 155 000 signatures (n° 63 et 70). L'engagement politique de l'association est manifeste dans le changement d'intitulé de la revue qui devient au n° 63, sans aucune explication aux abonnés pour qui la chose devait probablement aller de soi : « Organe de l'Association pour la coopération entre les deux États allemands et la reconnaissance de la République Démocratique Allemande », titre qui sera conservé jusqu'en 1973.

Après la reconnaissance officielle de la RDA se pose la question de la mission future des EFA : la réponse est donnée dans le numéro de septembre-octobre 1973 intitulé : « Pour le développement des échanges et de la coopération avec la République démocratique allemande ». Et d'ailleurs, l'association change de dénomination pour honorer la reconnaissance de la RDA par la France : désormais, elle s'appelle France–RDA. Le choix s'est finalement porté sur la RDA seule, il aurait été trop ambitieux de vouloir échanger avec les deux Allemagnes et au fond, cela allait dans le sens du travail de l'association depuis ses débuts, tâche qui devait se poursuivre comme l'indique le mot d'ordre choisi fin 1973 : « passer de la reconnaissance à la connaissance de la RDA » (Louis Périllier). Car les objectifs de coopération pleine et entière entre les deux pays sont loin d'être atteints : en 1989, à la veille de la chute du Mur, une présentation de l'association dans le numéro 151 affirme : « Depuis plus de 30 ans, l'Association France-RDA s'efforce d'obtenir une normalisation dans les rapports entre les deux pays afin d'arriver à de véritables échanges dans le domaine des idées et des hommes ».

Autant dire que depuis quinze ans, et malgré la reconnaissance officielle de l'Autre Allemagne, les relations diplomatiques étaient loin d'être idéales. Ce qui explique d'ailleurs le nombre encore très important d'adhérents et le succès de l'association qui compte encore 16 000 membres en 1977 et ne connaîtra de réelles difficultés d'audience qu'après 1989[36]. La disparition de l'autre État allemand fut bien sûr cause d'un grand émoi en 1989/90 : le numéro spécial 152 de décembre 1989 réagit à chaud sur les événements récents : « véritable révolution, révolution pacifique » saluée par les EFA comme une évolution de la RDA dont il faut se réjouir, tout en soulignant qu'il appartient à l'association de continuer à faire connaître « un pays trop méconnu » : « Que savent-ils, la plupart des Français, de la RDA ? Rien ! Que

---

l'usine W. Pieck de Schwarza nous avons côtoyé des bambins resplendissants de joie et de santé tandis que plus loin, les grands s'adonnaient à leur sport favori », « ce peuple laborieux et imprégné d'un profond désir de paix et d'amitié avec les autres peuples », pour conclure : « Nous transmettons à tous les Français les innombrables messages de Paix et d'Amitié dont nous étions porteurs, en espérant qu'ils aideront à une plus grande compréhension mutuelle, gage de Paix entre les peuples ».

[36] Il y a actuellement environ 600 adhérents, dont la plupart sont des anciens.

devraient-ils savoir ? Tout. C'est pourquoi une association comme la nôtre demeure plus que jamais nécessaire. [...] Nous allons poursuivre notre action ».

La rédaction rappelle alors les fondements pacifistes de l'action de France-RDA qui demeure la priorité dans une Europe qui n'a pas subi de conflit armé depuis 50 ans : « Mieux se connaître pour mieux se comprendre. Mieux se comprendre pour mieux coopérer. » Il est évident qu'à cette période, France-RDA croit fermement au maintien d'un État socialiste indépendant. Le numéro suivant de la revue *Rencontres* ne paraît qu'après les élections du printemps 1990 et l'association doit alors faire face à la « perspective d'une modification fondamentale de son objectif ». L'éditorial rédigé par Castellan, alors président-délégué, s'intitule prudemment : « Raison garder ». Il est décidé de maintenir le cap tant que la RDA existe.

Après le rattachement de la RDA à la République Fédérale, l'association décidera, lors du congrès d'Ivry, mi-mars 1991, de reprendre l'ancien nom dans son intégralité : Échanges Franco-Allemands pour le développement des échanges et de la coopération avec l'Allemagne d'aujourd'hui :

> « L'organisation a décidé de poursuivre, sous le nom d'Échanges-Franco-Allemands, l'objectif qui l'a animée depuis sa fondation : tisser des liens avec tout le peuple allemand séparé ou réuni – avec pour souci l'intérêt national, l'amitié entre les peuples, la paix. [...] association indépendante et ouverte à tous les courants de pensée, fidèle aux valeurs de liberté, de défense des droits de l'homme, d'antiracisme et d'antinazisme qui ont marqué l'histoire des rapports entre les hommes de progrès de nos deux pays, s'adresse à toutes celles et ceux qui veulent travailler au développement de l'amitié, de la connaissance mutuelle entre les deux peuples et à la coopération et la sécurité entre peuples européens souverains pour affronter les grands défis du troisième millénaire »[37].

La revue *Rencontres franco-allemandes* continuera de paraître sous le même nom sans interruption jusqu'en janvier 1997 (n° 163)[38]. Ce numéro fait état des raisons que l'association a encore d'exister et qui tiennent aux modalités particulières de la réunification : « Force est de constater que le fossé continue de s'élargir entre citoyens de l'Est et de l'Ouest ». Et Gilbert Badia de rajouter en page 4 son sentiment :

> « Lorsque, après la disparition de la RDA de la carte d'Europe, la question a été posée aux adhérents de France-RDA de savoir s'il convenait de maintenir l'association ou de se saborder, j'étais d'avis que l'association n'avait plus de raison d'être. Aujourd'hui, au vu des conditions et des conséquences de l'unification allemande, je suis amené à réviser mon jugement. La plupart des observateurs constatent en effet qu'entre l'Allemagne de l'est et de l'ouest le ‹ mur › existe toujours, ‹ dans les têtes › à présent. »

---

[37] Cf. Brève parue dans *L'Humanité* du 22 mars 1991.
[38] Après trois années d'interruption en raison de difficultés financières, la revue paraît à nouveau chaque trimestre depuis 2000 (reprise au n° 164 de janvier–février–mars 2000).

6. Conclusion : caractère et originalité de l'association EFA

Depuis cinquante ans, les EFA assurent en France un lien constant avec la partie orientale d'une Allemagne que les hommes politiques et l'opinion publique ont eu tendance à ignorer. Militant pour l'égalité des relations diplomatiques avec les deux Allemagnes, les EFA ont largement contribué à faire connaître l'Autre Allemagne en France. Contrairement à beaucoup d'autres sociétés d'amitié qui ont disparu en même temps que la RDA[39], la société d'amitié de la RDA en France, Échanges Franco-Allemands, continue son action de promotion interculturelle entre la France et l'Allemagne d'aujourd'hui et elle insiste sur le fait que, depuis l'origine, elle est animée par des hommes et des femmes au service de la paix en Europe par la compréhension mutuelle et la connaissance de l'autre. Amitié et coopération sont encore en 2008 les mots-clés qui définissent le mieux les EFA[40]. L'originalité de l'association tient certainement dans sa composition sociologique diverse, représentative de plus d'un courant politique et dont le dénominateur commun est une forme moderne d'humanisme. Contrairement aux principales organisations de rapprochement (le Bureau international de Liaison et de Documentation (BILD), le Comité français d'Échanges avec l'Allemagne nouvelle, l'Institut franco-allemand de Ludwigsburg), qui visaient à sensibiliser de futurs médiateurs et « multiplicateurs », les EFA visent directement à atteindre la base de la société. Hormis quelques personnalités d'exception, le gros du travail de diffusion est l'œuvre de bénévoles et d'anonymes au sein des comités locaux et départementaux, et en premier lieu au secrétariat de l'association tenu de longue date par Josiane Jammier. Si la mission de cette association a pu devenir politique à un certain moment, dans un contexte de Guerre froide, elle se présente tout au long des cinquante ans écoulés comme une action concrète, de terrain, amicale et avant tout humaine, et veut être un exemple dans le maillage sociétal des relations franco-allemandes depuis 1945.

---

[39] Cf. le cas de la Société d'amitié de la RDA en Grande-Bretagne (BRIDGE), qui a cessé ses activités en 1989. Cf. Hans-Georg Golz, *Verordnete Völkerfreundschaft, Das Wirken der Freundschaftsgesellschaft DDR-Großbritannien und der Britain-GDR-Society – Möglichkeiten und Grenzen*, Leipzig, 2004.

[40] Ainsi que l'indique le texte avec les objectifs de l'association qui figure sur la carte d'adhérent actuelle : « L'association des Échanges Franco-Allemands (EFA) se fixe pour objectif tant au plan local qu'au plan national de développer des relations d'amitié et de coopération entre le peuple français et le peuple allemand, avec le souci de l'intérêt national, et dans la fidélité aux valeurs de liberté, de défense des Droits de l'Homme, de l'antiracisme et de la paix. Ces valeurs ont en effet marqué l'histoire des relations entre les hommes de progrès de nos deux pays. Sur ces bases, l'association des Échanges Franco-Allemands présente l'originalité d'être une organisation française pluraliste et indépendante, s'adressant à l'opinion publique, dans un esprit de dialogue et de volonté de coopérer avec l'Allemagne d'aujourd'hui. Tous ceux qui sont intéressés par les relations entre nos deux peuples peuvent y adhérer. » On retrouve ce même discours historique de présentation, ainsi que de plus amples informations concernant la composition de la présidence nationale, du collectif national et les comités départementaux sur le site internet de l'association: http://www.efa.sofel.fr.

4. Vereinigungen und Organisationen

Beate Gödde-Baumanns

Bürgerschaftliche Basis der Annäherung: Die Deutsch-Französischen Gesellschaften – Einblicke in die Praxis

1. Die Deutsch-Französischen Gesellschaften

In vielen großen, mittleren und kleinen Städten der Bundesrepublik Deutschland gibt es eine Deutsch-Französische Gesellschaft (DFG). Dabei handelt es sich nicht um die Sektion oder Ortsgruppe einer übergeordneten Organisation. Jede DFG ist ein eigenständiger Verein. Deshalb sind die Satzungen, die Höhe der Mitgliedsbeiträge, die Jahresprogramme, die Briefköpfe, die Logos – sofern vorhanden – und sogar die Namensgebung unterschiedlich. Vorherrschend und hier pars pro toto verwendet ist die Bezeichnung Deutsch-Französische Gesellschaft in Verbindung mit dem Namen der jeweiligen Stadt, z.B. Deutsch-Französische Gesellschaft Mainz, zuweilen auch der Region, z.B. Deutsch-Französische Gesellschaft Saar, oder einer Stadt und einer Region, z.B. Deutsch-Französische Gesellschaft Augsburg und Schwaben. Daneben finden sich als Vereinsnamen Deutsch-Französischer Club, z.B. in Radolfzell, Deutsch-Französischer Kreis, z.B. in Düsseldorf, Deutsch-Französischer Freundeskreis, z.B. in Kaiserslautern, Deutsch-Französischer Kulturkreis, z.B. in Neuss oder Association Culturelle Franco-Allemande, z.B. in Darmstadt, Deutsch-Französische Vereinigung, z.B. in Lörrach, Gesellschaft für Deutsch-Französische Zusammenarbeit, z.B. in Kassel, Verein zur Förderung der Deutsch-Französischen Freundschaft, z.B. in Ehringshausen, sowie Freundeskreis, Partnerschaftskomitee, -verein oder -vereinigung, meistens in Verbindung mit den Namen der eigenen und der französischen Partnerstadt, z.B. Freundeskreis Wuppertal-St. Etienne oder Partnerschaftskomitee Wipperfürth-Surgères. Diese keineswegs erschöpfend aufgezählte Vielfalt von Namen spiegelt vor allem die Unabhängigkeit der einzelnen Vereine wider. Zu einem kleineren Teil erklärt sie sich außerdem aus der Tatsache, dass es in manchen Städten mehrere DFGs gibt, von denen immer nur eine diesen Namen tragen kann, so z.B. in Berlin, Bonn, Karlsruhe, Köln und München.

Am Anfang jeder einzelnen DFG stand – und steht auch in der Gegenwart – die individuelle Entscheidung einiger engagierter Personen, einen solchen Verein zu gründen. Obgleich der Begriff „Bürgerinitiative" in anderen Zusammenhängen erst aufgekommen ist, als bereits viele DFGs existierten, sind die DFGs faktisch aus Bürgerinitiativen für Versöhnung, Austausch und Verständigung mit Frankreich um der europäischen Einigung willen entstanden.[1]

Sie sind also nicht apolitisch, jedoch – wie in den meisten Satzungen ausdrücklich festgelegt – überparteilich und überkonfessionell. Ihr gemeinsames Hauptziel, zur ständigen Verbesserung der Verständigung mit Frankreich in und für Europa beizutragen, verfolgen sie auf unterschiedlichen Wegen, in Anpassung an die jeweiligen lokalen Gegebenheiten oder an unterschiedliche spezifische Anliegen, wie z. B. die Deutsch-Französische Gesellschaft für Wissenschaft und Technologie (Bonn), das Komitee zur Förderung der Deutsch-Französisch-Polnischen Zusammenarbeit (Berlin) oder das Franz-Stock-Komitee für Deutschland/Deutsch-Französische Gesellschaft Arnsberg.[2] Lokale DFGs organisieren Veranstaltungen aller Art, die dem Kennenlernen des Partnerlandes, einem besseren Verständnis seiner Kultur und der Förderung der Partnersprache dienen. Außerdem bemühen sie sich, Gelegenheiten zu persönlichen Begegnungen zwischen Deutschen und Franzosen zu schaffen, sei es auf Reisen, sei es daheim. Die Gesellschaften an den Standorten der französischen Armee waren in dieser Hinsicht lange Zeit privilegiert. Nach dem Abzug der französischen Truppen haben sie aber rasch gelernt, sich an die neue Situation anzupassen.

Einige nach dem Zweiten Weltkrieg neu gegründete DFGs sind älter als die Bundesrepublik Deutschland, zum Beispiel Cluny (Hamburg, 1947)[3] Oldenburg (1948), Wiesbaden (Januar 1949).[4] Eine ganze Reihe DFGs sind

---

[1] In diesen Beitrag ist eine frühere Publikation der Verfasserin eingearbeitet: Gödde-Baumanns, Beate, Notizen über die VDFG, in: *Dokumentation – 46. Jahreskongreß der VDFG/FAFA – Wirtschaft und Kultur, Kultur der Wirtschaft und die Aufgaben der lokalen Deutsch-Französischen Gesellschaften, Brilon, 27.-30.9.2001*, hrsg. von der Partnerschaftsvereinigung für Internationale Beziehungen Brilon e.V., o. O., o. J. [Brilon 2002], S. 92-97.

[2] Das Franz-Stock-Komitee [...] setzt sich dafür ein, das Andenken an den katholischen Priester Franz Stock als eines Wegbereiters der deutsch-französischen Versöhnung und Verständigung lebendig zu erhalten und realisiert gemeinsam mit den französischen Vereinen Association Chartraine Franz Stock und Association Française Les Amis de Franz Stock z. Zt. die „Europäische Begegnungsstätte Franz Stock" im ehemaligen „Stacheldrahtseminar" in Chartres-Le Coudray; Zur Biographie von Franz Stock: Lanz, Dieter, *Abbé Franz Stock: Kein Name – ein Programm*, Paderborn 1997, dort weitere Literatur. Zur Ehrung des Abbé Franz Stock in Frankreich anlässlich seines 50. Todestages: Gödde-Baumanns, Beate, Kanzler und Kardinal in Chartres zu Ehren des Abbé Franz Stock, in: *Dokumente – Zeitschrift für den deutsch-französischen Dialog/actuel*, 54/2 (1998), S. II f.; siehe den Beitrag von Michael Kißener in diesem Band.

[3] Näheres dazu im Beitrag von Margarete Mehdorn in diesem Band.

[4] Wiederbegründet wurde bereits 1947 in Duisburg der dort 1928 gegründete und unter dem NS-Regime aufgelöste „Deutsch-Französische Volksbund". Beweise seiner Existenz und seiner Aktivitäten in den Jahren 1947-1951 lagern im Archiv der Stadt Duisburg. Aber trotz großer Ambitionen – der Vorsitzende nannte sich „Bundespräsident" – hat dieser Verein, soweit bisher bekannt, jenseits der Stadtgrenzen keine Spuren hinterlassen. Anders die 1926 von Otto Grautoff in Berlin gegründete und unter dem nationalsozialistischen Regime 1934 aufgelöste DFG; vgl. dazu: Bock, Hans Manfred, Deutsch-Französische Gesellschaften der Weimarer Zeit. Otto Grautoff – ein Wegbereiter im Geiste Stresemanns, in: *Dokumente* (wie Anm. 2), 45 (1989), S. 226-231. Deren

Bürgerschaftliche Basis: Die Deutsch-Französischen Gesellschaften 139

älter als der „Vertrag zwischen der Französischen Republik und der Bundesrepublik Deutschland über die deutsch-französische Zusammenarbeit" von 1963, der in der Bundesrepublik rasch und auf Dauer die Kurzbezeichnung „Freundschaftsvertrag" erhielt, und somit auch älter als das ebenfalls 1963 gegründete Deutsch-Französische Jugendwerk (DFJW). Als im Jahre 1957 der Arbeitskreis Deutsch-Französischer Gesellschaften gegründet wurde, aus dem später die Vereinigung Deutsch-Französischer Gesellschaften in Deutschland und Frankreich hervorgehen sollte, kamen Vertreter von 26 DFGs in Wetzlar zusammen, jedoch waren dort nicht alle Gesellschaften vertreten.[5] Die genaue Anzahl der DFGs lässt sich weder für die Zeit vor 1963 noch für die Jahre danach oder für die Gegenwart ermitteln, weil es keinen Ort gab und gibt, wo sie alle registriert sein müssten. Selbst eine systematische Nachfrage bei allen Amtsgerichten der Bundesrepublik Deutschland würde kein sicheres Ergebnis bringen, weil zwar die meisten, aber keineswegs alle DFGs den Status eines eingetragenen Vereins hatten oder haben.

Gingen viele erfolgreiche und dauerhafte Initiativen von Privatpersonen also der großen Politik voraus, so haben die politischen Entscheidungen des Jahres 1963 – „Freundschaftsvertrag" und Gründung des DFJW – ihrerseits dem bürgerschaftlichen Engagement für die deutsch-französische Annäherung in erheblichem Maße neuen Schwung gegeben. Zahlreiche weitere DFGs sind in den sechziger und siebziger Jahren des 20. Jahrhunderts gegründet wurden. Danach ebbte die Entwicklung allmählich ab, ohne gänzlich zu enden. Gelegentlich lösen ältere Gesellschaften sich auf. Andererseits wurden und werden noch immer neue DFGs gegründet, nicht nur in den neuen Bundesländern, worauf noch näher einzugehen ist, sondern ebenso auf dem Gebiet der alten Bundesländer, z.B. 1993 in Köln, 1997 in Leverkusen und in Münster, 2003 in Elmshorn. Es ist eine Bewegung, die im Laufe der Jahrzehnte langsamer geworden, aber nie zum Stillstand gekommen ist. Sie wird nicht von der „öffentlichen Hand" finanziert, sondern bestenfalls punktuell bei dem einen oder anderen Projekt oder z.B. durch die Gewährung kostenloser Raumnutzung unterstützt. Alle DFGs finanzieren sich zum größten Teil selbst, d.h. aus den Beiträgen ihrer Mitglieder und gelegentlichen Spenden. Sofern sie den Status eines eingetragenen Vereins haben, sind sie in der Regel auch als gemeinnützig anerkannt, mit der Folge, dass die Beitragszahlungen und Spenden steuerbegünstigt sind. Das ist aber keine Vorzugsbehandlung der DFGs, sondern gilt für alle als gemeinnützig anerkannten Vereine. Die Größenordnung von Spenden, die DFGs bestenfalls erhalten, ist vergleichsweise gering.[6]

Wiederbegründung gelangte 1950 zum Abschluss. Daher versteht die „Deutsch-Französische Gesellschaft Berlin" sich als die älteste DFG in Deutschland.

[5] Kühn-Leitz, Elsie, *Mut zur Menschlichkeit. Vom Wirken einer Frau in ihrer Zeit. Dokumente, Briefe und Berichte*, hrsg. von Klaus Otto Nass, Bonn 1994, S. 400 f.

[6] Auf dem Höhepunkt der CDU-Spendenaffäre, als Gerüchte aufkamen, der französische Mineralölkonzern Elf habe wegen der angestrebten Übernahme der Leuna-Werke auf verdeckten Wegen der Partei des damaligen Bundeskanzlers Helmut Kohl bedeutende

2. Arbeitsweise – VDFG – FAFA

Die Initiative zur Bildung des bereits erwähnten Arbeitskreises ergriff im Jahre 1957 die Vorsitzende der DFG Wetzlar, Dr. Elsie Kühn-Leitz. 1903 geboren, hatte sie in der Weimarer Republik Jura studiert und stand ebenso wie ihr Vater Dr. Ernst Leitz, der Inhaber der Leitz-Werke Wetzlar, dem nationalsozialistischen Regime ablehnend gegenüber.[7] Sie wurde 1943 von der Gestapo inhaftiert, weil sie einer verfolgten Jüdin zu helfen versucht und sich dafür eingesetzt hatte, menschenwürdige Bedingungen in einem Lager für osteuropäische Arbeitskräfte zu schaffen. Nach dem Ende des Zweiten Weltkrieges engagierte sie sich – als Privatperson – anfangs unter anderem vehement für die Einigung Europas. Anlässlich einer Feier zum 70. Geburtstag des damaligen Bundespräsidenten Theodor Heuss am 31. Januar 1954 fand sie Gelegenheit, darüber mit Bundeskanzler Adenauer persönlich zu sprechen und erhielt zur Antwort: „Noch wichtiger ist zur Zeit die deutsch-französische Verständigung. Wenn Sie sich dafür einsetzen und tätig werden, ist es das Beste, was Sie tun können."[8] Daraufhin gründete Elsie Kühn-Leitz zunächst in ihrer Vaterstadt die DFG Wetzlar und zwei Jahre später den Arbeitskreis. Über dessen Entstehung berichtete sie später selbst:

> „[...] Im Jahre 1956 hatte die Französische Botschaft in Bad Godesberg erstmalig Vertreter der Deutsch-Französischen Gesellschaften zu einer Studienreise nach Paris und Lille eingeladen. Dabei lernten sich die Vertreter der Deutsch-Französischen Gesellschaften der Bundesrepublik zum ersten Mal persönlich kennen. So entstand der Wunsch, man möge auch weiterhin in Verbindung bleiben und sich zu regelmäßigen Aussprachen treffen."

Delegierte von 26 DFGs folgten der Einladung zu einem Treffen in Wetzlar vom 26.-30. Juni 1957, Vertreter von 21 Gesellschaften unterzeichneten die Resolution über die „Bildung eines Arbeitskreises [...] unter Wahrung der Selbständigkeit jeder einzelnen Deutsch-Französischen Gesellschaft".[9] Der Vorsitz wurde Elsie Kühn-Leitz angetragen und von ihr übernommen. Laut

---

Summen gespendet, wurde die Verfasserin in ihrer damaligen Eigenschaft als Präsidentin der „Vereinigung Deutsch-Französischer Gesellschaften in Deutschland und Frankreich e.V." telefonisch von einer Person kontaktiert, die sich als Journalist der Tageszeitung *Le Monde* ausgab. Nach vielen Fragen über diverse Personen und Zusammenhänge erläuterte der Anrufer, er recherchiere nach dem Verbleib von „sehr viel Geld". Die spontane Antwort, dann sei er bei den DFGs leider an der falschen Adresse, muss überzeugt haben, denn es erfolgten keine weiteren Anrufe in dieser Angelegenheit.

[7] Die Verdienste von Ernst Leitz um die Rettung jüdischer Mitarbeiter der Leitzwerke vor der Verfolgung durch die Nationalsozialisten sind erst im Jahre 2007 öffentlich bekannt geworden. Kielinger, Thomas, Der gute Mensch von Wetzlar, in: *Die Welt*, 9.2.2007, S. 10; Durchholz, Simone, Leica-Fabrikant rettete Dutzende Juden, in: *Rheinische Post*, 2.3.2007; Friedrich, Heidi, Der andere Schindler, in: *Frankfurter Allgemeine Zeitung*, 8.3.2007, S. 40. Ähnlich vermutlich in vielen weiteren Tages- und Wochenzeitungen.
[8] Kühn-Leitz, *Dokumente* (wie Anm. 5), S. 399.
[9] Ebd., S. 400.

Bürgerschaftliche Basis: Die Deutsch-Französischen Gesellschaften 141

Protokoll begründete sie die Entscheidung, keine „Dachorganisation" sondern nur einen Arbeitskreis zu gründen, wie folgt:

> „Die Selbständigkeit der einzelnen Deutsch-Französischen Gesellschaften ist eine Notwendigkeit, da in jeder Stadt, in jedem Kreis andere Gegebenheiten herrschen und andere Aufgaben bestehen, die sich aus der Verschiedenheit der Menschen und der Landschaft ergeben."[10]

Dieses Grundprinzip wurde sowohl aufrecht erhalten, als die Mitgliederversammlung im Jahre 1964 beschloss, dem Arbeitskreis eine Satzung und die Rechtsform eines eingetragenen Vereins zu geben,[11] als auch bei der 1981 vollzogenen Umbenennung in Vereinigung Deutsch-Französischer Gesellschaften in Deutschland und Frankreich e.V. (VDFG)[12].

Über das Gründungstreffen des Arbeitskreises im Jahre 1957 berichtete Elsie Kühn-Leitz unter anderem in ihrem Rückblick: „Bundeskanzler Adenauer sandte Grußwort und Wünsche für ein gutes Gelingen dieser Tagung".[13] Im Januar des folgenden Jahres ermutigte Adenauer Elsie Kühn-Leitz erneut: „Pflegen Sie daher besonders die deutsch-französischen Beziehungen"[14], und im Mai 1958 unter Anspielung auf das Ende der IV. Republik und die Rückkehr General de Gaulles an die Spitze des französischen Staates:

> „Ich hoffe sehr, dass, wenn die Verhältnisse in Frankreich sich wieder beruhigt haben, Sie dann Ihre Arbeit zur Intensivierung der deutsch-französischen Beziehungen fortsetzen. Sie erweisen damit unserer Politik einen großen Dienst."[15]

Aber es blieb im Wesentlichen bei der moralischen Unterstützung des bürgerschaftlichen Engagements, wenngleich Elsie Kühn-Leitz für das erste große Städtepartnerschaftstreffen zwischen ihrer Heimatstadt Wetzlar und Avignon auf Vermittlung von Bundeskanzler Adenauer einen finanziellen Zuschuss des Auswärtigen Amtes erhielt, das zunächst gezögert hatte, ihrem Antrag statt zu geben.[16] Anders als der Rat der Gemeinden Europas und das Deutsch-Französische Institut in Ludwigsburg, die sich anfangs gegenüber den DFGs reserviert verhielten,[17] erfuhr der Arbeitskreis Deutsch-

---

[10] Protokoll der Sitzung am 27. Juni 1957, VDFG-Akten.
[11] Eingetragen im Vereinsregister des Amtsgerichtes Wetzlar am 16. März 1965.
[12] Eingetragen im Vereinsregister des Amtsgerichtes Mainz am 13. Juli 1982.
[13] Kühn-Leitz, *Dokumente* (wie Anm. 5), S. 400.
[14] Ebd., S. 299. Ebenso in: *Adenauer. Rhöndorfer Ausgabe*, hrsg. v. Rudolf Morsey und Hans-Peter Schwarz, *Adenauer Briefe 1957-1959*, bearbeitet von Hans Peter Mensing, Paderborn 2000, S. 49.
[15] Kühn-Leitz, *Dokumente* (wie Anm. 5), S. 308, sowie Mensing, *Adenauer Briefe* (wie Anm. 14), S. 98.
[16] Kühn-Leitz, *Dokumente* (wie Anm. 5), S. 299-308. Siehe auch den Beitrag von Katharine Florin in diesem Band.
[17] Elsie Kühn-Leitz äußerte in einem ausführlichen Brief an Konrad Adenauer den Verdacht, der Rat der Gemeinden Europas wolle die Städtepartnerschaft Wetzlar-Avignon konterkarieren. (Kühn-Leitz, *Dokumente*, wie Anm. 5), S. 301, 306; Zur Haltung des DFI: Bock, Hans Manfred, Das Deutsch-Französische Institut in der Geschichte des zivilgesellschaftlichen Austauschs zwischen Deutschland und Frankreich, in: *Projekt deutsch-*

Französischer Gesellschaften keine aus öffentlichen Mitteln finanziell abgesicherte Institutionalisierung mit zugewiesenen Stellenplänen, Diensträumen etc. – allerdings hatte er zunächst ja auch auf dafür unabdingbare Voraussetzungen wie Satzung und Registrierung als eingetragener Verein bewusst verzichtet, um das ausgeprägte Unabhängigkeitsbewusstsein der einzelnen Mitgliedsgesellschaften nicht zu verletzen.

Folglich entfaltete der Arbeitskreis seine Aktivitäten ebenso wie die einzelnen Mitgliedsgesellschaften auf der Basis ehrenamtlicher Tätigkeit. Dennoch gelang es, das ehrgeizige Ziel regelmäßiger Jahrestagungen dauerhaft zu realisieren: Zwischen 1957 und 2009 haben 54 Kongresse des Arbeitskreises bzw. der späteren VDFG stattgefunden – eine Leistung, auf die später noch näher eingegangen werden soll. Die Jahrestagungen beförderten die weitere Entwicklung und rasche bilaterale Ausdehnung des Arbeitskreises. In den Worten der Initiatorin:

> „Diese Tagungen dienten nicht nur dem Gedanken- und Erfahrungsaustausch unter den Gesellschaften, sondern der Vertiefung und Intensivierung, dem Ausbau und der Erweiterung des Arbeitskreises. Schon 1961 kamen zur 5. Jahrestagung in Berlin Vertreter französischer Gesellschaften hinzu und luden Mitgliedergesellschaften des Arbeitskreises zu einer ersten Tagung nach Frankreich ein. Diese fand dann im Oktober 1962 in Lille statt. Von diesem Zeitpunkt an schlossen sich Deutsch-Französische Gesellschaften in Frankreich dem Arbeitskreis an."[18]

Es sind also nicht nur zahlreiche DFGs älter als der deutsch-französische Vertrag von 1963, sondern auch deren Zusammenarbeit mit Vereinen gleicher Zielsetzung in Frankreich kam schon vor diesem Wendepunkt der offiziellen deutsch-französischen Beziehungen in Gang. Mit dem bereits erwähnten Beschluss von 1964, dem Arbeitskreis eine Satzung und die Rechtsform eines eingetragenen Vereins zu geben, wurde der Arbeitskreis zugleich insofern „zu einer bilateralen Organisation erweitert", als „die enge Zusammenarbeit der Deutsch-Französischen Gesellschaften in der Bundesrepublik und Französisch-Deutschen Gesellschaften in Frankreich" sowie „die gleichmäßige Besetzung mit Deutschen und Franzosen" Bestandteil der Satzung wurden.[19]

1969 richtete der Arbeitskreis in Mainz ein Generalsekretariat ein, das bis heute besteht. Die Bezeichnung erklärt sich aus der Tatsache, dass der Arbeitskreis und später die VDFG zeitweise einen Generalsekretär hatten. Hinsichtlich der Räumlichkeit ist der Name allerdings eher irreführend, handelt es sich doch um ein relativ kleines Büro in dem Gebäudetrakt des Institut Français innerhalb einer Liegenschaft der Universität Mainz. Dieser eine Raum beherbergt die ganze Büroeinrichtung, bestehend aus zwei Ar-

---

französische Verständigung – Die Rolle der Zivilgesellschaft am Beispiel des Deutsch-Französischen Instituts in Ludwigsburg, hrsg. v. Hans Manfred Bock, Opladen 1998, S. 96 ff. Seit langer Zeit bestehen allerdings zwischen DFI und VDFG sehr gute, freundschaftliche Beziehungen.

[18] Kühn-Leitz, *Dokumente* (wie Anm. 5), S. 401.
[19] Ebd.

Bürgerschaftliche Basis: Die Deutsch-Französischen Gesellschaften 143

beitsplätzen, sowie das „Archiv" der VDFG, d.h. die wichtigsten Akten von der Gründung des Arbeitskreises bis heute und die wesentlichen Unterlagen über jedes Jahrestreffen seit 1957. Zum Unterhalt des Generalsekretariats gewährt das Land Rheinland-Pfalz einen Zuschuss, der nicht kostendeckend, aber die einzige regelmäßige Zuwendung ist, die der Arbeitskreis bzw. die VDFG aus öffentlichen Mitteln erhielten und erhalten.

Die französische Botschaft, die 1956 mit der Einladung zu einer Reise nach Paris und Lille eine Initialzündung für die Gründung des Arbeitskreises gegeben hatte, und die Generalkonsulate unterstützen die DFGs seit jeher nur sporadisch und häufiger moralisch als materiell. Neben Formen der Anerkennung wie Einladungen und gelegentliche Auszeichnungen durch die Verleihung französischer Orden für besondere Verdienste, haben sie manchmal Hilfe zur Beschaffung von Ausstellungsmaterial oder zur Gewinnung von Referenten, Künstlern, Theatergruppen, etc. geleistet, zuweilen auch finanzielle Zuschüsse für konkrete Vorhaben gewährt, aber niemals kontinuierliche Zuwendungen.

Im Jahre 2005 hat die Französische Botschaft jedoch einen Preis für Mitgliedsgesellschaften der VDFG ausgelobt, der „innovative deutsch-französische Projekte unter Einbindung von Jugendlichen und ein aktives Engagement für den kulturellen Dialog prämiert".[20] Er wird seit 2006 jährlich verliehen, erhielt 2008 den Namen „Prix Joseph Rovan" und ist mit 2000 Euro dotiert, die bisher jeweils zu gleichen Teilen an zwei Gesellschaften vergeben wurden.[21]

Nachdem der Arbeitskreis sich 1981, wie bereits erwähnt, in Vereinigung Deutsch-Französischer Gesellschaften in Deutschland und Frankreich (VDFG) umbenannt hatte, gründeten die französischen Mitgliedsgesellschaften 1984 die juristisch selbständige Fédération des Associations Franco-Allemandes en France et en Allemagne (FAFA). Ein wichtiges Motiv für ihren separaten Zusammenschluss waren das unterschiedliche Vereinsrecht und die unterschiedlichen Vorschriften für die Anerkennung des Status der Gemeinnützigkeit in Deutschland bzw. einer Association de Loi 1901 in Frankreich. Das war das juristische Ende der bilateralen Organisation. Trotz dieser vereinsrechtlichen Trennung blieben die enge Zusammenarbeit in allen wichtigen Angelegenheiten und die vereinspraktische Verklammerung der DFGs aus beiden Ländern erhalten. Daran hat auch die Namensänderung der FAFA, die sich 1993 umbenannte in Fédération des Associations Franco-Allemandes pour l'Europe nichts geändert. Vielmehr hat die VDFG im Jahr 2008 beschlossen, ihren Namen anzupassen und sich fortan auch Vereinigung Deutsch-Französischer Gesellschaften für Europa zu nennen.

---

[20] Pressemitteilung der Französischen Botschaft in Deutschland vom 23.1.2007.
[21] Ausgezeichnet wurden 2006 die DFG Chemnitz und die DFG Kiel, 2007 die DFG Bayreuth und der Carolus-Magnus-Kreis, 2008 die DFG Bonn und Rhein/Sieg sowie die DFG Premnitz.

Die Mitgliedsgesellschaften der VDFG sind „geborene" Mitgliedsgesellschaften der FAFA ohne Beitragspflicht und mit beratender Stimme in der Mitgliederversammlung, desgleichen die Mitgliedsgesellschaften der FAFA in der VDFG. Die Präsidenten von FAFA und VDFG sind in dieser Eigenschaft satzungsgemäß Mitglied im je anderen Vorstand, die Vorstände von VDFG und FAFA treffen sich regelmäßig zu gemeinsamen Vorstandssitzungen, um ihre Vorhaben miteinander abzustimmen und gemeinsame Aktivitäten zu planen. Gemeinsam haben die Mitgliedsgesellschaften von FAFA und VDFG auch ihr Aktionsprogramm erarbeitet und beschlossen, das in seiner jetzigen, auf dem 46. gemeinsamen Kongress im Jahre 2001 verabschiedeten Fassung lautet:

Aktionsprogramm der Deutsch-Französischen Gesellschaften
aus Deutschland und Frankreich
Programme d'action des Associations Franco-Allemandes pour l'Europe

voneinander - wissen	se connaître - l'un l'autre
voneinander - lernen	apprendre - l'un de l'autre
miteinander - arbeiten	travailler - l'un avec l'autre
für die Einigung Europas	pour la construction de l'Europe
für unsere gemeinsamen Werte	pour nos valeurs communes
in einer solidarischen Welt	dans un monde solidaire

3. Jahreskongresse

Die wichtigste gemeinsame Aktion von VDFG und FAFA mit der größten Außenwirkung ist der jährliche Kongress der DFGs aus beiden Ländern, der abwechselnd nach Deutschland und Frankreich, jeweils in eine andere Stadt einberufen und stets von einer ortsansässigen Mitgliedsgesellschaft ausgerichtet wird.[22] Die Teilnahme steht nicht nur den Delegierten, sondern allen Mitgliedern von DFGs und anderen am Thema interessierten Personen offen. Zu den Jahreskongressen, die in Deutschland stattfinden, gewähren das Auswärtige Amt und häufig auch das gastgebende Bundesland einen Zuschuss, auch ist es der ausrichtenden Gesellschaft bisher immer gelungen, einige lokale Sponsoren zu finden. Seit 1964 findet meistens unmittelbar vor dem Kongress ein Jugendseminar statt, das vom DFJW unterstützt wird. Aber die zeitraubende Organisation der VDFG/FAFA-Jahreskongresse erfolgt stets ehrenamtlich. Die Teilnehmer müssen nicht nur die Kosten für die – oft weite – Anreise und die Unterkunft selbst tragen, sondern auch eine Tagungsgebühr entrichten, da die erwähnten Zuschüsse nicht alle Organisationskosten decken. Dennoch sind diese Kongresse seit mehr als 50 Jahren stets gut besucht und somit in jedem Jahr ein neuer Beweis des großen bürgerschaftlichen Engagements für die deutsch-französische Verständigung.

---

[22] Eine Auflistung der Kongresse findet sich als Anhang zu diesem Beitrag.

Bürgerschaftliche Basis: Die Deutsch-Französischen Gesellschaften 145

Ständig wiederkehrende Themen der Jahreskongresse sind der Erfahrungsaustausch über die Aktivitäten der einzelnen Mitgliedsgesellschaften, Beratungen über ihre Möglichkeiten, den Erwerb der Partnersprache zu fördern, sowie Vorträge von und Podiumsdiskussionen mit Experten über aktuelle Aspekte der deutsch-französischen Beziehungen und europapolitische Fragen. Die gastgebende Stadt erläutert Besonderheiten ihrer internationalen Beziehungen und präsentiert ihre Sehenswürdigkeiten, so dass die Teilnehmer neue Anregungen mitnehmen und im Laufe der Jahre eine Reihe von Städten des Partnerlandes näher kennen lernen, worüber sie ihrerseits dann wieder in ihren Gesellschaften berichten können.

Ferner werden bei den Kongressen die unterschiedlichen Strukturen der DFGs in beiden Ländern bewusst. Während auf französischer Seite die Form des Comité de Jumelage überwiegt, haben viele Mitgliedsgesellschaften aus Deutschland eher den Charakter eines Kulturvereins. Im ersten Fall ist die Bindung an die jeweilige Kommune enger und ein Wechsel der politischen Mehrheit auf kommunaler Ebene kann sich dann auch auf die Arbeit einer solchen Mitgliedsgesellschaft auswirken. Die Durchführung oder zumindest die Organisation von Sprachkursen durch eine DFG spielt in Frankreich eine viel größere Rolle als in Deutschland mit seinem dichten Netz an Volkshochschulen, die Sprachkurse für die breite Bevölkerung ebenso anbieten wie zahlreiche Familienbildungsstätten der Kirchen und der Wohlfahrtsverbände. Die meisten Gesellschaften in Deutschland beschränken sich daher darauf, Personen, die bereits Kenntnisse der Partnersprache haben, Gelegenheit zu bieten, diese in Lese- oder Konversationszirkeln zu praktizieren oder auch, indem sie französische Theater- oder Filmvorführungen organisieren.[23] In beiden Ländern suchen viele Gesellschaften, durch Lesewettbewerbe für Schüler, die französisch bzw. deutsch lernen, oder Preisverleihungen an die besten Absolventen des französischen bzw. deutschen Sprachunterrichts an den Schulen die Partnersprache zu fördern.

4. Unterschiedliche Strukturen

Unterschiede gibt es auch in der Binnenstruktur von VDFG und FAFA. In Frankreich ist zwischen den einzelnen Mitgliedsgesellschaften und der FAFA die Ebene der Union régionale des Associations Franco-Allemandes (URAFA) entwickelt worden. Die Kommunikation verläuft dort zweistufig: von der FAFA zur jeweiligen URAFA und von dort zu den lokalen Mitgliedsgesellschaften.

Dagegen steht die VDFG in direkter Beziehung zu ihren z.Zt. 133 Mitgliedsgesellschaften.[24] Diese entscheiden frei, ob und in welcher Form sie

---

[23] Christ, Herbert, Die Rolle der Partnersprache in den Deutsch-Französischen Gesellschaften, in: *Dokumente/actuel* (wie Anm. 2), 53/2 (1997), S. VI-VII.
[24] Stand vom 30.6.2009. Die Zahl schwankt stets ein wenig, da es in das Ermessen der lokalen Gesellschaften gestellt ist, ob sie einen Antrag auf Mitgliedschaft in der VDFG

zudem eine regionale Zusammenarbeit vereinbaren. In Nordrhein-Westfalen findet eine jährliche Regionaltagung statt, die abwechselnd von einer dort ansässigen Gesellschaft einberufen wird. Diese lockere Rotation funktioniert seit über zwanzig Jahren ohne eine etablierte Organisation auf regionaler Ebene. In Südwestdeutschland ist ein Regionalverband mit eigenem Vorstand gebildet worden, dessen Mitgliedsgesellschaften nur teilweise der VDFG angehören. In anderen Regionen treffen sich benachbarte DFGs unregelmäßig, je nach Bedarf und Gelegenheit. Mit anderen Worten: In der Bundesrepublik Deutschland ist die regionale Zusammenarbeit der DFGs nicht zentral von der VDFG gesteuert, sondern dem freien Spiel der Kräfte überlassen.

In der DDR gab es innerhalb der Liga für Völkerfreundschaft, die dem Zentralkomitee der SED unterstellt war, eine DDR-Frankreich-Gesellschaft. Deren Pendant in Frankreich war die Association France-RDA, die den Kommunisten nahestand. Nach der Wende entstanden als Nachfolgegesellschaften in Frankreich der nach wie vor existierende Verein Échanges Franco-Allemands (EFA)[25], auf DDR-Gebiet eine mehrfach umbenannte und zuletzt als Deutsch-Französische Gesellschaft (Deufra) firmierende Dachgesellschaft mit Lokalkomitees als Unterbau. Sie hatte die Absicht, mit Stimmrecht sowohl für die Dachgesellschaft als auch für die einzelnen Lokalkomitees der VDFG in Deutschland und Frankreich beizutreten. Das hat die VDFG abgelehnt und stattdessen angeregt, in den einzelnen Städten selbständige DFGs zu gründen. Diese seien, sofern sie es wünschten, als Mitgliedsgesellschaften der VDFG willkommen, sofern sie deren Satzung anerkennten und ihre eigene Satzung nicht in Widerspruch dazu stehe.[26] Die VDFG und einzelne „alte" Mitgliedsgesellschaften boten gern akzeptierte Hilfe an. Die Deufra löste sich 1992 auf. Zu Ende des Jahres 1993 gehörten bereits 13 DFGs aus den neuen Bundesländern der VDFG an.[27] Von deren rascher und guter Integration legten der 42. und der 48. VDFG/FAFA-Kongress, die von Gesellschaften aus den neuen Bundesländern organisiert wurden, beredtes Zeugnis ab. 1997 richteten die benachbarten Gesellschaften Weimar und Bad Berka den ersten VDFG/FAFA-Jahreskongress in einem neuen Bundesland aus. Er zeichnete sich unter anderem durch eine Rekordzahl von Teilnehmern aus Frankreich aus, die bislang unübertroffen

---

stellen bzw. aus dieser wieder austreten.

[25] Vgl. dazu den Beitrag von Hélène Yèche in diesem Band.

[26] Hier folge ich der Darstellung des damaligen Präsidenten der VDFG. Deenen, Bernd van (Hg.), *Vereinigung Deutsch-Französischer Gesellschaften in Deutschland und Frankreich e.V. – Eine Dokumentation*, Bonn, Mainz 1994 (Eigenpublikation der VDFG), S. 10 f. sowie 19-22. Ein besonderer Stein des Anstoßes war der Begriff „antifaschistisch", der nicht in des Wortes eigentlicher Bedeutung, sondern als kommunistischer Kampfbegriff aufgefasst wurde, wie z.B. in der DDR-Bezeichnung „antifaschistischer Schutzwall" für die innerdeutsche Grenze.

[27] Ebd., S. 22. Nach einer in diesem Bereich verständlicherweise besonders großen Fluktuation gehören der VDFG z.Zt. 15 Mitgliedsgesellschaften aus den neuen Bundesländern an (Stand 30.6.2009).

geblieben ist. Im Jahre 2003 fand der Jahreskongress in Leipzig statt, der ebenfalls viele Teilnehmer aus dem Partnerland anzog.

5. Preise und Ehrungen

Komplementär agieren VDFG und FAFA, wo es um die Ehrung besonderer Verdienste geht. Dank einer großzügigen Stiftung kann die VDFG seit 1986 im Zwei-Jahres-Rhythmus den Elsie Kühn-Leitz-Preis verleihen. „In dankbarer Erinnerung an das völkerverbindende Wirken ihrer Gründungspräsidentin und späteren Ehrenpräsidentin Dr. Elsie Kühn-Leitz" wird dieser Preis verliehen an „natürliche oder juristische Personen [...], die sich um die deutsch-französische Verständigung herausragende Verdienste erworben haben". In der Regel wird er im Rahmen der gemeinsamen VDFG/FAFA-Kongresse in Deutschland, aber stets im Namen von VDFG und FAFA überreicht[28], und abwechselnd an eine Persönlichkeit aus Frankreich oder aus Deutschland, wozu jeweils ein Laudator aus dem Partnerland gesucht wird. Bisherige Preisträger waren – in chronologischer Reihenfolge – 1986 der erste Präsident des direkt gewählten Europäischen Parlamentes und langjährige Oberbürgermeister von Straßburg, Pierre Pflimlin; 1988 der Domkapitular Pierre Marie Paul André, der in den Jahren 1945-47 den kriegsgefangenen deutschen Theologiestudenten im „Stacheldrahtseminar" von Chartres geholfen und später die Bemühungen der Franz-Stock-Komitees in Frankreich und Deutschland maßgeblich unterstützt hatte[29]; 1989 der deutsche Journalist und langjärige Frankreichkorrespondent Peter Scholl-Latour; 1991 der damalige Präsident der Europäischen Kommission, Jacques Delors; 1993 der ehemalige, langjährige deutsche Außenminister Hans-Dietrich Genscher, 1995 der langjährige Vorsitzende des außenpolitischen Ausschusses des Deutschen Bundestages und der deutsch-französischen Parlamentariergruppe, Hans Stercken; 1996 der französische Publizist und Historiker Joseph Rovan; 1998 der ehemalige französische Staatspräsident Valéry Giscard d'Estaing; 2001 Bundeskanzler a.D. Helmut Kohl; 2003 der Kunsthistoriker und -kritiker Werner Spies; 2005 erstmals eine Persönlichkeit aus einem Drittland, der luxemburgische Premierminister Jean-Claude Juncker und 2007 erstmals eine juristische Person, der deutsch-französische Kulturkanal ARTE, vertreten durch seinen Präsidenten Dr. Langenstein.

Mit dem Preisgeld, früher in Höhe von 10.000 Deutsche Mark, ab 2001 von 10.000 Euro, förderten die Preisträger einen gemeinnützigen deutsch-französischen Zweck ihrer Wahl. Pierre Pflimlin (1907-2000) hat mit der Dotation eine zusätzliche Stelle für eine französische Lehrerin an einem

---

[28] Ausnahmen von der Regel waren die Preisverleihung beim 41. Kongress in Morlaix/Frankreich im Jahre 1996 an Joseph Rovan und im Jahre 1998 im Rahmen einer Sonderveranstaltung in Bremen an den ehemaligen französischen Staatspräsidenten Valéry Giscard d'Estaing.
[29] Vgl. Anm. 1.

Bonner bilingualen Gymnasium finanziert. Pierre André (1910-1989) verwendete den Preis für die Renovierung einer deutsch-französischen Jugend-Begegnungsstätte in Chartres. Peter Scholl-Latour ermöglichte einem deutschen und einem französischen Medienvolontär einen dreimonatigen Aufenthalt bei einer Zeitung im jeweiligen Nachbarland. Jacques Delors übergab die Preisdotation an die VDFG mit dem Auftrag, jeweils 1.000 DM als Starthilfe an die ersten zehn in den neuen Bundesländern gegründeten DFGs weiter zu leiten. Auf Wunsch von Hans-Dietrich Genscher wurde mit der Dotation die Ausstattung der Franckeschen Stiftungen in seiner Geburtsstadt Halle mit französischer Literatur gefördert. Hans Stercken (1929-1999) stiftete das Preisgeld für den Erweiterungsbau des Gemeindezentrums „Abbé Franz Stock Haus" der Katholischen Gemeinde deutscher Sprache in Paris. Joseph Rovan (1918-2004) stellte die Dotation der Association Cassiodore in Paris zur Verfügung, die Forschungsvorhaben, Publikationen und Seminare zu europäischen Fragen unterstützt. Valéry Giscard d'Estaing stiftete das Preisgeld für die damals geplante, mittlerweile begonnene Errichtung einer Erinnerungs- und Begegnungsstätte für Franzosen und Deutsche am Ort des einst von Abbé Franz Stock geleiteten Priesterseminars „hinter Stacheldraht" im ehemaligen Kriegsgefangenenlager von Chartres.[30] Helmut Kohl stellte das Preisgeld für die Gründung weiterer DFGs in den neuen Bundesländern und für einen Zuschuss zu den Reisekosten von DFGs aus den neuen Bundesländern zum nächsten Jahreskongress in Frankreich zur Verfügung. Werner Spies stiftete das Preisgeld dem Deutschen Forum für Kunstgeschichte in Paris zur Unterstützung eines jungen Kunsthistorikers. Jean-Claude Juncker stellte die Dotation dem deutsch-französisch-luxemburgischen Kulturprojekt Centre Culturel Pierre Werner in Luxemburg zur Verfügung. ARTE stiftete das Preisgeld der Maison des Enfants d'Izieu – eine Gedenkstätte, die der Erinnerung an 44 ermordete jüdische Kinder und der Auseinandersetzung mit Verbrechen gegen die Menschlichkeit gewidmet ist.

Die FAFA hat im Jahr 2000 eine Auszeichnung für Personen geschaffen, die sich an der Basis der Zivilgesellschaft besondere Verdienste um die deutsch-französische Verständigung erworben haben, bestehend aus einem *Diplôme d'Honneur* und einer *Médaille d'Honneur*. Auch diese Auszeichnung wird im Namen von FAFA und VDFG verliehen. Damit ist zugleich den einzelnen Mitgliedsgesellschaften die Möglichkeit eröffnet, Personen, die sich in ihrem Kreis besonders verdient gemacht haben, für diese Ehrung vorzuschlagen. Die Ehrendiplome und -medaillen werden entweder bei Veranstaltungen solcher einzelnen Mitgliedsgesellschaften oder im Rahmen der Mitgliederversammlung bei den VDFG/FAFA-Jahreskongressen überreicht.

---

[30] Vgl. Anm. 2.

6. Publikationen

Wechselvoll sind die Formen und Titel der Mitteilungen, die zunächst vom Arbeitskreis und später von der VDFG herausgegeben wurden. Bereits bei der Gründung des Arbeitskreises 1957 in Wetzlar wurde „die Herausgabe eines Mitteilungsblattes" beschlossen,

> „das in erster Linie Berichte der Gesellschaften wiedergeben sowie Erfahrungen und Empfehlungen vermitteln sollte über Vorträge, Redner, Ausstellungen, Filme, folkloristische und Theatergruppen, Austausch von Jugendlichen und Jugendgruppen, für Fahrten von Gesellschaften ins Partnerland, für die Begründung von Partnerschaften mit Städten, Schulen und Vereinen in Frankreich."[31]

Die „Mitteilungsblätter", zumindest bis 1970 in Wetzlar redigiert und hergestellt, erschienen je nach Materiallage zwei bis dreimal jährlich. Später gab das Generalsekretariat in Mainz „Deutsch-Französische Informationen" heraus und versandte mehrfach im Jahr eine Zusammenstellung von Zeitungsartikel über französische, deutsch-französische oder europolitische Themen an die Mitgliedsgesellschaften, beides in Form von Kopien. Von 1989 bis 1995 erschien gedruckt und mit farbigem Titelblatt die zweisprachige Zeitschrift „Deutschland – Frankreich actuel", für die der damalige Präsident der VDFG eine „finanzielle Anlaufhilfe" des Auswärtigen Amtes erhalten hatte.[32] Als gemeinsame Publikation von VDFG und FAFA konzipiert, wurde sie in Deutschland hergestellt, und wies in allen Nummern zahlreiche Druckfehler in den französischen Texten auf. Das ließ sich mit den Mitteln, die der VDFG zur Verfügung standen, nicht beheben. Wegen dieses Mangels und wegen der finanziellen Belastung, die nach dem Ende der Anlaufförderung das bescheidene Budget der VDFG zu sprengen drohten, wurde die Zeitschrift Mitte des Jahres 1995 eingestellt. Von Beginn des Jahres 1997 bis Ende 2007 erschien „VDFG/FAFA actuel" in deutscher Sprache als Beihefter zu „Dokumente. Zeitschrift für den deutsch-französischen Dialog". Diese Erscheinungsweise, in einem Umfang von sechs mal acht Seiten pro Jahr, musste einer seit Anfang 2008 realisierten neuen Konzeption der „Dokumente" weichen.

Inzwischen bedienen sich VDFG und FAFA sowie die meisten ihrer einzelnen Mitgliedsgesellschaften selbstverständlich auch des Internet – mit je eigenen Webseiten, die untereinander verlinkt sind.[33]

---

[31] Kühn-Leitz, *Dokumente* (wie Anm. 5), S. 400.
[32] Van Deenen, VDFG (wie Anm. 26), S. 18 f.
[33] http://www.vdfg.de – http://www.fafa.fr.eu.org.

7. Zusammenarbeit mit regionalen und lokalen deutsch-französischen Partnern

Ebenso unterschiedlich wie die Aktivitäten und Programme der einzelnen DFGs sind in der Bundesrepublik Deutschland deren Beziehungen zur jeweiligen deutsch-französischen Städtepartnerschaft. Es existieren über 2000 deutsch-französische Städtepartnerschaften. Damit liegen die deutsch-französischen mit weitem Abstand zu allen anderen Städtepartnerschaften an der Spitze. Obwohl die Vereinbarung einer Städtepartnerschaft ein formeller kommunalpolitischer Akt ist, spielt Parteipolitik bei der Ausgestaltung der Partnerschaft in der Bundesrepublik Deutschland – anders als häufig in Frankreich – kaum eine Rolle. In der Regel wird der Abschluss einer Städtepartnerschaft von allen im Stadt- oder Gemeinderat vertretenen Parteien beschlossen, und ein Wechsel der politischen Mehrheit beeinträchtigt ihre weitere Pflege nicht. Vielmehr herrscht in dieser Frage meistens ein parteiübergreifender Konsens. Das erklärt sich wohl aus dem Wunsch nach guten Beziehungen zu anderen Nationen, der seit Ende des Zweiten Weltkrieges in Deutschland allgemein verbreitet ist.

Manche DFG hat ihrer Heimatstadt die Anregung zu einem Partnerschaftsabkommen mit einer französischen Kommune gegeben und entscheidende Hilfestellung bei dessen Realisierung geleistet, z.B. in den fünfziger Jahren in Wetzlar[34], in den sechziger Jahren in Duisburg[35], und Anfang des 21. Jahrhunderts in Leverkusen[36], um nur einige Fälle zu nennen. Andere Mitgliedsgesellschaften der VDFG sind entstanden, um der vorhandenen Städtepartnerschaft ein breites bürgerschaftliches Fundament zu geben, z. B. in Bocholt, in Holzwickede und in vielen anderen Städten. Viele DFGs werden in ihrer Heimatgemeinde in die Förderung und Pflege der Städtepartnerschaft eingebunden und am Austausch zwischen den Partnergemeinden beteiligt. Manche deutsch-französischen Städtepartnerschaften sind so lebendig, dass kein Verlangen danach besteht, zusätzlich eine DFG zu gründen.[37] In anderen Fällen haben DFGs dort, wo Städtepartnerschaften noch

---

[34] Über das Entstehen der Städtepartnerschaft mit Avignon: Kühn-Leitz, *Dokumente*, (wie Anm. 5), S. 375 ff.

[35] Über das Entstehen der Städtepartnerschaft mit Calais: Gödde-Baumanns, Beate, 40 Jahre Deutsch-Französische Gesellschaft e.V. Duisburg, in der Festschrift gleichen Titels, hrsg. von Deutsch-Französische Gesellschaft Duisburg, Privatdruck, 1992, S. 10-12.

[36] Über die Bemühungen um die Städtepartnerschaft Leverkusen – Villeneuve d'Ascq: Vahl, Winfried, in: *Dokumente* (wie Anm. 2), 56 (2000), S. 329-334. Das Partnerschaftsabkommen ist im Jahre 2005 unterzeichnet worden.

[37] Diese Darstellung beruht auf den Ergebnissen einer Umfrage, die die VDFG 1996 bei allen deutschen Städten und Gemeinden vorgenommen hat, die (laut einer Liste in: Auswärtiges Amt (Hg.), *Wege zur Freundschaft – Partner für die deutsch-französische Zusammenarbeit*, 1994, S. 95-132) eine Partnerschaft mit einer französischen Stadt oder Gemeinde eingegangen waren, aber nicht Sitz einer Mitgliedsgesellschaft der VDFG waren. Auf rund 1.200 versandte Schreiben gingen knapp 1.000 Antworten ein – ein ungewöhnlich hoher Rücklauf. Die Antwortschreiben werden im VDFG-Generalsekretariat aufbewahrt.

Bürgerschaftliche Basis: Die Deutsch-Französischen Gesellschaften 151

nicht zustande gekommen oder im Laufe der Jahre eingeschlafen sind, andere Verbindungen nach Frankreich geknüpft, die zwar keine offizielle Städtepartnerschaft ersetzen, wohl aber den Menschen die Möglichkeit zu Kontakten mit Franzosen bieten können. So stand der Deutsch-Französische Kreis Düsseldorf viele Jahre in Austausch mit dem – mittlerweile aufgelösten – Cercle Franco-Allemand in Paris, zu gegenseitigen Besuchen wurden regelmäßig Gruppenreisen für die Mitglieder organisiert. Ein anderes Beispiel ist die Verbindung zwischen den DFGs in Potsdam und in Versailles. Sie hat ihren Ausgang vom gegenseitigen Kennenlernen beim VDFG/FAFA-Kongress 1999 in Bremen genommen. Beide Städte haben mit einer anderen französischen bzw. deutschen Stadt eine offizielle Partnerschaft, aber der enge und sehr lebendige Austausch zwischen diesen beiden Gesellschaften ist aufgrund einer aus der Vergangenheit stammenden Gemeinsamkeit zustande gekommen: In beiden Städten steht ein Residenzschloss.

Außer den deutsch-französischen Städtepartnerschaften gibt es auf lokaler Ebene unzählige Schulpartnerschaften und auch zahlreiche Partnerschaften zwischen Kirchengemeinden. Mit ihnen stehen die DFGs in ihren Kommunen ebenfalls häufig, aber auf unterschiedliche Art und Weise in Verbindung.

8. Fazit

Charakteristisch für die DFGs beider Länder sind einerseits die bunte Vielfalt der Aktivitäten, Programme, kulturellen Interessen, besonderen Anliegen, Logos, örtlichen Kooperationspartner etc. und andererseits das ihnen gemeinsame nachhaltige ehrenamtliche Engagement für die Verständigung zwischen Franzosen und Deutschen. In der Rückschau auf ein langes, bewegtes Politikerleben im 20. Jahrhundert hat Pierre Pflimlin geschrieben:

> „La réconciliation franco-allemande, [...], sera définitivement acquise lorsqu'elle sera si fortement enracinée dans le cœur et dans l'esprit des citoyens des deux peuples qu'elle survivra même à des brouilles, toujours possibles, entre dirigeants nationaux."[38]

Die DFGs haben mit geringen materiellen Mitteln, aber mit großem Ideenreichtum ihren Beitrag geleistet, um dieses Ziel zu erreichen. Eingedenk des Leitsatzes „Rien n'est jamais acquis" werden sie sich aller Voraussicht nach auch in Zukunft für die Konsolidierung und Vertiefung der deutsch-französischen Verständigung einsetzen, weil diese nach wie vor eine unerlässliche Voraussetzung für den Fortgang des europäischen Einigungsprozesses ist.

---

[38] Pflimlin, Pierre, *Mémoires d'un Européen, de la IVe à la Ve République*, Paris 1991, S. 318.

Anhang

Kongresse der Deutsch-Französischen Gesellschaften (1957-2009): Eine Übersicht

1. *Wetzlar: 26. bis 30.6.1957*
Das deutsch-französische Gespräch
Entretiens franco-allemands
Gründungsversammlung des A.D.F.G. mit 21 Deutsch-Französischen Gesellschaften
Réunion fondatrice du Cercle de travail des associations franco-allemandes avec 21 associations membres

2. *Wetzlar: 18. bis 20.7.1957*
Städtepartnerschaften und Deutsch-Französische Gesellschaften
Jumelages des villes et des associations franco-allemandes

3. *Dortmund: 30. und 31.5.1959*
Die deutsch-französischen Geistesbeziehungen
Rapports culturels entre la France et l'Allemagne

4. *Wetzlar: 29. und 30.10.1960*
Frankreich und seine Beziehungen zu den Überseeländern
La France et ses relations avec les pays d'outre-mer

5. *Berlin: 13. und 14.5.1961*
Die deutsch-französische Zusammenarbeit auf wirtschaftlichem Gebiet im europäischen Rahmen
La coopération économique entre la France et l'Allemagne dans le cadre européen

6. *Freiburg: 19. und 20.05.1962*
Deutsch-französische Zusammenarbeit
La coopération franco-allemande

7. *Lille: 6. und 7.10.1962*
Erstes Freundschaftstreffen der Deutsch-Französischen Gesellschaften in Frankreich
Première rencontre des associations franco-allemandes en France

8. *Trier: 6. bis 9.6.1963*
Die Wirtschafts- und Sozialpolitik Deutschlands und Frankreichs in der EWG
La politique économique et sociale en Allemagne et en France dans le cadre de la CEE

9. Fulda: 13. bis 15.11.1964
Zusammenarbeit der Deutsch-Französischen Gesellschaften mit dem Deutsch-Französischen Jugendwerk
La coopération des associations franco-allemandes avec l'Office franco-allemand pour la Jeunesse

10. Lyon: 15. bis 17.10.1965
Möglichkeiten der Stärkung der Deutsch-Französischen Freundschaft
Les possibilités pour le renforcement de l'amitié franco-allemande

11. Tübingen: 2. bis 5.6.1966
Geschichtlicher Rückblick auf die deutsch-französische Zusammenarbeit und der gegenwärtige Stand
Rétrospective historique sur la coopération franco-allemande et la situation actuelle

12. Aix-en-Provence: 28.9. bis 2.10.1967
Zur deutsch-französischen Verständigung, Krise oder Fortschritt, Rückblick und Ausblick aus Anlass des 10-jährigenBestehens des Arbeitskreises
La compréhension franco-allemande, crise ou progrès, rétrospective et perspective à l'occasion du 10ᵉ anniversaire de la fondation du Cercle de travail

13. Dortmund: 26. bis 29.9.1968
Unterschiede und Gemeinsamkeiten der Franzosen und Deutschen
Divergences et points communs entre Français et Allemands

14. Dijon/Bourgogne: 2. bis 6.10.1969
Zusammenarbeit in Freundschaft
Coopération dans l'amitié

15. Mainz: 30.9. bis 4.10.1970
Europa – Herausforderung der Jugend
L'Europe – vocation et provocation pour la jeunesse

16. Caen: 15. bis 19.9.1971
Die Normandie fragt, wie steht es mit Europa, und umgekehrt
La Normandie interroge l'Europe, l'Europe interroge la Normandie

17. Konstanz: 6. bis 10.9.1972
Frankreich und Deutschland angesichts der Dritten Welt
La France et l'Allemagne face au Tiers Monde

18. Nancy: 5. bis 9.9.1973
Die europäische Berufung Lothringens
La vocation européenne de la Lorraine

19. *Kassel: 12. bis 15.9.1974*
Kassel, eine europäische Region besonderer Prägung
Kassel, une région européenne d'un profil particulier

20. *Amiens: 4. bis 7.9.1975*
Die Gotik, Ausdruck einer deutsch-französischen Gemeinsamkeit
Le gothique, manifestation d'une communauté franco-allemande

21. *Braunschweig: 2. bis 5.9.1976*
Die deutsch-französische Partnerschaft in der Bewährung
La coopération des Français et des Allemands à l'épreuve des faits

22. *Montpellier: 8. bis 11.9.1977*
20 Jahre Arbeitskreis Deutsch-Französischer Gesellschaften, 1957-1977, Europa, unsere Verpflichtung und Aufgabe
20 ans d'existence du Cercle de travail des associations franco-allemandes 1957-1977, l'Europe, notre objectif et notre engagement

23. *Bonn: 24. bis 27.8.1978*
Bonn – eine europäische Hauptstadt
Bonn – capitale européenne

24. *Dijon: 14. bis 16.8.1979*
Deutsch-Französische Gesellschaften – Erfolge und Misserfolge – eine Zwischenbilanz
Associations franco-allemandes – succès et échecs: un bilan

25. *Donaueschingen: 27 und 28.09.1980*
Für Verständigung und Zusammenarbeit im Geiste Robert Schumans
La coopération dans l'esprit de Robert Schuman

26. *Contrexéville: 18. bis 20.9.1981*
Lothringen inmitten der europäischen Gemeinschaft
La Lorraine au sein de la Communauté européenne

27. *Mainz: 17. bis 19.9.1982*
Von der Fremdsprache zur Partnersprache
De la langue étrangère à la langue du partenaire

28. *Paris: 29.9. bis 2.10.1983*
20 Jahre deutsch-französische Zusammenarbeit – Von der Verständigung zum gemeinsamen Handeln
Vingt ans de coopération franco-allemande – de la compréhension à la communauté d'action

29. Würzburg: 5. bis 8.7.1984
Partnerschaften für Europa
Les jumelages en faveur de l'Europe

30. Tourcoing: 26. bis 29.9.1985
Die Kommunikation miteinander
Communiquer ensemble

31. Paderborn: 18. bis 21.9.1986
Frankreich – Deutschland, Partnerschaft und Wettbewerb
France – Allemagne, coopération et compétition

32. Sens: 17. bis 20.9.1987
Dreißig Jahre deutsch-französische Zusammenarbeit – 140 Gesellschaften arbeiten für Europa
Trente années au service de la coopération franco-allemande – 140 associations travaillent pour l'Europe

33. Arnsberg: 28.4. bis 01.5.1988
25 Jahre deutsch-französischer Freundschaftsvertrag 1963-1988
Vingt-cinq ans de Traité franco-allemand d'amitié 1963-1988

34. Bonn: 13. bis 16.7.1989
Bonn – Von der kurfürstlichen Residenz zur Bundeshauptstadt – 200 Jahre nach der Französischen Revolution
Bonn - De la résidence du prince électeur à la capitale fédérale – 200 ans après la Révolution française

35. Caen: 13. bis 16.9.1990
Caen – ein Mahnmal für Frieden, Freundschaft, Zusammenarbeit
Caen – un mémorial pour la paix, l'amitié, la coopération

36. Saarbrücken: 1. bis 3.11.1991
„Offenes Europa" – Der Beitrag der Deutsch-Französischen Gesellschaften
„L'Europe ouverte" – La contribution des associations franco-allemandes

37. Brest: 4. bis 7.6.1992
Die Deutsch-Französischen Gesellschaften: Eine Notwendigkeit – eine Freundschaft – Eine Berufung, EUROPA
Les associations franco-allemandes : Une nécessité – une amitié – une vocation, l'EUROPE

38. Berlin: 30.9. bis 3.10.1993
„Berlin" – Symbol für Frieden und Freiheit in Europa
„Berlin" – symbole de liberté et de paix en Europe

39. *Lille: 15. bis 19.9.1994*
Frankreich und Deutschland: Partner und/oder Konkurrenten?
La France et l'Allemagne : partenaires et/ou concurrents?

40. *Bocholt: 4. bis 7.5.1995*
Grenzüberschreitende Zusammenarbeit – Das Beispiel EUREGIO
Coopération au-delà des frontières – L'exemple EUREGIO

41. *Morlaix: 3. bis 6.10.1996*
Die Deutsch-Französischen Gesellschaften: Eine Notwendigkeit – eine Freundschaft – Eine Berufung, EUROPA
Les associations franco-allemandes : une nécessité – une amitié – une vocation, l'EUROPE

42. *Weimar und Bad Berka: 5. bis 7.9.1997*
Kultur: Erbe, Auftrag, Zukunft in Europa. Von Wetzlar nach Weimar: 40 Jahre Zusammenarbeit deutsch-französischer Gesellschaften aus Frankreich und Deutschland
La culture : le patrimoine, la mission, l'avenir de l'Europe. De Wetzlar à Weimar : 40 ans de coopération des associations franco-allemandes de France et d'Allemagne

43. *Strasbourg: 8. bis 11.10.1998*
Die deutsch-französische Partnerschaft als Motor zum Aufbau Europas
Le couple franco-allemand dans la construction de l'Europe

44. *Bremen: 7. bis 10.10.1999*
Die Realität der deutsch-französischen Freundschaft. Erfahrungen, Erfordernisse, Perspektiven
La réalité de l'amitié franco-allemande. Expériences vécues, exigences, perspectives

45. *Paris: 23.10.2000*
Quo vadis, Europa?

46. *Brilon: 27. bis 30.9.2001*
Wirtschaft und Kultur – Kultur der Wirtschaft und die Aufgaben der lokalen Deutsch-Französischen Gesellschaften
Économie et culture – culture de l'entreprise et la mission des associations franco-allemandes au niveau local dans ces domaines

47. *Metz: 19. bis 22.9.2002*
Die deutsch-französische Zivilgesellschaft und die europäischen Zukunftswerkstätten
La société civile franco-allemande et les nouveaux chantiers de l'Europe

Bürgerschaftliche Basis: Die Deutsch-Französischen Gesellschaften

48. Leipzig: 11. bis 14.9.2003
Deutsche und Franzosen vor neuen Herausforderungen in Europa
Allemands et Français face aux nouveaux challenges en Europe

49. Paris: 21. bis 23.1.2005
Deutsch-Französischer Tag der Zivilgesellschaft
Journée franco-allemande de la société civile

50. Bayreuth: 15. bis 18.9.2005
Grenzenloser Austausch auf der Basis der deutsch-französischen Freundschaft
Échanges sans frontières sur la base de l'amitié franco-allemande

51. Saint-Etienne: 7. bis 10.9.2006
Deutschland und Frankreich in Europa: eine gemeinsame Vision entwickeln, bevor man sich aus den Augen verliert
La France et l'Allemagne en Europe : développer une vision commune avant de se perdre de vue

52. Wetzlar: 27. bis 30.9.2007
Von der bilateralen Versöhnung zur multilateralen Zukunftsgestaltung in Europa
De la réconciliation bilatérale à un futur multilatéral en Europe

53. Rosny-sous-Bois: 18. bis 21.9.2008
Für eine neue deutsch-französische Dynamik in Europa: Die Rolle der Städtepartnerschaften, der Vereine und Jugendlichen
Pour une nouvelle dynamique franco-allemande en Europe: Rôle des jumelages, des associations et des jeunes

54. Duisburg: 8. bis 11.10.2009
Was bewegt Europa heute: Politik, Wirtschaft, Kultur?
Qu'est-ce qui fait bouger l'Europe aujourd'hui : la politique, l'économie, la culture?

Margarete Mehdorn

Deutsch-Französische Gesellschaften in Deutschland (1947-1955): Schnittstellen zwischen Zivilgesellschaft und amtlicher französischer Kulturpolitik

1. Einleitung

„On a beaucoup travaillé en 10 ans à l'approfondissement des relations culturelles entre la France et l'Allemagne.... Il existe dans presque toutes les grandes villes allemandes des sociétés d'amis de la culture française, des centres culturels et des bibliothèques françaises."[1]

schrieb der französische Hohe Kommissar François-Poncet im Februar 1955 an das Außenministerium in Paris.

1.1 Fragestellung

Was für Gesellschaften waren dies, die der Botschafter auf gleicher Stufe und noch vor den *centres culturels* nennt? Ab wann, wie und wo waren sie entstanden, aus welchen Beweggründen und auf wessen Initiative hin? Und welche Beziehungen unterhielten sie zur französischen Verwaltung in Deutschland?

Diese Fragen werden im Folgenden für den Zeitraum zwischen 1945 und 1955 untersucht. Die Analyse stützt sich vorrangig auf Unterlagen aus den Archives de l'Occupation française en Allemagne et en Autriche in Colmar.

In diesem Archiv finden sich für die genannte Zeitspanne für ganz Westdeutschland unter den Stichworten „société" bzw. „association culturelle franco-allemande" z.T. äußerst umfangreiche Dossiers über diese Gesellschaften und ihre Kontakte mit den französischen Kulturbehörden in Deutschland. Allein der Umfang der Akten lässt vermuten, dass diesen Kontakten erhebliche Bedeutung beigemessen wurde.

Mein Beitrag gliedert sich wie folgt: Ausgehend von den historischen Vorläufern beginnt er mit einer kurzen Definition der Deutsch-Französischen Gesellschaften (DFG), es folgt die Analyse der Entstehung und Verbreitung dieser Gesellschaften und die Untersuchung ihrer Interaktion mit den französischen Behörden.

---

[1] Ministère des Affaires étrangères (MAE)/Paris, « Relations culturelles » (RC), Enseignement, Bd. 194, Schreiben des Ambassadeur de France en Allemagne vom 5.2.1955 an Direction générale des Relations culturelles (DGRC), Paris.

1.2 Deutsch-Französische Gesellschaft(en)

Der Begriff „Deutsch-Französische Gesellschaft" (DFG) ist nicht erst nach 1945 entstanden, er wurde bereits in der zweiten Hälfte der zwanziger Jahre geprägt.

Wie von Bock et al. ausführlich dargestellte, begründete der Journalist Otto Grautoff Ende 1927 die DFG als Trägerin des deutsch-französischen Gesellschafts- und Kulturaustauschs.[2] Sie hatte in verschiedenen deutschen Großstädten Niederlassungen und insgesamt ca. 2800 Mitglieder vornehmlich aus dem Bildungsbürgertum. Nach der Machtübernahme der Nationalsozialisten musste sie jedoch 1933 ihre Aktivitäten einstellen.[3]

1935 wurde von den Nationalsozialisten eine neue DFG (NS-DFG) gegründet, die in enger Verbindung zur nationalsozialistischen Führung stand und in die alle großen Verbände als korporative Mitglieder einzutreten hatten. Es handelte sich hierbei nicht um zivilgesellschaftliche Initiativen, sondern um eine „zentrale Gleichschaltung der deutsch-französischen Gesellschaftskontakte".[4]

Die DFGs, die sich nach 1946 konstituierten, waren nicht „Ableger" einer zentralen Gesellschaft. Durch die Aufteilung Deutschlands in Besatzungszonen war eine solche zentral ausgerichtete Struktur nicht möglich, von Frankreich aber auch nicht gewünscht. Sie entstanden als unabhängige örtliche Gruppen oder Vereine. Dabei wurden häufig ähnliche Namensbezeichnungen gewählt: Deutsch-französischer Club oder Gesellschaft, Gesellschaft der Freunde französischer Kultur, in der französischen Verwaltung sprach man auch von „société de rapprochement franco-allemand".

Häufig waren es Persönlichkeiten mit Funktionen im öffentlichen Leben, die initiativ wurden oder diese Bestrebungen zumindest tatkräftig unterstützten. Ihre Mitglieder kamen hauptsächlich aus gebildeteren Kreisen (Mittelschicht). Sie standen häufig in enger Verbindung zu politischen und wirtschaftlichen Führungskreisen ihrer Orte.

In der Regel waren es deutsche Staatsbürger, die sich aus dem persönlichen Erleben in der Vergangenheit oder auf Grund beruflicher Kontakte mit Frankreich für eine Versöhnung und Annäherung engagierten.

Dies spiegelt sich in den in ihren Satzungen festgelegten Zielsetzungen, die sich bei allen Vereinen glichen: Hauptzweck war die Förderung einer deutsch-französischen Annäherung und Völkerverständigung, und zwar vorrangig auf kulturellem Gebiet. Einzelne Satzungen nennen auch den

---

[2] Bock, Hans Manfred, Meyer-Kalkus, Reinhart, Trebitsch, Michael (Hgg.), *Entre Locarno et Vichy. Les relations culturelles franco-allemandes dans les années 1930*, Paris 1999, Bd. 1.
[3] Vgl. Bock, Hans Manfred (Hg.), *Projekt deutsch-französische Verständigung. Die Rolle der Zivilgesellschaft am Beispiel des Deutsch-Französischen Instituts in Ludwigsburg*, Opladen 1998, S. 43, 45 u. 55.
[4] Vgl. Zimmermann, Marita, *Kultur – culture: zum Verhältnis zwischen Deutschen und Franzosen; eine Analyse des „gepflegten" Kulturaustauschs*, Frankfurt/Main 1995, S. 56, und Bock, *Projekt* (wie Anm. 3), S. 56.

wirtschaftlichen und sozialen Bereich, der politische Bereich war als sensibler Bereich normalerweise ausgenommen. In manchen Satzungen kam später der Zusatz hinzu: im Sinne der Völkerverständigung und der gesamteuropäischen Zusammenarbeit.[5]

Anders als die französischen Kulturzentren entstanden die Gesellschaften also nicht in erster Linie mit dem Ziel der Verbreitung der französischen Kultur in Deutschland, sondern um eine deutsch-französische Annäherung anzubahnen, die über die gegenseitige Kenntnis der Kultur erreicht werden sollte.

Wo, wann und unter welchen Umständen entstanden diese Vereine?

2. Zivilgesellschaftliche deutsche Initiativen ab 1945

In Übereinstimmung mit der politischen Entwicklung und Geografie in dieser Zeit wird bei der Untersuchung dieser Frage in zweifacher Hinsicht unterschieden werden:
- zum einen zwischen zwei Zeitabschnitten 1945/47 bis 1949 und 1949 bis 1955
- zum anderen zwischen französischer Besatzungszone und dem übrigen westdeutschen Gebiet (einschließlich West- Berlin).

2.1 Besatzungszeit 1945-1949

2.1.1 Initiativen in der französischen Besatzungszone

In der französischen Besatzungszone lag zwischen 1945 und 1949 die Zuständigkeit für kulturpolitische und kulturelle Aktivitäten bei der Direction de l'Éducation publique zusammen mit der Direction de l'Information der Militärregierung in Baden-Baden. Außerdem gab es ab 1946 die Kulturangebote des (nach außen) von der Militärregierung unabhängigen Institut français in Freiburg und seiner „Ableger", den Centres d'Études in Mainz, Tübingen und Trier.[6]

Zivilgesellschaftliche deutsche Aktivitäten unterlagen zunächst noch einer strengen Kontrolle und Genehmigungspflicht der französischen Besatzungsmacht.[7]

Während der Besatzungszeit entstanden offensichtlich in der französischen Besatzungszone nach Quellenlage keine DFGs im eingangs definierten Sinn. Sicherlich trifft hier auch Bocks allgemein für zivilgesellschaftliche Aktivitäten formuliertes Argument zu:

---

[5] MAE/Colmar, Affaires culturelles (AffC) 297 u. AffC 343 (2a).
[6] Vgl. Sid-Otmane, Rania, L'Institut français de Fribourg-en-Brisgau - Définition d'une politique culturelle française en Allemagne (1945-1982), Diss. Aix-en-Provence 1996.
[7] Hoyer, Kirsten, Deutsche Jugendorganisationen und deutsch-französische Jugendkontakte in der Nachkriegszeit 1945-1955 – ein Überblick, in: *Lendemains*, 84 (1996), S. 110-125.

„Die vom Nationalsozialismus verursachte erdrückende Last an politisch-moralischer Schuld, die auch die nicht kompromittierten Frankreich-Freunde in Deutschland mitzutragen hatten, bewirkte, dass in den frühen Kontakten der erste Schritt nur von der französischen Seite erfolgen konnte."[8]

Auf Initiative der französischen Besatzungsverwaltung entstanden allerdings erste deutsche Kulturvereine, die man als Vorläufer von DFGs betrachten könnte.

1946 richtete die französische Verwaltung sog. Centres d'information für den Verkauf und Verleih französischer Literatur ausschließlich für deutsche Nutzer ein, die auch weitere Aufgaben wie die Organisation von Französischkursen, Vorträgen, Ausstellungen u.a.m. übernahmen. Nach Anweisung von Generaladministrator Laffon sollten diese jedoch bis Februar 1947 in deutsche Regie übergeben werden,[9] um den Fortbestand über die französische Besatzungszeit hinaus sicher zu stellen. Dafür sollten unter Aufsicht des Délégué du Cercle Kulturvereine nach deutschem Recht gegründet werden, die die französische Verwaltung bereits als „sociétés de rapprochement franco-allemand" bezeichnete.[10] 1949 bestanden insgesamt in der französischen Besatzungszone noch 45 Centres, von denen knapp die Hälfte von Kulturvereinen betreut und betrieben wurde.[11]

2.1.2 Britische und amerikanischen Zone

Auch außerhalb der französischen Besatzungszone gab es früh erste französische Verwaltungsstellen mit Zuständigkeit für den kulturellen Bereich:

1946 richtete das Außenministerium die Mission Culturelle Française en Allemagne mit Sitz in Berlin[12] unter Leitung von Felix Lusset ein, die unabhängig von der Militärverwaltung tätig und für ganz Westdeutschland zuständig sein und bereits auf eine Normalisierung der Beziehungen hinwirken sollte. Außerdem gab es die Konsulate bzw. Generalkonsulate in Hamburg, München, Düsseldorf, Frankfurt und Stuttgart/Tübingen (vor 1946

---

[8] Bock, *Projekt* (wie Anm. 3), S. 58.
[9] MAE/Colmar, AffC 385(6), Laffon, Instructions relatives aux Centres d'information vom 6.12.1946.
[10] Siehe MAE/Colmar, AffC 381(1), zu Landau/Pfalz; AffC 385(6), zu Freiburg; AffC 30(1), Documentation sur les Sociétés allemandes et les fondations françaises [...] se consacrant au rapprochement franco-allemand dans le domaine culturel.
[11] MAE/Colmar, AffC 30(1a): 30 in Rheinland-Pfalz, 6 in Baden und 9 in Württemberg. Weitere Einzelheiten siehe Mehdorn, Margarete: *Französische Kultur in der Bundesrepublik Deutschland. Politische Konzepte und zivilgesellschaftliche Initiativen 1945-1970*, Köln 2009, Abs. 3.3.2.3; MAE/Colmar, AffC 308: Antwort aus Württemberg-Hohenzollern vom 3.12.1949 auf eine Umfrage der DGAC.
[12] Vgl. Zauner, Stefan, Die französische Kulturmission in Berlin, in: *Die vier Besatzungsmächte und die Kultur in Berlin*, hrsg. v. Cyril Buffet, Hans-Martin Hinz, Leipzig 1999, S. 87 f; Lusset, Félix, Sartre in Berlin (Januar 1948), Zur Arbeit der Französischen Kulturmission in Berlin, in: Vaillant, Jérôme (Hg.), *Französische Kulturpolitik*, Konstanz 1984, S. 107-119.

Offices des Intérêts français), die ebenfalls kulturelle Kompetenz beanspruchten und im kulturellen Bereich aktiv wurden.[13]
Dennoch hatte die Zivilbevölkerung außerhalb der direkten französischen Einflusssphäre wenig direkten Zugang zu französischen Kulturangeboten. Dies erklärt wohl, warum sich ab 1947 außerhalb der französischen Besatzungszone in größeren Städten aus privaten Initiativen einzelner deutscher Bürger die ersten so genannten deutsch-französischen Clubs oder Gesellschaften konstituierten, mit Unterstützung der französischen Behörden vor Ort oder in der Nähe.

Den Anfang machten Hamburg und Stuttgart, zwei Orte mit französischen Generalkonsulaten:

Am 27. November 1947 wurde in Hamburg die Gesellschaft Cluny der Freunde deutsch-französischer Geistesbeziehungen e.V. in Anwesenheit von Vertretern des Hamburger Kulturlebens, der öffentlichen Verwaltung, der Universität, der Militärregierung und des Konsularkorps gegründet.[14] Der ehemalige Kultursenator Dr. Ascan Klée-Gobert und der Leiter der staatlichen Pressestelle Senatsdirektor Erich Lüth[15] hatten durch beharrliches Engagement ab Sommer 1947 die Gründung dieser Gesellschaft gegen zahlreiche Widerstände – auch von Seiten der offiziellen französischen Stellen in Hamburg[16] – durchgesetzt. Daraus erklärt sich teilweise auch die ausgefallene Namenswahl, mit der die deutschen Gründer der Gesellschaft an den Geist des Humanismus und die geistige Ausstrahlung des Benediktiner-Klosters in Burgund auf Deutschland anknüpfen wollten.[17] Erklärter Zweck der Gesellschaft war eine Annäherung zwischen Deutschland und Frankreich auf geistiger Ebene auf der Grundlage des Friedensgedankens. Sie wollte zur Belebung des geistig-kulturellen Lebens in Hamburg durch Aktivitäten in Kunst und Literatur beitragen. Infolge der geistigen „Aushungerung" in den davor liegenden Jahren hatte die Gesellschaft immensen Zuspruch: 1948 zählte sie bereits fünfhundert Mitglieder und ca. zwanzig Konversationsgruppen.[18] Vorübergehend musste sogar eine Mitgliedersperre eingeführt werden, da die Größe der zur Verfügung stehenden Veranstaltungsräume nicht ausreichte.[19] Die Verbindungen Erich Lüths in die höchsten Kreise von Politik, Wissenschaft, Kultur und Wirtschaft spiegelten sich in der Mitgliedschaft der Cluny-Gesellschaft.

---

[13] Zauner, Kulturmission (wie Anm. 12), S. 95.
[14] Vgl. Primavesi, Ute, *Die Deutsch-Französische Gesellschaft „Cluny" in Hamburg - Zur Geschichte und Funktion einer Verständigungsorganisation*, Diplom-Arbeit Kassel 1989.
[15] Erich Lüth (1901-1989), Publizist, Leiter der staatlichen Pressestelle in Hamburg von 1946 bis 1953 und 1957 bis 1964, dazwischen Leiter des Pressereferats des Deutschen Bühnenvereins.
[16] *Mitteilungsblatt des Arbeitskreises Deutsch-Französischer Gesellschaften*, 2 (1957), S. 14; Primavesi, *Cluny* (wie Anm. 14), S. 25 ff. u. 51 f.
[17] *Mitteilungsblatt* (wie Anm. 16), 2 (1957), S. 14.
[18] Ebd., S. 15; MAE/Colmar, AffC 30(1a), *Documentation sur les sociétés allemandes et les fondations françaises*.
[19] Primavesi, *Cluny* (wie Anm. 14), S. 58.

Im gleichen Jahr war in Stuttgart die Gesellschaft der Freunde französischer Kultur e. V.[20] entstanden. Sie definierte als Ziel u.a.,

„insbesondere die Jugend darauf aufmerksam zu machen, dass deutscher und französischer Geist sich von jeher gegenseitig bereichert haben, ihr französisches Wesen, französische Geistigkeit zu erschließen und ihr Vertrauen in eine kommende fruchtbare Gemeinschaft zu wecken und zu stärken."[21]

Anders als in Hamburg erhielt diese Initiative von Else Kraft von Anfang an die Unterstützung von Generalkonsul Pierre d'Huart, der sich sogar in Paris für die Gesellschaft einsetzte. [22]

Ebenfalls 1947 wurde in Duisburg der Deutsch-Französische Volksbund wieder gegründet.[23] Aus Hannover berichtete der Consul général de France en zone britannique-nord d'occupation im März 1948 von der Gründung der Gesellschaft Les amis de la langue française mit seiner Unterstützung.[24]

„Sous l'impulsion du Consulat général" entstand in Düsseldorf im Oktober 1948 die Société des amis de la culture française.[25] Des Weiteren lässt sich aus den Quellen erschließen, dass im Mai 1948 in Oldenburg eine Vereinigung der Freunde Romain Rollands gegründet wurde, die sich 1950 auf Betreiben von Gerda Onken-Joswich in eine DFG umwandelte,[26] und in Nürnberg eine Société des amis de la culture française[27], sowie 1949 die DFG in Wiesbaden.[28] Ihr Präsident war Ministerpräsident a.D. Prof. Karl Geiler und sie erhielt Unterstützung aus finanzkräftigen Banken- und Industriellenkreisen in Frankfurt. Zumindest anfangs schien sie mit der Aufstellung eines großen, in sieben Ausschüsse unterteilten Vorstands und der Einrichtung von Sektionen in Städten der Umgebung den Anspruch zu erheben,

---

[20] *Mitteilungsblatt* (wie Anm. 16), 2 (1957), S. 19 f; MAE/Colmar: AffC 297(4), Schreiben des Directeur de l'Institut français de Stuttgart vom 22.1.1952 an DGAC, Service de l'Enseignement et des Œuvres, Mainz.

[21] *Mitteilungsblatt* (wie Anm. 16), 2 (1957), S. 19.

[22] MAE/Paris, RC, Œuvres diverses - Echanges culturels 1945-1959, Bd. 88, Schreiben von Consul d'Huart an die DGRC, Paris, vom 14.1.1948 sowie ders. an DGRC vom 19.1.1948 und 19.7.1949.

[23] Erstgründung 1928. Vgl. Gödde-Baumanns, Beate, *40 Jahre Deutsch-Französische Gesellschaft e.V. Duisburg*, Duisburg 1992, S. 7.

[24] MAE/Paris, RC, Œuvres diverses - Echanges culturels 1945-1959, Bd. 88, Schreiben an DGRC vom 6.3.1948.

[25] MAE/Paris, RC, Œuvres diverses - Echanges culturels 1945-1959, Bd. 88, Schreiben des CGAAA, Services des Affaires Intérieures et Culturelles vom 21.1.1949 an DGRC; MAE/Colmar, AffC 297(1), Questionnaire sur les sociétés franco-allemandes – confidentiel.

[26] MAE/Colmar, AffC 385(6); Van Deenen, Bernd, Koch, Georges, La F.A.F.A., in: *Le couple franco-allemand,* hrsg. v. Henri Ménudier, Paris 1993, S. 314; Mehdorn, Margarete, Schriftliche Befragung von 118 Mitgliedsgesellschaften der VDFG im November 2002, Zusammenfassung der Ergebnisse veröffentlicht unter dem Titel Netzwerke deutsch-französischer Gesellschaften, in: *Dokumente/ actuel*, 1 (2004), S. III-V.

[27] MAE/Colmar, AffC 297(3), Bericht des Commissariat pour le Land de Wurtemberg-Hohenzollern vom 22.11.1950.

[28] MAE/Colmar, AffC 343(2b), MAE/Colmar, AffC 30(1a) und Mehdorn, Befragung (wie Anm. 26).

eine zentrale Struktur nach dem Vorbild der DFG der Vorkriegszeit wieder beleben zu wollen.[29] Allerdings konnte sich die Wiesbadener Gesellschaft wegen Problemen im eigenen Vorstand nicht mit ihrem Führungsanspruch durchsetzen.[30]

Am Ende der Militärregierungszeit bestand außerhalb des direkten französischen Einflussbereichs also bereits eine beachtliche Zahl an zivilgesellschaftlichen DFGs (9 Vereine), die in ständigem Kontakt mit der Verwaltung standen.

2.2 1949-1955: Alliierte Hohe Kommission

Nach Inkrafttreten des Besatzungsstatuts 1949 übernahm im französischen Hochkommissariat die Direction générale des Affaires culturelles (DGAC) mit Sitz in Mainz die Zuständigkeit für den Kulturbereich. Sie ging aus der Neustrukturierung der Direction de l'Éducation Publique hervor und stand zunächst auch noch unter der Leitung von Raymond Schmittlein, bis dieser im Herbst 1951 durch den Berufsdiplomaten Henri Spitzmüller abgelöst wurde.[31]

Für diese Kulturverwaltung hatten sich drei wesentliche Veränderungen ergeben: Sie hatte keine direkten Interventionsmöglichkeiten mehr, ihre Zuständigkeit erstreckte sich auf das gesamte westdeutsche Gebiet und Westberlin und sie musste ihre neuen Aufgaben mit erheblich gekürzten Mitteln erfüllen.[32]

Frankreich ernannte 1949 so genannte Observateurs de Land oder Landeskommissare als Vertreter des Hohen Kommissars in der britischen und amerikanischen Zone jeweils am Sitz der dortigen Landesregierungen (in Düsseldorf, München, Hamburg, Hannover, Wiesbaden, Stuttgart, Bremen und Kiel), in der französischen Zone je einen Landeskommissar für Rheinland-Pfalz, Württemberg-Hohenzollern und Baden. Die Landeskommissariate hatten ihrerseits auch einen Service oder eine Direction des Affaires culturelles.[33]

---

[29] MAE/Colmar, AffC 385(6), Note sur les organisations allemandes orientées vers la France, o. D., DFG Wiesbaden, Annexe 3; Details siehe Mehdorn, *Kultur* (wie Anm. 11), Abs. 3.4.2.1.

[30] MAE/Colmar, AffC 381(1), Bericht des Délégué du commissaire dans le district de Coblence, 5.7.1954.

[31] Zu Struktur und Aufgaben siehe Mehdorn, *Kultur* (wie Anm. 11), Abs. 4.3.1.

[32] Siehe MAE/Colmar, AffC 58(2), Aspects de la vie culturelle, Etude no. III, Activité culturelle française 1950-51, A. Service des Affaires culturelles du Commissariat de Land; MAE/Colmar, AffC 53(1b), u.a. Haut-Commissariat de la République Française en Allemagne, Note pour Monsieur Schmittlein vom 28.11.1950; Telegramm Schmittlein an HC vom 30.11.1950; AffC 53(2): Note concernant l'avenir de l'activité culturelle, S. 2; Defrance, Corine, Eléments d'une analyse de la politique culturelle française en Allemagne à travers son financement, 1945-1955, in: *Revue d'Allemagne et des pays de langue allemande*, 4 (1991), S. 499-518.

[33] Siehe auch Sid-Otmane, *L'Institut* (wie Anm. 6), S. 108.

Bis 1952 wurde das Gros der französischen Institute und Centres culturels in Westdeutschland gegründet: 18 Instituts français und Centres d'Etudes françaises, in denen 50 französische Direktoren bzw. Dozenten tätig waren. Darüber hinaus gab es 130 Lektoren oder Assistenten an Universitäten und Gymnasien.[34]

Wo und wie gab es neben diesem Netz offizieller französischer Institutionen, die sich für die Verbreitung der Kultur einsetzten, weitere Initiativen aus der deutschen Zivilgesellschaft im kulturellen deutsch-französischen Bereich?

2.2.1 Französische Besatzungszone

In der französischen Besatzungszone änderte sich die Situation hinsichtlich zivilgesellschaftlicher Aktivitäten nach dem Inkrafttreten des Besatzungsstatuts 1949/1950 schlagartig: deutsch-französische Gruppen, Clubs, Cercles oder Kulturvereine schossen überall wie Pilze aus dem Boden; sie organisierten vielfältige kulturelle Aktivitäten zur Förderung der Kontakte zwischen der französischen Besatzung und der deutschen Bevölkerung entsprechend den lokalen Gegebenheiten: „Elles ont pour ainsi dire complété l'action des services du Commissariat de Land, et le présent bilan ne serait pas complet s'il ne faisait pas état de leur activité entre 1950 et 1953."[35], hieß es im Bericht des Landeskommissars für Baden.

Die Länderkommissariate in Rheinland-Pfalz[36] und Baden[37] führen in ihren Berichten eine Vielzahl verschiedener Kulturvereine und Gruppen, die nicht nur, aber auch französische kulturelle Aktivitäten anboten oder die mit der DGAC in Kontakt standen, darunter aber nur einige, die sich explizit Club/Société franco-allemand/e nannten. Häufig konstituierten sich die Gruppen auf Anregung der Délegués de Cercle[38] und in sehr lockerer Form ohne juristische Struktur.[39]

Im Gegensatz zu den übrigen Besatzungszonen handelte es sich hier um „echte" deutsch-französische Clubs, die Franzosen und deutsche Bevölkerung zusammenbrachten. Da von außen angeregt, verschwanden viele der Gruppen auch wieder, sobald sich äußere Voraussetzungen änderten, wenn von französischer Seite keine finanzielle Unterstützung mehr floss oder die Franzosen abgezogen wurden. Wegen der immer knapperen Finanzmittel konzentrierte die französische Verwaltung ihre Hilfe auf die

---

[34] MAE/Colmar, AffC 53(2), Note concernant l'avenir de l'activité culturelle francaise en Allemagne. Confidentiel, DGAC vom 27.6.1952, S. 3.
[35] MAE/Colmar, AffC 58(2), Etude no. III (wie Anm. 32), S. 19.
[36] MAE/Colmar, AffC 58 (1), Anhang zum Bericht vom 6.2.1952.
[37] MAE/Colmar, AffC 297(4), Anhang zum Bericht vom 6.6.1953; AffC 1000(1), Liste des sociétés de rapprochement franco-allemand en liaison avec la DGAC, Zone française, S. 4 f.
[38] MAE/Colmar, AffC 58(2), Etude no. III (wie Anm. 32), S. 34 f.
[39] Wie etwa in Rastatt, Lahr oder Säckingen. Siehe MAE/Colmar, AffC 58(2), Etude no. III (wie Anm. 32), S. 23 ff.

deutschen Gruppen, „qui ont fait preuve de l'initiative souhaitable".[40] Dauerhaftere deutsch-französische Clubs mit juristischer Struktur, Satzung und Eintrag ins Vereinsregister etablierten sich dieser Zeit in Freiburg 1949, in Konstanz 1950, 1951 in Ludwigshafen, Koblenz und im Kreis Lahn-Westerwald (je fünf Sektionen und Gruppen in Orten des Kreises, ausgehend von der Gesellschaft in Limburg, Amerikanische Zone), 1952 in Mainz.[41]

1952 wurde für Clubs in der französischen Besatzungszone eine erste Neuorientierung nötig: die Anzahl der französischen Kontaktpartner verringerte sich z.T. drastisch durch Schließung von Stellen und Abzug von Truppen. Die badischen Gesellschaften beschlossen erst jetzt, was für die Gesellschaften in der Bizone von Anfang an eine Selbstverständlichkeit gewesen war: sie wollten sich auch ohne französische Mitglieder als rein deutsche Verständigungsorganisation mit den gleichen Zielen weiter engagieren. Die direkten Kontakte sollten durch verstärkte Kontakte mit dem Institut français in Freiburg und französischen Verständigungsorganisationen ersetzt werden.[42]

Die Gründungen in Freiburg und Konstanz erfolgen bereits nach dem Schema, das nach 1955 in der ehemaligen französischen Besatzungszone häufig Grundlage neuer Gesellschaften werden sollte: der oberste französische Militärvertreter nahm Kontakt mit der deutschen Verwaltungsspitze auf und gemeinsam wurde die Einrichtung einer DFG beschlossen, die dann in der Regel auch einen deutsch-französischen Doppelvorstand hatte[43] und erhebliche logistische und finanzielle Unterstützung von der französischen Militärverwaltung bekam. Schwerpunkt der Aktivitäten dieser Clubs war die Begegnung der Menschen beider Länder im Rahmen von Sprachkursen und eines Kulturprogramms.

2.2.2 Britische und amerikanische Zone

Gründungen von DFGs setzten sich nach dem Inkrafttreten des Besatzungsstatuts in der britischen und amerikanischen Zone ohne Unterbrechung in gleicher Weise fort wie in der Zeit davor, mit ideeller und meist auch mit materieller „Starthilfe" von französischer Seite.

In Bremen gelang Staatsanwalt Dr. Heino Bollinger nach längerer Vorbetungszeit die Konstituierung der Bremer DFG am 15. Dezember 1949.[44] 1949 entstanden außerdem eine DFG in Limburg, in Kassel die Gesellschaft für

---

[40] MAE/Colmar, AffC 58 (2), Etude no. III (wie Anm. 32), S. 35.
[41] Einzelheiten siehe Mehdorn, *Kultur* (wie Anm. 11), Abs. 4.4.1.
[42] MAE/Colmar, AffC 308(2), Niederschrift der Sitzung am 11.10.1952 im Europa-Haus Konstanz.
[43] Siehe MAE/Colmar, AffC 308(2), Province de Bade, Cercle de Fribourg, undatiertes Blatt, und Weyl, Brigitte, Die DFV wird 50 Jahre alt. Einiges zur Geschichte der Vereinigung, in: *50 Jahre Deutsch-Französische Vereinigung Konstanz*, Konstanz o.J., S. 14 f.
[44] Einzelheiten zu allen bis zum Endes dieses Absatzes aufgeführten Vereinen siehe Mehdorn, *Kultur* (wie Anm. 11), Abs. 4.4.2.

Deutsch-Französische Zusammenarbeit e.V. Cercle français, 1950 wurde die Berliner DFG wieder gegründet, und es entstanden DFGs in Detmold, Iserlohn, Bielefeld und Karlsruhe, die Bonner Vereinigung Deutschland – Frankreich e.V. und die Deutsch-Französische Kulturgemeinschaft Duisburg, 1951 die DFGs in Kiel, Flensburg, Heidelberg und Mannheim, und die beiden Duisburger Vereine fusionierten zur DFG Duisburg, 1952 erfolgten Gründungen in Giessen, Paderborn. Anfang 1952 existierten außerdem, ohne dass das Gründungsjahr erwähnt wurde, die Gesellschaften in Braunschweig, Osnabrück und Lüneburg sowie 1953 die DFG Osthessen in Fulda mit Dependancen in Hersfeld, Schlüchtern, Bebra, Lauterbach, Rothenburg, 1954 folgten Gründungen in Marburg und Pforzheim, 1955 in Wetzlar,[45] Westerburg und Weilburg. In Wiesbaden und Stuttgart entstand Anfang der 1950er Jahre jeweils noch ein Club franco-allemand.[46]

Eine undatierte Liste[47] der Sociétés de rapprochement franco-allemand en liaison avec la Direction générale des Affaires culturelles in den Colmarer Beständen nennt insgesamt für die amerikanische und britische Zone 47 DFGs und für die französische Zone 51 Vereine, darunter sieben Vereine mit der ausdrücklichen Bezeichnung „franco-allemand".[48]

2.3 Interaktion zwischen zivilgesellschaftlichen Initiativen und der Kulturpolitik der französischen Behörden

Aus der Feststellung, dass sich eine solche Vielzahl an zivilgesellschaftlichen Initiativen mit Aktivitäten im deutsch-französischen kulturellen Sektor konstituierten, ergibt sich konsequenterweise die Frage nach dem Verhältnis und den Beziehungen zwischen diesen DFGs und den verschiedenen französischen Stellen der französischen Kulturverwaltung in Deutschland.

2.3.1 Position der französischen Verwaltung

Durch das Besatzungsstatuts ihrer direkten Interventionsmöglichkeiten beraubt, musste die französische Kulturverwaltung ihre Positionen durch Überzeugungsarbeit verteidigen, und dies bei erheblich reduzierter materieller und personeller Ausstattung. Henri Spitzmüller sah dadurch das *rayonnement culturel* in Deutschland gefährdet, was in seinen Augen ein

---

[45] *Mitteilungsblatt* (wie Anm. 16), 12 (1962), S. 55; MAE/Colmar, AffC 297(4): Schreiben vom Général de Corps d'Armée Chomel vom 20.12.1955; Nass, Klaus Otto, *Elsie Kühn-Leitz, Mut zur Menschlichkeit. Vom Wirken einer Frau in ihrer Zeit*, Bonn 1994, S. 375. Wetzlar lag zwar in der amerikanischen Besatzungszone, hatte aber ab 1951 eine französische Garnison. Siehe dazu Jung, Irene, Wiedl, Wolfgang, *Wetzlar – 60 Jahre in Hessen, Streiflichter durch die Stadtgeschichte seit 1945*, Wetzlar 2006, S. 13.
[46] Wiesbaden vgl. MAE/Colmar, AffC 30(1a), Stuttgart vgl. MAE/Colmar, AffC 297(4).
[47] Da die Kieler Gesellschaft aufgeführt ist, muss sie mindestens von Februar 1951 sein.
[48] MAE/Colmar, AffC 1000(1).

Problem von politischer Tragweite war.[49] In dieser kritischen Situation mussten neue Mittel und Wege erschlossen, neue Multiplikatoren gefunden werden.

Dies scheint ein wichtiger Aspekt dafür gewesen zu sein, dass die französische Verwaltung den zivilgesellschaftlichen deutschen Initiativen im Kulturbereich offener gegenüber stand, da sich dort die Möglichkeit bot, einen Teil der Reduzierungen durch freiwilliges zivilgesellschaftliches Engagement deutscher Staatsbürger aufzufangen. „L'intérêt d'encourager de telles initiatives ne vous échappera pas",[50] schrieb Spitzmüller im März 1953.

Die politische Relevanz zeigt sich auch darin, dass die Direction générale des Affaires politiques des Hohen Kommissariates im November 1949 eine Anfrage an die DGAC richtete bezüglich der Associations franco-allemandes und aller deutschen Vereinigungen, die sich um ein „rapprochement franco-allemand dans le domaine culturel" bemühen, diese ging sechs Tage später als Anfrage des Hohen Kommissars an alle kulturellen Dienststellen:

> „J'attacherais du prix à connaître, outre votre appréciation sur la valeur du travail accompli, et sur ces attaches ou tendances particulières des sociétés allemandes, l'effectif des membres de ces sociétés, ainsi que le nombre approximatif des Allemands fréquentant les fondations françaises."[51]

Im Laufe des Jahres 1950 hatte die für die DFGs zuständige Mitarbeiterin der DGAC, Madame E. Bauer,[52] alle großen deutsch-französischen Vereinigungen besucht, um sich vor Ort ein Bild zu machen. Vom 1. bis 7. September 1950 lud die DGAC dann auf ihre Kosten Vertreter von 21 ausgewählten deutschen Vereinen[53] zusammen mit Vertretern der Behörde, französischen Lektoren und Institutsleitern zu einer gemeinsamen Tagung nach Schluchsee in das Haus des Freiburger Instituts für Internationale Begegnungen ein mit dem Ziel, „d'encourager et d'animer les sociétés franco-allemandes tout en leur laissant leur libre développement et leur individualité."[54]

---

[49] MAE/Colmar, AffC 53(2), Note vom 27.6.1952 (wie Anm. 34), S. 14 ff.
[50] MAE/Colmar, AffC 385(6), Schreiben vom 26.3.1953.
[51] MAE/Colmar, AffC 308(2), Der Betreff des Briefes lautet: a.s. Associations franco-allemandes.
[52] MAE/Colmar, AffC 30(2a), Rapport du Chef du Service de la documentation, M. Muller, vom 26.9.1950, Annexe I: Chef du Bureau des Centres Franco-Allemands, Service de la Documentation.
[53] MAE/Colmar, AffC 30(2a), Rapport vom 26.9.1950 (wie Anm. 52), S. 2: Eingeladen waren folgende Vereine und DFGs: Berlin: Deutsche Gesellschaft zur Pflege der Beziehungen zu Frankreich und Comité du Cercle des Professeurs de Français, Bonn: Centre franco-allemand, Bremen, Bühl: Internationaler Kulturverein, Dortmund: Auslandsinstitut, Duisburg: Deutsch-Französische Kulturgemeinschaft, Limburg, Frankfurt, Hannover: Deutsch-Französische Kulturgemeinschaft, Karlsruhe, Kassel, Lübeck, Montabaur: Nassauische Kulturstiftung, München: Gesellschaft für Auslandskunde, Plön/Holstein: Cercle francophil du Lycée de Plön, Zell/Mosel: Kulturverein, Offenburg: BILD.
[54] MAE/Colmar, AffC 30(2a), Rapport vom 26.9.1950 (wie Anm. 52), S. 9.

Insbesondere wollte man die Kontakte mit den Gesellschaften in den Zonen der anderen Alliierten stärken, bei denen gerade ein centre français eingerichtet wurde, um ihnen Rat und Anstöße für ihre Arbeit und durch die Ernetzung eine Möglichkeit zum Austausch zu geben, „et de la sorte leur donner une conscience plus nette de leur importance et de leur rôle."[55]

Dabei waren die Veranstalter von der Mainzer Kulturbehörde darum bemüht zu vermeiden, dass ihre Intervention als dirigistische Maßnahme betrachtet würde und dass das Wissen voneinander bei den Gesellschaften in den Wunsch nach einem Zusammenschluss in einem Verband mündete.[56] Dieses erste offizielle Treffen löste bei den deutschen Teilnehmern Begeisterung, teilweise fast Euphorie aus sowohl bezüglich der inhaltlichen Arbeit, als auch wegen der Behandlung als gleichwertige Partner. Es förderte wesentlich die Kontakte der Gesellschaften untereinander sowie der Gesellschaften mit der DGAC, den anwesenden französischen Institutsleitern und Lektoren.

Die Quellen zeigen allerdings, dass in den frühen 1950er Jahren das Verhalten der französischen Verwaltung gegenüber den DFGs im Alltag zumindest ambivalent war und zunächst keine eindeutige Position festzumachen ist, wie am besten mit ihnen zu verfahren sei.

Im Oktober 1950 erließ der Leiter der DGAC im Auftrag des Hohen Kommissars Richtlinien für den Umgang mit diesen Clubs franco-allemands:[57]

„1. Ces sociétes de rapprochement, cercle franco-allemands, clubs de tout genre tendant à rapprocher les Français et les Allemands doivent être laissés entièrement à l'initiative allemande.
2. Les Français ne doivent en aucun cas ni susciter ces cercles et sociétés, ni accepter des fonctions [...] Ils peuvent au contraire parfaitement en devenir membre s'ils sont sollicités de le devenir. [...].
4. Il est absolument impossible de conférer un caractère officiel ou officieux à des organisations de ce genre. On ne peut en effet assumer une responsabilité quelconque dans le développement de leur activité et de leur politique. [...] Il est également impossible d'assumer une responsabilité financière, l'aide du haut com-

---

[55] Ebd., S. 1.
[56] Tatsächlich wurde gleich in der ersten Sitzung von einem Wiesbadener Vertreter vorgeschlagen, eine Art Verband zu gründen, dessen Leitung die DFG Wiesbaden wegen der Nähe zu Mainz zu übernehmen bereit sei. Es war auch bekannt, dass die Cluny-Gesellschaft aus Hamburg, die nicht vertreten war, diesen Vorstoß unterstützte. Er wurde jedoch abgelehnt, weil die französische Seite den deutschen Teilnehmern zu verstehen gab, dass ein solcher Zusammenschluss die Individualität und die Handlungsfreiheit der einzelnen Vereine gefährdete. Zur Verbesserung des Informationsaustauschs der Gesellschaften untereinander wurde daraufhin ein Mitteilungsbulletin beschlossen, das dem „Bulletin de documentation" der DGAC angehängt werden sollte. Diese Maßnahme wurde jedoch bereits 1951 wieder eingestellt. Vgl. MAE/Colmar, AffC 30(2a), Rapport vom 26.9.50 (wie Anm. 52), S.2f; AffC 343(2a), Schreiben des Service de la Documentation vom 9.4.1951 an verschiedene DFGs.
[57] MAE/Colmar, AffC 385(6), Note pour M. Muller vom 13.10.1950.

missariat ne pouvant venir que lorsqu'elle est socilitée et que l'activité de l'organisation en question fait apparaître cette aide comme utile. [...]"

In der Praxis entwickelten sich die Dinge nicht immer gemäß offiziellen Verlautbarungen: Ein Bericht vom November 1950 mit dem Titel „Sociétés franco-allemandes" macht zur Entstehung der Gesellschaften folgende Angaben: „1. Création provoquée par les Services culturels en Zone Française d'Occupation. Spontanée dans les autres zones."[58]

Auch dem angeblich spontanen Zustandekommen in den anderen Zonen widersprechen Aussagen der Konsuln oder die folgende von Joseph Rovan:

„Um die Gründung einer deutsch-französischen Gesellschaft in Dortmund vorzubereiten, musste ich mit dem Zug der Reichsbahn 14 Stunden (!) von Baden-Baden bis in die Ruhr reisen. .... Zu diesem Unternehmen hatte mir mein Chef, der für Kultur und Information zuständige „General" Raymond Schmittlein, aus einer Schublade seines riesigen Eichenholzschreibtisches einige tausend R-Mark gegeben. [...] Auf diese Weise konnten wir hinter dem Rücken der Engländer und Amerikaner in deren Zone aktiv werden. Bei den Russen wäre so etwas zu gefährlich gewesen."[59]

Vertrauliche Anweisungen an die Institutsdirektoren aus dem Jahr 1952 zur „réorganisation de l'action culturelle française en Allemagne" enthalten Angaben zu Methoden, die es ermöglichen „de maintenir leur action à un niveau suffisant, en dépit de la réduction de leurs moyens matériels."[60] Sie geben eindeutige Anweisungen zur Zusammenarbeit mit den Gesellschaften:

„Sociétés, Clubs et Cercles franco-allemands et alliés [...] peuvent seconder efficacement notre action.[...] Il est naturellement souhaitable que les Instituts et Centres français développent leurs contacts avec ces sociétés, encouragent leur action, et toute en respectant les susceptibilités de leurs dirigeants, apportent à leurs activités toute l'aide nécessaire, même et surtout dans le domaine matériel (prêts de locaux, de livres, de disques, de films, etc.)"[61]

In regelmäßigen Abständen, nachweislich 1953 und 1955, richtete die DGAC Umfragen wie die von 1949 an die französischen Konsulate, wobei die Direktoren der Instituts und der Centres d'Etudes françaises angewiesen wurden, die Nachforschungen zu unterstützen.[62] Die Befragten lieferten umfangreiche Unterlagen häufig mit einer Bewertung der maßgeblichen Personen, detaillierten Angaben zu Mitgliederzahlen, Programmen und Finanzlage.

---

[58] MAE/Colmar, AffC 385(6), Bericht vom 20.11.1950.
[59] Rovan, Joseph, Erinnerung an die Gründung des Deutsch-Französischen Instituts in Ludwigsburg 1948, in: Bock, *Projekt* (wie Anm. 3), S. 164-167, hier S. 164. Das Geld stammte laut Rovan aus Zahlungen des Offenburger Verlegers Burda als Dank für das Monopol für den Druck der neuen Schulbücher.
[60] MAE/Colmar, AffC 53(2).
[61] MAE/Colmar, AffC 53(2), Note confidentielle vom 27.2.1952.
[62] MAE/Colmar, AffC 385(6), Schreiben von Spitzmüller vom 19.1.1953.

Von Seiten der DGAC wurden die erfassten Gesellschaften (vor allem außerhalb der französischen Besatzungszone), sofern sie einen Eintrag ins Vereinsregister mit Satzung nachgewiesen hatten[63] und als förderungswürdig befunden worden waren, mit Referenten, Material und Einrichtungsgegenständen für Vereinslokale, Zuschüssen für Mieten oder Ankauf von Räumlichkeiten unterstützt. Allerdings erfolgten keine regelmäßigen Subventionszahlungen an Vereine.[64] Teilweise waren es auch die französischen Institute vor Ort, die bemüht waren, „en plein accord" mit den DFGs zusammenzuarbeiten[65] und „d'apporter tout l'appui possible à la vie de la société".[66]

2.3.2 Position der Deutsch-Französischen Vereine

Für die Initiatoren der ersten Gesellschaften war es selbstverständlich, den Kontakt mit den französischen Behörden in ihrer Nähe zu suchen, da sie auf deren Unterstützung angewiesen waren und ohne sie ihr Verein nicht lebensfähig war.[67] Schon ab 1950 wandten sich die Vereine auch direkt an die DGAC in Mainz mit Bitten um Unterstützung und Beratung unterschiedlichster Art (Vortragsredner, Dokumentation, Bücher, auch finanzielle Hilfe[68]), wobei sie dies zum Teil mit einer deutlichen Anspruchshaltung taten. Sie pflegten in der Regel enge Kontakte mit den Centres culturels, mancherorts wurden die Konsuln oder Institutsdirektoren Mitglieder der Vorstände. Die DFG Berlin verlieh Hochkommissar André François-Poncet im Juli 1954 die Ehrenmitgliedschaft „in Anerkennung seiner jahrzehntelangen, unermüdlichen Bemühungen um ein besseres deutsch-französisches Verständnis".[69]

2.3.3 Erste regionale Zusammenschlüsse

Im Bereich der französischen Zone hatte die Gründung deutsch-französischer Vereine zwar erst später eingesetzt, es ergab sich dort ab 1949 aber schnell eine größere Dichte an Vereinen, was Kontakte und Zusammenarbeit begünstigte. Trotz der Bedenken auf Seiten der französischen Verwaltung konstituierte sich weniger als ein Jahr nach den Schluchsee-Treffen der erste

---

[63] MAE/Colmar, AffC 385(6), Bericht vom 20.11.1950.
[64] Ausnahme war die DFG Kiel, später DFG Schleswig-Holstein, wegen ihrer Schlüsselrolle im nördlichsten Teil Deutschlands, wo es kein französisches Kulturinstitut gab. Siehe dazu u.a. MAE/Colmar, AffC 343(2c), Schreiben des französischen Beobachters in Schleswig-Holstein Truitie de Varreux vom 19.2.1951 an DGAC, Mainz.
[65] MAE/Colmar, AffC 343(2b), Bericht des Leiters des Centre franco-allemand de Hanovre vom 5.2.1952 an M. Péchoux, Mainz.
[66] MAE/Colmar, AffC 343(2a), Bericht des Directeur de l'Institut français de Berlin vom 3.3.1952.
[67] Z.B. MAE/Colmar, AffC 58(1), Bericht des Observateur adjoint et Chargé des Affaires culturelles en Rhénanie du Nord-Westfalie vom 31.3.1952.
[68] MAE/Colmar, AffC 385(6), Note à M. Péchoux vom 21.9.1951.
[69] MAE/Colmar, AFP10/11, Schreiben der DFG Berlin vom 14.7.1954.

Deutsch-Französische Gesellschaften in Deutschland (1947-1955)

formelle regionale Zusammenschluss in Baden auf Initiative der Vorsitzenden der Gesellschaften von Freiburg (Oberbürgermeister Dr. Hoffmann)[70] und Konstanz (Dr. Paulssen, Präsident der IHK). Sie schlossen sich am 17. März 1951 mit den Gesellschaften von Rastatt, Bühl, Wolfach und Säckingen zur Arbeitsgemeinschaft der Deutsch-Französischen Vereinigungen des Landes Südbaden zusammen, um repräsentativer gegenüber französischen Vereinigungen auftreten zu können und die Zusammenarbeit zu verbessern. Sitz der Vereinigung war Freiburg, ihren Vorstand bildeten die Vorsitzenden der Mitgliedsvereine. Dr. Hoffmann wurde zum ersten Vorsitzenden gewählt.

Später schlossen sich Lahr, Villingen und Überlingen an. Die Gruppe stand in enger Verbindung mit den französischen Behörden und stimmte ihre Arbeit mit ihnen ab: Der Leiter des Institut français in Freiburg, Victor Hell, und ein Vertreter der DGAC nahmen an den Sitzungen teil. Zusammen mit dem Institut français in Freiburg gab sie ein Mitteilungsblatt heraus.[71]

Die Gesellschaften in der Gegend von Montabaur und Koblenz, die sich anfangs als Filialen der Wiesbadener Gesellschaft betrachteten, orientierten sich sehr bald nach Koblenz und schlossen sich der dortigen Gesellschaft an, die von Anfang an einen selbständigen juristischen Status hatte, und gründeten unter ihrer Leitung am 27. September 1952 den Verband Deutsch-Französischer Gesellschaften – Sitz Koblenz,[72] der 11 Vereine mit insgesamt etwa 1400 Mitgliedern zusammenfasste.[73] Den Vorstand bildeten Vorstandsmitglieder der Mitgliedsvereine, die Geschäftsführung lag beim Sekretär der Koblenzer DFG. In Koblenz hatte der Verband ein eigenes Vereinslokal, wo sich auch die französische Bibliothek des ehemaligen Centre d'Information befand und Französischkurse stattfanden. Für den Commissaire pour le Land de Rhénanie-Palatinat stellte diese Lokalität den Anfang eines Centre culturel dar: „En l'absence, d'une autre Institution, c'est un modeste centre de culture française qui se crée ainsi [...] et quelque chose de concret et de vivant pourrait rester de notre action dans cette région de la Rhénanie."[74] Die Gesellschaft in Koblenz erhielt nicht unerhebliche Unterstützung von der DGAC,[75] aber als diese Unterstützung 1955 ausblieb, stellte sie im Dezember 1955 ihre Aktivitäten ein.[76]

---

[70] MAE/Colmar, AffC 308(2), Province de Bade, Cercle de Fribourg, undatiertes Blatt.
[71] MAE/Colmar, AffC 385(6), Schreiben des Commissaire pour le Land de Bade vom 24.3.1951, Schreiben dess. vom 26.6.1951; AffC 381(1) Schreiben dess. vom 20.3.1951.
[72] MAE/Colmar, AffC 381(1), Schreiben des Commissaire pour le Land Rhénanie-Palatinat vom 16.10.1952.
[73] MAE/Colmar, AffC 381(1), Commissariat pour le Land de Rhénanie-Palatinat: Aperçu général sur la composition et les activités de l'"Arbeitsgemeinschaft" des sociétés franco-allemandes de la région de Coblence, 2.9.1953.
[74] MAE/Colmar, AffC 381(1), Schreiben vom 16.10.1952.
[75] MAE/Colmar, AffC 381(1) Schreiben der DGAC an Commissaire pour le Land Rhénanie-Palatinat vom 22.11.1952.
[76] MAE/Colmar, AffC 381(1), Schreiben des Instituts français Mainz an den Service de l'enseignement et des œuvres vom 8.12.1955.

Außerhalb der französischen Zone kam es bis 1955 noch nicht zu regionalen oder überregionalen Kooperationsstrukturen.

3. Schlussbemerkung

Auf deutscher Seite war in der Zivilgesellschaft das Interesse an französischer Kultur aber auch an einer Annäherung mit Frankreich sehr groß. Die deutschen Initiatoren von DFGs ergriffen ihre Initiativen ab 1947 mit dem Hauptziel einer Versöhnung mit Frankreich durch Vertiefung der Kenntnisse über die andere Kultur und häufig in der Überzeugung, Frankreich müsse ihrem kulturellen Verständigungswerk zwangsläufig Unterstützung gewähren. Sie wandten sich mit vielfältigen Anfragen und Bitten um Unterstützung an die französischen Behörden.

Die Förderung und Unterstützung deutsch-französischer Clubs lag im Interesse der französischen Verwaltung, weil sie zunächst bis 1949 außerhalb ihrer Zone eine Möglichkeit der kulturellen Intervention boten und nach 1949 bei geänderten Rahmenbedingungen und reduzierten Mitteln für einen erweiterten Zuständigkeitsbereich Multiplikatoren für französische Kultur in der deutschen Zivilgesellschaft darstellten und über Synergieeffekte neue Möglichkeiten der *action culturelle* boten.

Aus diesen Gründen bestanden zwischen 1947 und 1955 zahlreiche, vielfältige und kontinuierliche Kontakte zwischen den in DFGs organisierten Vertretern der deutschen Zivilgesellschaft und den französischen Kulturbehörden. Beide Seiten hatten ein berechtigtes Interesse an dieser Kooperation, da sie zum Nutzen der jeweils eigenen Sache wie auch zum beiderseitigen Nutzen war. Daher kann in Anlehnung an den von Bock und Pfeil geprägten Begriff der „originellen Synthese zwischen staatlicher Kulturpolitik und zivilgesellschaftlichen Akteuren" das Verhältnis zwischen DFGs in Deutschland und französischer Kulturverwaltung in dieser Zeit als originelle Symbiose zwischen staatlicher Kulturpolitik und zivilgesellschaftlichen Aktivitäten[77] beschrieben werden.

---

[77] Bock, Hans Manfred, Pfeil, Ulrich, Kulturelle Akteure und die deutsch-französische Zusammenarbeit: Formen, Ziele, Einfluss, in: *Der Elysée-Vertrag und die deutsch-französischen Beziehungen 1945-1963-2003*, hrsg. v. Corine Defrance, Ulrich Pfeil, München 2005, S. 215-236, hier: S. 226: „Die Institutionalisierung der Kulturbeziehungen: eine originelle Synthese zwischen staatlicher Kulturpolitik und zivilgesellschaftlichen Akteuren".

Katharine Florin

Zivilgesellschaftliche Initiativen der deutsch-französischen Annäherung in Nordhessen (1945-1963): Le Cercle Français de Kassel

Heute erscheinen uns Städtepartnerschaften zwischen deutschen Städten und Gemeinden mit denen ihrer Nachbarstaaten selbstverständlich. Sie stellen zu Beginn des 21. Jahrhunderts einen zentralen Baustein des vereinten Europas dar, denn sie fördern den Austausch von europäischen Bürgern verschiedener Länder im Rahmen von Freizeitaktivitäten wie Sportvereinen, Chören oder etwa Schüleraustauschen.

Die Wurzeln dieser Annäherung zwischen europäischen Bürgern liegen in den Initiativen einiger weniger engagierter Menschen, die bereits wenige Jahre nach dem Ende des Zweiten Weltkrieges eine Versöhnung der vormaligen Kriegsgegner als Ziel vor Augen hatten.

In diesem Beitrag sollen Ursprünge deutsch-französischer Verständigung nach dem Zweiten Weltkrieg beleuchtet und durch die Konzentration auf Mikrostudien in zeitlicher und geografischer Hinsicht dargestellt werden. Der Fokus liegt hier auf den Protagonisten von deutsch-französischen Initiativen der ersten Stunde in Nordhessen sowie ihrer Motivation in den Jahren 1945-1963. Die Dimension ihrer Arbeit soll in den heutigen Stand deutsch-französischer Beziehungen eingeordnet werden.

Die Einsicht in Archive ermöglicht eine Rückschau in die Gründungsjahre und vermittelt eine Vorstellung der Situation Ende der 1940er und in den 1950er Jahre in Kassel. Der Beitrag stützt sich auf Quellen aus den Archiven der Stadt Kassel, des Cercle Français sowie der Kasseler Zeitung „Hessisch-Niedersächsische Allgemeine" (HNA). Weiterhin verwendet er Interviews von Zeitzeugen sowie von ihnen überlassene Unterlagen. Aus dem Umstand, dass manche dieser Fakten nicht lückenlos belegbar sind, ergeben sich gewisse Schwierigkeiten für eine wissenschaftliche Arbeit. Faktoren wie Subjektivität und mangelndes Erinnerungsvermögen erfordern Fingerspitzengefühl bei der Einordnung von Daten sowie ihrer Bewertung. Ganz besonders diffizil ist der Umgang mit Informationen aus der regionalen Presse, die sich entweder auf persönliche Gespräche stützen oder auf Interviews mit Zeitzeugen.

In ihrer Einleitung zum Sammelband anlässlich des Kolloquiums zum 40. Jahrestag der Unterzeichnung des Élysée-Vertrages, das 2003 in Paris stattfand, stellten Corine Defrance und Ulrich Pfeil die selbstverständlich scheinende Gliederung der deutsch-französischen Nachkriegsbeziehungen in zwei Phasen in Frage,[1] derzufolge die Jahre der ersten Phase zwischen 1945 und 1963 in der bisherigen Darstellung der Literatur die „dunkle Vorzeit" markierte, in die erst der Élysée-Vertrag Licht brachte. Waren die ersten Jahre nach dem Zweiten Weltkrieg wirklich eine „dunkle Vorzeit" oder gab es Anlass zur Hoffnung, dass sich ein zartes Pflänzchen der Freundschaft zwischen den ehemaligen Kriegsgegnern entwickeln könnte? War der Élysée-Vertrag der Motor der deutsch-französischen Annäherung oder gab es andere wichtige Initiatoren?

Diese Regionalstudie möchte einen Beitrag leisten, um diese Lücke in der Erforschung regionaler Initiativen zu schließen. So unbedeutend ein kleiner deutsch-französischer Arbeitskreis in Nordhessen im Jahr 1949 damals zu sein schien, so wird doch am Ende deutlich werden, dass auch diese Initiative einen Platz in der Geschichte der zivilgesellschaftlichen Aussöhnung zwischen Deutschen und Franzosen beanspruchen darf.

1. Geografische und zeitliche Eingrenzung des Untersuchungsgegenstandes

Zwei Kriterien liegen dieser Untersuchung deutsch-französischer Initiativen zu Grunde. Auf der einen Seite soll die Arbeit durch einen zeitlichen Rahmen begrenzt sein. Die Jahre nach 1945 bis zu Beginn der 1960er Jahre sollen im Zentrum dieser Untersuchung stehen. Die Unterzeichnung des Élysée-Vertrages 1963 durch den deutschen Bundeskanzler Konrad Adenauer und den französischen Präsidenten Général Charles de Gaulle in Paris schließt das erste Kapitel der Pionierarbeit der deutsch-französischen Freundschaft ab. Auf der anderen Seite ist der Beitrag geographisch begrenzt, indem nur Initiativen während der genannten Periode untersucht werden, die in Nordhessen, dem historischen Kerngebiet des Bundeslandes Hessen, aktiv waren.

Die zeitliche Eingrenzung schließt diverse Initiativen aus, die nach der Unterzeichnung des Élysée-Vertrages entstanden sind, wie z.B. die Städtepartnerschaften zwischen Korbach und Avranches in der Normandie 1963, zwischen Kassel und Mulhouse im Elsass 1965, zwischen Melsungen und der 80 Kilometer westlich von Paris liegenden Stadt Dreux 1966 sowie zwischen Hofgeismar und Pont Aven in der Bretagne 1972. Mit der Städtepartnerschaft im Jahre 1973 zwischen Bad Sooden-Allendorf und Landivisiau, das ebenfalls in der Bretagne liegt, entstand beispielsweise auch der bis heute sehr aktive Verein Freundeskreis für die Partnerschaft mit Landivisiau e.V.

---

[1] Vgl. Defrance, Corine, Pfeil, Ulrich, Der Élysée-Vertrag und die deutsch-französischen Beziehungen. Eine Einleitung, in: *Der Élysée-Vertrag und die deutsch-französischen Beziehungen. 1945 – 1963 – 2003*, hrsg. v. Corine Defrance, Ulrich Pfeil, München 2005, S. 9-46, hier S. 11.

Die geografische Eingrenzung auf Nordhessen schließt überdies früh entstandene Initiativen aus dem restlichen Hessen aus. Hier ist ganz besonders die Deutsch-Französische Gesellschaft Wetzlar e.V. zu nennen, die 2005 ihr 50jähriges Bestehen feierte und eine der Vorreiterinnen Deutsch-Französischer Gesellschaften (DFG) in Deutschland war.[2] Durch die Initiative von Elsie Kühn-Leitz wurde die Gesellschaft 1955 ins Leben gerufen und war Auslöser für die bald darauf folgende Städtepartnerschaft zwischen Wetzlar und Avignon. Bald nachdem die DFG in Wetzlar entstanden war, gab Kühn-Leitz 1957 den Anstoß zur Gründung des Arbeitskreises Deutsch-Französischer Gesellschaften, der späteren Vereinigung Deutsch-Französischer Gesellschaften in Deutschland (VDFG). Diese Vereinigung nahm ihre Arbeit mit einem ersten Treffen von 21 Gesellschaften in Wetzlar auf. Heute umfasst die VDFG 133 Gesellschaften in Deutschland neben den 120 Gesellschaften ihrer Schwesterorganisation in Frankreich, der Fédération des Associations Franco-Allemandes pour l'Europe (FAFA).[3]

Die Überlegung, ob es Initiativen gab, die beiden gesetzten Auswahlkriterien entsprechen, führten zum Cercle Français als Untersuchungsgegenstand, einer DFG in Kassel, die bereits 1949 gegründet wurde und somit zu einer der ersten Stunde zählt.

2. Le Cercle Français de Kassel – Ein Portrait

2.1 Entstehungsgeschichte und Inhalte

Am 5. November 1949 kamen 15 Menschen verschiedener Altersstufen in einem Schulgebäude in Kassel zusammen und gründeten den Cercle Français de Kassel.[4] Diese Initiative ging von der in Kassel lebenden Französin Andrée Rozel-Häger aus, die Lehrerin an der dortigen Waldorfschule war und den Arbeitskreis für französische Sprache an der Volkshochschule Kassel leitete.[5] Die Rahmenbedingungen für die Initiative waren alles andere als gut, jedoch mit finanzieller Unterstützung des Kulturdienstes der französischen Botschaft in Deutschland nahm die DFG in Kassel bald nach dem Zweiten Weltkrieg ihre Arbeit auf. Zunächst in einer provisorischen Unterkunft in der Bernhardistraße mit gestifteten Möbeln, später mit einem Bücherbestand von 4000 Bänden in eigenen Räumen in der Murhardbibliothek begannen die Treffen der Mitglieder mit dem Ziel der „Völkerfreund-

---

[2] Siehe den Beitrag von Beate Gödde-Baumanns in diesem Band.
[3] Vgl. Molsberger, Josef: Grußwort zum 50jährigen Jubiläum der DFG Wetzlar von Prof. Dr. Dr. h. c. Josef Molsberger, Präsident der VDFG, in: *50 Jahre Deutsch-Französische Gesellschaft Wetzlar 1955-2005*, o.O., o.J., S. 14.
[4] Vgl. *Le Lien*, November 1959, Nr. 63, „Zehn Jahre Cercle Francais 1949-1959", Archiv des Cercle Français, Ordner 2.
[5] Vgl. *Kasseler Post*, 11.01.1956, „Madame vom Cercle Français", Archiv der Stadt Kassel, Rozel-Häger, S 1 Nr. 2575.

schaft".[6] Der Cercle Français stellte sich die Aufgabe, das Verbindende zwischen Deutschland und Frankreich zu bejahen und hervorzuheben. Dabei besann sich der Verein auf die Tradition der französischen Hugenotten im Raum Kassel und richtete einen Teil seiner Aktivitäten darauf aus, ihren Spuren durch die Orte der Region zu folgen.[7]

„Gespräche über Politik sind tabu. Der Mensch beider Völker und die beiderseitige Kultur stehen im Vordergrund..."[8] – dies war in den Augen der Gründerin Rozel-Häger das Motto der Verständigung und Credo für die kommenden Jahrzehnte. Es galt, wieder Verbindungen zu knüpfen und sich kennen und achten zu lernen.[9] Ein Schwerpunkt der Arbeit des Cercle Français sollte von Anfang an auf der sprachlichen Verständigung und einem kulturellen Austausch liegen. Wichtig war Rozel-Häger auch, Jugendlichen ein offenes Haus zu bieten und sie in die Aktivitäten einzubeziehen.[10]

In enger Zusammenarbeit mit der Volkshochschule Kassel fanden Sprachkurse statt, auch während der wöchentlichen Treffen der Mitglieder wurde französisch gesprochen. Mittwochs trafen sich die Mitglieder zu französischer Konversation, die Jugendlichen trafen sich donnerstags abends. Neben gemeinsamen Feiern, Lichtbildvorführungen und kulturellen Vorträgen über Theater, Architektur und Literatur standen auch bald Reisen nach Frankreich auf dem Programm des Vereins. 1950 begann eine kleine Gruppe des Cercle mit dieser Tradition, die seit den ersten Jahren des Bestehens an Bedeutung zunahm und für die Mitglieder stets sehr attraktiv war. Nach den Schrecken des Krieges und der Zeit der Entbehrungen war der Drang nach positiven Erlebnissen und Freizeitaktivitäten spürbar. Reisen nach Frankreich versprachen Abwechslung und gleichzeitig die Möglichkeit, mehr über die westlichen Nachbarn zu erfahren. Das Interesse an Frankreich, seiner Sprache und Kultur war enorm. Reiseberichte dieser Studienfahrten z.B. in die Bretagne und an die Loire belegen die Faszination der Mitglieder des Cercle Français über ihre Erlebnisse.[11] Motion, also die Bewegung der Reisenden in den entfernten Fremdraum, ließ Emotion entstehen. Die Urlauber wurden von den sinnlichen Erfahrungen ergriffen. „Das Begehrte wird eintreffen, es wird alles besser, wir werden uns unsere Wünsche

---

[6] *Hessische Allgemeine*, 20.10.1969, „Völkerfreundschaft ist das große Ziel", Archiv der Stadt Kassel, Cercle Français, S 5 O 69.
[7] Vgl. *Hessische Allgemeine*, 19.10.1969, „Hoher Besuch aus Frankreich", Archiv der Stadt Kassel, Cercle Français, S 5 O 69).
[8] *Kasseler Post*, 11.01.1956, „Madame vom Cercle Français", Archiv der Stadt Kassel, Rozel Häger, S 1 Nr. 2575.
[9] Vgl. *Le Lien*, November 1959, No. 63, „Zehn Jahre Cercle Français 1949-1959", Archiv des Cercle Français, Le Lien.
[10] Vgl. Horn, Elfriede: Zehn Jahre Cercle Français de Kassel, in: *Die Wilhelmshöhe*, Sonntagsbeilage der *Kasseler Post*, 31.10.1959, Archiv der Stadt Kassel, Cercle Français, S 5 O 68.
[11] Vgl. Studienfahrt des Cercle Français nach Frankreich vom 12./13.-24.4.1957, Archiv des Cercle Français, Ordner 2.

erfüllen." So beschreibt Karlheinz Wöhler den entstehenden Massentourismus der 1950er Jahre als „Wunscherfüllungsmaschinerie".[12]

Die vielseitigen Aktivitäten und die steigende Mitgliederzahl forderten bald ein angemessenes Kommunikationsmittel, um über die Aktivitäten zu informieren. Vier Jahre nach Gründung des Cercle wurde das Bulletin „Le Lien" ins Leben gerufen. Mit diesem Rundschreiben, das jeweils am Monatsanfang erschien, entstand die Verbindung zwischen allen Mitgliedern gemäß einem Motto von Antoine de Saint-Exupéry „Le plus beau métier des Hommes est d'unir les Hommes". [13]

Zum zehnjährigen Bestehen des Cercle Français erschien im November 1959 eine Sonderausgabe des „Le Lien" mit dem Programm der Feierlichkeiten, einer Retrospektive über die Aktivitäten der letzten zehn Jahre sowie dem Programm des laufenden Monats. Die Mitgliederzahl war in der Zwischenzeit auf 200 angestiegen.[14]

Auch alle Ausgaben des Bulletins, die regulär erschienen, titelten mit dem Leitsatz von Saint-Exupéry und wurden an die Mitglieder verschickt. Sie beinhalteten sowohl das Programm für den laufenden Monat als auch einen Bericht über vergangene Aktivitäten. Ergänzt wurden die Informationen über Aktivitäten mit Gedichten und Witzen, Aufforderungen zu Fotowettbewerben oder Berichten über Austauschwünsche.[15] Darüber hinaus wurden im Bulletin auch *petites nouvelles* abgedruckt, die über Geburten, Verlobungen und Hochzeiten von Mitgliedern berichteten, außergewöhnliche Spenden lobten oder die Rückgabe von entliehenen Büchern anmahnten.[16] Das Bulletin „Le Lien" hatte sich zu einer kleinen Zeitschrift entwickelt.

Immer wieder lud der Cercle Français in seinen Bulletins auch zu Vorträgen ein, die die Tagespolitik betrafen. Der französische Generalkonsul aus Frankfurt, Millot, wurde beispielsweise im Dezember 1964 zum Thema „Die Beziehungen Frankreichs zu seinen früheren Kolonien und die französische Entwicklungshilfe" eingeladen.[17] Der deutsch-französische Freundschaftsvertrag war bereits unterzeichnet und die anfängliche Skepsis des Cercle politische Diskussionen zu führen, trat in den Hintergrund. Politische As-

---

[12] Wöhler, Karlheinz, Endlich wieder urlauben. Urlaub in den fünfziger Jahren als ein Phänomen der Moderne, in: *Die Kultur der 50er Jahre*, hrsg. v. Werner Faulstich, München 2002, S. 263-275, hier S. 273.
[13] Vgl. *Le Lien*, Juli/August 1955, No. 19, Archiv der Stadt Kassel, Cercle Français 1949-1959, S 5068.
[14] Vgl. *Le Lien*, November 1959, No. 63, „Zehn Jahre Cercle Français 1949-1959", Archiv des Cercle Français, Ordner 2.
[15] Vgl. *Le Lien*, April 1964, No. 105, Archiv des Cercle Français, Le Lien 1961-1965.
[16] Vgl. *Le Lien*, September 1961, No. 81, Archiv des Cercle Français, Le Lien 1961-1965.
[17] Einladung des Cercle Français zum Vortrag von M. Millot am 2.12.1964 zum Vortrag „Die Beziehungen Frankreichs zu seinen früheren Kolonien und die französische Entwicklungshilfe", Archiv des Cercle Français, Le Lien 1961-1965.

pekte der deutsch-französischen Beziehungen wurden immer mehr und auf natürliche Art und Weise zum Bestandteil der Aktivitäten des Cercle Français. Die Nummer 121 des Bulletin im Oktober 1965 wurde der Städtepartnerschaft Kassel – Mulhouse gewidmet. Es wurden Auszüge aus der Partnerschaftserklärung in deutsch und französisch gedruckt. Eine Delegation des Cercle war am 7. Mai 1965 zu den Feierlichkeiten der Unterzeichnung der Partnerschaftsurkunden mit Vertretern der Stadt Kassel nach Mulhouse gereist.[18]

Der Cercle Français war nicht nur eine der frühsten DFGs im Nachkriegsdeutschland, er zeichnete sich auch durch seine vielseitigen Aktivitäten, seine große Mitgliederzahl und die wachsende Bedeutung für das kulturelle Leben der Stadt Kassel aus. Er wurde 1968 in Willis' Studie „France, Germany, and the New Europe 1945-1967"den „large organization[s] ... with clubrooms in the town library, language courses, and thrice-yearly trips to France" zugeordnet.[19]

2.2 Exkurs zu einer Lebensgeschichte zwischen Krieg und Nachkriegszeit, zwischen Frankreich und Deutschland

Die Lebensgeschichte von Andrée Rozel-Häger, der Gründerin des Cercle Français, ist eine zwischen Krieg und Nachkriegszeit, zwischen Frankreich und Deutschland, wie es wahrscheinlich noch viele gibt, die bisher noch nicht erzählt wurden. Diese Biographie ist auch nur mündlich tradiert und wurde der Autorin von Zeitzeugen berichtet. Die Rekonstruktion der Lebensgeschichte lässt sich nur auf die mündlichen Schilderungen aus den genannten Interviews stützen, lediglich zu einem Teil sind diese durch Zeitungsberichte über Rozel-Häger belegbar.

1900 in Paris geboren, verbrachte Andrée Rozel-Häger ihre früheste Kindheit als Tochter eines französischen Kolonialoffiziers in Madagaskar, Saigon und im Senegal.[20] Sie wurde zweisprachig erzogen, da ihr Vater aus Lothringen kam und zu Hause auch deutsch gesprochen wurde. Weil ihre Eltern noch in den Kolonien lebten, besuchte Rozel-Häger die Klosterschule in St. Denis bei Paris. In dieser Eliteschule knüpfte sie beste Kontakte zur französischen Oberschicht, mit deren Kindern sie im Internat aufwuchs. Ihr ganzes Leben lang pflegte sie diese Kontakte zu Angehörigen des Militärs oder der Ministerien. Sie soll stets ihr kleines schwarzes Adressbuch dabei gehabt haben, das sie wie ihren Augapfel hütete und aus dem sie, wenn es sein musste, die passende Telefonnummer ziehen konnte.

---

[18] *Le Lien*, Oktober 1965, No. 121, Archiv des Cercle Français, Le Lien 1961-1965.
[19] Willis, F. Roy, *France, Germany, and the New Europe 1945-1967*, Stanford ²1968, S. 240.
[20] Vgl. *Hessische Allgemeine*, 19.10.1990, „Große Politik im Kleinen", Archiv der *Hessisch-Niedersächsischen Allgemeinen*, Rozel Häger, Nr. 244; *Hessische Nachrichten*, 12.11.1955, „HN-Schnellporträt", Archiv der *Hessisch-Niedersächsischen Allgemeinen*, Rozel Häger, Nr. 264.

Später studierte Rozel-Häger in Paris Geschichte, Literatur und Kunst. Über ihre Tätigkeit während des Krieges liegen derzeit keine Erkenntnisse vor, bisherige Recherchen konnten noch keine Ergebnisse liefern.

Aus welchen Gründen auch immer – die Situation gegen Ende des Krieges in Frankreich muss für Rozel-Häger schwierig geworden sein. Sie kam im Dezember 1944 nach Kassel,[21] nachdem die Alliierten im Sommer desselben Jahres an den Küsten der Normandie gelandet waren, um Frankreich von der deutschen Besatzung zu befreien. Dass Rozel-Häger am Ende des Krieges die Grenze überquerte und in Deutschland sesshaft wurde, belegt ihre Meldeakte der Stadt. Warum sie jedoch zu diesem ungewöhnlichen Zeitpunkt eine neue Heimat in Nordhessen suchte, lässt sich nicht rekonstruieren. Vermutungen liegen nahe, dass es ihre Nähe, wenn nicht Kollaboration mit den Deutschen gewesen ist, die sie zur Flucht gezwungen haben.

1948 heiratete sie den Deutschen Wilhelm Häger, der Stadtbauinspektor im Stadtbauamt Kassel war.[22] Es mögen die Verbindungen ihres Mannes gewesen sein, die ihr geholfen haben, Beschäftigungen als Französischlehrerin in Kassel zu finden.

Für ihr Engagement wurde Rozel-Häger 1976 im Namen des Bundespräsidenten der Bundesrepublik Deutschland mit dem Verdienstkreuz am Band des Verdienstordens ausgezeichnet[23], ebenso wurde sie ein Jahr zuvor von Frankreich zum Ritter der Ehrenlegion ernannt. Sie starb 94-jährig während eines Aufenthaltes in Paris im Jahr 1994.

Mit diesen Elementen einer rekonstruierten Biographie soll das Lebenswerk von Andrée Rozel-Häger während der über vierzigjährigen Tätigkeit für die deutsch-französische Verständigung nach dem Zweiten Weltkrieg keinesfalls geschmälert werden. Vielmehr soll sie verdeutlichen, wie die Kriegszeit Lebensgeschichten in Frankreich und Deutschland gezeichnet hat und wie groß die Kluft zwischen den Nachbarländern 1945 war. Mit ihrem Engagement hat Rozel-Häger ihren Teil zur Verständigung beigetragen.

Warum sie kurz nach der Gründung des Cercle Français 1949 nicht über Politik sprechen wollte, wird vor diesem Hintergrund nachvollziehbarer.[24] Die Entwicklungen in den deutsch-französischen Beziehungen allgemein und die positiven Auswirkungen hin zu offenen Diskussionen im Cercle Français wenige Jahre später sind Zeichen dafür, dass Rozel-Häger ihr Ziel der Verständigung fest im Blick hatte. Auch wenn sie über die mögliche eigene Rolle im System der Besetzung Frankreichs durch die deutsche

---

[21] Vgl. Einwohnermeldekartei der Stadt Kassel. Eintrag zu Andrée Rozel-Häger.
[22] Die Spruchkammerakte von Wilhelm Häger (Abt. 520 KS-ST B II Liste 55) belegt seine Beschäftigung im Bauamt Kassel zwischen 1943-1945, für das Jahr 1956 kann dies auch durch ein Telefonverzeichnis des Hochbauamtes der Stadt Kassel (Sammelmappe S5D20) belegt werden.
[23] Vgl. *Hessische Allgemeine*, 21.05.1976, „1949 „Cercle Français" gegründet", Archiv der *Hessisch-Niedersächsischen Allgemeinen*, Rozel Häger, Nr. 118.
[24] Vgl. *Kasseler Post*, 11.01.1956, „Madame vom „Cercle Français", Archiv der Stadt Kassel, Rozel Häger, S 1 Nr. 2575.

Wehrmacht und der Kollaboration der Vichy-Regierung nie offen hat reden können, ist sie sich wohl ihrer Beteiligung bewusst gewesen. Ihr beharrliches Engagement für die deutsch-französische Versöhnung nach dem Zweiten Weltkrieg bis zum Ende ihres Lebens lässt sich durchaus als ihre ganz persönliche Wiedergutmachung deuten.

Mit ihrem Engagement wurde Rozel-Häger zu einer Mittlerfigur. Beim Begriff des Mittlers handelt es sich um einen neue, im 20. Jahrhundert entstehende Form des transnationalen Akteurs im kulturellen Austausch zwischen zwei Nationen.[25] Der Bedarf an Mittlerfiguren entstand durch die Besinnung auf einen nationalidentitären Diskurs der europäischen Nationalstaaten im 19. Jahrhundert, der in Deutschland und Frankreich zu einer bewussten Abgrenzung gegenüber dem Nachbarn führte. Die Aufgabe der Mittler bestand in der Folgezeit darin, die verbindenden Elemente und Anknüpfungspunkte zwischen zwei Ländern zu betonen und wurde somit vergleichbar mit einer Übersetzertätigkeit.[26] Hans Manfred Bock definiert drei Funktionen, die Mittler in ihrer transnationalen Tätigkeit im Allgemeinen erfüllen.[27] Als „Gründer" (*créateur*) formulieren sie Muster zur Interpretation der anderen Nation. Als „Organisatoren" (*organisateur*) schaffen sie eine Plattform für Begegnungen und den Austausch mit Menschen der anderen Nation. Als „Übersetzer" im weitesten Sinne (*vulgarisateur*) vermitteln sie einer breiten Öffentlichkeit ihre eigene Interpretation der anderen Nation. Dies kann über die Lehre, Publikationen, Konferenzen oder Radio- bzw. Fernsehbeiträge geschehen.

Das Wirken von Rozel-Häger erfüllte zweifelsfrei alle drei genannten Funktionen. Als Französin verkörperte Rozel-Häger nahezu idealtypisch die Funktion einer Übersetzerin. Ebenso leistete sie ihren Beitrag zum politisch-gesellschaftlichen Diskurs, indem sie Vorträge und Reisen organisierte. Damit schuf sie einen Raum für die Begegnung der deutschen Bevölkerung mit Frankreich. Im zweiten Schritt fungierte sie dadurch als „Meinungsbildnerin" und nahm Einfluss auf die öffentliche Meinung der Bevölkerung.[28]

2.3 Der Cercle Français im Netzwerk der DFGs in der Bundesrepublik Deutschland

In den monatlichen Bulletins des Cercle Français wurde ebenso regelmäßig von den Tagungen und Treffen der Mitglieder des Arbeitskreises der

---

[25] Vgl. Bock, Hans Manfred, Créateurs, organisateurs et vulgarisateurs. Biographies de médiateurs socio-culturels entra la France et l'Allemgne au XXe siècle, in: *Revue d'Allemagne et des pays de langue allemande*, 4 (2001), S. 453-467, hier S. 454.

[26] Vgl. Marmetschke, Katja, Mittlerpersönlichkeiten. Neuere biographische Arbeiten zur Mittlerfunktion zwischen Frankreich und Deutschland, in: *Lendemains*, 25 (2000), S. 239-257, hier S. 240.

[27] Vgl. Bock, Créateurs (wie Anm. 25), S. 455.

[28] Vgl. Marmetschke, Mittlerpersönlichkeiten (wie Anm. 26), S. 244.

Deutsch-Französischen Gesellschaften in der Bundesrepublik, später Vereinigung Deutsch-Französischer Gesellschaften (VDFG), berichtet.[29]
1957 wurde die VDFG während eines Treffens von Vertretern von 21 DFGs in Deutschland ins Leben gerufen. Der Cercle Français war eine von ihnen und seit Gründung dieses Arbeitskreises in seinem Vorstand tätig.[30] Elsie Kühn-Leitz, Präsidentin der DFG in Wetzlar, wurde zur Gründungspräsidentin dieses Dachverbandes.[31]

Intention dieses Verbandes war es, ein Forum zu schaffen, in dem sich die DFGs untereinander austauschen konnten. So sollten sie voneinander profitieren können und ihre Aufgabe der Annäherung von Deutschland und Frankreich gezielt vorantreiben.[32] Auf deutscher Seite organisierte die VDFG seit ihrem Bestehen gemeinsam mit ihrer französischen Schwesterorganisation Fédération des Associations Franco-Allemandes pour l'Europe (FAFA) Kongresse, die dem Austausch der Gesellschaften dienten. Auch von französischer Seite wurden Kongresse ausgerichtet, wie z. B. der im Oktober 1962, zu dem das Centre départemental d'Echanges internationaux du Nord nach Lille einlud.[33]

Regelmäßige Jahrestreffen der deutschen Gesellschaften fanden im Bundesgebiet statt, wie 1961 in Berlin und 1962 in Freiburg.[34] Diese Treffen waren nicht nur Foren für die Gesellschaften selbst, sondern auch für die Verwaltungen der Städte und Universitäten. So waren in Freiburg Professoren aus Grenoble, der Partnerstadt von Freiburg, unter den Gästen, Vertreter der Stadtverwaltung Besançon, von Ministerien und Botschaften sowie dem Europäischen Parlament. Der breite Zuspruch auf deutscher wie auf französischer Seite wurde durch die Teilnahme dieser hochrangigen Vertreter deutlich. So kurze Zeit vor der Unterzeichnung des Élysée-Vertrages konnten diese Kongresse als bedeutende Weichenstellungen in der Annäherung der beiden Länder zueinander gewertet werden.

2.4   Der Cercle Français als Motor für die Städtepartnerschaft Kassel – Mulhouse 1965

Auch in der Geschichte der Städtepartnerschaft zwischen Kassel und Mulhouse im Elsass, die im Jahre 1965 offiziell wurde, spielt der Cercle Français

---

[29] Vgl. *Le Lien*, Juli/August 1962, No. 89, Archiv des Cercle Français, Le Lien 1961-1965.
[30] Vgl. *Le Lien*, September 1961, No. 81, Archiv des Cercle Français, Le Lien 1961-1965.
[31] Vgl. Molsberger, Josef, Grußwort zum 50jährigen Jubiläum der DFG Wetzlar von Prof. Dr. Dr. h. c. Josef Molsberger, Präsident der VDFG, (wie Anm. 3), S. 14; zu Kühn-Leitz vgl. den Beitrag von Gödde-Baumanns in diesem Band.
[32] Vgl. Die Arbeit ist noch nicht getan. Bericht über das deutsch-französische Treffen in Lille 1962, Archiv des Cercle Français, Le Lien 1961-1965.
[33] Vgl. ebd.
[34] Vgl. *Le Lien*, September 1961, No. 81, Archiv des Cercle Français, Le Lien 1961-1965 ; *Le Lien*, Juli/August 1962, No. 89, Archiv des Cercle Français, Le Lien 1961-1965. Siehe den Anhang zum Beitrag von Gödde-Baumanns in diesem Band.

eine entscheidende Rolle. Bereits in den 1960er Jahren war die Kasseler Verwaltung auf der Suche nach einer geeigneten Stadt für eine Partnerschaft. Der Cercle Français war in diese Suche mit eingebunden und hatte allein durch seine Tätigkeit im Vorstand des Dachverbandes der DFGs ein großes Interesse daran, so früh wie möglich eine Partnerschaft vorweisen zu können.[35]

Eine enge Zusammenarbeit zwischen dem Cercle Français und der Stadtsparkasse Kassel führte bereits Anfang der 1960er Jahre zu Gruppenreisen nach Mulhouse.[36] Die Jugendvertretung der Stadtsparkasse Kassel, die sich für die Interessen von Auszubildenden und jugendlichen Angestellten einsetzte, organisierte 1964 die erste Studienreise ins Elsass und wiederholte diese bereits in Zusammenarbeit mit dem Cercle Français ein Jahr später.[37] Im Rahmen der Unterzeichnung der Partnerschaftsurkunde besuchten vierzig Jugendliche aus Mulhouse 1965 die Region Nordhessen. Auch diesen Austausch im Namen der Stadt Kassel hatten der Cercle Français und die Stadtsparkasse Kassel organisiert und teilweise finanziert.[38] So bildete sich Anfang der 1960er Jahre eine enge Kooperation zwischen dem Cercle Français, der Stadtsparkasse und der Stadt Kassel, die 1965 mit der Partnerschaft besiegelt wurde.[39]

Auf der Suche nach einer geeigneten Partnerstadt war man zunächst über private Verbindungen von Andrée Rozel-Häger nach Südfrankreich auf Avignon gestoßen. Die engagierte Vertreterin der DFG aus Wetzlar, Elsie Kühn-Leitz, hatte jedoch bereits zuvor gute Kontakte nach Avignon aufgebaut und kam den Kasselern zuvor.[40]

Die Auswahl von Mulhouse hatte zwei Hauptgründe. Zunächst war die Angst vor der Sprachbarriere in Kassel groß, man erhoffte sich eine einfachere Verständigung mit den Elsässern. Ein zweites Kriterium, das für die Partnerschaft zwischen Kassel und Mulhouse sprach, war die Verständigung auf politischer Ebene. Kassels Oberbürgermeister Karl Branner war Sozialdemokrat, sein Kollege auf französischer Seite, Emil Muller, war Sozialist.[41]

Das Austauschprogramm zwischen beiden Städten war vielseitig. Es fanden Besuche und Gegenbesuche von Sportvereinen, Chören[42], Karne-

---

[35] Vgl. *Le Lien*, September 1961, No. 81, Archiv des Cercle Français, Le Lien 1961-1965.
[36] Vgl. Betriebsausflug der Stadtsparkasse Kassel in das Elsass, Archiv Norbert Rose.
[37] Vgl. Studienreise von jugendlichen Bediensteten durch Frankreich, welche die Jugendvertretung in Verbindung mit dem Cercle Français durchführte, Archiv Norbert Rose.
[38] Vgl. Freundschaft mit Mühlhausen besiegelt, in: *Unsere Stadtsparkasse. Jugend-Mitteilungen der Jugendvertretung der Stadtsparkasse Kassel*. Jahrgang 2, Sonderausgabe Nummer 12, Archiv Norbert Rose.
[39] Vgl. Urkunde zur Städtepartnerschaft Mulhouse – Kassel 1965, Archiv Norbert Rose.
[40] Interview mit Norbert Rose, Archiv Norbert Rose.
[41] Ebd.
[42] Vgl. *Hessische Allgemeine*, 07.10.1967, „Kasseler Sportdelegation in Mühlhausen empfangen und Sänger in Mühlhausen begrüßt", Archiv Norbert Rose.

valsvereinen[43], Orchestern[44], der Stadtgarde[45], Senioren[46], Kirchenvertretern[47] und den beiden Mundartgruppen *Milhüser Dialektfrinde* und *Schobben un Kännchen* aus Kassel statt.[48] Erstmals nahmen Vertreter aus Mulhouse 1968 an der internationalen Jugendleiterkonferenz im Landesjugendhof auf dem Dörnberg bei Kassel teil. Die Teilnehmerliste ist umfangreich und weist hochrangige Vertreter der Jugendorganisationen der Region auf.[49] 1971 nahm die Stadt Kassel mit einem eigenen Stand an der Handelsmesse in Mulhouse teil.[50] Die Partnerschaft zwischen den beiden Städten war voller Leben und wurde von allen Teilen der Bevölkerung angenommen und unterstützt.

Nur die unermüdliche Arbeit der einzelnen Personen, die hinter diesen Initiativen standen, hat die Partnerschaft zwischen Kassel und Mulhouse entstehen lassen. Der steten Pflege der Beziehungen auf privater Ebene verdankt die Stadt Kassel die erfreuliche Geschichte dieser Partnerschaft.

3. Bewertung der Arbeit der DFGs nach dem Zweiten Weltkrieg für die Annäherung zwischen der Bundesrepublik Deutschland und Frankreich

Wie wichtig die Arbeit jeder einzelnen DFG in Deutschland und in Frankreich so bald nach dem Ende des Zweiten Weltkrieges war, wird aus heutiger Sicht erst deutlich, wenn die Beziehung zwischen den beiden Nachbarstaaten im zeitlichen Kontext betrachtet wird. Kassel lag 1949 noch in Trümmern, als sich 15 Pioniere dieser Bewegung zusammenschlossen, um den Cercle Français zu gründen. Es waren Lehrer und Auszubildende, Ärzte und Angestellte, unter ihnen auch zwei Franzosen. Aus ganz unterschiedlichen Schichten und Altersstufen der Bevölkerung setzte sich diese Gruppe zusammen.[51] War auch das Alltagsleben der Bevölkerung noch geprägt von Wiederaufbau und Versorgung mit den nötigsten Gütern und Lebensmitteln, so gab es doch Menschen, die an ein gemeinsames Haus Europa glaubten und sich dafür einsetzten. Ihre Motive mögen vielschichtig gewesen sein, doch geeint hatte sie das Interesse an Sprache, Kultur und der Zivilgesellschaft Frankreichs.

---

[43] Vgl. Grande Cavalcade des 19. Carnaval de Mulhouse, Archiv Norbert Rose.
[44] Vgl. Gäste aus dem Elsaß in Kassel. Ein klingender Gruß aus der Patenstadt, Archiv Norbert Rose.
[45] Vgl. Carnaval 1973: La délégation de Kassel, in: *Dernières Nouvelles d'Alsace*, 14.3.1973, Archiv Norbert Rose.
[46] Vgl. Senioren aus Kassel zu Gast, Archiv Norbert Rose.
[47] Vgl. Erste ökumenische Begegnung in Mulhouse, Archiv Norbert Rose.
[48] Vgl. 20 Jahre Städtefreundschaft. Es lebe die Freundschaft, Archiv Norbert Rose.
[49] Vgl. Teilnehmerliste der internationalen Jugendleiterkonferenz 1968, Archiv Norbert Rose.
[50] Vgl. Kassel, ville de jumelle de Mulhouse, est représentée à la Foire-exposition, Archiv Norbert Rose.
[51] Interview mit Karl-Heinz Jatho am 4.6.2006.

Betrachtet man die geografische Lage Kassels, so ist es umso bemerkenswerter, dass die DFG in Nordhessen derart früh gegründet wurde und eine der ersten Deutschlands überhaupt war. Kassel befand sich an der nördlichen Grenze der amerikanischen Besatzungszone[52] und war daher weit weniger französischem Einfluss ausgesetzt als die westlichen Gebiete der Bundesrepublik. Es sollte sich zeigen, dass dieser Umstand letztlich eine positive Voraussetzung war.

Mit dem Einblick in die Kasseler Archive wird deutlich, dass nicht der Élysée-Vertrag von 1963 der Anfang der deutsch-französischen Versöhnung gewesen ist.[53] Als dieser unterzeichnet wurde, gab es längst einzelne DFGs in Deutschland, wie eben den Cercle Français in Kassel. Es wird die Bedeutung dieser zivilgesellschaftlichen Initiativen deutlich, die „explizit keine politische Funktion [haben] und nicht direkt durch den Staat kontrolliert werden, auf seine Aktionen jedoch Einfluss nehmen bzw. sie ergänzen können".[54] In den Jahren nach dem Krieg konnte von freundschaftlichen Beziehungen zwischen der Bevölkerung von Deutschland und Frankreich nicht die Rede sein. Assoziierten die Franzosen die Deutschen noch mit den Schrecken der Besatzungszeit, so hatte die Propaganda der Nationalsozialisten in Deutschland in den letzten Kriegsjahren das Bild der Franzosen ein weiteres Mal negativ geprägt.[55]

Für eine Annäherung der Zivilgesellschaften der beiden Nachbarstaaten bedurfte es zuallererst couragierter Menschen aus der Mitte der Bevölkerung, die bereit waren, den Hass zu durchbrechen und ein neues Kapitel in der Geschichte der deutsch-französischen Beziehungen aufzuschlagen. Ohne die Arbeit an der Basis hätten staatliche Initiativen schnell ihre Wirkung verloren und nicht zum gewünschten Ziel führen können. Private Initiativen bereiteten den Nährboden für den Freundschaftsvertrag vor. Ihr Impetus für sein Gedeihen kann nicht überschätzt werden.

---

[52] http://www.dhm.de/lemo/objekte/pict/Nachkriegsjahre_karteBesatzungszonen/index.html (4.11.2006).
[53] Vgl. Defrance, Pfeil, Élysée-Vertrag (wie Anm. 1), S. 36.
[54] Ebd., S. 35.
[55] Vgl. ebd., S. 38.

5. Städtepartnerschaften

Barbara Dümmer

Die Städtepartnerschaft Frankenthal – Colombes (1958) und die Bedeutung transnationaler Kommunalverbände

Die 1958 offiziell besiegelte Partnerschaft zwischen Frankenthal (Pfalz) und Colombes (Seine)[1] besteht 2008 seit 50 Jahren. Damit zählt sie zu einer der ersten deutsch-französischen Städtepartnerschaften.[2]
Wer waren ihre Initiatoren? Was hat sie zur Gründung einer Städtepartnerschaft bewegt? Wie setzten sie ihre Pläne in die Praxis um?[3]
Antworten fanden sich insbesondere in den Beständen des Stadtarchivs Frankenthal aber auch in den Archives municipales de Colombes. Dabei wurden interessante Zusammenhänge zwischen der Städtepartnerschaft und transnationalen Kommunalverbänden deutlich: Die Verschwisterung Frankenthals mit Colombes war nicht nur im Rahmen der Internationalen Bürgermeister-Union (IBU) entstanden, ihr Initiator auf deutscher Seite, der Frankenthaler Oberbürgermeister Dr. Emil Kraus, war vielmehr aufs Engste mit der Union, deren Gründungsmitglied und lang-

---

[1] Sowohl bei Colombes, einem Vorort von Paris, als auch bei dem 15 km nördlich von Ludwigshafen und Mannheim gelegenen Frankenthal handelte es sich zum Zeitpunkt der Verschwisterung um Industrie- und Arbeiterstädte. Mit etwa 80.000 Einwohnern war Colombes allerdings mehr als doppelt so groß wie das rund 36.000 Einwohner zählende Frankenthal; vgl. Hahn, Jürgen, Städtepartnerschaft Frankenthal (Pfalz) – Colombes (Seine), in: *Frankenthal. Einst und Jetzt*, 1 (1964), S. 2-5, hier S. 2 f.
[2] Nach einer Zählung der Internationalen Bürgermeister-Union (IBU) gehörten Frankenthal und Colombes zu den ersten 50 verschwisterten Städten; vgl. *Goldenes Buch der deutsch-französischen Städtepartnerschaften*, hrsg. v. der Internationalen Bürgermeister-Union, Stuttgart-Bad Cannstatt [1963?], S. 16-18.
[3] Diesen Fragen sollte im Rahmen meiner Examensarbeit, auf deren Grundlage dieser Artikel basiert, nachgegangen werden. Vgl. Dümmer, Barbara, *Deutsch-Französische Verständigung in den 1950er und 1960er Jahren. Die Städtepartnerschaft Frankenthal – Colombes und die Bedeutung transnationaler Kommunalverbände*, Mainz 2007 (unveröffentlichte Examensarbeit).

jähriger Vizepräsident er war, verbunden. Auch über die Gründungsphase der Partnerschaft hinaus – also nach dem Amtsaustritt Kraus' und seines französischen Kollegen Paul Bouchu – spielten transnationale Kommunalverbände eine große Rolle in den Beziehungen beider Städte. In diesem Beitrag soll es deshalb darum gehen, die Bedeutung transnationaler Kommunalverbände für die Anfänge der Partnerschaft herauszustellen.

Dazu wird in einem ersten, allgemeineren Teil zunächst kurz auf die Ziele und Konzepte der IBU, des Rates der Gemeinden Europas (RGE) und der Fédération mondiale des villes jumelées (FMVJ) eingegangen. Trotz der Schlüsselfunktion, die diesen Verbänden in der Anfangsphase der Partnerschaftsbewegung zukam, fanden sie erst mit der Dissertation von Ingo Bautz die nähere Beachtung in der Forschung.[4] Im Hinblick auf die Städtepartnerschaft Frankenthal – Colombes wurden im Bestand 1020 des Stadtarchivs Stuttgart, der die Akten der IBU umfasst, zudem einige eigene Recherchen durchgeführt.

Die Darstellung der Anfänge der Partnerschaft, die in einem zweiten Teil erfolgt, beruht in erster Linie auf einer Auswertung der entsprechenden Bestände der Stadtarchive von Frankenthal und Colombes sowie der dort archivierten Lokalzeitungen.[5] Im Zentrum des Interesses stehen hierbei die Entwicklungen vom kommunalen Jugendaustausch bis zum Partnerschaftsabschluss. Die Beziehungen nach 1959 werden nur ausblicksartig dargelegt.

1. Transnationale Kommunalverbände: Die Internationale Bürgermeister-Union, der Rat der Gemeinden Europas und die Fédération mondiale des villes jumelées

Die Internationale Bürgermeister-Union für deutsch-französische Verständigung und europäische Zusammenarbeit (IBU), die „Mutter" der deutschfranzösischen Städtepartnerschaften, wurde im Juni 1948 von deutschen und französischen Bürgermeistern gegründet. Auch Emil Kraus, zu diesem Zeitpunkt noch Bürgermeister von Mainz und ab März 1949 Bürgermeister von Frankenthal, nahm an der Gründungskonferenz vom 9. bis zum 14. Juni 1948 auf dem Mont Pèlerin, oberhalb des Genfer Sees, teil.

Wichtigstes Anliegen der IBU war die Verständigung zwischen Deutschland und Frankreich. Mit der Verwirklichung dieses übergeordneten Ziels sollten europäische Einigung, Friedenssicherung und Wahrung der Men-

---

[4] Vgl. Bautz, Ingo: *Die Auslandsbeziehungen der deutschen Kommunen im Rahmen der europäischen Kommunalbewegung in den 1950er und 60er Jahren. Städtepartnerschaften – Integra-tion – Ost-West-Konflikt*, Siegen 2002 (Internetpublikation: www.uni-siegen.de/pub/diss/bautz.htm).

[5] Für Frankenthal sind das *Die Rheinpfalz* und die *Frankenthaler Zeitung* sowie die Frankenthaler Geschichtsblätter *Frankenthal. Einst und jetzt* bzw. ihr Vorläufer die *Kulturellen Monatshefte / Frankenthaler Rundschau*. Da in Colombes keine eigene Lokalzeitung erscheint, stand hier lediglich das städtische Amtsblatt *Bulletin Municipal de Colombes*, ab Oktober 1961 *Colombes informations*, zur Verfügung.

schenrechte einhergehen. Dabei setzte man auf kommunaler Ebene an. Anhand von Städtepartnerschaften und kommunalem Jugendaustausch sollten der Versöhnungsgedanke in der Bevölkerung verankert, Verständigung unabhängig von der Partei- und Tagespolitik gestaltet sowie kommunale Selbstverwaltungsrechte gestärkt werden.[6]

Dieser kommunale Ansatz, der u.a. auf den Baseler Professor für Verfassungsgeschichte Adolf Gasser zurückging, welcher in der Gemeindefreiheit eine wesentliche Grundlage für den Völkerfrieden sah[7], entstand in bewusster Abgrenzung zu den Verständigungsbemühungen der Zwischenkriegszeit. Dem gescheiterten „geistigen Locarno" aus dem Jahr 1925 wollte man ein neues „Locarno von unten" entgegensetzen.

In seiner Rede auf dem V. Kongress der IBU in Innsbruck 1952 umriss der Frankenthaler Oberbürgermeister die Ziele der Union wie folgt und prägte damit den programmatischen Ausdruck eines „Locarno von unten":

> „Mit Deutschland und Frankreich steht und fällt Europa und darum wollen wir die beiden bisherigen Gegner miteinander aussöhnen, und zwar auf dem Boden der kommunalen Zusammenarbeit. Wir wollen nach dem Scheitern des Locarno von oben aus dem Jahre 1925 nun ein Locarno von unten schaffen, und zwar durch planmäßige und stete Zusammenarbeit von Mensch zu Mensch, von Bürgermeister zu Bürgermeister, von Gemeinde zu Gemeinde. Wir wollen die fruchtbare Idee der Partnerstädte in den Mittelpunkt unserer praktischen Arbeit stellen."[8]

Tatsächlich standen Städtepartnerschaften im Mittelpunkt der praktischen Arbeit der IBU – allerdings erst seit Mitte der 1950er Jahre.

Zunächst begab sich die IBU auf das Gebiet des kommunalen Jugendaustausches. In der aufgeschlossenen, weniger vorbelasteten Jugend, den Verantwortungsträgern der Zukunft, sah man die „besten Botschafter der Völkerverständigung"[9]. Erste Jugendbegegnungen in größerem Rahmen, an denen sich auch Frankenthal und Colombes beteiligten, fanden im Sommer 1953 statt. Bis 1959 übernahmen die Geschäftsstellen der IBU in Stuttgart und Paris die Zuordnung interessierter Städte. Die konkrete Programmgestaltung war bereits zu diesem Zeitpunkt den teilnehmenden Städten überlassen. 1959 ging die Organisation der Austausche dann vollständig auf diese über, während sich die Union auf die Durchführung von Jugendleiter- und Expertenseminaren konzentrierte.

---

[6] Vgl. Statuten der IBU von 1952: „Richtlinien für die praktische Arbeit der IBU" sowie § 2 „Zweck des Vereins", zit. in Engelhardt, Heinz, *Dreißig Jahre deutsch-französische Verständigung. Chronik der IBU 1948-1978*, hrsg. v. der Internationalen Bürgermeister-Union, Kornwestheim 1981, S. 223 f. (Engelhardt war von 1952 bis 1977 Geschäftsführer der deutschen Sektion der IBU).

[7] Vgl. Gasser, Adolf, *Gemeindefreiheit als Rettung Europas. Grundlinien einer ethischen Geschichtsauffassung*, Basel 1943.

[8] Auszug aus der Rede Emil Kraus' auf dem Kongress der IBU in Innsbruck 1952, zit. in *Goldenes Buch* (wie Anm. 2), S. 29.

[9] Stadtarchiv Stuttgart (StAS) Best. 1020, Nr. 297, 17.9.58, Bericht Engelhardts vor dem Jugend- und Sportausschuss des Deutschen Städtebundes.

Die Jugendbegegnungen stellten einen wichtigen Impuls für die Entstehung von Städtepartnerschaften dar, die erst Mitte der 1950er Jahre vermehrt zustande kamen. Einige Partnerschaften – so auch die zwischen Frankenthal und Colombes – entwickelten sich unmittelbar aus dem Jugendaustausch heraus.[10]

Mit dem Rat der Gemeinden Europas (RGE) und der Fédération mondiale des villes jumelées (FMVJ)[11] wurden in den 1950er Jahren zwei weitere Kommunalverbände gegründet, die zwar andere Ziele verfolgten als die IBU, jedoch ebenfalls in Städtepartnerschaften den geeigneten Weg zu ihrer Verwirklichung sahen.

Während für den RGE Gemeindeautonomie und die Bildung einer europäischen Staatenföderation im Vordergrund standen, strebte die FMVJ eine weltweite Völkerverständigung über ideologische, politische und religiöse Unterschiede hinweg an.[12] Damit schloss sie auch Partnerschaften zu Städten im Ostblock nicht aus, was ihr den Vorwurf einbrachte, kommunistisch gesteuert bzw. „unterwandert" zu sein.[13]

Die Kompetenzüberschneidung auf dem Gebiet der Städtepartnerschaften verbunden mit einer unterschiedlichen Ausrichtung der Verbände führte zu heftigen Auseinandersetzungen, zunächst zwischen IBU und RGE, später v.a. zwischen IBU und RGE auf der einen sowie FMVJ auf der anderen Seite.[14] Von beiden Konflikten waren Frankenthal und Colombes betroffen und in beiden Konflikten versuchten die Frankenthaler Oberbürgermeister zu vermitteln.

In den 1960er und 1970er Jahren musste ein genereller Bedeutungsverlust der Kommunalverbände beim Abschluss deutsch-französischer Partnerschaften verzeichnet werden. Ihr Wirkungsfeld verlagerte sich zunehmend auf Lobby- und Informationsarbeit. Der RGE, der sich seit seiner Gründung die „Teilnahme und Vertretung der Gemeinden und Gemeindeverbände an den europäischen und internationalen Organisationen"[15] zum Ziel gesetzt hatte, konnte sich als Interessenvertretung insbesondere in der 1957 eingerichteten Europäischen Kommunalkonferenz behaupten. Die IBU sah sich dagegen seit 1968 zu einer Eingliederung in den RGE – ab 1984 Rat

---

[10] Zur IBU vgl. v.a. Bautz, *Auslandsbeziehungen* (wie Anm. 4), S. 47-75 sowie Engelhardt, *Chronik der IBU* (wie Anm. 6).
[11] Die deutsche Bezeichnung „Weltbund der Partnerstädte" war wenig geläufig.
[12] Zum RGE vgl. v.a. Bautz, *Auslandsbeziehungen* (wie Anm. 4), S. 131-139; Garstka, Hansjürgen, *Die Rolle der Gemeinde in der internationalen Verständigung nach dem Zweiten Weltkrieg gezeigt am Beispiel der deutsch-französischen Verständigung*, hrsg. v. der Internationalen Bürgermeister-Union, Stuttgart 1972, S. 45-49; Grunert, Thomas, *Langzeitwirkungen von Städte-Partnerschaften. Ein Beitrag zur europäischen Integration*, Kehl am Rhein, Straßburg 1981, S. 63 (Europa-Forschung 1). Zur FMVJ vgl. vor allem Bautz, S. 315-321; Grunert, S. 66-70.
[13] Ob dieser Vorwurf gerechtfertigt war, wird kontrovers diskutiert.
[14] Vgl. Bautz, *Auslandsbeziehungen* (wie Anm. 4), S. 86-99, 314-335.
[15] Statuten des RGE von 1951, zit. in: ebd. (wie Anm. 4), S. 138.

der Gemeinden und Regionen Europas (RGRE) – gezwungen, die mit der Auflösung der IBU im Oktober 1988 abgeschlossen wurde.[16]

2. Die Städtepartnerschaft Frankenthal – Colombes

2.1 Vom kommunalen Jugendaustausch zur Städtepartnerschaft: die Beziehungen zwischen Frankenthal und Colombes von 1953 bis 1959

2.1.1 Die Initiatoren: Emil Kraus und Paul Bouchu

Wie bereits deutlich wurde, waren es die Bürgermeister Frankenthals und Colombes', Dr. Emil Kraus und Paul Bouchu, die, erwachsen aus ihrem Engagement in der IBU, die Verschwisterung ihrer Städte anregten und durchsetzten.[17]

Bis zu seiner Teilnahme an der Gründungskonferenz der IBU im Jahre 1948 war Kraus mehrfach mit dem französischen Nachbarn in Berührung gekommen. In seiner Zeit als Bürgermeister von Kehl (1925-1929) und Mainz (1945-1949) sammelte er Erfahrungen in der verwaltungstechnischen Zusammenarbeit mit Frankreich. Ausschlaggebend für seinen Einsatz in der IBU und damit auch für die Städtepartnerschaft Frankenthal – Colombes waren seine Erlebnisse im von Deutschland besetzten Frankreich. Er wollte Wiedergutmachung leisten für das Unrecht, das er dort als Offizier der Wehrmacht miterlebt und mitverantwortet hatte.[18]

Da er sich bereits in der Zwischenkriegszeit als Verfechter demokratischer Prinzipien erwiesen hatte und sich nach dem Krieg für die Stärkung kommunaler Selbstverwaltungsrechte einsetzte, war es naheliegend, dass Kraus zur Gründungskonferenz der IBU eingeladen wurde. Möglicherweise spielten auch persönliche Kontakte zum Oberbürgermeister der Nachbarstadt Frankfurt, Walter Kolb, eine Rolle, welcher an der Auswahl der Teilnehmer zur Gründungskonferenz der IBU beteiligt war. In der IBU fand Kraus den idealen Rahmen, seinem Bedürfnis nach Wiedergutmachung und Verständigung Ausdruck zu verleihen. Er wurde zu einem der aktivsten Mitarbeiter der Union auf deutscher Seite und hat ihr Wirken in den 1950er und 1960er Jahren entscheidend geprägt.[19]

---

[16] Vgl. ebd., S. 120 f.; Garstka, Gemeinde (wie Anm. 12), S. 65 f.
[17] Obwohl Frankenthal in Rheinland-Pfalz liegt, besteht keine direkte Verbindung zwischen der 1953 initiierten Regionalpartnerschaft Rheinland-Pfalz – Burgund und der Entstehung der Städtepartnerschaft Frankenthal – Colombes.
[18] Vgl. Gespräch mit Reinhold Scheib am 6.7.2007. Als Student der Fächer Französisch und Englisch begleitete Scheib den Frankenthaler Oberbürgermeister, zu dem er ein „nahezu väterliches" Verhältnis entwickelte, nicht nur zu Tagungen der IBU, sondern nahm als Dolmetscher auch an mehreren Jugendbegegnungen der späteren Partnerstädte teil.
[19] Vgl. Heil, Peter, Nicht nur Frankenthaler Oberbürgermeister. Zum 100. Geburtstag von Oberbürgermeister Dr. Dr. hc. Emil Kraus, in: Frankenthal. Einst und jetzt, 2 (1993), S. 35-41; Teske, Frank, Emil Kraus (1893-1972). Oberbürgermeister der Stadt Mainz und

Über Paul Bouchu ist nur wenig bekannt. Während des Zweiten Weltkrieges schloss er sich der *Résistance* an und wurde als Anhänger de Gaulles im Oktober 1949 unerwartet zum Bürgermeister von Colombes gewählt.[20] Auf die IBU ist er wahrscheinlich durch andere Bürgermeister der Île-de-France aufmerksam geworden. Seine Mitgliedschaft ist für den Kongress von Innsbruck 1952 zum ersten Mal belegt, auf dem er zu einem der französischen Vizepräsidenten der Union gewählt wurde. Bis 1958 saß er – ebenso wie Kraus – im Präsidium und im Verwaltungsausschuss der Union, zog sich dann jedoch aus der aktiven Mitarbeit zurück. Nachdem er die Durchführung der ersten kommunalen Jugendaustausche 1952 mitangeregt haben soll[21], flaute sein Engagement bereits Mitte der 1950er Jahre ab.[22]

2.1.2 Kommunaler Jugendaustausch

Die ersten Kontakte zwischen Frankenthal und Colombes wurden im Rahmen dieser Jugendaustausche geknüpft. Sowohl Frankenthal als auch Colombes hatten bereits 1953 und 1954 an Jugendaustauschen der IBU teilgenommen. Dabei kooperierten jedoch Frankenthal und La Flèche sowie Colombes und Fürth.[23] Erst 1955 begegneten sich zum ersten Mal Jugendliche aus Frankenthal und Colombes. Nach einer Unterbrechung im Jahre 1956 wurden beide Städte ab 1957 zu festen Partnern im Jugendaustausch.

Ziel der Jugendlager war es zunächst, persönliche Kontakte zwischen den Jugendlichen zu ermöglichen, ihnen Gelegenheit zu geben, das Nachbarland kennenzulernen und dadurch Vorurteile abzubauen:

> Le "but (est) de les (les jeunes, B.D.) faire parler ensemble, de les faire se connaître, et si possible se comprendre et s'aimer. En bref, il s'agit de donner à ces jeunes gens les meilleures conditions afin que l'opinion qu'ils se feront les uns des autres, du pays dans lequel ils vivent, (...) soit une opinion personnelle, librement faite et selon des critères humains, et une expérience vécue."[24]

Gründungsvorsitzender der Vereinigung „Freunde der Universität Mainz", in: Kißener, Michael, Mathy, Helmut (Hgg.): *Ut omnes unum sint. Gründungspersönlichkeiten der Johannes Gutenberg-Universität*, Teil 2, Stuttgart 2006, S. 63-78, hier S. 63-70.

[20] Vgl. Interview mit Mme Bouchu, durchgeführt im Juli 2001 von Mme Figus (Archives municipales de Colombes [AMC] unverzeichnet).

[21] Vgl. StAS Best. 1020, Nr. 297, 1.3.1953: Schreiben Engelhardt an Bouchu.

[22] Die Informationen zum Engagement Kraus' und Bouchus in der IBU wurden aus Engelhardt, *Chronik der IBU* (wie Anm. 6), zusammengestellt.

[23] Eine im Februar 1953 angekündigte Partnerschaft zwischen Colombes und Fürth kam – wahrscheinlich aufgrund von Unstimmigkeiten zwischen Bouchu und dem Oberbürgermeister von Fürth, Dr. Bornkessel – nicht zustande; vgl. *Fürther Nachrichten* vom 3.1.1979; Bautz, *Auslandsbeziehungen* (wie Anm. 4), S. 72; Engelhardt, *Chronik der IBU* (wie Anm. 6), S. 62f.; Grauhan, Rolf-Richard, Die Verschwisterungen deutscher und französischer Gemeinden, in: *Politische Dimensionen der europäischen Gemeinschaftsbildung*, hrsg. v. Carl Joachim Friedrich, Köln, Opladen 1968, S. 35-104, hier S. 51.

[24] AMC 2 R 2/1, September 1958: Bericht Kazeefs zum Jugendaustausch.

Auf einer abstrakteren Ebene sollten die Begegnungen die Verbindung zwischen den Städten festigen und die Jugendlichen zu Multiplikatoren der Völkerverständigung werden lassen, die ihre gemeinsamen Erfahrungen aus den Jugendlagern über die Partnerstädte in die nationale Politik hineintragen würden.[25] Die „Frankenthaler Zeitung" vom 14. August 1953 veranschaulichte diesen Gedanken mit dem Bild eines „schmalen Steg(s)", der zu einer „breite(n) Brücke" zwischen den Völkern werden sollte:

> „Dann (i.e. wenn auch die ältere Generation für die Völkerverständigung gewonnen wurde, B.D.) wird aus dem schmalen Steg, der im Landschulheim der Stadt Frankenthal errichtet wurde, eine breite Brücke werden, die sich wie ein geistiges Wunderwerk von Volk zu Volk spannt und die alle trägt, weil ihr die Sprengkammern fehlen."

Die Finanzierung der Jugendlager, die zum überwiegenden Teil aus städtischen Geldern erfolgte und damit die Zustimmung des Stadtrates voraussetzte, konnte in beiden Städten gesichert werden. Staatliche Zuschüsse wurden erst vom 1963 gegründeten DFJW bewilligt.[26]

Was die konkrete Umsetzung des von der IBU lediglich initiierten Austausches angeht, war das Engagement auf Frankenthaler Seite allerdings wesentlich größer.

In Hertlingshausen, wo sich das 1952 eröffnete, im Pfälzer Wald gelegene Landschulheim der Stadt Frankenthal befand, wurden eigens für die deutsch-französischen Begegnungen Ferienlager eingerichtet. Dabei versuchte man, möglichst homogene Gruppen zu bilden, d.h. möglichst gleich viele deutsche und französische Teilnehmer ähnlichen Alters einzuladen.[27]

Der Lageralltag sollte durch viele kleine Maßnahmen die Verständigung unter den Teilnehmern fördern. So wurden nach dem Prinzip der *binationalité* Zimmer, Spinde und Tische zugeteilt und ein gemeinsames Tagebuch verfasst, in dem abwechselnd Deutsche und Franzosen ihre Erlebnisse festhielten. Zu Beginn der Lager wurde ein Lagerpräsidium gewählt, das bei der Lösung von Problemen unter den Teilnehmern helfen sollte und an der Ausarbeitung des Tagesprogramms beteiligt war.

Kraus legte großen Wert darauf, dass alle Aktivitäten im Zeichen der Völkerverständigung standen. So organisierte er beispielsweise Vorträge zu deutsch-französischen Themen wie „Die Ideen der französischen Revolution im Schaffen Goethes, Fichtes, Jean Pauls, Mozarts und Beethovens" oder „Das deutsch-französische Verhältnis auf historischem, kulturellem und wirtschaftlichem Gebiet"[28]. Neben Ausflügen in die weitere Umgebung stan-

---

[25] Vgl. u.a. Kraus, Emil, Neue Wege der Verständigung, in: *Kulturelle Monatshefte. Frankenthaler Rundschau*, H. 6 (1953), S. 5-7, hier S. 7; Ansprache Kraus' auf der Abschiedsfeier in Hertlingshausen 1954, zit. in *Die Rheinpfalz* vom 10.8.1954.
[26] Vgl. u.a. Stadtarchiv Frankenthal (StAF) Best. IV, 10.13.40/14, 25.5.1965: Zusammenstellung durchgeführter Jugendlager und ihrer Finanzierung.
[27] Bis 1958 konnten nur Jungen teilnehmen.
[28] StAS Best. 1020, Nr. 297, 26.8.1953: Bericht Kraus' über den Besuch einer französischen Jugendgruppe aus La Flèche in Frankenthal.

den auch eine Fahrt durch den Landkreis Frankenthal sowie die Besichtigung ortsansässiger Betriebe auf dem Programm. Die Jugendlichen sollten auf diese Weise Einblicke in die Frankenthaler Industrie erhalten und „neben den Schönheiten und Sehenswürdigkeiten (der) heimatlichen Landschaft (...) einen Eindruck von kommunalen Aufgaben und Problemen" bekommen[29]. Ein „Nebeneffekt" der Landkreisfahrt war außerdem, dass sie den Gedanken der Völkerverständigung im Landkreis selbst verbreitete, denn meistens empfingen die Bürgermeister der einzelnen Orte die Jugendlichen persönlich. Bei Dorfgemeinschaftsnachmittagen in Hertlingshausen und Fußballspielen gegen die Dorfjugend gab es darüber hinaus Gelegenheit, Kontakte zur Bevölkerung zu knüpfen.

Symbolträchtige Handlungen – wie das Hissen und Einholen der deutschen und französischen Flaggen während einer feierlichen Zeremonie zu Beginn und am Ende der Ferienlager, bei der auch die Nationalhymnen gesungen wurden, oder das Entzünden eines großen Lagerfeuers, um das sich alle Teilnehmer versammelten und sich zur deutsch-französischen Versöhnung bekannten – zeigen, welche politische Bedeutung den Jugendbegegnungen beigemessen wurde.[30]

Wie wichtig Kraus diese Begegnungen waren, wird auch an seiner Präsenz während der Lager deutlich. Fast immer begrüßte und verabschiedete er die Teilnehmer persönlich. Bei seinen Besuchen in Hertlingshausen nahm er sich neben Vorträgen zur IBU und Diskussionen mit den Schülern auch Zeit für gemeinsame Mahlzeiten und Gespräche. In einigen Jahren begleitete er die Jugendlichen sogar bis zur Grenze – ein weiterer Beleg dafür, dass der Jugendaustausch Kraus sehr am Herzen lag.[31]

In Colombes hingegen war es nicht Bouchu selbst, der die *échanges culturels* – wie man die Jugendlager dort bezeichnete – organisierte. Diese Aufgabe übernahm das Œuvre des colonies de vacances – das Ferienwerk der Stadt Colombes, das für die in Frankreich weit verbreiteten *colonies de vacances* zuständig war. Die deutschen Jugendlichen wurden mit den französischen Ferienlagern mitgeschickt, was dazu führte, dass das Verhältnis zwischen Deutschen und Franzosen sehr unausgewogen war. Da auch das Programm nicht auf eine deutsch-französische Begegnung abgestimmt war, sondern lediglich einige Besichtigungen touristischer Art umfasste, wurde sowohl in Colombes als auch in Frankenthal Kritik an dieser Form des Jugendaustausches laut. Nur begrenzt konnten Kontakte zwischen deutschen und französischen Jugendlichen, die häufig sehr unterschiedlichen Alters waren, geknüpft werden. Kontakte zur Bevölkerung ergaben sich noch seltener.[32]

---

[29] *Frankenthaler Zeitung* vom 6.8.1954.
[30] Vgl. z.B. AMC 2 R 2/1, 17.4.1958: Programm für das deutsch-französische Jugendlager in Hertlingshausen; StAF (noch unverzeichnet): Tagebuch zum deutsch-französischen Jugendlager Hertlingshausen 1958.
[31] Vgl. *Die Rheinpfalz* vom 6. und 12.8.1955; Gespräch mit Reinhold Scheib am 6.7.2007.
[32] Vgl. vor allem den Bericht des französischen *moniteur* Michel Kazeef, der eine Bilanz der Jugendlager von 1955 bis 1958 zieht (AMC 2 R 2/1, September 1958). Zu dem von

2.1.3 Die Anfänge der Städtepartnerschaft

Nicht nur aus der Perspektive des Historikers, sondern bereits in den Augen der Zeitgenossen stellte der Jugendaustausch eine Vorstufe zur Städtepartnerschaft dar, denn erklärtes Ziel der Jugendlager war u.a. die Festigung der Beziehung beider Städte.

Es ist wahrscheinlich, dass Kraus und Bouchu auf dem VIII. Internationalen Bürgermeister-Kongress der IBU im September 1956 nicht nur die Wiederaufnahme des Jugendaustausches, sondern auch die Verschwisterung ihrer Städte ins Auge fassten.[33] Zum einen werden Frankenthal und Colombes im Protokoll des Kongresses bereits als Partnerstädte aufgeführt[34], zum anderen deutet ein kurz darauf im „Bulletin municipal" erschienener Artikel auf eine Konkretisierung der Partnerschaftspläne zu diesem Zeitpunkt hin.[35] Dafür spräche auch der Briefwechsel zwischen Kraus und Bouchu, der im Dezember 1956 begann und den Kraus mit den Worten einleitete: „Nachdem wir beide uns einig sind, dass wir eine engere Gemeindepartnerschaft zwischen unseren beiden Städten eingehen wollen, [...]".[36]

Am 11. Februar 1957 stimmte der Stadtrat von Colombes dem Abschluss einer Partnerschaft mit Frankenthal zu. Gleichzeitig wurde auch die Partnerschaft mit dem englischen Romford und der Beitritt Colombes zur Monde bilingue, der Vorläuferorganisation der 1957 gegründeten FMVJ, beschlossen.[37]

Colombes schwebten dabei keine voneinander unabhängigen Partnerschaften vor, sondern vielmehr eine Dreierpartnerschaft, die alle drei Städte – also auch Frankenthal und Romford – miteinander verbinden sollte. Trotz der bereits sehr konkreten Planungen scheiterte dieses Vorhaben jedoch an der ablehnenden Haltung des Stadtrates von Romford, der keine Verbindung zu Frankenthal eingehen wollte.[38]

Nach mehreren terminlichen Verschiebungen gelang es aber, die Partnerschaft zwischen Frankenthal und Colombes noch in der Amtszeit Kraus' und Bouchus abzuschließen. Am 26. Oktober 1958 erfolgte zunächst in Colombes die feierliche Unterzeichnung des Partnerschaftsvertrages, bevor die

---

Colombes organisierten Programm vgl. z.B.: *Bulletin Municipal de Colombes*, 50 (November 1955): Compte rendu d'un colon allemand; StAF (noch unverzeichnet): Tagebuch über den Ferienaufenthalt der Frankenthaler Jugendgruppe in Frankreich vom 18.7.-6.8.1957.

[33] Weshalb der Jugendaustausch 1956 ausgesetzt wurde, konnte nicht ermittelt werden.
[34] Vgl. *Protokoll des VIII. Internationalen Bürgermeister-Kongresses der IBU. 22.-24. September 1956 zu Straßburg-Kehl*, hrsg. v. der Internationalen Bürgermeister-Union, Stuttgart-Bad Cannstatt 1956, S. 7.
[35] Vgl. *Bulletin Municipal de Colombes*, 60 (Oktober 1956): Colombes en Europe.
[36] StAF Best. IV, 10.13.40/1, 21.12.1956: Schreiben Kraus' an Bouchu.
[37] Vgl. AMC, Registre des délibérations du Conseil municipal, séance du 11 février 1957.
[38] Vgl. StAF Best. IV, 10.12.01, 13.2.61: Schreiben Dégornets an Hahn. Romford, ein Vorort von London, war während des Zweiten Weltkrieges mehrfach von deutschen Bombenangriffen getroffen worden, was vermuten lässt, dass antideutsche Ressentiments den Ausschlag für das Scheitern der Dreierpartnerschaft gaben; vgl. *Bulletin Municipal de Colombes*, 66 (April 1957).

Partnerschaft am 22. Februar 1959 in Frankenthal im Rahmen einer außerordentlichen Stadtratssitzung bestätigt wurde.

Ein Vergleich der anlässlich der Partnerschaftsfeiern gehaltenen Ansprachen und der jeweiligen Partnerschaftseide ist sehr aufschlussreich im Hinblick auf die Ziele und Motive, welche die beiden Bürgermeister zum Abschluss einer Städtepartnerschaft bewogen.[39]

Im Kleinen, also konkret auf die Städte Frankenthal und Colombes bezogen, waren sich Kraus und Bouchu darin einig, dass eine offizielle Verschwisterung die durch die Jugendlager bereits begonnene Freundschaft beider Städte festigen sollte:

> „Aujourd'hui (...) se trouve solennellement confirmée, consacrée, scellée sur un parchemin, comme dans les cœurs, une amitié qui au cours de ces dernières années a été viviviée (sic!) par les contacts cordiaux que nous avons eus avec nos amis de Frankenthal."[40]

Einigkeit bestand auch darüber, dass infolge der offiziellen Besiegelung der Partnerschaft die Begegnungen zwischen den Bevölkerungen beider Städte ausgebaut werden sollten. Im Anhang zum Programm der Partnerschaftsfeierlichkeiten in Colombes, in dem unter der Überschrift „Pourquoi nous procédons à ce jumelage" die Ziele der Städtepartnerschaft dargelegt werden, heißt es diesbezüglich:

> „les maires respectifs des villes de Frankenthal et de Colombes expriment la résolution commune de leurs deux cités de s'associer en vue, non seulement de développer les échanges culturels, mais également de promouvoir et d'encourager entre leurs citoyens des échanges linguistiques, touristiques, économiques et sociaux."[41]

Vergleicht man dagegen die der Partnerschaft übergeordneten Ziele, so muss man feststellen, dass die Vorstellungen Kraus' und Bouchus zum Teil erheblich voneinander abwichen.

Während Kraus sehr stark die Verbindung zur IBU betonte, deren Hauptziel – eine deutsch-französische Verständigung – auch im Zentrum der Städtepartnerschaft Frankenthal – Colombes stehen sollte, legte Bouchu den Schwerpunkt auf die Verteidigung kommunaler Selbstverwaltungsrechte und die Einheit Europas, womit er sich – und das war charakteristisch für die französische Sektion der IBU – dem Gedankengut des RGE annäherte.[42] Es verwundert deshalb nicht, wenn es im „Serment du jumelage" von Colombes lautet:

---

[39] Vgl. Ansprache Bouchus vom 26.10.1958; Ansprache Kraus' vom 22.2.1959; Serment du jumelage vom 26.10.1958 und Partnerschaftsurkunde vom 22.2.1959, in StAF Best. IV, 10.13.40/1.
[40] Ansprache Bouchus vom 26.10.1958.
[41] AMC, Dossier thématique: Programme de la cérémonie de jumelage.
[42] Vgl. Bautz, *Auslandsbeziehungen* (wie Anm. 4), S. 89-92. Ringpartnerschaften mehrerer europäischer Gemeinden, wie sie der RGE vorsah, schienen in den französischen Kommunen leichter durchsetzbar zu sein als bilaterale Beziehungen zu Deutschland.

„En ce jour nous prenons l'engagement solennel (...) de conjuguer nos efforts afin d'aider (...) au succès de cette nécessaire entreprise de Paix et de prospérité: L'UNITÉ EUROPÉENNE.",

in der Partnerschaftsurkunde von Frankenthal dagegen, dass

„die Bürgermeister und Gemeinderäte die feierliche Verpflichtung übernahmen: die ständige Verbindung zwischen den beiden Städten zu pflegen, auf allen Gebieten den Austausch zwischen ihren Bürgern zu fördern, um dadurch der deutsch-französischen Verständigung und damit dem Frieden Europas und der Welt zu dienen."

Obwohl in inhaltlicher Hinsicht also durchaus Unterschiede bestanden, scheint es diesbezüglich nie zu Auseinandersetzungen zwischen Kraus und Bouchu gekommen zu sein. Die Probleme, die die beiden Bürgermeister bis zum Abschluss der Partnerschaft zu bewältigen hatten, waren v.a. technischer Art.

Die größte Schwierigkeit stellte es für die durch andere Verpflichtungen stark beanspruchten Stadtoberhäupter dar, einen geeigneten Zeitpunkt für den Abschluss der Partnerschaft zu finden. In beiden Städten führten Kommunalwahlen und andere politische Ereignisse dazu, dass bereits festgehaltene Termine erneut abgesagt werden mussten, wodurch zeitweise sogar der Abschluss der Partnerschaft gefährdet schien.[43]

Grundsätzlich war auch die Finanzierung der Städtepartnerschaften, insbesondere für die finanziell schlechter gestellten französischen Gemeinden, nicht einfach. Im Fall von Frankenthal und Colombes waren damit jedoch keine größeren Probleme verbunden. Gleiches gilt für die Bereitschaft des Stadtrates, die Partnerschaft mitzutragen. Da eine Partnerschaft ohne die Zustimmung der Vertreter der Bürgerschaft nicht abgeschlossen werden konnte – wie das Scheitern der Dreierpartnerschaft mit Romford zeigte – spielte diese eine entscheidende Rolle.

In der Colomber Bevölkerung war zwar zunächst eine gewisse Zurückhaltung zu spüren, aber es regte sich kein öffentlicher Widerstand. Die Frankenthaler Presse begrüßte sowohl Jugendlager als auch Partnerschaft.[44]

Um Kommunikationsprobleme zu vermeiden, beharrte Kraus, der selbst nur wenig Französisch sprach, darauf, dass bei Begegnungen der städtischen Delegation genügend Dolmetscher anwesend waren. Die Korrespondenz konnte dank der guten Französischkenntnisse der Sekretärin des Frankenthaler Oberbürgermeisters problemlos übersetzt werden.[45]

Will man abschließend das Verdienst Kraus' und Bouchus um die Partnerschaft gegenüberstellen, so muss man anerkennen, dass Kraus, der bereits bei der Organisation der Jugendlager mehr Engagement gezeigt hatte, sich

---

[43] Vgl. z.B. StAF Best. IV, 10.13.40/1, 21.3.1958: Schreiben Kraus' an Bouchu; 1.9.1958: Schreiben Bouchus an Kraus.
[44] Vgl. StAF Best. IV, 10.13.40/1: *Die Freiheit* vom 31.10.1958; *Die Rheinpfalz* vom 23.2.1959.
[45] Vgl. StAF Best. IV, 10.13.40/1, 29.9.1958: Schreiben Kraus' an Bouchu.

ebenso bei der Anbahnung der Städtepartnerschaft als treibende Kraft erwies.

Bezeichnenderweise war es Kraus, der im Anschluss an den Kongress der IBU von September 1956 die Korrespondenz bezüglich der Anbahnung einer Partnerschaft begann. Beharrlich fragte er auch mehrmals bei Bouchu nach, falls die Antwort seines Amtskollegen zu lang auf sich warten ließ.[46] Nachdem Bouchu im September 1958 angekündigt hatte, dass die Gespräche zum Abschluss einer Partnerschaft aufgrund verschiedener politischer Ereignisse in Frankreich erst im Juni 1959 fortgeführt werden könnten, setzte sich Kraus mit Nachdruck für die Festigung der Partnerschaft noch innerhalb seiner Amtszeit ein.[47]

Dabei ging es ihm nicht um persönliches Prestige, sondern um die Gewissheit, dass die Kontakte zu Colombes auch nach seinem Amtsaustritt aufrechterhalten und damit die Verständigung zwischen Deutschland und Frankreich fortgesetzt würde.[48] Die Verwirklichung der Städtepartnerschaft war Kraus – ebenso wie der Jugendaustausch – eine echte Herzensangelegenheit.[49]

Auch Bouchu lag an der Verwirklichung der Städtepartnerschaft, er verfolgte diese jedoch weniger zielstrebig. Dabei ist zu berücksichtigen, dass Bouchu eine schwierigere Ausgangslage hatte als Kraus, da er zum einen seine Tätigkeit als Bürgermeister nur ehrenamtlich ausübte und zum anderen mit mehr Widerstand aus der Bevölkerung rechnen musste.

Trotz dieser Einwände ist jedoch nicht zu übersehen, dass die stärkeren Impulse von Frankenthal ausgingen. Vielleicht spielte dabei auch die Tatsache eine Rolle, dass es die Deutschen waren, die – wie es ein Frankenthaler Jugendlicher formulierte – in der Schuld der Franzosen standen und deren Wille zu Wiedergutmachung die größere Motivation darstellte.[50]

---

[46] Vgl. StAF Best. IV, 10.13.40/1, 5.12.1958 u. 19.12.1958: Schreiben Kraus' an Bouchu.
[47] Vgl. StAF Best. IV, 10.13.40/1, 1.9.1958: Schreiben Bouchus an Kraus sowie 9.9.1958: Antwort Kraus' an Bouchu.
[48] Vgl. StAF Best. IV, 10.13.40/1, 5.12.1958: Schreiben Kraus' an Bouchu: „Ich bin sehr glücklich darüber, dass wir diese feierliche Beurkundung unserer Städtepartnerschaft noch in meiner Amtszeit hier durchführen konnten. Der tiefe Eindruck, den das Colomber Erlebnis bei den beteiligten Stadträten hinterlassen hat, wird, wie ich wohl hoffen darf, dazu führen, dass auch in Zukunft die Stadtverwaltung Frankenthal diese jumelage hegen und pflegen wird, so dass für alle Bevölkerungsgruppen in beiden Städten daraus recht viele Früchte und Erfolg erwachsen mögen."
[49] Vgl. *Die Rheinpfalz* vom 28.10.1958; StAS Best. 1020, Nr. 237, 28.5.1963: Glückwunschschreiben der IBU zu Kraus' 70. Geburtstag.
[50] Vgl. *Bulletin Municipal de Colombes* 50 (November 1955): Compte rendu d'un colon allemand: „Nous serons toujours vos débiteurs. Mais nous voulons essayer de payer un peu notre dette en travaillant pour l'entente paisible de la France et de l'Allemagne."

2.2 Nach dem Partnerschaftsabschluss: ein Ausblick auf die Beziehungen zwischen Frankenthal und Colombes nach 1959

1959 fand sowohl in Frankenthal als auch in Colombes ein Amtswechsel statt, der jedoch keinen Einbruch der partnerschaftlichen Beziehungen beider Städte nach sich zog.

Der Nachfolger Kraus', Dr. Jürgen Hahn, führte die Partnerschaft mit ähnlichem Eifer fort wie sein Vorgänger sie begonnen hatte. Hahn war ebenso wie Kraus Mitglied der IBU, saß aber seit 1962 auch im Präsidium des RGE.[51]

Marcelle Devaud, die neue Bürgermeisterin von Colombes, war als Vizepräsidentin der französisch-italienischen Freundschaftsgruppe des Parlaments stärker daran interessiert, Kontakte zu Italien aufzunehmen als die Städtepartnerschaft zu Frankenthal zu vertiefen. Wie Hahn erst recht spät erfuhr, hing ihre Zurückhaltung gegenüber Frankenthal wohl auch mit ihrer jüdischen Herkunft zusammen.[52]

Dank Roger Dégornet, seit 1947 Beigeordneter des Bürgermeisters von Colombes, wurden die Beziehungen zur deutschen Partnerstadt jedoch auch von französischer Seite weiterhin gepflegt. Zwischen 1953 und 1958 hatte er an zahlreichen Tagungen der IBU und des RGE teilgenommen. Sein vorrangiges Interesse galt allerdings der FMVJ, in der er als Mitglied der ständigen Kommission äußerst aktiv war.

Der Beitritt Colombes zur Monde bilingue im Jahre 1957 dürfte dementsprechend auf seine Initiative zurückzuführen sein.[53]

In Anbetracht des Engagements Devauds für die französisch-italienische Freundschaft und der Aktivität Dégornets in der FMVJ verwundert es nicht, dass Colombes im Jahre 1961 unter der Schirmherrschaft des Weltbundes eine Partnerschaft mit dem italienischen Legnano abschloss. Wie bereits im Zusammenhang mit Romford gab es erneut Überlegungen, Frankenthal im Rahmen einer offiziellen Dreierpartnerschaft in die Kontakte zu Legnano einzubeziehen.

Diese Überlegungen kamen jedoch genau zu einem Zeitpunkt auf, als der Konflikt zwischen FMVJ und RGE eskalierte. Da sich in den Personen Dégornets und Hahns engagierte Vertreter beider Verbände fanden, verknüpfte sich die Frage nach einer Dreierpartnerschaft mit den verbandspolitischen Auseinandersetzungen. Hahn und Dégornet versuchten, zwischen ihren Verbänden zu vermitteln. Ihre Bemühungen scheiterten jedoch sowohl

---

[51] Vgl. StAF Best. IV, 10.12.01, 31.5.1963: Aktennotiz Hahns zu einer Besprechung in Berlin am 24.5.1963.
[52] Vgl. StAF Best. IV, 10.13.20, 17.10.1961: Aktennotiz Hahns zur Partnerschaftsfeier Colombes – Legnano in Colombes.
[53] Vgl. StAF Best. IV, 10.12.01, 14.6.1961: Schreiben Dégornets an Kämpfen (Präsident der IBU von 1952-1967); StAF Best. IV, 10.12.01, 13.2.1961: Schreiben Dégornets an Hahn.

auf Verbands- als auch auf Partnerschaftsebene, so dass eine Dreierpartnerschaft mit Legnano nicht zustande kam.[54]

Die Tatsache, dass die Beziehungen zwischen Frankenthal und Colombes von diesem Konflikt unbeschadet blieben, zeigt allerdings, wie gefestigt die deutsch-französische Städtepartnerschaft bereits war.

Mit den ersten Begegnungen zwischen Vereinen aus Frankenthal und Colombes begann Anfang der 1960er Jahre eine schrittweise Loslösung der Partnerschaft von den Stadtverwaltungen.

Auf einer Verwaltungskonferenz in Frankenthal wurden im Juni 1959 zwei neue Leitlinien für die Partnerschaft mit Colombes erarbeitet. Zum einen sollte der Jugendaustausch in Zukunft stärker in familiärem Rahmen stattfinden. Zum anderen wollte man neue Austauschformen, insbesondere auf sportlichem Gebiet, anregen, um die Beziehungen zwischen der Bevölkerung beider Städte zu vertiefen.[55]

Während der erste Vorschlag in Colombes auf wenig Begeisterung stieß, da man befürchtete, dass sich nicht genügend Gastfamilien zur Aufnahme eines Jugendlichen bereiterklären würden, fiel der zweite Vorschlag auf fruchtbareren Boden. Devaud und Dégornet befürworteten einhellig eine Ausweitung der Partnerschaft auf Sport- und Kulturvereine.[56]

Im Februar 1960 organisierten die Stadtverwaltungen erstmals eine gemeinsame Kunstausstellung in Colombes, auf der Künstler aus Colombes und Frankenthal ihre Werke ausstellten und die in jährlichem Wechsel in einer der beiden Städte stattfinden sollte. Auch die erste Begegnung zwischen den Schachclubs von Colombes und Frankenthal im September 1961 ging auf die Vermittlung der Stadtverwaltungen zurück. Im Mai 1962 reisten Mitglieder des Tennisclubs Grün-Weiß und der Altherrenmannschaft des VfR-Frankenthal nach Colombes. Die Gegenbesuche des Cercle d'échecs de Colombes und der Étoile sportive colombienne erfolgten noch 1962.[57]

Damit war ein Stein ins Rollen gebracht worden, der zahlreiche weitere Vereine erfasste und zu einer Intensivierung der Kontakte führte. Es waren zunehmend die Vereine und Gruppen selbst, die die Begegnungen initiierten und organisierten. Die Stadtverwaltungen wurden lediglich als „koordinierende Stellen" eingeschaltet und gewährten finanzielle Zuschüsse, um allen sozialen Schichten die Teilnahme an Partnerschaftsbegegnungen zu ermöglichen.[58]

---

[54] Vgl. StAF Best. IV, 10.12.01: Akte zum Weltbund der Partnerstädte.
[55] Vgl. StAF Best. IV, 10.13.40/2, 8.6.1959: Auszug aus der Niederschrift über die 51. Verwaltungskonferenz vom 4.6.1959.
[56] Vgl. StAF Best. IV, 51.22.011, 12.3.1963: Aktennotiz zur Besprechung in Colombes am 9.3.1963; StAF Best. IV, 10.13.40/2, 15.1.1961: Schreiben Devauds und Dégornets an Hahn.
[57] Vgl. StAF Best. IV, 10.13.40/2, 16.5.1961: Schreiben Dégornets an Hahn sowie 14.6.1961: Schreiben Hahns an Dégornet; Colombes Informations 13 (Oktober 1961).
[58] Vgl. StAF Best. IV, 10.13.40/2, 8.5.1963: Vereinbarung zwischen den Städten Colombes und Frankenthal über die finanzielle Regelung bei Austauschen.

Aus einer von der Stadt Frankenthal erstellten „Übersicht der Partnerschaftsbegegnungen Frankenthal – Colombes" lassen sich einige interessante Schlüsse zur Entwicklung der Städtepartnerschaft bis 1982 ziehen.[59]

Die Zahl der Besuche in beiden Städten war nahezu ausgeglichen und nahm im Laufe der Jahre kontinuierlich zu. Ein sprunghafter Anstieg infolge des Elysée-Vertrages vom Januar 1963 konnte nicht verzeichnet werden. Die Zuschüsse des DFJW dürften aber – neben den oben geschilderten Initiativen der Stadtverwaltungen – sicher zur Zunahme der Begegnungen beigetragen haben, die sich im Vergleich zu den 1950er in den 1960er Jahren fast verachtfachten. Auffällig sind vor allem die steigenden Besuchszahlen anlässlich der Partnerschaftsjubiläen.

Vergleicht man die Bereiche, in denen Austausche durchgeführt wurden, so überwog eindeutig der Jugendaustausch. An zweiter Stelle folgten die Begegnungen von Sportvereinen und erst an dritter Stelle Treffen der Stadtverwaltungen, die noch bis Mitte der 1960er Jahre dominiert hatten.

---

[59] StAF Best. IV, 10.13.40/14: Zeitliche Übersicht der Partnerschaftsbegegnungen Frankenthal – Colombes (1953-1982).

Ulrich Pfeil

„Alles begann mit der Jugend":
Die Städtepartnerschaft zwischen Saint-Étienne und Wuppertal (1960)

Städtepartnerschaften

Wer die Geschichte der internationalen Beziehungen einzig aus der Vogelperspektive der Diplomatie betrachtet, wird in den internationalen Städtepartnerschaften in erster Linie folkloristische Veranstaltungen sehen, die keiner besonderen Beachtung bedürfen. Doch haben unlängst verschiedene Studien zu den deutsch-französischen Gesellschaftsbeziehungen den hohen politischen Wert dieser nach 1945 eingeführten Form der transnationalen Begegnung für die bilaterale Annäherung in der Nachkriegszeit herausgestellt,[1] trug sie doch entscheidend dazu bei, das deutsch-französische Verhältnis auf eine neue emotionale und sozio-kulturelle Grundlage zu stellen und in die internationale Kooperation ein weiteres Beziehungsniveau einzuflechten, das nicht dem vom Staat in der Regel reklamierten Monopol der Außenpolitik unterliegt.[2] Bis heute ist die Geschichte der Städtepartnerschaften ein vernachlässigtes Feld, das auf seine wissenschaftliche Bearbeitung wartet, um den Praktiken auf die Spur zu kommen und sich den – nicht immer leicht zu identifizierenden – persönlichen Motiven und Gefühlen zu nähern, die Deutsche und Franzosen bewogen haben, sich im Rahmen dieser Begegnungsform zu treffen. Gleichzeitig gilt es angesichts der Differenzierung der gesellschaftlichen

---

[1] Vgl. Grunert, Thomas, *Langzeitwirkungen von Städte-Partnerschaften. Ein Beitrag zur Europäischen Integration*, Kehl, Straßburg 1981; Mirek, Holger, *Deutsch-französische Gemeindepartnerschaften. Ein Leitfaden für Praktiker*, Kehl, Straßburg 1984; Bock, Hans Manfred, Europa von unten? Zu den Ursprüngen und Anfängen der deutsch-französischen Gemeindepartnerschaften, in: Annette Jünemann, Emanuel Richter, Hartmut Ullrich (Hgg.), *Gemeindepartnerschaften im Umbruch Europas*, Frankfurt/Main 1994, S. 13-35; Defrance, Corine, Les premiers jumelages franco-allemands, 1950-1963, in: *Lendemains*, 21, (1996) 84, S. 83-95; Dies., Les jumelages franco-allemands: aspect d'une coopération transnationale, in: *Vingtième Siècle*, 99 (2008), S. 189-201.

[2] Vgl. Chombard-Gaudin, Cécile, Pour une histoire des villes et communes jumelées, in: *Vingtième Siècle*, 35 (1992), S. 60-77.

Interaktionsformen, die Besonderheiten der Städtepartnerschaften herauszuarbeiten und sie mit anderen sozio-kulturellen Praktiken transnationaler Beziehungen in Verbindung zu setzen. Die Geschichte der Städtepartnerschaft verspricht darüber hinaus Einsichten in die gesellschaftliche Akzeptanz der westdeutsch-französischen Annäherung und ihre sozio-kulturelle Tiefenwirkung.

Die Städtepartnerschaft zwischen Wuppertal und Saint-Étienne feiert im Jahre 2010 ihr 50jähriges Jubiläum. Sie gehörte damit nicht zu den ersten, doch wurde sie noch vor der Unterzeichnung des Élysée-Vertrages vom 22. Januar 1963 geschlossen,[3] was auf ein Verständigungspotential hindeutet, das nicht der politisch inszenierten Versöhnung durch die „Lichtgestalten" de Gaulle und Adenauer bedurfte. Zugleich fand das uns hier interessierende Beispiel bereits die Aufmerksamkeit der Historiker,[4] gilt die Städtepartnerschaft doch u.a. als Produkt „freundschaftlicher Kontakte ehemaliger Kriegsteilnehmer aus Saint-Étienne und Wuppertal"[5]: „Mehrere Treffen von Mitgliedern des Verbandes der Heimkehrer in Wuppertal und früherer französischer Kriegsgefangener bahnten den Weg zur Städtepartnerschaft".[6] Unlängst wurde erneut auf die ehemaligen deutschen Kriegsgefangenen verwiesen, die nach ihrer Freilassung in Saint-Étienne geblieben seien, „ohne dabei ihre bergischen Wurzeln zu vergessen".[7] Von besonderem Interesse ist weiterhin, dass die Städtepartnerschaft Anfang der 1960er Jahre in die Mühlen des Kalten Krieges geriet bzw. zu einem Spielball im deutschen Sonderkonflikt zu werden drohte, als die ostdeutsche Stadt Zwickau Saint-Étienne das Angebot zu einer Städtepartnerschaft machte.[8] Beiden Aspekten soll daher auf den nächsten Seiten in besonderem Maße nachgegangen werden.

1. Vorgeschichte und Gründung der Städtepartnerschaft

Nach 1945 lebten wirtschaftliche Vorkriegskontakte zwischen Wuppertal und Saint-Étienne wieder auf. Eine wichtige Rolle spielte dabei der Wuppertaler Kaufmann Adolf Schmitz, Bandfabrikant aus Barmen und gleichzeitig Mitglied der Europa-Union. Als Sohn einer französischen Mutter und damit

---

[3] Vgl. *Der Élysée-Vertrag und die deutsch-französischen Beziehungen 1945–1963–2003*, hrsg. v. Corine Defrance, Ulrich Pfeil, München 2005.
[4] Vgl. Cochet, François, Le rôle des anciens prisonniers et des anciens déportés français dans le rapprochement franco-allemand, in: Antoine Fleury (Hg.), *Le rôle des guerres dans la mémoire des Européens*, Neuchâtel, 1997, S. 123-135; Ders., La captivité de 1939-1945 et les jumelages des villes: du rêve au réveil, in: *Les prisonniers de guerre dans l'histoire. Contacts entre peuples et cultures*, hrsg. v. Sylvie Caucanas, Rémy Cazals, Pascal Payen, Paris 2003, S. 293-304.
[5] Nasemann, Silke, Die wahre Schwester, in: *Bergische Blätter*, 16 (1999), S. 9.
[6] Schnöring, Kurt, Aus Partnern wurden Freunde, in: *Bergischer Almanach*, 1992, S. 71.
[7] Neues Leben in der Allianz alter Freunde, in: *Westdeutsche Zeitung* (WZ), 20.3.2009.
[8] Vgl. Pfeil, Ulrich, *Die »anderen« deutsch-französischen Beziehungen. Die DDR und Frankreich 1949-1990*, Köln 2004, S. 388 f.

der „langue de Molière" mächtig, war er zugleich Vertreter französischer Firmen der Bandindustrie und hatte aufgrund seiner geschäftlichen Erfahrungen „für eine engere Bindung in der europäischen Zusammenarbeit" Saint-Étienne als französische Partnerstadt empfohlen. Gemeinsam mit seinem französischen Geschäftsfreund und Bandfabrikanten aus Saint-Étienne, Paul Roche (*1914),[9] der in Deutschland studiert hatte und in der Folge eine tragende Rolle im Club franco-allemand spielte, bemühte er sich um die ersten Kontakte, bot sich eine Partnerschaft zwischen den beiden Städten doch gerade wegen ihrer vergleichbaren Größe und der ähnlichen Sozial- bzw. Wirtschaftsstruktur an. Dass sich Vertreter der Europa-Union, die seit Mitte der 1950er Jahre die Westbindung der Bundesrepublik und ein atlantisches bzw. nach Westen orientiertes Europa befürwortete, so maßgeblich für Städtepartnerschaften einsetzten, war auf ihren erweiterten Kulturbegriff auf dem Feld der transnationalen Beziehungen zurückzuführen. Neben Schmitz ist hier vor allem der Vorsitzende des Wuppertaler Kreisverbandes der Europa-Union, Georg Rehbein (1898-1984), zu nennen, der in engem Kontakt zu Schmitz stand[10] und sein Engagement für die Städtepartnerschaft mit folgenden Worten begründete:

> „Die Europa-Union will aber nicht, dass sich diese deutsch-französischen Anbahnungen stets nur auf einen engen Bereich beschränken. Es soll allen Kreisen der Bevölkerung Gelegenheit gegeben werden, sich in europäische Begegnungen einzuschalten".[11]

Ausgehend von dieser Grundhaltung unterbreitete Schmitz die Idee für einen Schüleraustausch der Direktorin des Wuppertaler Mädchengymnasiums Helmholtzstraße,[12] die mit Partnern in Saint-Étienne die ersten Begegnungen zwischen Schülern aus beiden Städten im Jahre 1959 organisierte. Diese Kontakte fanden die Unterstützung durch die beiden Städte. Der seit 1947 amtierende Bürgermeister von Saint-Étienne, Baron Alexandre de Fraissinette (1902-1964), teilte seinem Wuppertaler Amtskollegen Hermann Herberts (1900-1995) am 21. April 1959 die Intention seiner Stadt mit, die Zahl der Städtepartnerschaften ausbauen zu wollen. Zu diesem Zweck bat er ihn, dem Aufenthalt von Schülern aus Saint-Étienne im Sommer 1959 einen offiziellen Charakter durch die Mitwirkung der Stadt zu geben.[13] Die-

---

[9] Raynaud, Brigitte, *L'industrie rubanière dans la région stéphanoise, 1895-1975*, Saint-Étienne 1991, S. 140.
[10] Georg Rehbein an Paul Roche, 12.7.1959; Archives municipales de Saint-Étienne (AMSE), 6037W, 2.
[11] Rundschreiben von Georg Rehbein, 16.7.1959; AMSE, 6037W, 2; vgl. Loth, Wilfried, Das Europa der Verbände. Die Europa-Union im europäischen Integrationsprozess (1949-1969), in: ›Der Kölsche Europäer‹. *Friedrich Carl von Oppenheim und die Europäische Einigung*, hrsg. v. Jürgen Mittag, Wolfgang Wessels, Münster 2005, S. 217-236.
[12] Die Wirtschaft steht im Dienst der Verständigung, in: *Generalanzeiger der Stadt Wuppertal* (GAW), 20.9.1960.
[13] Alexandre de Fraissinette an Hermann Herberts, 21.4.1959; AMSE, 6037W, 2.

ser Bitte entsprach Wuppertal und sagte die Unterstützung durch die städtischen Behörden zu.[14]

Die Vor- und Frühgeschichte der uns hier interessierenden Städtepartnerschaft fiel in eine „Expansionsphase" in den sozio-kulturellen Beziehungen zwischen der Bundesrepublik und Frankreich, in der besonders heftig über neue breitenwirksame Versöhnungs- und Verständigungsstrategien nachgedacht wurde.[15] In Wuppertal konkretisierten sich die Initiativen zu einer kommunalen Mobilisierung im Jahre 1959, als sich das örtliche Schulamt am 6. Mai an den sozialdemokratischen Oberbürgermeister wandte, um ihn nicht nur über einen Schüleraustausch zwischen dem Wuppertaler Mädchengymnasium Helmholtzstraße und dem Lycée Honoré d'Urfé in Saint-Étienne zu informieren, sondern zugleich engere Kontakte zwischen den beiden Städten vorzuschlagen. Von dieser Initiative unterrichtete Herberts (SPD) die städtischen Fraktionsvorsitzenden, die jedoch der Absicht waren, „dass – nachdem ein so enges Partnerschaftsverhältnis mit der englischen Stadt South Shields [seit 1957] besteht – man nicht weitere derartige Bindungen eingehen sollte".[16] So bedurfte es der Initiative von Saint-Étienne, um der Verwirklichung weiteren Nachdruck zu verleihen. Die Stadt unterhielt seit 1954 eine Städtepartnerschaft mit Coventry, bei der es zu jährlichen Begegnungen zwischen Schülern und Studenten aus beiden Städten kam. Die guten Erfahrungen sowie die Beobachtung, dass sich Städtepartnerschaften allgemein großer Beliebtheit erfreuten, bewogen den Stadtrat am 18. September 1959, neue Partnerschaften einzugehen:

„Nous estimons que Saint-Étienne ne peut se tenir à l'écart de cette recherche d'union devant permettre aux hommes de mieux se connaître et aussi de mieux s'estimer. Le souci qui nous guide tend à établir des relations culturelles appelées à intéresser toutes catégories sociales, des contacts basés sur des notions d'humanisme".

Da der im Laufe des Jahres 1959 durchgeführte Schüleraustausch ein positives Echo in Saint-Étienne gefunden und Wuppertal auf diese Weise das Vertrauen der französischen Seite gewonnen hatte, beschloss der Conseil municipal einstimmig die offizielle Kontaktaufnahme mit der westdeutschen Stadt.[17] Am 13. November 1959 wandte sich Fraissinette an seinen

---

[14] Stadtdirektor von Wuppertal an Alexandre de Fraissinette, 8.6.1959; AMSE, 6037W, 2. In dem Rundbrief an die Teilnehmer hieß es: „Ne pas oublier que chaque élève est messagère du bon goût français, or l'élégance est faite de simplicité et de netteté (vêtements nets, cheveux propres et coiffés correctement)"; Circulaire à lire attentivement et à conserver; AMSE, 6037W, 2.

[15] Vgl. Bock, Hans Manfred, Private Verständigungs-Initiativen in der Bundesrepublik und in Frankreich 1949 bis 1964 als gesellschaftliche Entstehungsgrundlage des DFJW, in: *Deutsch-französische Begegnung und europäischer Bürgersinn. Studien zum Deutsch-Französischen Jugendwerk 1963-2003*, hrsg. v. Hans Manfred Bock, Opladen 2003, S. 13-37, hier S. 15.

[16] Wuppertaler Oberbürgermeister an den Stadtdirektor, 13.5.1959; Stadtarchiv Wuppertal (StAW), EI, 1005.

[17] Bulletin municipal 72/7, séance du 18 septembre 1959, S. 211 f.

Wuppertaler Amtskollegen und unterbreitete ihm den Vorschlag, die Verbindungen „auf andere Gebiete auszudehnen".[18] Herberts informierte umgehend die Fraktionsvorsitzenden der Parteien, die sich nunmehr für eine solche Patenschaft aussprachen,[19] was er seinem Amtskollegen in Saint-Étienne am 30. November unter Bezugnahme auf den erfolgreichen Schüleraustausch mitteilte.[20] Nachdem der Hauptausschuss der Stadt Wuppertal dieses Ansinnen am 17. Dezember 1959 einstimmig angenommen hatte, unterstützte Herberts in der Ratssitzung vom 12. Januar 1960 vehement diese Initiative:

> „Er setzt sich anschließend mit eindringlichen Argumenten für diese Städtefreundschaft ein, die, ähnlich wie das Patenschaftsverhältnis zwischen South Shields und Wuppertal, in erster Linie der Jugend zugutekommen solle. Die Stadt St. Étienne möchte aber die Beziehungen zu Wuppertal auch auf kulturelle und andere Gebiete ausdehnen. Er habe den Wunsch, dass der Rat der Anregung von St. Étienne zustimme, nicht zuletzt deshalb, weil gegenwärtig wieder eine Welle des Hasses und der Verhetzung über Europa – und darüber hinaus – gehe und weil durch solche guten Kontakte die Menschen in der Welt einander näher gebracht werden könnten. Das sollte eigentlich das Ziel einer solchen Patenschaft sein".[21]

Herberts, der als Sozialdemokrat selber im „Dritten Reich" vom NS-Regime verfolgt worden war,[22] sprach es nicht direkt an, doch bezog er sich in den zitierten Ausführungen implizit auf die Hakenkreuzschmierereien an der 50 km entfernten Kölner Synagoge, die zu Weihnachten 1959 nicht nur die bundesdeutsche Öffentlichkeit in Aufruhr versetzt, sondern auch im Ausland für Aufsehen gesorgt hatten. Die Bundesrepublik musste einen internationalen Imageverlust befürchten,[23] dem – wie im Beispiel von Herberts – auch auf lokaler Ebene entgegengearbeitet wurde.

Auch Hans Rauhaus (1904-1998), Vorsitzende der CDU-Fraktion im Rat der Stadt Wuppertal, unterstützte die Idee einer Städtepartnerschaft nach-

---

[18] Deutsche Übersetzung des Briefes des Bürgermeisters von Saint-Étienne an Hermann Herberts vom 13.11.1959 in Bericht über die Sitzung des Hauptausschusses vom 17.12.1959; StAW, DV 835P.
[19] Vgl. Stenographische Niederschrift über die Sitzung des Rates der Stadt Wuppertal vom 12.1.1960; StAW, DV, 774–776.
[20] Hermann Herberts an Alexandre de Fraissinette, 30.11.1959; AMSE, 6037W, 2.
[21] Bericht über die Sitzung des Rates der Stadt Wuppertal am 12.1.1960; StAW DV 729. Hier auch die weiteren Zitate.
[22] Le jumelage Saint-Étienne – Wuppertal: similitudes et différences, in: *La Dépêche*, 24.9.1960.
[23] Vgl. Reichel, Peter, *Vergangenheitsbewältigung in Deutschland. Die Auseinandersetzung mit der NS-Diktatur von 1945 bis heute*, München 2001, S. 147; Bauerkämper, Arnd, Nationalsozialismus ohne Täter? Die Diskussion um Schuld und Verantwortung für den Nationalsozialismus im deutsch-deutschen Vergleich und im Verflechtungsverhältnis von 1945 bis zu den Siebzigerjahren, in: *Deutschland-Archiv*, 40 (2007) 2, S. 231-240; Fröhlich, Claudia, Rückkehr zur Demokratie – Wandel der politischen Kultur in der Bundesrepublik, in: *Die zweite Geschichte. Überwindung – Deutung – Erinnerung*, hrsg. v. Peter Reichel u.a., München 2009, S. 105-126.

drücklich und stellte den Europagedanken in den Mittelpunkt seiner Ausführungen. Er unterstützte damit Positionen aus der Städtepartnerschaftsbewegung, die einen engen Zusammenhang zwischen deutsch-französischer Verständigung und europäischer Einigungsbewegung „von unten" sah:

> „Der Wert dieses Partnerschaftsverhältnisses liege im Wesentlichen in einem Austausch Jugendlicher, der dazu beitrage, gegenseitige Vorurteile und Ressentiments abzubauen und auf der anderen Seite Verständnis für unsere besonderen Schwierigkeiten zu wecken. Wuppertal habe nicht die Absicht, Weltpolitik zu treiben; aber die menschlichen Beziehungen hätten im Grunde auch politische Auswirkungen. Das angestrebte Ziel, eine politische und wirtschaftliche Einheit Europas, sei sicherlich nicht leichter zu erreichen als der Weg Deutschlands zur inneren Einheit [...]. Die heutige Generation sei im Interesse der Jugend verpflichtet, alles zu tun, damit einmal die Einheit Europas Wirklichkeit werde. Die gegenseitige Patenschaft zwischen St. Étienne und Wuppertal trage dazu bei".

Nachdem sich auch Wilhelm Piepenbrink von der FDP für diese Partnerschaft ausgesprochen hatte, beschloss der Rat der Stadt Wuppertal am 12. Januar 1960, eine Städtepartnerschaft mit Saint-Étienne einzugehen. Am 19. Januar teilte Herberts dieses Ergebnis seinem französischen Amtskollegen mit und schlug ein baldiges Treffen zwischen den Bürgermeistern vor: „Votre offre de créer des relations amicales entre nos deux villes a été saluée vivement par tous les partis démocratiques représentés dans notre Conseil".[24] Fraissinette willigte am 10. Februar 1960 in diesen Vorschlag ein und schlug seinerseits vor, dass der Besuch einer Delegation aus Wuppertal parallel zum Aufenthalt einer Schülergruppe in Saint-Étienne Anfang April stattfinden solle.[25] Herberts setzte sich sofort mit der Wuppertaler Schulverwaltung in Verbindung, und schnell wurde eine Lösung gefunden.[26]

So weilte erstmals eine Wuppertaler Delegation mit Oberbürgermeister Hermann Herberts an der Spitze zwischen dem 5. und 9. April 1960 in Saint-Étienne, zeitgleich zu dem Besuch einer Schülergruppe. Am zweiten Tag des Besuches wurde den Gästen in einer feierlichen Versammlung im Salle d'honneur in Anwesenheit von über 200 Personen des öffentlichen Lebens die Städtepartnerschaft angetragen, um „unsere Beziehungen noch weiter als bisher zu vertiefen und damit einen wesentlichen Beitrag zur Völkerverständigung"[27] zu leisten, wie der Bürgermeister von Saint-Étienne betonte: „Es gelte, alle noch vorhandenen Spuren von Hass durch Vertrauen und Liebe wegzuräumen".[28] Als Garant für eine gemeinsame friedliche Zukunft galt den verschiedenen Rednern die Jugend: „Hätten erst die Jungen Freundschaften geschlossen, werde es keine Gegensätze mehr geben". Neben dem „Wunsch nach gegenseitiger Verständigung" standen die Gemeinsamkeiten und die jeweiligen Probleme im Mittelpunkt der Gespräche:

---

[24] Hermann Herberts an Alexandre de Fraissinette, 19.1.1960; AMSE, 6037W, 2.
[25] Alexandre de Fraissinette an Hermann Herberts, 10.2.1960; AMSE, 6037W, 2.
[26] Hermann Herberts an Alexandre de Fraissinette, 4.3.1960; AMSE, 6037W, 1.
[27] „Wir wollen unsere Beziehungen weiter vertiefen", in: *GAW*, 6.4.1960.
[28] Französische Abordnung kommt zum Gegenbesuch, in: *GAW*, 7.4.1960.

„Auch unsere französische Patenstadt ist von Bergen umgeben und hat enge Straßenschluchten und alte Häuser und bei einer Einwohnerzahl von über 200 000 im Stadtgebiet die gleichen Wohnungsprobleme".
Diesen Besuch erwiderte die Stadt Saint-Étienne in der Zeit vom 17. bis 20. September 1960.[29] Auch bei diesem Treffen stand neben der formellen Unterzeichnung der Partnerschaftsurkunde Verständigung („La dernière guerre, aux blessures mal cicatrisées"[30]) und das Bekenntnis zur Jugend im Mittelpunkt der Ansprachen.[31] Dieser Wille hatte zwischenzeitlich seinen praktischen Ausdruck in einem vierwöchigen Aufenthalt von 40 Jungen und Mädchen in der westdeutschen Partnerstadt gefunden: „Les Stéphanois reviennent enchantés".[32] Stärker als zuvor wurden nun aber aus Anlass des Empfangs bei der Industrie- und Handelskammer (IHK) Wuppertal die Wirtschaftsbeziehungen als tragendes Element der Annäherung betont,[33] so der Präsident der IHK, Max Kretzschmann (1890-1972): „Die Wirtschaft hat eine wichtige Aufgabe bei der Völkerverständigung. Die Partnerschaft zwischen St. Étienne und Wuppertal ist ein Schritt zur Weiterentwicklung des europäischen Selbstbewusstseins".[34] Geradezu mit Stolz wurde dabei vermerkt, dass diese Städtepartnerschaft aus einer zivilgesellschaftlichen Initiative heraus entstanden sei („une amitié […] qui a débuté par des échanges d'enfants, puis de sportifs")[35]: „Hier wurde nicht eine Zusammenarbeit von oben dekretiert und aktenkundig gemacht, hier haben Privatkreise menschliche Kontakte hergestellt, die sich für alle Zukunft fruchtbar erweisen werden".[36]

2. Die Säulen der Städtepartnerschaft

2.1 Die Jugend als Garant für eine gemeinsame Zukunft

Der Jugendaustausch gehörte von Beginn an zu den tragenden Säulen dieser Beziehung, was in der damaligen Zeit nichts Außergewöhnliches war, hatte sich die französische Besatzungsmacht bei ihren Bemühungen um *rééducation* in den Nachkriegsjahren doch gerade an die Jugend gewandt und auch in der Folge der Jugend einen privilegierten Platz in den deutsch-französischen Beziehungen eingeräumt.[37] Diese Vorgehensweise war Ausdruck eines „er-

---

[29] Une délégation de la Municipalité stéphanoise va se rendre à Wuppertal, in: *La Dépêche*, 14.9.1960.
[30] Sous le signe du jumelage, in: *La Dépêche*, 29.9.1960.
[31] Die Zukunft liegt in der Freundschaft der Jugend!, in: *GAW*, 19.9.1960.
[32] *La Dépêche*, 3.8.1960.
[33] Sous le signe du jumelage, in: *La Dépêche*, 29.9.1960.
[34] Die Wirtschaft steht im Dienst der Verständigung, in: *GAW*, 20.9.1960.
[35] Sous le signe du jumelage, in: *La Dépêche*, 29.9.1960.
[36] Die Wirtschaft steht im Dienst der Verständigung, in: *GAW*, 20.9.1960.
[37] Vgl. Rovan, Joseph, Les relations franco-allemandes dans le domaine de la jeunesse et de la culture populaire de 1945 à 1971, in: *Revue d'Allemagne*, 4 (1972) 3, S. 675-704; Plum, Jacqueline, *Französische Kulturpolitik in Deutschland 1945-1955. Jugendpolitik und internationale Begegnungen als Impulse für Demokratisierung und Verständigung*, Wiesbaden 2007.

weiterten Kulturbegriffs", der den deutsch-französischen Beziehungen breitere Bevölkerungskreise erschließen bzw. Personen aus verschiedenen gesellschaftlichen Tätigkeitsbereichen umfassen sollte.[38] Bis es aber zu einem wirklichen Austausch nach dem Zweiten Weltkrieg kam, galt es in den ersten Jahren wechselseitiges Vertrauen aufzubauen. So weigerten sich französische Familien in der Nachkriegszeit, sowohl deutsche Kinder zu empfangen als auch ihre Kinder nach Deutschland zu schicken.

Dass die sozio-kulturellen Beziehungen zwischen der Bundesrepublik und Frankreich mittlerweile in eine neue Periode eingetreten waren, zeigen die Jugendkontakte zwischen Wuppertal und Saint-Étienne. So war es fast schon Normalität, dass im April 1960 junge Fußballer des District de la Loire de Football nach Wuppertal reisten,[39] um in der neuen Partnerstadt an einem Fußballturnier teilzunehmen. Nach der Rückkehr bedankten sie sich beim Bürgermeister für den herzlichen Empfang: „Nous souhaitons de tout cœur que les relations entre nos deux petites patries restent toujours suivies et très amicales".[40] Zu den ersten Kontakten gehören auch die Verbindungen zwischen der Leichtathletikabteilung der Elberfelder Turngemeinde 1847 und dem Club athlétique du Coquelicot. Nach einem ersten Sportwettkampf im Juni 1959 in Saint-Étienne kamen die französischen Sportler im Herbst des gleichen Jahres zu einem Gegenbesuch unter der Leitung von Albert Hubermann, der jüdischer Abstammung und während des Krieges Zwangsarbeiter in Deutschland gewesen war. Vom 15.–19. Juni 1960 fuhren dann die Wuppertaler Leichtathleten unter der Leitung von Walter Nicolini nach Saint-Étienne, der Herberts nach seiner Rückkehr umgehend schriftlich von dem herzlichen Empfang durch die Gastgeber („Alle waren der gleichen Ansicht, wie nötig eine Verständigung zwischen unseren Völkern ist") und bei Fraissinette berichtete[41]. Während der deutschen Besatzung hatte der Bürgermeister von Saint-Étienne als Jurist und Rechtsanwalt französische Widerstandskämpfer verteidigt, war dann aber selber am 19. Dezember 1943 in seiner Heimatstadt festgenommen worden. Nachdem er anfangs in Compiègne festgehalten worden war, wurde er im Januar 1944 nach Buchenwald, einen Monat später nach Mauthausen und im April nach Güsen deportiert, eine kleine Stadt zwischen Berlin und Magdeburg, wo während des „Dritten Reiches" große Munitionsfabriken entstanden waren. Am 19. Mai 1945 kehrte er körperlich sehr geschwächt nach Saint-Étienne zurück und wurde als Kandidat der Rassemblement du Peuple français (RPF) im Oktober 1947 zum Bürgermeister seiner Heimatstadt gewählt.

---

[38] Vgl. Defrance, Corine, „Es kann gar nicht genug Kulturaustausch geben": Adenauer und die deutsch-französischen Kulturbeziehungen 1949-1963, in: *Konrad Adenauer und Frankreich 1949-1963. Stand und Perspektiven der Forschung zu den deutsch-französischen Beziehungen in Politik, Wirtschaft und Kultur*, hrsg. v. Klaus Schwabe, Bonn 2005, S. 137-162.
[39] Vgl. die Korrespondenz in: AMSE, 6037W, 2.
[40] District de la Loire de Football an Hermann Herberts, 30.5.1960; StAW, EI, 1009.
[41] Walter Nicolini an Hermann Herberts, 21.6.1960; StAW, EI, 1009.

Eine Rede bei dem eigens für die Wuppertaler Sportgruppe veranstalteten Empfang hielt auch Lucien Neuwirth (*1924), Abgeordneter in der Pariser Nationalversammlung für das Département Loire, der am 18. Juni 1940 die berühmte Ansprache von de Gaulle gehört hatte und postwendend zu einem glühenden Verehrer des Generals geworden war. Nachdem er bis 1942 in den Zirkeln der Résistance von Saint-Étienne aktiv gewesen war, entschloss er sich nach verschiedenen Razzien nach London zu gehen, um sich in den Forces Françaises Libres zu engagieren. Als französischer Fallschirmspringer im britischen Special Air Service sprang er wiederholt über der Bretagne, Belgien und den Niederlanden ab, wo er im April 1945 jedoch von den Deutschen festgenommen wurde und sich einem Erschießungskommando gegenüber sah. Wie durch ein Wunder überlebte er schwer verletzt und konnte den Deutschen entkommen.[42] Nach dem Krieg engagierte er sich in der RPF auf lokaler Ebene und war von 1953 bis 1965 stellvertretender Bürgermeister von Saint-Étienne. In dieser Funktion beggenete er auch der Wuppertaler Sportgruppe und bezeichnete sich in seiner Rede als „ein glühender Kämpfer für eine Verständigung zwischen Deutschland und Frankreich".[43] Dieses Engagement ehemaliger Widerständler und Deportierten im Rahmen von Städtepartnerschaften war keine Ausnahme, sondern ein häufig zu beobachtendes Phänomen. Es ist ein Grund für ihre Erfolgsgeschichte, gab diese Personengruppe dieser Form der Begegnung doch eine moralische und politische Legitimation.[44]

Dass nach 1963 gerade die Jugendbeziehungen und Schulpartnerschaften im Rahmen der westdeutsch-französischen Städtepartnerschaften florierten, lag nicht zuletzt an dem am 7. Juli 1963 gegründeten Deutsch-Französischen Jugendwerk (DFJW),[45] das den Kommunen für diesen Bereich großzügige finanzielle Ressourcen zur Verfügung stellen konnte, was nicht wenige Städte bewog, überhaupt ein *jumelage* einzugehen.[46] Doch auch für das noch

---

[42] Neuwirth, Lucien, *Ma guerre à seize ans. Du fournil au peloton d'exécution*, Paris 1986; Ders., *Mais, après tout... (Ma guerre à 16 ans)*, Paris 1994.

[43] Aus diesen ersten Kontakten erwuchsen lange freundschaftliche und sportliche Beziehungen zwischen beiden Städten. Bis in die 1980er Jahre fanden jährlich sowohl in Saint-Étienne als auch in Wuppertal Sportwettkämpfe statt. Heute finden sie im Rahmen der „Internationalen Jugend- und Juniorenbegegnungen" statt, an denen oft mehr als zehn ausländische Mannschaften und mehr als 100 Sportler teilnehmen.

[44] Auf Vermittlung des Centre Culturel Français in Essen reiste im Sommer 1960 die Jugendturnabteilung des Turn- und Spielvereins Grün-Weiß Wuppertal zu einem Treffen mit der Pfadfindergruppe von Saint-Étienne in die Partnerstadt; vgl. Bescheinigung von André Boucher, Direktor des Centre Culturel Français in Essen, 24.5.1960; Leiter der Jugendturnabteilung des Turn- und Spielvereins Grün-Weiß Wuppertal an Hermann Herberts, 3.6.1960; StAW, EI, 1009.

[45] Vgl. für die Unterstützung der Städtepartnerschaft durch das DFJW: AMSE, 6037W, 3; vgl. dazu: *Les jeunes dans les relations transnationales. L'Office franco-allemand pour la Jeunesse, 1963-2008*, hrsg. v. Hans Manfred Bock, Corine Defrance, Gilbert Krebs, Ulrich Pfeil, Paris 2008.

[46] Bock, Europa von unten? (wie Anm. 1), S. 30.

junge DFJW war es wichtig, sich auf die Kompetenz und die Kreativität der verständigungspolitischen Akteure vor Ort stützen zu können, um sich institutionell zu stabilisieren. Der Versöhnungsimpetus trat dabei in der zweiten Hälfte der 1960er Jahre in den Hintergrund und machte dem Willen zu Kooperation und gelebtem Austausch Platz.[47] Sehr schnell ergab sich, anfangs noch auf bescheidenem Niveau, ein Austausch von jungen Gewerkschaftlern, Arbeitern und Auszubildenden.[48]

2.2 Die ehemaligen Kriegsgefangenen

> „Il faut quand même souligner que ce sont les anciens combattants de Wuppertal qui ont engagé les premiers liens avec les anciens combattants de Saint-Étienne, en 1950 [...]. Ces hommes se sont serrés la main pour ne pas recommencer une chose pareille".[49]

Für diese These, die von der Wuppertaler Oberbürgermeisterin Ursula Kraus aus Anlass des 25. Jubiläums der Städtepartnerschaft im Jahre 1987 formuliert wurde, findet sich kein Hinweis in den Archiven, und sie widerspricht vor allem allen zwischen 1960 und 1985 gemachten Aussagen.[50] Es ist bislang nicht zu ermitteln, wer diese Legende der Oberbürgermeisterin eingeflüstert hat, doch besaß sie eine Attraktivität, die ihr zu einem langen Leben verhalf, wie wir in der Einleitung gesehen haben. Das Selbstverständnis der Kriegsgefangenen mag dazu beigetragen haben, fühlten sie sich doch als die ersten „défenseurs d'une Europe unie".[51] Hier soll jedoch festgehalten werden, dass bis heute alles dafür spricht, dass sich engere Beziehungen zwischen dem Wuppertaler Verband der Heimkehrer und dem Verband der ehemaligen französischen Kriegsgefangenen („Association des anciens combattants prisonniers de guerre", ACPG)[52] erst nach 1960 entwickelten. Das Jahr 1950 erscheint völlig abwegig, brauchte es doch nach dem Krieg erst einer gewissen Karenzzeit, bevor sich die französischen Kriegsgefangenen zur Kontaktaufnahme mit Deutschland entschieden. Erst 1952 akzeptierte

---

[47] Vgl. Fouquet, Françoise, Die Pädagogik der Jugendaustauschprogramme im Rahmen der Städtepartnerschaften, in: *Europäische Nachbarn – vertraut und fremd. Pädagogik interkultureller Begegnungen*, hrsg. v. Lucette Colin, Burkhard Müller, Frankfurt/M., New York 1998, S. 149-160.

[48] Compte rendu de la commission „Échanges internationaux" du Centre culturel stéphanois, 13.11.1965; AMSE, 3480W, 9.

[49] Saint-Étienne – Wuppertal: 25 ans, in: *Loire Matin*, 13.4.1985.

[50] Vgl. Jumelage Saint-Étienne – Wuppertal, Origines de ce jumelage, 1985; AMSE, 6037W, 7.

[51] Une quinzaine d'anciens prisonniers allemands hôtes de leurs homologues stéphanois, in: *La Tribune*, 15.6.1985.

[52] Federführend war dabei auf Wuppertaler Seite der Kreisvorsitzende Alfred Dahlmann, auf französischer Seite Lucien Lamoine; vgl. 25 Jahre Städtepartnerschaft zwischen Wuppertal und Saint-Étienne, in: *WR*, 18.4.1985; Gäste aus Frankreich. Heimkehrer eingeladen, in: *WZ-GA*, 15.10.1982; Les anciens prisonniers de guerre de Wuppertal à Saint-Étienne, in: *La Tribune*, 27.8.1983.

die Fédération mondiale des anciens combattants Avancen der deutschen Seite und ermächtigte ihre Mitgliederverbände zu Begegnungen mit Vertretern des 1950 gegründeten Verbandes der Heimkehrer; erst Mitte der 1950er Jahre schwand schließlich das Misstrauen auf französischer Seite und ermöglichte freundschaftliche Beziehungen.[53] Die während der Gefangenschaft erworbene Kenntnis über den anderen bewog in der Regel die ehemaligen Kriegsgefangenen, sich für die deutsch-französische Verständigung einzusetzen.[54] Im Fall von Wuppertal und Saint-Étienne wurden die Kontakte ab 1961 in Gestalt von jährlichen Treffen institutionalisiert, so dass sich „eine kameradschaftliche Verbundenheit und eine Freundschaft über die Grenzen hinweg" entwickeln konnte.[55] Noch 1990 kamen 19 ehemalige französische Kriegsgefangene von der Loire nach Wuppertal, wo sie in „Kameraden-Familien" untergebracht waren, und – spezifisch für ihre Generation – einen „praktischen Beitrag zur Verständigung der beiden Völker [leisten wollten], die sich in beiden Weltkriegen als Gegner gegenüberstanden".[56]

2.3   Wirtschaftliche Kontakte

Die bereits vor Begründung der Städtepartnerschaft bestehenden wirtschaftlichen Kontakte zwischen beiden Städten erfuhren nach dem Besuch einer Wuppertaler Delegation auf der Foire économique de Saint-Étienne im Jahre 1962 einen weiteren Aufschwung. Ab 1964 war dann die Wuppertaler Wirtschaft in einem zweijährigen Rhythmus mit einem Stand auf dieser Messe mit eher regionalem Charakter vertreten[57]. Von der Teilnahme erhofften sich die beteiligten Firmen keine großen wirtschaftlichen Vorteile, vielmehr ging es dem Presse- und Werbeausschuss darum, durch die Präsenz den Willen zu Partnerschaft und Austausch zu demonstrieren, um auf diese Weise eine weitere „Brücke" zwischen den beiden Städten zu bauen. Besondere Aufmerksamkeit verursachte dabei 1964 der in Originalgröße nachgebaute Teil eines Schwebebahnzuges.[58] Auch wenn das Ausmaß nicht überschätzt werden sollte, so ermöglichten die wirtschaftlichen Kontakte im Rahmen der städtepartnerschaftlichen Strukturen insbesondere mittelständischen Betrieben aus beiden Städten, sich dem internationalen Markt zu öffnen.

---

[53] Cochet, La captivité (wie Anm. 4), S. 294 ff.
[54] Defrance, Les jumelages franco-allemands (wie Anm. 1), S. 196.
[55] Freundschaft seit 24 Jahren. Heimkehrer in St. Étienne, in: WZ-GA, 22.7.1985.
[56] Freundschaft zwischen den ehemaligen Feinden, in: WZ-GA, 26.6.1990.
[57] Niederschrift über die Sitzung des Presse- und Werbeausschusses am 17.3.1964; StAW, 149-223.
[58] Vgl. Niederschrift über die Sitzung des Presse- und Werbeausschusses am 20.11.1964 und am 8.11.1967; StAW, 149-223.

3. Eine westdeutsch-französische Städtepartnerschaft in den Mühlen des deutschen Sonderkonflikts

Erste dunkle Wolken zogen über die noch junge Städtepartnerschaft bereits kurz nach ihrer Gründung, als der Bürgermeister von Zwickau seinen Amtskollegen aus Saint-Étienne in die ostdeutsche Bergarbeiterstadt einlud und das Gerücht einer ostdeutsch-französischen Städtepartnerschaft aufkam.[59] Diese Einladungen waren Teil der 1957/58 begonnenen ostdeutschen „Anerkennungspolitik", mit der sie die bundesdeutsche Hallstein-Doktrin zu unterlaufen gedachte. Für die Kontakte mit Frankreich mobilisierte sie ganz besonders ehemalige „Westemigranten", die dem Regime nun Brücken nach Frankreich bauen sollten. Ein Beispiel hierfür war der Zwickauer Bürgermeister Gustav Seifried (1904-1985), der während des Zweiten Weltkriegs in Royan desertiert war und sich in der Charente in den Maquis geschlagen hatte.[60] Seine Kontaktaufnahme konnte er somit auch als persönliches Anliegen deklarieren,[61] was nicht ohne Erfolg blieb. Der Conseil municipal von Saint-Étienne entschloss sich, die Einladung anzunehmen,[62] wohl nicht zuletzt auch, weil sich in Zwickau am 22. Februar 1960 das schwerste Grubenunglück in der Geschichte der DDR (123 Tote) ereignete hatte. Die Mitglieder des Conseil municipal legten während der Sitzung am 24. Februar eine Trauerminute ein, und Fraissinette verlas ein Schreiben an den Zwickauer Bürgermeister, in dem er ihm aus Solidarität mit den ostdeutschen Bergleuten sein Mitgefühl aussprach. Im März 1960 reiste dann eine Delegation mit Bürgermeister Baron Alexandre de Fraissinette an der Spitze in die DDR, wo sie von städtischen Vertretern aus Zwickau empfangen wurde. In einem Zeitungsausschnitt in der Zwickauer „Freien Presse" vom 12. März 1960 wurde er mit folgenden Worten zitiert:

> „Nous avons été témoins de la volonté constructive de votre peuple et, croyez-moi, nous diffuserons en France la vérité sur ce que nous avons vu et entendu. Nous approuvons les accords qui nous rapprochent en ne nous laissant guider que par les sentiments de sympathie et le vœu d'être informé sur vous et de développer avant tout les échanges entre nous".[63]

Auf dem Rückweg stattete die Delegation noch dem französischen Stand auf der Leipziger Messe einen Besuch ab; Fraissinette und sein Stellvertreter Michel Durafour (*1920) wurden zudem noch vom Leipziger Oberbürger-

---

[59] Prochain jumelage de Saint-Étienne avec Zwickau?, in: Le Progrès-Dimanche, 21.2.1960.
[60] Certificat d'État de Services FFI, 10.12.1944; AMSE, 6037W, 1; Le séjour de quinze petits Stéphanois en République Démocratique Allemande a été une réussite totale, in: La Tribune, 16.8.1960.
[61] Gustav Seifried an Alexandre de Fraissinette, 1.2.1960; AMSE, 6037W, 1.
[62] Bulletin municipal 73/1, séance du 24 février 1960, S. 4.
[63] Ministère des Affaires étrangères (MAE)/Colmar, GMFB, cave 19, Carton 453, EU/6/2/1.

meister Walter Kresse (SED) empfangen.⁶⁴ Seifried (SED) wollte nun die Gunst der Stunde nutzen und bekundete die Absicht, „die angeknüpften Beziehungen weiter auszubauen und in freundschaftlichster und kameradschaftlichster Weise in der Zukunft zu pflegen und auszubauen".⁶⁵ Wenige Tage später lud er eine Delegation aus Saint-Étienne aus Anlass des 1. Mai 1960 („Tag der Arbeit") in seine Stadt ein.⁶⁶ Gleichzeitig hatte Fraissinette eine Einladung ausgesprochen.⁶⁷

Die Stadt Wuppertal hatte Wind von diesen Kontakten bekommen und musste im ersten Moment davon ausgehen, dass Saint-Étienne nun auch mit einer Stadt in der DDR eine Städtepartnerschaft eingehen wollte. Über den bundesdeutschen Generalkonsul in Lyon versuchte Wuppertal nähere Informationen zu erhalten,⁶⁸ doch blieben die Anfragen der bundesdeutschen Diplomatie ohne Antwort aus der Stadt Saint-Étienne,⁶⁹ die zu diesem Zeitpunkt die einzige nicht-kommunistische Stadt mit einer Städtepartnerschaft zu einer ostdeutschen Stadt gewesen wäre. Gerade Anfang der 1960er Jahre wurde Bonn von den ostdeutschen „Erfolgsmeldungen" und den internationalen Reaktionen wiederholt hochgeschreckt und erbat in der Regel über die Botschaft in Paris Informationen vom französischen Außenministerium über den Charakter der Städtepartnerschaften.⁷⁰ Die Bundesregierung befürchtete, dass sich die DDR über diesen Weg als gleichberechtigter zweiter deutscher Staat in Frankreich präsentieren und die Hallstein-Doktrin aushebeln könnte.⁷¹ Durch diese „Drei-Städte-Partnerschaften"⁷² hätte der Eindruck aufkommen können, dass die Bundesrepublik „die kommunistische Zwei-Staaten-Theorie" akzeptiert habe und die DDR als Ausland anerkenne.⁷³ Weiterhin wollte die Bundesregierung jeglichen Legitimationsgewinn der ostdeutschen Machthaber bei den DDR-Bürgern verhindern und

---

64 Une délégation municipale stéphanoise a visité Zwickau et Leipzig en République démocratique allemande, in: La Dépêche, 9.3.1960.
65 Gustav Seifried an Alexandre de Fraissinette, 14.3.1960; AMSE, 6037W, 1.
66 Gustav Seifried an Alexandre de Fraissinette, 5.4.1960; AMSE, 6037W, 1.
67 Gustav Seifried an Alexandre de Fraissinette, 21.6.1960; AMSE, 6037W, 1. Vgl. auch die Liste der vorgesehenen Teilnehmer an dieser Reise: Gustav Seifried an Alexandre de Fraissinette, 2.6.1960; ebd.
68 Vgl. Bundesdeutscher Konsul in Lyon an AA, 3.11.1964; Politisches Archiv des Auswärtigen Amtes (PA-AA), B 24/518, Bl. 265 ff.
69 Bericht der Stadt Wuppertal für die Geschäftsstelle der Internationalen Bürgermeister-Union über die Patenschaft mit Saint-Étienne, o.D. [1960]; StAW, 452/8.
70 Vgl. u.a.: Ostberliner Werben um Frankreich, in: Neue Zürcher Zeitung, 6.9.1964.
71 Vgl. als Beispiel für die Wahrnehmung in der bundesdeutschen Presse: Karl-Theodor Stark, Thüringer Konkurrenz. Auch die Zone versucht es mit Städte-Partnerschaften, in: Rheinischer Merkur, 15.5.1964.
72 Vgl. beispielhaft: Pfeil, Ulrich, Rendsburg – Vierzon – Bitterfeld. Ein Fallbeispiel deutsch-französischer Städtepartnerschaften im Kalten Krieg, in: Zeitschrift der Gesellschaft für Schleswig-Holsteinische Geschichte, 129 (2004), S. 141-161.
73 Bundesamt für Verfassungsschutz an AA, 20.8.1964; PA-AA, B 24/518, Bl. 254f.; vgl. auch: Pfeil, Ulrich, Ostdeutsch-französische Städtepartnerschaften zwischen Westabschottung und Westorientierung 1958-1973, in: Lendemains, 29 (2004) 114/115, S. 146-165.

wies die Pariser Regierung wiederholt auf die Konsequenzen der Reisen von Kommunalpolitikern in die DDR hin:

> „Die Hauptgefahr dieser Reisen dürfte darin liegen, dass die Zonenbevölkerung, der es an objektiven Erkenntnisquellen fehlt, hierdurch über das internationale Prestige der SBZ durch die Zonenpropaganda getäuscht werden kann".[74]

Wuppertal hatte zeitgleich den französischen Konsul in Düsseldorf eingeschaltet und ihn wissen lassen, dass eine Städtepartnerschaft Saint-Étienne – Zwickau die kommunalen Vertreter und die Einwohner von Wuppertal zutiefst verletzen und das Zustandekommen der Städtepartnerschaft in Frage stellen würde. Dieser wandte sich daraufhin an Fraissinette und wies ihn auf die Bedeutung der westdeutsch-französischen Beziehungen und das herzliche und enge Verhältnis zwischen den Bürgern beider Länder hin.[75] Der Bürgermeister berichtete in seiner Antwort über die Reise und unterstrich, dass der Stadtrat von Saint-Étienne anders als im Fall von Wuppertal keine Entscheidung für eine Städtepartnerschaft mit Zwickau getroffen habe.[76] Nach einem Bericht des französischen Konsuls vom 12. Juni 1961 hatte der Quai d'Orsay die zuständige Stelle für Städtepartnerschaften im französischen Innenministerium gebeten, Saint-Étienne diskret über die Haltung der Stadt Wuppertal zu informieren.[77] Der Präfekt des Département Loire wandte sich daraufhin an Fraissinette und wies ihn auf die Probleme hin, welche sich aus einer ostdeutsch-französischen Städtepartnerschaft für die Pariser Außenpolitik ergäben.[78] Inoffiziell suchte der SPD-Stadtverordnete und Französischlehrer Walter Jahnke den ersten stellvertretenden Bürgermeister Michel Durafour in Paris auf, der seinem Wuppertaler Gesprächspartner versicherte, dass Saint-Étienne in Zukunft nicht die Absicht habe, mit der sächsischen Stadt Zwickau eine Städtepartnerschaft einzugehen, sondern nur einen Besuch abgestattet habe. In Wuppertal vermutete man, dass diese Reise in die DDR ein Zugeständnis an die starke kommunistische Fraktion im Stadtrat von Saint-Étienne gewesen sei.[79] Dass die Wuppertaler Delegation im April 1960 „mit echter, geradezu überwältigender Herzlichkeit und Gastfreundschaft empfangen" wurde,[80] beruhigte schließlich die Gemüter. Infolge der sich ausweitenden Kontakte zwischen der westdeutschen und der französischen Stadt konnte es Wuppertal verschmerzen, dass

---

[74] Vgl. Bundesdeutsche Botschaft in Paris an AA, 4.6.1965; PA-AA, B 24/567, Bl. 258.

[75] Eugène Wernert (Consul général de France à Düsseldorf) an Alexandre de Fraissinette, 28.11.1961; AMSE, 6037W, 1.

[76] Alexandre de Fraissinette an Eugène Wernert (Consul général de France à Düsseldorf), 7.12.1961; AMSE, 6037W, 1.

[77] MAE au Ministère de l'Intérieur – Service des Élections et Assemblées locales – Bureau des Jumelages vom 27.6.1961; MAE/Paris, EU, RDA 61–70, Bd. 195.

[78] Préfet de la Loire (Collavéry) an Alexandre de Fraissinette, 4.8.1961; AMSE, 6037, 1.

[79] Vgl. Bundesdeutsche Botschaft in Paris an AA, 13.10.1964 und 4.6.1965; PA-AA, B 24/567, Bl. 256 f.; B 24/518, Bl. 262.

[80] Bericht der Stadt Wuppertal für die Geschäftsstelle der Internationalen Bürgermeister-Union über die Patenschaft mit Saint-Étienne, o.D. [1960]; StAW, 452/8.

in den 1960er Jahre – mit finanzieller Unterstützung durch die Stadt[81] – regelmäßig Jugendgruppen aus Saint-Étienne nach Zwickau reisten.[82] Ein Austausch ergab sich jedoch nicht: Zum einen machte es der Westen der DDR einfach, denn er verweigerte sowohl kommunalen Vertretern als auch Jugendlichen aus der DDR das Visum für Reisen in westliche Länder, was Seifried zu propagandistischen Zwecken auszunutzen verstand. Er bezeichnete es als nicht zumutbar, „mit einem Pass des Travelboard Office als ‚Staatenloser' zu reisen, wenn wir, nicht nur Bürger unserer Deutschen Demokratischen Republik schlechthin, verantwortliche Kommunalpolitiker sind". Er fragte daher den seit dem 21. Dezember 1964 amtierenden Bürgermeister Michel Durafour, ob es nicht möglich sei, Visa über die französische Botschaft in Moskau oder Prag zu erhalten.[83] In diesem Wissen konnte die ostdeutsche Seite immer wieder das Angebot zu Westreisen machen, musste jedoch nie „fürchten", seinen Jugendlichen eine Reise nach Frankreich genehmigen zu müssen. Da sich die Jugendbeziehungen somit einseitig gestalteten, bedankten sich die Jugendlichen und ihre Familien aus Saint-Étienne nach ihrer Rückkehr in der Regel mit dem Versand von Paketen nach Zwickau, die Schokolade, Kaffee und andere schwer in der DDR zu findenden Produkte enthielten.[84]

Parallel existierte auch weiterhin schriftlicher Kontakt zwischen den beiden Bürgermeistern, die im Februar 1963 die ostdeutsch-französische Freundschaftsgesellschaft EFA nutzen wollte, indem sie Saint-Étienne die Mitgliedschaft anbot. Nachdem ihr Generalsekretär Roland Lenoir (PCF) in seinem Schreiben vermutlich bewusst von der seit einigen Jahren bestehenden Städtepartnerschaft zwischen Saint-Étienne und Zwickau sprach,[85] entgegnete ihm Fraissinette relativ kurz angebunden, dass zwischen den beiden Städten ausschließlich freundschaftliche Beziehungen bestünden.[86] Eine offizielle Städtepartnerschaft war aber gerade das Anliegen des Zwickauer Bürgermeisters, der einen Bergarbeiterstreik in Saint-Étienne zum Anlass nahm, um durch seine Solidaritätsbekundung seinem Ziel näher zu kommen:

> „Auch die Bergarbeiter der Stadt Zwickau bekunden ihre Solidarität mit ihren streikenden französischen Kollegen. Sie erklärten sich bereit, 20 Kindern streikender Arbeiter einen vierwöchigen kostenlosen Aufenthalt in unserer Stadt zu gewähren. Das

---

[81] A. Glaize (École Nationale d'Ingénieurs) an Michel Durafour, 12.7.1965; AMSE, 6037W, 1.
[82] Vgl. beispielsweise: Départ pour Zwickau, in: La Dépêche, 7.7.1961; Les belles vacances de jeunes Stéphanois à Zwickau, in: La Dépêche, 6.9.1963; Compte rendu de la commission „Échanges internationaux" du Centre culturel stéphanois, 13.11.1965 und 15.2.1966; AMSE, 3480W, 9.
[83] Gustav Seifried an Michel Durafour, 20.7.1966; AMSE, 6037, 1.
[84] Compte rendu de la commission „Échanges internationaux" du Centre culturel stéphanois, 3.12.1964; AMSE, 3480W, 9.
[85] Roland Lenoir an Alexandre de Fraissinette, 27.2.1963; AMSE, 6037W, 1.
[86] Alexandre de Fraissinette an Roland Lenoir, 7.3.1963; AMSE, 6037W, 1.

Geld haben die Bergarbeiter der drei Zwickauer Werke gesammelt und als Ausdruck der Verbundenheit und Hilfe für die Kinder zur Verfügung gestellt".[87]
Im Jahre 1965 lud Seifried seinen französischen Amtskollegen offiziell ein, doch ging letzterer aus Zeitgründen auf diesen Vorschlag nicht ein,[88] erwiderte dafür aber die Einladung an seinen ostdeutschen Kollegen, worauf dieser positiv reagierte und mit den Regierungsstellen in Ost-Berlin über die Visa-Problematik reden wollte.[89] Dabei hatte Durafour sogar seinen Besuch in der ostdeutschen Stadt für 1967 angekündigt[90], doch dieser fand nicht mehr statt, brach Saint-Étienne doch seine „freundschaftlichen Beziehungen" mit Zwickau nach dem Einmarsch der Warschauer Pakt-Truppen am 21. August 1968 in Prag ab. Michel Durafour, der auf Ebene des Départements Loire in der Association France-URSS tätig war, kündigte seine Mitarbeit in dieser Vereinigung in einem offenen Brief an den Generalsekretär auf und kündigte zudem den Abbruch der Städtepartnerschaft mit Lugansk (UdSSR) an.[91] An seinen Zwickauer Kollegen richtete er am 28. August einen „cri d'indignation contre le crime de guerre dont vos compatriotes se sont rendus coupables":

> „Le 21 août 1968, en une aube aussi grise que celle où la Gestapo arrêtait les patriotes au nombre desquels vous étiez, vos soldats ont envahi la Tchécoslovaquie. Il s'agit là d'une agression impérialiste, au sens le plus strict du terme, que rien ne justifie, cette coalition de 300 millions d'hommes contre quelques millions ayant en plus un caractère particulièrement odieux. L'armée d'occupation a assassiné des femmes et des enfants. Tout cela est triste et la ville que j'administre, dont les traditions sont faites de la grande révolution humaniste de 1789, constate avec regret qu'elle a mal placé son amitié".[92]

Am 30. September beschloss dann auch der Stadtrat von Saint-Étienne den Abbruch der Beziehungen.[93] Als die neue Zwickauer Bürgermeisterin Lisbeth Windisch am 4. September 1969 versuchte, die Kontakte wieder aufzunehmen,[94] forderte Durafour sie auf, in einem ersten Schritt die Interventionen Moskaus und Ost-Berlins in der CSSR zu verurteilen,[95] was diese natürlich nicht tat, hätte eine solche Entscheidung für die gerade erst eingesetzte SED-Bürgermeisterin doch politischen Selbstmord bedeutet.

---

[87] Gustav Seifried an Alexandre de Fraissinette, 9.5.1963; AMSE, 6037W, 1.
[88] Michel Durafour an Gustav Seifried, 29.6.1965; AMSE, 3473W, 6.
[89] Gustav Seifried an Michel Durafour, 11.7.1966; AMSE, 6037W, 1.
[90] Gustav Seifried an Michel Durafour, 2.4.1966; AMSE, 3473W, 6.
[91] Vers une rupture du jumelage avec Lougansk et Zwickau, in: La Dépêche, 29.8.1968.
[92] Michel Durafour an Gustav Seifried, 28.8.1968; AMSE, 6037W, 1. In seinem Antwortschreiben verteidigte Seifried den Einmarsch und bezeichnete ihn als einen Beitrag zur Sicherheit und zum Frieden. Er warf der Bundesregierung in Bonn vor, eine dem „Dritten Reich" ähnliche Propaganda zu betreiben, von der sich Durafour nicht beeinflussen lassen dürfe; Gustav Seifried an Michel Durafour, 19.9.1968; AMSE, 6037W, 1.
[93] Séance du Conseil municipal du 30 septembre 1968; AMSE, 6037W, 1.
[94] Lisbeth Windisch an Michel Durafour, 4.9.1969; AMSE, 6037W, 1.
[95] Michel Durafour an Liesbeth Windisch, 19.9.1969; AMSE, 6037W, 1.

Die Entscheidung des Conseil municipal fand nicht die Zustimmung aller *Stéphanois*, insbesondere nicht jener, die in den vorangegangenen Jahren von Zwickauer Familien aufgenommen worden waren.[96] Aufrecht erhalten wurden die Beziehungen zwischen beiden Städten auf der Ebene der lokalen Gruppe der Échanges franco-allemands (EFA), die unter maßgeblichen Einfluss der nationalen Führung im Januar 1969 gegründet wurde[97] und sich unter der Leitung des Studenten Philippe Colomban den Kontakten mit der ostdeutschen Stadt in den 1970er Jahren widmete.[98]

„Mit den Schulen hat es angefangen, und die Schulen bilden jetzt noch unsere engste Verbindung, und ich möchte sagen, die hoffnungsvollste zwischen unseren beiden Städten".[99] So lautete ein erstes Fazit im Jahre 1967, das zugleich die Perspektiven für die Zukunft aufzeigte. Doch schon in den 1960er Jahren war es den Akteuren der Städtepartnerschaft zwischen Wuppertal und Saint-Étienne gelungen, gezielte Kontakte zum Nachbarland über den Kreis der Schüler hinaus herzustellen und die Trägergruppen zu diversifizieren. Hierbei spielten gemeinsame generationelle Erfahrungen eine wichtige Rolle, doch auch gemeinsame Interessen und Lebensumwelten. Während die ehemaligen Kriegsgefangenen infolge ihrer gemeinsamen schmerzhaften Erfahrungen während des Zweiten Weltkriegs die Städtepartnerschaft als Beitrag zur Aussöhnung zwischen beiden Ländern verstanden, traten die Schüler und Jugendlichen aus verschiedenen sozioprofessionellen Gruppen an, um sich über die Städtepartnerschaft kennen zu lernen, gemeinsame neue Erfahrungen zu machen, so dass sich der übernationale Erfahrungsraum weiter verdichten und Grundlage für eine verstärkte Kooperation in den 1970er Jahren werden konnte.

Diese Erfahrungen konnten ostdeutsche Jugendliche nur sehr eingeschränkt machen. Zwar waren sie von der deutsch-französischen Begegnung nicht völlig ausgeschlossen – dank u.a. der Fahrten von Schülern aus Saint-Étienne nach Zwickau –, doch blieb ihnen die Erfahrung in einem fremden (westlichen) Land verwehrt. Diese Absicht verfolgte die DDR mit den ostdeutsch-französischen Städtepartnerschaften auch gar nicht, verliehen sie ihnen doch von Beginn an einen politischen bzw. ideologischen Charakter. Sie sollten dem SED-Regime innere und äußere Legitimation verleihen sowie die deutschlandpolitischen Positionen der Bundesrepublik unterspülen,

---

[96] Vgl. die Leserbriefe: Nos lecteurs nous écrivent, in: *La Dépêche*, 7.9.1968; La rupture du jumelage Saint-Étienne – Zwickau, in: *La Tribune*, 11.9.1968; den öffentlichen Brief an den Bürgermeister Durafour: Les jeunes qui sont allés à Zwickau protestent auprès de M. le Député-Maire, in: *La Dépêche*, 8.10.1968; Le Jumelage Saint-Étienne – Zwickau sera-t-il repris par les étudiants stéphanois, in: *La Dépêche*, 16.11.1968.

[97] Un Comité Saint-Étienne – Zwickau vient de naître, in: *La Dépêche*, 16.1.1969.

[98] Les Échanges franco-allemands de Saint-Étienne – Zwickau s'élargissent aux étudiants et professeurs, in: *La Dépêche*, 15.1.1970 ; 16 étudiants stéphanois emportent un message d'amitié à Zwickau, in: *La Dépêche*, 15.7.1974.

[99] Herzliches Willkommen in Saint-Étienne, in: *Neue Ruhr-Zeitung*, 19.9.1967.

die ihrerseits im Einklang mit den Partnern in Paris das nötige tat, um die DDR nicht zum Zug kommen zu lassen. Sie konnte sich dabei nicht nur auf die guten Kontakte auf Regierungs- und lokaler Ebene verlassen, sondern gerade in den 1960er Jahren auf die zivilgesellschaftliche Dynamik in den Städtepartnerschaften.

Florence Pacchiano

Le jumelage Bordeaux – Munich (1964) : liens historiques et poids des intérêts économiques

Le 30 mai 1964, dans la salle du Conseil de l'Hôtel de Ville de Bordeaux, Jacques Chaban-Delmas et Hans-Jochen Vogel prêtèrent solennellement serment, la main droite posée sur la charte de jumelage qu'ils venaient de signer pour unir leurs deux villes de Bordeaux et de Munich. Bordeaux était alors déjà jumelée avec Bristol depuis 1947, Lima depuis 1956, Québec depuis 1962 et Los Angeles en 1964. Munich, pour sa part, était jumelée avec Edinburgh depuis 1954 et Vérone depuis 1960. L'objectif de cette contribution est d'analyser la genèse de ce jumelage Bordeaux–Munich, de rechercher la nature des intérêts qui ont conduit les deux villes à se choisir comme partenaire mutuel, de retracer les étapes du rapprochement des deux communes depuis la fin de la Guerre essentiellement, mais en rappelant aussi la profondeur des liens historiques qui, par le passé, avaient été tissés entre Bordeaux et l'Allemagne, Munich et la France. Il s'agira aussi de savoir quels sont les milieux et les personnalités qui, de part et d'autre, se sont investis pour que ce jumelage voit le jour et prospère. Dans ce processus local et régional, largement conditionné par des consi-dérations économiques – comme nous le montrerons –, il faut encore se demander quel a été l'impact de la signature éminemment politique du traité de l'Élysée.

1. Bordeaux et l'Allemagne : de la grande tradition commerciale et intellectuelle à la collaboration des « années noires »

Le contact privilégié de Bordeaux avec l'Allemagne s'établit avec l'essor spectaculaire de l'activité portuaire au XVIIIe siècle. Dans cette cité cosmopolite, ville « hanséatique » aux XVIe et XVIIe siècles, dernier port de la Baltique en France faisant le commerce du bois, du drap, des barriques, du vin et de la morue, de nombreuses « nations » étaient représentées depuis longtemps. Dès la fin du règne de Louis XIV, la colonie allemande, du fait de son dynamisme considérable, avait été amenée à jouer un rôle économique de premier plan, sans commune mesure avec son importance numérique limitée. C'est pour des raisons économiques que l'allemand avait été enseigné à cette époque par un personnel échangé entre les différentes succursales des maisons de commerce. Les grandes dynasties bordelaises, anglaises, allemandes, hollandaises s'étaient construites par le jeu d'alliances entre elles et avec des familles locales, moins fortunées[1]. La présence économique et culturelle allemande à Bordeaux est ainsi attestée par l'activité de la famille Bethmann – grands négociants et banquiers dans l'entourage de Goethe, au XVIIIe siècle – par le séjour du théologien souabe Karl Friedrich Reinhard de 1787 à 1791, de Hölderlin au cours du printemps 1802, ou bien encore de Johanna Schopenhauer et de son fils Arthur en 1804[2].

La colonie allemande de Bordeaux, par son rôle culturel et économique, continua à tenir une place indéniable jusqu'à la Seconde Guerre mondiale. Les intellectuels et chercheurs allemands ou de langue allemande exercèrent une influence sur la communauté scientifique de la ville, notamment en médecine, dans l'enseignement économique et juridique, en philosophie aussi[3].

Outre ses liens économiques et intellectuels anciens, dont la ville pouvait s'enorgueillir, le passé récent avait été l'occasion d'une proximité politique et idéologique entre Bordeaux et l'Allemagne nazie, dont le souvenir – s'il n'était pas refoulé – était beaucoup plus embarrassant. « Pendant l'occupation entre 1940 et 1943, des officiers sont revenus. Ils connaissaient Bordeaux du temps de leurs activités commerciales. Ils étaient revenus à Bordeaux car ils y avaient com-mercé »[4]. La situation politique locale ne leur avait en effet pas été dé-favorable. Adrien Marquet, député-maire et plusieurs fois ministre, étant devenu un partisan du régime de Vichy et même de la collaboration très étroite avec l'Allemagne nazie[5]. Depuis 1925 et son accession à la tête de la mairie de Bordeaux, il avait multiplié les foires et les expositions, avait modernisé la ville, ce qui lui avait assuré une grande popularité auprès de ses administrés, malgré son exclusion de la SFIO par Léon Blum en 1933, en raison de son adhésion à des thèses autoritaires et fascisantes. Dès 1938, il devint un familier d'Otto Abetz, ambassadeur d'Allemagne à Paris. En juillet 1940, alors ministre de l'Intérieur, sous le régime de Vichy, il avait déclaré à la radio : « Il faut concilier les points de vue allemand et français ; de cette collaboration dépend le retour à la vie

---

[1] Paul Butel, *Les Dynasties bordelaises, de Colbert à Chaban*, Paris, 1991 ; Paul Butel, Jean-Pierre Poussou, *La vie quotidienne à Bordeaux au XVIIIe siècle*, Paris, 1980 ; Charles Higounet (éd.), *Histoire de Bordeaux*, Paris, 1963.
[2] Gilbert Merlio, Nicole Pelletier (éd.), *Bordeaux au temps de Hölderlin*, Berne, 1997.
[3] Alain Ruiz (éd.), *Présence de l'Allemagne à Bordeaux, du siècle de Montaigne à la veille de la Seconde Guerre mondiale*, Bordeaux, 1997.
[4] Jacques Valade, ancien ministre, sénateur de la Gironde, président de la commission des Affaires culturelles au Sénat, vice-président de la Communauté urbaine de Bordeaux (CUB), au cours de notre entretien du 27 février 2007.
[5] Hubert Bonin, Bernard Lachaise, Françoise Taliano-Des Garets, *Adrien Marquet : Les dérives d'une ambition, Bordeaux, Paris, Vichy (1924-1955)*, Bordeaux, 2007 ; Pierre Brana, Joelle Dusseau, *Adrien Marquet, du socialisme à la collaboration*, Anglet, 2001.

normale »[6]. Bien que frappé d'indignité nationale au lendemain de la Guerre, Adrien Marquet devait encore tenter de se présenter aux élections municipales en 1953, contre Jacques Chaban-Delmas, le résistant et gaulliste que les Bordelais avaient élu en octobre 1947[7]. Ce passé là ne devait sans doute pas faciliter la reprise des relations entre Bordeaux et l'Allemagne, même si la présence d'une des très grandes figures de la Résistance à la tête de la municipalité constituait désormais plutôt un élément favorable à une reprise de relation par-delà la frontière.

2. Bordeaux – Munich : un partenariat signé dans l'engouement des années 1960 pour les jumelages franco-allemands

En se jumelant en 1964, Bordeaux et Munich ne pouvaient prétendre faire partie des villes pionnières dans le mouvement des jumelages franco-allemands. Rappelons que trois grandes organisations avaient été à l'origine des jumelages : l'Union internationale des Maires (UIM), fondée en 1950, œuvrant essentiellement au rapprochement franco-allemand ; le Conseil des Communes et d'Europe (CCE), fondé lui aussi au tout début des années 1950 pour œuvrer à la réalisation de l'Europe du citoyen et favoriser une participation forte des communes et des régions à la construction euro-péenne[8] ; l'association Monde bilingue, devenue en 1957 la Fédération Mondiale des Villes Jumelées, qui devait se consacrer en particulier aux jumelages Est-Ouest dans le contexte de la Guerre Froide puis de la détente entre les blocs[9].

Le premier jumelage franco-allemand, entre Montbéliard et Ludwigsburg, avait été conclu en 1950 dans le cadre de l'UIM. Fritz Schenk, le directeur de l'Institut franco-allemand de Ludwigsburg fondé en 1948[10], avait mis en relation le maire de Ludwigsburg, Elmar Doch, et Lucien Tharradin, le maire de Montbéliard, ancien résistant et déporté à Buchenwald. À l'époque, une telle initiative n'allait pas sans une certaine témérité. Peu nombreux étaient ceux qui, à cette époque en France et en Allemagne, estimaient que les deux peuples gagneraient respect, confiance et estime mutuels par le biais des rencontres bilatérales ouvertes à toutes les catégories de la population. Lors de ce jumelage, l'argument historique avait été mis en avant. Pendant quatre siècles, de 1397 à 1793, suite au mariage de

---

[6] René Terrisse, *Bordeaux 1940–1944*, Paris, 1993.
[7] Bernard Lachaise, *Le gaullisme dans le Sud-Ouest au temps du RPF*, Talence, 1997.
[8] Jean Bareth, l'un des fondateurs du CCE, définissait en 1951, les jumelages comme « la rencontre de deux communes qui entendent proclamer qu'elles s'associent pour agir dans une perspective européenne, pour confronter leurs problèmes et pour développer entre elles des liens d'amitié de plus en plus étroits », voir le site www.afccre.asso.fr – Un jumelage. Pourquoi ? Comment ?
[9] Corine Defrance, « Les jumelages franco-allemands : aspect d'une coopération transnationale » in : *Vingtième Siècle*, (2008) 99, pp. 189–201.
[10] Hans Manfred Bock (éd.), *Projekt deutsch-französische Verständigung. Die Rolle der Zivilgesellschaft am Beispiel des Deutsch-Französischen Instituts in Ludwigsburg*, Opladen, 1998.

Eberhard IV de Wurtemberg avec la comtesse Henriette de Montbéliard, les deux régions furent « rattachées » l'une à l'autre. Montbéliard devint « Mömpelgard »[11].

Jusqu'au début des années 1960 suivirent une quarantaine d'autres jumelages, puis l'on en compta plus de 130 en 1963 au moment de la signature du traité de l'Élysée[12]. Ce traité n'est donc pas le cadre qui a permis aux jumelages de naître, mais il a incontestablement donné une nouvelle impulsion à ce processus. Le traité de coopération entre la République française et la République fédérale d'Allemagne a fixé des dispositions concernant l'organisation et le contenu de la coopération interétatique qui ont permis d'approfondir et de mieux structurer les relations. La création de l'Office franco-allemand pour la Jeunesse (OFAJ), le 5 juillet 1963 – création qui avait été annoncée dans le texte même du traité – contribua à faire tomber les préventions et les subventions allouées par l'Office aidèrent souvent à nouer les premiers contacts[13]. Ainsi, dans les années qui suivirent la signature du traité franco-allemand, le nombre des jumelages augmenta considérablement : on en dénombrait plus de 400 avant la fin des années 1960.

Rappelons qu'au moment où allait être conclu le partenariat entre Bordeaux et Munich, des jumelages existaient déjà entre des communes de la région bordelaise et des villes allemandes, de République fédérale, mais aussi de RDA (Bègles et Suhl, en Thüringe, depuis 1962). On comptait déjà deux jumelages avec des villes bavaroises : Libourne et Schwandorf (1963) et Pauillac et Pullach im Isartal (1964).

3. L'origine du jumelage Bordeaux – Munich

Récemment, Reinhardt Wieczoreck, adjoint au maire de Munich pour les Affaires économiques, le Travail et la Coopération économique régionale et internationale, a souligné que

> « le jumelage entre ces deux villes ne remonte pas, du moins pas directement, au traité de l'Élysée et il n'est pas non plus issu des contacts personnels qu'entretenaient à l'époque les deux maires, Jacques Chaban-Delmas et Hans-Jochen Vogel »[14].

---

[11] Manfred Dickel, « Il y a trente-cinq ans, Montbéliard et Ludwigsburg... », in : *Documents*, 41 (1986) 1, pp. 81–82.

[12] Corine Defrance, « Les premiers jumelages franco-allemandes, 1950–1963 », in : *Lendemains*, (1996) 84, pp. 83–94.

[13] Hans Manfred Bock (éd.), *Deutsch-französische Begegnung und europäischer Bürgersinn. Studien zum Deutsch-Französischen Jugendwerk 1963–2003*, Opladen, 2003; voir la version plus récente et complétée sur l'OFAJ : Hans Manfred Bock, Corine Defrance, Gilbert Krebs, Ulrich Pfeil (éd.), *Les jeunes dans les relations transnationales. L'Office franco-allemand pour la Jeunesse (1963–2008)*, Paris, 2008.

[14] Reinhardt Wieczoreck, « Le traité de l'Élysée et le partenariat Bordeaux–Munich », in : Stephan Martens (éd.), *L'Allemagne et la France, une entente unique pour l'Europe*, Paris, 1994, p. 42.

Il fait remonter à 1961 la rencontre « entre deux fonctionnaires » – dont il ne cite pas le nom – à l'occasion de la venue d'un groupe d'étudiants bordelais à Munich. En effet, un Munichois, ancien étudiant en droit à l'université de Bordeaux dans les années 1930, devenu conseiller municipal de la ville de Munich, eut une influence certaine sur l'entrée en pourparler des deux villes. Hans Keller a rappelé ses liens avec Bordeaux : la conférence qu'il prononça le 6 décembre 1930 à la faculté des Lettres sur « Munich : Ville d'Art », son obtention en 1931, à l'âge de 23 ans, du titre de docteur en droit de l'université de Bordeaux, sa conférence à Bordeaux en 1956, sur « Le droit des gens à l'époque atomique » et la réception que le recteur de l'académie, le doyen de la faculté et Jacques Chaban-Delmas lui avait alors réservée en cette occasion[15]. Dans son témoignage, Keller souligne que la Société franco-bavaroise avait pour but de retisser des relations qui étaient plus anciennes et plus étroites, entre la France et la Bavière qu'avec le reste de l'Allemagne[16].

Pourtant, il semble bien que des contacts avaient été sporadiquement noués entre Bordeaux et d'autres villes allemandes en vue d'un jumelage, avant qu'un tel partenariat ne se concrétise avec Munich. Aux Archives municipales de Bordeaux, dans la correspondance du secrétariat du cabinet du maire, se trouvent des courriers échangés entre Bordeaux et Hanovre. Une lettre datée du 11 septembre 1950, portant en en-tête « Hanovre, capitale du pays Niedersachsen », comportant à l'endroit de la signature la mention « Oberbürgermeister » et le tampon « Hauptstadt Hannover Jugendpflege », rappelait les liens entre Bristol et Hanovre (établi dès 1947 !), de même qu'entre Bordeaux et Bristol. Il y était écrit :

> « Dans les dernières années entre Bristol et Hanovre une amitié municipale étroite s'est développée, qui se manifeste avec un échange vivace d'élèves et d'étudiants et dans des relations culturelles. C'est notre désir aussi de reprendre des liens amicaux à une grande ville de notre voisin français. Comme l'amitié de Bordeaux ressemble à celle de Hanovre à Bristol, nous serions heureux quand ces liens se développèrent entre votre capitale et la nôtre aussi (sic) ».

Au cours du conseil municipal du 2 octobre 1950, le maire de Bordeaux donna connaissance de la lettre du maire de Hanovre qui lui avait été remise par des étudiants de Hanovre au cours de leur séjour à Bordeaux. À l'unanimité, la décision fut prise de créer des liens d'amitié entre Bordeaux et Hanovre. Le secrétaire général de la ville de Bordeaux en rendit compte en ces termes :

> « Après une discussion générale, il paraît souhaitable de répondre favorablement à l'appel adressé à la ville de Bordeaux, mais en se plaçant sur le terrain intellectuel, par la création d'un comité Bordeaux – Hanovre privé, dans le genre de celui de

---

[15] Hans Keller, « À propos d'une société franco-bavaroise », in : *Jumelages. Témoignages de bonne volonté*, Munich, 1962, p. 35.
[16] À ce sujet, voir le catalogue d'exposition *France–Bayern : allers et retours – 1000 ans de relations franco-bavaroises*, Paris, 2006.

Bordeaux, Bristol ayant à sa tête un professeur d'allemand. Monsieur le Maire convoquera M. le professeur Loiseau pour s'entretenir avec lui de cette question ».

Le maire de Hanovre répondit le 30 décembre 1950 à l'avis favorable du maire de Bordeaux :

> « J'ai lu votre lettre du 17 octobre et j'ai pris connaissance qu'il y a dans votre ville des personnalités qui sont intéressées à créer des relations étroites entre votre ville et Hanovre. J'attends vos propositions. Nous ferons tout ce qui est nécessaire à faire réussir ce projet. Particulièrement notre jeunesse y sera associée »[17].

Il n'a pas été trouvé d'autres documents sur ce projet qui finit par échouer pour des raisons non encore élucidées. S'il avait alors abouti, il aurait fait partie des tout premiers jumelages bilatéraux (Hanovre devait se jumeler en 1966 avec Rouen, deux ans après le jumelage Bordeaux – Munich).

Quelles sont les raisons qui devaient conduire spécifiquement Bordeaux et Munich à se rapprocher ? Nous montrerons la part primordiale des facteurs économiques dans cette coopération bien que – et de façon assez étonnante alors qu'on souligne généralement que les jumelages ont uni des villes de taille, de secteurs d'activité et de dynamisme comparables – les situations économiques des deux capitales régionales aient alors été extrêmement divergentes.

4. Bordeaux et Munich dans les années 1960 : Des contextes économiques très différents

Après la guerre, le transfert de la population de Bordeaux-ville vers les communes de la banlieue s'accentua. Alors qu'en 1954, on dénombrait 258 288 habitants, le mouvement de recul se poursuivit avec 254 122 habitants en 1962[18]. L'économie de Bordeaux et de sa région se dégradait toujours. Le trafic du port déclinait, l'activité des industries ralentissait, le revenu de l'agriculture girondine baissait (faible production de vin, effondrement des prix des produits de la forêt) :

> « Dans le classement des départements français établi par l'Institut national de la statistique, en fonction de la richesse produite, la Gironde passe du huitième rang en 1948 au dixième rang en 1951, et sa part dans la production nationale tombe de 23,1 % à 17,4 % »[19].

Des démarches avaient été entreprises pour reconstruire, autour du symbole que représentait encore le nom de Bordeaux, le capital de confiance et

---

[17] Archives municipales de la ville de Bordeaux. Cote 1292-R-3 Associations culturelles. Ensemble de la correspondance Bordeaux – Hanovre.
[18] Joseph Lajugie et al., *Bordeaux au XXe siècle*, Delmas, 1972, p. 326.
[19] Lajugie (note 18), pp. 411–419.

de prestige[20]. L'Institut d'Économie régionale du Sud-Ouest (IERSO), premier centre universitaire français menant des études économiques régionales, avait été fondé en 1950. Le Centre d'Expansion Bordeaux – Sud Ouest (CEBSO), devenu ensuite le Comité d'Expansion Aquitaine (CEA) fut créé en 1954. Il avait pour tâche, avec l'Institut d'Administration des Entreprises (IAE), créé en 1956, de promouvoir les mesures susceptibles de favoriser l'essor économique de la région[21]. Dans les années 1960, le contexte restait difficile pour l'Aquitaine et Bordeaux et l'image internationale de la ville s'estompait. Le quotidien *Sud-Ouest* du 16 janvier 1962 rendit compte de la séance du Conseil général du 15 janvier au cours de laquelle Gabriel Delaunay, préfet de la Gironde, avait présenté le bilan de l'année pour l'activité économique sur le thème « Notre région ne peut pas mourir ». L'année 1961 avait été marquée par une crise de croissance caractérisée par les concentrations d'établissements et par la disparition d'un grand nombre d'entreprises qui n'avaient pas pu s'adapter[22]. Ainsi, de 1959 à 1962, 19 entreprises avaient été touchées représentant au total 2005 salariés. Malgré ces difficultés, le préfet présenta quelques éléments positifs pour l'année 1961 : la conversion d'activités des Forges et Chantiers de la Gironde menacés de fermeture, le rachat des ateliers de la société métallurgique de Lormont par les Chantiers de la Gironde. L'année 1962 marqua le début d'une période de réalisations en matière d'infrastructures et d'implantations d'entreprises. Le port de Bordeaux battit des records de trafic de marchandises : les ports de l'Allemagne de l'Ouest étaient destinataires de blé, en provenance d'un vaste arrière-pays s'étendant de la Loire aux Pyrénées.

Au point de vue touristique, Bordeaux, par sa position géographique était une plaque tournante. En 1954, les touristes allemands au 7e rang, après les Américains, Canadiens, les personnes originaires du Bénélux, les Britanniques, Espagnols et Portugais[23].

Le maire de Bordeaux, Jacques Chaban-Delmas, député de la deuxième circonscription de la Gironde depuis novembre 1946 (sous l'étiquette radicale-socialiste, puis en 1951 sous celle du mouvement gaulliste du Rassemblement du peuple français, en 1958 et 1962 sous celle de l'Union pour la nouvelle République qui soutenait l'action du général de Gaulle) jouait déjà un rôle majeur au plan national depuis les années 1950 : président du groupe Union républicaine d'action sociale à l'Assemblée nationale de

---

[20] Hubert Bonin, Sylvie Guillaume et Bernard Lachaise (éd.), *Bordeaux et la Gironde pendant la reconstruction, 1945–1954*, Talence, 1997.
[21] Lajugie (note 18), pp. 420–424, 431–442.
[22] Ainsi en 1959, six entreprises comportant au total 320 salariés avaient disparu ; en 1960, quatre entreprises avec 335 salariés ; en 1961, neuf entreprises avec 1340 salariés, *Sud-Ouest*, 18 janvier 1962 sous le titre « Monsieur Delaunay devant le Conseil Général : 'Notre région ne peut pas mourir' » ; Jean Dumas, *Les activités industrielles de la Communauté urbaine de Bordeaux*, tome 2. Études de géographie économique et de sociologie politique, Bègles, 1980, pp. 644–649.
[23] Lajugie (note 18), p. 507.

1953 à 1956, ministre des Travaux publics, des Transports et du Tourisme, dans le gouvernement de Pierre Mendès France, ministre d'État dans le gouvernement Guy Mollet de 1956 à 1957, ministre de la Défense nationale et des Forces armées dans le gouvernement Félix Gaillard de fin 1957 à 1958 et président de l'Assemblée nationale de décembre 1958 à juin 1969.

Le maire de Bordeaux joua de son influence et de son autorité pour coordonner efficacement le travail des institutions bordelaises. Soupçonné d'une ambition strictement « politicienne » au début des années 1960, Chaban-Delmas fut progressivement crédité de l'amélioration de la situation locale et du développement de sa région. Ainsi, il obtint personnellement que le président de la République, Charles de Gaulle, tranchât en faveur de Bordeaux pour la création du complexe aérospatial au nord-ouest de l'agglomération contre Châteauroux, Toulouse et la région parisienne. Le maire de Bordeaux ne se contenta pas de défendre et de sauvegarder ; il inséra aussi Bordeaux dans les retombées industrielles de la grande politique nationale et internationale. La multiplication des organes locaux d'aménagement accrut l'efficacité des relations extérieures de la métropole, même si elles contribuèrent à valoriser un site particulier, Bordeaux, plutôt qu'une région.

À la même époque, Munich était déjà solidement installée dans son statut de capitale économique. Elle comptait 1 200 000 habitants. Comme capitale de la Bavière, la ville était le siège du gouvernement du Land et de la Diète régionale (*Landtag*). Troisième ville d'Allemagne fédérale, elle bénéficiait d'une situation exceptionnelle au point de vue des communications. Munich était déjà un centre important du réseau ferroviaire et routier et son aéroport de Riem était desservi par la presque totalité des compagnies aériennes internationales. Munich était un centre touristique dopant l'hôtellerie et la gastronomie, connu pour sa bière, ses brasseries et la fête de la bière. Celle-ci trouvait ses origines le 12 octobre 1810 à l'occasion de la grande fête organisée pour le mariage du prince héritier Louis avec la princesse Thérèse. Erigée en fête de toute la Bavière, l'expérience n'avait cessé de se développer, devenant un secteur économique non négligeable. Mais Munich était avant tout un centre industriel et commercial de première importance, ce qui n'avait pas échappé à Chaban-Delmas. Dans les années 1960 déjà, les activités économiques de Munich étaient variées, allant de la construction de machines (usine Krauss-Maffei) à l'art de la porcelaine (Nymphenburger Porzellan-Manufaktur) en passant par la fabrication d'appareils d'optiques et de précision, de véhicules (BMW), les industries du bois et du caoutchouc, la fabrication de vêtements et toutes les branches de l'art et de l'édition. Munich était le siège de nombreuses banques et compagnies d'assurances. Cette ville était aussi un centre universitaire et scientifique très important avec l'université Ludwig-Maximilian, la plus grande d'Allemagne, l'École polytechnique, l'école bavaroise des Beaux-Arts, plusieurs grandes

Le jumelage Bordeaux-Munich 231

écoles techniques et professionnelles. Elle comptait cinq bibliothèques parmi les plus riches d'Europe, rassemblant environ 3 500 000 livres[24].

Munich était un bon exemple de la capacité à mettre en synergie l'enracinement dans l'histoire locale avec l'ouverture et la construction de l'avenir. Dès le début des années 1960, le développement de la ville était encadré par un système de planification urbaine. Munich est la ville d'Allemagne qui possède la plus ancienne tradition en la matière, et le développement urbain a accompagné le développement économique de la ville. La politique mise en place dans les années 1960 a contribué à développer l'emploi en centre-ville et l'habitat en périphérie.

Bordeaux et Munich ne se ressemblaient pas du point de vue de leur structure et de leur dynamisme économiques dans les années 1960. Mais c'est dans ce différentiel économique qu'il faut rechercher l'origine du jumelage. Bordeaux intéressait Munich qui cherchait à investir en France. L'entreprise Siemens notamment entendait s'implanter à l'extérieur de l'Allemagne. Or Chaban-Delmas avait tissé des liens d'amitié avec le patron Peter von Siemens et il réussit à attirer un atelier de Siemens qui s'installa sur trois sites, à Floirac, Bassens et Cenon, trois villes de la ceinture bordelaise[25].

5. La signature officielle du Jumelage Bordeaux – Munich

Selon l'usage, les cérémonies officielles du jumelage furent organisées dans chacune des deux villes. Le 29 mai 1964, la délégation allemande fut reçue à la Maison de l'Europe, Cours de l'Intendance, une des plus prestigieuses avenues bordelaises. Comme les autres maisons de ce type, la Maison de l'Europe de Bordeaux, fondée en 1956 dans le sillage du Mouvement Républicain Populaire (MRP) et membre de la Fédération des Maisons de l'Europe depuis la création de cette organisation en 1961, s'était engagée pour le rapprochement franco-allemand et la coopération au sein d'une Europe unie. Elle voulait développer l'intégration et la solidarité des citoyens dans l'Union Européenne et la formation du citoyen à la démocratie politique, économique, sociale et culturelle de la construction européenne. La délégation de Munich était conduite par Hans-Jochen Vogel, bourgmestre de la ville depuis 1960. Il était membre du parti social-démocrate allemand (SPD) depuis 1950. Il avait commencé une carrière active en 1958 comme conseiller municipal et chef de l'unité juridique de la ville de Munich[26]. La délégation se composait de nombreux conseillers municipaux, dont Hans

---

[24] *Sud-Ouest*, 26 mai 1964, « Le jumelage Bordeaux – Munich, la délégation allemande arrivera vendredi ».
[25] Informations recueillies au cours de notre entretien avec Jacques Valade du 27 février 2007.
[26] Élu député au Bundestag en 1972, il devait être nommé ministre de l'Aménagement du territoire, de la Construction, et de l'Urbanisme dans le gouvernement Willy Brandt.

Keller[27], d'enseignants (Julius Speer, universitaire, et Heinz Bartscherer, professeur du secondaire), du directeur de la chambre de Commerce (Werner Premauer), du vice-président de la chambre de Métiers (Karl Gruber), du directeur du syndicat du Tourisme pour la Bavière et la Haute-Bavière (Willi Fricke), du secrétaire général du comité de la Jeunesse (Rudolf Scheuermayer), du directeur général des services de la ville de Munich (Andreas Kohl), du directeur adjoint de l'office de Presse et d'Information (Noeil) et de plusieurs journalistes[28]. Jean Goussebaire, président de la Maison de l'Europe et adjoint au maire, représentant Jacques Chaban-Delmas, accueillit cette délégation. Autour de lui, dans une salle comble se pressaient députés, maires de villes voisines, représentants de l'Éducation nationale, des Armées et les homologues des membres de la délégation munichoise. Goussebaire exprima le souhait que le jumelage Bordeaux–Munich constituât un nouvel apport à l'amitié des deux pays et une garantie pour l'avenir de la jeunesse.

Le 30 mai 1964, la salle du Conseil municipal de la mairie de Bordeaux s'ouvrit sur les horizons de l'unité de l'Europe. Côte à côte, debout, levant la main droite au-dessus de la Charte du jumelage, rédigée sur un important parchemin, les deux maires prêtèrent serment :

> « Nous prenons, en ce jour, l'engagement solennel de maintenir des liens permanents entre les municipalités de nos communes, de propager l'esprit novateur et d'expansion qui anime nos deux villes, de favoriser les rapports culturels, économiques et humains entre leurs habi-tants pour développer, par une meilleure compréhension mutuelle, le sentiment vivant de la fraternité européenne, de conjuguer nos efforts afin d'aider, dans la pleine mesure de nos moyens, au succès de cette nécessaire entreprise de paix et de prospérité, l'unité européenne »[29].

Chaban-Delmas en profita pour souligner l'effort accompli en France pour donner existence aux régions. Dans sa réponse, Vogel mit l'accent sur la nécessité de développer les échanges de toute nature et conclut ainsi :

> « Nous pensons que le jumelage, au-delà de cette cérémonie, doit descendre dans la rue et réaliser un contact de plus en plus étroit entre les citoyens de Bordeaux et de Munich »[30].

Munich célébra à son tour le jumelage avec Bordeaux, le 5 juillet 1965, dans le cadre majestueux de l'ancienne mairie. En présence des soixante membres du Conseil municipal, de François Seydoux, ambassadeur de France à Bonn, de Gabriel Delaunay, préfet d'Aquitaine et de la délégation bordelaise, les

---

[27] Hans Preissinger, Fritz Schuster, Ernst Horzer, Karl Keyler et Helen Reichel, conseillers municipaux ; H. Keller, conseiller municipal et son épouse ; Herbert Hohenemer, conseiller pour les Affaires culturelles ; Anton Fingerie, conseiller pour l'enseignement.
[28] Otto Fischer, Werner Zellener, Gerd Thumser, Erich Harystein, Josef Stiegler et Josef Heger.
[29] *Sud-Ouest,* 1er juin 1964 : « Notre cité et Munich sont désormais villes 'jumelles' ».
[30] Ibid.

deux maires ratifièrent cette fraternité au cours d'une séance extraordinaire du Conseil municipal. Les discours eurent pour thème l'unification de l'Europe. « Il appartient aux villes – s'écria le maire de Munich – de réaliser une nouvelle communauté de vie en dehors de la politique, parce qu'elles ont les mêmes problèmes et parlent le même langage ». Il poursuivit en ces termes : « l'unification européenne est trop sérieuse pour être confiée aux hommes d'État ». Chaban-Delmas affirma de son côté toute l'importance morale qu'il accordait à ce jumelage « qui doit avoir l'efficience et l'amabilité », souligna ce que la jeunesse pouvait en attendre dans l'oubli « de ces folies catastrophiques », dont le temps était révolu : « Il faut non seulement s'entendre, mais être heureux de pouvoir le faire »[31]. Ces allocutions furent retransmises en direct au Palais Rohan à Bordeaux.

À l'occasion du jumelage, une allée longeant la place des Quinconces à Bordeaux fut baptisée « Allée de Munich » tandis qu'à Munich était inaugurée une place de Bordeaux dans le « quartier français » de Haidhausen.

6. La coopération Bordeaux–Munich au lendemain de la signature du jumelage

Les années qui suivirent la signature du jumelage Bordeaux–Munich furent caractérisées par une forte implication des élus et une activité intense dans la sphère politique et dans la société civile.

Pour ce qui relève du monde associatif, rappelons que le Cercle franco-allemand de Bordeaux dont les activités avaient le plus souvent lieu à la Maison de l'Europe – où le Cercle avait son siège –[32], avait constitué depuis sa création en 1958 un foyer dynamique pour renforcer les relations entre Bordeaux et l'Allemagne. Alors qu'il n'y avait toujours pas d'Institut Goethe à Bordeaux – il faudrait attendre mai 1972 –, les activités de ce Cercle dirigé par Rosy Dupond, professeur de piano au conservatoire de Bordeaux, étaient soutenues par le consulat de la République Fédérale à Bordeaux qui, à la différence de la mairie bordelaise, lui attribuait des subventions[33]. Il proposait notamment des cours d'allemand, des projections mensuelles de films allemands en version originale, des concerts, des conférences et manifestations culturelles diverses, des discussions entre étudiants bordelais et allemands, activités dont le quotidien *Sud-Ouest* avait rendu compte à plusieurs reprises[34]. Dans les années qui suivirent la conclusion du jumelage

---

[31] *Sud-Ouest*, 6 juillet 1965 : « Après la capitale de l'Aquitaine, Munich a célébré à son tour son jumelage avec Bordeaux (de notre envoyé Jean Ladoire) ».
[32] *Sud-Ouest*, 22 décembre 1970 : « Concert Beethoven au Cercle franco-allemand ».
[33] Entretien de l'auteur avec Barbara Bonneau, ancienne présidente du Cercle franco-allemand, 21 janvier 2008.
[34] *Sud-Ouest*, 28 octobre 1963 : « Le cercle franco-allemand a été réélu ».

avec Munich, le Cercle s'investit dans ce cadre et entretint notamment des liens suivis avec la Société France-Allemagne de Munich[35].

En matière éducative, le projet le plus important fut sans doute celui qui avait été présenté dès la cérémonie de jumelage de juillet 1965. À Munich, Chaban-Delmas avait envisagé l'ouverture de onze classes bilingues dans les écoles maternelles. « Une expérience révolutionnaire à Bordeaux » titra *Sud-Ouest* le 9 juillet 1965. Ce projet lui avait été suggéré par Alice Delaunay, inspectrice générale de l'Enseignement primaire, épouse du préfet Delaunay et résistante de la première heure. Ses convictions européennes et ses amitiés solides dans la capitale bavaroise furent l'un des points d'appui de ce jumelage. L'école Albert Schweitzer, située dans le nouveau quartier du Grand Parc à Bordeaux, fut choisie pour ce projet pilote. Otti Petersen, jardinière d'enfants, fut envoyée de Bavière et son poste devint un emploi municipal, où elle s'établit définitivement après son mariage. Otti Giraudel devait devenir une ambassadrice officieuse de l'Allemagne à Bordeaux[36]. Outre cette initiative totalement novatrice, des formes plus classiques d'échanges furent organisées entre les lycéens, les enseignants du secondaire[37] et les étudiants[38].

Les contacts culturels et artistiques furent également nombreux. Signalons notamment la première grande manifestation à avoir été organisée spécifiquement dans le cadre du jumelage. L'exposition « Les Romains en Aquitaine », initiée par la mairie de Bordeaux, fut réalisée par le Musée d'Aquitaine qui prêta une grande partie de ses collections gallo-romaines, et fut exposée au Stadtmuseum de Munich[39]. Cette exposition permettait de souligner un passé commun entre les deux villes qui, du premier siècle av. J.C. jusqu'au IXe siècle de notre ère, partagèrent un millénaire de destin celte, romain puis franc. Dans le domaine artistique, la musique fut particulièrement bien représentée[40].

Mais c'est surtout dans le domaine économique que les liens furent renforcés, sous l'impulsion d'une restructuration en faveur de l'expansion économique de Bordeaux et de sa région. Le Service d'information et de relations publiques, créé en 1959, devint le service économique de la chambre de Commerce et d'Industrie. La mise en place d'un Bureau de Recherche et d'Accueil (BRA) permit de faciliter la tâche des industriels, soucieux de transférer, de décentraliser, de développer ou de créer leur

---

[35] *Sud-Ouest*, 7 avril 1970 : « La délégation de l'Association Allemagne-France de Munich chaleureusement accueillie à Bordeaux » ; entretien de l'auteur avec Barbara Bonneau, ancienne présidente du Cercle franco-allemand, 21 janvier 2008.

[36] Otti Giraudel a reçu le 29 août 1996 la croix de Chevalier de l'Ordre du mérite de la RFA des mains d'Erwin Starnitzky, consul général d'Allemagne à Bordeaux.

[37] *Sud-Ouest*, 22 juillet 1966 : « Bordeaux-Munich productif jumelage » ; 28 décembre 1967 : « Le Jumelage Bordeaux-Munich est toujours plus vivant ».

[38] *Sud-Ouest*, 20 septembre 1968 : « Un jumelage entre dans les mœurs ».

[39] *Sud-Ouest*, 11 juillet 1967 : « Munich à l'heure de Burdigala ».

[40] *Sud-Ouest*, 20 avril 1966 : « le jumelage Bordeaux - Munich sous le signe de la musique ».

Le jumelage Bordeaux-Munich

entreprise. Bordeaux devint ainsi un pôle attractif. En 1971, Vogel, le maire de Munich et Ernst von Siemens – le frère de Peter – se rendirent à Bordeaux pour le début des travaux de l'usine dont l'implantation venait d'être annoncée le 19 juillet 1970 par la direction générale de l'entreprise à Munich. Les relations commerciales entre les deux villes s'accélérèrent dans le cadre des foires. Le vin restait un produit dominant dans les échanges entre Bordeaux et Munich, symbolisé à l'occasion de la signature du jumelage, par la désignation d'un grand vin, le château de Carl Haut Barsac, portant sur l'étiquette la mention : « Grand vin du jumelage Bordeaux – Munich ».

En 1964, une Taverne bavaroise fut établie par Haberl, grand restaurateur de Munich, puis en 1969, un pavillon permanent pour les exposants munichois fut édifié à la Foire de Bordeaux. Quelques années plus tard, en 1973, un restaurant français doublé d'une boutique de produits gastronomiques régionaux fut ouvert dans l'une des artères les plus fréquentées du quartier de Schwabing à Munich – « Aquitaine, la Maison de Bordeaux » –, témoin de l'imbrication des intérêts économiques et du tourisme[41]. Les entreprises industrielles et commerciales des deux villes participèrent à ces foires et ce fut l'occasion de rencontres entre chefs d'entreprises, sous l'impulsion des chambres de Commerce et d'Industrie au cours desquelles les responsables politiques des municipalités jouèrent un rôle de facilitateur des échanges.

****

Le Jumelage Bordeaux-Munich a été signé à une époque de mutation économique de la capitale aquitaine – durant les années 1955-1970 –, au cours de laquelle la ville, dirigée par Jacques Chaban-Delmas, voulut revenir sur la scène internationale. Les relations franco-bavaroises millénaires, les liens qui avaient déjà été noués entre fonctionnaires bordelais et munichois, les échanges universitaires, ou les contacts émanant de la société civile, s'ils ont pu constituer un terrain favorable à la signature du jumelage ont surtout bénéficié de ce partenariat. Ce dernier a permis de développer et de structurer toutes les formes de coopération, qu'il s'agisse de l'économie bien sûr, mais aussi de l'éducation, de la jeunesse, des sports, du tourisme ou de la culture, et d'enraciner dans la société le lien d'amitié entre les deux villes.

---

[41] Historique des relations Bordeaux – Munich, doc. Mairie de Bordeaux, dgrip, juin 2005.

Jürgen Dierkes

Freundschaft ohne Grenzen? Die Städtepartnerschaft Borgentreich – Rue (1986)

„Jedem Praktiker der Städtepartnerschaft sind die Anspielungen auf Verlobung und Hochzeit geläufig. Sie drängen sich förmlich auf. Jede Jumelage kennt den ersten Flirt, die Poussage, das Verlöbnis und die Hochzeit. Manche verwelkt nach dem ersten zaghaften Kuß, manche gedeiht in glücklicher Ehe, andere leben in getrennten Schlafzimmern und mancher bekäme eine Scheidung ganz gut."[1]

Johannes Sticker, Amtsdirektor in Nievenheim (1963-1974)

Im Jahr 1986 feierten die beiden Kleinstädte Borgentreich und Rue, in den Worten von Johannes Sticker ausgedrückt, Hochzeit: Die deutsche Stadt im ostwestfälischen Kreis Höxter und die französische Stadt nahe der Somme-Mündung in der Picardie besiegelten in zwei festlichen Akten ihre Städtepartnerschaft. Damit sprangen die beiden Städte vergleichsweise spät auf einen Zug auf, der in den 1950er Jahren seine Fahrt aufgenommen und ab 1963 kräftig beschleunigt hatte: die deutsch-französische Städtepartnerschaftsbewegung. Als die Städtepartnerschaft Borgentreich – Rue besiegelt wurde, waren vor ihr bereits weit über 1 000 interkommunale Verbindungen zwischen deutschen und französischen Städten entstanden. Diese große Zahl belegt beispielhaft die Intensität der deutsch-französischen Beziehungen. Die beiden Länder rechts und links des Rheins sind seit vielen Jahren eng miteinander verflochten, was sich für die politische genauso wie für die soziokulturelle und die wirtschaftliche Ebene festhalten lässt. Diese Entwicklung wurde möglich, weil sich Politiker – die Interessen ihres Landes verfolgend – für die Aussöhnung einsetzten und weil sich auf soziokultureller Ebene Akteure für eine Annäherung der Menschen beider Länder stark machten. Die Städtepartnerschaft Borgentreich - Rue ist ein Kind dieses Prozesses.

Seit langem gilt die Verbindung zwischen den beiden Städten als etabliert. Der Partnerschaft wird mit aller Regelmäßigkeit, sei es in der Lokalpresse, in Reden der Vorsitzenden der Partnerschaftsvereine oder in An-

---

[1] Sticker, Johannes, *Kommunale Außenpolitik*, Köln 1975, S. 19.

sprachen der Bürgermeister eine „glückliche Ehe" bescheinigt. Dabei wird stets betont, dass es sich um eine Partnerschaft vor allem zwischen den Menschen der beiden Städte handelt.[2]

Am Beispiel der Verbindung Borgentreich – Rue soll erörtert werden, was eine deutsch-französische Städtepartnerschaft im ländlichen Raum leisten kann. Welche Aktivitäten kann sie entwickeln? Wer beteiligt sich daran und welche Tiefe können die partnerschaftlichen Kontakte erlangen? An welche Grenzen stößt die Partnerschaft? Mit welchen Sorgen und Nöten ist sie konfrontiert? Und alldem vorausgeschickt: Warum gingen die Städte Borgentreich und Rue überhaupt eine Partnerschaft ein? Welche Motive wurden zugrunde gelegt und welche Ziele formuliert?

1. Vom „ersten Flirt" bis zu den *Noces de Porcelaine*: Anfänge und offizielle Höhepunkte

Vor dem Abschluss der Städtepartnerschaft im Jahr 1986 war die Stadt Borgentreich bereits längere Zeit auf der Suche nach einer geeigneten Partnerstadt. Sie hatte in der ersten Hälfte der 1980er Jahre eine Anfrage bezüglich einer Partnerschaft mit einer Stadt im Elsass oder in den Niederlanden beim Rat der Gemeinden Europas (RGE) gestellt. Es wurden diese Gebiete favorisiert, weil man der Meinung war, dass hier die sprachliche Verständigung leichter sei als mit Gemeinden in anderen Gegenden Europas. Die Anfrage blieb jedoch erfolglos,[3] weil sich vermutlich genau aus diesem Grund schon viele deutsche Kommunen zuvor um eine Partnerschaft mit einer Gemeinde in den genannten Regionen bemüht hatten. Die Kontakte zwischen Borgentreich und Rue ergaben sich schließlich durch die Vermittlung der Borgentreicher Nachbarstadt Beverungen, wo man bereits seit den 60er Jahren Kontakte nach Frankreich pflegte. Nach einem ersten Treffen zwischen dem damaligen Borgentreicher Stadtdirektor Bernhard Willim und dem damaligen Bürgermeister der Stadt Rue, Charles Deloge, im Oktober 1985 fassten die Stadträte von Rue und Borgentreich den Beschluss, die Städtepartnerschaft einzugehen.[4] Die Partnerschaft wurde formal mit der Unterzeichnung einer Partnerschaftsurkunde inklusive Verbrüderungseid durch die politischen Spitzen beider Städte besiegelt. Hierfür wurde in Borgentreich das zehnte Stadtfest im September 1986[5] und in Rue eine Cérémonie de Jumela-

---

[2] So zum Beispiel in einem Westfalen-Blatt-Kommentar zum 20-jährigen Bestehen der Städtepartnerschaft. Vgl. Schlottmann, Ulrich, Warburger Aspekte: Familien tragen Partnerschaft, in: *Westfalen-Blatt*, Lokalausgabe Warburg, 2.9.2006.
[3] Vgl. Niederschrift über die Sitzung des Rates der Stadt Borgentreich am 22.10.1985.
[4] Vgl. Niederschrift über die Sitzung des Rates der Stadt Borgentreich am 17.12.1985.
[5] Vgl. Ohne Verfasser, Gründung eines Freundschaftsvereins Borgentreich – Rue, in: *Mitteilungsblatt für das Stadtgebiet Borgentreich zugleich Amtsblatt der Stadt Borgentreich* 3/27.2.1987.

Die Städtepartnerschaft Borgentreich – Rue (1986) 239

ge[6] im Juni 1987 gewählt. Parallel zu den offiziellen Gründungsakten fanden die ersten Begegnungen zwischen Bürgern und Vereinen statt. Zur Ausgestaltung der Partnerschaftsarbeit wurden das Comité de Jumelage Rue – Borgentreich auf französischer Seite und der Freundschaftsverein für internationale Beziehungen e.V. Borgentreich auf deutscher Seite gegründet. Beide Vereine zeichnen sich bis heute durch eine hohe personelle Kontinuität aus. Das Comité de Jumelage wird seit 1992 von Daniel Graveline geführt. Bereits seit 1991 ist Robert M. Prell Vorsitzender des Freundschaftsvereins.

Die offiziellen Höhepunkte im bisherigen „Eheleben" der beiden Städte bildeten neben den feierlichen Festakten zum offiziellen Abschluss der Städtepartnerschaft das zehnjährige Jubiläum 1996 in Borgentreich[7] und die *Noces de Porcelaine*, das 20-jährige Bestehen der Städtepartnerschaft, das im Jahr 2006 in Rue begangen wurde.[8] Beide Jubiläen wurden gemeinsam von offiziellen Vertretern beider Städte und den Bürgern gefeiert.

2. Begegnung, Europa und Bedenken: Motive, Ziele und Zweifel beim Abschluss der Partnerschaft

Für den Abschluss der Partnerschaft zwischen den Städten Borgentreich und Rue gab es klare Argumente. Vor allem die ähnliche Größe und Struktur sowie die landwirtschaftliche Prägung beider Städte sprachen für die Partnerschaft. Von Vorteil wurde der Aspekt gewertet, dass zwischen Nachbarorten beider Städte bereits partnerschaftliche Beziehungen existierten.[9]

Trotz dieser Argumente für die Partnerschaft gab es auf deutscher Seite Skepsis. Die FDP-Fraktion äußerte „wegen der unterschiedlichen Landessprachen und der weiten Entfernung Bedenken hinsichtlich einer tiefgründigen Partnerschaft".[10] Zweifel plagten auch den damaligen Borgentreicher Bürgermeister Adolf Gabriel, der gesagt haben soll: „Herr Stadtdirektor, wie soll das bloß gutgehen? Die verstehen uns nicht, und wir verstehen die nicht."[11] Letztlich wurden aber die Beschlüsse, die Partnerschaft einzugehen, in den Räten beider Städte einstimmig gefasst.[12]

Wenig konkrete Informationen liefern die Quellen zur Frage, warum man überhaupt eine Partnerschaft eingehen wollte. Die Rede ist vom „Wil-

---

[6] Vgl. Programme: Jumelage de Rue avec Borgentreich: Réception des Allemands les 18, 19, 20, 21 juin 1987.
[7] Vgl. Husemann, Rolf, Prell, Robert, Zehn Jahre Städtepartnerschaft zwischen den Städten Rue und Borgentreich, in: *Jahrbuch 1998 Kreis Höxter*, Höxter, hrsg. v. d. Landrat des Kreises Höxter, S. 21-24, hier S. 23 f.
[8] Vgl. Programme des 20 ans du comité de jumelage de Rue.
[9] Vgl. Niederschrift über die Sitzung des Rates der Stadt Borgentreich am 22.10.1985 sowie Niederschrift über die Sitzung des Rates der Stadt Borgentreich am 17.12.1985.
[10] Niederschrift über die Sitzung des Rates der Stadt Borgentreich am 17.12.1985.
[11] Schlottmann, Ulrich, Diese Woche: Freundschaft mit Rue lebt, in: *Westfalen-Blatt*, Lokalausgabe Warburg, 31.8.1996.
[12] Vgl. Niederschrift über die Sitzung des Rates der Stadt Borgentreich am 17.12.1985.

len zur Völkerverständigung und zur Aussöhnung der Völker untereinander".[13] Die in den 80er Jahren beim Abschluss von Städtepartnerschaften üblicherweise angeführten Motive wie „Erfahrungsaustausch", „fachlicher Dialog" oder „Projektbezogene Zusammenarbeit"[14] finden in den vorliegenden Quellen aus Borgentreich und Rue keinerlei Erwähnung. Es lässt sich vermuten, dass hier auf wohlklingende Gemeinplätze zurückgegriffen wurde. Es ist zudem anzunehmen, dass die Grundsatzfrage „Städtepartnerschaft – ja oder nein" in den Hintergrund trat und wenig thematisiert wurde, als das konkrete Ansinnen, die Städtepartnerschaft zwischen Rue und Borgentreich, im Raum stand. Es wurde dann wohl eher die Frage diskutiert, ob die beiden Städte zueinander passen, was durch den Vergleich der soziodemografischen Daten und durch die ersten, positiv verlaufenen Kontakte allgemein bejaht wurde.

Ein Motiv, das gleichzeitig als Hauptziel in den Statuten der Partnerschaftsvereine verankert wurde, ist der Begegnungsaspekt. Die politisch Verantwortlichen in beiden Städten vertraten die Auffassung, dass der erste Schritt zwar von der Politik ausgehen müsse,[15] die Partnerschaft „sich jedoch nicht ausschließlich auf Kontakte offizieller Stellen beschränken [dürfe], sondern mitgetragen werden müsse von den Bürgern, Vereinen und Schulen."[16] Es war das erklärte Ziel der Partnerschaft, die Begegnung und den Austausch der Bürger beider Städte zu fördern. Folglich wurde die Partnerschaftsarbeit aus den Rathäusern weitestgehend ausgelagert und in die Hände von Partnerschaftsvereinen gelegt. In den Statuten beider Vereine wird der Begegnungsaspekt als Vereinszweck genannt.[17] Im Verbrüderungseid werden zudem ohne klaren Handlungsauftrag abstraktere Ziele wie Völkerverständigung und der Wille, zur europäischen Einheit beizutragen, unterstrichen.[18]

3. Möglichkeiten und Grenzen einer deutsch-französischen Städtepartnerschaft im ländlichen Raum

3.1 Die partnerschaftlichen Aktivitäten

Die unterschiedlichen Aktivitäten, die sich im Rahmen der Städtepartnerschaft Borgentreich – Rue entwickelt haben, belegen, dass die kommunale

---

[13] Ohne Verfasser, Städtepartnerschaft mit Rue wird besiegelt, in: *Mitteilungsblatt für das Stadtgebiet Borgentreich zugleich Amtsblatt der Stadt Borgentreich*, 8/29.8.1986.
[14] Vgl. Leitermann, Walter, Städtepartnerschaften in Europa. Historische Entwicklung und aktuelle Tendenzen aus deutscher Sicht, in: *Interregiones*, 11 (2002), S. 51-60, hier S. 55 f.
[15] Vgl. Niederschrift über die Sitzung des Rates der Stadt Borgentreich am 17.12.1985.
[16] Niederschrift über die Sitzung des Rates der Stadt Borgentreich am 17.12.1985.
[17] Vgl. *Satzung des Freundschaftsvereins für internationale Beziehungen e.V. Borgentreich* vom 13.3.1987, Paragraf 2, und *Statuts du Comité de jumelage Rue – Borgentreich* vom 7.7.1986, Article 2.
[18] Vgl. Verbrüderungseid der Städte Borgentreich und Rue vom 12.9.1986.

Verbindung mehr ist als der berühmt-berüchtigte „Bürgermeistertourismus". Offizielle Begegnungen von Kommunalpolitikern stehen nicht im Fokus und haben erst selten stattgefunden.[19] Die bisherigen Begegnungen hatten vor allem ein Besichtigungsprogamm zum Inhalt. Ein darüber hinausgehender Kontakt zwischen den Stadträten, um etwa nach Lösungsmöglichkeiten für gemeinsame Probleme zu suchen, existiert nicht.

Von Bedeutung sind in der Städtepartnerschaft Borgentreich – Rue genauso wie in vielen andern Kommunalverbindungen Feste und Jubiläen. Neben den bereits erwähnten Festivitäten zur Gründung der Partnerschaft und zu den „runden Geburtstagen" sowie der *Soirée Choucroute*, die das Comité de Jumelage jedes Jahr im Frühjahr anbietet, wird die Städtepartnerschaft bei besonderen städtischen Jubiläen in den Fokus gerückt. Dies zeigt das Beispiel des 725-jährigen Bestehens der Stadt Borgentreich. Zum Jubiläum war eine offizielle Delegation aus Rue zu Gast und die Reden von Bürgermeister Serge Deschamps sowie des Président du Comité de Jumelage, Daniel Graveline, waren wichtige Programmpunkte im Rahmen des Festaktes. Die Auftritte der Gäste standen auch im Zentrum der Berichte in der Lokalpresse.[20] Die Festlichkeiten sind stets von symbolischen Akten und wohlklingenden Worten der offiziellen Vertreter geprägt. Wenn sie auch zu nach außen strahlenden Höhepunkten der Partnerschaft hochstilisiert werden, sind es jedoch die funktionierenden Begegnungen zwischen den Bürgern, die die eigentlichen Höhepunkte und die Qualität der Städtepartnerschaft ausmachen. Deshalb muss man wie Jean-Paul Barbe fragen: „Dépasse-t-on le degré de simple officialité? Y a-t-il diffusion sociale réelle ?"[21]

Eines der Herzstücke der Partnerschaftsarbeit stellt der Erwachsenenaustausch dar. Er wurde zu Beginn der Partnerschaft ins Leben gerufen und war in den Jahren 1986 und 1987 in die offiziellen Feierlichkeiten zur Besiegelung der Partnerschaft eingebettet. Die Fahrten finden einmal jährlich statt. Im Wechsel fahren die Franzosen im Bus nach Deutschland und die Deutschen nach Frankreich. Der Erwachsenenaustausch erstreckt sich inklusive Hin- und Rückfahrt von Freitag bis Sonntag. Er folgt einem bestimmten Muster.[22] Die Gäste aus der Partnergemeinde sind in Familien untergebracht und nehmen zusammen mit ihren Gastgebern an einem Programm teil, das

---

[19] Vgl. Ohne Verfasser, „Gipfeltreffen" in der Partnerstadt Rue. Delegation aus Borgentreich verbrachte anstrengende, aber interessante Tage in Frankreich, in: *Neue Westfälische*, Lokalausgabe Warburg, 14.7.2001.

[20] Vgl. Wamers, Sandra, Ures, Peter, „Klein aber weltoffen". Stadtfest zur Borgentreicher 725-Jahr-Feier/Drei Tage lang Geburtstag gefeiert, in: *Neue Westfälische*, Lokalausgabe Warburg, 12.9.2005, sowie Claude Cailly, Une „jumelle" de 725 ans. Une délégation d'élus, emmenée par le maire, a participé avec le président du comité de jumelage aux festivités marquant le 725e anniversaire de Borgentreich, in: *Le Courrier Picard*, 15.9.2005.

[21] Barbe, Jean-Paul, Les jumelages franco-allemands : configuration – stratégies - régulations, in: *Allemagne d'aujourdhui*, 106 (1988), S. 82-100, hier S. 90.

[22] Ausführlich zum Ablauf des Erwachsenenaustauschs in Landgemeinden: Fieber, Bettina, *Internationale Gemeindepartnerschaften. Kulturaustausch und seine Wirkungen in europäischen Landgemeinden*, Trier, 1995, S. 87 ff.

im Wesentlichen den Ablauf der Partnerschaftstreffen bestimmt. Gelegentlich hat das Programm einen deutsch-französischen Bezug. Das war beispielsweise im Jahr 2001, als die Gäste aus Rue und die Gastgeber aus Borgentreich gemeinsam auf den Spuren der Hugenotten in Nordhessen wandelten,[23] und im Jahr 2004 der Fall, als das Historial de la Grande Guerre in Péronne besichtigt wurde.[24] Es überwiegen jedoch Aktivitäten, bei denen die deutsch-französische Geschichte nicht im Vordergrund steht. Hinsichtlich der Teilnehmerzahlen kann mit gebotener Vorsicht[25] von einem Rückgang gesprochen werden, denn an den letzten beiden Fahrten nahmen zwischen 20 und 30 Personen teil, während sich in früheren Jahren meistens rund 40 Personen an der Fahrt beteiligten.

Eine klar abnehmende Tendenz gibt es beim Austausch der Jugendlichen. Der Jugendaustausch fand erstmals im Sommer 1988 statt, als eine Gruppe von rund 20 Jugendlichen aus Frankreich für eine Woche in Borgentreich zu Gast war.[26] Auch beim Jugendaustausch variiert das Ziel im jährlichen Wechsel zwischen den beiden Städten. Die Jugendlichen, die etwa 13 bis 17 Jahre alt sind, sind in Gastfamilien untergebracht, deren Kinder ebenfalls am Austauschprogramm teilnehmen. Der Austausch findet in den Sommerferien statt und dauert eine Woche. Er will den Jugendlichen, die sich oftmals zum ersten Mal ohne ihre Familie im Ausland aufhalten, die Möglichkeit geben, ihre Sprachkenntnisse zu verbessern und „Land und Leute für eine gute Woche hautnah kennen"[27] zu lernen. Von Beginn an wurde dem Jugendaustausch seitens der Verantwortlichen hohe Priorität eingeräumt. Trotzdem kann dies nicht darüber hinwegtäuschen, dass er in den letzten Jahren einen deutlichen Niedergang erfuhr. In den Jahren 2008 und 2009 musste der Austausch abgesagt werden, weil das Angebot auf zu geringe Resonanz stieß. Nach Ansicht von Robert M. Prell leidet der Jugendaustausch unter strukturellen Problemen, die sich vor allem aus einem umfassenden Angebot an Schüleraustauschen in Borgentreich und den Nachbarstädten ergeben.[28] Als problematisch sieht es Prell zudem an, dass

„sowohl in Borgentreich als auch in Rue immer mehr Jugendliche dabei sind bzw. einbezogen werden müssen, die eben nicht […] ihre deutschen/französischen

---

[23] Vgl. Ohne Verfasser, Auf den Spuren der Hugenotten. Gäste aus Rue in Borgentreich/Französische Tradition in Bad Karlshafen erlebt, in: *Neue Westfälische*, Lokalausgabe Warburg, 29.9.2000.
[24] Vgl. Ohne Verfasser, Comité de jumelage Rue-Borgentreich, in: *Rue. Bulletin Municipal*, 2005, S. 32.
[25] Ausreißer, z.B. durch das Jubiläum im Jahr 2006, erschweren die Wertung.
[26] Vgl. Klatecki, Herbert, Für 10 Tage weilen 20 Jugendliche aus Nordfrankreich in der Börde, in: *Neue Westfälische*, Lokalausgabe Warburg, 2.7.1988.
[27] Schreiben des Vorsitzenden Robert M. Prell an die Präsidentin der VDFG, Frau Dr. Beate Gödde-Baumanns, vom 2.9.1999.
[28] Vgl. E-Mail von Robert M. Prell an Daniel Graveline vom 5.4.2008.

Die Städtepartnerschaft Borgentreich – Rue (1986) 243

Sprachkenntnisse verbessern wollen, sondern das Ganze als reinen ‚Ausflug' wahrnehmen."[29]

Angesichts dieser Entwicklungen sind Zweifel angebracht, ob ein Jugendaustausch, der der ursprünglichen Intention entspricht, wieder belebt werden kann.

Im Jahr 1999 wurde der Städtepartnerschaft ein Baustein hinzugefügt, der von Anfang an ins Auge gefasst worden war: die Beteiligung der Schulen.[30] Es wurden eine Schulpartnerschaft und ein Schüleraustausch zwischen der Realschule Borgentreich und dem Collège du Marquenterre in Rue ins Leben gerufen. Der Schüleraustausch wird von den Schulen weitestgehend eigenständig organisiert. Dennoch wird der Austausch als „Beitrag der Schulen zur Städtepartnerschaft"[31] angesehen. Eine Schulpartnerschaft mit Austausch setzt insbesondere bei Kleinstädten eine ähnliche Größe der Partnergemeinden voraus und ist im ländlichen Raum aufgrund der dünnen schulischen Infrastruktur nicht leicht zu verwirklichen.[32] Auch in Borgentreich und Rue war die Schaffung des Schüleraustauschs kein Selbstläufer. So fand der erste Schüleraustausch erst 13 Jahre nach dem Abschluss der Städtepartnerschaft statt. Der Austausch erfolgt im etwa zweijährigen Rhythmus und dauert jeweils eine Woche. Im Unterricht findet sowohl eine Vor- als auch eine Nachbereitung statt. Außerdem pflegen die Schüler, die am Austausch teilnehmen, mit ihren Austauschpartnern einen Brief- und/oder E-Mail-Kontakt. Während des Austauschs leben die ausländischen Schüler in den Familien ihrer Austauschpartner. Neben der Teilnahme am Schulunterricht stehen gemeinsame Ausflüge auf dem Programm. Die Zahl der Teilnehmer bewegt sich mit 15 bis 20 Schülern pro Nationalität und Austausch auf konstantem Niveau.[33]

Eine weitere städtepartnerschaftliche Aktivität stellt das mehrwöchige Praktikum in der Partnerstadt dar. Dieses Angebot richtet sich an Jugendliche und junge Erwachsene. Die Praktikumsplätze werden üblicherweise direkt von den Kommunen in den städtischen Einrichtungen wie Bauhof, Stadtverwaltung, Kindergarten oder im Falle von Rue auch im Office du Tourisme zur Verfügung gestellt. Die Dauer beträgt – je nach Wunsch der Praktikanten – zwischen drei und sechs Wochen.[34] Die bislang letzten Praktika liegen bereits einige Jahre zurück. In Borgentreich „schnupperten" im Jahr 2004 die 17-jährige Emmanuelle und der gleichaltrige Romaric in die

---

[29] E-Mail von Robert M. Prell an Daniel Graveline vom 5.4.2008.
[30] Vgl. Niederschrift über die Sitzung des Rates der Stadt Borgentreich am 17.12.1985.
[31] So äußerte sich die Realschule Borgentreich in einer schriftlichen Befragung, die der Verfasser im Mai 2008 durchführte.
[32] Vgl. Mirek, Holger, *Deutsch-französische Gemeindepartnerschaften. Ein Leitfaden für Praktiker*, Kehl, Straßburg 1984, S. 19.
[33] Wie Anm. 31.
[34] Vgl. Schreiben des Vorsitzenden Robert M. Prell an die Präsidentin der VDFG, Frau Dr. Beate Gödde-Baumanns, vom 2.9.1999.

deutsche Arbeitswelt hinein.[35] In Rue war ein Jahr später die bis dato letzte deutsche Praktikantin zu Gast.[36] Mit rund zehn bis zwölf jungen Deutschen und in etwa gleich vielen Franzosen, die bis heute ein Praktikum in der Partnerstadt absolvierten, ist die Resonanz auf das eigentlich interessante Angebot eher dürftig. Allerdings setzt ein solches Praktikum gute Kenntnisse der Landessprache, Eigeninitiative und einen gewissen Mut voraus, sich auf etwas Unbekanntes einzulassen.

In die Städtepartnerschaft sind auch die Vereine involviert. Insbesondere in den Anfangsjahren beteiligten sie sich an der Partnerschaft, was wohl zum einen an einer gewissen Neugierde und zum anderen an einer gewissen Dynamik, die die junge Städtepartnerschaft ausstrahlte, lag. Beispielsweise besuchten Musikvereine die Partnerstädte[37] und die Feuerwehren trafen sich, um sich bei Übungen über die Schulter zu schauen.[38] Die bisherigen Vereinsaktivitäten weisen hinsichtlich des Begegnungsaspekts sehr unterschiedliche Qualitäten auf. Sie reichen von einem touristischen Programm mit Destination Partnerstadt – so veranstaltete die Kolpingfamilie Borgentreich ein Zeltlager in Rue[39] und eine Gruppe Radfahrer fuhr von Borgentreich-Borgholz bis an die französische Küste[40] – über Begegnungen Sport treibender Vereine[41] ohne Gegenbesuch bis hin zu gemeinsamen Aktivitäten der Rotkreuzler aus Rue und Borgentreich-Bühne, die in der Teilnahme einer Delegation aus Rue am Leistungsvergleich der DRK-Kreisverbände in Bühne gipfelte.[42] Bislang hat sich die Hoffnung der Verantwortlichen, dass es weitere derartige Austausche geben möge, nur be-

---

[35] Vgl. Ohne Verfasser, Arbeitseinsatz in der Börde. Zwei französische Praktikanten lernen Leben und Arbeit in Borgentreich kennen, in: *Neue Westfälische*, Lokalausgabe Warburg, 23.7.2004.
[36] Vgl. Ohne Verfasser, Jumelage Rue – Borgentreich: Vingt ans cette année, in: *Rue. Bulletin Municipal*, 2006, S. 27.
[37] Vgl. Ohne Verfasser, Gemeinsames Platzkonzert begeisterte, in: *Westfalen-Blatt*, Lokalausgabe Warburg, 30.6.1989.
[38] Vgl. Schlottmann, Ulrich, Stadtfest offenbarte lebendigen Bürgersinn. Borgentreicher feierten mit ihren Gästen aus der französischen Partnerstadt Rue, in: *Westfalen-Blatt*, Lokalausgabe Warburg, 12.9.1988.
[39] Vgl. Ohne Verfasser, Kolping-Jugend: Erkundungstour in Frankreich, in: *Westfalen-Blatt*, Lokalausgabe Warburg, 10.8.1994.
[40] Vgl. Ohne Verfasser, Borgholzer Radfahrer unterwegs, in: *Neue Westfälische*, Lokalausgabe Warburg, 29.5.2004.
[41] Vgl. Ohne Verfasser, Partnerschaft und Sport in einem. Jugendmannschaft des TC Borgentreich im französischen Rue, in: *Westfalen-Blatt*, Lokalausgabe Warburg, 29.7.1992, sowie Ohne Verfasser, Besonders beliebt war das Wellen-Pritschen. Trainingsaufenthalt der Volleyballer des VfR Borgentreich in der französischen Partnerstadt Rue, in: *Neue Westfälische*, Lokalausgabe Warburg, 26.7.1995.
[42] Vgl. Raedern, Wolfgang von, Welda und Höxter ganz vorn. Wettbewerb der DRK-Kreisverbände Warburg und Höxter fand in Bühne statt, in: *Neue Westfälische*, Lokalausgabe Warburg, 7.5.2001.

Die Städtepartnerschaft Borgentreich – Rue (1986)

dingt erfüllt. Zwar erfolgte ein Gegenbesuch des DRK-Ortsvereins Bühne in Rue,[43] aber auf andere Vereine sprang der Funke nicht über.

Bisher besuchten mehr Vereine aus Borgentreich als Vereine aus Rue die Partnerstadt. Dies mag damit zusammenhängen, dass die Lage von Rue in unmittelbarer Nähe der Küste attraktiver ist als die von Borgentreich. Eventuell spielen auch Mentalitäten eine Rolle. Unterm Strich muss festgestellt werden, dass die Beziehungen zwischen den Vereinen – entgegen der ursprünglichen Intention[44] – nicht besonders intensiv ausgeprägt sind. Auch ein reziproker Charakter ist nicht immer gegeben. Dies liegt daran, dass eine rege Vereinsbegegnung gewissen Hürden unterworfen ist: Zunächst muss es in beiden Städten Vereine mit ähnlichen Interessen geben,[45] was im Fall von Borgentreich und Rue mit den genannten Beispielen erfüllt ist. Des Weiteren muss seitens der Mitglieder und der Vereinsvorstände sowohl auf deutscher als auch französischer Seite Interesse an der Begegnung bestehen.

Im Lauf der Jahre haben sich private Kontakte zwischen Bürgern von Borgentreich und Rue entwickelt, die sich jenseits des offiziellen Rahmens abspielen. Diese privaten Kontakte zeichnen sich durch den Versand von E-Mails und Briefen, Geburtstags- und Trauerkarten, durch gelegentliche Kurzbesuche oder in Einzelfällen durch Urlaube bei der befreundeten Familie aus. Zu Umfang und Intensität der privaten Kontakte liegen keine empirischen Daten vor.[46] Es kann jedoch davon ausgegangen werden, dass sich die Kontakte auf Personen beschränken, die auch ansonsten in die Partnerschaft involviert sind.

3.2 Von *Monsieur le Maire* bis hin zu Michel Jedermann? Die Breite der städtepartnerschaftlichen Kontakte

Ohne Zweifel gibt es in beiden Städten eine große Anzahl von Menschen, die in irgendeiner Art und Weise in den letzten 22 Jahren mit der Städtepartnerschaft in Kontakt gekommen sind. Es kann also davon ausgegangen werden, dass die beiden Partnerstädte innerhalb der Bevölkerung einen sehr hohen Bekanntheitsgrad genießen.[47] Hierfür hat in Borgentreich auch die

---

[43] Vgl. Ohne Verfasser, Jahreshauptversammlung des DRK-Ortsvereins e.V. in Bühne, in: *Mitteilungsblatt für das Stadtgebiet Borgentreich zugleich Amtsblatt der Stadt Borgentreich*, 13/12.12.2003.
[44] Vgl. Niederschrift der Sitzung des Rates der Stadt Borgentreich am 17.12.1985.
[45] Vgl. Mirek, *Deutsch-französische Gemeindepartnerschaften* (wie Anm. 32), S. 19.
[46] Aus den Archiven der Partnerschaftsvereine und aus der Presseberichterstattung geht nur wenig über die privaten Kontakte hervor, die sich jenseits der offiziellen Ebene abspielen. Gelegentlich wird in Presseberichten die Existenz von privaten Besuchen betont, so zum Beispiel in: Ohne Verfasser, Interesse an Rue hat zugenommen, in: *Westfalen-Blatt*, Lokalausgabe Warburg, 23.11.1995.
[47] Es gibt keine empirischen Erhebungen. Es handelt sich um eine Einschätzung, die sowohl der Freundschaftsverein als auch die Stadt Borgentreich in einer schriftlichen Befragung durch den Verfasser im Mai 2008 äußerten. Auch der frühere Borgentreicher

ausführliche Berichterstattung in der Lokalpresse gesorgt. Für die französische Seite trifft dieser Punkt nur sehr begrenzt zu, da in der dortigen Presse wesentlich seltener Publikationen über die Städtepartnerschaft erscheinen.[48] Im weitesten Sinne kann die Presseberichterstattung auch als Möglichkeit gesehen werden, Kontakte zum Bürger herzustellen, die jedoch meist nur in eine Richtung funktionieren – es sei denn, der Bürger nutzt die angegebenen Kontaktdaten, um mit den Verantwortlichen der Städtepartnerschaft in Verbindung zu treten.

Von diesen oberflächlichen Berührungen, die sich an eine breite Masse richten, ist die aktive Teilnahme an der Partnerschaft zu unterscheiden. Dazu zählen die Partizipation an den Aktivitäten und die Mitgliedschaft im Partnerschaftsverein. In beiden Vereinen sind die Mitgliederzahlen leicht rückläufig.

Wirft man einen Blick auf die Teilnehmerzahlen bei den Aktivitäten, die vor allem die Idee der Begegnung verfolgen, wird deutlich, dass sich die aktive Teilhabe an der Partnerschaft auf einen überschaubaren Personenkreis beschränkt. Wenn man zu den „Partnerschaftsaktivisten" großzügig deren Familienmitglieder und alle Personen, die nur sporadisch an den Begegnungen teilnehmen, hinzurechnet, wird man auf einen Wert kommen, der sich bei ungefähr fünf Prozent der Gesamtbevölkerung bewegt. Dies ist laut Thomas Grunert ein normaler Wert für die Beteiligung an Städtepartnerschaften in Kleinstädten.[49] Auch in Borgentreich und Rue ist die Pflege der Städtepartnerschaft die Sache einer Minderheit.

Die Verbindung beschränkt sich jedoch nicht auf die lokalen Eliten, obwohl diese auch eingebunden sind.[50] Die Städtepartnerschaft ist kein geschlossener Club. Die Bürger werden immer wieder, zum Beispiel durch Pressemitteilungen, eingeladen, sich an den Aktivitäten zu beteiligen.[51] Selbstverständlich trifft man in Borgentreich unter den Rue-Fahrern den Bürgermeister, das Ratsmitglied, den ortsbekannten Unternehmer. Und auch in Rue findet man den *Conseiller Municipal*, den *Professeur*, den *Médecin*. Genauso gut aber beteiligen sich in beiden Städten die Hausfrau, der *Retraité*,

---

Stadtdirektor Bernhard Willim äußerte sich in einem Interview mit dem Verfasser im April 2008 entsprechend.

[48] Dies ist höchstwahrscheinlich der französischen Presselandschaft geschuldet, die eher regional strukturiert ist und nicht den starken lokalen Aspekt aufweist, wie das bei den in Borgentreich erscheinenden Tageszeitungen mit ihrer Lokalausgabe Warburg der Fall ist. Außerdem erscheint das städtische Mitteilungsblatt in Borgentreich monatlich, während das *Bulletin Municipal* in Rue nur einmal pro Jahr herausgegeben wird.

[49] Grunert geht – optimistisch – davon aus, „daß die durchschnittliche jährliche Teilnahme bei 5% – 10% der jeweiligen Gemeindebürgerschaft festzumachen ist"; Thomas Grunert, *Langzeitwirkungen von Städte-Partnerschaften. Ein Beitrag zur Europäischen Integration*, Kehl, Straßburg 1981, S. 173.

[50] Vgl. Grunert, *Langzeitwirkungen* (wie Anm. 49), S. 171.

[51] So zum Beispiel in: Ohne Verfasser, Erfolgreiche Städtepartnerschaft, in: *Warburg zum Sonntag*, 1/5.1.2008.

Die Städtepartnerschaft Borgentreich – Rue (1986)

der Busfahrer, der *Boucher,* die 17-jährige Praktikantin und der 15-jährige *Elève au Collège du Marquenterre.*

Die Personen, die in der Partnerschaft aktiv sind, stellen keinen repräsentativen Bevölkerungsquerschnitt dar. So waren es auf Borgentreicher Seite in den Anfängen überdurchschnittlich viele Neubürger, die sich dem von der Stadtverwaltung zugespielten Ball mit der Aufschrift „Städtepartnerschaft" entgegenreckten.[52]

Auch bei den einzelnen Altersgruppen gibt es deutliche Unterschiede. Besonders gut vertreten ist sowohl auf deutscher als auch auf französischer Seite die Gruppe der über Sechzigjährigen. Dies hat zum einen damit zu tun, dass dieser Personenkreis die Städtepartnerschaft vor über 22 Jahren aufbaute. Es hat aber auch damit zu tun, dass es nicht leicht fällt, jüngere Personen für die Teilnahme an der Partnerschaft zu gewinnen. Das Nachwuchsproblem macht sich allmählich bemerkbar. Am deutlichsten manifestiert sich das Problem des fehlenden Nachwuchses und des nachlassenden Interesses der Jüngeren am Jugendaustausch. Diese Aktivität, die viele Jahre lang zu einer der wichtigsten Säulen der Städtepartnerschaft zählte, zeigte eine Zeit lang Risse, bevor sie im Jahr 2008 einstürzte. Derzeit ist unklar, ob und unter welchen Prämissen sie wieder errichtet werden kann. Bei dieser Entwicklung wird die „Konkurrenz", die man sich mit der Einführung des Schüleraustausches selber schuf, eine Rolle gespielt haben. Es wäre jedoch zu kurz gegriffen, darauf das ganze Problem zu reduzieren. Anders als zu den Anfängen der Partnerschaft ist eine Reise ins Ausland heute für Jugendliche aus Borgentreich und Rue keine Besonderheit mehr.[53] Angesichts dieses allgemein verbreiteten Phänomens wirft Walter Leitermann die Frage auf:

> „Braucht man heute noch Partnerschaften, um fremde Städte und Kontinente kennenzulernen? Haben Tourismus und Internet nicht längst eine Globalisierung hergestellt, in deren Kontext Städtepartnerschaften wie ,Pferdefuhrwerke neben Düsenjets' wirken?"[54]

Zudem mögen rückläufige Sprachkenntnisse die Entwicklung verstärken. All diese Aspekte können als Gründe angeführt werden, warum auch das Angebot des Ferienpraktikums in der Partnerstadt bereits seit einigen Jahren von niemandem mehr wahrgenommen wurde.[55]

Trotz der aufgezeigten Schwierigkeiten bilden die Jugendlichen nach wie vor eine wichtige Zielgruppe der Partnerschaft und auch eine der bedeutendsten Teilnehmergruppen. Für den Schüleraustausch gilt immer noch,

---

[52] Dem ersten Vorstand gehörten überdurchschnittlich viele Bürger an, die nicht in Borgentreich aufgewachsen, sondern erst später hingezogen sind.
[53] Die Information stammt aus dem bereits erwähnten Interview des Verfassers mit Bernhard Willim.
[54] Leitermann, Walter, Akteure und Vorreiter des vereinten Europa, in: *Städte- und Gemeinderat,* 3/2001, S. 6-9, hier S. 6.
[55] Vgl. Leitermann, Walter: Jugendliche müssen mehr Mitsprache erhalten, in: *Europa kommunal,* 1/1997, S. 26-28, hier S. 27.

dass er eine tragende Säule der Partnerschaft ist - eine Säule, die bislang keine erkennbaren Risse zeigt. Er steht auf stärkeren Fundamenten, als der Jugendaustausch jemals stand: Es handelt sich um ein Programm, das von der Schule organisiert wird, das in den Unterricht eingebettet ist und das während der Schulzeit und nicht in den Ferien stattfindet. Die Schüler der Realschule und des Collège werden gezielt vor die Frage gestellt: „Möchtest du teilnehmen oder nicht?" Das sind völlig andere Voraussetzungen als beim Jugendaustausch, bei dem die Jugendlichen mehr oder weniger selbstständig die Idee entwickeln müssen, dass sie in den Ferien in die Partnerstadt reisen könnten.

3.3 Vom Urlaub in der Partnerstadt bis zum „Zug Europa": Über die Tiefe der städtepartnerschaftlichen Kontakte

Hinter der Idee von „Begegnung und Austausch" verbirgt sich das Konzept eines Austauschs von Bürgern aus Städten verschiedener Länder und Kulturen, ein Austausch, der über ein touristisches Niveau hinausgeht und der für viele Bürger ausschließlich durch die Städtepartnerschaft möglich wird.[56] Wie tief kann dieser Einblick in die Kultur und den Alltag der Menschen in der Partnerstadt im Rahmen der städtepartnerschaftlichen Aktivitäten aber wirklich sein?

Fallen die Aussagen zur Breite der Kontakte bereits nicht ganz leicht, so ist dies noch stärker für die Tiefe der Begegnungen gegeben. Sie hängt davon ab, wie viel Zeit sich die Gastgeber für die Gäste nehmen und wie sich die Fremdsprachenkenntnisse gestalten, denn sie sind ausschlaggebend dafür, wie intensiv die Kommunikation erfolgen und über welche Themen gesprochen werden kann.[57]

Beim dreitägigen Erwachsenenaustausch eignet sich für eine intensive interkulturelle Begegnung weniger das offizielle Programm, das touristische Züge aufweist, als vielmehr die Zeit, die die Besucher aus der Partnerstadt in den Gastfamilien verbringen. Hierbei handelt es sich jedoch um einen recht überschaubaren Zeitraum, was einen intensiven Kontakt fast unmöglich macht. Der Austausch hat ein weiteres Manko: Die Teilnehmer sollen während ihres kurzen Besuchs in den Alltag der anderen Kultur eintauchen. In vielen Familien erleben sie aber gerade das Gegenteil, den Festtag, was unter anderem durch die angebotenen Speisen und Getränke zum Ausdruck kommt.[58] Im Erwachsenenaustausch ist es also ziemlich ausgeschlossen, die Kultur der Partnerstadt „in Reinform" zu erfahren.

---

[56] Vgl. Fouquet, Françoise, Die Pädagogik der Jugendaustauschprogramme im Rahmen der Städtepartnerschaften, in: *Europäische Nachbarn – vertraut und fremd. Pädagogik interkultureller Begegnungen*, hrsg. v. Lucette Colin, Burkhard Müller, Frankfurt/M., New York 1998, S. 149-160, hier S. 149.
[57] Vgl. Fieber, *Internationale Gemeindepartnerschaften* (wie Anm. 22), S. 161 ff.
[58] Vgl. ebd.

Einen besseren Einblick bietet der einwöchige Jugendaustausch, vorausgesetzt, die Gastfamilie wird nicht auf eine Art Pension reduziert, sowie insbesondere der ebenfalls einwöchige Schüleraustausch, der nicht nur den Begegnungsgedanken zugrunde legt, sondern obendrein über ein pädagogisches Gesamtkonzept inklusive Vor- und Nachbereitung verfügt. In Borgentreich und Rue werden mit den Jugendaustauschprogrammen hohe Ziele und Wünsche verknüpft.[59] Als der Schüleraustausch zwischen der Realschule und dem Collège du Marquenterre ins Leben gerufen wurde, betonte der Rektor der Realschule Borgentreich, Hans-Josef Vieth:

> „Im Zeitalter der Europäisierung und Globalisierung müssen wir über unseren eigenen Tellerrand hinausschauen und erkennen, daß die Welt zu einem großen Dorf geworden ist. Die Schulpartnerschaft soll unseren Schülern dabei helfen, mündige europäische Bürger zu werden, die sich gegenseitig respektieren und tolerieren."[60]

Auch wenn Zweifel angebracht sind, in welchem Umfang kurzzeitpädagogische Angebote diese Ziele wirklich erreichen können,[61] haben die Austausche, die Partnerstadt und die Menschen, die dort leben – zumindest bei einigen Teilnehmern positive Eindrücke hinterlassen: Mehrere Jugendliche nahmen nach dem Schüleraustausch zusätzlich am Jugendaustausch teil.

Den tiefsten Einblick in die Kultur des Gastlandes bieten die Ferienpraktika, die in kommunalen Einrichtungen beider Städte angeboten werden. Bereits die Dauer von mehreren Wochen stellt sicher, dass die Teilnehmer nicht nur den „Festtag", sondern auch den Alltag in ihren Gastfamilien erleben. Den Alltag erfahren sie zudem an ihrem Praktikumsplatz, wo sie einen Einblick in die Arbeitswelt des anderen Landes erhalten. Gleichzeitig können die Praktikanten ihre fremdsprachlichen Fähigkeiten deutlich steigern und die Schlüsselqualifikation „Interkulturelle Kompetenz",[62] die für die Arbeitsplatzsuche immer wichtiger wird,[63] erwerben. Es ist jedoch symptomatisch, dass gerade diese Begegnung im Vergleich zu allen anderen Aktivitäten die geringsten Teilnehmerzahlen aufzuweisen hat und seit mehreren Jahren überhaupt nicht mehr stattgefunden hat. Das zeugt von den Grenzen der Partnerschaft: Die

---

[59] Vgl. Thomas, Alexander, Interkultureller Austausch – eine Synthese der Tagungsergebnisse, in: *Interkultureller Austausch: Deutsche und französische Forschungen zum interkulturellen Lernen*, hrsg. v. Alexander Thomas, Martine Abdallah-Pretceille, Baden-Baden 1995, S. 143-147, hier S. 143 f.

[60] Rede von Realschulrektor Hans-Josef Vieth anlässlich der Besiegelung der Schulpartnerschaft Realschule Borgentreich/Collège Marquenterre in Rue am 24.9.1999.

[61] Vgl. Müller, Burkhard, Was bleibt hängen? Alltagserfahrung und internationale Begegnungsprobleme, in: *Europäische Nachbarn*, hrsg. v. Colin und Müller (wie Anm. 56), S. 177-182, hier S. 177.

[62] Es wird die Definition von Hans-Jürgen Lüsebrink zugrunde gelegt: Interkulturelle Kompetenz „lässt sich als das Vermögen definieren, mit fremden Kulturen und ihren Angehörigen in adäquater, ihren Wertesystemen und Kommunikationsstilen angemessener Weise zu handeln, mit ihnen zu kommunizieren und sie zu verstehen." Lüsebrink, Hans-Jürgen, *Interkulturelle Kommunikation*, Stuttgart, Weimar 2005, S. 9.

[63] Vgl. ebd., S. 9.

Bürger, in diesem Fall Jugendliche und junge Erwachsene, lassen Möglichkeiten, die ihnen geboten werden, ungenutzt verstreichen. Nicht unerwähnt bleiben sollen die privaten Kontakte, die außerhalb der offiziellen städtepartnerschaftlichen Aktivitäten bestehen. Jedoch lassen sich zur Tiefe der Kontakte keine allgemeingültigen Aussagen treffen, da die Kontakte individuell organisiert werden und somit ganz unterschiedliche Charakteristika hinsichtlich der Dauer, des „programmatischen" Ablaufs und der Unterbringung aufweisen. Es sind diese privaten Kontakte, die belegen, dass Freundschaften in bzw. durch Städtepartnerschaften möglich sind. Sie entwickeln sich jedoch eher langsam, da die Treffen selten und andere, schriftliche oder fernmündliche Kontakte aufgrund der sprachlichen Barriere mühselig sind.[64] Das Entstehen von Freundschaften ist möglich, „wo ähnliche Erfahrungen, gemeinsame weltanschauliche Betrachtungsweisen und das gleiche Lebensgefühl vorhanden sind."[65]

Wirft man einen Blick auf die abstrakten Ziele wie Völkerfreundschaft, Völkerverständigung und die Verwirklichung der europäischen Einheit, die durch Austausch und Begegnung erreicht werden sollen, ist festzustellen, dass sich der europäische Aspekt in der konkreten städtepartnerschaftlichen Arbeit in Borgentreich und Rue weitestgehend auf europäische Symbole beschränkt. So ist der Saal bei der *Soirée Choucroute* nicht nur mit französischen und deutschen, sondern ebenso mit zahlreichen blau-gelben Europa-Fähnchen dekoriert. Auch in den Reden der Vorsitzenden der Partnerschaftskomitees und der Bürgermeister taucht regelmäßig die europäische Idee auf. Können durch diese Aktivitäten die abstrakten Ziele erreicht werden? Grunert nimmt zum Eigenanspruch der meisten Städtepartnerschaften, das Interesse und die Beteiligung der Bürger am europäischen Einigungsprozess zu fördern, wie folgt Stellung:

> „Eine gewisse, allerdings in ihrer Wertigkeit schwer zu klassifizierende Wirkung der Partnerschaftsbeziehungen in diesem Bereich kann wohl angenommen werden, ohne daß allerdings ein umfassender empirischer Nachweis dafür erbracht werden könnte."[66]

Somit ist keine exakte Aussage möglich.

4. Die Städtepartnerschaft Borgentreich – Rue im Kontext

Man mag der Städtepartnerschaft Borgentreich – Rue in Anlehnung an Johannes Sticker alles in allem den Status einer „glücklichen Ehe" bescheinigen, da die Partner gut zueinander passen und weil sich die Partnerschaft im Lauf von über 20 Jahren bewährt hat. Dennoch sind einige „Wehwehchen" festzustellen, aus denen über kurz oder lang ernste Krankheiten werden können. Es ist

---

[64] Vgl. Fieber, *Internationale Gemeindepartnerschaften* (wie Anm. 22), S. 171 f.
[65] Ebd.
[66] Vgl. Grunert, *Langzeitwirkungen* (wie Anm. 49), S. 282.

Die Städtepartnerschaft Borgentreich – Rue (1986)

nicht ausgeschlossen, dass die Partnerschaft „dahinsiecht", weil die Teilnehmer immer älter werden und der Nachwuchs ausbleibt.

Sind die Probleme in Borgentreich und Rue Teil einer Entwicklung, die allgemein deutschland- und frankreichweit auszumachen ist? Macht sich hier die „freundschaftliche Gleichgültigkeit" bemerkbar, von der Corine Defrance spricht?[67] Es mag Indizien geben, die für diese These sprechen, wie die vermehrte Wahl anderer Fremdsprachen anstelle des Französischen an den Gymnasien in Warburg und Beverungen. Es gibt jedoch auch Hinweise, dass es sich um ein Problem von Städtepartnerschaften im Allgemeinen, und zwar unabhängig von Deutschland und Frankreich, handelt. Wirft man einen Blick über den „Tellerrand" von Borgentreich und Rue hinaus und schaut sich andere interkommunale Verbindungen an, so stellt man fest, dass sie mit ähnlichen Problemen konfrontiert sind.[68]

Summa summarum zeigt ein solcher Vergleich, dass die Verbindung zwischen Borgentreich und Rue typische Charakteristika einer westeuropäischen Städtepartnerschaft im ländlichen Raum aufweist.[69] Sie rückt, genauso wie die untersuchten internationalen Städtepartnerschaften, den Begegnungsaspekt in den Vordergrund. Dies wird durch Art und Häufigkeit der angebotenen Aktivitäten und durch die gewählte Unterbringung der Teilnehmer deutlich. Bei den Teilnehmerzahlen im Verhältnis zur Gesamtbevölkerung erreicht die Städtepartnerschaft Borgentreich – Rue einen durchschnittlichen Wert. Fast alle untersuchten Partnerschaften beklagen – und zwar unabhängig davon, in welchem Land die Partnerstadt liegt – Überalterung und Nachwuchssorgen. Außerdem variieren die Teilnehmer in allen Fällen nur wenig. Ferner ist festzustellen, dass die untersuchten westeuropäischen Städtepartnerschaften allesamt sehr ähnliche Aktivitäten anbieten. Im Zentrum steht meist ein Erwachsenenaustausch. In einigen Partnerschaften gibt es zudem Programme für Jugendliche. Wirtschaftliche Kooperation, Zusammenarbeit zwischen Berufsgruppen und kommunalpolitischer Erfahrungsaustausch spielen dagegen, genau wie im Beispiel Borgentreich – Rue, nur eine marginale Rolle. Auch wenn sich einige der Befragten in Zukunft eine Stärkung des einen oder anderen genannten Aspektes wünschen, ist festzuhalten, dass der laut dem Rat der Gemeinden und Regionen Europas (RGRE) stattfindende bzw. bereits vollzogene Wandel[70] der Aktivität die untersuchten Partnerschaften (noch?) nicht erreicht hat.

---

[67] Vgl. Defrance, Corine, Sozio-kulturelle Beziehungen zwischen Frankreich und der Bundesrepublik Deutschland nach 1945, in: *Erbfreunde. Deutschland und Frankreich im 21. Jahrhundert*, hrsg. v. Werner Bergsdorf u.a., Weimar 2007, S. 7-24, hier S. 23.

[68] Dies ist das Ergebnis einer schriftlichen halbstandardisierten Befragung, die der Verfasser im Mai 2008 unter für Städte- und Ortspartnerschaften verantwortlichen Personen im Kreis Höxter und im Landkreis Kassel durchführte.

[69] Dies gilt zumindest im Vergleich mit den befragten internationalen Städte- und Ortsprschaften im Kreis Höxter und im Landkreis Kassel.

[70] Vgl. Leitermann, Städtepartnerschaften in Europa (wie Anm. 14), S. 55f.

An dieser Stelle zeigt sich, dass die Möglichkeiten von Städtepartnerschaften im ländlichen Raum begrenzt sind. Es gibt nur ein gewisses Potenzial an Personen, die überhaupt an den partnerschaftlichen Aktivitäten interessiert sind, was ein tiefergehendes Angebot, das auf die Diskussion komplexer Themen oder die projektbezogene Kooperation, die von Vertretern des Städte- und Gemeindebundes, des RGRE und der EU mit ihren Förderkriterien angestrebt wird, fast unmöglich macht. Es stellt sich auch die Frage, ob eine derartige Ausrichtung überhaupt noch der Idee der Begegnungspartnerschaft entspricht. So vertritt Manfred Koch die Ansicht: „Unübersehbar ist jedoch, dass diese Form der Partnerschaft überwiegend eine Sache der Experten und politisch Verantwortlichen bleibt."[71] Gerade das aber widerspricht den Zielen einer Begegnungspartnerschaft wie der Verbindung Borgentreich – Rue.

Fast bedeutungslos ist die Kooperation der Partnerschaften mit partnerschaftsfördernden Organisationen. Dies lässt vermuten, dass westeuropäische Städtepartnerschaften im ländlichen Raum allgemein Schwierigkeiten haben, für ihre Partnerschaftsarbeit die anspruchsvollen Förderkriterien dieser Organisationen zu erfüllen. Fast alle untersuchten kommunalen Verbindungen erhalten jedoch eine Förderung aus dem städtischen Haushalt, die meistens einige hundert Euro pro Jahr ausmacht.

Finanzielle Aspekte sind ein Grund, warum knapp die Hälfte der befragten Kommunen davon ausgeht, dass es Großstädte einfacher haben, eine aktive und tiefgehende Städtepartnerschaft zu pflegen. Als Argument zugunsten der Großstädte wird außerdem angeführt, dass diese über ein größeres Potenzial an Interessierten und an Sprachkundigen verfügen. Folgt man jedoch Thomas Grunert, lässt sich keine klare Antwort geben, ob eher die Gemeinde im ländlichen Raum oder die Großstadt eine erfolgreiche Partnerschaft aufbauen kann. Beide zeichnen sich durch ihre eigenen Charakteristika aus. Großstädte verfügen über größere finanzielle Mittel,[72] operieren eher funktional und können spezifische Angebote, wie zum Beispiel eine wirtschaftliche Kooperation oder eine enge Zusammenarbeit auf kommunalpolitischer Ebene, unterbreiten. Dörfer und Kleinstädte dagegen haben das Plus, dass sich ein deutlich höherer prozentualer Anteil der Gesamtbevölkerung an der Partnerschaft beteiligt, wodurch diese wesentlich einfacher als in der Großstadt über den elitären Bereich zu einer breiteren transnationalen „Begegnung von Mensch zu Mensch" hinauswachsen kann[73] und dadurch auch über einen höheren Bekanntheitsgrad verfügt.[74]

---

[71] Koch, Manfred, Karlsruhe – Nancy – Von der Versöhnungspartnerschaft zum europäischen Städtenetzwerk, in: Koch, Manfred, Schrauth, Elisabeth, *Karlsruhe – Nancy. Eine deutsch-französische Städtepartnerschaft*, Karlsruhe 2005, S. 69-78, hier S. 77.
[72] Vgl. Grunert, *Langzeitwirkungen* (wie Anm. 49), S. 174.
[73] Vgl. ebd., S. 194.
[74] Bei der Partnerschaft von Großstädten bezieht sich der Bekanntheitsgrad weniger auf die Partnerstadt an sich, sondern vielmehr auf die Kenntnis, dass die besagte ausländische Stadt eine Partnerstadt der eigenen Kommune ist. So wird beispielsweise die meis-

Wirft man abschließend einen globaleren Blick auf die Städtepartnerschaften im ländlichen Raum, so ist – zumindest für die untersuchten Beispiele – festzuhalten, dass sie lebendiger sind als allgemein angenommen wird. Die Umfrage zeigt eindeutig, dass die Gleichung „Städtepartnerschaft gleich Bürgermeistertourismus" nicht gerechtfertigt ist, denn die Hauptakteure sind „normale Bürger", die in Familien unterkommen.

Viele verknüpfen die Zukunft der Städtepartnerschaften mit der europäischen Idee. In der Tat scheinen die interkommunalen Verbindungen durchaus mehr zu bieten als ihr folkloristisches und biederes Image Glauben machen will. Sie ermöglichen den Bürgern, insbesondere jungen Menschen, die Chance, im Zeitalter der Europäisierung und Globalisierung, echte Kontakte ins Ausland zu knüpfen. Städtepartnerschaften gewährleisten das „Eintauchen" in die jeweilige Gesellschaft mit den „damit verbundenen kulturellen Lernprozessen."[75] Hier zieht das „Pferdefuhrwerk" Städtepartnerschaft an dem „Düsenjet" Massentourismus und Internet vorbei. Ganz anders als der „Düsenjet" kann das „Pferdefuhrwerk" interkulturelles Lernen ermöglichen. Auch bei stagnierenden oder rückläufigen Teilnehmerzahlen haben Städtepartnerschaften ihren Sinn nicht verloren. Dies gilt insbesondere vor dem Hintergrund, dass in der Arbeitswelt interkulturelle Kompetenzen heutzutage verstärkt gefordert werden. Vor allem deutsch-französischen Städtepartnerschaften bietet sich hier aufgrund der engen Verflechtung beider Staaten auf wirtschaftlicher Ebene eine besondere Perspektive. Eine offensivere Vermarktung der in diese Richtung zielenden Aktivitäten, wie zum Beispiel Ferienpraktika, kann dazu führen, dass das Interesse an der Partnerschaft wieder steigt. Hier ergeben sich Möglichkeiten auch für Städtepartnerschaften im ländlichen Raum, die sich aufgrund ihres begrenzten personellen und finanziellen Potenzials schwer tun, einen fachlichen Dialog zu führen und anspruchsvolle Projekte umzusetzen.

---

ten Hamburger Bürger der Name der Stadt Marseille geläufig sein. Es stellt sich jedoch die Frage, wie viele Bürger obendrein wissen, dass die Stadt Hamburg eine Städtepartnerschaft mit Marseille unterhält.

[75] Leitermann, Städtepartnerschaften in Europa (wie Anm. 14), S. 58.

Hélène Simoneau

Les jumelages entre villes françaises et est-allemandes (1959-1975)

En analysant les jumelages France/RDA entre 1959 et 1975, nous nous proposons de démontrer que les jumelages de villes constituent une approche pertinente pour appréhender les relations Est/Ouest et qu'ils ont leur place dans une étude consacrée aux canaux de la « société civile » dans le rapprochement franco-allemand depuis 1945[1]. Nous partirons du postulat selon lequel le jumelage est un vecteur des relations internationales pour étudier le rôle des élus locaux dans le conflit Est/Ouest et pour suivre les prises de position des associations françaises promouvant un rapprochement avec l'Est, à savoir les Échanges Franco-Allemands (EFA)[2] et Le Monde bilingue devenu Fédération mondiale des Villes jumelées (FMVJ). Une étude de cas circonscrite à l'étude des jumelages Argenteuil/Dessau et Châtillon-sous-Bagneux/Merseburg, villes communistes appartenant à la « Ceinture Rouge », nous a permis d'étudier le déploiement des polémiques et des mobilisations que l'extension des jumelages à l'Est – RDA inclus – a soulevées sur les scènes locales françaises – la notion de société civile étant moins évidente en RDA –, puis d'analyser l'histoire de la coexistence pacifique à travers le prisme des réseaux des villes jumelées, dans le prolongement d'une tendance historiographique récente[3]. Les EFA pratiquent une politique restrictive d'accès à leurs fonds, ce qui crée une situation d'autant plus équivoque qu'elle est en contradiction avec les intentions affichées par les instances dirigeantes de l'organisation de

---

[1] Ulrich Pfeil, « Die DDR und Frankreich (1949-1989) » in : id. (éd.), *Die DDR und der Westen. Transnationale Beziehungen 1949-1989*, Berlin, 2001, pp. 207-235.
[2] Voir l'article de Hélène Yèche dans ce volume.
[3] Antoine Vion, « Les jumelages ou la commune libre : invention d'une tradition et mobilisations pour un droit (1951-1956) », Journée d'études AFSP/Groupe local et politique, IEP de Rennes/CRAP, 8 février 2002, site www.afsp.msh-paris.fr.

masse : la promotion des jumelages. Ces informations essentielles ont été complétées par les archives diplomatiques du Quai d'Orsay et par l'analyse de la revue de l'association des EFA, *Rencontres franco-allemandes*, entre 1958 et 1975. L'ouvrage publié en 1997 par la FMVJ devenue Fédération Mondiale Cités Unies, *40 ans de FMCU, 40 années de participation citoyenne à la vie internationale*[4], nous a permis d'observer les débuts de l'association, son développement et les missions qu'elle se donne.

Dans le contexte de Guerre froide et de scission de l'Europe entre l'Est et l'Ouest, des maires et des militants s'engagent au profit de la paix et de la détente paneuropéenne. Mais leur action envers la RDA exacerbe les divergences sur la vision de l'Europe, l'histoire des jumelages France/RDA reflétant celle du conflit interallemand autour du problème de la reconnaissance internationale de la RDA. L'État condamne ces pratiques municipales avec la RDA au nom de la « doctrine Hallstein » – formulée en 1955 par le secrétaire d'État ouest-allemand Walter Hallstein – qui prévoit la rupture des relations diplomatiques avec tout pays qui reconnaîtrait la RDA[5]. Cette doctrine vise donc à établir la RFA comme seule représentante de l'Allemagne. Enfin, si l'on accepte l'idée que les acteurs municipaux inscrivent leurs jumelages France/RDA depuis 1959 dans un processus de rapprochement des peuples, encore faut-il s'entendre sur une définition de leur rôle et de leur statut dans les relations internationales. L'émergence des maires communistes sur la scène internationale transforme ces collectivités en lieux d'enjeux internationaux déplaçant les frontières entre les niveaux national et local.

1. Le jumelage, un reflet de la coexistence pacifique

1.1 L'élargissement à l'Est de la pratique des jumelages

L'association Monde bilingue, créée en août 1951, érige dès 1955 le jumelage en exemple pour l'Europe de l'Est, au nom de la coexistence pacifique. La volonté du Monde bilingue d'universaliser les jumelages se précise lorsque le Parti Communiste d'Union soviétique annonce en août 1955 une ouverture aux Occidentaux[6]. Le succès rencontré par les jumelages France/RFA, dont témoigne leur essor dès 1957[7], incite les dirigeants de RDA et du PCF à l'exploiter comme substitut diplomatique au début des années 1960, en vue d'une reconnaissance internationale. À cet effet, deux associations se créent : l'Union des Villes et des Villages de RDA en 1957, placée sous la tutelle de l'État est-allemand, et les EFA en 1958, sous

---

[4] Paris, 1997.
[5] Michael Mertes, Claire Skalnowski, « Les questions allemandes au XXe siècle : identité, démocratie, équilibre européen », in : *Politiques étrangères*, (2000) 4/5, p. 803.
[6] Vion (note 3), p. 13.
[7] Corine Defrance, « Les premiers jumelages franco-allemands (1950–1963) », in : *Lendemains*, (1996) 84, pp. 83–95, ici p. 90

obédience du PCF[8]. Le jumelage Argenteuil/Dessau, liant deux villes industrielles qui adhèrent à la FMVJ, permet de revenir sur le début du processus. Conclu le 12 octobre 1959 à l'occasion des manifestations pour le 10e anniversaire de la RDA, ce premier jumelage démontre que l'initiative revient aux partis organisateurs des cérémonies. Les jumelages se multiplient rapidement dans les bastions du PCF, notamment dans la ceinture rouge de Paris, comme en témoigne le jumelage Châtillon/Merseburg, conclu le 1er mai 1963 sous obédience des EFA. Ainsi, on dénombre 97 jumelages France/RDA en 1965, 116 en 1969[9].

1.2   Les controverses au sujet des jumelages Est/Ouest

Ces jumelages sont non seulement la conséquence, mais le théâtre des luttes où s'observent des rapports de forces et se déploient des stratégies. L'histoire de la Guerre froide peut être analysée au travers des relations entre associations de jumelage. Des conflits apparaissent selon le partenaire engagé dans la coopération entre d'une part les organismes ouest-européens, pour qui le jumelage est un outil en faveur de la construction européenne parmi lesquels l'Union Internationale des Maires créée en mai 1950[10] et le Conseil des Communes d'Europe, créé en juillet 1951, et d'autre part les organismes prônant l'extension à l'Est – RDA inclus – des jumelages. Les pourparlers – qui débutent en 1956 – relatifs au premier jumelage Est/Ouest conclu en 1959 à l'initiative du Monde bilingue – entre Dijon et Stalingrad – créent un scandale dans le monde occidental, après le choc de la répression soviétique en Hongrie et en Pologne[11]. La vision de la coopération du Monde bilingue est universelle, englobant tous les pays sans discrimination, mais ses ambitions européennes se heurtent aux réalités d'une Europe divisée. Le refus des associations de s'impliquer dans les jumelages avec l'Est, qu'elles expliquent par la nature non démocratique de ses municipalités et des échanges, montre l'importance politique de l'enjeu. L'action municipale internationale revêt une dimension politique moins univoque avec le groupe communiste. Les jumelages France/RDA apparaissent comme une stratégie compensatoire face à leur objectif de reconnaissance est-allemande. En fait, le jumelage, qui fait l'objet d'un consensus comme instrument de culture populaire apolitique, s'imprègne de la culture de Guerre froide, où chaque acteur associatif accuse l'autre d'en être responsable. Dans un climat de

---

[8] Ulrich Pfeil, *Die « anderen » deutsch-französischen Beziehungen. Die DDR und Frankreich 1949–1990*, Cologne, 2004, pp. 269–290, ici p. 270 ; Gilbert Badia, « L'association France-RDA », in : Ulrich Pfeil (éd.), *La RDA et l'Occident 1949–1990*, Asnières, 2000, pp. 453–464.

[9] Ministère des Affaires étrangères (MAE)/Paris, EU, RDA 1956–1960, vol. 33, liste établie par le Quai d'Orsay, non datée, complétée par la documentation fournie par André Tessier, ancien membre du Comité des EFA d'Annœullin.

[10] Defrance (note 7), pp. 84–85.

[11] Jean-Marie Bressand et Jean Petit, « Dossier sur le plurilinguisme : l'éducation bilingue et le plurilinguisme », mai 2006, site www.lemondebilingue.asso.fr, p. 14.

méfiance et d'accusation réciproque, le Monde bilingue qui se constitue en Fédération Mondiale des Villes Jumelées en 1957, suspecté par les associations ouest-européennes de participer à des jumelages à caractère politique et d'être procommuniste, perd le soutien politique et financier de Guy Mollet, tandis que la RFA est accusée de diriger des opérations de jumelages massives et synchronisées derrière lesquelles elle poursuit son but de réunification allemande[12].

> « Le gouvernement du président Guy Mollet (SFIO) donnera des instructions respectivement aux préfets et aux ambassadeurs à l'étranger pour mettre en garde, ici, les collectivités locales, et, là, les autorités des pays où ils sont accrédités, vis-à-vis de tout jumelage conclu sous notre égide »,

affirme le président-délégué du Monde bilingue[13]. Les relations se détendront réellement et seulement après l'engagement officiel des États ouest-européens en RDA.

1.3   Jumelage et Guerre froide

Le jumelage socialiste est une mesure concrète de la coexistence pacifique, elle-même inséparable de la Guerre froide, indirecte et totale. Deux principes contradictoires organisent ces jumelages. D'une part, cette nouvelle armature, établissant le triptyque « amitié des villes–amitié des peuples–paix » dans le cadre de la détente, vise à dépasser les clivages entre Europe occidentale et Europe soviétique pour induire un sentiment de solidarité paneuropéenne. D'autre part, le jumelage reproduit au niveau local le rapport de forces interallemand dans une logique de guerre psychologique pour déstabiliser la RFA et donc pour entretenir le climat de Guerre froide qu'il est censé limiter dans le cadre de l'émulation socialiste. La scène locale devient un lieu où se déroule la compétition diplomatique RFA/RDA, qui reflète plus largement la compétition entre socialisme et capitalisme. Le jumelage devient un vecteur d'idéologie qui permet de maintenir un état des tensions tout en limitant les influences occidentales perçues comme menaçantes par le Sozialistische Einheitspartei Deutschlands (SED), la plupart des citoyens étant encadrés par des membres d'organisations communistes. Par ailleurs, les jumelages sont décidés par le ministère des Affaires étrangères de la RDA[14]. L'action extérieure des villes – via la RDA – contribue à garder l'Allemagne comme point de cristallisation de la lutte

---

[12] Article de Jean-Marie Bressand dans *Témoignage chrétien*, la 6e colonne, repris dans *Rencontres franco-allemandes*, « Pour une réconciliation franco-allemande vraie et durable », 1er congrès des EFA, décembre 1963, n° spécial.
[13] Bressand, Petit (note 11), p. 15.
[14] Hans-Christian Herrmann « „Bedeutende Basen der Annerkennungsbewegung". Zur Bedeutung der Städtepartnerschaften zwischen Frankreich und der DDR », in : Heiner Timmermann (éd.), *Das war die DDR. DDR-Forschung im Fadenkreuz von Herrschaft, Außenbeziehungen, Kultur und Souveränität*, Münster, 2004, pp. 356–385, ici pp. 361–362.

Les jumelages entre villes françaises et est-allemandes (1959-1975) 259

entre les deux blocs Est/Ouest et à populariser le débat sur la question allemande. Anticiper l'échec de la doctrine Hallstein comme incarnation de la politique de Guerre froide permet d'instaurer le jumelage de paix avec la RDA en tant que remède. Il s'agit, tout en créant les conditions d'une controverse sur la doctrine Hallstein, d'équilibrer les relations de jumelage des villes françaises entre RFA et RDA afin d'éviter une vision unilatérale de l'Allemagne, d'autant plus que le traité de l'Élysée du 22 janvier 1963 impulse une nouvelle dynamique des jumelages France/RFA grâce à la création de l'Office franco-allemand pour la Jeunesse, qui soutient les jumelages[15]. De leur côté, les promoteurs des jumelages avec la RFA craignent un recul de l'Europe et un refroidissement des relations France/RFA. Cette bipolarisation des jumelages se traduit par l'impossibilité d'établir des relations triangulaires. Ainsi les villes françaises jumelées à des villes de RDA ne parviennent pas à trouver une ville sœur en République fédérale, Bonn étant accusée d'exercer une pression pour empêcher voire interrompre tout jumelage avec des villes françaises liées à des communes est-allemandes. Le cas de Châtillon nous permet d'appréhender ce processus de bipolarisation : il s'agit d'une ville française déjà jumelée à Wangen, ville de RFA. Selon les affirmations du maire ouest-allemand, c'est le maire communiste Lucien Bailleux, depuis son élection en mars 1959, qui interrompt les contacts entre hommes politiques, alors que des échanges se poursuivent grâce à des initiatives personnelles[16]. L'inquiétude de Wangen à propos de l'intention du maire français de jumeler Châtillon à Merseburg se double d'une incompréhension face à la décision du maire français d'établir un jumelage « trilatéral » avec des villes situées dans les deux parties de l'Allemagne, décision qui lui paraît contradictoire. Le différend se cristallise sur l'adhésion de Châtillon à la FMVJ : pour le maire français, l'attitude de Wangen

> « ne va pas dans le sens des principes définis par la Fédération Mondiale des Villes Jumelées concernant les échanges [...] et ne préjuge pas malheureusement d'une reprise des relations entre [les] deux villes » car « l'ouverture des relations [...] doit être le fait des municipalités intéressées, qui, en conformité avec les directes de la FMVJ, donnent à ces contacts un caractère officiel »[17].

Il demande l'adhésion de Wangen à l'association mondiale. Or Wilhelm Uhl, maire de Wangen, refuse d'adhérer à ladite organisation au motif qu'elle poursuit des « buts politiques particuliers »[18] et que Wangen est membre depuis 1951 du Conseil des Communes d'Europe, association sous l'égide de laquelle s'est conclu le jumelage avec Châtillon. Mais en 1964, le maire de

---

[15] Corine Defrance, Ulrich Pfeil, « Une introduction : le traité de l'Élysée et les relations franco-allemandes », pp. 7-41, in : id. (éd.), *Le traité de l'Elysée et les relations franco-allemandes 1945-1963-2003*, Paris, 2005, ici p. 38.
[16] Archives municipales de Châtillon, lettre du maire de Wangen, Wilhelm Uhl, à Lucien Bailleux, 30 janvier 1964.
[17] Ibid.
[18] Archives municipales de Châtillon, lettre du maire de Châtillon, Lucien Bailleux, à Wilhelm Uhl, 14 mars 1967.

Wangen est favorable à une reprise des relations entre les deux municipalités, sollicitation qui rencontre l'approbation du Comité local de jumelage de Châtillon et en 1967, la municipalité française répond favorablement à la volonté des organisations de jeunesse de Wangen d'entrer en contact avec celles de Châtillon et au projet de rencontre à Châtillon entre deux équipes de football. Cependant, l'*Ostpolitik* engagée par la Grande Coalition[19] ne semble pas toujours avoir d'impact sur les jumelages. Wangen finit par rompre son jumelage avec Châtillon en 1974, alors que le traité interallemand a été signé depuis deux ans et que la reconnaissance diplomatique entre la France et la RDA date de février 1973, mais la municipalité ouest-allemande dénie toute accusation d'anticommunisme, justifiant cette rupture par l'impasse où le jumelage menait et la différence de développement des deux villes[20]. Du côté français, la rupture est interprétée comme conséquence de la situation politique ; la municipalité de RFA est soupçonnée de l'avoir décidée parce que Châtillon s'était jumelée avec une ville de RDA et de craindre de nouer des contacts avec des communistes dans le cadre des jumelages.

La Guerre froide explique comment et pourquoi les municipalités communistes ont été portées à focaliser leur approche sur la scène internationale. Les jumelages à la fois vecteurs et reflets de la coexistence pacifique participent à une stratégie de la tension pour devenir un instrument du jeu politique international. La scène internationale constitue ainsi un vivier de ressources en termes d'image et de crédibilité pour lesquelles les élus communistes et les associations FMVJ et EFA s'engagent.

2. Le jumelage, une ressource municipale en termes d'image et de crédibilité

2.1 Valoriser les échanges entre la France et la RDA

Le jumelage s'inscrit sur le socle de l'éthique socialiste. En effet, en France, les jumelages sont l'occasion de célébrer la communauté militante qui se rassemble à travers l'histoire nationale, les élus locaux se présentant comme les dépositaires de l'identité communiste démocratique, antifasciste, antimilitariste et internationaliste. Cette pratique internationale draine les valeurs républicaines. Le maire d'Argenteuil adhère à la FMVJ parce que son action lui semble imprégnée de la tradition politique de la Révolution française : libertés individuelles et collectives, démocratie locale à l'échelle mondiale, égalité des droits. Ainsi conçu, le jumelage s'apparente au rassemblement des forces antifascistes de la Résistance. Les maires commu-

---

[19] Andreas Wilkens, *Der unstete Nachbar. Frankreich, die deutsche Ostpolitik und die Berliner Vier-Mächte-Verhandlungen 1969–1974*, Munich, 1990.
[20] Archives municipales de Châtillon, lettre du maire de Wangen, Wilhelm Uhl, au conseil municipal de Châtillon, au maire de Châtillon, 11 décembre 1974.

Les jumelages entre villes françaises et est-allemandes (1959-1975) 261

nistes engagés dans ces pratiques comme leurs homologues est-allemands ont été des combattants de la Résistance, à l'exemple du maire d'Argenteuil, Victor Dupouy, élu en 1935 et écarté par les forces fascistes en 1939. Il a pris part, comme colonel des forces françaises de l'Intérieur, aux combats contre les occupants fascistes, et reprend sa fonction de maire en avril 1945[21]. Les jumelages s'inscrivent dans le bannissement de la guerre en créant une interdépendance des villes, par conséquent des peuples puis des États. Ainsi l'opposition traditionnelle aux guerres est ravivée lors de rencontres internationales par les combats communistes contre la guerre coloniale d'Algérie, puis contre la guerre au Vietnam. La *Freiheit* de Merseburg du 7 avril 1966 rend compte des « invités de Châtillon solidaires avec le Vietnam » et présente le discours de Lucien Bailleux : « Nous sommes contre une politique qui mette aux fers d'autres peuples. Nos travailleurs n'y prennent pas part ». D'ailleurs, le 12 février, quelques habitants de Châtillon ont manifesté leur désapprobation au Conseil municipal. Cette résolution de protestation s'opère devant des étudiants de divers pays : Guinée, Syrie, Ghana, Liban, Cuba, Bulgarie et Vietnam. La dimension culturelle du jumelage est ainsi transfigurée dans le mythe universaliste de fraternité entre les peuples comme ultime recours contre une nouvelle guerre.

Lors du congrès de Coventry en Grande-Bretagne en 1962, la FMVJ soutient la position des maires en associant à la notion de paix la nécessité d'un désarmement, revendication reprise en 1967 dans son programme politique Paris – Unesco, dont un des points est la reconversion des budgets de guerre en dépenses de modernisation et d'équipements des villes et au profit d'un fonds de coopération mondiale intercommunale destiné à financer leur programme d'activités[22]. Le jumelage s'offre comme une nouvelle alternative à la sécurité militariste en plaçant les institutions locales – et donc les peuples – au centre de la scène internationale. Cet engagement des collectivités locales en RDA valorise l'éthique communiste, procure aux élus une certaine respectabilité altruiste et il permet de donner au parti une image de modernité, d'ouverture, de se montrer respectueux des principes internationaux. Les jumelages participent à la consolidation de l'implantation communiste locale et la légitiment, bien que le PCF souhaite les étendre à d'autres villes, notamment socialistes.

2.2 Tensions entre comités de jumelages et comités des EFA

La complémentarité entre les comités municipaux et ceux des EFA doit se réaliser par des échanges de vues, allant jusqu'à l'interpénétration des deux bureaux dans une consultation permanente pour une cause commune, la reconnaissance de la RDA, « à condition de saisir leur rôle respectif », suggère

---

[21] *Freiheit Dessau*, 5 mai 1965.
[22] Supplément des Cités Unies, VIe congrès mondial des Villes Jumelées, Paris 12-15 septembre 1967.

les EFA[23]. Les EFA doivent s'appuyer sur la réussite des activités de jumelage et s'efforcer de redonner vie au jumelage en sommeil, de rendre officiel un jumelage s'il est officieux et réciproque s'il est officiel. Les comités doivent apporter une aide politique, en intensifiant leurs activités, et matérielle. Cependant, la diversification géographique des jumelages à l'Ouest est une source de tensions entre les EFA, soutenant leur développement exclusif avec la RDA, et la FMVJ, qui les engage entre l'Est et l'Ouest. Dans les comités des EFA, l'effort est porté sur le recrutement constant

> « pour renforcer l'organisation et [...] développer son potentiel d'activité ; dans un comité de jumelage, il n'existe aucune raison d'être plus actif pour les échanges avec une ville allemande qu'avec une ville anglaise, italienne, soviétique »[24].

Ainsi, Argenteuil se jumelle avec Alessandria ville d'Italie et avec Oldbury ville d'Angleterre en 1960, Châtillon avec la ville italienne Genzano di Roma en 1966 et la ville belge Aywaille en 1972, mais la tentative de donner une dimension triangulaire au jumelage Argenteuil/Dessau en y associant Oldbury échoue. Cette multilatéralité des jumelages révèle une stratégie de reconversion des maires pour tenter de combler l'insuffisance d'un investissement ouest-européen. La Guerre froide jointe à la difficulté des voyages donne sens aux jumelages Est/Ouest qui sont susceptibles d'être des catalyseurs d'une identité paneuropéenne. Cet engagement où tente d'apparaître la dimension européenne permet, on peut le penser, une phase de constitution de la politique eurocommuniste du parti politique qui se déploie après 1975[25].

Ces tensions entre associations s'expliquent également par la bataille qu'elles se livrent pour fonder leur légitimité et leur image apolitique, qui se traduit par la préoccupation d'élargissement du nombre des adhérents. Les EFA considèrent que l'élargissement aux couches sociales et aux autres tendances politiques ne peut être atteint par le seul comité de jumelage : les personnalités politiques telles que le juriste André Hauriou, ancien sénateur membre du PSU, le gaulliste Georges Gorse, les socialistes Edgar Faure ou Guy Mollet, apportent une caution aux EFA. L'association juge le comité de jumelage comme « étant le plus souvent un cartel d'organisation » quelquefois large, simple commission de travail de la municipalité, qui se contente de rapports le plus souvent officiels, sans participation de la population et sans réciprocité. L'appartenance à un parti d'une municipalité peut tenir à l'écart une fraction de la population. Cette intention de développer des jumelages bilatéraux masque une tentative de centralisation du mouvement. Le souci des EFA est de « rassembler dans ses comités tous ceux qui veulent des échanges entre la France et la RDA », quitte à faire

---

[23] *Rencontres franco-allemandes*, IIIe congrès et X[e] anniversaire des EFA, n° spécial, 1968.
[24] Ibid.
[25] José Gotovitch, Pascal Delwit, Jean-Michel De Waele, *L'Europe des communistes*, Bruxelles, 1992, ici pp. 255-258.

disparaître les « jumelages confidentiels, quasi-ignorés de la population, remplacés par des jumelages de masse, dépassant très largement le cadre de la vie municipale »[26]. Or il semble que la FMVJ ait plus de représentativité que les EFA. En effet, la position du général de Gaulle est décrite comme favorable à la FMVJ : il lui rend honneur et lui accorde des subventions. L'obtention du statut A en tant qu'organisation non gouvernementale en 1966 confirme son avantage sur sa concurrente[27]. Mais après le départ du chef de l'État, les subventions lui sont retirées et l'association perd le soutien officiel, car elle devait en contrepartie limiter son activité envers la RDA. Or, après un changement des instances dirigeantes en 1967, la FMVJ ne consulte plus le gouvernement sur le principe d'organisation de manifestations en RDA en avril 1969[28]. Le soutien et l'intérêt des pays de l'Est et de l'Afrique envers les buts qu'elle poursuit la rendent suspectes. Il faut attendre 1973 pour que le Conseil de l'Europe modifie sa position envers la FMVJ, reconnaissant son attitude positive dans la construction européenne et sa représentativité dans son domaine de compétence, ce qui remet en cause son image cryptocommuniste et confirme a contrario celle des EFA.

2.3 La quête d'institutionnalisation

En fait, l'État condamne ces pratiques municipales avec la RDA au nom de la doctrine Hallstein. La pratique de l'activité internationale des maires ne peut créer de droit supérieur aux lois des pays concernés : elle doit s'exercer dans les limites des compétences des communes et dans le respect des engagements internationaux. L'État recourt à l'annulation des délibérations dans les régions où il existe peu de jumelages : le préfet exerce a posteriori un contrôle de la légalité de droit commun depuis le décret Faure du 24 janvier 1956. Le préfet, après avoir été informé par les maires de leur projet de jumelage en remplissant une déclaration d'intention, avec une délibération municipale et une notice de renseignements sur les communes préparant le jumelage, doit saisir une commission composée, après modification en juin 1956, des ministères des Affaires étrangères, de l'Intérieur et de l'Éducation nationale, et de dix organisations fédéralistes, avec un seul représentant pour le Monde bilingue – FMVJ, alors que l'Association française du Conseil des Communes d'Europe en obtient quatre et l'Union internationales des Maires deux. L'État recourt également au refus de visas ou de titres de transport aux habitants de RDA dans la région parisienne, seule parade pour interdire l'officialisation des jumelages. Les jumelages avec les pays de l'Est, excepté la RDA, sont en revanche autorisés par l'État français, bien qu'il veille à les empêcher avec les villes

---

[26] *Rencontres franco-allemandes*, IIIe congrès et X[e] anniversaire des EFA, n° spécial, 1968.
[27] « La reconnaissance institutionnelle de la fédération », site www.fmcu-uto.org.
[28] MAE/Paris, EU RDA 1961–1970, vol. 193, note du MAE au cabinet du ministère de l'Intérieur, 10 juillet 1970.

d'extrême gauche, même si les associations européennes dissuadent les communes d'Europe de l'Ouest de les envisager : comme pour la construction européenne, les jumelages doivent s'arrêter au rideau de fer. Les élus locaux communistes se considèrent comme garants des intérêts nationaux, légitimant ainsi leur parti stigmatisé par ses adversaires pour son attachement au système soviétique ; ils perçoivent leur rôle comme complémentaire de la diplomatie officielle en matière de détente, d'universalité et d'indépendance nationale au regard de la politique d'ouverture à l'Est de la France puis de la RFA à partir de 1966. Les élus locaux incitent l'État à distinguer l'officiel du non-officiel : celui-ci, en instaurant des contacts culturels et commerciaux depuis 1965 et en participant à la foire de Leipzig, laisse une marge d'interprétation pour une reconnaissance provisoire et implicite. Les partisans de la RDA dénoncent l'écart entre le décret de la doctrine et son application par la RFA, qui établit des relations diplomatiques avec la Roumanie en janvier 1967 et reprend des relations avec la Yougoslavie en janvier 1968[29], écart qui justifie selon eux les « passe-droits »[30] qu'ils s'octroient et leur permettent de contourner le règlement. Les élus locaux se transforment en groupe de pression, mais, tant que la RDA n'est pas reconnue, leurs démarches et interventions auprès des ministères à travers les pétitions ou les lettres ouvertes se soldent par des échecs. En 1969, suite à l'*Ostpolitik* de la RFA, la transgression finit pourtant par être tolérée, s'ils gardent un caractère local, sans que le gouvernement français déroge à leur interdiction officielle[31].

Les jumelages représentent une ressource locale pour établir des contacts avec des villes de RDA, toujours non-reconnue jusqu'en 1973. Cette coopération asymétrique structure un jeu international ou « jeu diplomatique »[32] avec la règle Hallstein et offre une opportunité tactique aux édiles communistes, qui profitent du vide juridique sur leur rôle et leur place dans l'action extérieure de la France pour contourner la doctrine Hallstein. Les jumelages constituent une faille dans l'application de cette doctrine. Sa transgression impose une limite à l'arbitraire des États occidentaux et crée une brèche dans le modèle de la RFA comme représentant unique de l'Allemagne. Par cette subversion, les élus locaux contestent ce monopole étatique de l'interprétation des règles[33]. Ils limitent la prétention de l'État à imposer l'universalité de la règle d'origine étatique comme étant l'intérêt général, qui s'oppose à la conception territorialisée du bien commun que l'État ne peut totalement disqualifier et réduire à des intérêts locaux parti-

---

[29] MAE/Paris, EU, RDA 1961–1970, vol. 193, rapport de Georges Castellan, octobre 1966.
[30] Pierre Lascoumes, Jean-Pierre Le Bourhis, « Des 'passe-droits' aux passes de l'action publique », in : *Droit et société*, 32 (1996), pp. 51–73.
[31] MAE/Paris, EU RDA 1961–1970, vol. 230, note pour le cabinet du ministre, direction d'Europe centrale, 5 septembre 1969.
[32] Emmanuel Négrier, Antoine Vion, « La coopération décentralisée, un étage du jeu diplomatique », congrès AFSP, septembre 2002, site www.lest.cnrs.fr.
[33] Lascoumes, Le Bourhis (note 30), p. 71.

culiers. Mais cette diplomatie officiellement concurrente, suspectée d'entraver l'unité d'action de l'État, peut servir la double politique de De Gaulle, d'un côté soucieux des intérêts de la RFA et de l'autre favorisant l'ouverture vers l'Est[34].

Pour prouver le bien fondé de leur coopération, les élus locaux revendiquent un droit à exercer ces pratiques internationales avec la RDA. La dynamique participative des échanges, associant les citoyens, légitime les partenariats avec la RDA entérinés par les conseils municipaux. Le contrôle rigide et contraignant par lequel les maires doivent informer les préfets de leur intention de jumelage, validée par une commission où le Monde bilingue est sous-représenté[35], fait l'objet de polémiques. Le jumelage, symbole d'une démocratie locale, doit être du ressort exclusif de la municipalité. D'ailleurs, la FMVJ fait de l'autonomie locale un thème principal lors de son congrès à Aoste, en Italie, en 1960 et l'inscrit dans son programme politique de 1967[36] : la commune doit avoir notamment en matière de relations internationales une liberté d'action, différente selon les régimes politiques, pour assurer le respect des libertés démocratiques ou établir une planification démocratique. Le « jeu avec la règle »[37] « Hallstein » repose sur un mécanisme bureaucratique qui intègre le champ des pouvoirs territoriaux en concurrence entre d'un côté les préfets, les ministres et de l'autre les municipalités ; il illustre à ce titre le poids de l'exécutif sous la Vᵉ République. La territorialisation de l'action internationale est concomitante au conflit État/élus locaux avec la revendication d'une décentralisation qui s'apaise vers 1965 et s'achève en 1969 avec l'échec du référendum proposé par de Gaulle. La politisation internationale de l'échelon local s'illustre par la pratique du vote de vœux qui signale un changement des relations entre État et municipalités. Ainsi, Lucien Bailleux, maire de Châtillon, vote quatre vœux, dont le troisième, décidé le 28 novembre 1961, est « en faveur d'une résolution pacifique du problème allemand ». Le quatrième, en date du 26 juin 1962, proteste contre le voyage officiel en France du chancelier Adenauer au nom de l'« antifascisme » et de la « discrimination » faite aux ressortissants de la RDA qui n'ont pas l'autorisation de venir sur le territoire français.

Cette ressource municipale atteste de la municipalisation de l'action internationale. En qualité de maires, ils revendiquent cette dimension publique car l'État les considère comme des acteurs privés et non comme institutions communales représentantes de l'État. Ce qui nous amène à interroger le statut des maires dans les relations internationales.

---

[34] Maurice Vaïsse, *La grandeur. Politique étrangère du Général de Gaulle, 1956–1969*, Paris, 1998, pp. 413–451.
[35] MAE/Paris, EU 1944–1960, RDA, vol. 33, article destiné à la documentation communale, jumelages, non daté.
[36] Supplément de Cités Unies (note 22), p. 4.
[37] Pierre Bourdieu, « Droit et passe-droit. Le champ des pouvoirs territoriaux et la mise en œuvre des règlements », in : *Actes de la recherche en science sociale*, (1990) 81/82, pp. 86–96, ici p. 86.

3. Les élus communistes, acteurs d'une coopération internationale ?

3.1 La difficile distinction entre privé et public

La distinction entre acteurs étatiques et acteurs privés n'est pas si facile à établir, ni efficace pour décrire l'action internationale des municipalités, qui est une sorte de mélange des genres. Mais l'État considère les collectivités gérées par des élus communistes comme des courroies de transmission de l'action partisane dans une logique de séparation traditionnelle entre privé et public. L'utilisation des jumelages est une composante de la stratégie diplomatique des partis communistes qui démontre l'importance acquise à l'époque de la Guerre froide par les élus locaux, acteurs quasi-institutionnels de la société civile se situant entre les États souverains et les organisations non-gouvernementales. L'action diplomatique des villes communistes avec la RDA repose d'abord sur l'initiative préalable des partis politiques PCF et SED qui encouragent les collectivités locales à se jumeler, puis sur le rôle des maires comme médiateur dans le conflit interallemand. À ce titre, l'ambition des maires de participer à un projet politique sous-tendu par une vision géopolitique découle d'une action volontariste et non de la seule opportunité, s'appuyant sur l'action de la FMVJ qui agit en leur nom et défend leurs intérêts auprès de l'État et des instances internationales. Revendiquant la paternité d'une reconnaissance de la RDA et leur rôle d'aiguillon de la politique étatique, les élus locaux se posent en acteurs du jeu international et intègrent à leur politique municipale la gestion des affaires internationales en participant à la définition des principes d'action en politique étrangère et en comparant les expériences économique, sociale et culturelle des villes.

Les élus locaux prouvent leur capacité à aménager leurs relations extérieures à l'intérieur d'un réseau de dépendances. Face à l'emprise très forte du parti, la relative autonomie des élus se traduit par leur stratégie d'évitement de toute tentative de centralisation par les EFA. Les tensions entre comités des EFA et comités de jumelages municipaux révèlent la volonté des élus locaux de définir leur place sur la scène internationale et de s'aménager une nouvelle sphère d'autonomie, bien qu'étroite, au sein de ces comités locaux de jumelages. En ce sens, le jumelage comme forme de diplomatie déléguée révèle une contradiction entre l'émergence des municipalités sur la scène internationale comme élément de modernité et la continuité du centralisme démocratique du parti qui renvoie à un esprit jacobin[38]. Le 20e congrès du PCUS permet de comprendre cette redéfinition des relations entre parti et élus. Les jumelages avec la RDA s'inscrivent dans un projet politique, idéologique, ce qui oriente et limite leur action. Les élus

---

[38] Julian Mischi, « La centralité partisane dans les communautés d'implantation communiste », colloque du 31 janvier – 1er février 2002 de l'Association Française de Science Politique, Paris, Institut d'études politiques, site www.afsp.msh-paris.fr.

locaux favorisent le rapprochement de la France et de la RDA, avec le souci d'inclure la fraternité des peuples pour la construction d'un nouvel ordre européen suivant leur conviction idéologique, le poids de la politique étant incontestablement une variable explicative des liens avec la RDA. La priorité donnée à leurs convictions politiques empêche les élus locaux d'être considérés comme de véritables acteurs internationaux.

Toutefois, l'indépendance est difficile à atteindre, quelle que soit la couleur politique d'une ville : d'une part parce que des appuis publics ou privés sont nécessaires pour développer une telle action et d'autre part parce que les relations internationales sont un domaine où les affinités politiques sont prépondérantes. Les élus locaux instaurent leurs villes comme lieux d'enjeux internationaux qui marquent la vie politique française : grâce aux jumelages, la forte distinction entre politique étrangère et politique intérieure diminue progressivement. En effet, ceux-ci font intervenir de nombreux groupes et individus de la société civile dans les affaires internationales, en particulier les jeunes. La vie internationale devient alors un enjeu concret localement ancré, rattaché à leur quotidien. Cependant, l'investissement des citoyens dans les relations France/RDA n'est pas constant, il décline notamment après la reconnaissance est-allemande et laisse apparaître une implication dictée en fonction de l'importance des enjeux politiques.

Cette nouvelle forme de diplomatie populaire en tant qu'étage du jeu diplomatique[39], contraire aux intérêts étatiques dans le cas de la RDA, dévoile l'existence de limites au pouvoir étatique, mais aussi l'interdépendance des différents acteurs. L'interdiction des jumelages avec la RDA révèle le danger potentiel que sont ces entités pour les prérogatives de l'État, notamment l'unité d'action de sa diplomatie. Les liens intermunicipaux France/RDA induisent le rôle d'arbitre de l'État qui limite les prérogatives des collectivités locales. Au début des années 1960, ces jumelages placent la France dans une posture délicate, la guerre d'Algérie affaiblissant encore sa position[40].

L'action seule des collectivités locales ne suffit pas à pallier le désengagement de l'État français en RDA : la coordination avec l'État reste indispensable. Si l'État n'est plus l'unique acteur des relations internationales, il reste au centre de celles-ci. Le jumelage est davantage conçu comme une approche des problèmes que sont la reconnaissance de la RDA, la prévention de la guerre globale qui doivent conduire à des décisions prises au niveau gouvernemental.

---

[39] Négrier, Vion (note 32), p. 2.
[40] MAE/Paris, EU RDA, 1956–1960, vol. 33, note de la direction générale des Affaires politiques pour la direction du cabinet du ministre, 21 février 1958.

3.2 L'échec de la stratégie communiste

Bien que, selon leurs promoteurs, les jumelages permettent un rayonnement de la France en RDA et constituent un phénomène précurseur à la reconnaissance diplomatique de la RDA par la France (le 9 février 1973), la stratégie communiste échoue puisque l'utilisation des jumelages comme arme diplomatique contre la doctrine Hallstein ne provoque pas la reconnaissance anticipée par le gouvernement français. Les jumelages avec la RDA illustrent l'interdépendance entre la France et la RFA. La France qui depuis 1965 considère officieusement la doctrine Hallstein comme désuète doit tenir compte de la sensibilité de la RFA et lui laisser l'initiative d'un acte qui la concerne en premier lieu[41]. Les jumelages France/RDA équivalent à un instrument de mesure de popularité de la RDA, à un moyen d'action pédagogique efficace pour sensibiliser l'opinion publique.

Ces jumelages justifient et paradoxalement légitiment la doctrine Hallstein, puisqu'ils sont orientés en fonction de celle-ci. Le recours aux jumelages révèle la situation de dépendance de la RDA face aux politiques occidentales, et son impuissance à imposer seule sa souveraineté et, alors que le jumelage a pour objectif de restituer la légitimité de la RDA, il participe malgré lui à son affaiblissement. D'autre part, la tentative d'attribuer à ce mouvement une importance comparable à celle des jumelages France/RFA échoue, d'autant plus que la reconnaissance de la RDA n'entraîne pas la banalisation de ces jumelages. Seules 2 municipalités sur les 57 en instance de jumelage sont socialistes ; elles tiennent donc compte de la mise en garde des organismes de coopération européens. Après 1973, l'État français refuse de reconnaître les contacts établis à des fins politiques par l'association des EFA[42]. C'est donc moins la reconnaissance de la RDA que le nouvel ordre européen ratifié à Helsinki qui permet d'entériner pour les élus communistes les principes de leur coopération militante engagée à l'Est, les EFA se révélant un organe de promotion pour la Conférence sur la Sécurité et la Coopération européenne ouverte le 3 juillet 1973. Mais la coopération tend à se distendre en raison de la tendance du courant eurocommuniste du PCF, du recul du nombre de municipalités communistes[43] et de la non-réciprocité des échanges.

****

Ainsi, les élus communistes ont contribué à la principale mutation de l'histoire des relations internationales que constitue le pluralisme de la politique internationale, le jumelage étant la première manifestation de la présence des villes sur cette scène et un phénomène exemplaire de la « multi-

---

[41] Ibid.
[42] MAE/Paris, EU RDA 1961-1970, vol. 193, compte rendu de la réunion entre le ministre des Affaires étrangères et le ministre de l'Intérieur du 19 novembre 1929.
[43] Badia (note 8), p. 462.

layered diplomacy »[44]. Le jumelage est un concept cohérent et plus ou moins stable, en dépit de structures idéologiques différentes. Notons que la répression du Printemps de Prague en août 1968 n'a pas de répercussion grave sur les jumelages France/RDA : seul un cas de rupture sur décision du conseil municipal est mentionné, celui qui liait Saint-Étienne à Zwickau, et les démissions isolées n'inquiètent pas les dirigeants des EFA. Le jumelage Châtillon/Merseburg est rompu à l'initiative du maire élu en 1983 – non communiste – Jean-Pierre Schosteck, en raison d'échanges unilatéraux France/RDA qui se limiteraient aux personnalités officielles. Schosteck cherche alors à reprendre contact avec la municipalité ouest-allemande de Wangen. Celui d'Argenteuil est toujours d'actualité, bien que difficile en raison du caractère essentiellement économique des échanges et la situation des villes de ex-RDA à cet égard. Par cet élargissement des espaces de proximité culturelle à l'Europe de l'Est, la coopération devient un phénomène massif qui permet aux municipalités d'acquérir légitimement un nouveau répertoire d'actions. Les héritages et les mutations s'y croisent, d'où la pertinence du concept de jumelage comme en témoigne son usage dans la réconciliation inter-allemande, sorte de laboratoire pour la réunification allemande.

---

[44] Brian Hocking, « Bridging Boundaries : Creating Linkages. Non-Central Governments and multilayered Policy Environments », in : *Welt Trends*, 11 (2004) 4, pp. 36–51, ici p. 37.

6. Geographie: Grenze, Raum, Region

Sandra Petermann

Orte des Triumphes oder Stätten der Versöhnung? Gedenkräume der Schlacht von Verdun*

Verdun ist bis heute der bedeutendste Ort des Gedenkens an den Ersten Weltkrieg und den Widerstand der Franzosen gegen die deutsche Offensive im Jahr 1916. Seit 1920 finden hier alljährlich Rituale des Gedenkens an die Toten der rund zehn Monate andauernden Schlacht um Verdun statt. Auf theoretischer Ebene wird im vorliegenden Aufsatz analysiert, wie durch – bislang in der sozialgeographischen Forschung weitgehend unberücksichtige – rituelle Handlungen unterschiedliche Räume erzeugt werden. Anhand des erarbeiteten theoretischen Konzeptes soll am Beispiel von Verdun auf empirischer Ebene gezeigt werden, wie sich aus französischer Perspektive über die Jahre hinweg im Vollzug der Gedenkrituale die Bedeutungszuschreibungen an einen Ort verändern können und wie die Feierlichkeiten zu einem permanenten (Re)-Interpretationsprozess „historischer Fakten" – und dadurch bis heute zur zivilgesellschaftlichen Annäherung – beitragen.

1. Forschungsstand und Terminologie

Über den Zusammenhang von Raum und Ritual wurde in der geographischen Fachliteratur bislang wenig geschrieben. Dies überrascht, da einerseits Räume ein zentrales Erkenntnisinteresse des Faches darstellen[1] und andererseits da innerhalb der Humangeographie handlungstheoretische Raumkonzepte ein anerkannter Bestandteil der Disziplin sind. Anders dagegen stellt sich die Literaturlage zu den Begriffen und Konzepten von Raum und Ritual dar und entsprechend viele unterschiedliche Definitionen und Auffassungen existieren. Aus der Vielzahl an Perspektiven resultieren nicht wenige, teils auch gegenläufige Ansichten zu Ritualen und Räumen, die hinsichtlich des Rituals in der Forderung kulminieren, auf den Ausdruck zu

---

* Dieser Artikel wurde bereits in ähnlicher Form publiziert: Petermann, Sandra, Verdun. Rituale machen Räume des Gedenkens, in: *Berichte zur deutschen Landeskunde*, 83/1 (2009), S. 27-45.
[1] Weichhart, Peter, Die Räume zwischen den Welten und die Welt der Räume, in: *Handlungszentrierte Sozialgeographie. Benno Werlens Entwurf in kritischer Diskussion*, hrsg. v. Peter Meusburger, Stuttgart 1999, S. 67-94, hier S. 74.

verzichten.[2] Sinnvoller erscheint es, die für die Thematik relevanten Begriffe zu definieren.

1.1 Rituale – Zeremonien – Riten

Rituale sind laut Soeffner[3] stilisierte und symbolisch geformte Handlungen der Grenzüberschreitung, die in der Religionswissenschaft und Sozialanthropologie häufig mit religiösen oder magischen Handlungen und Aspekten verbunden werden.[4] Gekennzeichnet sind sie durch die Existenz einer Übergangsphase, der Schwellenphase.[5] Diese sogenannte liminale Phase ist durch die Phänomene der Liminalität und sozialen Antistruktur charakterisiert, die beide auf nichtalltägliche und teilweise paradox wirkende Ritualanteile, also auf eine alternative Ordnung zur „normalen", alltäglichen Sozialstruktur verweisen.[6] Zeremonien werden dagegen häufig komplementär zu Ritualen als säkulare, formalisierte und zeichenhafte Handlungen verstanden.[7] Zeremonien dienen Gebauer/Wulf zufolge dem Ausdruck von Macht; an ihnen sind viele Menschen beteiligt, „[...] die sich einem gemeinsamen Ziel unterordnen und sich für eine gemeinsame Sache engagieren".[8] Als Beispiele nennen sie u.a. Zeremonien bei Nationalfeiertagen und Gedenktagen. Dieses Verständnis der unterschiedlichen Begriffe ist kritisch zu betrachten. Ihm liegt die Annahme zugrunde, dass eine deutlich erkennbare Trennlinie zwischen säkularen und religiösen Bereichen existiert. Zudem wird missachtet, dass Durkheim folgend menschliches Handeln Sakralität kreieren kann,[9] dass also während des Vollzuges Zeremonien zu Ritualen werden können. Aufgrund dieser Einwände können die Übergänge zwischen „Zeremonie" und „Ritual" als fließend angesehen und demzufolge beide Begriffe synonym verwendet werden.

Um das Phänomen der Rituale besser eingrenzen zu können, müssen die in der Literatur diskutierten zentralen Merkmale von „säkularen" und „reli-

---

[2] Goody, Jack, "Against ritual": loosely structured thoughts on a loosely defined topic, in: *Secular Ritual*, hrsg. v. Sally Moore, Barbara Myerhoff, Amsterdam 1977, S. 25-35.
[3] Soeffner, Hans-Georg, *Die Auslegung des Alltags. 2. Teil: Die Ordnung der Rituale*, Frankfurt 1992, S. 107.
[4] Moore, Sally, Myerhoff, Barbara, Introduction. Secular ritual: forms and meanings, in: *Secular ritual*, hrsg. v. Moore u. Myerhoff (wie Anm. 3), S. 3-24.
[5] Turner, Victor, *Vom Ritual zum Theater. Der Ernst des menschlichen Spiels*, Frankfurt 1989; in Anlehnung an Gennep, Arnold van, *Les rites de passage. Étude systématique des rites de la porte et du seuil, de l'hospitalité, de l'adoption, de la grossesse et de l'accouchement, de la naissance, de l'enfance, de la puberté, de l'initiation, de l'ordination, du couronnement, des fiançailles et du mariage, des funérailles, des saisons, etc.*, Paris 1909.
[6] Turner, Victor, *Dramas, fields, and metaphors: symbolic action in human society*, London 1974, S. 202.
[7] Argyle, Michael: *Körpersprache und Kommunikation*, Paderborn 1979, S. 165; Dörrich, Corinna, *Poetik des Rituals. Konstruktion und Funktion politischen Handelns in mittelalterlicher Literatur*, Darmstadt 2002, S. 34.
[8] Gebauer, Gunter, Wulf, Christoph, *Spiel – Ritual – Geste. Mimetisches Handeln in der sozialen Welt*, Reinbek bei Hamburg 1998, S. 136.
[9] Durkheim, Emile, *Die elementaren Formen des religiösen Lebens*, Frankfurt ³1984 (1912).

Orte des Triumphes oder Stätten der Versöhnung?

giösen" Ritualen beleuchtet werden.[10] Aus diesen Erkenntnissen abgeleitet, werden folgende Eigenschaften als unabdingbar erachtet:

„Rituale werden mit einer expliziten Absicht gefeiert und implementiert, nachdem der Mensch eine Veränderung erfahren hat. Sie werden ausdrücklich beschlossen und sind durch Förmlichkeit, Wiederholung, Öffentlichkeit und Liminalität gekennzeichnet. Rituale sind Träger von sowohl impliziten, unausgesprochenen Bedeutungen als auch von expliziten Aussagen und Symbolen und bewirken eine Transformation der Teilnehmer. Ihre Funktionen sind subjektiver, gemeinschaftlich-gesellschaftlicher und/oder transzendenter Natur und ordnen für den Menschen seine oft als chaotisch erfahrene Welt".[11]

Ein Ritus dagegen wird als eine Untereinheit des Rituals verstanden.[12]

1.2 Räume – Orte

Es existieren

„[...] sehr verschiedene Raumbegriffe: Da ist der Raum als Ausschnitt auf der Erdoberfläche, der Raum als Land oder als Landschaft [...]; da ist der Raum als isotrope Ebene, auf der es Standortmuster und Interaktionsbeziehungen gibt, die mathematisch-geometrisch beschreibbar sind; da ist der phänomenologische Raum, in den hinein sich das subjektive Bewußtsein erstreckt; da ist der Raum im kantischen Sinne als eine (Prä)-Kategorie des erkennenden Subjektes, als Verortungsfläche, d. h. als Ordnungsraster der wahrgenommenen Phänomene".[13]

Der Fokus des Aufsatzes soll jedoch – ungeachtet dieser Vielzahl von teilweise bis in die Antike zurückreichenden Auffassungen über „den Raum" – auf einem handlungstheoretischen Raumverständnis liegen. In dessen Zentrum stehen Fragen, die darauf abzielen, „[...] wer unter welchen Bedingungen und aus welchen Interessen wie über bestimmte Räume kommuniziert und sie durch alltägliches Handeln fortlaufend produziert und reproduziert".[14] Nach Werlen ist der Raum demnach „[...] als eine Gegebenheit zu betrachten, die der mentalen Welt angehört und dementsprechend kognitiver Art ist".[15] Auch der Begriff des Ortes unterliegt vielfältigen Definitions-

---

[10] Grundlegende Elemente der „säkularen" Rituale wurden anlehnend an Moore und Myerhoff (*Secular ritual*, wie Anm. 4) herausgearbeitet; diejenigen „religiöser" Rituale orientieren sich an Michaels, Axel (Hg.), *„Le rituel pour le rituel" oder wie sinnlos sind Rituale?*, Berlin 1999.

[11] Petermann, Sandra, *Rituale machen Räume. Zum kollektiven Gedenken der Schlacht von Verdun und der Landung in der Normandie*, Bielefeld 2007, S. 70 f.

[12] Anlehnend an Staal, Frits, The meaninglessness of ritual, in: *Numen* 26 (1979), S. 2-22 und Escher, Anton, Weick Christoph, „Raum und Ritual" im Kontext von Karten kultureller Ordnung, in: *Berichte zur Deutschen Landeskunde*, 78/2 (2004), S. 251-268.

[13] Pohl, Jürgen, Kann es eine Geographie ohne Raum geben? Zum Verhältnis von Theoriediskussion und Disziplinpolitik, in: *Erkunde*, 47/4 (1993), S. 255-266, hier S. 259.

[14] Wardenga, Ute, Alte und neue Raumkonzepte für den Geographieunterricht, in: *Geographie heute*, 23/200 (2002), S. 8-11, hier S. 8.

[15] Werlen, Benno, *Sozialgeographie alltäglicher Regionalisierungen. Bd. 1: Zur Ontologie von Gesellschaft und Raum*, Stuttgart 1995, S. 223.

versuchen. Nach Dangschat versteht man unter einem Ort „[...] die Stelle, de[n] Platz, das Wohnviertel, die Stadt, die Region, das Land etc. Der ‚Ort' hat also immer genau bezeichenbare Grenzen, Ausdehnungen, zähl- und bewertbare Inhalte, Gebrauchswert und Tauschwert [...]".[16] Jeder Ort existiert auf der Erdoberfläche ein einziges Mal und trägt durch dieses Alleinstellungsmerkmal zur Identitätsstiftung des Menschen bei.

Das verwendete Raumverständnis kann in vier Punkten zusammengefasst werden:[17]
1. Räume entstehen in Verbindung zu Orten. Dies bedeutet nicht, dass sich Räume an konkreten Orten entfalten müssen, durch den Mensch als „Raumkonstrukteur" können sie allein in sprachlicher oder gedanklicher Kommunikation zu ihnen stehen.
2. Orte sind als Bedeutungsträger Teil der Konstruktion von Räumen und folglich ein wesentliches Element der Raumkonstruktion.
3. Räume werden durch menschliche Handlungen erzeugt. Unter Handlungen[18] werden jegliche als „sinnvoll" erachtete menschliche Aktivitäten verstanden, angefangen von einmaligen Handlungen über Routinen bis hin zu Ritualen.
4. Durch Rituale entstehen besonders bedeutungsgeladene Räume. Dies ist auf die oben beschriebenen Merkmale zurückzuführen, die Rituale von alltäglichen Handlungen abgrenzen.

1.3 Gedächtnis – Erinnern – Gedenken

Die Begriffe Erinnerung und Gedächtnis werden ebenso kaum einheitlich definiert.[19] Anlehnend an das geschichtswissenschaftliche Verständnis von Wischermann,[20] verwendet der folgende Wortgebrauch das Gedächtnis im Kontext von überindividuellen Zusammenhängen, die Erinnerung dagegen im Kontext persönlicher Perspektiven und Erfahrungen. Im Umgang mit Kriegsgeschehnissen des 20. Jahrhunderts prägen Winter/Sivan den Begriff

---

[16] Dangschat, Jens: Raum als Dimension sozialer Ungleichheit und Ort als Bühne der Lebensstilisierung? Zum Raumbezug sozialer Ungleichheit und von Lebensstilen, in: *Lebensstil zwischen Sozialstrukturanalyse und Kulturwissenschaft*, hrsg. v. Otto Schwenk, Opladen 1996, S. 99-135, hier S. 104.
[17] Petermann, *Rituale* (wie Anm. 11), S. 71.
[18] Hiermit ist jegliche zielführende Aktivität gemeint und nicht die Zweckrationalität im Sinne Webers, die beinhaltet, dass Zweck und Mittel voneinander deutlich zu trennen sein müssen sowie dass die Handelnden die optimalen Mittel zum Erreichen des Zweckes abwägen und anschließend umsetzen. Weber, Max, *Wirtschaftsgeschichte. Abriß der universalen Sozial- und Wirtschaftsgeschichte*, Berlin 1958, S. 12 f.
[19] Patzel-Mattern, Katja, *Geschichte im Zeichen der Erinnerung: Subjektivität und kulturwissenschaftliche Theoriebildung*, Stuttgart 2002, S. 23.
[20] Wischermann, Clemens, Kollektive versus „eigene" Vergangenheit, in: *Die Legitimität der Erinnerung und die Geschichtswissenschaft*, hrsg. v. Clemens Wischermann, Stuttgart 1996, S. 9-17, hier S. 15.

Orte des Triumphes oder Stätten der Versöhnung? 277

des Gedenkens.[21] Gedenken stellt für sie eine Verbindung zwischen den extremen Positionen von persönlichen Erinnerungen und sozial determiniertem Gedächtnis dar. Unter Gedenken wird demzufolge ein vorsätzlicher Akt verstanden, in dem die Vergangenheit durch den Spiegel persönlicher Erinnerungen und beeinflusst durch Aspekte des kollektiven Gedächtnisses[22] vergegenwärtigt wird.[23]

2. Theoretische Konzeptionen: Rituale machen Räume

Im Zentrum der Raumkonstruktionen steht der Mensch. An Orten des Gedenkens lässt er durch seine Teilnahme an den jährlich wiederkehrenden Ritualen rituell besetzte Räume entstehen. Mit der Auswahl einzelner Orte und Artefakte für rituelle Handlungen erfolgt eine Festigung der gesellschaftlichen Relevanz und/oder individuellen Bedeutungszuschreibung – und zugleich resultiert aus der Nichtauswahl vieler anderer möglicher Orte und Artefakte auch ein Negieren und Vergessen weiterer Geschehnisse. Die Rituale werden implementiert, um explizit der zurückliegenden Ereignisse zu gedenken. Sie erzeugen durch die Verwendung von Symbolen und die Bezugnahme auf Mythen[24] besonders bedeutungsgeladene Räume. Der

---

[21] Winter, Jay, Sivan, Emmanuel, Setting the framework, in: *War and remembrance in the twentieth century*, hrsg. v. Jay Winter, Emmanuel Sivan, Cambridge 1999, S. 6-39, hier S. 9 f.

[22] Das Konzept des kollektiven Gedächtnisses von Halbwachs geht davon aus, dass individuelle Wahrnehmung und Handlungen maßgeblich von einer überindividuell organisierten sozialen „Wirklichkeit" beeinflusst werden. Halbwachs, Maurice, *Das Gedächtnis und seine sozialen Bedingungen*, Berlin 1966; siehe auch Patzel-Mattern, *Geschichte* (wie Anm. 19), S. 25, Winter, Sivan, Framework (wie Anm. 21), S. 23. Das Gedächtnis ist demnach eine Konstruktion, die auf der Grundlage der gegenwärtigen gesellschaftlichen Bezugsrahmen (*cadres sociaux*) entsteht. Interessant an dem Ansatz von Halbwachs ist auch die starke Bedeutung des Ortsbezugs für die Erinnerung. Halbwachs, *Gedächtnis*, S. 163 ff.

[23] Zusätzlich zum Konzept des kollektiven Gedächtnisses existieren noch drei viel zitierte Gedächtnistypen, die bei Petermann, *Rituale* (wie Anm. 11), S., 20 ff. zusammenfassend dargestellt sind: das soziale, kulturelle und kommunikative Gedächtnis. Siehe auch Assmann, Jan, Kollektives Gedächtnis und kulturelle Identität, in: *Kultur und Gedächtnis* hrsg. v. Jan Assmann, Tonio Hölscher, Frankfurt 1988, S. 9-19, hier S. 15; Assmann, Jan, *Das kulturelle Gedächtnis. Schrift, Erinnerung und politische Identität in frühen Hochkulturen*, München ²1997, S. 56; Assmann, Jan, Kollektives und kulturelles Gedächtnis. Zur Phänomenologie und Funktion von Gegen-Erinnerung, in: *Orte der Erinnerung: Denkmal, Gedenkstätte, Museum*, hrsg. v. Ulrich Borsdorf, Heinrich Theodor Grütter, Frankfurt 1999, S. 3-32, hier S. 15; Gombrich, Ernst, *Aby Warburg: eine intellektuelle Biographie*, Hamburg 1992, S. 323 ff.

[24] Dörner versteht unter Mythen „[...] narrative Symbolgebilde mit einem kollektiven, auf das grundlegende Ordnungsproblem sozialer Verbände bezogenen Wirkungspotential". Dörner, Andreas, *Politischer Mythos und symbolische Politik. Der Hermannmythos: zur Entstehung des Nationalbewußtseins der Deutschen*, Reinbek bei Hamburg 1996, S. 43, zit. in Bizeul, Yves, Theorien der politischen Mythen und Rituale, in: *Politische Mythen und Rituale in Deutschland, Frankreich und Polen*, hrsg. v. Yves Bizeul, Berlin 2000, S. 15-39, hier S. 16.

spezielle Raumcharakter entsteht auch in Folge dessen, dass öffentliche (Gedenk)-Rituale keine individuell sondern kollektiv durchgeführten Handlungen darstellen. Neben dem expliziten Gedenken an die Toten und Schlachten enthalten die Rituale zahlreiche politische, religiöse und historische Riten, die mit impliziten Botschaften und Sinnzuschreibungen verbunden werden. So erzeugen die Ritualteilnehmer neben Gedenkräumen politische, sakrale und historische Raumkonstruktionen, die in den Sphären der Ideologie, des Glaubens und des Wissens fußen.[25]

2.1 Gedenkräume

Spätestens seit den 1980er Jahren erfährt die Erinnerung eine Hochkonjunktur. Dies erstaunt nicht, da der infolge zahlreicher und rasanter Veränderungen verunsicherte Mensch nach einem in der Vergangenheit verankerten Ordnungssystem strebt. Es wird von der „Begeisterung für die Vergangenheit"[26], der „Epoche des Gedenkens"[27] und sogar einem „Heißhunger nach Gedenken"[28] berichtet. Oder wie Antze/Lambek es formulieren:

> „We live in a time when memory has entered public discourse to an unprecedented degree. Memory is invoked to heal, to blame, to legitimate. It has become a major idiom in the construction of identity, both individual and collective, and a site of struggle as well identification".[29]

Bereits zahlreiche Publikationen sind zu dieser Thematik erschienen, von denen zwei beispielhaft kurz dargestellt werden sollen. Als Wegbereiter in der Auseinandersetzung mit den „lieux de mémoire" ist Pierre Nora zu nennen.[30] In dem von ihm herausgegebenen Werk, das als „Kathedrale des nationalen Gedächtnisses" bezeichnet wird,[31] widmet er sich den materiellen und immateriellen Komponenten der Gedächtnisorte der französischen Nation. Hierunter fallen beispielsweise Gedenkorte, Gedenkfeiern, Devisen, Rituale, Museen und Texte.[32] Das viel beachtete Werk blieb nicht unkritisiert. Bemängelt wurde beispielsweise, dass er nur positiv besetzte Orte des Gedenkens, nicht aber Orte des nationalen Vergessens angeführt habe.[33] An-

---

[25] Diese Unterscheidung der verschiedenen Raumkategorien ist analytischer Natur und dient heuristischen Zwecken.
[26] Lepeltier, Thomas, Nora, Pierre, De l'histoire nationale aux lieux de mémoire, in: Sciences Humaines, 152 (2004), S. 46-48, hier S. 46.
[27] Leclant, Jean, Les célébrations nationales. Une institution culturelle, in: Le débat, 105 (1999), S. 185-187.
[28] Nora, Pierre, L'ère de la commémoration, in: Les lieux de mémoire, Vol. 3: Les France, hrsg. v. Pierre Nora, Paris 1997, S. 4687-4719.
[29] Antze, Paul, Lambek, Michael (Hgg.), Tense past. Cultural essays in trauma and memory, New York 1997, S. VII.
[30] Nora, Pierre (Hg.), Les lieux de mémoire, Paris 1997.
[31] Lepeltier, Nora, De l'histoire nationale (wie Anm. 26), S. 48.
[32] Nora, Pierre (Hg.), Zwischen Geschichte und Gedächtnis, Berlin 1990.
[33] Lepeltier, Nora, De l'histoire nationale (wie Anm. 26), S. 48.

Orte des Triumphes oder Stätten der Versöhnung? 279

dere Kritikpunkte betreffen die Auswahl seiner Beispiele oder die Unterscheidung in „wahres" und „geschichtliches" Gedächtnis.[34] Ein weiterer sehr bekannter Ansatz zu Erinnerungsräumen geht auf Aleida Assmann zurück. Sie arbeitet insbesondere die Medien des kulturellen Gedächtnisses (Sprache, Schrift, Bild, Körper und Orte) heraus. Orte sind ihrer Ansicht nach von herausragender Bedeutung für die Konstruktion von Erinnerungsräumen, da sie Kontinuität verkörpern und dazu dienen, Erinnerungen auszulösen.[35]

Rituale spielen sowohl bei Pierre Nora als auch bei Aleida Assmann entweder als Gedächtnisorte selbst oder als Medien des Gedächtnisses eine wichtige Rolle. Gedenkrituale bilden einen Rahmen, in dem die Vergegenwärtigung bestimmter Situationen und Momente leichter hervorgerufen werden kann.[36] Öffentliche Gedenktage haben vor allem soziale und Ordnung stiftende Funktion, welche die Synchronisierung von Subjekten bewirkt.[37] Sie helfen Überzeugungen lebendig zu erhalten,

„[…] zu verhindern, daß sie aus dem Gedächtnis schwinden, d. h. im ganzen genommen, die wesentlichsten Elemente des kollektiven Bewußtseins wiederzubeleben. Durch ihn [den Gedenkritus] erneuert die Gruppe periodisch das Gefühl, das sie von sich und von ihrer Einheit hat".[38]

Nicht nur Rituale, sondern auch Orte und Artefakte dienen als Träger von Erinnerung.

„Ohne Erinnerung und die Verdinglichung, die aus der Erinnerung selbst entspringt, weil die Erinnerung die Verdinglichung für ihr eigenes Erinnern bedarf […] würde das lebendig gehandelte, das gesprochene Wort, der gedachte Gedanke spurlos verschwinden […]".[39]

Dies trifft insbesondere auf ehemalige Schlachtfelder zu, denn die Toten sowie die „[…] Ereignisse und Taten einer großen aber dunklen Vergangenheit bedürfen der Beglaubigung durch Orte und Gegenstände".[40] Als Gedenkorte von Kriegsereignissen des 20. Jahrhunderts fungieren z. B. Friedhöfe und Beinhäuser, Kriegerdenkmäler und Museen.

---

[34] Till, Karen, Places of memory, in: *A companion to political geography*, hrsg. v. J. Agnew, K. Mitchell, G. Toal, Oxford 2003, S. 289-301.
[35] Assmann, Aleida, *Erinnerungsräume. Formen und Wandlungen des kulturellen Gedächtnisses*, München 1999, S. 299.
[36] Winter, Sivan, Framework (wie Anm. 21), S. 15.
[37] Pross, Harry, Ritualisierungen des Nationalen, in: *Nationale Mythen und Symbole in der zweiten Hälfte des 19. Jahrhunderts. Strukturen und Funktionen von Konzepten nationaler Identität*, hrsg. v. Jürgen Link, Wulf Wülfing, Stuttgart 1991, S. 94-105, hier S. 101.
[38] Durkheim, *Formen* (wie Anm. 9), S. 505.
[39] Arendt, Hannah, *Vita Activa – oder Vom Täglichen Leben*, Stuttgart 1960, S. 87 f.
[40] Assmann, *Erinnerungsräume* (wie Anm. 35), S. 55.

2.2 Politische Räume

Mit dem Konzept der „politischen Räume" werden in der deutschen Politischen Geographie traditionellerweise Begriffe wie Staat, Territorium und Grenze assoziiert.[41] Vor allem englischsprachigen Ansätzen folgend rücken zunehmend Handlungen bei der Konstruktion von politischen Räumen in den Vordergrund der Betrachtungen.[42]

Hierunter kann beispielsweise die Erinnerungspolitik gefasst werden. Unter Erinnerungspolitik versteht Hahn Situationen, in denen „[...] die Annahmewahrscheinlichkeit politischer Entscheidungen durch das Medium der Erinnerung erhöht werden soll, indem aktuelle politische Macht sich durch den Aufruf der Vergangenheit invisibilisiert [...]".[43] Larat spricht in diesem Zusammenhang von der „Instrumentalisierung des kollektiven Gedächtnisses".[44] Wichtig ist hierbei abgesehen von der Erinnerung natürlich auch das, was vergessen wird.[45] Doch vor allem politische Rituale spielen bei der Konstruktion von politischen Räumen eine herausragende Rolle. Es existieren einerseits politische Rituale, an denen die Masse direkt teilnimmt (wie patriotische Feiern und Staatszeremonien), und andererseits Rituale, bei denen die Masse nur indirekt durch die Medien partizipiert (wie parlamentarische Gedenkstunden und Gipfeltreffen).[46] Die Funktionen politischer Rituale können in zwei Bereiche eingeteilt werden: Einerseits stiften sie unter den Ritualteilnehmern Konsens und wirken integrierend,[47] andererseits können politische Rituale manipulieren bzw. legitimieren und dienen so- mit – wie nicht weiter verwunderlich – als Möglichkeiten der Machtausübung.[48]

Die großen politischen rituellen Inszenierungen „[...] werden von Mythen erzeugt, Mythen können aber ihrerseits ohne Liturgien [d. h. Rituale] nicht lange bestehen".[49] Konkret bedeutet das laut Rivière, dass politische Rituale durch Mythen glaubhaft gemacht werden und sie durch Wiederholung den Mythos aktualisieren sowie reproduzieren.[50] Die Funktionen von

---

[41] Ante, Ulrich, *Politische Geographie*, Braunschweig 1981; Boesler, Klaus-Achim, *Politische Geographie*, Stuttgart 1983.

[42] Agnew John, *Place and politics. The geographical mediation of state and society*, Boston 1987; Massey, Doreen, *Space, place and gender*, Minneapolis 1994; Soja, Edward, *Postmodern geographies. The reassertion of space in critical social theory*, London ⁵1998.

[43] Hahn, Torsten, Politik, in: *Gedächtnis und Erinnerung. Ein interdisziplinäres Lexikon*, hrsg. v. Nicolas Pethes, Jens Ruchatz, Reinbek bei Hamburg 2001, S. 447-448, hier S. 447.

[44] Larat, Fabrice, Instrumentalisierung des kollektiven Gedächtnisses und europäische Integration, in: *Frankreich-Jahrbuch 2000: Politik, Wirtschaft, Gesellschaft, Geschichte, Kultur*, hrsg. v. Deutsch-Französisches Institut, Opladen 2000, S. 186-201, hier S. 187.

[45] Ebd., S. 189.

[46] Bizeul, Theorien (wie Anm. 24), S. 18; Rivière, Claude, *Les liturgies politiques*, Paris 1988.

[47] Kertzer, David, Rituel et symbolisme politiques des sociétés occidentales, in: *L'Homme*, XXXII/121 (1992), S. 79-90, hier S. 80.

[48] Lukes, Steven, Political ritual and social integration, in: *Sociology*, 9 (1975), S. 289-308; Bizeul, Theorien (wie Anm. 24), S. 21 ff.

[49] Ebd., S. 19.

[50] Rivière, *Liturgies* (wie Anm. 46), S. 13.

Orte des Triumphes oder Stätten der Versöhnung? 281

politischen Symbolen liegen Sarcinelli zufolge in drei Bereichen. [51] Erstens vereinfachen sie komplexe Informationen und stellen somit eine Orientierungshilfe dar.[52] Zweitens können sie die Unzufriedenheit und Gleichgültigkeit der teilweise in ihrem Alltag überforderten Menschen kompensieren[53] und drittens bewirken sie beim Betrachter statt einer rationalen Auseinandersetzung mit den Inhalten vornehmlich Emotionen und Assoziationen.[54]

Orte spielen bei der Konstruktion von politischen Räumen ebenso eine grundlegende Rolle. Hier sind alle Plätze von Bedeutung, an denen oder mit denen Gruppen und Individuen „Politik machen". Folglich handelt es sich um Orte, deren symbolische Besetzung von politischer Bedeutung ist oder um Orte, an denen politische Aussagen durch existierende Bedeutungszuschreibungen ein höheres Gewicht bekommen. Hinsichtlich des Gedenkens können sowohl Monumente, Gedenkstätten, Museen – schon ihr Bau und ihre Führung sind ein Politikum[55] – als auch die ehemaligen Schlachtfelder selbst zu politischen Orten werden.

2.3   Sakrale Räume

Bei der Beantwortung der Frage nach dem Heiligen und Sakralen existieren zwei grundlegende Argumentationslinien. Zum einen handelt es sich um die ontologisch-essentialistische Auffassung, dass Sakralität von Gott gegeben sei und sich in der hiesigen Welt an bestimmten Orten manifestiere.[56] Zum anderen besteht die Meinung, dass Sakralität keine spirituelle Realität, sondern vielmehr ein Konstrukt sei, das aus menschlichen Handlungen resultiere.[57] Durkheim unterstreicht, dass der Mensch sich „[...] ständig heilige Dinge erschafft".[58]

Für die Konstruktion sakraler Räume sind Rituale, Symbole und Orte von herausragender Bedeutung. Rituale werden oftmals als charakteristische Bestandteile der religiösen Praxis, als das Herzstück religiöser Erfah-

---

[51] Sarcinelli, Ulrich, Symbolische Politik und politische Kultur. Das Kommunikationsritual als politische Wirklichkeit, in: *Politische Vierteljahresschrift*, 30/2 (1989), S. 292-309, hier S. 296.
[52] Siehe auch Kertzer, David, Ritual, Politik und Macht, in: *Ritualtheorien. Ein einführendes Handbuch*, hrsg. v. Andrea Belliger, David Krieger, Wiesbaden 1998, S. 365-390, hier S. 367.
[53] Meyer, Thomas, *Die Inszenierung des Scheins. Voraussetzungen und Folgen symbolischer Politik. Essay-Montage*, Frankfurt 1992, S. 66.
[54] Harrison, Simon, Four types of symbolic conflict, in: *The Journal of the Royal Anthropological Institute*, 1/2 (1995), S. 255-272, hier S. 270.
[55] Till, Places (wie Anm. 34), S. 297.
[56] Otto, Rudolf, *Das Heilige. Über das Irrationale in der Idee des Göttlichen und sein Verhältnis zum Rationalen*, Breslau 1917; Eliade, Mircea, *Le sacré et le profane*, Paris 1956; Leeuw, Gerardus van der, *Phänomenologie der Religion*, Tübingen 1933.
[57] Durkheim, Formen (wie Anm. 9); Lévy-Strauss, Claude, Einleitung in das Werk von Marcel Mauss, in: *Soziologie und Anthropologie 1. Theorie der Magie, soziale Morphologie*, hrsg. v. Marcel Mauss, Frankfurt 1989, S. 7-41.
[58] Durkheim, Formen (wie Anm. 9), S. 293.

rung verstanden:[59] Sie lassen sakrale Räume entstehen. Hierunter fallen beispielsweise liturgische Rituale wie Eucharistiefeiern und Begräbnisliturgien[60] sowie Pilger- und Wallfahrten[61]. Laut Victor und Edith Turner stellt die Pilgerreise einen Weg dar „[...] to a liminal world where the ideal is felt to be real, where the tainted social persona may be cleansed and renewed".[62] Doch schon religiöse Symbole wie Schwellen, Kreuze, Reliquien und Türme können bewirken, dass Menschen einen Ort als sakral wahrnehmen.[63] Klassischerweise gelten Landschaftselemente wie Berge und Grotten als sakral erachtete Orte, die entweder mit Gottheiten selbst oder deren Sitz gleichgesetzt werden.[64] Aus konstruktivistischer Perspektive dagegen gilt dann ein Ort als heilig, „[...] wenn andere Gläubige dies anerkennen und sich dort zu Sakralhandlungen versammeln".[65] In diesem Sinne kann folglich jeder Ort durch gemeinsam vollzogene Rituale sakralisiert werden.[66]

2.4 Historische Räume

Wissen bildet die Grundlage für die Erzeugung historischer Räume. Es wird auf unterschiedlichen Wegen erworben bzw. vermittelt – beispielsweise durch historische Rituale wie das Re-enactment, das unter dem Motto „living history" das Leben an der Front oder einzelne Kampfhandlungen mög-

---

[59] Zulehner, Paul, Rituale und Sakramente, in: *Zeichen des Lebens: Sakramente im Leben der Kirche – Rituale im Leben der Menschen*, hrsg. v. Paul Zulehner, Hansjörg Auf der Maur, Josef Weismayer, Ostfildern 2000, S. 13-22, hier S. 16.

[60] Beispielsweise Adam, Adolf, *Grundriß Liturgie*, Freiburg 1985; Nölle, Volker, *Vom Umgang mit Verstorbenen. Eine mikrosoziologische Erklärung des Bestattungsverhaltens*, Frankfurt 1997.

[61] Hierzu auch Coleman, Simon, Elsner, John, *Pilgrimage – past and present. Sacred travel and sacred space in the world religions*, London 1995; Turner, Victor, Turner, Edith, *Image and pilgrimage in Christian culture: anthropological perspectives*, New York 1978.

[62] Ebd., S. 30.

[63] Eliade, Mircea, *Das Heilige und das Profane. Vom Wesen des Religiösen*, Frankfurt 1998 (1956), S. 27.

[64] Lanczkowski, Günter, Heilige Stätten I., in: *Theologische Realenzyklopädie. Bd. XIV: Gottesdienst – Heimat*, hrsg. v. Gerhard Müller, Berlin 1985, S. 672-677.

[65] Baudy, Dorothea, Heilige Stätten – Religionswissenschaftlich, in: *Religion in Geschichte und Gegenwart: Handwörterbuch für Theologie und Religionswissenschaft*, hrsg v. Hans Betz, Tübingen 2000, S. 1551-1552, hier S. 1552.

[66] Hierzu Petermann, *Rituale* (wie Anm. 11), S. 63 ff. Erstaunlich ist, dass für die deutsche Religionsgeographie die Konstruktion sakraler Räume lange nicht von Interesse war – wohl aus zwei Gründen: Erstens wird Religion meist nicht als soziales und konstruiertes Phänomen im Sinne Durkheims verstanden, und zweitens zeichnen sich die klassischen Ansätze der Religionsgeographie durch eine Deskriptionsfülle – einhergehend mit einem Theoriedefizit – aus. Dies könnte sich mit dem neu gefassten Verständnis der Religionsgeographie von Wunder ändern. Wunder, Edgar, *Religion in der postkonfessionellen Gesellschaft. Ein Beitrag zur sozialwissenschaftlichen Theorieentwicklung in der Religionsgeographie*, Stuttgart 2005, S. 204 ff.

lichst detailgenau und „authentisch" nachstellen möchte.[67] Auf individueller Ebene gibt es sehr viele unterschiedliche Beweggründe für die Teilnahme an Re-enactments. Beispielsweise interessieren sich die Re-enactment-Darsteller für Geschichte, sie möchten Kriegsromantik erfahren, starke Gemeinschaftsgefühle und Kameradschaft erleben, aus ihrer alltäglichen Lebenswelt fliehen und die Möglichkeit zu einer Zeitreise in vergangene Tage nutzen.[68] Auf gesellschaftlicher Ebene ist die Teilnahme an Re-enactments einerseits als Antwort auf eine zunehmend als sozial isoliert wahrgenommene Welt zu verstehen,[69] da sich die Darsteller während der Inszenierung von der Komplexität und Ambiguität ihrer alltäglichen Lebenswelt befreit fühlen. Andererseits vermutet Allred, dass Re-enactments einen Beitrag zur Aufarbeitung der Geschichte und zum Heilungsprozess kollektiver Schuld leisten.[70] Neben den Re-enactments tragen auch die Besuche von Geschichts- und Friedensmuseen zur Erzeugung historisch inszenierter Räume bei. Sowohl bei den Nachstellungen als auch im Museumsbesuch sind zahlreiche politische und religiöse Symbole präsent, die wiederum mit den bereits dargelegten Mythen in Verbindung stehen.

Auf ehemaligen Kriegsschauplätzen gibt es viele historische Orte. Als Bühne der nachgestellten Kampfhandlungen dienen beispielsweise die ehemaligen Schlachtfelder. Hilfreich hierbei ist, wenn sie möglichst wenig zu Gedenkstätten verändert und stattdessen weitgehend „authentisch" belassen wurden. Ganz anders die Situation bei den Museen: hier kommt es darauf an, dass möglichst umfassendes Wissen und viele Artefakte präsentiert werden.

3. Verdun: Rituale machen Räume des Gedenkens

Die direkte Umgebung von Verdun und das ganze Departement Maas sind bis heute nachhaltig durch Kriege geprägt. Im Gedenken an die Schlacht von Verdun schreiben die Ritualteilnehmer den ehemaligen Kriegsschauplätzen eine besondere Bedeutung zu, durch sie werden die Schlachtfelder von Verdun zu einem herausragenden Gedenkort. Die am häufigsten besuchten Gedenkorte befinden sich in der Stadt Verdun und auf der „Rechten Maasseite": In Verdun erinnern die Zitadelle, das Weltzentrum für Frieden, das Siegesmonument und das Kriegerdenkmal an die historischen Ereignisse. Auf der Ostseite der Maas liegt das Beinhaus von Douaumont mit dem vor-

---

[67] Allred, Randal, Catharsis, revision, and re-enactment: negotiating the meaning of the American Civil War, in: *Journal of American Culture*, 19/4 (1996), S. 1-13; Cullen, Jim, *The civil war in popular culture. A reusable past*, Washington 1995; Hall, Dennis, Civil War reenactors and the postmodern sense of history, in: *Journal of American Culture*, 17/3 (1994), S. 7-11; Turner, Rory, Bloodless battles. The Civil War re-enacted, in: *The Drama Review*, 34/4 (1990), S. 123-136.

[68] Allred, Catharsis (wie Anm. 67), S. 5; Cullen, *Civil war* (wie Anm. 67), S. 193 ff.; Turner, Bloodless battles (wie Anm. 67), S. 126 ff.

[69] Hall, *Civil war* (wie Anm. 67), S. 8.

[70] Allred, Catharsis (wie Anm. 67), S. 7 ff.

gelagerten französischen Soldatenfriedhof, das Memorial von Verdun, viele Monumente wie beispielsweise der Bajonettgraben sowie Befestigungswerke und zerstörte Dörfer.

Doch nicht nur die meisten Besucher kommen an die „Rechte Maasseite"; hier finden auch die seit 1920 alljährlichen offiziellen Juni-Zeremonien zum Gedenken an die Schlacht von Verdun statt. Sie können unterschieden werden in die offiziellen alljährlichen Zeremonien, zu denen heute neben den lokalen Persönlichkeiten und patriotischen Verbänden nur noch relativ wenig Leute kommen, und in die nationalen Zeremonien, die unter der Schirmherrschaft hochrangiger Politiker alle fünf Jahre stattfinden und Tausende von Teilnehmern anlocken.

Die Idee und Initiative, im jährlichen Rhythmus der Schlacht von Verdun zu gedenken, ging von der Stadt Verdun aus. Zu einem Zeitpunkt als Verdun noch in Ruinen lag, einigte man sich als Gedenktag auf den 23. Juni, da sich hier – am Tag des erfolgreich abgewehrten Großangriffes der deutschen Armee im Jahre 1916, der als Wendepunkt der Schlacht interpretiert wird – besonders gut der heldenhafte Widerstand des französischen Militärs offenbarte.[71] Bis heute ist der Ritualablauf ähnlich geblieben, auch wenn immer wieder neue Gedenkorte integriert wurden bzw. andere abgelöst haben.[72] Wichtige Riten sind ein morgendlicher Gedenkgottesdienst in der Kathedrale von Verdun, während dem an den Krieg und die Schlacht erinnert sowie die französische Nationalfahne geweiht wird. Nach dem Gottesdienst setzt sich ein Prozessionszug zum Kriegerdenkmal in Bewegung. Dort findet ein kurzes Militärritual statt, Ansprachen folgen und Blumengestecke werden am Fuße des Kriegerdenkmals niedergelegt. Das feierliche Totensignal, eine darauf folgende Schweigeminute sowie der Refrain der französischen Nationalhymne beenden den Ritus am Kriegerdenkmal. Anschließend bildet sich ein Festzug der Anwesenden zum Rathaus. Im seinem Innenhof löst sich der Prozessionszug auf und die Teilnehmer werden zu einem den Vormittag abschließenden Empfang durch den Bürgermeister inklusive Ansprache und Umtrunk geladen. Erst in der Abenddämmerung findet die Gedenkzeremonie am Beinhaus und Nationalfriedhof von Douaumont ihre Fortsetzung. Die Ritualteilnehmer formieren sich zu einem Prozessionszug und legen Blumen am muslimischen und jüdischen Gedenkmonument nieder. Bei Einbruch der Dunkelheit bildet sich ein Fackelzug, der auf den Nationalfriedhof führt. Dort hinterlassen die Ritualteilnehmer in Gedenken an die gefallenen Soldaten die Fackeln an den Gräbern und feiern abschließend im Beinhaus eine Totenwache.

Die nationalen Zeremonien sind maßgeblich von der Anwesenheit und den Ansprachen des französischen Staatspräsidenten (bei den Zehnjahresfeiern) und des französischen Premierministers (bei den Fünfjahresfeiern)

---

[71] Canini, Gérard, Verdun: Les commémorations de la Bataille (1920–1986), in: *Revue historique des Armées*, 3 (1986), S. 97-107, hier S. 98.
[72] Petermann, *Rituale* (wie Anm. 11), S. 130 ff.

Orte des Triumphes oder Stätten der Versöhnung?

geprägt. Bis in die 1950er Jahre war die Stadt Verdun „Austragungsort" der runden Feierlichkeiten. Heute spielt Verdun selbst im nationalen Erinnerungsprogramm nur noch eine relativ unbedeutende Rolle. Stattdessen konzentrieren sich die Feierlichkeiten auf das Beinhaus von Douaumont.

So werden heute während der jährlichen und nationalen Gedenkzeremonien die patriotisch-national besetzten Orte wie beispielsweise das Siegesmonument[73] in Verdun nicht mehr aufgesucht; stattdessen spielt sich das rituelle Gedenken v.a. am Beinhaus und Kriegerdenkmal ab, also an Orten, an denen an die Soldaten von Verdun und deren Tod erinnert wird.[74]

3.1 Politische Räume der Ideologie

Für die Konstruktion politischer Räume sind – auch durch die Bezugnahme auf bestehende politische Mythen und der Verwendung politischer Symbole – politische Ansprachen während der Gedenkzeremonien von herausragender Bedeutung. Die gehaltenen Reden[75] setzen sich aus einem über die Jahre hinweg relativ konstanten historischen Abschnitt und einem sich wandelnden politischen Teilbereich zusammen. In der ersten Passage wird an die Kriegsgeschehnisse sowie an das Leid und den Heldenmut der Soldaten erinnert. Im zweiten Teil spricht der Redner verschiedene aktuelle Thematiken an.

In den Reden der ersten Feierlichkeiten nach Kriegsende kamen vor allem Nationalstolz und Patriotismus zum Ausdruck. Beispielsweise formulierte Staatspräsident Poincaré 1926: „Dieser Name Verdun [...] repräsentiert von jetzt an bei uns sowie bei unseren Alliierten das Schönste, das Reinste und das Beste der französischen Seele. Er ist zu einem zusammengesetzten Synonym geworden für Patriotismus und Edelmut." Verdun wurde in diesen Jahren zur Stadt des heldenhaften Widerstandes Frankreichs gegen den Feind: „Verdun ist also das Symbol für die Kraft der [französischen] Nation [...]." Themen wie der Wiederaufbau der Stadt, die von Deutschland geforderten Reparationszahlungen und auch die Kriegsverluste des Zweiten Weltkrieges und die Wiederherstellung der nationalen Ehre nach 1945 prägten fortan die Reden. Erste Friedensbekundungen fanden in den 1950er Jahren statt. 1966 wurde Verdun offiziell in der Ansprache des damaligen Bürgermeisters zum Symbol und zur Hauptstadt des Friedens. Vor allem eine Thematik prägte die Vorträge: die deutsch-französische Versöhnung und die daraus resultierende Freundschaft beider Nationen. 1976 betonte Staatspräsident Giscard d'Estaing, dass das Schlachtfeld von Verdun die Einsicht

---

[73] Falls dieser Trend anhalten sollte, könnte vielleicht – zumindest im Kontext dieser Feierlichkeiten – das Siegesmonument in Zukunft zu einem Ort des Vergessens werden.
[74] Petermann, *Rituale* (wie Anm. 11).
[75] Die ins Deutsche übersetzten Redetexte stammen bis 1976 aus dem Stadtarchiv von Verdun, die aktuelleren Texte sind bei der *Documentation Française* in Paris einzusehen (www.ladocumentationfrancaise.fr).

ermögliche, wie wichtig Einheit und Brüderlichkeit seien. Hier entspränge auch der Wille zur Versöhnung der beiden Nachbarländer: „Und es ist zweifelsohne hier, dass nach dem düsteren Abenteuer des Nationalsozialismus der Elan entsprang, der es Frankreich und Deutschland ermöglichte, sich für immer zu versöhnen." Ab 1986 ging es dann weniger um die Versöhnung zweier Nationalstaaten, sondern vielmehr um die Konstruktion eines geeinten Europas. 1991 ernannte beispielsweise Premierministerin Cresson Verdun zur Hauptstadt Europas, „[...] zu einem Ort der Verwurzelung für die Hoffnung der Bürger Europas. Verdun, die Hauptstadt des versöhnten Europas. Verdun, Hauptstadt des Friedens." Spätestens jetzt wurden die nationalstaatlichen Bezugssysteme durch das supranationale Referenzsystem der Europäischen Union dauerhaft und nachhaltig ergänzt. 2001 wandelte Jospin in seiner Ansprache Verdun sogar vom nationalen zum europäischen Symbol: „Die Gedenkpflicht ist ein Werk des Friedens. Verdun, nationales Symbol, aber auch europäisches Symbol, muss weiterhin die Gedenkflamme und den Willen eines friedvollen Europas speisen." Und auch 2006 ging es bei Chirac um Europa: „Wir schulden aber all unseren Toten, dass wir uns dafür einzusetzen, dass so etwas nie mehr passiert – um ein Europa des Friedens, der Sicherheit, des Wachstums, der Gerechtigkeit und Solidarität zu fördern."

Darüber hinaus spielen politische Mythen wie die der „Grande Nation" Frankreich und der „größten Schlacht der Geschichte" sowie politische Symbole wie die Trikolore und Marseillaise bei der Raumkonstruktion eine wichtige Rolle. Letztere sind visuell oder akustisch in die Gedenkzeremonien integriert. Vor allem das im Herzen des Gedenkens stehende Beinhaus trägt heute zur Legitimierung politischer Handlungen erheblich bei.

3.2 Sakrale Räume des Glaubens

Zusätzlich zur politischen Instrumentalisierung der Gedenkrituale, die im Kontext einer weltlichen Ideologie verankert ist, erfolgt auch eine auf die Welt des Glaubens ausgerichtete Sakralisierung der Schlachtfelder und des Gedenkens. Sie greift auf religiöse Symbole sowie Mythen zurück und bedient sich christlicher Liturgie.

Krieg und Glaube liegen eng beieinander. Ausdrücke wie die „Hölle von Verdun" oder das „Martyrium der Soldaten" sind nicht nur leere Worthülsen, sondern Bestandteil einer regelrechten Kriegsreligion, die sich aus dem Glauben der jüdisch-christlichen Lehre und des Vaterlandkultes zusammensetzt.[76] Auch im Gefallenenkult ist Religion und Verehrung ein zentraler Bestandteil.[77] Das Kriegsgedenken wurde „[...] zu einem heiligen Erlebnis

---

[76] Becker, Anette, *La guerre et la foi. De la mort à la mémoire 1914–1930*, Paris 1994, S. 8; Petermann, *Rituale* (wie Anm. 11), S. 167 f.

[77] Mosse, George, *Gefallen für das Vaterland: nationales Heldentum und namenloses Sterben*, Stuttgart 1993.

Orte des Triumphes oder Stätten der Versöhnung?

umgedeutet, das der Nation eine neue Tiefe der religiösen Empfindung gab und überall präsente Heilige und Märtyrer, Stätten nationaler Andacht und ein zum Nacheifern aufforderndes Erbe lieferten".[78] Die Sakralisierung des Krieges spiegelt sich im rituellen Kriegsgedenken an die Schlacht von Verdun wider: Es weist Parallelen zu liturgischen Ritualen auf – wie in den Gedenkmessen zu Beginn und zum Abschluss der Gedenktage sowie in der Ähnlichkeit der Prozessionszüge mit religiöser Begräbnisliturgie. Zudem unternehmen Ritualteilnehmer regelmäßige Pilgerfahrten zu den als sakral erachteten Schlachtfeldern. Ebenso christliche Symbole beherrschen den Gefallenenkult und die Gedenkrituale, da sie die Hoffnung auf eine Überwindung des Todes wecken.[79] Fast allgegenwärtig erscheint auf den Schlachtfeldern das religiöse Symbol des Kreuzes. Doch auch andere Zeichen wie Schwellen, Türme und die im Beinhaus zu sehenden reliquienähnlichen sterblichen Überreste der gefallenen Soldaten verweisen auf eine jenseitige Welt.[80]

Die Sakralisierung der Schlachtfelder zeigt sich auch, wie Aussagen von interviewten Ritualteilnehmern zeigen, in der dort verspürten Aura und Mystik. „Verdun ist im Gegensatz zu anderen [Orten] ein wenig besonders. [...] Weil Verdun hat schon immer eine Aura, eine ganz besondere Sache [...]." Verdun unterscheidet sich somit deutlich von anderen Orten: „[...] also das ist ein Ort, der ist nicht wie andere Orte." Die Andersartigkeit des Ortes wird teilweise auf die dort herrschende Ruhe und Stille zurückgeführt, andere begründen den Charakter des Ortes mit einer gefühlten Anwesenheit der Toten bzw. Märtyrer. „Ich fühle eine Präsenz um mich herum, [...] ich fühle, dass ich nicht alleine bin." Die auf Transzendenz verweisende Präsenz der Gefallenen und die als ungewöhnlich erfahrene Stille fungieren auf den bis heute vom Krieg gezeichneten und lediglich extensiv genutzten Schlachtfeldern als Erklärungsmuster für das von den Interviewpartnern rational schwer zu fassende Phänomen der Aura. Hierher kommen sie, um Energie zu schöpfen: „Das gibt mir wieder Kraft. Ich weiß nicht, dass ist blöd zu sagen, aber es gibt dort [...] eine Kraft, die einen auflädt [...]." Und diese Energie ist am Beinhaus besonders stark präsent. Hier findet der Besucher etwas Konkretes, Greifbares: die bis in die Ewigkeit vereinten Gebeine der ehemaligen Kriegsgegner.

3.3   Historische Räume des Wissens

Die Historisierung des Gedenkens verläuft in Verdun kaum im Kontext der Gedenkrituale. Im Gegensatz beispielsweise zu den Stränden der alliierten Landung von 1944 in der Normandie gibt es hier angeblich aufgrund technischer und finanzieller Schwierigkeiten keine öffentlich bekannten Rituale

---

[78] Ebd., S. 13.
[79] Ebd., S. 94.
[80] Petermann, *Rituale* (wie Anm. 11), S. 177.

des Re-enactments. Stattdessen prägen die von Krumeich als „Schlachtfeldfanatiker" oder „Verdunläufer"[81] bezeichneten Sammler maßgeblich das historische Gedenken. Sie suchen an (Gedenk)-Orten und auf Militariabörsen nach unterschiedlichen Gegenständen – von Dokumenten bis hin zu Uniformen und Waffen. Interessant ist für sie natürlich auch das Memorial von Verdun. Es stellt viele historische Gegenstände aus und ist ein Ort, an dem die „Authentizität" der gefundenen oder erstandenen Objekte überprüfen werden kann. Hierher kommen sie in einem privaten Ritual, um ihr Wissen zu erweitern und ihre neuen Errungenschaften zu identifizieren. „Die Museen ermöglichen allen Sammlern, [...] die Realität zu identifizieren." Das Memorial dient vielen Menschen beim Stillen ihres Wissensdurstes. „Wenn man hier herkommt, dann will man etwas erfahren [...]. [...] das ist wichtig für die Leute, dass sie das genau wissen. Und dann gehen sie eben um eine Erfahrung reicher und nicht um irgendeinen Heiligenschein oder so was." Die Aufarbeitung des massenhaften Todes durch das Wissen stellt somit eine dritte wichtige Komponente im Umgang mit der Vergangenheit und für die Konstruktion von Räumen dar.

4. Ein Ort birgt viele Räume – oder: von der Stadt des französischen Triumphes zur Hauptstadt des versöhnten Europas

Anhand der Gedenkrituale an die Schlacht von Verdun wurde auf theoretischer Ebene herausgearbeitet, dass im Vollzug der Gedenkrituale drei Raumtypen konstruiert werden: politische, sakrale und historische Räume. Während die sakrale Raumkonstruktion relativ konstant bleibt, verdichten sich die historischen Zuschreibungen durch verschiedene Deutungen der Geschichte und die politischen Bedeutungszuschreibungen unterliegen einem permanenten Transformationsprozess. Zukin erklärt die Transformation von Bedeutungszuschreibungen an einen Ort (in diesem Falle von der Stadt der „französischen Seele" über die Hauptstadt des Friedens zur Hauptstadt des vereinten Europas) mit dem bereits erwähnten Konzept der Liminalität von Turner.[82] Obwohl viele Menschen bei der Erzeugung der Räume beteiligt sind und entsprechend vielfältige Bedeutungszuschreibungen erfolgen müssten, teilen die Teilnehmer weitgehend die Raumkonstruktionen sowie die im Ritual vermittelten Interpretationsschemata der Vergangenheit. Dies ist vor allem darauf zurückzuführen, dass Rituale in hohem Maße auf Mythen referieren und unterschiedliche Symbole integrieren, so dass im Zusammenspiel mit kollektiv durchgeführten Gesten eine hohe emotionale Beteiligung erfolgt. Diese in der liminalen Phase von vielen

---

[81] Krumeich, Gerd, Verdun: ein Ort gemeinsamer Erinnerung?, in: *Franzosen und Deutsche. Orte der gemeinsamen Geschichte*, hrsg. v. Horst Möller, Jacques Morizet, München 1996, S. 162-184, hier S. 163.

[82] Zukin, Sharon, *Landscapes of power. From Detroit to Disney World*, Los Angeles 1991, S. 28.

Orte des Triumphes oder Stätten der Versöhnung?

Menschen geteilte emotionale Vergemeinschaftung ermöglicht einerseits eine erfolgreiche Auseinandersetzung mit der Vergangenheit, andererseits aber auch eine relativ leichte Manipulation der Ritualteilnehmer mit den im Ritual vermittelten Botschaften.

Auf empirischer Ebene konnte gezeigt werden, dass das Schlachten- und Totengedenken seit Ende des Ersten Weltkrieges mehrere Interpretations- und Transformationsphasen durchlaufen hat.[83] Kurz nach Kriegsende gab es sowohl das patriotisch geprägte, offizielle nationale Gedenken der Politiker und lokalen Elite als auch die kaum glorifizierenden Erinnerungen der Verdun-Veteranen. Als dritte Stufe kann seit Mitte der Zwischenkriegszeit, vor allem aber nach dem Zweiten Weltkrieg bis in die 1970er das trauernderinnernde Gedenken der Schlachtfeld-Pilger, sei es der Veteranen selbst oder ihrer Familien, angesehen werden. Eine neue Phase begann ab Mitte der 1960er, als Politiker im Zeichen der deutsch-französischen Annäherung das versöhnende Gedenken voran trugen. Die jüngste Zeitspanne umfasst das historisch-pädagogische Gedenken: Nach dem Tod vieler Veteranen und dem damit einhergehenden Ende der oralen Überlieferungen in den Familien steht nun die Wissensvermittlung über den Ablauf der Schlacht von Verdun im Vordergrund. Mit der Transformation des Gedenkens änderten sich auch die Zuschreibungen an den Referenzort des Ersten Weltkrieges: aus der Stadt des heldenhaften Widerstandes Frankreichs gegen die deutsche Offensive wurde eine Stadt des Friedens, der deutsch-französischen Freundschaft und schließlich sogar die Hauptstadt des versöhnten Europas. Kurz: ein Ort birgt viele Räume.

---

[83] Siehe auch Barcellini, Serge, Mémoire et mémoires de Verdun (1916–1996), in: *Guerres mondiales et conflits contemporains*, 46/182 (1996), S. 77-98; Petermann, *Rituale* (wie Anm. 11); Prost, Antoine, Verdun, in: *Les lieux de mémoire*, hrsg. v. Pierre Nora, Paris 1997, S. 1755-1780.

Pia Nordblom

Zur Rolle der Grenzgebiete im Prozess der bilateralen Annäherung. Das Beispiel der literarischen Vereinigungen (seit 1945)

1. Einführung

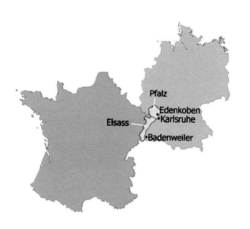

"Hier an der Grenze fällt die Verständigung am schwersten, hier muß sich zeigen, wie tief sie geht."[1] Dieses Diktum des Elsässers René Schickele, vorgetragen in einer Rede im Sommer 1928, kleidet das Untersuchungsinteresse dieses Beitrags in ein literarisches Gewand. Mittlerweile sind lebhafte und vielfältige grenzüberschreitende Aktivitäten in Lebensbereichen von Politik, Wirtschaft, Kultur und im privaten Leben der Menschen an den innereuropäischen Grenzen eine Selbstverständlichkeit. Daher stellt sich für das deutsch-französische Verhältnis die Frage, ob den Menschen in den Grenzgebieten beim Prozess der bilateralen Annäherung nach 1945 eine spezifische Funktion als Mittler zukam. Wirkte die historische Erfahrung der Nähe mit all ihren beladenen historischen Konnotationen zum Nachbarn, zur vormaligen Besatzungsmacht und zum zeitweiligen „Erbfeind" förderlich auf die Anbahnung von Kontakten nach dem Ende des Zweiten Weltkrieges? Oder entwickelte sich die Annäherung erkennbar anders als in weit von den Grenzen entfernten Landesteilen Deutschlands und Frankreichs? In weiterer Perspektive könnte man fragen, ob sich der Prozess der Annäherung in den deutsch-französischen Grenzgebieten von den Vorgängen unterschied, wie sie sich an anderen Binnengrenzen Europas oder der Welt nach Kriegen gestalteten.

---

[1] Schickele, René, *Überwindung der Grenze, Essays zur deutsch-französischen Verständigung*, hrsg. v. Adrien Finck, Kehl, Strasbourg, Basel 1987, S. 83 [Zitat], S. 117.

Die deutsch-französischen Beziehungen werden heute als mustergültige Annäherung vormaliger Kriegsgegner, ja sogar von „Erbfeinden" betrachtet; sie gelten als internationales Hoffnungszeichen für die dauerhafte Überwindung von Nachbarschaftskonflikten. In vieler Hinsicht wurden einzelne Elemente (z.B. Jugendwerk, Städtepartnerschaften, regionale und kommunale Partnerschaften) beispielgebend für die deutsch-polnische Annäherung, sie werden aber mittlerweile selbst für außereuropäische Konflikte als Vorbild bemüht.

Dieser Beitrag beschränkt sich indessen auf die deutsch-französische Perspektive und auf das noch engere Feld der Grenzbeziehungen. Die systematische Aufarbeitung der Rolle der Grenzgebiete im Zuge der bilateralen deutsch-französischen Annäherung ist bislang weitgehend ein Desiderat der Zeitgeschichte geblieben. Es sind eher Sozial- und Wirtschaftswissenschaftler, die sich mit den grenzüberschreitenden Kooperationen in den Bereichen Wirtschaft, Land- und Forstwirtschaft, Umwelt, Verkehr, Polizei und Justiz beschäftigen, wie sie sich seit der Einrichtung grenzüberschreitender Raumordnungskommissionen (z.b. Bodenseegebiet, Hochrhein und Oberrhein seit den 1970er Jahren) entwickelt haben. Dieses eher sozial- und politikwissenschaftliche Forschungsinteresse hat dazu geführt, daß Initiativen und Beziehungen im engeren Grenzraum der ersten Nachkriegsjahrzehnte weitgehend außer Sicht geblieben sind.

Aufgrund des Forschungsdefizits wird daher eine synthetische Darstellung über die zivilgesellschaftliche Annäherung in den Grenzräumen noch eine ganze Weile auf sich warten lassen müssen. Der vorliegende Beitrag beschreitet daher folgenden Weg: Ein einzelner Aspekt zivilgesellschaftlicher Kommunikation, nämlich das Feld der literarischen Vereinigungen wurde zur näheren Betrachtung für die Frage ausgewählt, ob und wenn ja, welcher Art die Verbindungen diesseits und jenseits der Grenzen zwischen 1945 und 1989 waren. Eine künstlerische Disziplin als Grundlage einer derartigen Studie eignet sich in den Nachkriegsjahren besonders als Untersuchungsgegenstand. Ähnlich hat dies der erste deutsche Vertreter in Paris, Wilhelm Hausenstein, in seinem Rückblick auf seine Pariser Jahre 1950 bis 1955 eingeschätzt, wenn er angesichts der zerrütteten deutsch-französischen Beziehungen im Jahr 1951 vermerkte, dass es „in der Tat auch politisch schon etwas zu bedeuten" hätte, „wenn die beiden Seiten einander vor einem Gemälde fanden und sich in gemeinsamer Schätzung des Kunstwerks eins fühlen durften."[2] Zu diesem Zeitpunkt, so der Kunsthistoriker und Schriftsteller Hausenstein, hätte es gegolten, politische Probleme

> „durch eine Art isolierender oder neutralisierender ästhetischer Schichten einstweilen zu dämpfen, um derart für eine vorgerückteren Moment die Unmittelbarkeit des akuten politischen Gesprächs vorzubereiten."[3]

---

[2] Hausenstein, Wilhelm, *Pariser Erinnerungen. Aus fünf Jahren diplomatischen Dienstes 1950-1955*, München 1961, S. 61.
[3] Ebd.

Die Künste als Kulturbrücke, als vorpolitische Mediatoren der Annäherung – funktioniert dieses Modell auch in den Übergangsregionen des deutsch-französischen Grenzraums?

Was die Erforschung von Kulturbeziehungen ganz allgemein angeht, so hat Hans Manfred Bock schon vor Jahren, als dieses Forschungsfeld noch in den Kinderschuhen steckte und im Schatten der weithin beherrschenden diplomatisch-politischen Beziehungsgeschichte um Anerkennung rang, hervorgehoben, wie sehr das Studium der Kulturbeziehungen ein pluridiszi-plinäres Arbeitsfeld und damit eines ohne Leitdisziplin sei.[4] Das Forschungsinteresse in diesem Beitrag ist dabei kultur- und beziehungsgeschichtlich motiviert, ästhetische Bewertungen der jeweiligen Literaturen und der Werke einzelner Literaten interessieren in diesem Zusammenhang daher nicht.

2. Fallstudien

Literarische Begegnungen von deutschen und französischen Schriftstellern sowie Austauschbeziehungen durch Übersetzungen sind mittlerweile in der Forschung einigermaßen dokumentiert, wenngleich Christoph Charle vor einiger Zeit das Fehlen einer echten „histoire comparée et croisée" der Intellektuellen und Schriftsteller in Deutschland und Frankreich der 1950er Jahre monierte[5]. Waren die wechselseitigen Begegnungen 1946 bis 1948 noch wesentlich geprägt von der Initiative der französischen Besatzung und waren damit eher dem Bereich der Kulturpolitik denn der Kulturbeziehungen zuzuschreiben, so wandelte sich seit den 1950er Jahren diese Dissymmetrie hin zu einer stärkeren Rezeption und Vernetzung der künstlerischen Avantgarden.[6]

Erinnert sei hierbei vor allem an ein erstes Treffen vornehmlich linkskatholischer Schriftsteller und Journalisten im Sommer 1947 im badischen Lahr, das Jean du Rivau angeregt hatte; von den Teilnehmern seien nur Walter Dirks und Joseph Rovan namentlich genannt.[7] Weiterhin fanden seit 1949 wiederholt Begegnungen von Schriftstellern der Gruppe 47 unter Leitung von Hans Werner Richter mit französischen Kollegen statt, die Verlagskontakte und Übersetzungen nach sich zogen und generell in der französi-

---

[4] Bock, Hans Manfred, Zwischen Locarno und Vichy. Die deutsch-französischen Kulturbeziehungen der dreißiger Jahre als Forschungsfeld, in: *Entre Locarno et Vichy. Les relations culturelles franco-allemandes dans les années 1930*, hrsg. v. Hans Manfred Bock u.a., Bd. 1, Paris 1993, S. 25-61, hier : 25 f.

[5] Charle, Christophe, Intellectuels et écrivains en France et en Allemagne dans les années 1950, Les fondements du rapprochement, in : *Wandel und Integration. Deutsch-französische Annäherung der fünfziger Jahre = Mutations et intégration: Les rapprochements franco-allemands dans les années cinquante*, hrsg. v. Hélène Miard-Delacroix u.a., München 2007, S. 267-289, hier: S. 267.

[6] Ebd., S. 281-288.

[7] Französisch-deutsches Schriftsteller-Treffen in Lahr, in: *Dokumente*, 3/8 (1947), S. 449-508.

schen Öffentlichkeit das Interesse an junger deutscher Literatur wachsen ließen.[8]

Aus dem engeren deutsch-französischen Grenzraum seien nunmehr drei Fallstudien vorgestellt. Sie sind geographisch im Grenzgebiet des deutschen Südwestens und zeitlich jeweils in fortschreitenden Jahrzehnten angesiedelt. Die Blickperspektive ist dabei von Deutschland nach Frankreich gerichtet.

2.1 Die Gesellschaft der Freunde René Schickeles

Hatte man 1947 bei der Zusammenkunft in Lahr gehofft, dass aus dem „nachbarlichen Gespräch" ein „nachbarliches Zusammenwirken" werden möge[9], so arbeitete man am Eintreten dieses Zustandes auch andernorts: In Badenweiler, der bekannten Kurgemeinde zwischen Freiburg und Basel im Markgräflerland, entstand mit der Gründung der Gesellschaft der Freunde René Schickeles en miniature das „Modell einer literarischen deutsch-französischen Kontaktzone"[10].

Schickele, 1883 im Elsass geboren, hatte als Schriftsteller und Journalist nach Stationen in Berlin, Paris und der Schweiz seit 1922 zusammen mit seiner Frau Anna in Badenweiler gelebt, bevor er vor dem aufziehenden Nationalsozialismus bereits Ende 1932 nach Südfrankreich emigriert war und 1940 auch dort verstarb. Seit 1935 durfte er nicht mehr im Reich publizieren, seine Arbeiten wurden aus den Bibliotheken entfernt. Schickele wird gemeinhin als Botschafter eines „geistigen Elsässertums" verstanden, der danach strebte, Pazifismus, Regionalismus und europäisches Denken ohne Nationalismus und Revanchismus zu amalgamieren.[11]

Auf wessen Initiative letztlich die Gründung der Gesellschaft der Freunde René Schickeles zurückging, lässt sich nicht genau ausmachen: Offenbar spielte hierbei der in Badenweiler lebende Maler Emil Bizer, ein enger und langjähriger Freund Schickeles, eine maßgebliche Rolle,[12] Einer anderen Quelle zufolge regte der elsässische Schriftsteller und Journalist Louis-Edouard Schaeffer im September 1947 anlässlich der Enthüllung eines Gedenksteins für Schickele in Badenweiler in seiner Festansprache die Grün-

---

[8] Charle, Intellectuels (wie Anm. 5), S. 281-288.
[9] Französisch-deutsches Schriftsteller-Treffen in Lahr (wie Anm. 7), S. 458.
[10] Heinz Setzer, Leiter des Literarischen Museums „Tschechow-Salon" und des Internationalen Literaturforums Badenweiler, E-Mail an die Vf.in, 14.9.2007.
[11] Zur Vita z.B. *Literatur am Oberrhein. Von der Klosterkultur bis zum Neubeginn nach 1945. Katalog zur ständigen Ausstellung des Museums für Literatur am Oberrhein*, hrsg. v. der Literarischen Gesellschaft/Scheffelbund Karlsruhe 1995, S. 51; Woltersdorff, Stefan, *Chronik einer Traumlandschaft. Elsassmodelle in Prosatexten von Rene Schickele 1899-1932*, Berlin u.a. 2000, S. 16 Anm. 44, S. 22 f.; Kritisch zum Begriff des „geistigen Elsässertums" als Etikett für den ganzen Schickele und zur Genese des Begriffs: Ders., ebd., S. 25 f.
[12] Gemeindearchiv (GA) Badenweiler, 342.21, Schriftsteller und Dichter René Schickele 1988-1995, Heft 3. Vortrag von Johannes Holm, 5.1.1990, Manuskript; Über die enge Freundschaft berichtete Dr. Bizer, Sohn des Malers, der Autorin telefonisch am 20. Juni 2008.

dung einer Gesellschaft der Freunde René Schickeles an.[13] Am 1. Februar 1948 beantragte Bizer die Genehmigung der Gründung der Gesellschaft. Das Bürgermeisteramt unterstützte dieses Gesuch beim zuständigen Gouvernement Militaire im nahe gelegenen Müllheim, dem der Militärgouverneur am 20. Februar vorläufig stattgab. Offenbar weil der Militärregierung das notwendige Sitzungsprotokoll der Gründungsversammlung vom März 1948 zunächst nicht vorgelegt werden konnte und die Zusammensetzung des Vorstandes unklar war, fand am 5. Oktober 1948 eine zweite Gründungsversammlung statt. Ihr folgte am 24. November 1948 die endgültige Genehmigung der Gesellschaft durch die französische Militärregierung.[14]

Wer der neuen Vereinigung vorstehen sollte, blieb monatelang unklar. Seit Ostern 1948 war diese Aufgabe dem Publizisten und späteren Herausgeber der „Frankfurter Allgemeinen Zeitung", Benno Reifenberg, zugedacht,[15] doch wurde mit diesem Amt letztlich der schon genannte gebürtige Badener, Wilhelm Hausenstein, betraut. Wie Reifenberg war auch er 1943 aus der „Frankfurter Zeitung" entlassen worden.[16] Im Sommer 1948 erklärte sich schließlich Hausenstein bereit, den ihm angetragenen Vorsitz der Gesellschaft anzunehmen. Er drängte allerdings darauf, die Schriftstellerin Annette Kolb „in einer Form", wie er schrieb, „die der seinerzeit für Schickele so bedeutsamen Freundschaft mit Annette Kolb entspräche", an die Gesellschaft heranzuziehen.[17] Während im Winter 1948/49 noch Personalia diskutiert wurden, entfaltete die Gesellschaft im Frühjahr 1949 bereits erste Aktivitäten. Diese ließen das Feld des Literarischen weit hinter sich und bewiesen gleichzeitig eine enge Verbindung zur politischen Gemeinde Badenweiler: So warb die Gesellschaft der Freunde René Schickeles mit großem Erfolg für „Freiplätze, Quartiere, Freitische", um Bunker- und Kellerbewohnern deutscher Großstädte etwas Erholung zu ermöglichen. Mit die-

---

[13] GA Badenweiler, 342.21, Schriftsteller und Dichter René Schickele 1988-1995, Heft 3. Vortragsmanuskript von Prof. W. Storck im Rahmen der Regio Tage 1993, S. 14a; Schaeffer erwähnt seine Mitbeteiligung an der Gründung. Deutsches Literaturarchiv Marbach (DLA), A: Schickele, Schaeffer, Louis Edouard an Verschiedene. 66.888/121-126, Schaeffer an Krutina, 28.10.1949.
[14] GA Badenweiler, XI/3, 10, Gesellschaft der Freunde René Schickeles 1948, 1.2.1948, 12.2.1948, 21.2.1948, 22.3.1948, 10.9.1948, 23.9.1948, 2.11.1948, 26.11.1948. Besonderen Dank an Heinz Setzer und Dr. Bauert, Badenweiler, für ihre Unterstützung der Recherchen.
[15] DLA, A: Schickele, Schaeffer, Louis Edouard an Verschiedene. 66.888/121-126, Schaeffer an Bizer, Ostern 1948; Noch Mitte Juli 1948 war Reifenberg für den Vorsitz im Gespräch. GA Badenweiler, XI/3, 10, Gesellschaft der Freunde René Schickeles 1948, Aktenvermerk 12.7.1948.
[16] *Ich habe etwas zu sagen. Annette Kolb 1870-1967.* Ausstellung der Münchner Stadtbibliothek anlässlich ihres 150jährigen Bestehens, 24. Oktober bis 29. Oktober 1993, hrsg. v. Sigrid Bauschinger, München 1993, S. 129.
[17] DLA, A: Hausenstein, Gesellschaft der Freunde René Schickeles 1948-1955, 66.1821/1, Hausenstein an Bizer, 19.7.1948; Aus der mittlerweile wieder lebendigeren Beschäftigung der Forschung mit Annette Kolb sei stellvertretend genannt: Strohmeyr, Armin, *Annette Kolb. Dichterin zwischen den Völkern,* München 2002.

ser Geste wollte die Gemeinde Dankbarkeit darüber auszudrücken, dass Badenweiler von Zerstörungen im Krieg verschont geblieben war.[18]

Gleichzeitig bewarb die junge Vereinigung im Grenzraum Honoratioren als potentielle Mitglieder, wobei nahezu alle Wissenschaftler der Universität Freiburg angeschrieben wurden. Der Rücklauf war eher bescheiden, zumal der angeforderte Jahresbeitrag von 10 DM in den frühen Nachkriegsjahren für manchen Kulturinteressierten eine unüberwindliche finanzielle Hürde darstellte, wie die klagende Zuschrift eines kinderreichen Vaters deutlich machte. Hausenstein war indessen klar, daß die Gesellschaft einen „besonderen und etwas exklusiven Charakter" tragen würde.[19] Ein Veranstaltungsverzeichnis für Mai und April 1949 kündigte Vorträge Reinhold Schneiders, Wilhelm Hausensteins und Martin Heideggers an, zusätzlich einen Abend mit Alter Musik, einen repräsentativen Frühlingsball sowie einen alemannischen Abend, dem ein elsässischer und ein französischer alsbald folgen sollten. Bildungsbürgerliche Traditionen, die Einbindung regionaler Intellektuellenprominenz und das Interesse für den Nachbarn prägten diese Programmgestaltung.

Diese Verbundenheit über die Landesgrenzen hinaus wollte Hausenstein als Vorsitzender unbedingt vertiefen: „Wir sollten unserer Gruppe eine etwas internationalere Gestalt geben", mahnte er im Juni 1949 an. Der Vorstand, so sein Vorschlag, sollte sich „in einem einigermaßen internationalen Sinne ergänzen", insbesondere „eine Persönlichkeit aus dem Elsaß" sähe er gerne in den Vorstand aufgenommen. Dabei dachte er an den Colmarer Rechtsanwalt Maître Jean Kuntz, eine, wie ihm schien "vorzügliche und für das Elsaß wirklich bewiesene geistige und gesellschaftliche Persönlichkeit".[20] Letztlich zogen sich die Organisationsfragen hin, so daß zeitweise erwogen wurde, die Schickele-Gesellschaft jeweils national in der Schweiz, im Elsass und in Badenweiler zu organisieren. Hausenstein suchte die junge Gesellschaft vor der drohenden Spaltung zu bewahren, „regionale Gruppen mit regionaler Selbständigkeit" schienen ihm nicht wünschenswert; die Schickele-Gesellschaft sollte für ihn „das europäische Motiv" verkörpern[21] und damit das Leben und Werk Schickeles widerspiegeln, der in „Europäertum" „über die Grenzen sah", wie es ein anderes Vorstandsmitglied, der Elsässer Louis Edouard Schaeffer formuliert hatte[22].

Im Herbst 1949 hatte sich der erweiterte Vorstand dann konstituiert: Neben Annette Kolb als Ehrenmitglied und Wilhelm Hausenstein als Vorsitzender führte der in Badenweiler lebende Edwin Krutina als stellvertreten-

---

[18] DLA, Schickele, Rene, Fiche 014987, Hilly Reif an Bürgermeisteramt Badenweiler 30.5.1949 [Entwurf einer öffentlichen Ankündigung].
[19] DLA, A: Hausenstein, Gesellschaft der Freunde René Schickeles 1948-1955 66.1821/4, Hausenstein an Bizer, 10.2.1948
[20] Ebd., 66.1821/44, Hausenstein an Bizer, 22.6.1949.
[21] Ebd., 66.1821/17, Hausenstein an Bizer, 4.8.1949.
[22] DLA, A: Schickele, Schaeffer, Louis Edouard an Verschiedene, 66.888/121-126, Schaeffer an Bizer, 27.7.1949, S. 3.

der Vorsitzender die Geschäfte der Gesellschaft, als Kassierer und Beisitzer standen ihm zwei weitere Ortsansässige zu Seite: der Buchhändler Bernhard Krohn sowie der schon genannte, aus Pforzheim stammende und seit 1912 in Badenweiler lebende Maler Emil Bizer. Außerdem gehörten zwei Elsässer dem Vorstand an, der Generalsekretär (und ab 1958 Vorsitzende) der Elsässisch-Lothringischen Schriftstellervereinigung, Louis Edouard Schaeffer, sowie der gleichfalls bereits erwähnte Jean Kuntz, Colmar. Die Führungsriege wurde vom Feuilletonchef der „Zürcher Zeitung", Eduard Korrodi, ergänzt.[23]

Emil Bizer hatte bereits bald nach der Gründung der Gesellschaft vorgeschwebt ein Schickele-Jahrbuch zu begründen. Dagegen hielt Hausenstein diese Idee im Februar 1949 wegen der finanziellen Belastung für die Gesellschaft noch für verfrüht.[24] Auch mit den Autorenvorschlägen Bizers konnte sich Hausenstein nicht anfreunden: Bizer hatte als Autoren Thomas und Heinrich Mann ins Gespräch gebracht, doch konnte Hausenstein kein spezifisches Verhältnis der Mann-Brüder zu Schickele erkennen. Dabei verband Schickele und Thomas Mann eine Freundschaft, so hatten sich die beiden Literaten im Sommer 1933 in Sanary (Südfrankreich), wo Schickele bis zu seinem Tod 1940 lebte und Mann die Sommerwochen verbrachte, bald täglich ausgetauscht.[25] Hausenstein stand dagegen offenbar noch immer unter dem Negativeindruck der vielzitierten Kontroverse zwischen Thomas Mann einerseits, Walter von Molo und Frank Thieß andererseits, in der Mann im Oktober 1945 pauschal allen zwischen 1933 und 1945 in Deutschland gedruckten Büchern den „Geruch von Blut und Schande" zugeschrieben hatte.[26] Hausenstein, der mit einer Jüdin verheiratet war, hatte bis hin zum Publikationsverbot 1943 nationalsozialistische Diskriminierungsmaßnahmen erduldet.[27] Thomas Manns Rundumschlag musste ihn persönlich getroffen haben, hatte er diesem doch klar zu machen versucht, dass es auch in den Jahren „Hitler-Deutschlands" „anständige Bücher", gleichsam „Nischen einer Katakombe", gegeben habe.[28] An der Stelle Manns schlug Hausenstein als potentielle Autoren für das Schickele-Jahrbuch neben Annette Kolb, Hermann Hesse und Albert Schweitzer unter anderen die Germanisten

---

[23] DLA, A: Schickele, Zugehörige Materialien, Fiche 014989, Vorstandschaft, 7.11.1949; Zu Bizer: Strohmeyr, *Annette Kolb* (wie Anm. 17), S. 136; vgl. GA Badenweiler, 342.21, Vortragsmanuskript Storck (wie Anm. 13), S. 14a.

[24] Hierzu und im Folgenden: DLA, A: Hausenstein, Gesellschaft der Freunde René Schickeles 1948-1955, 66.1821/4, Hausenstein an Bizer, 10.2.1949.

[25] Vgl. z.B. die zahlreichen Tagebucheintragungen Thomas Manns über seine Begegnungen mit Schickele und seiner Familie im Sommer 1933 sowie die Erwähnungen Schickeles in den Tagebüchern noch nach dessen Tod 1940. Mann, Thomas, *Tagebücher 1933-1934*, hrsg. v. Peter de Mendelssohn, Frankfurt/Main 1977, z. B. S. 809.

[26] Mann, Thomas, Warum ich nicht zurückkehre!, in: *Die große Kontroverse. Ein Briefwechsel um Deutschland*, hrsg. und bearbeitet v. J. F. G. Grosser, Hamburg 1963, S. 27-36, hier: 31.

[27] Zur Vita: *Geschichte der Literatur am Oberrhein. Ein Querschnitt.* Katalog zur ständigen Ausstellung des Museums für Literatur am Oberrhein, hrsg. von der Literarischen Gesellschaft/Scheffelbund, Karlsruhe 1998, S. 54.

[28] [Hausenstein an Mann], in: *Die große Kontroverse* (wie Anm. 26), S. 62-75, Zitate: 67, 75.

Robert Minder und Edmond Vermeil vor – ihnen allen war gemein, dass sie mehr als eine Nation im Blick hatten und damit als Schriftsteller oder Germanisten bedeutsame Vermittler waren. Hausenstein war bereit, die Betreffenden anzuschreiben, wenn es denn mit dem Jahrbuch einmal so weit wäre.[29]

Hausenstein leitete die Gesellschaft offenbar zeitlebens,[30] unterbrochen lediglich von den Pariser Jahren 1950 bis 1955, in denen er als Diplomat und dann als Botschafter gleichsam als offizieller Mittler zwischen Deutschland und Frankreich tätig war. Thomas Mann stand in den Jahren von Hausensteins Paris-Mission der Vereinigung vor. Die Verbindung zwischen der Gesellschaft der Freunde René Schickeles und Thomas Mann schlug sich übedies in einem als Privatdruck der Gesellschaft 1951 veröffentlichten Beitrag Manns über Schickele nieder. Über größere Aktivitäten der Gesellschaft ist indessen nichts Weiteres bekannt.

Die Badenweiler Bürgermeister unterstützten die Initiativen der Gesellschaft und bezogen wohl aus dieser Anregung wichtige Impulse, um ihrerseits die deutsch-französische Annäherung zu forcieren und an Schickele zu erinnern. 1955 wurde Annette Kolb, langjährige Nachbarin Schickeles, und prominente Mittlerin zwischen Deutschen und Franzosen, zur Ehrenbürgerin der Gemeinde ernannt. Der Bürgermeister lobte ihre Verdienste für die deutsch-französische Annäherung. Dies bedeutete einen grundlegenden Stimmungswandel, nachdem René Schickele und Annette Kolb in Badenweiler 1923 noch mit „Franzosen raus" traktiert worden waren.[31] An Schickele erinnert in Badenweiler ein ihm 1947 gewidmeter Brunnen mit der Aufschrift „Sein Herz trug die Liebe und die Weisheit zweier Völker", der 1983 erneuert wurde. 1956 wurden Schickeles sterbliche Überreste von Frankreich zum Dorffriedhof von Lipburg (heute: Ortsteil von Badenweiler) überführt. Zu seinem Gedenken wurde zehn Jahre später im dortigen Gasthaus Schwanen, wo auch die Schickele-Gesellschaft gegründet worden war, eine noch heute bestehende René Schickele Stube eröffnet.

Mit dem Ableben von Schickeles Freunden aus der Gründergeneration der Gesellschaft schlief diese ein. Anna Schickele, die nach den Jahren der Emigration 1947 nach Badenweiler zurückgekehrt war, hatte sich bis zu ihrem Tod 1973 des Erbes ihres Mannes angenommen. Unterdessen versuchte die Gemeinde Badenweiler die Erinnerung an Schickele durch kulturelle Veranstaltungen wachzuhalten.

Es gelang indessen der Gemeinde Badenweiler nicht, vom Fundament der Schickele-Gesellschaft aus in den frühen Nachkriegsjahren eine politische Brücke ins Elsass zu schlagen und dort eine Städtepartnerschaft zu

---

[29] DLA, A: Hausenstein, Gesellschaft der Freunde René Schickeles 1948-1955, 66.1821/4, Hausenstein an Bizer, 10.2.1949.
[30] Vgl. Laurence Blanc, *Wilhelm Hausenstein (1882-1957). Un médiateur culturel et politique entre l'Allemagne et la France*, Paris 1997, S. 338.
[31] Strohmeyr, *Kolb* (wie Anm. 17), S. 254 f.

begründen, denn im Elsass begegnete man dem Werk des vornehmlich in deutscher Sprache schreibenden Schickele angesichts der offiziellen Sprachpolitik mit erheblichen Vorbehalten. Badenweiler ging stattdessen 1957 eine Städtepartnerschaft mit dem Heilbad und Kurort Vittel (Lothringen) ein.[32] Im Sommer 1989 entwickelte sich aus einer Bürgerinitiative im Zusammenhang mit einer Straßenumbenennung in Badenweiler eine neue Vereinigung, die sich seit 1991 als „René-Schickele-Kreis Markgräflerland e.V." in weiterem Sinne der Pflege von Schickeles Intentionen annimmt. Die Satzung macht den Mitgliedern die gemeinsame demokratische Traditionspflege „über die Grenzen hinweg" zur Aufgabe, die sie durch den „Ausbau der kulturellen Kontakte" und durch eine „kritische regionale Geschichtsarbeit" erwirken sollen. Schickele wurde damit zum Namensgeber und Patron einer bürgerschaftlichen Vereinigung, die gegenwärtig eher selten in Erscheinung tritt.[33]

Im Elsass wurde 1968 gleichfalls eine René-Schickele-Gesellschaft (Culture et Bilinguisme d'Alsace et de Moselle) gegründet. Sie steht allerdings in keiner Beziehung zum ursprünglichen Badenweiler Kreis, sondern setzt sich für Kultur und Zweisprachigkeit im Elsass und in Lothringen ein. Die Gesellschaft gibt dreimal jährlich eine eigene Zeitschrift mit dem Titel „Land un Sproch. Les cahiers du bilinguisme" heraus, die sich neben kulturellen Themen auch mit Sprachpolitik befaßt.[34]

Das Gedenken an Schickele sollte auch der 1952 erst- und einmalig vergebene literarische René-Schickele-Preis wachhalten. 17 Verleger finanzierten das für diese Zeit hoch dotierte Preisgeld von 5.000 DM. Vor allem wegen der Prominenz der Jury-Mitglieder (Curt Goetz, Hermann Kesten, Thomas Mann, Alfred Neumann, Bruno Walter) erlangte der Preis öffentliche Aufmerksamkeit. Hans Werner Richter, Mitbegründer der Gruppe 47, wurde für sein Buch „Sie fielen aus Gottes Hand" ausgezeichnet. Da allerdings die Wahl dieses Preisträgers in der Presse kritisch kommentiert wurde – auch Thomas Mann, votierte zwar für Richter, doch hegte er „Zweifel" – blieb es bei der einmaligen Vergabe. Dass die Initiative zur Einrichtung des Preises von der Gesellschaft der Freunde René Schickeles ausgegangen war, lässt sich nur vermuten.[35]

---

[32] Heinz Setzer per E-Mail an die Vf.in, 14.9.2007.
[33] GA Badenweiler, 342.21, Schriftsteller und Dichter René Schickele 1988-1995, Heft 3, *Badische Zeitung*, 30.1.1991, Schickele-Kreis wird ein Verein; *Badische Zeitung*, 6.2.1991, Aus der Bürgerinitiative ist ein Verein geworden; *Badische Zeitung*, 8.1.1992, [Neueintragung Vereinsregister].
[34] http://www.literatur-im-foyer.de/Sites/Literaturgesellschaften/schickele%20rene.htm [25.9.2007]; http://site.voila.fr/alsacezwei.
[35] Mann, Thomas, *Tagebücher 1951-1952*, hrsg. v. Inge Jens, Frankfurt/Main 1993, S. 481, Zitat: S. 121 (Eintrag 18.10.1951); Storck (wie Anm. 13, S. 14a) geht davon aus, dass der Verein den Preis gestiftet habe.

Die Gemeinde Badenweiler verfolgte jahrelang und bis heute ergebnislos die Absicht, einen René-Schickele-Preis für Literatur oder Kultur einzurichten. Freilich fehlten nicht nur die finanziellen Mittel für die regelmäßige Vergabe des Preises, sondern es galt, mögliche Vorbehalte gegen die Person Schickeles auszuräumen. Noch Mitte der 1980er Jahre wurde Bürgermeister Dr. Rudolf Bauert im politischen Gespräch auf „gewisse politische Schwierigkeiten auf französischer Seite" hingewiesen, „wenn es zur Verleihung eines Schickele-Preises in Deutschland kommen sollte". Das Klischee von Schickele als eines national unzuverlässigen Franzosen, ja gar als eines Separatisten bildete eine mentale Barriere. Bürgermeister Bauert versuchte daher in Paris den Boden für die Akzeptanz eines derartigen Preises zu bereiten. Er bemühte sich, im Elsass die Unterstützung von maßgeblichen Mittlern zu erreichen, die sich gegen entsprechende Vorbehalte hinwegzusetzen vermochten. Dabei dachte er an den Oberbürgermeister der Stadt Colmar, Joseph Rey, der nach seinem Dafürhalten als besonders engagierter Fürsprecher der deutsch-französischen Verständigung „gegenüber der französischen Seite die notwendige Unabhängigkeit" besaß, „um einen solchen Preis auch politisch zu rechtfertigen."[36]

Kürschners Deutscher Literaturkalender führt ebensowenig wie andere geeignete Nachschlagewerke über die literarischen Gesellschaften die Schickele-Gesellschaft für die Nachkriegsjahre auf.[37] Dieser Umstand der geringen Beachtung mag auch dazu beigetragen haben, dass die Geschichte der Gesellschaft ungeachtet der darin versammelten prominenten Intellektuellen, Künstler und Schriftsteller nahezu vergessen ist. Dabei war die Gesellschaft der Freunde René Schickeles die erste Vereinigung, die sich eines Literaten von jenseits des Rheins annahm. Als einzige weitere deutsche literarische Vereinigung, die dem Werk eines französischen Schriftstellers verbunden ist, findet man in Kürschner Literaturkalender einen Eintrag für die freilich erst 1951 gegründete Gesellschaft der Freunde Romain Rollands (Sitz: Erlangen), mit der sehr beachtlichen Zahl von 1.050 Mitgliedern, wenn man dem Literaturkalender von 1952 Glauben schenken darf.[38]

Bilanziert man die Gründungsphase der Badenweiler Gesellschaft, so stellt sich die Gründungsgeschichte der Schickele-Gesellschaft als Versuch dar, private Künstler- und Intellektuellennetzwerke und Freundschaften aus der Zeit zwischen den beiden Weltkriegen nach der Erfahrung des Krieges, nach der Zeit der Beschädigung oder gar Vernichtung des Humanum wie-

---

[36] Sachverhalt und Zitat: GA Badenweiler, 342.21, Schriftsteller und Dichter René Schickele 1988-1995, Heft 3, Bürgermeisteramt Badenweiler, 14.11.1985, Aktenvermerk; Telefonische Auskunft Dr. Bauert, 18.6.2008.

[37] So z.B. http://www.literatur-im-foyer.de/Sites/Liste/listeliteraturgesellschaft.htm [25.9.2007].

[38] *Kürschners Deutscher Literaturkalender*, 1952, S. 609; die im Mai 1948 in Oldenburg offenbar gegründete Vereinigung der Freunde Romain Rollands wurde 1950 in eine DFG überführt, vgl. hierzu den Beitrag von Margarete Mehdorn (Kap. 2.1.2) in diesem Band.

der herzustellen, neu zu knüpfen, in einen organisatorischen Rahmen einzufügen und regional einzubetten. Im Führungskreis der Schickele-Gesellschaft sammelte sich ein Kristallisationskern von Kulturvermittlern. Die meisten von ihnen waren bereits in der Zeit der Weimarer Republik „geistige Passeurs" gewesen, die Grenzen als Hindernisse erachteten und europäischem Denken verhaftet waren. Die Grenzerfahrung aus der ersten Hälfte des 20. Jahrhunderts hatte viele von ihnen zutiefst geprägt. Die Europäisierung des Nahraums an der Grenze hatte in ihren Köpfen bereits längst stattgefunden.

Bemerkenswert bleibt freilich auch die Aneignung und Verankerung der kulturellen Bemühungen dieses Kreises durch die Bevölkerung von Badenweiler und seiner Umgebung in den frühen Nachkriegsjahren, bevor dann vornehmlich die politische Gemeinde die Impulse zum Gedenken an Schickele und an die deutsch-französischen Beziehungen aufnahm und in gewandelter Form fortführte.

2.2 Der Scheffelbund und das Oberrheinische Dichtermuseum

War die Gegend des südlichen Oberrheins in wirtschaftlichen und politischen Belangen seit den sechziger Jahren mit der Gründung der Regio Basilensis[39] ein Vorläufer grenzüberschreitender Aktivitäten, so entwickelten sich diese am Mittleren Oberrhein, im Nordbadischen, im nördlichen Elsaß und in der Pfalz erst in den achtziger Jahren mit der Gründung des PAMINA-Raumes. In der Forschung schreibt man diese Verzögerung der engen wirtschaftlichen Verquickung des Basler Raumes mit seinem Umland zu, die im nordbadisch-elsässisch-pfälzischen Raum nicht in gleicher Dichte anzutreffen war.[40] Ob sich die zeitliche Verzögerung zum südbadischen Beispiel auch auf der Ebene der literarischen Vereinigungen zeigte und wie sich also die grenzüberschreitende Begegnung in den sechziger Jahren gestaltete, soll mit einem Blick auf das heute so benannte Oberrheinische Dichtermuseum und die Literarische Gesellschaft (Scheffelbund) in Karlsruhe geprüft werden.

Der Scheffelbund wurde zum Gedenken an den badischen Dichter Joseph Viktor von Scheffel 1924 gegründet und nahm sich die typischen Aufgaben einer literarischen Gesellschaft zum Ziel, nämlich für die Pflege des

---

[39] Politik der grenzüberschreitenden Zusammenarbeit des Landes Baden-Württemberg. Entwicklung, Bilanz und Ausblick. Bearbeitet durch die Stabsstelle für grenzüberschreitende Zusammenarbeit im Regierungspräsidium Freiburg auf der Grundlage der Beiträge des Staatsministeriums, der Ressorts und der Regierungspräsidien Karlsruhe und Tübingen sowie für den historischen Teil von Herrn Leitenden Regierungsdirektor a.D. Hans-Konrad Schneider, Freiburg im Breisgau, Oktober 1999 [http://www.boa-bw.de/frontpage.do?id=1821, 14.9.2007], S. 36-39.

[40] Vgl. Beeger, Helmut, Zwischen nationaler Enge und europäischem Anspruch: Die Entwicklung der grenzüberschreitenden Zusammenarbeit am Oberrhein zwischen 1945 und 1990, in: *PAMINA – Europäische Region mit Zukunft. Baden, Elsass und Pfalz in grenzüberschreitender Kooperation*, hrsg. v. Michael Geiger, Speyer 2001, S. 92-108, S. 98 f.

Scheffel-Nachlasses zu sorgen, ein Archiv und ein Museum zu begründen und Jahresbuchgaben für die Mitglieder herauszugeben[41]. 1939 eröffnete das Museum die Abteilung „Lebende Dichter um den Oberrhein", doch schon spätestens seit 1937 und bis zum Verbot des Scheffel-Bundes am 1. September 1944 wurden elsässische Autoren im Scheffel-Bund sowie im Museum bei Preisvergaben und Ausstellungen berücksichtigt[42], schließlich bildeten das Elsass und Baden nach der Besetzung Frankreichs im Sommer 1940 den gemeinsam den Gau Baden-Elsass. Nach einer Auslagerung der Museumsbestände in den Kriegsjahren und der Wiederaufnahme der Arbeit nach Kriegsende, die nicht von dauerhafter tiefgründiger Reflexion über die Jahre des Nationalsozialismus begleitet war, wurde schließlich am 20. März 1965 die Eröffnung der mittlerweile zum „Oberrheinischen Museum" erweiterten Einrichtung gefeiert. Seit dieser Zeit ist das Museum in Karlsruhe in der Röntgenstraße 6 beheimatet.[43]

Für die Eröffnungsansprache lud man den Elsässer und Germanisten, den seit 1951 in Paris lehrenden und in Deutschland vor allem in den frühen sechziger Jahren als Essayisten und Heidegger-Kritiker weithin bekannten Robert Minder ein. Er hatte bereits zwei Jahre zuvor den renommierten staatlichen Literaturpreis des Landes Baden-Württemberg, den Hebel-Preis erhalten[44] und bei dieser Gelegenheit den alemannischen Dichter als „Klassiker der Koexistenz" gerühmt, als Sprecher der „Zahllosen, ohne die es nach einem Krieg überhaupt keine Friedensmöglichkeit gäbe".[45] In seinem Karlsruher Vortrag über „Oberrheinische Literatur gestern und heute" schlug Minder eine Brücke von seiner eigenen Prägung durch Albert Schweizer und Romain Rolland zum Auftrag des Volksbundes für Dichtung, wie die Literarische Gesellschaft zu dieser Zeit noch hieß: Als gemeinsame Maxime gab er aus, „in und zugleich über den Nationen zu stehen"[46]. Mitte der sechziger Jahre konstatierte der 1902 im Unterelsass geborene

---

[41] Kussmann, Matthias, 70 Jahre Literarische Gesellschaft (Scheffelbund) Karlsruhe, in: *70 Jahre Literarische Gesellschaft (Scheffelbund) Karlsruhe 1924-1994*. Im Auftrag der Literarischen Gesellschaft (Scheffelbund) Karlsruhe, hrsg. v. Matthias Kussmann, Eggingen [1994], S. 10-18, hier: 11.

[42] Chronologie der Literarischen Gesellschaft (Scheffelbund) Karlsruhe, in: ebd., S. 31-35, hier: 31 f.

[43] Kussmann, Literarische Gesellschaft (wie Anm. 41), S. 14. Als einziger Ansatz zum Umgang mit der nationalsozialistischen Zeit kann die den Mitgliedern des Volksbundes für Dichtung, wie der Scheffelbund von 1946 bis 1972 hieß, als Jahresgabe überreichte Erzählung Paul Bertololys „Die Verfemten" angeführt werden. Ebd., S. 13 f.

[44] Eine vorzügliche Intellektuellenbiographie Minders hat unlängst vorgelegt: Kwaschik, Anne, *Auf der Suche nach der deutschen Mentalität. Der Kulturhistoriker und Essayist Robert Minder*, Göttingen 2008; *Der Johann-Peter-Hebel-Preis 1936-1988. Eine Dokumentation*, bearb. von Manfred Bosch, im Auftrag des Ministeriums für Wissenschaft und Kunst des Landes Baden-Württemberg hrsg. v. Oberrheinisches Dichtermuseum Karlsruhe. Jahresgabe 1988 der Literarischen Gesellschaft (Scheffelbund) Karlsruhe 1988, S. VIII, 203-209.

[45] Minder, Robert, *Hebel und Heimatkunst von Frankreich gesehen*, Karlsruhe 1963, S. 18.

[46] Minder, Robert, *Oberrheinische Dichtung gestern und heute*, Karlsruhe 1965, S. 3.

Minder, der noch seine ersten Schuljahre im deutschen Schulsystem im Elsass erlebt hatte, „die Imprägnation des Geistes mit oberrheinisch-badischer Literatur" sei „für einen Elsässer" seiner Generation „selbstverständlich".[47]

Die Verbindungen vom literarischen Karlsruhe ins Elsass, die Selbstverständlichkeit, von der Minder aus elsässischer Perspektive gesprochen hatte, wurden indessen auch jenseits dieses Festanlasses von badischer Seite aus gepflegt: Unter den Jahresgaben der Literarischen Gesellschaft fanden sich gelegentlich elsässische, bzw. mit dem Elsass eng verbundene Autoren: 1948 wurde Bertololys Erzählung „Die Verfemten" als Jahresgabe herausgebracht, 1977 eine Arbeit von André Weckmann.[48] Beide Schriftsteller konnten in hohem Maße als innovativ gelten, weil Bertololy, dessen familiäre Wurzeln in der Pfalz (Frankenthal) lagen und der im elsässischen Lembach als Landarzt lebte, die gerade vergangene Zeit thematisierte,[49] wo sich andere Regionalautoren in unpolitische romantisierende Schwärmereien flüchteten, während André Weckmann – wie Minder Hebelpreisträger - das Elsässische als gleichberechtigt mit dem Deutschen und dem Französischen mit neuem Selbstbewusstsein wieder in die Gesellschaft zurückzubringen versuchte.[50]

Neben diesem Traditionsstrang, der an den oberrheinischen Raum als Gesamtheit anknüpfte, die alemannische Gemeinsamkeit hervorhob und in Teilen eine *histoire croisée* fortsetzen wollte, die der Nationalsozialismus in nationalistischer Überblendung pervertiert hatte, war Karlsruhe – dies sei hier als Exkurs vermerkt - auch die Wiege eines neuen Zugangs zu französischer Literatur: Mit der Gründung des Stahlberg-Verlages im Jahr 1946, benannt nach der Inhaberin Ingeborg Stahlberg, etablierte sich nicht nur ein wichtiges Forum für junge Literaten in der französischen Besatzungszone, sondern der aufstrebende Verlag machte die Vermittlung französischer Literatur zu einem seiner Verlagsschwerpunkte. 1963 gründete Stahlberg hierzu eigens den Verlag „Amadis".[51] Ab 1950 unterstützte Gerhard Heller, der ab

---

[47] Ebd., S. 5.
[48] Bertololy, Paul, *Die Verfemten*, Erzählung, Karlsruhe 1948 (Gabe an die Mitglieder des Volksbundes für Dichtung; 23); *Gedenkschrift zur Verleihung des Oberrheinischen Kulturpreises 1969 der Johann-Wolfgang-von-Goethe-Stiftung durch den Landesausschuß „Tag der Heimat" in Freiburg i. Br. an Dr. med. Paul Bertololy in Lembach (Dept. Bas-Rhin)*, [o. O. ; o. J.], S. 18; Weckmann, André, *Geschichten aus Soranien. Ein elsässischer Anti-Epos*. Im Auftrag der Literarischen Gesellschaft (Scheffelbund), hrsg. u. eingel. v. Friedrich Bentmann, Karlsruhe 1977; Kussmann, Literarische Gesellschaft (wie Anm. 41), S. 14 f.
[49] Ebd., S. 8.
[50] Bosch, Der Johann-Peter-Hebel-Preis (wie Anm. 44), S. 286-293.
[51] Schmidt-Bergmann, Hansgeorg, Vorwort, in: *Die Bücher des Stahlberg Verlages*. Katalog zur Ausstellung im Oberrheinischen Dichtermuseum 28.1.1994 – 25.2.2994, bearbeitet von Ralf Keller, Jochen Meyer, Hansgeorg Schmidt-Bergmann, Eggingen 1994, S. 5.

1942 das Referat Literatur bei der Deutschen Botschaft Paris geleitet hatte, zwei Jahrzehnte lang die Verlagsarbeit[52].

2.3 Der Literarische Verein der Pfalz und das Künstlerhaus Edenkoben

Die Staatskanzlei Rheinland-Pfalz wünschte sich Anfang der 1990er Jahre, „dass die Grenzräume wieder zu Kultur-, Wirtschafts- und Lebensräumen zusammenwachsen".[53] Die „Narben der Geschichte" und die „negativen Folgen" von Grenzen sollten überwunden werden, „damit sich die Menschen im Grenzraum einander näher kommen" und „ein europäisches Bürgerbewusstsein" entstehen kann.[54]

Was hier als optimistische Prognose formuliert wird, hatte sich auf dem Gebiet der literarischen Begegnung im Grenzraum am mittleren Oberrhein nach dem Ende des Zweiten Weltkrieges im südlichen Landesteil, der Pfalz, zunächst überhaupt nicht abgezeichnet.

Begünstigte im Karlsruher Fall Mitte der sechziger Jahre die Infrastruktur des Dichtermuseums und die Bindeklammer eines gemeinsamen, nunmehr ins Europäische gewendete „Oberrheinbegriffes" den literarischen Austausch und den Kontakt über die Grenze hinweg, ähnlich wie weiter südlich das Alemannische als Brücke trug, so stellte sich die grenznahe Begegnungslage in der Literaturszene der Pfalz bis in die siebziger Jahre gänzlich anders dar. Fast könnte man von schlichtem Nichtkontakt zu den Literaten des Elsass reden. Der Literarische Verein der Pfalz, 1878 gegründet, 1933 unter Gaukulturwart und Schriftsteller Kurt Kölsch in die nationalsozialistische Arbeitsgemeinschaft des deutschen Schrifttums in der Pfalz überführt und 1951 wieder gegründet, tat sich lange Zeit mit der Kontaktaufnahme zum Elsass schwer[55] – und dies, obwohl der erste Vorsitzende der Vereinigung, Dr. Emil Lind, Speyer, eine Biographie über den Elsässer Albert Schweitzer verfasst hatte,[56] die 1948 in der Schweiz erschienen war. Freilich war der evangelische Theologe Lind wegen seines Eintretens für die Deutschen Christen in den nationalsozialistischen Jahren im Herbst 1945 vom Dienst suspendiert und zum Jahresbeginn 1946 dauerhaft in den Ruhestand

---

[52] Grand, Jean, Vorwort, in: Heller, Gerhard, *In einem besetzten Land. NS-Kulturpolitik in Frankreich. Erinnerungen 1940-1944*, Köln 1982, S. 27; Heller, ebd., S. 228.

[53] *Handbuch der grenzüberschreitenden Zusammenarbeit in Rheinland-Pfalz*, hrsg. v. d. Staatskanzlei [Zusammenstellung Dietmar Eisenhammer], [Mainz 1992], S. 4.

[54] *Handbuch der Zusammenarbeit von Rheinland-Pfalz mit Frankreich, Luxemburg und Belgien sowie der Schweiz*, hrsg. v. d. Staatskanzlei Rheinland-Pfalz [Redaktion: Dietmar Eisenhammer], Mainz 1998, S. 5.

[55] Zu Kölsch: Freund, Wolfgang, *Volk, Reich und Westgrenze. Deutschtumswissenschaften und Politik in der Pfalz, im Saarland und im annektierten Lothringen 1925-1945*, Saarbrücken 2006, S. 183 f.

[56] Diehl, Wolfgang, *Heimat, Provinz und Region im Spiegel der Literatur. 125 Jahre Literarischer Verein der Pfalz*. Jahresgabe 2003, [Speyer] 2003, S. 142.

versetzt worden und unterlag einem Predigtverbot.[57] Die Führung des Literarischen Vereins der Pfalz gab er bereits nach einem Jahr auf, enttäuscht darüber, dass „die Mentalität der Nachkriegszeit sich noch nicht geändert" habe und eine „Normalisierung der Geisteslage" noch in weiter Ferne sei.[58]

Mehrere Gründe für die lang dauernde Zurückhaltung gegenüber dem Elsass scheinen maßgeblich gewesen zu sein: Zum einen musste die Literaturszene der Pfalz bemüht sein, sich im neu konstituierenden „Bindestrich-Bundesland" und in neuen Organisationsstrukturen angemessen zu positionieren und sich dort um Fördermöglichkeiten zu bemühen. Zum anderen dürften auch personelle Kontinuitätslinien maßgeblicher Persönlichkeiten des Literarischen Vereins der Pfalz über den Systembruch hinweg den Blick nach jenseits der Grenze verstellt haben. Der Verständigungswunsch hatte noch nicht in die Vorstellungswelt wichtiger Protagonisten der Vereins Einzug gehalten. Als prominentestes Beispiel sei Kurt Kölsch angeführt. Wegen seiner Parteiämter war er 1933 vom Schuldienst beurlaubt worden, kehrte aber nach der Entnazifizierung nach Kriegsende wieder dorthin zurück. Er betätigte sich als Dialektdichter und avancierte zum stellvertretenden Vorsitzenden des Schutzbundes Deutscher Schriftsteller in Rheinland-Pfalz. Das Kultusministerium des Landes gewährte ihm Anfang 1952 zunächst eine finanzielle Unterstützung, lehnte jedoch einen Vorschlag für eine zweite Förderung ab.[59]

Prominente Literaten, die Wurzeln in der Pfalz (geschlagen) hatten wie Martha Saalfeld oder Elisabeth Langgässer, spielten in der regionalen Verbandspolitik keine zentrale Rolle. Dabei war Elisabeth Langgässers Werk für französische Übersetzungen gefragt; sie selber nahm im Oktober 1948 an einem deutsch-französischen Schriftstellertreffen in Paris-Royaumont teil und tauschte literarische Arbeiten mit François Mauriac aus.[60] Der Literarische Verein der Pfalz dagegen bemühte sich mit eher pädagogisch-didaktischer Zielsetzung um die Literaturvermittlung in der Region und blieb damit eher der Binnenwirkung verhaftet.[61]

---

[57] Henning, Annegret, Zwischen Zeitgeschehen und Tapetenresten. Der Nachlaß Emil Lind im Zentralarchiv der Pfälzischen Landeskirche in Speyer, in: *Blätter für pfälzische Kirchengeschichte und religiöse Volkskunde*, 25 (1998), S. 207-213, hier: S. 207, 209.
[58] Zit. nach ebd., S. 148.
[59] Freund, *Volk* (wie Anm. 55), S. 184; Diehl, *Heimat* (wie Anm. 56), S. 127; Teubner-Schoebel, Sabine, Bücher und kulturelle Zeitschriften. Von Dichtern und Literaten, Zensoren und Sponsoren, in: *Auf der Suche nach neuer Identität. Kultur in Rheinland-Pfalz im Nachkriegsjahrzehnt*, hrsg. v. Franz-Josef Heyen, Anton M. Keim, Mainz 1996, S. 225-272, hier: S. 233.
[60] Langgässer, Elisabeth, *Briefe 1924-1950*. Bd. S, hrsg. v. Elisabeth Hoffmann, Düsseldorf 1990, z.B. 15.6.1948, S. 791 f.; 14.10.1948, S. 827 ff., 17.10.1948, S. 851.
[61] Herrn Lutz Stehl danke ich für wertvolle Auskünfte zum Literarischen Verein der Pfalz, vor allem aber zur pfälzisch-elsässischen Literaturbegegnung im Kristallisationskern des Künstlerhauses Edenkoben (Telefonische Auskunft am 17.7.2009).

Erst der Generationswechsel in der Führungsebene des Literarischen Vereins seit den späten sechziger Jahren, die Allianz der „Jungen" gegen diejenigen „Alten", die noch durch nationalsozialistische Vergangenheiten belastet und sich untereinander verbunden waren und schließlich das Entstehen neuer Sprachformen, verbunden mit einem wachsenden intellektuellen Qualitätsanspruch, ebnete auf pfälzischer Seite den Weg zum grenzüberschreitenden literarischen Austausch. In Teilen vollzog sich dieser auch außerhalb des Literarischen Vereins der Pfalz.[62]

Auch im Elsass entstanden neue Anknüpfungspunkte zum wechselseitigen Kontakt: Seit den siebziger Jahren wurde die Mundartdichtung neu belebt, die nun eine starke Verbindung zur Protestkultur aufwies. Sie erweiterte das klassische Themenspektrum in der Trias von Liebe, Natur und Tod um die Belange des Menschen in der Welt der Gegenwart.[63] Vielfach war sie ökologisch inspiriert und wurde beispielsweise in den Auseinandersetzungen um das geplante Kernkraftwerk Whyl am Kaiserstuhl immer wieder bemüht. Sie mündete in der „Alemannischen Internationale" André Weckmanns, dem Credo grenzüberschreitender Umweltbewegungen.[64] Das Grundsätzliche dieser neuen Bewegung beschrieb Weckmann rückblickend folgendermaßen:

> „Elsässische Künstler und Schriftsteller haben sich zur Aufgabe gemacht, dem Land die sprachliche und kulturelle Substanz zu erhalten. Mehr noch: Sie versuchen, eine neue Kultur aufzubauen, die Elsässisches, Deutsche und Französisches in einen harmonischen Einklang bringen soll. Sie sind Nomaden, die die Grenzen sprengen und die Zwischenräume schaffen, in denen Gegensätzliches verbunden wird: die neuen Ebenen des Zusammenlebens in Europa."[65]

Die elsässische Literaturzeitschrift „Revue Alsacienne de Littérature/ Elsässische Literaturzeitschrift" pflegt seit 1983 die *triphonie*, die Dreisprachigkeit des Französischen, des Hochdeutschen und des elsässischen Dialekts. Die Zeitschrift hat sich vor allem mit ihren Literaturübersetzungen der französisch-deutschen Vermittlung und der „offenen grenzüberschreitenden Perspektive" verschrieben.[66]

Eine besondere Gelegenheit zur Verstetigung der rheinland-pfälzisch – elsässischen Literaturbegegnung ergab sich mit der Gründung des Künstlerhauses in Edenkoben im Jahr 1987 unter Leitung von Ingo Wilhelm. Mit dieser Einrichtung des Landes Rheinland-Pfalz entstanden für die elsässi-

---

[62] Zur Vergangenheitsbewältigung unter den elsässischen Literaten vgl. Finck, Adrien, Elsässische Zeugenaussage, in: Ders., *„Geistiges Elsässertum". Beiträge zur deutschfranzösischen Kultur*, Landau 1992, S. 113-123, hier: S. 121.

[63] Vgl. Matzen, Raymond, Die "Muttersprache als Hauptthema der neueren elsässischen Mundartdichtung, in: *Alemannisches Jahrbuch*, 1987/88, S. 213-242, hier: S. 215..

[64] Finck, Adrien, André Weckmann und die Renaissance der elsässischen Dialektpoesie, in: *„Geistiges Elsässertum"* (wie Anm. 62), S. 77-99, hier: insbes. S. 77 f.

[65] Weckmann, André, Drei Variationen zu einem Thema, in: *Kultur in der Region. Saar – Mosel – Rhein*, hrsg. v. Rainer Silkenbeumer, Homburg 1997, S. 11-16, hier: S. 16.

[66] *Revue Alsacienne des Littérature. Elsässische Literaturzeitschrift*, N° 97, 1er trimestre 2007, S. 80.

sche Literatur in der Pfalz nun erstmals eine feste Anlaufadresse und vielfache Publikationsmöglichkeiten. Eine eigene Publikationsreihe „Dialogue" wurde eingerichtet, die Reihe POESIE VISAVIS (edition die horen) öffnete sich für Literatur aus dem Elsass, wie auch zahlreiche kulturelle Veranstaltungen im Künstlerhaus der Literatur dieser Region gewidmet waren.[67] Im Mittelpunkt stand dabei die wechselseitige Wahrnehmung der Literaturen jenseits der Grenzen.

Die Erwartung, dass mit dieser Literaturförderung gleichsam eine „Rettung" der elsässischen Regionalliteratur einhergehen könnte, wie es sich mancher elsässische Schriftsteller erhofft haben mag, weil beispielsweise die Finanzierung derartiger Begegnungsmöglichkeiten hauptsächlich von deutscher Seite getragen wurde, erwies sich jedoch als (zu) hochgesteckt. Ungeachtet dieser zeitweiligen Aufmerksamkeit, die, begünstigt durch die neuen Förderstrukturen, der elsässischen Literatur entgegengebracht wurde, muss sie sich heute die Publikumsgunst mit der Zuwendung teilen, die die Leser anderen europäischen Regional-, National-, oder Minderheitenliteraturen entgegenbringen. Mit besonderer Aufmerksamkeit kann die elsässische Literatur in der Pfalz also heute kaum rechnen. Wenn Adrien Finck und Maryse Staiber 2007 im Hinblick auf die Zukunft der grenzüberschreitenden Literaturbeziehungen zwischen dem Elsass und Rheinland-Pfalz festhielten, dass die „so lange dauern" könne, „wie es Handlungsträger und Unterstützer gibt", so markierte der Tod Fincks im Jahr 2008, der an der Universität Straßburg den Lehrstuhl für deutsche und elsässische Literatur innehatte und gleichzeitig einer der bedeutendsten elsässisch schreibenden Literaten der jüngsten Gegenwart war, einen tiefen Einschnitt. Sein Tod bedeutete den Verlust eines der wichtigsten Akteure dieses mehr als zwei Jahrzehnte währenden fruchtbaren grenzüberschreitenden literarischen Austauschs mit dem Literaturhaus.[68]

Der Pfälzer Fall mit seiner erst sehr verspäteten Annäherung der Literaten zeigt, dass die rein räumliche Nähe zur Grenze keineswegs genügte, um gelungene Beziehungen über die Grenze hinweg zu begründen. Integre Personen, die die Jahre des Nationalsozialismus moralisch weitgehend unversehrt überstanden hatten oder die sich vielleicht gerade wegen persönlicher Ambiguitäten in diesen Zeiten der französischen Kultur in besonderem Maße annahmen, wie beispielsweise Gerhard Heller im Badischen, waren in den Anfangsjahren wichtige Kristallisationskerne für die Annäherung. Wo sie in Führungsfunktionen fehlten, wie z.B. beim Literarischen Verein der Pfalz, war Annäherung deshalb schwerlich möglich. Gemeinsame inhaltliche

---

[67] Finck, Adrien, Staiber, Maryse, Au commencement était Edenkoben, in: *Revue Alsacienne des Littérature*, ebd., S. 5 ff.; Finck, Adrien, Überwindung der Sprach- und Literaturgrenzen. Die deutsch-französische Reihe „Dialogue", in: *Kultur in der Region* (wie Anm. 65), S. 59-62, hier: S. 59 f.; Mein besonderer Dank gilt dem Leiter des Literaturhauses Edenkoben, Herrn Ingo Wilhelm, der mich mit vielfachen Informationen zu den Verbindungen des Literaturhauses zu elsässischen Schriftstellern versorgt hat.

[68] Ebd., S. 7.

Ansatzpunkte, persönliche Beziehungen sowie überdies geeignete infrastrukturelle Voraussetzungen in Form von Begegnungsorten oder Druckmöglichkeiten erleichterten die Anbahnung und Pflege der grenzüberschreitenden Literaturkontakte, ohne deren Beständigkeit freilich garantieren zu können.

3. Bilanz und Perspektiven

Bilanziert man die drei Fallstudien über die Rolle von Grenzräumen am Beispiel von Schriftsteller- und literarischen Vereinigungen am Oberrhein, so lassen sich folgende allgemeine Perspektiven festhalten:

1. Als maßgebliche begünstigende Faktoren für die Entstehung literarischer Kontaktzonen im deutsch-französischen Grenzbereich lassen sich Kristallisationszentren in Form von Personen (Schickele-Gesellschaft), Orten (Dichtermuseum, Künstlerhaus) oder Ideen (Oberrhein/Europasehnsucht) nennen, an die man nach 1945 in erneuerter Form anknüpfen konnte. Wo sich keine Erneuerung durchsetzen konnte, entwickelten sich derartige kontaktarme Zonen nachgerade zur Begegnungsbarrieren, wie das Beispiel der Pfalz in den beiden Jahrzehnten nach dem Zweiten Weltkrieg gezeigt hat.

2. Beim Schriftstellertreffen in Lahr 1947 hatte man gehofft, die Zeiten, in denen der Rhein ein „Leichenverschlinger" und „Höllenstrom" gewesen war, nun endgültig hinter sich gelassen zu haben Die Last der Grenze war im Übergangsraum zwischen Deutschland und Frankreich am Hoch- und Oberrhein nach Kriegsende als Motiv besonders fühlbar gewesen. Der Wunsch, diesen Zustand endgültig zu überwinden, konnte daher Kraft entfalten. Regionale Kulturen, vor allem aber auch ihre Absicherung durch regionale Kulturförderung halfen mit, die Annäherung vorzubereiten, die auf zentraler politisch-diplomatischer Ebene längere Vorbereitung erforderte und später erfolgte.

3. Der generative Aufbruch von 1968 und die politischen Proteste der 1970er Jahre schufen noch einmal zeitweise grenzüberschreitend neue Allianzen. Die daraus erwachsene regionale Protestliteratur war freilich ein zeitgebundenes Phänomen.

4. Im gewandelten Klima der sich konsolidierenden deutsch-französischen Beziehungen traten in den Literaturen der Grenzregionen nationale Befindlichkeiten in den Hintergrund; an die Stelle der Abgrenzung trat das Bemühen um die Bewahrung der eigenen regionalen Identität bei gleichzeitiger Neugierde auf die Literatur der Schriftstellerkollegen von jenseits der Grenzen sowie ein eher an einem gesamteuropäischen Verständnis geprägtes Denken. Eine Breitenwirkung erwuchs daraus jedoch nicht.

5. Man darf gespannt sein, wie sich die literarische grenzüberschreitende Begegnung weiterentwickeln wird. Mit Neugierde darf man daher – jenseits der Region des Oberrheins – auf die Initiative blicken, die sich um die von Günter Scholdt geleitete Literarische Gesellschaft Saar-Lor-Lux-Elsass rankt und die mit der Gründung der literarischen Zeitschrift „Die neueste Melusi-

ne" im Jahr 2007 einen neuen Spross transnationaler Literaturbegegnung in einer Grenzlandschaft hervorgebracht hat. Ganz ungewöhnliche Wege mit dem Ziel, ein breiteres Publikum für die literarische Grenzlandschaft am Oberrhein anzusprechen, beschritt unlängst das Museum für Literatur am Oberrhein Karlsruhe mit einem handlichen Literaturführer: In Zusammenarbeit mit der Technologieregion Karlsruhe und verschiedenen Regionalstellen des größten deutschen Automobilclubs sollen die Leser zur literarischen Spurensuche im PAMINA-Raum angeregt werden.[69] In der pfälzisch-elsässischen Literaturbegegnung scheinen indessen die Zeichen derzeit eher auf eine „Funkstille" hinzudeuten.

---

[69] *Literaturregion PAMINA. Baden – Elsass-Pfalz*, hrsg. v. ADAC Nordbaden e.V., ADAC Südbaden e.V., ADAC Pfalz e.V., Literarische Gesellschaft Karlsruhe und Technologie-Region Karlsruhe, Karlsruhe o. J.

Christian Sebeke

„Wir müssen Brücken bauen von Mensch zu Mensch". Die Partnerschaft Rheinland-Pfalz – Burgund als regionales Annäherungsmodell (1953-1969)

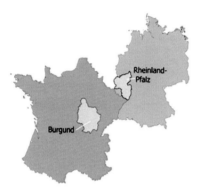

„Noch nie hat ein Krieg zwischen Deutschland und Frankreich beide Länder so total erfasst, wie das letzte, furchtbare Ringen. Noch nie hat er so unmittelbar und tief in das Leben aller einzelnen eingegriffen – aber auch noch nie haben nach einem Krieg auf beiden Seiten so stark und ehrlich der Wunsch und die Bereitschaft bestanden, einen Weg zur friedlichen Verständigung und zur Erreichung eines gemeinsamen, großen Zieles, eines geeinten Europa, zu finden."

Mit diesen Sätzen begann ein Aufruf, mit dem sich der Freundschaftskreis Rheinland-Pfalz – Burgund Ende Juni 1957 an die Öffentlichkeit wandte. Die Unterzeichner würdigten die seit 1945 im politischen und wirtschaftlichen Bereich unternommenen Bemühungen für eine deutsch-französische Verständigung. Zugleich betonten sie jedoch, dass der eigentliche Schlüssel zu dieser Verständigung in den zwischenmenschlichen Beziehungen liege. Hauptaufgabe sei es, direkte Kontakte von Mensch zu Mensch herzustellen und so die einstigen „Erbfeinde" einander näher zu bringen. Der Aufruf schloss mit dem Appell „an alle Organisationen, Berufsverbände, Firmen, Gemeinden und staatlichen Stellen", den Freundschaftskreis bei der Erfüllung dieser Aufgabe zu unterstützen.[1]

Mit dem Aufruf gab der Freundschaftskreis Rheinland-Pfalz – Burgund seine offizielle Gründung bekannt. Knapp zehn Monate zuvor, am 5. September 1956, war auf einer Versammlung im Gebäude des Mainzer Landtags mit der Einberufung eines vorbereitenden Ausschusses das Projekt auf den Weg gebracht worden. Dem Ausschuss gehörten namhafte Vertreter des politischen, wirtschaftlichen und kulturellen Lebens in Rheinland-Pfalz an.[2]

---

[1] *Staats-Zeitung Rheinland-Pfalz*, 30.6.1957, Nr. 26, „Freundschaft zwischen Rheinland-Pfalz und Burgund"; auch alle großen rheinland-pfälzischen Tageszeitungen druckten den Aufruf.

[2] Landeshauptarchiv Koblenz (LHAKO), Best. 862 Nr. 920, Versammlungsprotokoll, 5.9.1956.

Das burgundische Gegenstück, die Amicale Bourgogne – Rhénanie-Palatinat, wurde am 25. Februar 1957 in Dijon gegründet.[3] Es gab noch weiter Versuche, deutsch-französische Partnerschaften auf regionaler Ebene aufzubauen. Der französische Hochkommissar André François-Poncet konnte im November 1953 in einem Brief an Außenminister Bidault nach Paris vermelden, dass auch Nordrhein-Westfalen (mit Nord-Pas de Calais) und Hessen (mit Rhône-Alpes) Kontakte zu französischen Regionen aufgenommen hatten.[4] Was die organisatorische Ausgestaltung anging, blieben diese jedoch hinter der Partnerschaft Rheinland Pfalz – Burgund zurück, die sich zu einem Modellfall für eine deutsch-französische Zusammenarbeit auf regionaler Ebene entwickelte.

Darstellungen über den Freundschaftskreis Rheinland-Pfalz – Burgund und sein Wirken stammten lange Zeit von den Beteiligten selbst, besonders der Journalist Wolfgang Götz hat sich dabei hervorgetan.[5] In jüngerer Zeit hat auch Anne Teißmann das Thema behandelt.[6] Neben diesen Vorarbeiten stützen sich die folgenden Ausführungen vor allem auf die Akten des Archivs des Partnerschaftsverbands Rheinland-Pfalz – Burgund in Mainz. Daneben wurden auch Materialien aus dem Landeshauptarchiv Koblenz sowie aus dem Stadtarchiv Mainz herangezogen.

Die Entwicklung der Partnerschaft Rheinland-Pfalz – Burgund in den Jahren 1953 bis 1969 wird im Folgenden in drei Phasen unterteilt: in einer ersten Phase (1953-1957) wurden die organisatorischen Grundlagen geschaffen, in der zweiten Phase (1957-1962) erfolgte ein stetiger Ausbau der Austauschaktivitäten. Mit der offiziellen Besiegelung der Partnerschaft im Juni 1962 in Mainz sollte ein erster Höhepunkt erreicht werden. In der dritten Phase (1962-1969) wurde einerseits der Ausbau der Beziehungen fortgeführt, andererseits setzte ab Mitte der 1960er Jahre eine Diskussion darüber ein, wie die Partnerschaft zeitgemäßer gestaltet werden könne.

Mit der Gründung des Freundschaftskreises 1957 wurde also bereits die erste Phase dieser Entwicklung abgeschlossen. Der Grundstein für die Partnerschaft war noch in der Zeit der Besatzung, im Jahr 1953, gelegt worden und am Anfang stand das französische Landeskommissariat in Mainz.

---

[3] Götz, Wolfgang, *Rheinland-Pfalz – Burgund. Modell einer internationalen Partnerschaft*, Mainz 1967, S. 118 ff.
[4] Archiv des Partnerschaftsverbands Rheinland-Pfalz – Burgund (APRPB), Ordner „Gründerjahre", Brief von François-Poncet an Bidault, 21.11.1953.
[5] Götz, Modell (wie Anm. 3); Ders., *Burgund – Rheinland-Pfalz. Partnerschaft in Europa*, Mainz 1991.
[6] Teißmann, Anne, La réconciliation franco-allemande vue au travers du jumelage Bourgogne – Rhénanie-Palatinat, in: *Revue d´Allemagne et des pays de langue allemande*, 37/4 (2005), S. 519-532.

1. Die Gründungsphase (1953-1957)

Die Idee, die deutsch-französische Verständigung über den Weg einer regionalen Partnerschaft zu fördern, geht auf Henry Chauchoy zurück. Der studierte Germanist war im Sommer 1951 nach Mainz gekommen und hatte dort den Posten des stellvertretenden Landesgouverneurs übernommen.[7] Zu dieser Zeit war das deutsch-französische Verhältnis noch immer von massiven Vorbehalten geprägt und im Mainzer Landeskommissariat dachte man darüber nach, wie diese abgebaut werden könnten. Ende 1950 hatte man erstmals eine Gruppe von Journalisten aus der französischen Besatzungszone zu einer Fahrt nach Paris eingeladen. Durch Besuche von Ministerien und Gespräche mit hohen politischen Repräsentanten sollte den Deutschen Frankreich näher gebracht werden. Obwohl in den Berichten des Landeskommissariats die freundschaftliche Atmosphäre dieser Treffen betont wurde,[8] blieb das Ergebnis für die Initiatoren doch unbefriedigend. So schrieb Wolfgang Götz:

> „Im französischen Landeskommissariat für Rheinland-Pfalz in Mainz waren die zuständigen Herren über die Ergebnisse dieser recht kostspieligen Studienreisen im Gegensatz zu den Teilnehmern jedoch nicht nur begeistert. Vor allem setzte sich mehr und mehr die Erkenntnis durch, dass es sich um einseitige Unternehmungen handelte, die keinerlei Aussicht boten, zu gegenseitigen Kontakten ausgebaut werden zu können. (...) Deshalb stand man auf dem Standpunkt, dass im Gegensatz zu einer weit verbreiteten Meinung Paris eben doch nicht Frankreich ist, sondern dass man auch in der französischen Provinz sehr viel lernen und „echte" Franzosen treffen kann."[9]

Die Franzosen sollten im Bewusstsein der Deutschen nicht länger als Besatzer, sondern als Nachbarn präsent sein. Um das zu erreichen, mussten verstärkt Kontakte auf Augenhöhe zwischen gewöhnlichen Menschen in ungezwungener Atmosphäre stattfinden. Chauchoy fasste diesen Ansatz später in folgenden Worten zusammen:

> „So kam ich auf den Gedanken, erstens die zu diesen Entdeckungsfahrten Erwählten stets in die gleiche Gegend zu schicken und sie nach sorgfältiger Vorbereitung von den gleichen Kreisen empfangen zu lassen, damit auf diese Weise eine gewisse Gewohnheit und daraus Bekanntschaft entstehe; zweitens diese (nur) bekannt gewordenen Franzosen nach Deutschland, bzw. nach Mainz oder Rheinland-Pfalz kommen zu lassen, damit sie ihrerseits auch mit dem Lande und seinen Leuten vertraut werden; somit sollte die Grundlage zu einem dauernden Austausch geschaffen werden."[10]

Die Wahl Burgunds als Partnerregion von Rheinland-Pfalz ging auf eine Anregung von Chauchoys Pressereferenten Albert Petitjean zurück, der aus

---

[7] Teißmann, Réconciliation (wie Anm. 6), S. 523 f.
[8] APRPB, Ordner „Gründerjahre", Berichte über die Journalistenreisen in den Jahren 1950/51.
[9] Götz, Modell (wie Anm. 3), S. 38 f.
[10] LHAKO, Best. 862 Nr. 723, Brief Chauchoys an Wolfgang Götz, 27.5.1966.

der Gegend stammte. Die beiden füreinander auserkorenen Partner waren auf den ersten Blick recht unterschiedlich. Rheinland-Pfalz hatte zwar nach der knappen Annahme der Landesverfassung im Mai 1947 eine feste äußere Gestalt bekommen, war jedoch ein Land ohne historische Tradition, eine Schöpfung der französischen Besatzungsmacht, die von der Mehrzahl seiner Bewohner lange Zeit als Provisorium betrachtet wurde.[11] Dagegen weckte der Name Burgund Erinnerungen an eine weit zurückreichende Vergangenheit. Das Burgund der Gegenwart war jedoch nicht viel mehr als ein historischer Begriff. Als Verwaltungseinheit existierte es längst nicht mehr, höchste Instanz waren die von Paris berufenen Präfekten der Départements Côte d´Or (Dijon), Saône-et-Loire (Mâcon), Nièvre (Nevers) und Yonne (Auxerre). Ein Regionalparlament, mögliches Gegenstück zum rheinland-pfälzischen Landtag, sollte erst ab 1972 bestehen.[12] Die unterschiedliche Verwaltungsstruktur sollte anfangs die Zusammenarbeit zwischen den beiden Regionen um einiges erschweren.

Umso mehr wurden von den Initiatoren die verbindenden Elemente betont. In dem eingangs erwähnten Aufruf von 1957 hieß es, dass beide

> „durch ihre Lage, ihre geschichtliche Tradition, durch so manche gleichartige oder typisch verschiedene wirtschaftliche, kulturelle und menschliche Gegebenheiten dazu bestimmt (seien), eine lebendige Brücke zwischen Deutschland und Frankreich zu bilden."[13]

Ministerpräsident Peter Altmeier fasste 1955 die Gemeinsamkeiten wie folgt zusammen:

> „Hier und da handelt es sich um kulturgesättigte Landschaften ruhmvoller geschichtlicher Vergangenheit. Hier und da prägt die Kultur des Weines das Bild des Landes und seine Menschen. Hier und da erheben die Schönheiten einer herrlichen Natur die Landschaft zu europäischem Rang."[14]

Aus diesen Aussagen lassen sich drei Aspekte herausfiltern, in denen die Gemeinsamkeiten zwischen Rheinland-Pfalz und Burgund gesehen wurden.

1) Historisch: Dieser Aspekt wurde vor allem von Vertretern aus katholischen Milieu bemüht, die auf das beide Regionen verbindende abendländisch-kulturelle Erbe verwiesen. Als Belege dafür wurden oft die gemeinsame Zugehörigkeit zum Heiligen Römischen Reich während des Mittelalters sowie das im 5. Jahrhundert zwischen Mainz und Worms bestehende Burgunderreich (das im populären Nibelungenlied eine Rolle spielt) angeführt. Von daher konnten sich Rheinland-Pfälzer und Burgunder als „entfernte Verwandte" betrachten.

---

[11] Kißener, Michael, *Kleine Geschichte von Rheinland-Pfalz. Wege zur Integration eines Nachkriegsbundeslandes*, Karlsruhe 2006, S. 53 ff.; vgl. auch: Küppers, Heinrich, *Staatsaufbau zwischen Bruch und Tradition. Geschichte des Landes Rheinland-Pfalz 1946-1955*, Mainz 1990.
[12] Kamp, Hermann, *Burgund. Geschichte und Kultur*, München 2007; Richard, Jean (Hg.), *Histoire de la Bourgogne*, Toulouse ²1988.
[13] Siehe Anm. 1.
[14] LHAKO, Best. 663,4 Nr. 365.

2) Strukturell: Beide Regionen wiesen eine gemischte Wirtschaftsstruktur auf. Dominierend waren Landwirtschaft und Weinbau. Industrie konzentrierte sich auf die Umgebung der wenigen größeren Städte. Beiden wurde auch eine Ausgleichsfunktion zwischen Ballungsgebieten ihres jeweiligen Landes zugesprochen.

3) Menschlich: Zwischen den Bewohnern beider Regionen wurde eine Wesensverwandtschaft ausgemacht, die sich in einer offenen und geselligen Mentalität äußere. Rheinland-Pfälzer und Burgunder galten als Menschen, die „zu arbeiten, aber auch zu feiern wussten".

Neben diesen Gemeinsamkeiten gab es jedoch auch gravierende Unterschiede, die weit über die verschiedenen Verwaltungsstrukturen hinausgingen und zum Großteil in der allgemeinen Zerrüttung des deutsch-französischen Verhältnisses wurzelten. In Rheinland-Pfalz hatten die Entbehrungen der frühen Nachkriegszeit das Bild einer „düsteren Franzosenzeit" erzeugt, das in historischen Darstellungen und Schulbüchern lange nachwirkte.[15] In Burgund waren die Erinnerungen an die Jahre 1940 bis 1944, an die Opfer der Résistance wie auch an die heftigen Kämpfe während des deutschen Rückzugs 1944, noch sehr lebendig.[16] Der Weg zur gegenseitigen Verständigung war alles andere als eine Einbahnstraße.

Vor diesem Hintergrund brach Ende Juni 1953 eine Gruppe rheinland-pfälzischer Journalisten zu einer ersten Erkundungsfahrt nach Burgund auf. Chauchoys Konzept für eine nachhaltige Korrektur der gegenseitigen Vorurteile sollte sich bald als richtig erweisen. Die Reiseteilnehmer gewannen auf der Fahrt durchweg positive Eindrücke von der neuen Partnerregion, die sie nach der Rückkehr ihren Lesern mitteilten. Die „Allgemeine Zeitung" aus Mainz berichtete.

„Aber gerade die persönliche Verbindung von Mensch zu Mensch diesseits und jenseits der Grenze wird dazu beitragen, Ressentiments zu beseitigen. (...) In diesem Sinne war die Reise durch Frankreich ein vielversprechendes Beginnen, um einen engeren Kontakt auf beiden Seiten einzuleiten."[17]

Der Startschuss war damit gefallen, der Austausch nahm schnell beachtliche Ausmaße an und erfasste immer mehr Gruppen, u.a. Bürgermeister und Landräte.[18] Im November 1953 besuchte Ministerpräsident Altmeier erst-

---

[15] Wolfrum, Edgar, Das Bild der „düsteren Franzosenzeit". Alltagsnot, Meinungsklima und Demokratisierungspolitik in der französischen Besatzungszone nach 1945, in: *Vom „Erbfeind" zum „Erneuerer". Aspekte und Motive der französischen Deutschlandpolitik nach dem Zweiten Weltkrieg*, hrsg. v. Stefan Martens, Sigmaringen 1993, S. 87-113, hier: 87 ff.; Führe, Dorothea, Frankreich als alliierte Besatzungsmacht in Deutschland: neue Forschungen, alte Stereotypen. Eine Schulbuchanalyse, in: *Lendemains*, 23 (1998) 89, S.112-130, S. 117 ff.

[16] Vgl. dazu u.a.: Gounand, Pierre, *Carrefour de guerre*. Dijon 1940-1944, Besançon 1990, S. 299 ff., 403 ff.

[17] *Allgemeine Zeitung/Neuer Mainzer Anzeiger*, 11./12.7.1953, Nr. 158, „Was denkt der Franzose über Europa?".

[18] APRPB, Ordner „Gründerjahre" (enthält Dokumente zu den Aktivitäten bis 1958).

mals Dijon. Dieser hatte dem Gedanken der deutsch-französischen Verständigung schon lange aufgeschlossen gegenübergestanden. Bereits 1946 hatte er in seiner Antrittsrede als Regierungspräsident von Montabaur betont, er sei „erfüllt von dem ehrlichen Wunsch nach aufrichtiger Verständigung und Freundschaft mit dem französischen Volk."[19] Nun bot sich ihm eine Gelegenheit, diesen Wunsch in die Tat umzusetzen und er nutzte sie während seiner langen Amtszeit konsequent.[20]

Eine ausführliche Presseberichterstattung zu den Austauschaktivitäten machte die Partnerschaften in großen Kreisen der Bevölkerung bekannt. Die enge Zusammenarbeit zwischen dem Landeskommissariat und den deutschen Journalisten begann bald Früchte zu tragen. Götz, der als Mitarbeiter des Mainzer Büros der DPA und Leiter der ersten Journalistenreise nach Burgund 1953 zu einer zentralen Figur der Partnerschaft avancierte, versäumte jedenfalls nicht, die Rolle seines Berufsstandes beim Knüpfen der ersten Kontakte hervorzuheben. Neben Abgeordneten und hohen Verwaltungsbeamten seien die Journalisten die wichtigsten „Multiplikatoren" gewesen, die den Austausch in Gang gebracht hätten.[21]

Zu der publizistischen Darstellung kam die symbolische Bekräftigung der Partnerschaft durch die Unterstützung einstiger Kriegsopfer. So reiste im Juli 1954 eine Gruppe der Anciens Déportés aus dem Département Côte d´Or durch Rheinland-Pfalz und wusste anschließend von Begegnungen in herzlicher Atmosphäre zu berichten. Man sei entschlossen, nicht mehr in die Vergangenheit, sondern in die Zukunft zu blicken.[22] Noch eindringlicher war das Beispiel des Dijoner Oberbürgermeisters Kanonikus Félix Kir. Kir, der gleichzeitig Alterspräsident der französischen Nationalversammlung war, hatte während der deutschen Besatzung die Résistance unterstützt, war deshalb mehrmals im Gefängnis und hatte nur knapp einen Mordanschlag überlebt. Trotz dieser Erfahrungen war er bereit, an der deutschfranzösischen Verständigung mitzuarbeiten. 1957 übernahm er den Vorsitz der Dijoner Amicale.[23] Der Mainzer Oberbürgermeister Franz Stein, mit dem ihn eine enge persönliche Freundschaft verband, erinnerte sich an die erste Begegnung mit Kir im September 1953:

> „Selten ist es mir begegnet, dass mich ein Mann vom ersten Augenblick, da ich ihm gegenübertrat, mit einem solchen Vertrauen in die Lauterkeit seines Wesens, in seinem gu-

---

[19] Heyen, Franz-Joseph, Graß, Karl Martin (Hgg.), *Peter Altmeier. Reden 1946-1951*, Mainz 1979, S. 1.
[20] Hirschner, Fritz, *Dr. h.c. Peter Altmeier und das Werden von Rheinland-Pfalz. Aus dem Chaos zum Land mit Zukunft*, Neuwied ²1975, S. 153 ff.
[21] Götz, Modell (wie Anm. 3), S. 38.
[22] APRPB, Ordner „Gründerjahre" (Bericht an das Landeskommissariat, 27.7.1954).
[23] Zur Person Kirs: Muron, Louis, *Le chanoine Kir*, Paris 2004; Devance, Louis, *Le chanoine Kir: l´invention d´une légende*, Dijon 2007.

ten Willen zum Verstehen, in die Selbstverständlichkeit seiner tief menschlichen Haltung erfüllt hat, wie damals, als Chanoine Kir mich mit dem Dijoner Stadtrat empfing."[24]

Nach dem viel versprechenden Auftakt der Jahre 1953/54 drohte allerdings durch das Ende der Besatzung im Mai 1955 der Abbruch der Beziehungen. Mit der Auflösung des Landeskommissariats entfiel der Hauptförderer des Austausches. Das französische Konsulat in Mainz setzte unter der Federführung von Chauchoys ehemaligem Mitarbeiter André Blits die Bemühungen zwar fort, konnte das Ganze auf die Dauer aber nicht alleine tragen. Nun war es unumgänglich, dass auch die deutsche Seite Verantwortung übernahm. Bei einer Besprechung mit Landesgouverneur Charmasse am 28. Januar 1955 hatte Altmeier ein Engagement der Landesregierung zugesagt[25], mit der Gründung des Freundschaftskreises in Mainz 1957 wurde dieses Versprechen schließlich eingelöst. Die Partnerschaft hatte die erste Hürde genommen.

2. Der Ausbau der Partnerschaft (1957-1962)

In seiner 1957 verabschiedeten Satzung hatte sich der Freundschaftskreis das Ziel gesetzt, die rheinland-pfälzische Bevölkerung über Frankreich im Allgemeinen und Burgund im Besonderen zu unterrichten. Dazu sollten der Erfahrungsaustausch zwischen Vertretern aller Lebensbereiche sowie Reisen zwischen beiden Regionen gefördert erden.[26] Hierbei traf die neue Vereinigung zunächst auf einige Schwierigkeiten, die im Tätigkeitsbericht 1957/58 wie folgt zusammengefasst wurden. „Es fehlt noch an Breitenwirkung. Es fehlt noch an Mitarbeitern. Es fehlt noch an Mitteln. Es fehlt noch die zentrale Stelle, von der aus die Organisation aufgebaut werden kann."[27] Vor allem die dünne finanzielle Grundlage ließ einen systematischen Aufbau von unten nicht zu. Die Organisationsstruktur zeichnete sich durch einen recht einfachen Charakter aus.

An der Spitze stand der geschäftsführende Vorstand, dessen Vorsitzender Max Schröder bis 1977 die Entwicklung des Freundschaftskreises prägen sollte. Schröder war seit 1954 Leiter des internationalen Referats im Kultusministerium und besaß zweifellos die Kompetenz für seine neue Aufgabe. 1950 hatte er als Gymnasiallehrer in Bingen zu den Initiatoren eines Austausches zwischen den Gymnasien von Bingen und Bad Kreuznach sowie den höheren Schulen von Lyon gehört. Dies war die erste erfolgreiche Schulpartnerschaft in Rheinland-Pfalz.[28] Für sein Wirken für die deutsch-französische Freundschaft wurde er später u.a. mit dem Großen Bundesver-

---

[24] Stadtarchiv Mainz (StaMz), Best. 100 Zug. 1980/45, Nr. 11 (Rede anlässlich der Verleihung der Mainzer Ehrenbürgerwürde an Kir, 13.6.1964).
[25] LHAKO, Best. 860 Nr. 1944.
[26] APRPB, Ordner 201 (Satzungstext).
[27] APRPB, Ordner „Gründerjahre" (Tätigkeitsbericht des Vorstandes, 9.12.1958).
[28] LHAKO, Best. 910 Nr. 4161.

dienstkreuz ausgezeichnet.[29] Seine Stellvertreter waren Walter Schmitt, ehemaliger Chef der Staatskanzlei und ab 1957 Regierungspräsident von Koblenz, sowie Fritz Weber, stellvertretender Regierungspräsident von Rheinhessen. Diese personelle Zusammensetzung zeugte von einer engen Verflechtung mit der Regierungsbürokratie. Zwar war man bemüht, politische Einflussnahmen auf die Arbeit des Freundschaftskreises zu verhindern, doch war man auf der anderen Seite organisatorisch und finanziell auf die Landesregierung angewiesen.[30]

Weiter in der Satzung festgelegt war eine Mitgliederversammlung, die einmal jährlich im Dezember tagte und die Vorhaben für das folgende Jahr besprach. Mitglieder konnten einzeln oder korporativ beitreten. Wegen des höheren Mitgliedsbeitrags wurde eine möglichst große Zahl korporativer Beitritte angestrebt.[31] Ein weiterer organisatorischer Ausbau fand zu Beginn der 1960er Jahre statt. 1961 wurden Ausschüsse eingerichtet, durch die der Austausch in Bereichen wie Jugend, Sport, Kultur oder Tourismus besser koordiniert werden sollte.[32] Das bekannteste Beispiel für die öffentliche Darstellung waren die ab 1957 einmal im Jahr abgehaltenen „Freundschaftstage". Auf diesen Treffen, die abwechselnd in Dijon und Mainz stattfanden, begegneten sich Vertreter des politischen, wirtschaftlichen und kulturellen Lebens beider Regionen, um, wie es oft hieß, „die Freundschaft zu vertiefen"[33] Das Programm bestand zum Großteil aus Empfängen, Theateraufführungen und (natürlich) Weinproben. Am Rande fanden zwar auch Sachgespräche zu aktuellen Problemen statt, doch blieb der Charakter der Treffen repräsentativ. Gewöhnliche Bürger blieben in der Regel außen vor. Diese Form der Partnerschaftsarbeit sollte später viel Kritik auf sich ziehen. Die wirklich wichtige Arbeit fand auf anderen Feldern statt.

Das wichtigste dieser Felder war die Förderung von Städte- und Gemeindepartnerschaften, deren Bedeutung schwerlich unterschätzt werden kann.[34] Der Großteil der praktischen Verständigungsarbeit fand in den Gemeinden statt. Deshalb war es ein Hauptanliegen des Freundschaftskreises, interessierten Kommunen bei der Suche nach einer Partnergemeinde in Burgund behilflich zu sein. Diese Hilfe war oft nötig, denn bei der Suche galt es einige Hürden zu überwinden.

---

[29] Zur Person Schröders: LHAKO, Best. 910 Nr. 7327 (Laudatio von Kultusministerin Laurien anlässlich der Verleihung des Großen Bundesverdienstkreuzes an Schröder, 1.3.1977).
[30] APRPB, Ordner „Gründerjahre" (Protokoll der Mitgliederversammlung, 4.6.1957).
[31] APRPB, Ordner 201 (Satzungstext); APRPB, Ordner „Gründerjahre" (Protokoll der Mitgliederversammlung, 4.6.1957)
[32] APRPB, Ordner 203 (Wahl der Ausschüsse, 30.1.1961).
[33] *Staats-Zeitung Rheinland-Pfalz*, 17.11.1957, Nr. 46, „Es sind die Menschen, die uns hoffen lassen".
[34] Zu den kommunalen Partnerschaften allgemein: Gérard, Emmanuelle, *Die deutschfranzösischen Städtepartnerschaften. Historik und Entwicklung*, Lyon 2001; Grunert, Thomas, *Langzeitwirkungen von Städtepartnerschaften. Ein Beitrag zur europäischen Integration*, Tübingen 1981.

Da war zunächst einmal die bereits erwähnte unterschiedliche Verwaltungsstruktur. Burgundische Gemeinden hatten im Schnitt deutlich weniger Einwohner als rheinland-pfälzische. Dazu kam oft eine unterschiedliche Vereinsstruktur, aber gerade die Vereine waren vor Ort für die Verständigung unverzichtbar. Und auch wenn solche Gegensätze überbrückbar erschienen, war der erste Anlauf nicht immer erfolgreich, wie etwa das Beispiel Bad Kreuznach zeigt: die Stadt an der Nahe hatte 1960 einen ersten erfolglosen Versuch mit Chalon-sur-Saône (das sich schließlich für Solingen als Partnerstadt entschied) unternommen, bevor der zweite Anlauf 1963 mit Bourg-en-Bresse, im Département Ain am südlichen Rand Burgunds gelegen, gelang.[35] Auch nach dem erfolgreichen Abschluss der Partnersuche hörten die Schwierigkeiten nicht auf. Die Organisation des Austausches erforderte einen finanziellen Aufwand, den vor allem kleine Gemeinden kaum bewältigen konnten.

Dieses Problem beschäftigte den Freundschaftskreis umso mehr, je mehr die Zahl der Partnerschaften wuchs. Den Anfang hatten im Oktober 1956 Neustadt/Weinstraße und Mâcon gemacht[36], Ende 1960 waren es gerade vier, Ende 1970 schließlich 57 Partnerschaften.[37] Damit hatten mehr als Hälfte aller rheinland-pfälzischen Kommunen, die Kontakte mit Frankreich unterhielten, einen Partner in Burgund.

Eine Sonderstellung hatte zweifellos die 1958 abgeschlossene Partnerschaft zwischen den beiden Hauptstädten Mainz und Dijon. Durch den relativ frühen Zeitpunkt hatte sie eine Katalysatorfunktion für Vorhaben ähnlicher Art, auch außerhalb von Rheinland-Pfalz.[38] Zudem fanden nahezu alle wichtigen Veranstaltungen in den beiden Städten statt, so dass lokale und regionale Partnerschaft untrennbar verbunden waren.

Von kaum geringerer Bedeutung für das Gelingen der Verständigung war der Bereich der Jugendarbeit. Bereits auf der Gründungsversammlung des Freundschaftskreises im September 1956 hatte Walter Schmitt bemerkt: „Der Jugend muss ein besonderer Platz eingeräumt werden. Bei allen Überlegungen darf man nicht vergessen, Mittel und Wege zu finden, um sie zu interessieren und auf breiter Basis in unser Arbeitsprogramm einzuschalten."[39] Zu diesem Zeitpunkt waren besonders auf dem Feld des Schüler- und Studentenaustausches schon einige Anstrengungen unternommen worden. So hieß es im Jahresbericht des Kultusministeriums für 1951, dass etwa zwanzig Schulen für einen Austausch bestimmt worden seien.[40] Erfolg stellte sich aber zunächst nur im oben erwähnten Fall der Gymnasien von Bin-

---

[35] APRPB, Ordner 335; vgl. auch: Stadt Bad Kreuznach (Hg.), *40 Jahre Städtepartnerschaft Bourg-en-Bresse – Bad Kreuznach 1963-2003*, Bad Kreuznach 2003.
[36] LHAKO, Best. 930 Nr. 7707 (Protokoll der Gründungsversammlung, 22.10.1956).
[37] APRPB, Ordner 58.
[38] Defrance, Corine, Les premiers jumelages franco-allemandes 1950-1963, in: *Lendemains*, 21/84 (1996), S. 89 ff.
[39] LHAKO, Best. 862 Nr. 920 (vgl. Anm. 2).
[40] LHAKO, Best. 910 Nr. 2095.

gen und Bad Kreuznach ein. Sonst blieb es noch bei rein schriftlicher Korrespondenz, auch weil die gegenseitigen Vorbehalte noch längst nicht überwunden waren. Ein Schulrektor aus Betzdorf (Westerwald) gab im April 1954 in einem Brief an das Kultusministerium die Aussage eines französischen Kollegen wider, wonach französische Eltern aus Angst vor kriegerischen (!) Ereignissen ihre Kinder ungern über den Rhein schickten.[41] Doch selbst bei einem guten Willen ließen mangelnde Unterkunftsmöglichkeiten und hohe Reisekosten allzu oft nur einen brieflichen Kontakt zwischen den Schülern zu. Mangelnde Sprachkenntnisse taten ein Übriges, um den Austausch zu erschweren.

Mit diesen Problemen sah sich auch der Freundschaftskreis konfrontiert. Neben der Unterstützung von Kooperationen im Schul- und Universitätsbereich (Universitätspartnerschaft Mainz-Dijon) versuchte man vor allem, die breite Öffentlichkeit für das Thema zu interessieren. So wurden wiederholt Familien dazu aufgerufen, französische Schüler und Studenten aufzunehmen.[42] Damit konnten jedoch zunächst nur Teilerfolge erzielt werden. Erst nach der Gründung des Deutsch-Französischen Jugendwerks (DFJW) 1963 war eine belastbare Grundlage für einen Austausch in größerem Umfang vorhanden.

Ein weiteres Betätigungsfeld, das mit der Jugendarbeit eng zusammenhing, war der Sport. Dieser wurde in den 1960er Jahren zum wichtigsten Kontaktmedium überhaupt. Im April 1962 schlossen der Landessportbund Rheinland-Pfalz und die Association Bourguignonne Sportive eine eigene Partnerschaft[43] und vereinbarten die Abhaltung jährlich stattfindender, mehrtägiger Sportlertreffen. Berücksichtigt man dazu die Begegnungen im Vereinsbereich, entfällt die Mehrzahl aller Kontakte im Rahmen der Partnerschaft auf den Sport.

Am 26. Juni 1962 besiegelten Rheinland-Pfalz und Burgund während eines Bürgermeister- und Parlamentariertreffens in Mainz ihre Partnerschaft offiziell mit einer Urkunde. Darin versicherten beide Seiten, „alle Maßnahmen zu ergreifen, damit die von ihnen vertretene Bevölkerung sich besser kennen und verstehen lernt und eine Wiederholung von Konflikten vermieden wird, unter denen sie in der Vergangenheit so hart gelitten hat."[44]

Der Freundschaftskreis konnte nach den ersten fünf Jahren seines Bestehens auf eine recht erfolgreiche Arbeit zurückblicken. Dabei hatte man vor allem Wert darauf gelegt, Kontakte herzustellen und Initiativen anzuregen, kurz gesagt: Ideengeber zu sein. Die praktische Durchführung der Vorhaben blieb bei den eigenen knappen Mitteln meistens den entsprechenden Personen bzw. Organisationen vor Ort überlassen. Trotz der Beschränkungen war es gelungen, viele Austauschprojekte anzustoßen und wichtige Gruppen,

---

[41] LHAKO, Best. 910 Nr. 4160.
[42] *Staats-Zeitung Rheinland-Pfalz*, 19.4.1959, Nr. 16, „Die Austausch-Basis soll breiter werden".
[43] Mouret, Daniel (Red.), *Motor für Europa 1962 bis 2002. 40 Jahre Sportpartnerschaft Rheinland-Pfalz – Burgund*, Mainz 2002.
[44] LHAKO, Best. 700,155 Nr. 655.

wie etwa Arbeitgeberverbände, Gewerkschaften oder berufsständische Organisationen (z.B. Anwälte, Ärzte) zur Mitarbeit zu bewegen. Dem wachsenden Ausmaß der Aktivitäten trug auch eine Satzungsänderung Rechnung, die im Dezember 1961 von der Mitgliederversammlung beschlossen wurde. Hauptziel war nun, praktische Verständigungsarbeit zu leisten und dafür Vorhaben wie Städte- und Gemeindepartnerschaften, Jugendaustausch und Begegnungen von Menschen aus verschiedenen Lebensbereichen und Berufsgruppen zu unterstützen.[45]

Die Unterzeichnung der Partnerschaftsurkunde 1962 läutete eine neue Phase ein. Das Wachsen des Austausches sollte anhalten. Dafür mussten auch in Zukunft geeignete organisatorische Grundlagen gewährleistet werden. Zweifellos hatten die gegenseitigen Beziehungen eine beeindruckende Breite erreicht. Einige Beteiligte begannen jedoch bald die Frage zu stellen, wie tief diese Beziehungen wirklich reichten.

3. Bleibende Dynamik oder Erstarrung in Ritualen? (1962-1969)

Die Jahre 1962/63 markierten nicht nur einen ersten Höhepunkt der Annäherung zwischen Rheinland-Pfalz und Burgund, sondern auch in den deutsch-französischen Beziehungen insgesamt. Im Juli und September 1962 fanden gegenseitige Staatsbesuche Adenauers und de Gaulles statt, im Januar 1963 wurde feierlich der Elysée-Vertrag unterzeichnet. Die Freundschaftskreise in Mainz und Dijon werteten das auch als Bestätigung ihrer eigenen Arbeit. Auf der ersten Sitzung des neu eingerichteten Lenkungsausschusses, der die Koordination der in der Satzung neu gestellten Aufgaben übernehmen sollte, hieß es dazu im April 1963:

> „Der Vertrag über die deutsch-französische Zusammenarbeit vom 22. Januar 1963 kann als die offizielle Bestätigung betrachtet werden, dass unsere langjährigen Bestrebungen richtig waren. Dadurch, dass wir unablässig freundschaftliche Kontakte zwischen Menschen aller Lebensbereiche in Rheinland-Pfalz und Burgund angebahnt haben, haben wir zu einer Annäherung und Aussöhnung unserer beiden Völker beigetragen."[46]

Diese Ansicht wurde auch von höheren Stellen bestärkt: der französische Botschafter in Bonn, Roland de Margerie, meinte im Mai 1963, Rheinland-Pfalz und Burgund hätten mit ihrer Partnerschaft den Elysée-Vertrag „zum Teil bereits vorweggenommen."[47]

Als sich 1964/65 nach dem Wechsel von Adenauer zu Erhard das deutsch-französische Verhältnis auf der politischen Bühne abzukühlen begann, hob man umso mehr die guten zwischenmenschlichen Beziehungen hervor. Das gesteigerte Selbstbewusstsein des Freundschaftskreises zeigte

---

[45] APRPB, Ordner 201 (Neue Satzung v. 18.12.1961).
[46] APRPB, Ordner 201 (Versammlungsprotokoll, 23.4.1963).
[47] APRPB, Ordner 201 (Vorstandsbericht, 12.12.1963).

sich auch in dem Wunsch nach mehr Einfluss bei der deutsch-französischen Zusammenarbeit. Anlässlich der Gründung des DFJW 1963 äußerte Schröder gegenüber dem Bundesminister für Familien- und Jugendfragen, Bruno Heck (CDU),

„(...) dass wir es sehr begrüßen würden, wenn ein Vertreter des Landes Rheinland-Pfalz in das Kuratorium des deutsch-französischen Jugendwerks berufen werden könnte - nicht nur im Interesse der Fortsetzung und Entwicklung unserer eigenen Arbeit, sondern auch, um die hier gemachten Erfahrungen unmittelbar zum Vorteil aller nutzbar zu machen."[48]

Dem Wunsch wurde entsprochen: August Zeuner, der Vorsitzende des Landessportbundes Rheinland-Pfalz und Bürgermeister von Oberwesel, wurde in das Gremium berufen.[49]

Blickt man auf die reinen Zahlen, nahm der Austausch beträchtliche Ausmaße an. Um die Mitte der 1960er Jahre begann die Zahl der kommunalen Partnerschaften deutlich zu wachsen. Allein 1966 schlossen 14 rheinland-pfälzische Gemeinden eine Partnerschaft mit Burgund, in den zehn Jahren davor waren es insgesamt 20 gewesen. Ende 1969 war die Zahl gegenüber 1965 um das Zweieinhalbfache gestiegen – von 20 auf 49.[50]

Im Rahmen dieser kommunalen Partnerschaften fand ein reger Austausch statt. Dabei beteiligte sich ein breites Spektrum verschiedener Gruppen: Sportvereine, Schulen, Theater- und Folkloregruppen, Jugendgruppen, Chöre sowie Vertreter von Behörden und diversen Berufsgruppen. Ab 1964 schickte ein großer Teil der im Freundschaftskreis zusammengeschlossenen Gemeinden einmal jährlich Berichte über die durchgeführten Aktivitäten nach Mainz.[51] In Dijon sagte Kir im April 1967 auf einer Versammlung der Amicale, die Breite des Austausches zwischen den Regionen könne gar nicht genug gewürdigt werden.[52]

Die wachsende Bedeutung kommunaler Zusammenarbeit machte sich auch in der zunehmenden Einbindung der Gemeinden in die Arbeit des Freundschaftskreises bemerkbar. Im Juni 1962 war erstmals ein großes Treffen speziell für Bürgermeister und Abgeordnete in Mainz veranstaltet worden. Zudem wurden zu den offiziellen Freundschaftstagen immer mehr Bürgermeister eingeladen, die im Anschluss an die Treffen oft ihre Partnergemeinden besuchten. 1957 waren 150 rheinland-pfälzische Vertreter nach Dijon gereist, 1969 waren es etwa 300.[53] Ende 1969 wurde schließlich erstmals ein Bürgermeisterausschuss nach Mainz einberufen, auf dessen Sitzungen Vertreter der Kommunen Erfahrungen austauschen und aktuelle Prob-

---

[48] APRPB, Ordner 203 (Brief Schröders an Heck, 5.8.1963).
[49] *Rheinhessen-Sport*, 13 (1963), Nr. 11, S. 4.
[50] APRPB, Ordner 58.
[51] Die Berichte sind im Partnerschaftsarchiv Mainz einsehbar.
[52] StaMz, Best. 100 Zug. 1980/45, Nr. 9.
[53] *Staats-Zeitung Rheinland-Pfalz*, 46/17.11.1957, Nr. 46, „Es sind die Menschen, die uns hoffen lassen" und 29.6.1969, Nr. 26 „Rheinland-Pfalz war in Burgund zu Hause".

leme erörtern konnten.[54] Gleichzeitig schritt auch der Ausbau der Sportbeziehungen voran. Nicht ohne Stolz erwähnte der designierte Ministerpräsident Helmut Kohl Ende 1968 in einem Interview, dass für das folgende Jahr 24 Begegnungen mit 4000 jungen Teilnehmern geplant seien. Weiter bemerkte er: „Es ist nichts grundsätzlich Neues, dass ausgerechnet der Sport die Tore für gegenseitiges Verstehen öffnet und offenbar kein anderes Mittel für Versöhnungen geeigneter ist als er."[55]

Mitte der 1960er Jahre hatte sich der Freundschaftskreis einen festen Platz im Kreis jener Organisationen gesichert, die auf dem Feld der deutsch-französischen Verständigung tätig waren. Um diese Zeit kam eine engere Zusammenarbeit mit anderen Gruppen aus diesem Kreis ins Gespräch. Vor allem die Deutsch-Französischen Gesellschaften (DFG), die es in allen größeren Städten von Rheinland-Pfalz gab, boten sich für eine Kooperation an.[56] Ein solches Ansinnen wurde prinzipiell begrüßt. Vor allem bei der Vermittlung von Sprachkenntnissen an Schüler und Studenten wurden die Gesellschaften als wichtiger Partner angesehen.[57] Ein organisatorischer Zusammenschluss wurde dagegen abgelehnt, da die Strukturen zu verschieden seien. Tatsächlich beschränkte sich das Wirkungsfeld der Gesellschaften in der Regel auf ihre eigene Stadt, während der Freundschaftskreis in ganz Rheinland-Pfalz aktiv war.

Rein quantitativ konnte man den Austausch also als Erfolg bezeichnen, es blieb jedoch die Frage nach der Qualität. Welche bleibenden Eindrücke gewannen die Teilnehmer auf den Fahrten ins Nachbarland? Eine Beantwortung dieser Frage war für die Beteiligten nicht leicht, doch deutete sich an, dass hier noch längst nicht alles zum Besten stand.

Max Schröder meinte im November 1963 in einem Brief an August Zeuner mit Blick auf den Jugendaustausch, dass viele Jugendliche sich falsche Vorstellungen machten. Er äußerte die Sorge, dass viele die Reisen nur unter „touristischen" Aspekten sehen und so einen falschen Eindruck von Land und Leuten bekommen würden. Dagegen müsse, etwa mittels Erwerb von Sprachkenntnissen, rechtzeitig Vorsorge getroffen werden.[58]

Kritiker sahen einige der Ursachen auch in der Arbeit des Freundschaftskreises selbst. Nach ihrem Geschmack hatte sich in die Beziehungen zu Burgund zuviel Routine eingeschlichen, der Elan der ersten Jahre habe sich etwas abgenutzt. Zielscheibe der Kritik waren vor allem die offiziellen Freundschaftstage. Die Mainzer SPD-Zeitung „Die Freiheit" schrieb 1963, die Treffen würden sich in einem „Tauschhandel für Ordensmäntel, Verdienstspangen und Ehrenbürgerbriefe" erschöpfen.[59] In dieselbe Richtung

---

[54] APRPB, Ordner 204 (Protokoll der ersten Sitzung, 12.12.1969).
[55] *Allgemeine Zeitung/Mainzer Anzeiger*, 28./29.12.1968, Nr. 301, „Stichwort Jumelage".
[56] Götz, *Modell* (wie Anm. 3), S. 175.
[57] APRPB, Ordner 204 (Vorstandsbericht, 7.12.1967).
[58] APRPB, Ordner 201 (Brief Schröders an Zeuner, 26.11.1963).
[59] *Die Freiheit* (Mainz), 1.11.1963, Nr. 128, „Zum Kopfzerbrechen für professionelle Grenzgänger".

zielte 1967 die Kritik der „Allgemeinen Zeitung" aus Mainz. Es sei dort kein Platz für „Herrn Dupont und Frau Meier", also die gewöhnlichen Bürger, die man doch gewinnen müsse, um Erfolg zu erzielen.[60] Und in einem Leserbrief an dieselbe Zeitung hieß es Anfang 1968:

> „Solange sich die sog. „Verbrüderungsbewegung zwischen beiden Ländern fast nur auf den gegenseitigen Besuch von Delegationen beschränkt, sind m.E. dieser so begrüßenswerten Freundschaft enge Grenzen gezogen. Darüber täuschen auch gelegentliche Pressemeldungen nicht hinweg, denn diese beschränken sich, wie gesagt, doch meist nur auf Leute mit Rang, Namen und Funktion."[61]

Diese Stimmen stellten also nicht den Sinn der Partnerschaft in Frage, sondern forderten eine Ausweitung des Austausches auf breitere Kreise der Bevölkerung. Beim Freundschaftskreis konterte man die Kritik mit dem Verweis darauf, dass die Freundschaftstage kein repräsentatives Bild der Partnerschaft liefern könnten. Die wesentliche Arbeit finde vor Ort in den Gemeinden statt, wo die Beteiligten sich stetig darum bemühten, möglichst viele Bürger anzusprechen. Wenn diese aber nicht organisiert seien (z.B. in einem Verein) stoße man eben an gewisse Grenzen.

Eine solche Argumentation vermochte jedoch längst nicht alle zu beschwichtigen. Nach den Freundschaftstagen 1969 in Dijon erreichte die kritische Berichterstattung einen neuen Höhepunkt und nun kamen die Vorwürfe gegen die Gestaltung der Treffen nicht mehr nur von außen. Die Journalistin Elisabeth Steil-Beuerle, die die Arbeit des Kreises seit vielen Jahren unterstützte, schrieb dazu in der „Allgemeinen Zeitung", die Partnerschaftsbewegung laufe in der Spitze Gefahr, im Formalismus zu erstarren und eine Manifestation von Beamten zu werden. Um das zu verhindern, seien neue Ideen und eine bessere Koordinierung nötig.[62] Wenig später bemerkte die „Staats-Zeitung", das Organ der Landesregierung, über dem Treffen habe „ein Hauch von Rauhreif" gelegen.[63] Als im Jahr darauf die Gewerkschaften dem Freundschaftskreis die Kooperation aufkündigten[64], war endgültig der Zeitpunkt gekommen, sich ernsthafte Gedanken über innere Reformen und eine bessere Außendarstellung zu machen. Die Diskussionen über eine Reform der Partnerschaftsarbeit setzten in einer Phase des Übergangs ein. Die „Gründergeneration" trat langsam aber sicher ab. Franz Stein wurde 1965 als Mainzer Oberbürgermeister durch Jockel Fuchs abgelöst. Félix Kir starb im April 1968 im hohen Alter von 92 Jahren, sein langjähriger Mitarbeiter Camille Pelletret folgte ihm als Vorsitzender der Amicale in Dijon nach. Schließlich neigte sich auch die Regierungszeit Peter Altmeiers ihrem Ende

---

[60] *Allgemeine Zeitung/Mainzer Anzeiger*, 21.9.1967, Nr. 220, „Nur ein Garten".
[61] *Allgemeine Zeitung/Mainzer Anzeiger*, 4.1.1968, Nr. 3, „Enttäuscht".
[62] *Allgemeine Zeitung/Mainzer Anzeiger*, 27.6.1969, Nr. 145, „Partnerschaft am Scheideweg".
[63] *Staats-Zeitung Rheinland-Pfalz* , 3.8.1969, Nr. 31, „Neue Ziele".
[64] Der rheinland-pfälzische DGB-Vorsitzende Julius Lehlbach beklagte in einem Brief an Schröder im September 1969 den „barocken" Charakter der Freundschaftstage (APRPB, Ordner 205).

entgegen. Nach 22 Jahren im Amt übergab er im Mai 1969 den Stab an Helmut Kohl. Kaum im Amt sorgte dieser in Burgund für einige Verstörung, als er seine Teilnahme für die im Juni stattfindenden Freundschaftstage absagte. Altmeier, der diese Treffen nicht ein einziges Mal ausgelassen hatte, musste ihn vertreten. Bei einem Besuch in Dijon im November 1969 konnte Kohl die Wogen jedoch glätten. Oberbürgermeister Jean Veillet würdigte ihn danach als einen Mann, der seine europäische Gesinnung nicht nur gesprochen, sondern gelebt habe. Kohl seinerseits sah sich in seiner Ansicht bestärkt, dass die Beziehungen zwischen Rheinland-Pfalz und Burgund zu einem tragenden Pfeiler der deutsch-französischen Freundschaft geworden seien.[65] Das neue Führungspersonal gedachte durchweg, die Arbeit der Vorgänger fortzusetzen und neue Ideen einzubringen.

4. Resümee

Bei allen genannten Einschränkungen konnte der Freundschaftskreis am Ende der 1960er Jahre unter dem Strich eine positive Bilanz verzeichnen. 1957 war er angetreten, um auf der Basis zwischenmenschlicher Kontakte die Verständigung von Volk zu Volk zu verwirklichen. „Wir müssen Brücken bauen von Mensch zu Mensch", hatte Peter Altmeier dies 1965 prägnant ausgedrückt[66] und die Kritik an der Partnerschaftsarbeit richtete sich ja nicht gegen diese Maxime, sondern forderte deren konsequente Befolgung. Die größte Gefahr, der sich der Freundschaftskreis am Ende der 1960er Jahre gegenüber sah, bestand darin, in seinen Bemühungen nachzulassen und so ein Opfer des eigenen Erfolgs zu werden.

Betrachtet man den Prozess der deutsch-französischen Aussöhnung nach 1945 aus der Vogelperspektive, so lassen sich zwei Ebenen ausmachen: eine politische und eine gesellschaftliche. Auf beiden Ebenen waren sich die Handelnden ihrer Verantwortung für die Schaffung eines gutnachbarlichen Verhältnisses bewusst. Politisch spielte sich der Prozess in Bonn und Paris ab, verbunden mit Personen wie Konrad Adenauer, Charles de Gaulle oder Robert Schuman. Der Elysée-Vertrag von 1963 war Ausdruck der gelungenen politischen Annäherung, doch Verträge und Abkommen sind nicht alles. Damit die beiden Völker, die sich so lange Zeit als „Negation des (jeweils) Anderen"[67] verstanden, zusammenfanden, musste auf der gesellschaftlichen Ebene gehandelt werden. Hier rückten Mainz und Dijon auf eine Stufe mit Bonn und Paris. Das Wirken von Peter Altmeier, Franz Stein, Félix Kir und ihren zahlreichen Unterstützern aus vielen Orten in Rhein-

---

[65] *Staats-Zeitung Rheinland-Pfalz*, 8.12.1969, Nr. 49, „Dr. Kohl: Kontakte zu Burgund auf breitere Basis stellen".
[66] *Staats-Zeitung Rheinland-Pfalz*, 28.3.1965, Nr. 13, „Brückenschlag von Mensch zu Mensch. Aus der Arbeit des Freundschaftskreises ".
[67] Ziebura, Gilbert, *Die deutsch-französischen Beziehungen nach 1945. Mythen und Realitäten*, überarb. und aktualisierte Neuausgabe, Stuttgart 1997, S. 16.

land-Pfalz und Burgund war sicher nicht geringer zu veranschlagen als das von de Gaulle und Adenauer. Letzterer hatte die Bedeutung zivilgesellschaftlicher Kontakte für das Gelingen der Aussöhnung klar erkannt. In seinen „Erinnerungen" schrieb er:

> „Nur wenn sich Franzosen und Deutsche kennenlernten, miteinander lebten und arbeiteten, nur dann würde es möglich sein, das überkommene Misstrauen zu überwinden, das in der Vergangenheit immer wieder die furchtbarsten kriegerischen Konflikte verursacht hatte."[68]

Dieser Satz klang wie ein Echo des Aufrufes, mit dem der Freundschaftskreis Rheinland-Pfalz – Burgund ein knappes Jahrzehnt zuvor an die Öffentlichkeit getreten war.

---

[68] Adenauer, Konrad, *Erinnerungen 1953-1955*, Stuttgart 1966, S. 371.

Silvia Keiser

Peter Altmeiers Europapolitik.
Handlungsrahmen – Konzeption – Maßnahmen

1. Einleitung

Peter Altmeier war Ministerpräsident von Rheinland-Pfalz in den Jahren 1947 bis 1969 und Landesvorsitzender der CDU von 1947 bis 1966.[1] Er hat das Land Rheinland-Pfalz in seinen Anfangsjahren wesentlich geprägt. Aufgrund seiner Stellung und seines Amtes ist er eindeutig der politischen Ebene zuzuweisen. Doch obwohl Altmeier selbst nicht als zivilgesellschaftlicher Akteur gelten kann, so nahm er mit seiner Arbeit und seinem Amt Einfluss auf die Entwicklung der Zivilgesellschaften als entscheidende Akteure der deutsch-französischen Annäherung.

Der politische Akteur ist als „Träger beziehungsweise Vermittler von Ideen, Interessen oder Werten oder als Repräsentant beziehungsweise Gestalter politischer Symbolik"[2] aus der Geschichte der internationalen Beziehungen nicht wegzudenken. Ungeachtet der gegebenen Strukturen, die die politisch Handelnden in ihren Entscheidungen steuern oder einschränken, ist doch immer eine gewisse Akteursfreiheit gewährt, die von vielen auch wahrgenommen wird.[3] Inwieweit Peter Altmeier sich strukturellen Gege-

---

[1] Literatur zu Altmeier: Brommer, Peter, Rheinland-Pfalz. Peter Altmeier, in: *Treuhänder des deutschen Volkes. Die Ministerpräsidenten der westlichen Besatzungszonen nach den ersten freien Landtagswahlen. Politische Porträts*, hrsg. v. Walter Mühlhausen, Cornelia Regin, Melsungen 2001, S. 273-293; Graß, Karl M., Einleitung, in: *Peter Altmeier. Reden 1946-1951*, hrsg. v. Karl M. Graß, Franz-Josef Heyen, Boppard 1979, S. XV-XXII; Heyen, Franz-Josef, Peter Altmeier (1899-1977). Ministerpräsident von Rheinland-Pfalz, in: *Rheinland-Pfalz entsteht. Beitrag zu den Anfängen des Landes Rheinland-Pfalz in Koblenz 1949-1951*, hrsg. v. Franz-Josef Heyen, Boppard 1984, S. 199-208; Kohl, Helmut, Peter Altmeier, in: *Personen und Wirkungen. Biographische Essays*, hrsg. v. der Landesbank Rheinland-Pfalz Girozentrale, Mainz 1979, S. 359-365; Morsey, Rudolf, Peter Altmeier, in: *Politiker in Rheinland-Pfalz: Unsere Ministerpräsidenten*, hrsg. v. Hannes Ziegler, Annweiler 2002, S. 39-53; Morsey, Rudolf, *Vom Land aus der Retorte zu einem Land mit eigenem Profil. Die Ära Peter Altmeier 1947-1969*, http://www.uni-mainz.de/FB/Geschichte/hist7akt/Dateien/Rheinl_-Pfalz-Druck.pdf (4.1.2007).
[2] Conze, Eckart, Abschied von Staat und Politik? Überlegungen zur Geschichte der internationalen Politik, in: *Geschichte der internationalen Beziehungen. Erneuerung und Erweiterung einer historischen Disziplin*, hrsg. v. Eckart Conze u.a., Köln u.a. 2004, S. 15-43, hier S. 41.
[3] In der aktuellen Geschichtsforschung ist man sich einig, dass bei der geschichtswissenschaftlichen Analyse die Festlegung auf eine Theorie oder Methode der Komplexität von historischen Prozessen nicht gerecht werden kann. Innenpolitische, ökonomische, soziale sowie kulturelle Aspekte oder die des internationalen Systems sind jeweils von Fall zu Fall im Hinblick auf ihre Gewichtung zu untersuchen. Vgl. dazu Müller,

benheiten fügte, oder ob eigene Interessen seine Entscheidungen beeinflussten, gilt es hier zu untersuchen. Waren seine Interessen das Ergebnis strategisch-rationaler Entscheidungsprozesse oder spielten sozial-konstruierte Erwägungen eine Rolle?

In einem ersten Schritt muss grundsätzlich geklärt werden, welche strukturellen Möglichkeiten einem Ministerpräsident überhaupt gegeben waren, um sich an der deutsch-französischen Annäherungspolitik zu beteiligen. Dabei ist die außenpolitische Situation Deutschlands insgesamt zu beachten. Hierbei ist sowohl die internationale als auch die nationale Ebene von Interesse. War es einer Landesregierung bis Ende der sechziger Jahre überhaupt möglich eine eigene Außenpolitik zu betreiben? Wie gestaltete sich der Handlungsrahmen und welche Entscheidungsfreiheiten boten sich einem Ministerpräsidenten?

Ausgehend von der Prämisse, dass außenpolitische Entscheidungen eines Akteurs nicht nur von internationalen oder innergesellschaftlichen Strukturen bedingt werden, sondern dem akteurseigenen Interesse im Entscheidungsprozess eine nicht unwesentliche Rolle zukommt, muss in einem zweiten Schritt auf die Person Altmeiers näher eingegangen werden. Bei einer solchen Analyse muss unter anderem der Frage nachgegangen werden, welche biographischen Ereignisse seine außenpolitische Einstellung beeinflussten. Seine Sozialisation, insbesondere die politische Bildung ist hier von Bedeutung. Neben der Mentalität müssen auch seine Emotionen und Perzeptionen beachtet werden. Wie konzipierte sich sein politisches Grundverständnis? Was waren die Motive seines Handelns? Interessant erscheint hier die Gewichtung seiner Prioritäten. Zu fragen ist danach, ob es tendenziell eher nationale oder supranationale Elemente waren, die seine Entscheidungen beeinflussten.

Auf der Basis dieses europapolitischen Gedankengebäudes wird in einem nächsten Schritt an signifikanten Fallbeispielen herausgearbeitet, wie Altmeier im Einzelnen agierte. Die Themen des Saarabkommens und der Moselkanalisierung bieten sich aufgrund ihrer internationalen Implikationen an. Die Lösung dieser Konflikte stellte einen bedeutsamen Schritt im deutsch-französischen Aussöhnungsprozess dar.[4] Eine allgemeine außenpolitische Aufgabe ist die Festigung und der Ausbau der Wohlfahrt. Auf der europäischen Ebene versuchte man diese durch die Wirtschaftsintegration zu bewirken. In diesem Sinne sind die zwischen Rheinland-Pfalz und Luxemburg geschlossenen Kooperationen unter der Regierung Altmeier von Interesse. In wie weit lagen diesen wirtschaftlichen Projekten europäische Einigungspläne zugrunde? Der Freundschaftskreis Rheinland-Pfalz – Bur-

---

Guido, Internationale Gesellschaftsgeschichte und internationale Gesellschaftsbeziehungen aus Sicht der deutschen Geschichtswissenschaft, in: *Geschichte der internationalen Beziehungen. Erneuerung und Erweiterung einer historischen Disziplin*, hrsg. v. Eckart Conze u.a., Köln u.a. 2004, S. 234-258, hier S. 235.

[4] Vgl. dazu Vogel, Ludwin, *Deutschland, Frankreich und die Mosel. Europäische Integrationspolitik in den Montan-Regionen Ruhr, Lothringen, Luxemburg und der Saar*, Essen 2001, S. 9.

gund wurde einmal als schönstes Beispiel deutsch-französischer Zusammenarbeit bezeichnet.[5] Daher wird in einem letzten Kapitel zu untersuchen sein, welche Rolle Altmeier beim Aufbau dieser transnationalen Kooperation einnahm.[6]

2. Handlungsrahmen

Mit der Berliner Erklärung im Juni 1945 lag die Entscheidungsgewalt über außenpolitische Angelegenheiten in den Händen der Siegermächte. Kurz nach der Gründung der Bundesrepublik erlangte die Bundesregierung einige außenpolitische Kompetenzen zurück, souverän wurde der westdeutsche Staat mit den Pariser Verträgen 1955 (de jure erst 1990). Bis zur Gründung der Bundesrepublik waren die Ministerpräsidenten der drei westlichen Besatzungszonen nicht nur Vertreter landesinterner Interessen, sondern verstanden sich auch als „Treuhänder Deutschlands"[7]. Sie waren bis zur ersten Bundestagswahl am 14. August 1949 die höchsten legitimierten Repräsentanten Deutschlands. In Rheinland-Pfalz lag die oberste Kontrolle über die Landespolitik und -verwaltung in den Händen der französischen Besatzungsmacht. Der allgemeine politische Handlungsspielraum der Landesre-

---

[5] Der damalige französische Botschafter lobte bei seinem Besuch in Mainz am 23. April 1963 die deutsch-französische Kooperation mit diesen Worten: „Der Freundschaftskreis Rheinland-Pfalz–Burgund ist das schönste Beispiel für die neue Art der Beziehungen, die zwischen unseren beiden Ländern existiert.", in: *Staats-Zeitung*, 17 (1963), S. 5. Vgl. dazu Schröder, Max, 25 Jahre Freundschaftskreise – 20 Jahre Partnerschaft, in: *Lebendiges Rheinland-Pfalz*, 19/3 u. 4 (1982), S. 52.

[6] Interessant wäre die Untersuchung der Rolle Altmeiers auch bei folgenden Themen: Kurz zu nennen wäre beispielsweise die Zusammenarbeit zwischen französischen und deutschen Verwaltungsbeamten während der Besatzungszeit. Vgl. Dupprè, Fritz, Einübung in die Politik unter Peter Altmeier, in: *Rheinland-Pfalz persönlich. Erinnerungen und Begegnungen*, hrsg. v. Sparkassen- u. Giroverb. Rheinland-Pfalz aus Anlaß d. 40jährigen Bestehens d. Landes Rheinland-Pfalz, Mainz 1987, S. 39-67. Im militärischen Bereich ist die Beziehung zwischen der deutschen Bevölkerung und Regierung mit den französischen, belgischen oder luxemburgischen Truppeneinheiten von historisch-wissenschaftlichem Interesse. Vgl. Molt, Peter, Auslandsaktivitäten, in: *40 Jahre Rheinland-Pfalz. Eine politische Landeskunde*, hrsg. v. Peter Haungs, Mainz 1986, S. 658 f. Auch das offensive Eintreten gegen jegliche Gebietsabtretungen und die öffentlichen Ausführungen zur belgischen, französischen und luxemburgischen Grenzpolitik verdienten eine intensivere wissenschaftliche Auseinandersetzung. Vgl. dazu beispielsweise Dünisch, Heidi, *Der Mundartwald – Zur Bereinigung letzter Kriegsfolgenprobleme zwischen Deutschland und Frankreich*, Frankfurt u.a. 1989; Landeshauptarchiv Koblenz LHAKO), Best. 860 Nr. 2077 [Grenzveränderungen, Verschiedenes {Frankreich}]; *Staats-Zeitung*, 31 (1962), S. 2.

[7] Morsey, Rudolf, Entscheidung für den Westen. Die Rolle der Ministerpräsidenten in den drei Westzonen im Vorfeld der Bundesrepublik Deutschland 1947-1949, in: *Westfälische Forschungen*, 26 (1974), S. 22. Die Ministerpräsidenten verstanden sich während den Beratungen über die Frankfurter Dokumente im Juli 1948 als Vertreter gesamtdeutscher Interessen. Doch spätestens mit Unterzeichnung des Grundgesetzes im Mai 1949 endete ihr überregionaler Auftrag.

gierung war anfänglich gering. Der Historiker Rudolf Morsey sah die Hauptaufgabe des rheinland-pfälzischen Ministerpräsidenten darin, „als Erfüllungsgehilfe der Besatzungsmacht an der Verteilung von Not und Mangel mitzuwirken"[8]. Mit der Zeit erlangte die Landesregierung immer mehr Entscheidungsgewalt in den Bereichen Kultur und Wirtschaft sowie der Innenpolitik und Verwaltung.

Auch wenn Altmeier keine außenpolitischen Entscheidungen für das Land treffen konnte, so wurde ihm doch eine transnationale Funktion zuteil, die nicht unterschätzt werden kann. Unter seiner Regierung trafen deutsche Politiker und Verwaltungsangestellte auf französische Offiziere und Beamte und waren zur Kooperation gezwungen; die deutsch-französisch Aussöhnung wurzelt unter anderem in dieser Zusammenarbeit. Hier lernte die französische Besatzungsverwaltung die alltäglichen Bedürfnissen und Notwendigkeiten der Deutschen kennen. Der Ministerpräsident selbst warb in der Öffentlichkeit um Verständnis für die Auswirkungen der Besatzungspolitik. In seinen Reden betonte er stets, dass nicht die Franzosen Schuld an der ökonomischen und sozialen Notsituation tragen, sondern diese im Nationalsozialismus gesucht werden müsse.[9] Er erkannte die Notwendigkeit der Besatzungspolitik „in realpolitischer Erkenntnis der Tatsache ..., daß wir als besiegtes Volk nicht sofort in Vollbesitz unserer Souveränität gelangen können"[10].

In vielen Gesprächen versuchte er, der Militärregierung seine Position nüchtern darzulegen und mit ihr – wenn auch nicht immer erfolgreich – über Erleichterungen oder Veränderungen zu verhandeln. Während einer Landtagdebatte machte er im Juni 1948 seine Position deutlich:

> „Wir wollen mit Frankreich ins Gespräch kommen, wir wollen die Grundlage für eine verantwortungsvolle Zusammenarbeit schaffen. Aber die Voraussetzung eines jeden Vertrauens muß sein: Offenheit und Wahrhaftigkeit. Wir müssen Dinge beim Namen nennen. Wir müssen Hindernisse aufzeigen."[11]

---

[8] Morsey, Rudolf, Im Vorfeld der Weststaatgründung. Die Rolle des Ministerpräsidenten von Rheinland-Pfalz Peter Altmeier im Juli 1948, in: *Von Windthorst bis Adenauer. Ausgewählte Aufsätze zur Politik, Verwaltung und politischem Katholizismus im 19. und 20. Jahrhundert*, hrsg. v. Ulrich von Hehl u.a., Paderborn u.a. 1997, S. 485-497, hier S. 487.

[9] Vgl. dazu Graß, Heyen, *Reden* (wie Anm. 1), S. 40 (Nr. 6): „Die Regierung steht dabei – das sei hier nochmals betont – unter dem Zwang der gegebenen Tatsachen. Und diese Tatsachen sind die Folge des zwölfjährigen Naziterrors, des verlorenen Krieges und der durch ihn bewirkten Zerstörung nicht nur in Deutschland, sondern auch im übrigen Europa."

[10] Graß, Heyen, *Reden* (wie Anm. 1), S. 135 (Nr. 19). Vgl. dazu auch ebd., S. 117 (Nr. 18): „Wir bestreiten nicht unsere Pflicht zur Wiedergutmachung der durch die nationalsozialistische Regierung im Namen des deutschen Volkes den anderen Völkern Europas zugefügten *Schäden*. Diese Verpflichtung zur Wiedergutmachung hat ihre Grenze an der wirtschaftlichen Leistungsfähigkeit Deutschlands und der physischen Kraft seiner Menschen."

[11] Landtag, 30. Sitzung vom 16. Juni 1948, S. 688. Die in Altmeiers Sicht bedeutendsten Verhandlungen wurden über die Auflagen in den Bereichen der Ernährung, der Demontage und der Reparationen geführt. Die Entnahme von Lebensmitteln lehnte er ab, da „der Hunger ... kein Nährboden für Demokratie, Friede, Verständigung und Aufbau

Diese Einstellung, Verständnis für die andere Position aufzubringen und dabei gleichzeitig Verständnis für die eigene Position einzufordern, prägte sein Handeln gegenüber der Militärverwaltung. Diese offene und konstruktive Einstellung schuf Vertrauen zwischen Deutschen und Franzosen. Sie unterstützte in der Öffentlichkeit und in der Politik den Willen zu einer friedlichen Zusammenarbeit zwischen Frankreich und Deutschland, auch über den rheinland-pfälzischen Raum hinaus.[12]

Mit der Inkraftsetzung des Grundgesetzes verlor der Ministerpräsident die Aufgabe, gesamtdeutsche Interessen gegenüber ausländischen Staaten zu vertreten. Die Urheber des Grundgesetzes hatten im Verfassungstext die Kompetenzen der Länder in Artikel 32 eindeutig bestimmt: „Die Pflege der Beziehungen zu auswärtigen Staaten ist Sache des Bundes." Eine Beteiligung der Länder an der auswärtigen Gewalt ist aber verfassungsrechtlich gewollt, wenn auch eng begrenzt. So stehen den Länder beispielsweise bezüglich der ausschließlichen Gesetzgebungszuständigkeit Handlungsmöglichkeiten offen, also innerhalb der traditionellen Ländermaterien wie der inneren Verwaltung, Bildung und Erziehung, Kultur, Polizei, dem Sport und dem Gemeindewesen.[13] Zudem haben die Ministerpräsidenten der Länder außenpolitische Befugnisse durch ihre Mitgliedschaft im Bundesrat. Dort sind sie in den Gesetzgebungsprozess eingebunden und können über völkerrechtliche Verträge ihr Votum abgeben.

Altmeier fühlte sich als Bundesratsmitglied in besonderer Verantwortung gegenüber gesamtdeutschen Interessen. Er verstand den Bundesrat als ein Organ des Bundes, in dem bundesdeutsche Angelegenheiten entschieden wurden und in dem eigennützige Landesinteressen keinen Platz hatten.[14] Altmeier nutzte den außenpolitischen Handlungsrahmen, der ihm

---

Europas" (Graß, Heyen, Reden [wie Anm. 1], S. 56 [Nr. 10]) sei. Die Demontage kriegswichtiger Industrie verstand er, wehrte sich jedoch gegen die Demontage von Betrieben, die „mit dem besten Willen mit Kriegsbetrieben nichts zu tun hatten". Ebd., S. 177 (Nr. 23). Im Bereich der Regelung der Reparationszahlungen setzte sich Altmeier dafür ein, sie „auf jenes Maß herunterzuschrauben, welches der wirtschaftlichen Leistungskraft des Landes entspricht". Ebd., S. 169 (Nr. 23).

[12] Vgl. Morsey, Altmeier (wie Anm. 3), S. 362: „Deutete sich hier nicht schon im Keim jene deutsch-französische Verständigung an, die auf regionaler Ebene grundgelegt zu haben ein historischer Verdienst Peter Altmeiers bleibt? War hier nicht bereits ein Spalt zu jener weiten Tür nachbarschaftlicher Kooperation geöffnet, die das Bundesland Rheinland-Pfalz heute mit Burgund, aber auch mit allen Nachbarn im Westen unseres Vaterlandes freundschaftlich verbindet? Ein Ansatz auch dafür, daß über alles Amtliche hinaus die Partnerschaft in weiten Bevölkerungskreisen hüben und drüben zur Selbstverständlichkeit geworden ist?"

[13] Nach Artikel 72 Absatz 1 des Grundgesetzes können sich die Länder auch mit konkurrierenden Zuständigkeiten befassen, „solange und soweit der Bund von seinem Gesetzgebungsrecht keinen Gebrauch macht".

[14] Vgl. dazu Graß, Heyen, Reden (wie Anm. 1), S. 366 (Nr. 70). Der Landtagspräsident attestierte dies Altmeier in der Abschiedsrede für den scheidenden Ministerpräsidenten im Mai 1969: „Er sah im Bundesrat, das hat er immer wieder betont, nicht eine Interes-

durch seine Tätigkeit im Bundesrat zustand.[15] Jedoch war Altmeier insgesamt gesehen kein Politiker, der sich fortwährend in außenpolitische Angelegenheiten einmischte.[16] Er musste sich sogar vorwerfen lassen, ein „getreuer Knappe des Bundeskanzlers"[17] zu sein, der uneingeschränkt kritiklos den außenpolitischen Entscheidungen Adenauers folgte.[18]

Die Möglichkeiten, die das Grundgesetz den Ländern selbst zum außenpolitischen Handeln zugestand, schöpfte Altmeier insbesondere im Bereich grenzüberschreitender wirtschaftlicher Projekte aus. Altmeier, der von 1948 bis 1967 auch Minister für Wirtschaft und Verkehr war, wusste um die strukturelle Benachteiligung seines Landes aufgrund seiner Grenzlage. Im Rahmen seiner Handlungsmöglichkeiten brachte Altmeier bilaterale Initiativen zur strukturellen Verbesserung der Grenzgebiete voran. In den ersten Jahren waren es vor allem grenzüberschreitende Abmachungen, die zum Wiederaufbau zerstörter Grenzbrücken führten. Unter den vertraglich abgesicherten größeren Projekten sind die Errichtung von zwei Wasserkraftwerken im rheinland-pfälzisch-luxemburgischen Grenzgebiet oder ein deutsch-luxemburgischer Naturpark zu nennen. Dabei waren die grenzüberschreitenden Kooperationen für Altmeier mehr als nur wirtschaftlich-finanzielle Projekte. Altmeier betonte in den Eröffnungs- und Einweihungsreden immer auch ihre europäische Bedeutung. Er war davon überzeugt, dass durch

---

senvertretung der Länder, sondern ein ausgesprochenes Bundesorgan". Landtag, 36. Sitzung vom 19. Mai 1969, S. 1387.

[15] So setzte er beispielsweise seine Stimme sein, um gegen Staatsverträge zu stimmen. Vgl. dazu Abstimmung zu einem Entwurf eines Gesetzes zu dem Abkommen vom 31. Juli 1962 zwischen der Bundesrepublik Deutschland und der Französischen Republik zur Regelung verschiedener Grenzfragen, Bundesrat, 259. Sitzung vom 21. Juni 1963, S. 136 C.

[16] Vgl. Haungs, Peter: Rheinland-Pfalz im Bundesstaat, in: *40 Jahre Rheinland-Pfalz* (wie Anm. 6), S. 627: „In den folgenden Jahren orientierte sich Altmeier in erster Linie an den Interessen seines Landes oder an gemeinsamen Länderinteressen" und weniger an bundes- oder parteipolitischen Fragen.

[17] Graß, Heyen, *Reden* (wie Anm. 1), S. 411 (Nr. 75). In seiner Rede verneinte Altmeier diesen Ausspruch der SPD nicht, sondern konterte: „Es ist besser und verantwortlicher ein getreuer Knappe des Bundeskanzlers zu sein, als ein Vasalle Dr. Schumachers in seiner ewigen Verneinung zu sein". Der *Rheinische Merkur* betitelte Altmeier in einem Artikel am 19. November 1954 als „treuen Paladin", nachdem dieser sich in einer Landtagsdebatte dezidiert für ein positives Votum zum Saarstatut im Bundesrat aussprach. Vgl. dazu Kraus, Albert H. V.: *Die Saarfrage [1945-1955] in der Publizistik. Die Diskussion um das Saarstatut vom 23.10.1954 und sein Scheitern in der deutschen, saarländischen und französischen Presse*, Saarbrücken 1988, S. 102.

[18] Dagegen wehrte sich Altmeier – hier ein Beispiel vom siebten Parteitag in Trier: „Wir haben unsere gesamtdeutsche Aufgabe in der Bejahung und Unterstützung der Bundespolitik, vor allem ihrer außenpolitischen Konzeption gesehen, dabei aber zu keinem Zeitpunkt etwa des Standpunkt unbedingter Gleichschaltung von Bundes- und Länderpolitik vertreten. Wir haben unsere Landespolitik stets selber gemacht". *Stimme der Union Rheinland-Pfalz*, 7 (1956), S. 2.

die konkrete Zusammenarbeit an einem Projekt die internationale Kooperation eingeübt und gutnachbarliches Vertrauen geschaffen werde.[19]
Außenpolitik definiert sich jedoch nicht nur durch das Abschließen von Staatsverträgen und Verwaltungsabkommen. Staatsbesuche, Kontakt mit Botschaften oder unverbindliche Absprachen gehören zu den informellen außenpolitischen Aktivitäten, die auch die Länder ausführen. Gerade in den Grenzregionen haben solch informelle Kontakte besonderes Gewicht. Altmeier erkannte insbesondere in internationalen Begegnungstagen ein Fundament der beginnenden europäischen Integration. Neben Jugendtreffen[20] schätzte er die beginnende Freundschaft zwischen Rheinland-Pfälzern und Burgundern, weil

> „unsere Begegnungen hüben und drüben in den familären (sic), menschlichen, gemeindlichen und auch wirtschaftlichen Bereichen vielleicht das modernste Mittel sind, um über das amtliche hinaus einem alten Europa solide Grundlagen für zukunftsträchtige Entwicklungen von Mensch zu Mensch zu schaffen"[21].

3. Europapolitische Grundkonzeption

Der christliche Glaube spielte eine bedeutende Rolle im Leben und in der Politik Altmeiers. Aufgewachsen in einem sozial-katholischen Milieu in Koblenz wurde Altmeier maßgeblich von der katholischen Soziallehre inspiriert. Dem Solidaritätsprinzip verpflichtet, begann er sich früh für das Gemeinwohl und für den Aufbau einer gerechten Gesellschaftsordnung zu engagieren.[22] Das Prinzip der Personalität ließ ihn gegen strenge Formen des Kollektivismus eintreten. Aus den Erfahrungen, die er unter der totalitären Diktatur des Nationalsozialismus gemacht hatte, zog er bei Kriegsende die Schlussfolgerung, dass nur die Förderung und realpolitische Umsetzung christlicher Werte langfristig Sicherheit und Frieden gewähren können. Die internationale und nationale Neuordnung müsse dem Prinzip der Subsidiarität folgen, was er in den verschiedenen föderalistischen Ideen der europäischen Einigungsbewegung realpolitisch umgesetzt sah.

---

[19] Dieses Verständnis fußt auf einem funktionalistischen Integrationsverständnis, dass „gestützt auf die zunehmende wirtschaftliche Verflechtung ... die transnationale Kooperation der Eliten dazu führen [sollte], dass nicht allein im europäischen, sondern im globalen Maßstab neue Strukturen der Wohlfahrtsmehrung und Friedenssicherung entstehen". Bieling, Hans-Jürgen, Lerch, Marika, Theorien der europäischen Integration: ein Systematisierungsversuch, in: *Theorien der Europäischen Integration*, hrsg. v. Hans-Jürgen Bieling, Marika Lerch, Wiesbaden 2005, S. 25.
[20] Vgl. dazu *Staats-Zeitung*, 30 (1951), S. 1; *Staats-Zeitung*, 37 (1958), S. 3.
[21] LHAKO, Best. 700.169, Nr. 25.
[22] Vgl. dazu Graß, Heyen, *Reden* (wie Anm. 1), S. 409 (Nr. 75). Diese Meinung steht ganz im Sinne der Sozialenzyklika *Quadragesimo anno* von 1931.

Große Bedeutung maß Altmeier in Hinblick auf die europäische Neuordnung der politischen Gleichberechtigung zwischen den Staaten bei.[23] Für Deutschland forderte er daher die Wiedererlangung der Souveränität und Gleichstellung gegenüber den anderen Staaten ein. Altmeier war sich allerdings des Misstrauens gegenüber Deutschland bewusst, das aus den Erfahrungen der jüngsten Geschichte resultierte. Er erkannte, dass die völkerrechtliche Gleichstellung nur sukzessive gestattet werden könne. Zum einen gründete die Forderung Altmeiers nach voller Souveränität in seinem naturrechtlichen Verständnis, zum anderen in seiner Heimatliebe. Er war davon überzeugt, dass ein wahrer Patriot sich zwangsläufig aus Liebe zu seinem Land, für den Frieden und die Völkerverständigung einsetzen müsse.[24]

Altmeier war der Ansicht, dass zum Abbau von Misstrauen insbesondere die positiven Erfahrungen helfen können, die während konkreter wirtschaftlich-technischer Kooperationsprojekte gesammelt werden. Diese Vorstellung verbindet europapolitische und regionale Interessen. Zum einen hoffte Altmeier, dass die grenzüberschreitenden Projekte zur Förderung der Vertrauensbildung zwischen den Völkern beitragen und zum anderen, dass sie den ökonomisch unterentwickelten grenznahen Gebieten den benötigten wirtschaftlichen Aufschwung bringen. Altmeier erkannte im Aufbau und in der Stabilisierung der Wirtschaft wiederum eine wesentliche Stütze für die Zukunft der Demokratie in einem geeinten Europa.

Für den Aufbau eines geeinten Europas sei, so Altmeier, insbesondere die Freundschaft zwischen Deutschland und Frankreich wichtig. Diese Überzeugung liegt in seinem europäischen Kulturverständnis begründet, demzufolge das christliche Abendland seine Wurzeln vornehmlich im deutschen und französischen Raum habe.[25] Deutschland und Frankreich verbinde eine gemeinsame Geschichte und Kultur, die es in Zeiten der kommunistischen Gefahr zu verteidigen gelte. Zum anderen waren es rein funktionale Argumente, die Altmeier zur Unterstützung deutsch-französischer Zusammenarbeit bewogen: die Abhängigkeit der wirtschaftlichen Räume bedingt durch ihre geographische Nähe. Die Kooperation mit dem unmittelbaren Nachbarn bringe wirtschaftliche Vorteile, welche wiederum stabilisierend auf das ganze europäische System einwirken.

---

[23] Diese Basis sei wichtig, so Altmeier und bezog sich in mehreren Reden auf einen Ausspruch Augustinus: „Der Friede ist ein Werk der Gerechtigkeit". Z.B. Graß, Heyen, *Reden* (wie Anm. 1), S. 181 (Nr. 23).

[24] Altmeier, Peter, Schlusswort, in: Solzbach, Joseph, *Heimat - einmalige Gabe und beständige Aufgabe*. Festvortrag Neuß 1968, S. 30. Vgl. Graß, Heyen, *Reden* (wie Anm. 1), S. 26 (Nr. 5): „Wir gehen auch heute den Weg einer selbstbewußten und aus tiefstem sittlichem Verantwortungsgefühl geborenen Liebe zu unserem Volk. Unser Deutschtum, zu dem wir uns von Herzen bekennen, ist aber für uns kein Hindernis, zugleich gute Europäer und gute Weltbürger zu sein."

[25] Siehe Graß, Heyen, *Reden* (wie Anm. 1), S. 101 (Nr. 14).

Peter Altmeiers Europapolitik 335

4. Maßnahmen

4.1 Saarfrage

Eine Untersuchung zu Altmeiers Einstellung bezüglich der Saarfrage[26] zeigt vor allem, in welchem Maße sich der Ministerpräsident der gesamtdeutschen Verantwortung verpflichtet fühlte. Er war davon überzeugt, dass Adenauers Saarpolitik auf falschen Schlussfolgerungen beruhte. Der Verzicht auf das Saargebiet im Zuge der deutsch-französischen Verständigung sei ein zu großes Opfer. Zum einen widerspreche es völkerrechtlichem Denken, die Saar aus dem deutschen Staatenbund auszugliedern.[27] Zum anderen seien die zukünftigen Entwicklungen der europäischen Gemeinschaft unkalkulierbar. Der rheinland-pfälzische Ministerpräsident befürchtete, dass die Europäisierungspolitik Adenauers langfristig gesehen das deutschfranzösische Verhältnis belasten würde.

In diesem Kontext muss auch immer ein zivilgesellschaftlicher Aspekt gesehen werden. Altmeier war besorgt, dass die Missachtung der deutschen Ansprüche auf die Saar einen neuen Nationalismus in Deutschland schüren könnte. Als ‚vergifteter Stachel' gefährde dieser Konflikt langfristig den Aufbau der Demokratie in Deutschland und der europäischen Einheit.[28] Altmeier erkannte durchaus die wirtschaftlichen Interessen Frankreichs im Saargebiet an – eine politische und staatsrechtliche Abtrennung hingegen destabilisiere den europäischen Gedanken.[29]

Altmeiers Saarpolitik war das Ergebnis vielfältiger Abwägungen. Zwischen seinem Verantwortungsgefühl gegenüber dem Land Rheinland-Pfalz, Deutschland und der europäischen Einigung entschied er sich für einen

---

[26] Zur Saarfrage allgemein ist die Literaturlage sehr gut. Zu nennen sind hier unter anderem: Hudemann, Rainer, Poidevin, Raymond (Hgg.), *Die Saar 1945 - 1955. Ein Problem der europäischen Geschichte. La Sarre 1945 - 1955. Un problème de l'histoire européenne*, München 1992; Freymond, Jacques, *Die Saar 1945-1955*, München 1961. Veröffentlichungen über die Saarfrage mit rheinland-pfälzischem Bezug: Elzer, Herbert, In Distanz zu Adenauers Saarabkommen vom 23.10.1954. Die rheinland-pfälzische CDU als unbeugsame Verfechterin einer „deutschen Saar", in: *Jahrbuch für westdeutsche Landesgeschichte*, 24 (1998), S. 455-544; Küppers, Heinrich, Zwischen Bonn und Saarbrücken. Rheinland-Pfälzische Saarpolitik 1947-1955, in: *Die Saar*, hrsg. v. Hudemann u. Poidevin, S. 339-358; Simon, Gregor, *Rheinland-Pfalz und die Saarfrage in der Besatzungs- und Landespolitik 1945-1952*, Homburg 1981.
[27] Vgl. dazu Graß, Heyen, *Reden* (wie Anm. 1), S. 240 (Nr. 37); Elzer, Verfechterin (wie Anm. 26), S. 464.
[28] Vgl. dazu LHAKO, Best. 700.169, Nr. 107 (Rede des Ministerpräsidenten bei einer Kundgebung am 24.11.52 in Trier). Vgl. LHAKO, Best. 700.169, Nr. 112: „Dass gerade deshalb aber auch kein Stachel zurückbleiben dürfe; dass aber die Loslösung des Saargebiets aus dem deutschen Verband ein solcher Stachel wäre, wodurch dann ganz von selbst wieder jene unseligen Kräfte eines Nationalismus auf den Plan gerufen würden, den wir wahrlich nicht wollten und der gottlob auch heute nicht besteht." Vgl. Landtag, 55. Sitzung vom 22.3.1954, S. 1862 und 67. Sitzung vom 5.11.1954, S. 2256.
[29] Vgl. dazu Schumacher, Winfried, Konrad Adenauer und die Saar, in: *Die Saar*, hrsg. v. Hudemann u. Poidevin (wie Anm 26), S. 50.

Weg, der von Adenauers Saarplänen abwich.[30] Die Idee, den Zankapfel Saar durch eine Europäisierung zu lösen, konnte Altmeier als überzeugter Europäer durchaus nachvollziehen. Er erkannte allerdings auch die daraus entstehenden unabwägbaren Gefahren. So äußerte er sich Adenauer gegenüber im März 1954 besorgt über die Saarpolitik, denn „nur für die EVG erscheine uns das Opfer der Saar zu hoch. Trotz einer solchen Vorleistung hätten wir ja keine Gewissheit, dass die europäische Einigung wirklich zustande kommt"[31]. Daher plädierte er für die Rückgliederung des Saarlandes nach Deutschland, denn damit wäre Deutschland und Europa besser gedient.

Dem Saarstatut stimmte er im Bundesrat trotzdem zu, da es an die Pariser Verträge gebunden war, von deren gesamtdeutschen Nutzen Altmeier überzeugt war. Das europäische Statut bis zum Friedensvertrag hinzunehmen war für Altmeier ein Zugeständnis, dessen Notwendigkeit er im Interesse der deutschen Souveränität und Verteidigungsfähigkeit widerwillig akzeptierte.

4.2 Moselkanalisierung

Die Idee der Kanalisierung der Mosel ist in verschiedenen Zeiten immer wieder aufgegriffen worden.[32] Nach dem Zweiten Weltkrieg war es die Industrie- und Handelskammer in Metz, die das Projekt wieder in die politische Diskussion brachte. Das regionale Bauvorhaben entwickelte sich in den 1950er Jahren zu einem Politikum auf internationaler Ebene. Besonders durch die Verknüpfung mit der Saarfrage wurde die Kanalisierung zum „Gradmesser für den europäischen Integrationswillen der Bundesrepublik"[33]. Der Moselausbau wurde schließlich am 27. Oktober 1956 durch einen Vertrag zwischen Frankreich, Luxemburg und der Bundesrepublik beschlossen.

Peter Altmeier erkannte recht schnell neben der wirtschaftlichen auch die politische Bedeutung des Kanals für Rheinland-Pfalz. In einer Landtagsrede am 18. Januar 1949 in Koblenz setzte er die Verhandlungen mit Luxemburg über die Nutzung der Wasserkraft der Our und Sauer in Bezug zum Ausbau der Mosel:

---

[30] In einem Artikel zum 60. Geburtstag des Ministerpräsidenten würdigte Adolf Süsterhenn, der sich aktiv gegen Altmeiers Saarpolitik eingesetzt hatte, den Einsatz des Regierungschefs: In der Diskussion um die Saarfrage „hatte er den Mut, seinen eigenen Weg zu gehen". *Staats-Zeitung*, 32 (1959).
[31] LHAKO, Best. 700. 169, Nr. 121.
[32] Literatur zur Moselkanalisierung: Kutz, Marlies, Zur Geschichte der Moselkanalisierung von den Anfängen bis zur Gegenwart, ein Überblick, in: *Beiträge zur Geschichte der Moselkanalisierung*, hrsg. v. Rheinisch-Westfälischen Wirtschaftsarchiv zu Köln, Köln 1967, S. 5-110; Vogel, *Mosel* (wie Anm. 4); Landesarchivverwaltung Rheinland-Pfalz (Hg.): *Mosel. Fluß und Wasserstraße. Lebensraum. Ausstellung zum Rheinland-Pfalz-Tag 1989 in Zell und zum 25. Jahrestag der Eröffnung der Großschiffahrt auf der ausgebauten Mosel im Landesmuseum Trier*, Koblenz 1989.
[33] Vgl. dazu Vogel, *Mosel* (wie Anm. 4), S. 97.

„Die gemeinsame Inangriffnahme und Durchführung einer derartigen friedlichen Aufgabe könnte allerdings geradezu ein Musterbeispiel europäischer wirtschaftlicher Zusammenarbeit werden und wesentlich dazu beitragen, eine Atmosphäre des Vertrauens zwischen den Völkern zu fördern."[34]

Sehr deutlich zeigt sich hier, dass Altmeier davon überzeugt war, dass wirtschaftlich-technische Kooperationen die europäische Integration fördern werden. Durch die Zusammenarbeit an gemeinsamen Projekten werde im regionalen Rahmen eine vertrauensvolle Basis geschaffen, die auf der internationalen Ebene zur Völkerverständigung beitrage. So könne basierend auf den positiven Erfahrungen, die während des Baus von Wasserkraftwerken oder des Moselkanals gesammelt wurden, politisch heikle Fragen leichter angesprochen werden.[35]

In den späteren Debatten um die Moselkanalisierung trat die Landesregierung insgesamt sehr zurückhaltend auf. Wie bei der Saarfrage traten auch hier die Landes- hinter den Bundesinteressen zurück. Die Einstellung der rheinland-pfälzischen Regierung war zwar überwiegend positiv, man war sich aber auch der kritischen Stimmen aus der Pfalz und des Protests der Naturschützer gegen den Ausbau bewusst. Beim Abschluss des Moselvertrags 1956 akzeptierte sie die wirtschaftlichen Nachteile, die die Moselkanalisierung der Saarwirtschaft bringen würde und erkannte sie als notwendiges wirtschaftliches Opfer für den politischen Gewinn der Rückgliederung des Saargebietes an. Anders als im Saarkonflikt beurteilte sie den Moselausbau nicht als „Stachel", der die zukünftige europäische Verständigung vergiften könnte. Die Zustimmung zur Kanalisierung verlange vor allem wirtschaftliche Opfer – und diese könnten im gesamtdeutschen Interesse getragen werden.[36]

4.3 Kooperationsprojekte mit Luxemburg

Während der Regierungszeit Altmeiers wurden zwischen Rheinland-Pfalz und Luxemburg mehrere bilaterale Kooperationsprojekte vereinbart. Im April 1950 einigten sich Luxemburg und Rheinland-Pfalz über den Bau eines Wasserkraftwerks am Grenzfluss Sauer. 1958 folgte ein zweites Abkommen über die Errichtung eines Pumpspeicherkraftwerks an der Our. Verträge über den Aufbau und den Unterhalt von Grenzbrücken wurden am 14. Januar 1956 und am 11. Juli 1959 geschlossen.[37] Über die Errichtung eines gemeinsamen rheinland-pfälzisch-luxemburgischen Naturparks einigten sich Vertreter beider Regierungen im April 1964.[38]

---

[34] Graß, Heyen, *Reden* (wie Anm. 1), S. 196 (Nr. 25).
[35] Explizit spricht Altmeier hierbei die Gebietsansprüche Luxemburgs an. Vgl. dazu ebd., S. 196 (Nr. 25).
[36] Siehe Bundesrat, 169. Sitzung, 21. Dezember 1956, S. 472 A.
[37] Vgl. dazu Beyerlin, Ulrich, Lejeune, Yves (Hgg.): *Sammlung der internationalen Vereinbarungen der Länder der Bundesrepublik Deutschland*, Berlin u.a. 1994, Nr. 63, Nr. 64.
[38] Vgl. dazu ebd., Nr. 65.

Altmeier war ein aufrichtiger Verfechter dieser grenzüberschreitenden Kooperationsprojekte. Zwei Überlegungen begründeten seine Haltung: Zum einen war er von den wirtschaftlichen Vorteilen für die strukturschwache Grenzregion überzeugt. Zum anderen rechnete er mit einer Verstärkung des europäischen Gemeinschaftsgefühls. In seiner Rede zur Einweihung der wieder aufgebauten Brücke über die Sauer an der Landesgrenze bei Echternach am 5. Januar 1950 zeigte sich sehr deutlich sein ideelles Verständnis von Kooperation:

> „Dieser Geist der Versöhnung und Verständigung baut gewiß die festeren Brücken von Volk zu Volk; Brücken, deren Fundament in den Herzen ruhen. Aber das Herz, das zum gegenseitigen Verstehen bereit ist, fühlt sich zugleich ja auch zu gemeinsamen Taten gedrängt und als Zeugnis eines solchen Wirkens der gutnachbarlichen Zusammenarbeit steht die neue Brücke heute vor uns. Wir alle wünschen, daß damit ein dauerhaftes Werk friedlicher Verständigung geschaffen ist, dem sich hoffentlich zahlreiche andere Werke anreihen."[39]

Der deutsch-luxemburgische Naturpark ist ein gelungenes Beispiel für transnationale Zusammenarbeit. In den frühen 1960er Jahren wurden die ersten Gespräche „auf der untersten Ebene zwischen den Vertretern des Naturparks Südeifel und der luxemburgischen Sektion der Vereinigung Eifel-Ardennen"[40] über die Gründung eines ersten europäischen Naturparks geführt.[41] Politische und administrative Kräfte aus Rheinland-Pfalz und Luxemburg übernahmen die Idee eines grenzüberschreitenden Naturparks und prägten die Verhandlungen bis zur Vertragsunterzeichnung am 17. April 1964. Altmeier war einer der prominentesten Unterstützer dieses Projekts. Wie bei den anderen rheinland-pfälzisch-luxemburgischen Kooperationen zuvor zeigt sich auch hier, dass seiner positiven Einstellung wirtschaftliche und ideelle Faktoren zugrunde lagen. Altmeier war sich sicher, dass „der Naturpark dazu beitragen wird, das gegenseitige Verstehen der Menschen zu erleichtern und damit das Zusammenwachsen zu einer echten europäischen Gemeinschaft zu fördern"[42].

4.4 Partnerschaft mit Burgund

Die Partnerschaft mit Burgund unterstützte Altmeier von Beginn an.[43] Diese grenzüberschreitende Kooperation leistete, davon war Altmeier überzeugt,

---

[39] Graß, Heyen, *Reden* (wie Anm. 1), S. 251 (Nr. 41).
[40] Mattar, Michael, *Die staats- und landesgrenzenüberschreitende kommunale Zusammenarbeit in der Großregion Saarland-Westpfalz-Lothringen-Luxemburg-Trier*, Frankfurt/Main 1993, S. 92.
[41] Die Rolle der zivilgesellschaftlichen Akteure für die Gründung dieses grenzüberschreitenden Projekts ist ein noch wenig untersuchtes Gebiet und stellt ein Desiderat in der geschichtswissenschaftlichen Untersuchung zivilgesellschaftlicher Kanäle der deutsch-luxemburgischen Annäherung dar.
[42] *Staats-Zeitung*, 20 (1963), S. 5.
[43] Literatur zum Thema: Landeszentrale für politische Bildung Rheinland-Pfalz (Hg.), *Partnerschaft in Europa. Jumelage en Europe. Bourgogne. Rhénanie-Palatinat. Burgund. Rhein-*

einen wesentlichen Beitrag zur deutsch-französischen Annäherung. Engagiert warb er als Ministerpräsident für die Vertiefung der rheinlandpfälzisch-burgundischen Freundschaft.

Im Zuge der französischen Umerziehungsmaßnahmen wurde Anfang 1953 im französischen Landeskommissariat in Mainz der Entschluss gefasst, ein kulturelles Austauschprogramm zu schaffen, das Deutsche und Franzosen nachhaltig zusammenbringen sollte.[44] Dabei ging es darum, „stark personifizierte Feindbilder durch ein erstes gegenseitiges Kennenlernen der Menschen abzubauen"[45]. Die Idee wurde geboren, dem Land Rheinland-Pfalz eine französische Partnerregion zur Seite zu stellen. Der damalige französische stellvertretende Landeskommissar Henry Chauchoy betonte im Rückblick, dass es darum ging, „dauernde Bande zwischen Rheinland-Pfalz, einem Weinland, dem einzigen Land in der Bundesrepublik, das einen Weinbau- (und Forsten-)Minister hatte, und einer französischen Provinz zu knüpfen"[46]. Die Entscheidung fiel auf die vom Weinbau geprägte Region Burgund, unter anderem auch weil

„deren Bewohner im Geschichtsbewußtsein der Rheinland-Pfälzer in der Erinnerung an das Schicksal der historisch-legendären Burgunder des Wormser Raumes um die Wende vom 5. und 6. Jahrhundert bereits einen gewissen Platz als ferne ‚Verwandte' einnahmen"[47].

Geleitet und finanziert wurde das Austauschprogramm zwischen den Regionen durch das französische Landeskommissariat. Ministerpräsident Altmeier sagte dem interkulturellen Projekt sofort seine Unterstützung zu.[48] Im

---

land-Pfalz, Verantwortlich Hans-Georg Meyer, Mainz 1991; Götz, Wolfgang, *Rheinland-Pfalz – Burgund. Modell einer internationalen Partnerschaft. Bourgogne – Rhénanie-Palatinat. Un modèle de jumelage international*, Mainz 1967. Zur Partnerschaft vgl. den Beitrag von Christian Sebeke in diesem Band.

[44] Zuvor hatte das Landeskommissariat Studienreisen nach Paris organisiert. Da die Rheinland-Pfälzer dort allerdings nicht in Kontakt mit der Bevölkerung kamen, suchte man nach Alternativen. Vgl. dazu Götz, *Rheinland-Pfalz – Burgund* (wie Anm. 43), S. 38.

[45] Wagner, Beate, *Partnerschaften deutscher Städte und Gemeinden. Transnationale Beiträge zur internationalen Sicherheit*, Münster/Hamburg 1995, S. 355.

[46] Chauchoy, Henry, Am Anfang war aller guter Wille, in: *Lebendiges Rheinland-Pfalz*, 19/3 u. 4 (1982), S. 80.

[47] Götz, Wolfgang, Wie aus Besatzern und Besetzten Freunde wurden. Das „Wunder" der Partnerschaft, in: *Lebendiges Rheinland-Pfalz*, 19/3 u. 4 (1982), S. 86. Vgl. Chauchoy, Anfang (wie Anm. 46), S. 81: „Bourgogne war ein sehr lebendiger Begriff, eine Reminiszenz aus der früheren Provinzeinteilung."

[48] Vgl. dazu ebd., S. 81: „Es war um so wichtiger für uns, daß nicht nur Dr. Rückert, Regierungspräsident von Rheinhessen, und seine Kollegen, sondern auch Präsident Altmeier und seine Minister sofort ihre Zusage gaben und darüber hinaus ihre tatkräftige Mithilfe brachten." Vgl. dazu auch Götz, Besatzer (wie Anm. 47), S. 88: „Die deutsche Seite, an der Spitze Ministerpräsident Peter Altmeier mit seiner Regierungsmannschaft, aber auch Politiker aller Parteien und anderer Persönlichkeiten des öffentlichen Lebens, griff die Anregung ohnehin von Anfang an sehr positiv auf und setzte sie auch gleich in Taten um." Selbst der französische Außenminister, der durch seinen Besuch in Mainz

Juni 1953 fand die erste Studienreise von rheinland-pfälzischen Journalisten nach Burgund statt, dem im August ein Gegenbesuch burgundischer Journalisten nach Rheinland-Pfalz folgte. Ein Durchbruch konnte im November 1953 mit dem Besuch des Ministerpräsidenten und des Weinbauminister Oskar Stübinger[49] in Dijon erzielt werden. In den offiziellen Gesprächen zwischen den politischen Vertretern und lokalen Persönlichkeiten beider Regionen zeigte sich der aufrichtige Wunsch, eine Vertiefung der rheinland-pfälzisch-burgundischen Beziehungen herbeizuführen.[50] Internationales Interesse rief insbesondere der Besuch der deutschen Delegation auf dem Weingut Clos de Vougeot hervor. Altmeier und Stübinger wurden dort, zusammen mit dem amerikanischen Botschafter in Paris, in einem feierlichen Festakt zu Kommandeuren der Confrérie du Tastevin erhoben. Die Rheinland-Pfälzer waren die ersten Deutschen nach dem Zweiten Weltkrieg, die als „Ritter der Weinprobe" in den Weinorden aufgenommen wurden. Chauchoy hebt hervor, dass durch diesen Festakt die Freundschaft zwischen den beiden Regionen Weltruf erlangt habe,

> „denn in allen Zeitungen wurde über dieses Ereignis berichtet, das erste nach dem Weltkrieg, das auf fast alltäglicher Ebene, weg von der Politik, die Versöhnung zweier vor zehn Jahren noch im Kampf gegeneinander stehender Völker zur vollen Zufriedenheit aller feierte – und eben dadurch eine wichtige politische Bedeutung errang"[51].

Altmeier verstand den Ritterschlag als deutliches Zeichen der beginnenden rheinland-pfälzisch-burgundischen Freundschaft. In einer kurzen Ansprache brachte er seine Freude zum Ausdruck, dass nun eine „neue Brücke über die Grenzen zwischen Frankreich und Deutschland geschlagen"[52] worden sei. Als Ministerpräsident des größten deutschen Weinlandes würdigte er dieses Ereignis, „weil damit die Zusammengehörigkeit der deutschen und französischen Winzer mit ihren gleichen Sorgen und Nöten erneut dokumentiert werde"[53].

Ein sichtbares Zeichen seines Verständigungswillens brachte im Januar 1954 Altmeier selbst dar: „Unter dem starken Eindruck seiner Reise nach

---

im März 1953 von dem Programm erfuhr, zeigte sich aufgeschlossen. Vgl. dazu Chauchoy, Anfang (wie Anm. 46), S. 82; Götz, *Rheinland-Pfalz – Burgund* (wie Anm. 43), S. 45.

[49] Oskar Stübinger (1910-1988) wurde im Dezember 1946 vom rheinland-pfälzischen Ministerpräsident Dr. Wilhelm Boden zum Minister für Landwirtschaft und Ernährung ernannt. Bis zum 30. April 1968 stand er dem (1949 umbenannten) Ministerium für Landwirtschaft, Weinbau und Forsten vor.

[50] Vgl. dazu Götz, *Rheinland-Pfalz – Burgund* (wie Anm. 43), S. 48.

[51] Chauchoy, Anfang (wie Anm. 46), S. 83. *Die Welt* schreibt am 17. November 1953 über den Weinorden: „Diese ‚Brüder' huldigen dem Wein und der Freundschaft, die der Wein über alle Grenzen zu schlagen vermag. Ihr Wahlspruch ‚Jamais en vain, toujours en vin' (Niemals in Trübsal, immer im Wein) muß von allen Ordensmitgliedern streng eingehalten werden."

[52] *Allgemeine Zeitung* vom 16.11.1953.

[53] Ebd.

Burgund"⁵⁴ ließ Altmeier etwa 200 Spielsachen an Kinder ehemaliger Deportierter und Internierter verteilen.⁵⁵ Im September 1955 drückte er in einem Geleitwort zur Schrift „La Revue Française" sein Wohlwollen für das Austauschprogramm aus. Er stellte fest, dass Rheinland-Pfalz die vornehme Aufgabe innehabe, „Brücke der Verständigung und der Freundschaft für eine gemeinsame Zukunft"⁵⁶ zwischen dem deutschen und französischen Volk zu sein. Er sei froh über die Wahl gewesen, gerade Burgund mit Rheinland-Pfalz enger zu verbinden:

> „Hier und da Landschaften einer alten Geschichte und Kultur, hier und da Landschaften eines ausgeglichenen Mittelmaßes, hier und da die lebensfrohe Sonnenlandschaft des Weines, die die Menschen dieser Landschaften prägt und sie schon von Natur aus einander so ähnlich macht und nahe bringt."⁵⁷

Mit dem Ende des Besatzungsstatuts im Jahr 1955 lief die administrative und finanzielle Hilfe für das Austauschprogramm aus. Mit Einwilligung des französischen Botschafters konnte die Arbeit jedoch bis 1957 fortgesetzt werden. Das Austauschbüro war in dieser Zeit beim Generalkonsulat angesiedelt. Der Programmleiter André Blits war davon überzeugt, dass nur eine „unabhängige, breitangelegte Trägerorganisation auf beiden Seiten das Werk fortsetzen und sichern konnte"⁵⁸. Seinen Vorstellungen folgend,

> „sowohl in Rheinland-Pfalz als auch in Burgund von den Behörden unabhängige Organisationen zu gründen, die unbeeinflußt von allen politischen und administrativen Entwicklungen die Austauschbeziehungen tragen"⁵⁹

sollten, wurden in Rheinland-Pfalz im September 1956 und in Burgund im Februar 1957 Freundschaftskreise gegründet. Auf der Gründungsveranstaltung am 5. September 1956 in Mainz bestätigte der Chef der Staatskanzlei, der sich dem Freundschaftskreis angeschlossen hatte, die Vorteile einer nichtstaatlichen Organisation. Er versicherte allerdings auch, dass die Landesregierung „sich ganz besonders für unsere Bestrebungen interessiert, sie

---

⁵⁴ Götz, *Rheinland-Pfalz – Burgund* (wie Anm. 43), S. 58.
⁵⁵ *Rheinpfalz* vom 12. Januar 1954, in: Götz, *Rheinland-Pfalz – Burgund* (wie Anm. 43), S. 62: „Wie es in einem persönlichen Schreiben des Ministerpräsidenten an den Präsidenten der Deportiertenvereinigung heißt, wollte sich Altmeier einmal für die anlässlich seines Besuches im November vergangenen Jahres in Burgund genossene Gastfreundschaft bedanken und zum anderen die engen Beziehungen nochmals unterstreichen, die zwischen den beiden Ländern, Rheinland-Pfalz und Burgund, bestehen." Götz weist zudem auf eine Geldspende in Höhe von 100.000 Francs an die Armen von Beaune. Vgl. dazu ebd., S. 58.
⁵⁶ Geleitwort von Ministerpräsident Peter Altmeier zur Schrift *La Revue Française*, Heft Rheinland-Pfalz-Burgund, Sonderdruck 71 (1955), in: Götz, *Rheinland-Pfalz – Burgund* (wie Anm. 43), S. 71.
⁵⁷ Ebd.
⁵⁸ Götz, Besatzer (wie Anm. 47), S. 88.
⁵⁹ Ders., *Rheinland-Pfalz – Burgund* (wie Anm. 43), S. 34.

aufmerksam verfolgt und im Rahmen des Möglichen auch unterstützen wird"[60].

Eine Möglichkeit der Hilfeleistung, welche die Landesregierung im Februar 1957 wahrnahm, war finanzieller Art. Einer Bittschrift des Vereins nachkommend, bewilligte das Kabinett staatliche Mittel zur Förderung des Austauschprogramms.[61] Symbolisch wurde der aufrichtige Wunsch, die Freundschaftsbewegung zu unterstützen, durch die Überreichung eines Wappentellers zur Gründungsveranstaltung des burgundischen Freundschaftskreises (Amicale Bourgogne – Rhénanie-Palatinat) in Dijon ausgedrückt.[62] Am 30. Juni 1957 wurde ein Aufruf des Freundschaftskreises „an alle, mitzuhelfen, diese Freundschaft zu verwirklichen"[63] in verschiedenen Zeitungen veröffentlicht. Mit einem kurzen Geleitwort unterstrich der Ministerpräsident die Bedeutung des Aufrufs. Altmeier betonte, dass die deutsch-französische Freundschaft für die Sicherung des Friedens von wesentlicher Bedeutung sei. Voraussetzung einer freundschaftlichen Beziehung sei allerdings das Kennen- und Verstehenlernen des Anderen. Das Freundschaftsband zwischen Rheinland-Pfalz und Burgund sei von elementarer Wichtigkeit. Folglich sollte der Freundschaftskreis Rheinland-Pfalz – Burgund von allen unterstützt werden:

> „Wenn nunmehr die freundschaftlichen Beziehungen zwischen Rheinland-Pfalz und Burgund, die wir bereits seit Jahren pflegen, auch organisatorisch auf feste Füße gestellt werden, so begrüße ich dies aufs herzlichste. Möge so in Zukunft die Freundschaft zwischen Rheinland-Pfalz und Burgund zu ihrem Teil zur Festigung des guten Verstehens des deutschen und französischen Volkes beitragen."[64]

Für Altmeier war es selbstverständlich mit seinem Namen für den Freundschaftskreis einzutreten. Er war sich der Tatsache bewusst, wie wichtig es für den Erfolg des Austauschprogramms war, hochrangige Persönlichkeiten zu gewinnen. Daher nahm er die Einladung aus Dijon im November 1957 zu den ersten rheinland-pfälzisch-burgundischen Freundschaftstagen gerne an. Mit ihm fuhr eine große Zahl führender rheinland-pfälzischer Persönlichkeiten aller Lebensbereiche nach Burgund. Max Schröder, langjähriger Vorsit-

---

[60] Ebd., S. 94 f.
[61] Vgl. dazu Auszug aus einem vertraulichen Schreiben vom 5.2.1957, in: ebd., S. 101: „Bei der Beratung des Einzelplans 02 des Landeshaushalts von Rheinland-Pfalz wurden am 4. Februar 1957 ... die Verfügungsmittel des Ministerpräsidenten um 5000,- DM erhöht mit der protokollarisch aufgenommenen Maßgabe, daß aus dieser Erhöhung eine Zuwendung an den Freundschaftskreis Rheinland-Pfalz / Burgund gezahlt werden soll. Ein eigener Titel ... über diesen Verwendungszweck wurde ausdrücklich abgelehnt."
[62] Vgl. dazu ebd., S. 123: „Abschließend überreichte der Sprecher der deutschen Delegation Chanoine Kir im Auftrag des Ministerpräsidenten von Rheinland-Pfalz den Wappenteller des Landes als Zeichen des großen Interesses, das die Regierung von Rheinland-Pfalz der Annäherung der beiden Nationen und der Erhaltung des Friedens widme."
[63] Vgl. dazu Schröder, Freundschaftskreise (wie Anm. 5), S. 52. Dr. h. c. Max Schröder war Vorsitzender des Freundschaftskreises Rheinland-Pfalz – Burgund von 1957 bis 1977.
[64] *Staats-Zeitung*, 26 (1957), S. 3.

zender des Freundschaftskreis Rheinland-Pfalz – Burgund, versicherte, dass die prominenten Persönlichkeiten neben der breiten Basis ein wichtiges und wesentliches Element für die Konsolidierung waren: „Die Aktivität der beiden Freundschaftskreise erhielt so eine weithin sichtbare Bedeutung und Anerkennung."[65]

Höhepunkt der zweiten Freundschaftstage, die im Juni 1958 am Rhein stattfanden, war die Verleihung des Großen Bundesverdienstkreuzes an M. le Député-Maire Chanoine Félix Kir[66], denVorsitzenden des burgundischen Freundschaftskreises, durch Ministerpräsident Altmeier. Kanonikus Kir war eine der höchst angesehenen Persönlichkeiten Burgunds. Altmeier hatte sich auf Anregung des Freundschaftskreises für diese Verleihung eingesetzt, schließlich war ihm die Bedeutung der Ehrung Kirs bewusst.[67] Bei den Freundschaftstagen im November 1959 in Dijon war Ministerpräsident Altmeier wieder an der Spitze der deutschen Delegation. Ihm wurde in einem feierlichen Festakt der Orden der Ehrenlegion aus der Hand von Kanonikus Kir verliehen.[68] Eine kulturelle Geste der Verständigung stellte 1959 ein Gastspiel des Städtischen Theaters Mainz in Dijon dar. Finanziert wurde die Aufführung des „Rosenkavaliers" gemeinsam von Land und Bund. Diese Tatsache wurde, so Max Schröder, als „eine erfreuliche und ermutigende Anerkennung der Partnerschaftsarbeit von offizieller deutscher Seite"[69] aufgenommen.

Am 26. Juni 1962 wurde die Partnerschaft durch die Landesregierung und die höchsten politischen Repräsentanten Burgunds offiziell bestätigt.[70] Die Partnerschaftsurkunde wurde von Kanonikus Kir, dem führenden Vertreter der vier Departements von Burgund, und von Ministerpräsident Altmeier unterzeichnet. Damit war die Tätigkeit der beiden Freundschaftskreise offiziell anerkannt. In der Partnerschaftserklärung erklärten die Vertreter der beiden Regionen, dass sie den Austausch zwischen der rheinlandpfälzischen und burgundischen Bevölkerung in allen Lebensbereichen fördern wollen:

---

[65] Schröder, Freundschaftskreise (wie Anm. 5), S. 53.
[66] Kanonikus Félix Kir (1876-1968) wurde 1940 in den Stadtrat von Dijon gewählt. Während des Zweiten Weltkriegs unterstützte er die Résistance. Nach einem Attentat schwer verletzt, tauchte er unter. Von 1945 bis 1968 stand er als Oberbürgermeister der Stadt Dijon vor. In den Jahren 1945 bis 1967 war er Abgeordneter des Generalrats seines Departements, von 1953 bis 1967 Alterspräsident der französischen Nationalversammlung. Elf Jahre lang war er Vorsitzender des Freundschaftskreises Amicale Bourgogne/Rhénanie-Palatinat. 1964 wurde er Ehrenbürger der Stadt Mainz.
[67] Vgl. dazu Schröder, Freundschaftskreise (wie Anm. 5), S. 54.
[68] In den nächsten Jahren folgten weitere Auszeichnungen und symbolische Ehrenzeichen als Anerkennung für die „Verdienste um die deutsch-französische Freundschaft", wie beispielsweise am 4. Juni 1966, die Überreichung der Ehrenmedaille des Freundschaftskreises Rheinland-Pfalz – Burgund in Gold an Kir und Altmeier. Vgl. dazu Schröder, Freundschaftskreise (wie Anm. 5), S. 65.
[69] Ebd., S. 57.
[70] Vgl. dazu ebd., S. 58.

"Sie bekunden durch diesen feierlichen Beschluss ihren gemeinsamen Willen, einen wirksamen Beitrag für die Annäherung zwischen Deutschland und Frankreich zu leisten und alle Maßnahmen zu ergreifen, damit die von Ihnen vertretene Bevölkerung sich besser kennen- und verstehen lernt und eine Wiederholung von Konflikten vermieden wird, unter denen sie in der Vergangenheit so hart gelitten hat."[71]

Zur besseren Koordination der offiziellen Hilfe wurde ein Lenkungsausschuss eingerichtet, „an dessen jährlichen Planungsbesprechungen in den ersten Jahren Ministerpräsident Altmeier stets teilnahm"[72]. An der ersten Sitzung am 23. April 1963 nahm auch der französische Botschafter teil. Er würdigte die Arbeit des Freundschaftskreises und stellte ihm das später viel zitierte Zeugnis aus, „das schönste Beispiel für die neuen Beziehungen zwischen Deutschland und Frankreich" [73] zu sein: „Man kann wohl mit Recht behaupten, daß Rheinland-Pfalz und Burgund den deutsch-französischen Vertrag zum Teil vorweggenommen haben."[74]

Peter Altmeier unterstützte die Pläne einer rheinland-pfälzisch-burgundischen Partnerschaft von den ersten planerischen Ansätzen bis zu ihrer gesellschaftlichen Konsolidierung durch die offizielle Proklamation. Er war sich der europäischen Bedeutung eines solchen Austauschprogramms bewusst. Ohne selbst Außenpolitik zu betreiben, sondern durch seine Präsenz auf den verschiedenen Treffen förderte er die deutsch-französisch Annäherung. Mit seinem Namen warb er für die Vertiefung der freundschaftlichen Beziehungen zwischen den Regionen und leistete somit einen wertvollen Beitrag zur deutsch-französischen Verständigung.

5. Fazit

Fasst man die bisherigen Untersuchungsergebnisse zusammen, so zeigt sich, dass Peter Altmeiers Politik auf seinem christlichen Verantwortungsbewusstsein fußte. Er sah sich in der Verantwortung vor Gott und verstand es deshalb als seine Pflicht, sich für die Errichtung einer sozialen Gesellschaftsordnung einzusetzen. Diese müsse sowohl im internationalen als auch im nationalen Rahmen auf den Prinzipien der katholischen Soziallehre, der Personalität, Solidarität und Subsidiarität, beruhen. Die realpolitische

---

[71] Landeszentrale für politische Bildung Rheinland-Pfalz, *Partnerschaft* (wie Anm. 43), S. 13.
[72] Schröder, Freundschaftskreise (wie Anm. 5), S. 60.
[73] Ebd., S. 61.
[74] Ebd. Auch Altmeier erkannte diese Tatsache und bezog sich in verschiedenen Reden darauf. Vgl. dazu Altmeier, Peter, *Regierungserklärung des Ministerpräsident Dr. h. c. Peter Altmeier*, Koblenz 1963, S. 35: „Wir bekennen uns nachhaltig zu allen Bemühungen eines europäischen Zusammenschlusses aller Staaten, wie auch zu dem Abschluss des deutsch-französischen Vertrages, nicht ohne besondere Genugtuung darüber zu empfinden, daß unsere seit über einem Jahrzehnt gepflogene gutnachbarliche Bindungen und Verbindungen mit Frankreich zu einem kleine Teil zu diesem Erfolg beigetragen haben."

Umsetzung dieser Prinzipien erschien ihm durch den Aufbau föderaler Rechtsstrukturen in Deutschland wie in Europa möglich.

Prinzipiell unterstützte der rheinland-pfälzische Ministerpräsident die Integrationspolitik Adenauers. Aufgrund seiner Sozialisation, historischen Erfahrungen und Perzeption der aktuellen politischen Situation war er davon überzeugt, dass nur durch ein geeintes Europa der Frieden langfristig gesichert werden könnte. Am Beispiel des Saarkonflikts wurde jedoch deutlich, dass Altmeier nationale Interessen supranationalen überordnete. Er befürchtete, dass der Verzicht deutscher Gebiete der europäischen Annäherung eher schadet als nutzt. Trotzdem war er davon überzeugt, dass die deutsch-französische Aussöhnung unabdingbar ist und im Mittelpunkt des europäischen Integrationsprozesses stehen muss. Ein Mittel, diese zu erwirken, sah er in der Förderung grenzüberschreitender Kooperationen. Diese bringen nicht nur wirtschaftliche Vorteile für die Grenzgebiete, sondern führen die Menschen verschiedener Nationen auch zusammen. Das Beispiel der rheinland-pfälzisch-burgundischen Partnerschaft hat gezeigt, dass Altmeier auch kulturelle und ideelle Projekte ohne ökonomische Zielsetzung unterstützte.

In dem für einen rheinland-pfälzischen Ministerpräsidenten offenen Handlungsrahmen setzte sich Altmeier in verschiedenster Weise für die europäische Integration und die deutsch-französische Annäherung ein. Patriot und Europäer zu sein war für Altmeier kein Widerspruch. Das ausgewogene Gleichgewicht dieser beiden Säulen garantierte für ihn den Erfolg der europäischen Idee.

7. Forschungsperspektiven

Hans Manfred Bock

Transnationalisierung als zeitdiagnostisches Kennwort und zeitgeschichtliches Konzept für die deutsch-französischen Beziehungen

Wenn in einem bestimmten historischen Zeitabschnitt ein neuer Begriff hervortritt und in verschiedenen geistes- und sozialwissenschaftlichen Disziplinen unentbehrlich geworden ist, so kann man von einem zeitdiagnostischen Kennwort einer Epoche reden. Um solche Kennwörter handelt es sich bei den Begriffen „Transnationalisierung" und „Zivilgesellschaft", die aus angebbaren Ursachen ihren semantischen Siegeszug in den 1980er Jahren in den europäisch-atlantischen Ländern angetreten haben und inzwischen nicht nur interdisziplinär, sondern weltweit in Gebrauch sind. Man wird im Zusammenhang mit der (in diesem Buch erstmals umfassend dargestellten) Facette der zivilgesellschaftlichen Fundamentierung der deutsch-französischen Nachkriegsbeziehungen nicht alle gemeinsprachlich-semantischen und wissenschaftlich-konzeptuellen Dimensionen der Transnationalisierung benennen oder gar vertiefen können. Man kann aber versuchen, die in vielen Aspekten beispielgebende zivilgesellschaftliche Verflechtung zwischen Deutschland und Frankreich nach 1945 in Beziehung zu setzen zu dem allgemeineren Phänomen der Transnationalisierung und damit auch neue Fragen zu generieren für die Analyse und Bewertung der einzelnen Bestandteile dieser bilateralen Verflechtungsstruktur. Es gilt also, über die mehr oder minder kritische und flächendeckende Informationssammlung zu den Vektoren transnationaler Kommunikation zwischen beiden Nationen[1] hinaus einen Interpretationsrahmen zu skizzieren, der es erlaubt, die ermittelten (oder noch zu entdeckenden) zivilgesellschaftlichen Träger der deutsch-französischen Annäherung zeitdiagnostisch einzupassen und zeitgeschichtlich diskussionsfähig zu machen.[2] Den seit den 1990er Jahren regen und produktiven Forschungen zu den sozio-kulturellen Beziehungen zwischen Deutschland und Frankreich hat man gelegentlich zum Vorwurf gemacht, allzu selbstgenügsam und selbstreferentiell zu sein: Wenn dieser Vorwurf nicht ganz unbegründet ist, so gilt er doch auch für die Erforschung der deutsch-amerikanischen, französisch-britischen u.a. Gesellschafts- und Kul-

---

[1] Vgl. z.B. *La réalité quotidienne des échanges franco-allemands. Praxis des deutsch-französischen Austauschs*, Strasbourg 1988.
[2] Siehe dazu auch meine Überlegungen in: Transaktion, Transfer, Netzwerkbildung. Konzepte einer Sozialgeschichte der transnationalen Kulturbeziehungen, in: *Französische Kultur im Berlin der Weimarer Republik. Kultureller Austausch und diplomatische Beziehungen*, hrsg. v. Hans Manfred Bock, Tübingen 2005, S. 11-33.

turbeziehungen. Das Forschungskonzept der Transnationalisierung könnte geeignet sein, nicht nur die Fragestellungen zu den einzelnen bilateralen Beziehungskonstellationen zu differenzieren, sondern auch deren Eigenarten und Verlaufsformen miteinander vergleichend in Beziehung zu setzen.[3]

Die Tatsache, dass die deutsch-französischen und anderen bilateralen Gesellschafts- und Kulturbeziehungen bislang ein wenig wie erratische Blöcke in der Forschungslandschaft liegen, ist jedoch nicht allein eine Folge der Selbstreferenzialität und Betriebsblindheit der entsprechenden Forschungen. Sie ist auch eine Konsequenz der gesellschafts- und geschichtswissenschaftlichen Forschungsparadigmata, in denen die sozio-kulturelle Handlungsebene bis in die jüngste Vergangenheit aus dem Kanon ihrer Leitfragen ausgeklammert blieb. Dies hat sich indes mittlerweile unter dem massiven Eindruck der gegenwärtigen Internationalisierungs- und Globalisierungs-Vorgänge geändert und es ist alles andere als abwegig, die älteren Beispiele von sozio-kultureller Transnationalisierung mit der Gegenwartsanalyse zu verbinden. Folgt man dieser Aufgabenstellung, so findet man in der zeitgeschichtlichen Forschung erst einmal nur annähernde Definitionen des konstatierten Sachverhalts der Transnationalisierung:

> „Es zeichnet [sich] jedoch trotz vieler Unschärfen eine Art Konsens darüber ab, dass als transnational zunächst ganz allgemein all diejenigen Interaktionen zwischen Individuen, Gruppen, Organisationen und Staaten bezeichnet werden können, die über Grenzen hinweg agieren und dabei gewisse über den Nationalstaat hinausgehende Strukturmuster ausbilden."[4]

In dieser Allgemeinheit definiert, ist der Begriff der Transnationalisierung neuerdings zum Bestandteil vieler Wissenschaftsdisziplinen geworden, die unter dem Eindruck der aktuellen Internationalisierungs- und Globalisierungsprozesse gleichzeitig, aber selbständig an dem neuen Paradigma arbeiten. Die philosophisch und zeitdiagnostisch festgestellte „postnationale Konstellation"[5], die seit den achtziger Jahren des 20. Jahrhunderts sich in erkennbaren Umrissen abzeichnete, veranlasste (teilweise) neue Themen- und Fragestellungen in den Geschichtswissenschaften, der Politikwissenschaft und in der Soziologie. Deren Erkenntnisertrag zum „Transnationalismus" und zur „Transnationalisierung"[6] kann nutzbar gemacht

---

[3] Dazu erste vergleichende Überblicksversuche zu den organisierten Trägern bilateraler Gesellschaftskontakte in: Kaiser, Karl, Eberwein, Wolf-Dieter (Hgg.), *Deutschlands neue Außenpolitik*, Bd. 4, München 1998, S. 199-214: Gesellschaftliche Mittlerorganisationen, und Stikker, Johannes, *Kommunale Außenpolitik. Jumelage, Verschwisterung, Twinning, Gemellaggio, Verbroedering*, Köln ²1982.

[4] Kaelble, Hartmut, Kirsch, Martin, Schmidt-Gernig, Alexander (Hgg.), *Transnationale Öffentlichkeiten und Identitäten im 20. Jahrhundert*, Frankfurt/Main 2002, S. 9.

[5] Habermas, Jürgen, *Die postnationale Konstellation. Politische Essays*, Frankfurt/Main 1998.

[6] Zu den beiden Begriffen folgendes Definitionsangebot: „Während die Begriffe ‚Transnationalism' und ‚Transnationalismus' eher eine Strukturperspektive zum Ausdruck bringen, soll mit dem Terminus ‚Transnationalisierung' weniger das Ergebnis als vielmehr die Dynamik von Vergesellschaftung als etwas Prozeßhaftes betont werden. Transnati-

Transnationalisierung als Kennwort und Konzept 351

werden für die Reinterpretation der bereits verfügbaren und für die Orientierung der zukünftig noch zu leistenden Forschungen zu den Vektoren der nationale Grenzen überschreitenden Gesellschafts-Verflechtung.

1. Ansichten und Aspekte zivilgesellschaftlicher Transnationalisierung

1.1 Transnationale Geschichtsschreibung

Nach einer langen Zeit der vorherrschenden, direkten oder indirekten nationalen Legitimationsfunktion hat der „transnational turn"[7] in Deutschland sich in verschiedenen Varianten seit den neunziger Jahren durchgesetzt, ohne deswegen gleich ein „neuer Königsweg historischer Forschung"[8] zu werden:

> „Seit den 1990er Jahren, dem Ende des Kalten Krieges und der Durchsetzung des neuen Metanarrativs der Globalisierung, ist die geographische Reichweite historischer und sozialwissenschaftlicher Fragestellungen erneut gewachsen. Eine Reihe wissenschaftlicher Ansätze hat dazu beigetragen, den Fokus historischer Untersuchungen über die europäische Geschichte hinaus zu erweitern. Dazu gehört ein neues Interesse an den internationalen Beziehungen, die sich längst nicht mehr auf Diplomatiegeschichte reduzieren lassen. Stattdessen sind nichtstaatliche Akteure oder internationale NGOs in den Blick der Forschung geraten."[9]

Dieser Ausschnitt aus einer Reihe neuer Fragenbündel, der nur einer von mehreren aktuellen Arbeitsschwerpunkten wie den „postcolonial studies" und der „global history" ist, soll – gemäß den Berliner Protagonisten dieses historiographischen Erneuerungsversuchs – nicht die nationalstaatliche Perspektive der Forschung ersetzen, sondern sie zeitgemäß erweitern und relativieren:

> „Das heißt nicht, daß nationalgeschichtliche Themen keine Rolle mehr spielen werden; für viele Fragen wird der nationale Rahmen von Politik und Gesellschaft

---

onalisierung ist dabei ein historisch nicht völlig neuer, wohl aber in den verschiedenen Dekaden im Kontext zunehmender internationaler Bewegungen von Gütern, Menschen und Informationen sich ausweisender Prozeß der Herausbildung relativ dauerhafter und dichter pluri-lokaler und nationalstaatliche Grenzen überschreitender Beziehungen von sozialen Praktiken, Symbolsystemen und Artefakten. Diese emergenten grenzüberschreitenden gesellschaftlichen Formationen können eine vorwiegend ökonomische, soziale, kulturelle oder politische Dimension haben – in aller Regel ist ihre Dynamik aber durch komplexe Wechselbeziehungen zwischen diesen Dimensionen bestimmt." Pries, Ludger, *Die Transnationalisierung der sozialen Welt. Sozialstruktur jenseits von Nationalgesellschaften*, Frankfurt/Main 2008, S. 44 ff.

[7] Siehe zum Begriff Rothschild, Emma, Areas of Ideas. International History and Intellectual History, in: *Transnationale Geschichte. Themen, Tendenzen und Theorien*, hrsg. v. Gunilla Budde, Sebastian Conrad, Oliver Janz, Göttingen 2005, S. 217 ff.

[8] Wehler, Hans-Ulrich, Transnationale Geschichte – der neue Königsweg historischer Forschung?, in: *Transnationale Geschichte*, hrsg. v. Budde u.a. (wie Anm. 7), S. 161-174.

[9] Ebd., S. 11 f.

maßgebend bleiben. Viele Untersuchungen werden sich jedoch der Herausforderung einer vergleichenden, transnationalen oder globalen Einordnung nicht mehr ohne weiteres entziehen können."[10]

Für den hier interessierenden Bereich der internationalen Beziehungen wurde bereits vor der Berliner Bilanz- und Programmschrift ein Anlauf genommen, unter dem Titel „Internationale Geschichte" neue Konzepte und Kategorien transnationaler Interaktion zu bilanzieren, die es den Historikern ermöglichen sollen, den seit den sechziger Jahren geführten Streit über den Primat von Innen- oder Außenpolitik im internationalen Handeln und Entscheiden zu überwinden und den Anschluss an die „Globalisierungs"- bzw. „Internationalisierungs"-Diskussion herzustellen.[11] Es sei neuerdings deutlich geworden,

> „daß eine Geschichte des internationalen Systems neben den Beziehungen zwischen den Staaten, Nationen und Gesellschaften immer auch deren Vernetzung mit thematisieren muß: wechselseitige Beeinflussung, Verflechtung, Integration und der Einfluß von Akteuren und Strukturen jenseits der staatlichen Ebene. Sie ist damit nicht nur Politikgeschichte, sondern notwendigerweise auch immer Gesellschaftsgeschichte und Kulturgeschichte, die sich nicht auf die Bindungen an nationale Kontexte und nationalstaatliche Formationen einengen lassen."[12]

Gerade dieser letztgenannte Aspekt der realgeschichtlichen und geschichtsmethodischen Interpenetration wird von einem nicht unkritischen Beobachter des „transnational turn" nachdrücklich anerkannt. Er hebt als unbestreitbares Verdienst dieser anhaltenden Tendenz der „Transnationalen Geschichtsschreibung" hervor: die „Reflexion und Relativierung des bislang vorherrschenden eurozentrischen Weltbilds der meisten Historiker" und die Neuinterpretation der Wechselwirkung der kulturellen Einheiten aufeinander im globalen wie im zwischennationalen Zusammenhang:

> „Weiterhin ist die Umkehrung der bisherigen Perspektive auf das Verhältnis von Ausgangs- und Rezeptionskultur ein Gewinn. Denn dabei geht es nicht nur um die Rückwirkung auf die Ausgangskultur, sondern auch um die Art und Weise, wie Impulse von außen in der Rezeptionskultur verarbeitet werden, wie das Fremde dem Eigenen anverwandelt wird. Während die Forschung bisher mehr nach ‚Beeinflussung' suchte, geht es jetzt mehr um die Amalgamierung [der] Kulturen, die eine neuartige Qualität gewinnen [...] können."[13]

Die hier skizzierten Ansätze der transnationalen Umorientierung und Erweiterung geschichtswissenschaftlichen Erkenntnisinteresses können sich nicht nur auf die globalen Zusammenhänge der Staaten- und Gesellschaftswelt richten, sondern ebenso auf die Beziehungen der alten Nationalstaaten

---

[10] Ebd., S. 12.
[11] Loth, Wilfried, Osterhammel, Jürgen (Hgg.), *Internationale Geschichte. Themen, Ergebnisse, Aussichten*, München 2000.
[12] Ebd., S. IX.
[13] Wehler, Transnationale Geschichte (wie Anm. 8), S. 163.

zueinander, die in der herkömmlichen Sicht fast ausschließlich durch gouvernementale Akteure gestaltet und determiniert wurden.

1.2 Nichtregierungsorganisationen und Internationale Beziehungen

So wie in den aktuellen Geschichtswissenschaften versucht wird, die Nationfixierung im Verständnis der zwischenstaatlichen und zwischengesellschaftlichen Beziehungen kritisch zu befragen oder zu überwinden, so findet schon seit längerem in den Politikwissenschaften eine Infragestellung der Staatsfixierung in der Interpretation dieser Vorgänge statt. Hier gab es Ansätze zur Analyse des Verhältnisses zwischen Regierungshandeln und transnationalen Organisationen bzw. Akteuren in den siebziger Jahren des vergangenen Jahrhunderts[14] und eine Aktualisierung dieser Fragestellung fand statt unter dem allgegenwärtigen Eindruck von Globalisierung und Internationalisierung seit den 1990er Jahren. Die transnationale Beziehungsebene wurde dabei definiert als

„regelmäßige, die nationalen Grenzen überschreitende Interaktionen, in denen zumindest ein Akteur ein nichtstaatlicher Vertreter ist oder nicht im Auftrage einer nationalen Regierung bzw. einer intergouvernementalen Organisation tätig ist."[15]

Das wachsende Interesse am Wirken der transnationalen Akteure wurde genährt durch mehrere Zeitphänomene: Den Bedeutungsgewinn Internationaler Konzerne, die Dissidenten- bzw. Bürgerrechts-Bewegungen in Osteuropa, die Neuen Sozialen Bewegungen in Westeuropa, die Etablierung öffentlichkeitsorientierter Netzwerke von Wissenschaftlern zu politischen Brennpunktthemen und das Auftreten transnational agierender Terroristengruppen. Ähnlich wie im Falle der Diskussion über die transnationale Geschichtsschreibung geht es in der politikwissenschaftlichen Debatte zum Wirken transnationaler Akteure in der internationalen Politik nicht um die Ablösung einer „staatszentrierten" Wahrnehmung durch eine „gesellschaftsdominierte" Sicht der Dinge. Vielmehr stehen die Bedingungen und Möglichkeiten der wechselseitigen Beeinflussung zwischen dem zwischenstaatlichen System und dem transnationalen Beziehungsgeflecht im Mittelpunkt der politikwissenschaftlichen Auseinandersetzung. Man hat als Leitfrage für die Beantwortung dieses Themenkomplexes vorgeschlagen: „Unter welchen inneren und internationalen Umständen haben transnationale Koalitionen und Akteure, die versuchen in einem spezifischen Problemfeld die Politikergebnisse zu verändern, Erfolg oder Mißerfolg?"[16] Prinzipiell scheint

---

[14] Vgl. dazu Keohane, Robert O., Nye, Joseph S. (Hgg.), *Transnational Relations and World Politics*, Cambridge/Mass. 1971; Czempiel, Ernst-Otto (Hg.), *Die anachronistische Souveränität. Zum Verhältnis von Innen- und Außenpolitik*, Köln, Opladen 1969.
[15] Risse-Kappen, Thomas, *Bringing transnational relations back in. Non-state actors, domestic structures and international institutions*, Cambridge 1995, S. 3.
[16] Ebd., S. 5.

die Durchsetzungsfähigkeit transnationaler Akteure abhängig zu sein sowohl von den administrativen und normativen Binnenstrukturen der Einzelstaaten, wie auch von den Institutionen des internationalen Systems. Zur fallweisen Untersuchung des Einflusses der transnationalen Akteure bedarf es einer möglichst genauen Eingrenzung ihrer Konstituierungs- und Handlungs-Voraussetzungen.[17] Mit den Aspekten einer typologischen Erfassung der „Internationalen Organisationen" (IO) ist die politikwissenschaftliche Erforschung der Internationalen Beziehungen befasst, die unter dem Eindruck der rapide wachsenden Zahl und Bedeutung dieser institutionalisierten Form transnationaler Interaktion zunehmende Beachtung erlangte.[18] Mit diesen Forschungen rückten die Nichtregierungsorganisationen seit den 1990er Jahren ins Rampenlicht, die in der Innenpolitik wie in der Internationalen Politik nachweisbar an der Willens- und Entscheidungsformung einen zunehmenden Anteil haben. Das wird deutlich an der beschleunigten Zunahme der Menge der IOs, die gemäß Art. 71 der UN-Statuten ein Konsultativrecht beim Wirtschafts- und Sozialrat haben: „Im Jahr 2006 genossen laut ECOSOC-Statistik [...] insgesamt 2.719 NGOs Konsultativstatus, eine Zahl, die sich in den letzten zehn Jahren mehr als verdoppelt hat."[19] Im Vergleich zum Beginn der Zählung dieser Registrierung von IOs (1948: 40 NGOs mit Konsultativrecht) hat sich deren Menge bis heute mehr als versiebzigfacht. Angesichts dieser enormen Vielzahl und Vielfalt der Internationalen Organisationen ist eine typologische Unterscheidung für analytische Zwecke unverzichtbar. Sie wird in der gängigsten Form nach Maßgabe der Einbindung in das oder der Selbständigkeit gegenüber dem Regierungshandeln vorgenommen: IOs als Instrumente staatlicher Diplomatie, IOs als „Arenen und somit eher als Rahmen denn als Mittel internationaler Politik" und IOs „als eigenwertige, korporative Akteure".[20] Die zivilgesellschaftlich konstituierten und tätigen Organisationen sind in der Regel der dritten Kategorie dieser Typologie zuzuordnen, können aber auch in der zweiten Kategorie der „Arenen" themenzentriert mit Repräsentanten der staatlichen Administration zusammenarbeiten. Die zivilgesellschaftlichen INGOs (International Nongouvernmental Organizations) verfolgen meist nicht profitorientierte Ziele (Friedenssicherung, Menschenrechte, Umweltschutz, Völkerverständigung u.a.) und schaffen transnationale Netzwerke mit einer grenzüberschreitenden Eigendynamik. Sie wirken historisch oft anfänglich in Opposition zu den staatlichen Entscheidungsträgern vermittels der Interessenvertretung im parlamentarischen Raum (lobbying) oder der Öffentlichkeitsarbeit (agenda setting). In dem Maße, wie ihre Ziele und Wertvorstellungen gesellschaftlich und politisch zu allgemeiner Akzeptanz gelangen, tendiert

---

[17] Siehe ebd., S. 8 ff.
[18] Vgl. dazu Rittberger, Volker, Zangl, Bernhard, *Internationale Organisationen. Politik und Geschichte*, Wiesbaden 2008.
[19] Siedschlag, Alexander, Opitz, Anja, Troy, Jodok, Kuprian, Anita, *Grundelemente der internationalen Politik*, Wien, Köln 2007, S. 101.
[20] Ebd., S. 92.

Transnationalisierung als Kennwort und Konzept 355

das Verhältnis zwischen zivilgesellschaftlichen und staatlichen Akteuren zur Komplementarität und die Grenzen zwischen beiden Bereichen werden unschärfer.[21] Der Wirkungsmodus der INGOs wird im Rahmen der Forschung zu den IOs zusammengefasst mit dem folgenden Funktionskatalog:

> „Übernahme von öffentlichen Aufgaben, wo keine staatliche Autorität besteht; Sammlung und Veröffentlichung von Informationen; Schaffung und Mobilisierung von Netzwerken; Aufbereitung und Interpretation von Problembereichen für die Öffentlichkeit; Förderung neuer normativer Maßstäbe für Politik und Wirtschaft; Anwaltschaft für politischen Wandel; Überwachung des nationalen und internationalen Einhaltens von Normen [...]; Teilnahme an globalen Konferenzen [...]; Erhöhung der öffentlichen Anteilnahme und Teilnahme an transnationalen und internationalen Entwicklungen; humanitäre Hilfeleistungen; Implementierung von Entwicklungsprojekten."[22]

Gemäß den Forschungsergebnissen zu den IOs können diese Funktionen entsprechend dem Konstituierungszweck der einzelnen transnationalen Akteure entweder mehr auf ein engeres Problemfeld oder überwiegend auf breite Aufgabenstellungen bezogen sein.

1.3 Transnationale Vergesellschaftung

Da die „transnationale Geschichtsschreibung" die nationzentrierte Historiographie zu überschreiten trachtet und die neuere Analyse der Internationalen Beziehungen das Augenmerk von der staatszentrierten Sicht auf die nichtgouvernementale Akteursebene umzulenken sucht, stellt sich die Frage nach der adäquaten Erfassung der offenbar tiefreichenden gesellschaftlichen Veränderungen, die als Ursache für die Notwendigkeit dieser wissenschaftsstrategischen Neuerungen in Betracht kommen. Im Zusammenhang mit der (seit den 1990er Jahren in vollem Gange befindlichen) Globalisierungs-Diskussion hat sich hier in der Soziologie ein Forschungsansatz stabilisiert, der davon ausgeht, dass die sozioökonomische Dynamik der Gegenwartsgesellschaften den nationalstaatlichen Rahmen sprengt, jedoch keineswegs in die globale Angleichung (d.h. politische, wirtschaftliche und kulturelle Homogenisierung) dieser Gesellschaften einmündet, sondern neue „transnationale Sozialräume" („transnational spaces") hervorbringt. Unter der anfänglichen Federführung der Migrationssoziologie gewinnt dieser Forschungsansatz seit der Jahrhundertwende ein deutliches Profil. Die konstitutiven Fragestellungen werden beispielsweise in einem neueren angelsächsischen Sammelwerk zu den „transnational spaces" so formuliert:

> „Transnationalismus umfaßt den Strom von menschlichem und ökonomischem Kapital, Waren und Ideen, die eine transformative Wirkung haben sowohl auf die Ausgangs- wie die Aufnahmeregion. Die Geschlechterbeziehungen und die Auf-

---
[21] Ebd., S. 98.
[22] Ebd., S. 98 f.

fassungen von ethnischer, rassischer und nationaler Identität werden transformiert durch die Kräfte des Transnationalismus. Transnationalismus ist eine ideologische und diskursive Praxis, die auf verschiedene Art und Weise eingebettet sein kann in einer Vielfalt von politischen Prozessen."[23]

Die Basisannahme der soziologischen Transnationalismusforschung ist, dass in den beiden jüngsten Jahrzehnten die (auch früher schon vorhandenen) Transnationalisierungsphänomene durch den Umfang und die Geschwindigkeit ihrer Entwicklung zur Entstehung einer neuartigen Gesellschaftsstruktur geführt haben, deren Keimzellen die „transnationalen Sozialräume" darstellen. Trotz den historischen Kontinuitäten setze sich die Auffassung durch, dass die transnationalen Verbindungen sich von den historischen Vorläufern unterscheiden durch ihre Reichweite und Tiefe, durch ihre Dichte und Bedeutung.[24] Das gegenwärtige sprunghafte Anwachsen des Volumens und der Geschwindigkeit der transnationalen Ströme von Informationen, Symbolen, Kapital und Waren habe die Macht des Nationalstaates obsolet werden lassen. Die bequeme moderne Vorstellungswelt von Nationalstaaten und Nationalsprachen, von kohärenten Gemeinschaften und stimmigen Subjekten, von dominanten Zentren und abgelegenen Rändern sei in den letzten Jahrzehnten unbrauchbar geworden. Man bewege sich unwiderruflich auf eine neue Art von sozialem Raum zu, in dem sich unterschiedliche soziale Verhaltens- und kulturelle Orientierungsmuster mischen und transnationale Sozialräume oder Vergesellschaftungsformen ausbilden:[25]

„Im Mittelpunkt stehen dabei wirtschaftliche, kulturelle, politische und soziale Beziehungen und Verflechtungen, die die Grenzen der Nationalstaaten überschreiten, aber nicht in erster Linie zwischen den Staaten bzw. Regierungen entwickelt werden. Gleichzeitig handelt es sich um soziale Beziehungen, Netzwerke und Sozialräume, die nicht global und erdumspannend, gleichsam überall und ‚delokalisiert' vorhanden sind, sondern die sich zwischen sehr spezifischen Orten und Plätzen über nationalstaatliche Grenzen hinweg aufspannen."[26]

Der Transnationalisierungs-Ansatz zielt also nicht auf die Bezugsgröße Weltgesellschaft und globale Homogenisierung, sondern auf die Entstehung hybrider Formen der Vergesellschaftung zwischen den oder jenseits der

---

[23] Jackson, Peter, Crang, Philip, Dwyer, Claire (Hgg.), *Transnational Spaces*, London, New York 2004, nicht paginierter Eröffnungstext. Der Programmtext der Reihe "Transnationalism", in der dieser Band erschien, fasst die Leitfragen wie folgt zusammen: "'Transnationalism' broadly refers to multiple ties and interactions linking people or institutions across the borders of nation-states. Today myriad systems of relationship, exchange and mobility function intensively and in real time while being spread across the world. New technologies, especially involving telecommunications, serve to connect such networks."

[24] Ebd., S. 11.

[25] Rouse, Roger, Mexican migration and the social space of postmodernism, in: *Diaspora. A Journal of Transnational Studies*, 1991, S. 8.

[26] Pries, *Die Transnationalisierung* (wie Anm. 6), S. 13.

Nationen. Dabei wird die strukturierende Bedeutung der Nationalstaaten und -gesellschaften durchaus anerkannt und in Rechnung gestellt:

> „Wie in dem Begriff Transnationalismus angedeutet wird, bleiben Nationen als politische Einheiten und Nationalgesellschaften als nationale Sozialräume nach wie vor als grundlegende analytische Bezugseinheiten relevant. Von diesen ausgehend können Grenzüberschreitungen, Überlappungen und Verbindungsstrukturen und -prozesse von der lokalen bis hin zur globalen geographischen Ebene konzipiert werden."[27]

Stärker als im Falle der Transnationalen Geschichtsschreibung und der Analyse der grenzüberschreitenden Nichtregierungsorganisationen ist das Konzept der transnationalen Vergesellschaftung eine Prozesskategorie, die eine breite und unabgeschlossene Gesellschaftsentwicklung mit ungewissem Ausgang auf den Begriff bringt. Sie ist insofern im umfassendsten Sinne eine zeitdiagnostische Kategorie, die weder nur positiv noch ausschließlich negativ konnotiert ist. Da sich die Transnationalisierung nicht allein auf den beschleunigten und ausgeweiteten Personen-, Waren- und Informationsverkehr, sondern auch auf die nationale Grenzen überspringende Ausdehnung von Kriminalität und Terrorismus bezieht, ist es schwierig, den benannten Sachverhalt eindeutig zu beurteilen. Findet man bei englischen Wortführern der Transnationalismusforschung die Warnung davor, den aktuellen Veränderungsprozess nur progressiv zu bewerten,[28] so ist bei deutschen Autoren eine Tendenz zur vorwiegend zuversichtlichen Bewertung der transnationalen Vergesellschaftung festzustellen. So wenn einer von ihnen annimmt, „daß es einen Zusammenhang zwischen der Bildung transnationaler Verflechtungen und der Zustimmung zur Macht- und Verantwortungsdelegation hin zu supranationalen Instanzen und Akteuren gibt."[29] Weitgehend einig sind sich die soziologischen Transnationalismusforscher hingegen in der Feststellung, dass die institutionelle Politik erhebliche Schwierigkeiten hat, mit der transnationalen Vergesellschaftung Schritt zu halten und auf sie angemessen zu reagieren. Dies nicht zuletzt deswegen, weil die auf Indikatoren basierte empirische Untersuchung der Transnationalisierung in einzelnen Ländern deutlich nachweist, dass dieser Prozess in den letzten Jahrzehnten in konkreten Interaktionsbereichen (Kultur, Migration, Finanzen u.a.) durchaus unterschiedlich voranschreitet[30] und die nationalen politischen Systeme sich überaus schwer tun, dem dort entstehenden Handlungsbedarf durch über-nationale Rechtsetzung nachzukommen.[31]

---

[27] Ebd., S. 129.
[28] Vgl. Jackson u.a., *Transnational spaces* (wie Anm. 23), S. 11 ff.
[29] Mau, Steffen, *Transnationale Vergesellschaftung. Die Entgrenzung der sozialen Lebenswelten*, Frankfurt/Main, New York 2007, S. 296.
[30] So z. B. Gerhards, Jürgen, Rössel, Jörg, Zur Transnationalisierung der Gesellschaft der Bundesrepublik. Entwicklungen, Ursachen und mögliche Folgen für die europäische Integration, in: *Zeitschrift für Soziologie*, 28/5 (1999), S. 325-344.
[31] Vgl. ebd., S. 335.

Die hier vorgestellten Wissenschaftsdiskurse zur Transnationalisierung sind einerseits Symptom für einen aus der Gesellschaftsentwicklung an der Schwelle des 21. Jahrhunderts entstandenen Erklärungsbedarf neuartiger soziokultureller und sozioökonomischer Erscheinungen des öffentlichen Lebens, deren Auswirkungen weit in die private Lebenswelt der Menschen hineinreichen. Sie sind andererseits wissenschaftsstrategische Konzeptualisierungsangebote, die in der geschichtswissenschaftlichen, politikwissenschaftlichen und soziologischen Praxis neue Forschungsfelder abzustecken oder schon formulierte Fragestellungen zu differenzieren vermögen. Hält man sich an diesen zweiten Aspekt der Nützlichkeitsabwägung der Transnationalisierungsforschung, so liegt es nahe, die dort formulierten Arbeits-Hypothesen und -ergebnisse rückzubeziehen auf die zivilgesellschaftlichen Verständigungsorganisationen zwischen Deutschland und Frankreich, die in der zweiten Hälfte des 20. Jahrhunderts zum erosionsbeständigen Sockel der deutsch-französischen Beziehungen wurden und deren Wirken in den monographischen Beiträgen dieses Buches dargestellt wurde. Dass die grenzüberschreitend tätigen zivilgesellschaftlichen Organisationen in der Gegenwart quantitativ an Bedeutung gewinnen, steht eindeutiger fest als ihre qualitativen Eigenschaften, die sie zu dieser Tätigkeit als Vektoren transnationaler Vergesellschaftung befähigen. Seit langem wird den „internationalen Organisationen" eine innovative Schrittmacherrolle zugeschrieben im Verhältnis zu den politischen Institutionen. So z.B. wenn konstatiert wird, sie brächten

> „das Verhältnis der Interessen, Ideen und Geschmäcke der sozialen Schichten verschiedener Völker zueinander am deutlichsten zum Ausdruck. In ihnen tritt die Internationalisierung unserer Zeit am klarsten zutage. Diese nichtstaatlichen Organisationen üben auf die Regierungen sehr unterschiedlichen, oft schwer zu bestimmenden, aber doch nicht unbedeutenden Einfluss aus. Sie drängen sie zur internationalen Zusammenarbeit und sind durch ihre Tätigkeit häufig Wegbereiter für die Schaffung staatlicher Organisationen geworden."[32]

Diese Beurteilung von 1958 fällt 50 Jahre später ähnlich aus, wenn ein führender Repräsentant der Union der internationalen Verbände (UIV) befindet:

> „Am Rande der staatlichen Bündnisse hat die Privatinitiative die Welt mit einem riesigen Netz von nichtstaatlichen Organisationen überzogen. [...] Auf diesem Webstuhl der geistigen und vergänglichen Werte wirken die Menschen tagtäglich, ohne Unterlaß, einen neuen Faden der Solidarität ein. Manche Fäden reißen, andere verschleißen sich nicht, doch wie das Gewand der Penelope kennt dieses Werk weder Ende noch Unterbrechung. Die menschlichen Beziehungen verknüpfen und verflechten sich in ein facettenreiches Gewirr von Gesellschaften, Verbänden, Ligen, Bündnissen, Gewerkschaften, Unionen, Institutionen, Koopera-

---

[32] Gerbet, Pierre, *Les organisations internationales*, Paris 1963, in Übersetzung zitiert von Fenaux, Robert, *Die Zukunft der U.A.I. (Union der Internationalen Verbände)*, http://www.laetusinpraesens.org/uia/docs/anniv60/60ann_ger_fenaux_txt.pdf, S. 63.

tiven, Kammern, Klubs – mit den verschiedensten Zielsetzungen – die Gedanken, Interessen und Wünsche eng verbinden."[33]

Das „Yearbook of International Organizations", das von der UIV herausgegeben wird, verzeichnet weltweit nicht weniger als 4.300 Organisationen dieser Art. Es mag an dem „facettenreichen Gewirr" liegen, welches sich der Klassifikation weitgehend entzieht, dass die Erforschung dieser kollektiven Träger der transnationalen Vergesellschaftung bislang durch ein Theorie- und ein Geschichts-Defizit gekennzeichnet ist. Dabei fällt auf, dass gerade zu der jüngsten Verbreitungswelle transnational tätiger Organisationen nur sehr wenige historisch-monographische Einzelstudien vorliegen, aber ein großes Angebot an Konzepten, die sich pauschal auf dies Phänomen beziehen.[34] Andererseits gibt es (zumal im Falle des deutsch-französisches Beispiels) für die älteren Vektoren transnationalen Austauschs einen schätzenswerten Bestand an Einzelmonographien, aber wenige übergreifend-konzeptuelle Interpretationsansätze. Mit Bezug auf diese bisher gängigen Interpretationsrahmen zum deutsch-französischen Beispiel transnationaler Organisationen sollen im folgenden einige neue (und möglicherweise weiterführende) Fragestellungen, die in der Transnationalisierungsforschung formuliert wurden, für die bessere analytische Durchdringung des zivilgesellschaftlichen Interaktions-Sockels der deutsch-französischen Beziehungen zur Diskussion gestellt werden.

Als bisher gebräuchliche Leitkategorien für das Verstehen der bilateralen Verflechtung auf zivilgesellschaftlicher Ebene können gelten die Stichworte „Mittlerorganisationen" und „Agenturen transnationaler Kommunikation". Diese bereits zirkulierenden, praxisnahen Begriffe sind geeigneter für die Einführung des Transnationalisierungs-Konzepts als Kategorie der Zeitgeschichte als die Versuche, die aktuellen Tendenzen zur Entnationalisierung, Entstaatlichung und Entgrenzung in Gesellschaft und Politik allein aus dem Begriffsreservoir einer einzelnen Wissenschaftsdisziplin abzuleiten. Man hat mit Recht für den Bereich der Außenkulturpolitik einen fast vollkommenen Mangel an theoretischen Klärungsangeboten konstatiert.[35] Man wird diesen Mangel jedoch nicht überwinden können, indem man die verfügbaren Konzeptualisierungsansätze der Internationalen Beziehungen zu ihrer Anwendbarkeit auf die Transnationalisierungserscheinungen der Gegenwart befragt.[36] Die soziologische Transnationalisierungsforschung optiert hier für einen pluridisziplinären Weg zum Verstehen der Formen der nationalen Grenzüberschreitung bzw. -auflösung, befindet sich allerdings noch im Stadium der Programmformulierung. So z.B. wenn dort vorgeschlagen wird,

---

[33] Ebd., S. 65.
[34] Siehe dazu Franz, Christiane, Martens, Kerstin, *Nichtregierungsorganisationen (NGOs)*, Wiesbaden 2006.
[35] Rittberger, Volker, Andrei, Verena, Macht, Profil und Interessen. Auswärtige Kulturpolitik und Außenpolitiktheorien, in: *Kultur und Außenpolitik. Handbuch für Studium und Praxis*, hrsg. v. Kurt-Jürgen Maaß, Baden-Baden 2005, S. 31-52.
[36] So ebd., S. 33 ff. und 40 ff.

eine „Kartographie transnationaler sozialer Beziehungen auf der individuellen Ebene zu erstellen", die sich auf die Bundesrepublik Deutschland bezieht und mehrere Interaktionsbereiche umfassen soll:

> „Dabei werden verschiedene Aspekte transnationaler Mobilisierung eingehender behandelt, so die transnationalen Familienbeziehungen, grenzüberschreitende Mobilität, internationaler Studentenaustausch, Tourismus und die Binnentransnationalisierung, die durch Kontakte mit Ausländern innerhalb der Bundesrepublik entsteht."[37]

Die Überprüfung der Frage, ob die Bevölkerung zunehmend am "Transnationalisierungsgeschehen" teilnimmt, wird in den genannten Interaktionsbereichen (die ergänzungsbedürftig sind) fast ausschließlich mit fremderhobenen Informationen vorgenommen und mutet stark eklektisch an. Dennoch enthält dieses Programm ein unmittelbares Kooperationsangebot und eine konzeptuelle Wegweisung für zeitgeschichtliche Forschungsbemühungen, zumal hier ein Panorama der individuellen und kollektiven Akteure transnationaler Kooperation anvisiert wird.[38]

2. Formen und Funktionen zivilgesellschaftlicher Vektoren der Transnationalisierung

2.1 Mittlerorganisationen

Die älteste und damit auch verbreitetste Kategorie für die organisierten Träger transnationaler Kommunikation und Interaktion ist der Begriff „Mittlerorganisation". Der Begriff ist niemals verbindlich definiert worden, verweist aber auf einen Zwischenraum zwischen staatlicher Administration und zivilgesellschaftlicher Akteursebene in der Auswärtigen Kulturpolitik, der sich ab Ende des 19. Jahrhunderts auszuformen begann:

> „Kaum daß die Pflege der internationalen Kulturbeziehungen als ein Mittel der Außenpolitik entdeckt worden war, entstanden im Gefolge dieser Entwicklung besondere Organisationen, welche als Mittler zwischen Inland und Ausland die eigentliche Auslandskulturarbeit übernahmen."[39]

Als frühe Beispiele solcher Mittlerorganisationen entstanden 1884 die Dante-Alighieri-Gesellschaft und 1893 die Alliance-Française.[40] In Deutschland blieb dies neue transnationale Interaktionsfeld vor dem Ersten Weltkrieg in

---

[37] Mau, *Transnationale Vergesellschaftung* (wie Anm. 29), S. 93.
[38] Die Parallelität der Zielsetzungen zwischen diesem Ansatz und dem Vorhaben der Herausgeber dieses Bandes auf bilateraler Ebene ist offensichtlich.
[39] Arnold, Hans, *Auswärtige Kulturpolitik. Ein Überblick aus deutscher Sicht*, München 1980, S. 21.
[40] Vgl. dazu neuerdings Chaubet, François, *La politique culturelle française et la diplomatie de la langue. L'Alliance française (1883-1940)*, Paris 2006.

statu nascendi,[41] nahm aber in der Weimarer Republik konkretere Gestalt an.[42] Das Verhältnis zwischen staatlicher Administration (vor allem den Außenministerien) und den zivilgesellschaftlichen Organisationen nahm in den verschiedenen europäischen Ländern unterschiedliche Gestalt an. U.a. aufgrund der föderalistischen und der zentralistischen Grundstruktur des Staatsaufbaus und der politischen Kultur entstanden in Deutschland und Frankreich gegensätzliche Modelle: Hier eine prinzipiell lockere Anbindung der privaten Organisationen an die gouvernementale Entscheidungsebene, die durch ein Aufsichtsrecht reguliert wird, und dort eine straffere Anbindung der zivilgesellschaftlichen Akteure an die staatliche Akteursebene, die durch ein deutliches Weisungsrecht charakterisiert ist. Nach der Zerstörung des föderalistischen Modells der Außenkulturpolitik im Nationalsozialismus entstanden in der Ära Adenauer ausnahmslos aus privater Initiative die Mittler- und Auslandsorganisationen, die (von wenigen Ausnahmen abgesehen) bis heute die institutionalisierten Vektoren transnationaler Interaktion sind: Die Alexander von Humboldt-Stiftung (1953), die Deutsche Forschungsgemeinschaft (1952), der Deutsche Akademische Austauschdienst (1950) für den Wissenschaftsbereich; das Goethe-Institut (1951), Inter-Nationes (1952)[43] und das Institut für Auslandsbeziehungen (1950) für die internationale Kulturarbeit; und für die schwerpunktmäßig außereuropäische Bildungs- und Entwicklungsarbeit der Deutsche Entwicklungsdienst (1963), die Deutsche Stiftung für Internationale Entwicklung (1959) und die Carl Duisberg-Gesellschaft (1949).[44] Diese nach Aufgabenfeldern unterschiedenen Organisationen, von denen die meisten neuerdings Gegenstand wissenschaftlichen Interesses wurden,[45] brachten gerade aufgrund ihrer Vielfalt zu Beginn der 1970er Jahre das Bedürfnis nach Koordination und Kooperation hervor.[46] Die als Dachverband dieser Mittlerorganisationen 1972 ge-

---

[41] Vgl. dazu die Vorkriegsaktivitäten von Karl Lamprecht, u.a. im Rahmen des Verbandes für internationale Verständigung; siehe Chickernig, Roger, *Karl Lamprecht. A German Academic Life (1856-1915)*, Atlantic Highlands N.J. 1993.

[42] Siehe Düwell, Kurt, *Deutschlands auswärtige Kulturpolitik 1918-1932. Grundlinien und Dokumente*, Köln, Wien 1976.

[43] Inter Nationes wurde im September 2000 mit dem Goethe-Institut zusammengeschlossen.

[44] Die Carl Duisberg-Gesellschaft schloss sich 2002 mit der Deutschen Stiftung für internationale Entwicklung zusammen zu der Mittlerorganisation International Weiterbildung und Entwicklung (InWEnt).

[45] Z.B.: Alter, Peter (Hg.), *Der DAAD in der Zeit. Geschichte, Gegenwart und zukünftige Aufgaben. Vierzehn Essays*, Bonn 2000, 3 Bde.; Kathe, Steffen R.; *Kulturpolitik um jeden Preis. Die Geschichte des Goethe-Instituts von 1951 bis 1990*, München 2005; Michels, Eckard, *Von der Deutschen Akademie zum Goethe-Institut. Sprach- und auswärtige Kulturpolitik 1933-1960*, München 2005; Körber, Sebastian, *Vorreiter im Kulturdialog. Das Institut für Auslandsbeziehungen. Stärkung der Zivilgesellschaft durch Kulturdialog*, Stuttgart 2006. Alle hier genannten institutionellen Mittlerorganisationen gehören der Vereinigung für Internationale Zusammenarbeit an.

[46] Es wiederholte sich hier auf höherer Ebene ein horizontaler Koordinationsversuch, wie er bereits bei den privaten gesellschaftlichen Mittlerorganisationen 1954 in der Grün-

gründete Vereinigung für internationale Zusammenarbeit (VIZ) stellte sich zur Aufgabe die Stärkung der Selbständigkeit, Erweiterung und Verbesserung der Arbeitsmöglichkeiten, Hebung des Ansehens in der Öffentlichkeit, gemeinsames Auftreten gegenüber Legislative und Öffentlichkeit, laufende Koordination in Planung, Ausführung und Auswertung, Erfahrungsaustausch und Entwicklung gemeinsamer Zielvorstellungen.[47] Aus der Sicht der politischen Administration stellte sich zur selben Zeit, Anfang der siebziger Jahre, das Spektrum der Mittlerorganisationen als unübersichtlich und reformbedürftig dar. Einer der Architekten der damals durchgeführten Reform der Auswärtigen Kulturpolitik fasste die Probleme in die vorsichtigen Worte:

> „Sie haben ihren Ursprung bereits in den jeweiligen Gründungen bzw. Neugründungen der 50er Jahre und dem anschließenden Auf- und Ausbau dieser Organisationen, die sich je nach Bedarfslage oder unter anderen, heute nicht mehr alle im einzelnen nachprüfbaren Gesichtspunkten, aber sicher nicht nach einer von vornherein auf die Bedürfnisse des Ganzen gerichteten ordnenden Plan vollzogen. So ist heute und bleibt wohl noch für geraume Zeit an und in den einzelnen Mittlerorganisationen, aber auch am System dieser Organisationen in seiner Gesamtheit manches verbesserungsfähig."[48]

Aus dieser Perspektive stellt sich bis in die Gegenwart die Vielfalt der Mittlerorganisationen als „Trägerwildwuchs" dar,[49] obwohl sie durchaus auch als Ermöglichung zivilgesellschaftlicher Mitgestaltung gedeutet werden kann. Es bleibt den wissenschaftlichen Einzelfallstudien vorbehalten, das Maß (oder Übermaß) gesellschaftlichen Einflusses in den institutionellen Mittlerorganisationen festzustellen. Für eine solche spezifizierende Untersuchung des Zusammenspiels und der „Strukturneuralgien" im Zusammenwirken zwischen gouvernementalen und zivilgesellschaftlichen Akteuren ist aus der Politikfeldforschung folgendes Fragenraster vorgeschlagen worden:

> „die Ressortkoordination auf Bundesebene (1), die Bund-Länder-Koordination (2) nach erfolgtem Länderabgleich (3), die politische Rahmensteuerung der Mittler (4), ihre horizontale Selbstabstimmung (5) und die Koordination der Maßnahmen vor Ort (6)."[50]

Durch die Rechtsform des gemeinnützigen Vereins oder der privatrechtlichen Stiftung wird die grundsätzliche Unabhängigkeit der zivilgesellschaftlichen Mittlerorganisationen gewährleistet, durch die überwiegende Finan-

---

dung des Arbeitskreises der privaten Institutionen für Internationale Begegnung und Bildungsarbeit unternommen worden war.

[47] Die aktuelle Zieldefinition heißt: „Die Vereinigung für Internationale Zusammenarbeit beabsichtigt, die Zusammenarbeit sowohl zwischen den Mitgliedern untereinander als auch mit den zuständigen staatlichen und nichtstaatlichen Stellen im nationalen und internationalen Bereich zu verbessern." www.deutsche-kultur-international.de/de/org/organisationen.

[48] Arnold, *Auswärtige Kulturpolitik* (wie Anm. 39), S. 22.

[49] Schulte, Karl-Sebastian, *Auswärtige Kulturpolitik im politischen System der Bundesrepublik Deutschland*, Berlin 2000, S. 142.

[50] Ebd., S. 142 f.

zierung aus öffentlichen Mitteln sind sie gouvernementaler Außensteuerung unterworfen.[51] In den jahrzehntelangen Diskussionen über das Modell der Mittlerorganisationen in der Auswärtigen Kulturpolitik haben sich eine Reihe von Stärken und Schwächen herausgestellt, deren Bilanz indes auf eine Bestätigung dieser Form der institutionellen und transnationalen Kulturbeziehungen hinausläuft. Für die Bewährung dieses Modells werden angeführt die Flexibilität und der Pluralismus der Akteure sowie ihre intimere und langfristigere Einbeziehung in das soziokulturelle Leben des Adressatenlandes, als sie bei einer rein gouvernementalen Verfahrensweise möglich wäre; die größere Professionalität der Träger der Kulturarbeit im Gastland und die Knüpfung von belastbaren Kommunikationsnetzen mit den Eliten desselben; die umstandslosere Kooperation mit anderen zivilgesellschaftlichen Akteuren in dem und aus dem Zielland sowie ihre größere Glaubwürdigkeit bei dessen Bevölkerung.[52]

Nicht zuletzt gehört in diesen Zusammenhang der Vorzüge des Mittlerorganisations-Modells auch die Tatsache, dass die Auswärtige Kulturpolitik keinen kostenintensiven eigenen Personalapparat zu unterhalten hat. Als Schwachpunkte des pluralen und privaten Trägersystems in der Gestaltung der institutionellen auswärtigen Kulturbeziehungen werden konstatiert: die Steuerungsaufgabe durch die zuständigen Ministerien gestaltet sich schwieriger als in zentralistischen (oder in nicht demokratischen[53]) Systemen; das Interaktionsangebot kann für die potentiellen Nutzer im Gastland unübersichtlich werden; es treten möglicherweise öfters Stresssituationen im Verhältnis zwischen gouvernementalen und zivilgesellschaftlichen Akteuren auf, die zur Überbürokratisierung auf der einen und zur Entmutigung auf der anderen Seite führen. Der Praxisvergleich zwischen dem föderalistischen Modell der Mittlerorganisationen und den zentralistisch-demokratischen bzw. nicht demokratischen Formen der Gestaltung transnationaler Gesellschafts- und Kulturbeziehungen ist als Forschungsaufgabe eben erst umrissen[54] und wäre auch im Sinne der Transnationalisierungsforschung ein Gewinn.

---

[51] Siehe dazu Trommer, Siegfried Johannes, *Die Mittlerorganisationen der Auswärtigen Kulturpolitik*, Diss. jur. Tübingen 1984.
[52] Siehe dazu Maaß, Kurt-Jürgen, Das deutsche Modell. Die Mittlerorganisationen, in: Maaß, *Kultur und Außenpolitik* (wie Anm. 35), S. 208 f.
[53] Das Problem der Übersteuerung stellt sich insbesondere im Falle der DDR-Mittlerorganisationen; vgl. dazu die Beiträge von Ulrich Pfeil (Frankreichemigranten), Hélène Yèche und Hélène Simoneau.
[54] Vgl. Znined-Brand, Victoria, *Deutsche und französische auswärtige Kulturpolitik. Eine vergleichende Analyse. Das Beispiel der Goethe-Institute in Frankreich sowie der Instituts und Centres Culturels Français in Deutschland seit 1945*, Frankfurt/Main 1999; Farçat, Isabelle, Instituts Français et Instituts Goethe, in: *Le couple franco-allemand en Europe*, hrsg. v. Henri Ménudier, Asnières 1993, S 326-332.

2.2 Agenturen transnationaler Kommunikation und Interaktion

Während für diese institutionell angebundenen Trägerorganisationen gouvernementaler Außenkulturpolitik die monographischen Studien sich neuerdings mehren, blieben die wissenschaftlichen Arbeiten zu den gesellschaftlichen Mittlerorganisationen, die überwiegend mit eigenen Mitteln und in eigener Regie transnationale Beziehungen unterhalten, vor allem auf das Beispiel Deutschland-Frankreich konzentriert. Und auch in diesem Falle blieben die Kenntnisse für die Entwicklung nach dem Zweiten Weltkrieg überaus lückenhaft. Insbesondere zu dieser Akteursform der institutionell nicht gebundenen Gruppeninitiativen für die transnationale Gesellschafts- und Kulturverflechtung zwischen Deutschland und Frankreich nach 1945 bieten die in diesem Band versammelten Studien den bislang umfassendsten Überblicksversuch. Man kann diese Subkategorie von Trägern grenzüberschreitenden Verkehrs als „gesellschaftliche Mittlerorganisationen" von den „institutionellen Mittlerorganisationen" unterscheiden und sie ihnen an die Seite stellen. In der bisherigen einschlägigen Literatur werden die institutionell ungebundenen Gruppeninitiativen entweder gar nicht unter dem Begriff Mittlerorganisation geführt[55] oder es wird ihnen diese Eigenschaft zuerkannt, dann aber ihre Bedeutung offengelassen.[56] Der bislang kohärenteste und umfassendste Versuch, für die Nachkriegszeit die Entwicklung und Tätigkeit der „gesellschaftlichen Mittlerorganisationen" zu erfassen und ihre Charakteristika herauszuarbeiten, stammt von einem frühen Vertreter der politikwissenschaftlichen Transnationalisierungsforschung, der als verantwortliches Mitglied der Deutschen Gesellschaft für Auswärtige Politik (DGAP) selbst praktische Erfahrungen mit der Arbeitsweise einer solchen Einrichtung machen konnte.[57] Die Definition, die von diesen Voraussetzungen her gegeben wird, zielt stärker auf die gesellschaftlichen Entstehungs- und Wirkungsweisen der Mittlerorganisationen ab als dies mit Bezug auf die institutionellen Trägerorganisationen der Außenkulturpolitik die Regel ist:

„Gesellschaftliche Mittlerorganisationen sind Institutionen der zwischen Gesellschaften angewachsenen transnationalen Beziehungen sowie der Demokratisierung der Außenpolitik: einerseits als deren Produkt, andererseits als Kräfte, die diese Prozesse weiter vorwärts treiben. Diese Organisationen entstehen innerhalb der Gesellschaft, um für die Vertiefung der Beziehungen mit einem anderen Land zu arbeiten: durch Aktivitäten in der Gesellschaft, Veranstaltungen, Veröffentli-

---

[55] So z. B. bei Richartz, Ingeborg, Funktion und Bedeutung der Mittlerorganisationen, in: *Handbuch der deutschen Außenpolitik*, hrsg. v. Hans-Peter Schwarz, München, Zürich 1975, S. 759-766.
[56] Siehe dazu Trommer, *Die Mittlerorganisationen* (wie Anm. 51), S. 46 ff.
[57] Vgl. dazu Kaiser, Karl, Transnationale Politik. Zu einer Theorie der multinationalen Politik, in: *Die anachronistische Souveränität*, hrsg. v. Czempiel (wie Anm. 14), S. 80-109.

chungen, Einwirkung auf relevante Eliten oder durch Kontakte mit ähnlichen Organisationen, Eliten oder Gruppen im Partnerland."[58] Aufgrund dieses Entstehungs-, Arbeits- und Zielbestimmungs-Modus erfüllen sie eine subsidiäre, komplementäre oder katalysatorische Funktion für die Außenpolitik und in der Gesellschaft. Sie sind (in gewissem Umfang von öffentlichen Ressourcen abhängig, aber weniger ausschließlich durch sie alimentiert als die institutionellen außenkulturpolitischen Trägerorganisationen) die Protagonisten einer „privaten Außenpolitik"[59] oder einer „,gesellschaftlichen' Außenpolitik".[60] Gemäß diesem Interpretationsansatz stellt diese Form der transnationalen Aktivität vor allem ein „Kooperationsnetz zwischen Eliten" her, „über das Informationen und Meinungen ausgetauscht oder persönliche Kontakte geknüpft werden, die für die Tätigkeit von Firmen, Medien, Interessenvertretern, Nichtregierungsorganisationen (NGOs) oder politischen Parteien nützlich sind": „Sie bilden wichtige Bestandteile ihrer grenzüberschreitenden transnationalen Aktivitäten." Die gesellschaftlichen Mittlerorganisationen – so das Fazit – dienen „der gesellschaftlichen Unterfütterung außenpolitischer Prioritäten."[61] Dass diese Förderung des politischen Elitenverkehrs nicht ausschließlich und zuvörderst die Funktion dieses transnationalen Akteurstypus charakterisieren muss und kann, wird von Vertretern der historischen Soziologie und der Transnationalisierungsforschung dargestellt. In der Sprache der INGO-Forschung zum Ausdruck gebracht, könnte man sagen, dass die gesellschaftlichen Mittlerorganisationen nicht allein einen informellen Rahmen, einen transnationalen Begegnungs- und Absprache-Raum der Außenpolitik bilden, sondern „eigenwertige, korporative Akteure" mit weiterreichenden Funktionen sind. Man hat in der Studie aus dem Zusammenhang der DGAP bereits zutreffend beobachtet, dass dieser organisatorische Typus transnationalen Wirkens vor allem im Verhältnis zu den Ländern entstanden ist, zu denen Deutschland eine besondere historische Hypothek abzutragen hatte, die durch Nationalsozialismus und Krieg entstanden war.[62] Im Falle der westlichen Siegermächte konnte man bei der Konstituierung von Mittlerorganisationen in der Bundesrepublik bereits an institutionelle Ergebnisse ihrer Nachkriegs-Kulturpolitik teilweise anknüpfen.[63] Gerade in den westdeut-

---

[58] Kaiser, Karl, Mildenberger, Markus, *Gesellschaftliche Mittlerorganisationen* (wie Anm. 3), S. 199.
[59] Siehe zum Begriff Heintzen, Markus, *Private Außenpolitik. Eine Typologie der grenzüberschreitenden Aktivitäten gesellschaftlicher Kräfte und ihres Verhältnisses zur staatlichen Außenpolitik*, Baden-Baden 1989.
[60] Siehe dazu Kaiser, Karl, Mildenberger, Markus, *Gesellschaftliche Mittlerorganisationen* (wie Anm. 3), S. 213 f.
[61] Ebd., S. 213.
[62] Ebd., S. 199.
[63] Vgl. dazu u.a. Clemens, Gabriele, *Britische Kulturpolitik in Deutschland 1945-1949*, Stuttgart 1997; Hein-Kremer, Maritta, *Die amerikanische Kulturoffensive. Gründung und Entwicklung der amerikanischen Information-Centers in Westdeutschland und West-Berlin 1945-*

schen Beziehungen zu Frankreich wird evident, dass die Mehrheit der bilateralen Verständigungs-Initiativen nicht vorwiegend politische Vorfeldorganisationen sind, sondern – ihrem Selbstverständnis gemäß und nach Ausweis ihrer realen Tätigkeiten – Gesellschafts-Agenturen transnationaler Kommunikation und Interaktion. Sie sind deshalb auch nicht mit den Begriffen der Politikwissenschaft allein adäquat zu erfassen, sondern eher mit den Konzepten der politischen Soziologie und der pluridisziplinären Transnationalisierungsforschung.

Seit Mitte der 1970er Jahre wurde im Umfeld des Deutsch-Französischen Instituts (DFI) in Ludwigsburg und des ihm seit den achtziger Jahren angeschlossenen Arbeitskreises Sozialwissenschaftliche Frankreichforschung die Diskussion geführt über die Bedingungen für die Herstellung „transnationaler Kommunikationsfähigkeit".[64] Deren Beherrschung sollte nicht allein auf die Eliten der beiden Länder begrenzt sein, sondern über die Sozialisationsagenturen in möglichst viele Gesellschaftsbereiche hinein vermittelt werden. Das Ludwigsburger Institut, das eine überparteiliche und von zivilgesellschaftlichen Kräften getragene Verständigungsorganisation war und lange Zeit als Mittelpunkt der Sammlung privater Auslandsorganisationen fungierte,[65] übernahm unter Leitung von Robert Picht[66] die Federführung in dem Bestreben, die theoretische und praktische Erprobung des Konzepts der Transnationalen Kommunikationsfähigkeit voranzubringen. Ähnlich wie im Falle der DGAP verband sich im Ludwigsburger Institut das Nachdenken über Eigenart und Ziel der gesellschaftlichen Mittlerorganisationen mit einer praktischen Wirkungsabsicht. Zielte diese im Bonner Institut vor allem auf die Elitenkommunikation, so war sie in Ludwigsburg vorrangig auf die Kooperation mit frankreichbezogenen Sozialisationsagenturen ausgelegt.[67] Sie gelang, unterstützt durch Stiftungsmittel, vor allem in der Kooperation mit der sozialwissenschaftlichen Frankreichforschung und der Fremdsprachendidaktik;[68] sie scheiterte im Versuch des Forschungsverbundes mit den ro-

---

1955, Köln 1996; Defrance, Corine, *La politique culturelle de la France sur la rive gauche du Rhin 1945-1955*, Strasbourg 1994.

[64] Vgl. dazu *Perspektiven der Frankreichkunde. Ansätze zu einer interdisziplinär orientierten Romanistik*, hrsg. v. Robert Picht, Tübingen 1974. S. dort die Aufsätze von Alfred Grosser, Hans Manfred Bock, Michael Nerlich sowie Gerhard Blitz und Hans Ulrich Gumbrecht.

[65] Siehe dazu eingehend Bock, Hans Manfred (Hg.), *Projekt deutsch-französische Verständigung. Die Rolle der Zivilgesellschaft am Beispiel des Deutsch-Französischen Instituts in Ludwigsburg*, Opladen 1998.

[66] Siehe dazu Bock, Hans Manfred, Europäische Kulturpolitik als gesellschaftliche Praxis. Robert Picht 1937-2008, in: *Lendemains. Etudes comparées sur la France*, 13 (2008), S. 156-159.

[67] Beide Institute arbeiteten längerfristig zusammen in der Gestaltung der „Deutsch-Französischen Konferenzen" zwischen 1955 und 1990.

[68] Dokumentiert u.a. durch die Herausgabe des Frankreich-Jahrbuchs seit 1987 durch das DFI und durch dessen Mitautorschaft von: *Fremdsprachenunterricht und internationale Beziehungen. Stuttgarter Thesen zur Landeskunde im Französischunterricht*, Gerlingen 1982.

manistischen Fachvertretern.⁶⁹ Die praktische Multiplikatoren-Orientierung in der Mittlertätigkeit des DFI war langfristig vorbereitet durch enge konzeptionelle Zusammenarbeit mit dem Comité français d'échanges avec l'Allemagne nouvelle und anderen französischen Mittlerorganisationen.⁷⁰ Aus diesen Begegnungen und Diskussionen französischer und deutscher Repräsentanten von Mittlerorganisationen und Vertretern der politischen Administration ging in den fünfziger Jahren die Formulierung eines „erweiterten Kulturbegriffs" hervor, der in den 1970er Jahren vor allem für die Auswärtige Kulturpolitik der Bundesrepublik Deutschland politische Verbindlichkeit erlangte und die Einbeziehung vieler gesellschaftlicher Mittlerorganisationen in die entsprechenden Auslandsprogramme ermöglichte. Hatte z.B. eine deutsch-französische Tagung der Austausch- und Verständigungsorganisationen die „fast ausschließliche Berücksichtigung der ‚repräsentativen' Kultur, der Kunst, der Wissenschaft und der klassischen, vorzugsweise akademischen Bildungseinrichtungen" für unzureichend erachtet und stattdessen den „für die öffentliche Meinung wichtigen Schlüsselgruppen in allen Berufen, Bildungsschichten und Altersklassen" den Vorzug für die Austauschmaßnahmen gegeben,⁷¹ so hieß es in den Überlegungen eines Reformers der Auswärtigen Kulturpolitik rund 15 Jahre später: Das

> „unmittelbare Material einer auswärtigen Kulturpolitik [muss] all das sein, was eine Gesellschaft in den Künsten, den Wissenschaften und der Literatur, aber auch auf dem weiten Gebiet ihrer politischen und sozialen Betätigung an Werten und Werken, an Kenntnissen und Erkenntnissen hervorbringt. Und die unmittelbaren Partner einer auswärtigen Kulturpolitik sind all diejenigen Menschen, die sich mit diesen Dingen befassen oder sich für sie interessieren."⁷²

Die Austausch- und Interaktions-Konzeption des DFI, die sich um den Kern der Transnationalen Kommunikationsfähigkeit herum weiterentwickelte,⁷³ koinzidierte zeitlich und berührte sich praxeologisch mit dem Leitbegriff der erweiterten Kulturauffassung in der Reform der Außenkulturpolitik Mitte der 1970er Jahre. Die Ludwigsburger Konzeption baute auf der Erfahrungsgrundlage der gesellschaftlichen Mittlerfunktion des DFI seit 1948 auf und machte in den siebziger Jahren Anleihen bei den kommunikationstheoretischen Einsichten Karl W. Deutschs in den Ablauf transnationaler Willens-

---

[69] Siehe dazu Höhne, Roland, Die romanistischen Landeswissenschaften. Das ungeliebte Kind der deutschen Romanistik, in: *Lernen und Lehren in Deutschland und Frankreich. Apprendre et enseigner en Allemagne et en France*, hrsg. v. Stefan Fisch, Florence Gauzy, Stuttgart 2007, S. 223-235.
[70] Siehe dazu Bock, *Projekt deutsch-französische Verständigung* (wie Anm. 65), S. 56 ff.
[71] *Die Bedeutung der privaten Initiative für die Deutsch-Französische Verständigung. Referate und Ergebnisse der Ludwigsburger Tagung 1957*, o.O. o.J. (Ludwigsburg 1958), S. 74.
[72] Arnold, *Auswärtige Kulturpolitik* (wie Anm. 39), S. 30.
[73] Vgl. dazu das Manifest des Deutsch-Französischen Instituts von 1998 in: Bock, *Projekt deutsch-französische Verständigung* (wie Anm. 65), S. 373-376.

und Meinungsbildungsprozesse,[74] die auch eine der Quellen der aktuellen Transnationalisierungsforschung sind.

2.3 Transnationale Interaktionsmuster in den deutsch-französischen Beziehungen nach 1945

Die aus der Praxis gesellschaftlicher Mittlerorganisationen abgeleiteten und auf sie bezogenen Konzepte transnationaler Interaktion setzen grundsätzlich an bei den Individuen und Gruppen, die willentlich den Entwicklungsverlauf der grenzüberschreitenden Vergesellschaftung fördern und mitgestalten wollen. Insofern ist ihre Erkenntnis- und Wirkungsabsicht derjenigen der aktuellen Transnationalisierungsforschung prinzipiell ähnlich. Auch dort fragt man nach der Möglichkeit einer flächendeckenden Erfassung „transnationaler sozialer Beziehungen auf individueller Ebene".[75] Im Vergleich mit dem Studium der institutionell angebundenen Mittlerorganisationen (die auffallend oft Gegenstand juristischer Abhandlungen sind[76]), setzt die kommunikations- und interaktionstheoretische Analyse an bei den vorgelagerten Einheiten des Gesellschaftslebens (Individuen, Gruppen, Vereinen) und versucht, deren Assoziationsformen und Funktionsweisen zu erhellen. Bezogen auf die Individuen kann man generell davon ausgehen, dass Bildungs-, Gewinn- und Sicherheitsstreben die häufigsten Antriebe für transnationale zivilgesellschaftliche Mobilität sind. Das ist plausibel darstellbar anhand der deutsch-französischen Beziehungen im 20. Jahrhundert.[77] Auf dieser Untersuchungsebene sind angesiedelt die transnationalisierungsrelevanten Formen individuellen Engagements durch binationale Eheschließung,[78] Auslandsstudium bzw. Gastprofessur im Nachbarland[79] und Kenntnisnahme oder Übersetzung von wissenschaftlicher oder belletristischer Literatur.[80] Auch die Rezeptionssteuerung kultureller Hervorbringungen zwischen den Ländern erfolgt in der Regel eher über kulturelle Grenzgänger als über die Verlagshäuser, Museen oder Galerien. Die für diesen Interaktionsbereich zentral wichtige Fragestellung der „Transferts

---

[74] Vgl. dazu z.B. die Bezugnahmen auf Karl W. Deutsch im Frankreich-Jahrbuch – Schwerpunkt „Wahrnehmungsmuster zwischen Deutschland und Frankreich" in: *Frankreich-Jahrbuch 1995*, Opladen 1996.

[75] Mau, *Transnationale Vergesellschaftung* (wie Anm. 29), S. 93.

[76] Neben der Dissertation von Trommer (wie Anm. 51) vgl. auch Heintzen, Markus, *Auswärtige Beziehungen privater Verbände. Eine staatsrechtliche, insbesondere grundrechtskollisionsrechtliche Untersuchung*, Berlin 1988.

[77] Siehe Bock, Hans Manfred, Zivilgesellschaftliche Kooperation zwischen Deutschland und Frankreich, in: *Handbuch Französisch. Sprache, Literatur, Kultur, Gesellschaft*, hrsg. v. Ingo Kolboom, Thomas Kotschi, Edward Reichel, Berlin ²2008, S. 716-723.

[78] Siehe Varro, Gabriele, Gebauer, Gunter, *Zwei Kulturen, eine Familie*, Opladen 1997.

[79] Siehe Meyer-Kalkus, Reinhart, *Die akademische Mobilität zwischen Deutschland und Frankreich*, Bonn 1994.

[80] Siehe Nies, Fritz (Hg.), *Spiel ohne Grenzen? Zum deutsch-französischen Transfer in den Geistes- und Sozialwissenschaften*, Tübingen 2002.

culturels", die die Amalgamierungsvorgänge und die Entstehung neuer transnationaler Lebensräume erklären könnte,[81] ist für die deutsch-französischen Beziehungen nach 1945 noch nicht systematisch genutzt worden. Die bekannten Mittlerpersönlichkeiten zwischen beiden Nationen, deren Wirkung wesentlich durch die Massenmedien erzeugt wird, können hingegen ohne den Rückhalt in einer Organisation nicht agieren: Sie sind zugleich begabt mit pädagogischem Charisma, Popularisierungsfähigkeit und Organisationstalent.[82]

Die kollektiven Akteure sind die breitenwirksamsten Transnationalisierungsagenturen zwischen Deutschland und Frankreich. Die Mitarbeit in ihnen setzt oft ein individuelles Engagement der vorab genannten Art voraus. Sie sind die Stabilisatoren eines individuellen Engagements und bringen die dauerhaften Interaktionsformen hervor, die teilweise schon generationsübergreifend tätig sind. Es sind drei zivilgesellschaftliche Grundformen, die sich in den bilateralen Gesellschafts- und Kulturbeziehungen der Nachkriegszeit abzeichnen: Die privaten Austauschorganisationen mit dem Ausland, die vor allem aus der besonderen Situation der Besatzungsperiode der ersten zehn Nachkriegsjahre entstanden und die außenkulturpolitische Handlungsunfähigkeit der jungen Bundesrepublik ersetzten; die DFGs, die eine Zwischenkriegstradition wieder aufnahmen und zu erneuern versuchten; und schließlich die Städtepartnerschaften, die aus einer übernationalen Privatinitiative entsprangen und Europa von unten bauen wollten. Fragt man nun nach den Funktionen, die all diesen unterschiedlichen Organisationsformen im deutsch-französischen Gesellschafts- und Kulturverkehr gemeinsam sind, so findet man erwägenswerte Antworten, die auf der Grundlage der Transnationalisierungsforschung gegeben wurden. Es ist kein Zufall, dass dieser Konzeptualisierungsvorschlag aus dem Umkreis der angelsächsischen Transnationalismusforschung im Rahmen der Internationalen Beziehungen vorgelegt wurde.[83] Denn dort ist einerseits die Transnationalisierungs-Debatte breiter als in Deutschland und andererseits gilt dort dem Beziehungsgeflecht zwischen Deutschland und Frankreich seit langem ein produktives Forschungsinteresse.[84] Der Autor der vor allem

---

[81] Vgl. dazu den Überblick in Keller, Thomas, Kulturtransferforschung. Grenzgänge zwischen den Kulturen, in: *Kultur. Theorien der Gegenwart*, hrsg. v. Stephan Moebius, Dirk Quadflieg, Wiesbaden 2006, S. 101-114.

[82] Siehe dazu Bock, Hans Manfred, Créateurs, organisateurs et vulgarisateurs. Biographies de médiateurs socio-culturels entre la France et l'Allemagne au 20e siècle, in: *Revue d'Allemagne*, 4 (2001), S. 101-115.

[83] Siehe Krotz, Ulrich, *Ties That Bind? The Parapublic Underpinnings of Franco-German Relations as Construction of International Value*, Center for European Studies Harvard University, Programm for the Study of Germany and Europe, Working Paper 02.4, Cambridge o.J., 28 S.

[84] Vgl. dazu u.a. Webber, Douglas, *The Franco-German Relationship in the European Union*, New York 1999; Morgan, Roger, Bray, Caroline, *Partners and Rivals in Western Europe*, Aldershot 1986; Farquharson, John, Holt, Stephen, *Europe from below. An assessment of Franco-German popular contacts*, London 1975.

konzeptuell interessanten Studie zu den „Parapublic Unterpinnings of Franco-German Relations"[85] versteht seine Überlegungen als Beitrag zur Transnationalismus-, Europäisierungs- und Entnationalisierungsforschung und bezieht sich auf die neue Qualität der grenzüberschreitenden Interaktionsmuster, die sich in mehr als einem halben Jahrhundert zwischen den Gesellschaften Frankreichs und Deutschlands herausgebildet hat. Mit dem Begriff des „paraöffentlichen Unterbaus", der diese neuartige Qualität auf einen allgemeinen Nenner bringen soll, meint er den Sachverhalt, dass es in den deutsch-französischen Beziehungen eine Struktur gibt, die weder im engen Sinne öffentlich, noch im eigentlichen Sinne privat zu nennen wäre:

> „Parapublic underpinnings are reiterated interactions across borders by individual or collective actors. Such interaction is not public-intergovernmental, because those involved in it do not relate to each other as representatives of their states or state entities. Yet, these contacts are also not private, because the interaction is to a significant or decisive degree publicly funded, organized or co-organized. This is not interpenetration among different autonomous societies. Parapublic underpinnings are a distinct type of international activity."[86]

Dieser Typus internationaler Tätigkeit habe sich nicht herausgebildet als Teil des institutionellen europäischen Integrationsprozesses und stelle auch nicht den nationalen Zusammenhalt oder das nationale Zusammengehörigkeitsgefühl in Frage. Die paraöffentlichen Träger der verdichteten Beziehungen zwischen Deutschland und Frankreich haben gemäß diesen Beobachtungen besondere konstruktive Funktionsmerkmale, aber auch deutliche Grenzen ihrer Wirksamkeit. Jene spezifischen Leistungen bestehen darin, dass sie Ressourcen mobilisieren und gesellschaftliche Initiativen bzw. Energien ins Leben rufen und auf ein Ziel hin ausrichten. Über immer neue Wege, die auf das Ziel der verdichteten Interaktion zwischen beiden Nationen hinlenken, vermögen sie ihren Mitarbeitern z.B. Sprach- und gesellschaftliche Verhaltensfertigkeiten, Anerkennung und Statusgewinn sowie materielle Verfügungsmittel zugänglich zu machen. Eine andere spezifische Leistung ist darin zu sehen, dass sie auf diese Weise ihre Teilnehmer bilden und sozialisieren. Das heißt vor allem, dass diese neben den sprach- und organisationstechnischen Fertigkeiten Normen und Werte verinnerlichen, die sie als Inhaber öffentlicher Ämter und in internationalen Funktionen in ihrem Verhalten zu beeinflussen vermögen. Eine weitere Funktion der paraöffentlichen Gesellschafts-Agenturen kann schließlich darin gesehen werden, dass sie in ihrer Außenwirkung sozialen Sinn und Zweck hervorzubringen vermögen: „They help to shape normalities, define legitimate ends, and contribute to the formation of the rudiments of international collective identity. They help to make some parts of the world hang together."[87] Die Grenzen ihrer Tätig-

---

[85] Inhaltlich beruht die Studie auf der Auswertung eines breiten Spektrums von Sekundärliteratur.
[86] Krotz, *Parapublic Underpinnings* (wie Anm. 83), S. 2 f.
[87] Ebd., S. 4.

Transnationalisierung als Kennwort und Konzept 371

keit sind benennbar mit der Indirektheit und Ungewissheit ihrer Zielrealisierung, die deshalb schwierig zu messen ist. Es gelang diesen Akteuren nicht, eine gemeinsame deutsch-französische Öffentlichkeit herzustellen, die „Kulturmauern" niederzulegen und das beiderseitige Selbstverständnis als Gesellschaft und als Faktor der Weltpolitik anzugleichen. Mag man die Richtigkeit gerade dieser letztgenannten Defizite kritisch in Frage stellen, so ist die Feststellung der bemerkenswerten, die Generationenabfolge überdauernden Stabilität dieser paraöffentlichen Akteursebene zwischen beiden Nationen durch die historischen Tatsachen eindeutiger zu bestätigen. Namentlich für die Interaktionsmuster der Städtepartnerschaften und der DFGs stellen die betreffenden Beiträge dieses Bandes fest, dass ihr Gründungsrhythmus gegenwärtig zwar verlangsamt, aber nicht zu Stillstand gekommen ist. In der generalisierenden Betrachtung der Formen und Funktionen gesellschaftlicher Mittlerorganisationen können (über das hier resümierte Analyse-Beispiel hinaus) die Einsichten und Erkenntnisse der laufenden Transnationalisierungsforschung, insbesondere der weltweiten Erforschung der transterritorialen Netzwerkbildung, fruchtbar gemacht werden.[88] Eine Fragestellung z.B., wie sie für den bilateralen Kontext in den 1970er Jahren unter dem Stichwort der Transnationalen Kommunikationsfähigkeit formuliert wurde, ist inzwischen Gegenstand breiter Forschungsbemühungen geworden, die in ungleich stärker elaborierter Weise nach den individuellen Bedingungen für die Möglichkeit von „Transnational Competence" fragen.[89]

Die mit diesem Forschungsansatz in den Mittelpunkt gerückte Perspektive des internationalen Handelns von Individuen, Gruppen oder Vereinigungen ist als Matrix für die bislang theoriearme zeitgeschichtliche Befassung mit den deutsch-französischen Mittlerorganisationen geeignet unter der Voraussetzung, dass die von ihm bereitgestellten Kategorien in Wechselwirkung mit der historisch-empirischen Erforschung der bilateralen Transnationalisierungsvorgänge konkretisiert werden. Die drei deutlich sich abzeichnenden Interaktionsmuster (Austauschorganisationen mit dem Ausland, DFGs und Städtepartnerschaften) sind Anknüpfungspunkte für eine solche fortzusetzende konzeptuelle Konkretisierung. Der mit dem vorliegenden Buch wegweisend verbesserte monographische Kenntnisstand zu den einzelnen zivilgesellschaftlichen Interaktions-Agenturen zwischen Deutschland und Frankreich kann wie folgt bilanziert werden. Die in der Karenzzeit der Auswärtigen Kulturpolitik vor 1955 entstandenen bi- oder multilateralen Auslandsorganisationen, die sich größtenteils 1954 im „Arbeitskreis der privaten Institutionen für internationale Begegnung und Bil-

---

[88] Zur fortschreitenden Einbindung in transnationale Netzwerke und deren Rückwirkung auf den nationalstaatlichen Lebensrahmen vgl. auch Mau, *Transnationale Vergesellschaftung* (wie Anm. 29), S. 51-90.
[89] S. dazu Koehn, Peter H., Rosenau, James N., Transnational Competence in an Emergent Epoch, in: *International Studies Perspectives*, 3 (2002), S. 105-127. Ein Buch beider Autoren zum selben Thema ist angekündigt für Ende 2009: *Transnational Competence. Empowering Curriculums for Horizon-Rising Challenges*.

dungsarbeit" zusammenschlossen, sind in den folgenden Jahrzehnten den weitesten Weg gegangen in ihrer Entwicklung, die in manchen Fällen einer Transformation gleichkommt. Während für den Arbeitskreis der Austauschorganisationen eine abschließende Monographie noch fehlt,[90] gibt es für einige seiner wichtigsten Mitglieder mehr oder minder umfassende Studien: zum DFI in Ludwigsburg, zur DGAP, zur Lübecker Auslandsgesellschaft.[91] Andere wichtige gesellschaftliche Mittlerorganisationen (wie z.b. die Gesellschaft für übernationale Zusammenarbeit [GÜZ]) harren noch der Bearbeitung. Das gilt auch für die allermeisten französischen Auslandsorganisationen oder Vereinigungen mit einem Programm-Schwerpunkt auf Auslandsbeziehungen.[92] Die wechselreiche Geschichte einer der wichtigsten französischen Deutschland-Beobachtungs- und Forschungseinrichtungen, des Centre d'Études germaniques (CEG), ist nunmehr beispielhaft nachgezeichnet worden.[93] In der achtzigjährigen Entwicklung des 2001 aufgelösten CEG ist die Aufeinanderfolge der deutschlandpolitischen Rahmenbedingungen ebenso deutlich ablesbar wie die Sukzession der zivilgesellschaftlichen Adressaten des Bildungsangebots des Instituts. Eine den Auslandsgesellschaften verwandte Subkategorie des deutsch-französischen Transnationalismus bilden die kulturpolitischen Einrichtungen, die vor Ort im Gastland am sichtbarsten in Erscheinung treten und Teil einer (meist unsichtbar bleibenden) institutionellen Mittlerstruktur sind. Diese in der Regel ministerieller Aufsicht unterstehenden Institute agieren in zwangsläufiger Absprache und Abstimmung mit den zivilgesellschaftlichen Akteuren des Aufnahmelandes und stehen diesen somit am nahesten. Sie sind vergleichsweise eingehend thematisiert worden,[94] müssen aber in vergleichender Ab-

---

[90] Eine erste Darstellung desselben in Bock, Hans Manfred, Private Verständigungsinitiativen in der Bundesrepublik und in Frankreich 1949 bis 1963, in: *Lendemains. Etudes comparées sur la France*, 107/108 (2002), S. 146-176.

[91] Bock, Projekt deutsch-französische Verständigung (wie Anm. 65); Eisermann, Daniel, *Außenpolitik und Strategiediskussion. Die Deutsche Gesellschaft für Auswärtige Politik 1955-1992*, München 1999; Pfeil, Ulrich, Bock, Hans Manfred, Kulturelle Akteure und die deutsch-französische Zusammenarbeit. Formen, Ziele, Einfluß, in: *Der Elysée-Vertrag und die deutsch-französischen Beziehungen*, hrsg. v. Corine Defrance, Ulrich Pfeil, München 2005, S. 215-234 (dort S. 221 ff. zur Lübecker Auslandsgesellschaft).

[92] Umso wichtiger sind die Studien in diesem Buch zu den Milieus, in denen die Initiativen zur Gründung bilateraler Verständigungsorganisationen in der ersten Nachkriegsperiode entstanden. Siehe dazu die Texte von Fabien Théofilakis, Andreas Rösner und Michael Kißener. Zu weiteren französischen Auslands-Austauschinitiativen siehe auch die Liste in Bock, *Private Verständigungsinitiativen* (wie Anm. 90).

[93] Defrance, Corine (en collaboration avec Falbisaner-Weeda, Christiane), *Sentinelle ou pont sur le Rhin? Le Centre d'Études Germaniques*, Paris 2008.

[94] Vgl. neben den in Anm. 45 und 54 genannten neueren Studien u.a. Pfeil, Ulrich (Hg.), *Deutsch-französische Kultur- und Wissenschaftsbeziehungen im 20. Jahrhundert. Ein institutionengeschichtlicher Ansatz*, München 2007; Raether, Martin (Hg.), *Maison Heinrich Heine Paris. Quarante ans de présence culturelle 1956-1996*, Paris, Bonn 1998. Zu den französischen kulturellen Instituten vor Ort in Deutschland s. zusätzlich zu den entsprechenden Studien in: Ménudier, *Le couple franco-allemand* (wie Anm. 54) die Bücher Grémion, Pi-

sicht und unter dem Aspekt ihrer Programmstruktur und deren Entwicklung bzw. Abhängigkeit von der Aufnahmegesellschaft fortgesetzt werden. Zur Wandelbarkeit des Interaktionsmusters „Auslandsgesellschaften" gehört es, dass in Deutschland einige von ihnen (z.B. die Carl Duisberg-Gesellschaft) sich zu Bestandteilen des institutionellen Mittlersystems weiterentwickelten, andere, jugendpolitisch ambitionierte Vereine sich unter dem Dache des Deutsch-Französischen Jugendwerks (DFJW) ab 1963 tatkräftig fortentwickelten oder (im Falle des Comité français d'échanges avec l'Allemagne nouvelle) auflösten, weil sie dort ihre Zielsetzung wirkungsvoll vertreten sahen. Diese binationale Institution (DFJW), deren Status in Anlehnung an die UNO-Sonderorganisationen definiert wurde, ist bis heute nicht allein die erste Adresse für die Ressourcenmobilisierung im deutsch-französischen Transnationalismus. Sie stand bis weit in die siebziger Jahre überdies unter dem aktiven kritischen Einfluss der in ihr vertretenen gesellschaftlichen Austauschorganisationen und wirkt seit den achtziger Jahren mit ihren Untersuchungen zum Interkulturellen Lernen auf diese zurück.[95] Insgesamt besteht für das Interaktionsmuster transnationaler Auslandsgesellschaften und vor allem zu ihrer Kooperation mit den institutionellen Mittlerorganisationen bzw. den anderen gesellschaftlichen Interaktions-Agenturen noch ein beträchtlicher konzeptueller und materieller Forschungsbedarf.

Für das transnationale Interaktionsmuster DFGs ist der wissenschaftliche Kenntnisstand mittlerweile deutlich besser, was sich auch in den entsprechenden Beiträgen zu dem vorliegenden Buch dokumentiert.[96] In diesem Teil des deutsch-französischen Transnationalismus sind jedoch die meisten übergreifenden Fragen noch offen bzw. gar nicht erst formuliert worden. Zu diesen Fragen gehört z.B. die Untersuchung der sozialen Zusammensetzung und des leitenden Kulturbegriffs in der Praxis der DFGs. Mit anderen Worten die Frage, ob und wie diese älteste Organisationsvariante des deutsch-französischen Transnationalismus ihre bildungsbürgerliche Tradition zu überschreiten und die jüngeren Generationsvertreter zu mobilisieren vermag.[97] Die Motive und Praxisformen der Ehrenamtlichkeit, die in diesem

---

erre, Chenal, Odile, *Une culture tamisée. Les centres et instituts culturels français en Europe*, Paris 1980; De Raymond, Jean-François, *L'action culturelle extérieure de la France*, Paris 2000.

[95] Siehe dazu: Bock, Hans Manfred, Defrance, Corine, Krebs, Gilbert, Pfeil, Ulrich (Hgg.), *Les jeunes dans les relations transnationales. L'Office franco-allemand pour la jeunesse 1963-2008*, Paris 2008; Bock, Hans Manfred (Hg.), *Deutsch-französische Begegnung und europäischer Bürgersinn. Studien zum Deutsch-Französischen Jugendwerk 1963-2003*, Opladen 2003.

[96] Siehe dazu die Beiträge von Beate Gödde-Baumanns (der erste Gesamtüberblicksversuch zum Arbeitskreis der DFGen von 1957), Margarete Mehdorn und Katharine Florin in diesem Band. Siehe dazu auch die Monographie von Mehdorn, Margarete, *Französische Kultur in der Bundesrepublik Deutschland. Politische Konzepte und zivilgesellschaftliche Initiativen 1945-1970*, Köln 2009.

[97] Dass darüber immer wieder nachgedacht wird, belegt Wendt, Michael, Befragung zu den Erwartungen an eine Deutsch-Französische Gesellschaft, in: *Fremdsprachenunterricht*

Sektor des bilateralen Gesellschafts- und Kulturverkehrs ausschlaggebend sind, und die Gratifikationsfolgen, die mit ihr einhergehen, wären genauer zu untersuchen. Ebenso die Kooperationsmodi und die politischen Affinitäten, die in ihrem Verhältnis zu den institutionellen Mittlerorganisationen und zu den Auslandsgesellschaften oder Städtepartnerschaften zum Ausdruck kommen. Langzeitstudien zur Organisations-, Mitglieder- und Programmentwicklung der DFGs wären hilfreich für die Bewertung ihres Beitrages zur Transnationalisierung. Die interne Sozialisationswirkung der DFGs wäre im Vergleich mit den multilateralen Auslandsorganisationen zu klären. Das Studium des Verhältnisses von Binnen- und Außenaktivitäten in ihrer realen Praxis würde hervortreten lassen, ob die seit 1957 in einem „Arbeitskreis" zusammengefassten DFGa stärker gesellige Kulturvereine sind als die seit 1954 im Arbeitskreis der privaten Institutionen für internationale Begegnung und Bildung zusammengeschlossenen Auslandsvereine, die ihre Tätigkeit primär auf den Erwerb von Auslandskompetenz in den Gastländern konzentrieren. In jedem Fall sind die Unterscheidungsmerkmale von Auslandsorganisationen, DFGs und deutsch-französischen Städtepartnerschaften primär aus ihrer Funktionsweise abzuleiten und nicht aus ihrer Selbstetikettierung oder juristischen Außenbenennung. Die überwiegend juristisch geprägte Begriffsbildung in den älteren Publikationen zu den deutsch-ausländischen Gesellschaften verfährt ausschließlich nach dem Prinzip der typologischen Außenbenennung.[98] Sie vermag auf diese Weise nicht, den Unterschied zwischen politisch-öffentlich und kulturell-sozialisatorisch wirkenden Auslandsvereinen zu erkennen, der im deutsch-französischen Falle historisch belegbar und über dieses Fallbeispiel hinaus möglicherweise gültig ist. Für die Einschätzung der Stabilität und Erneuerungsfähigkeit des Interaktionsmusters DFG sind Fallstudien zur Auflösung solcher lokaler Vereinigungen ebenso aufschlussreich wie Darstellungen zu ihrer Neugründung.

Im dritten transnationalen Interaktionsmuster der deutsch-französischen Nachkriegsbeziehungen, den Städte- oder Gemeindepartnerschaften, lag die Funktionsanalyse immer schon näher als eine vorwiegend taxonomische Einordnung. Denn hier war das Rechtssubjekt als Gebietskörperschaft eindeutiger definiert als der juristische Charakter der transnationalen Mittlerorganisationen.[99] Diese jüngste Komponente des deutsch-französischen Transnationalismus, deren Entwicklung zu Beginn der 1950er Jahre einsetzte

---

zwischen Sprachenpolitik und Praxis. Festschrift für Herbert Christ, hrsg. v. Eberhard Kleinschmidt, Tübingen 1989, S. 347-355.

[98] Vgl dazu Trommer, *Die Mittlerorganisationen* (wie Anm. 51), S. 28.
[99] Vgl. dazu u.a. Paul, Frank, *Internationale Partnerschaften zwischen lokalen Gebietskörperschaften nach deutschem und französischem Recht,* Aachen 1993; Mayer, Ernst-Georg, *Auslandsbeziehungen deutscher Gemeinden. Bestandsaufnahme und rechtliche Probleme,* Diss. jur. Bonn 1986; Konrad, Hans-Joachim, Verfassungsrechtliche Probleme von Städtepartnerschaften, in: *Kompetenzprobleme der Auswärtigen Politik,* hrsg. v. Armin Dittmann, Michael Kilian, Tübingen 1982, S. 138-188.

und die in den 1960er Jahren zum verbreitetsten Vektor des beiderseitigen Gesellschafts-Austauschs wurde, konnte sich gerade im deutsch-französischen Kontext in der Fläche ausbreiten, weil die vom DFJW ab 1963 zur Verfügung gestellten Ressourcen vielfältige partnerschaftliche Initiativen auf kommunaler Ebene ermöglichten. Dabei hatten die Gebietskörperschaften im DFJW wie im Bund für ihre Berechtigung zur Mitgestaltung der Auslandskontakte erst einmal zu kämpfen. Von ihrer Zulassung zum Kuratorium des DFJW im Jahre 1983[100] bis zur nachdrücklichen Anerkennung ihrer Mitgestaltungsfunktion durch den Bundestag im Jahre 2001 diversifizierten sich die kommunalen grenzüberschreitenden Aktivitäten der Städte und Gemeinden fortschreitend. Dieser Vorgang bildete den Erfahrungshintergrund für die Empfehlung des Bundestages an die Regierung von 2001, „die zunehmende Kommunalisierung der Auswärtigen Kulturpolitik unterstützend zu begleiten und in diesem Zusammenhang die Kräfte der Zivilgesellschaft mehr als bisher in die Strukturen der Auswärtigen Kulturpolitik einzubinden."[101] Dass die kommunalen Auslandsbeziehungen Teil der Auswärtigen Kulturpolitik im gleichen Grade wie die lokalen Auslands-Vereine und -Gesellschaften sind, steht keineswegs fest. Verfassungsrechtlich werden sie „nicht als Teil der Außenkulturpolitik definiert, sondern als Auslandsbeziehungen oder transnationale Aktivitäten bezeichnet."[102] Ihre expansive Entwicklung, die eine Verdoppelung der Zahl der Städtepartnerschaften in der Bundesrepublik in den letzten 20 Jahren auf über 5.000 mit sich brachte, wurde – wie bei den Mittlerorganisationen – begleitet von einer juristischen Diskussion über die Rechtmäßigkeit einer solchen „kommunalen Außenpolitik".[103] Aufgrund der außergewöhnlichen Quantität und Qualität der deutsch-französischen Städte- und Gemeindepartnerschaften (die Mitte der 1990er Jahre 2074 verbriefte Kontrakte umfassten[104]) kam den vergleichsweise zahlreichen Studien, die ihrer Funktionsweise gewidmet wurden,[105] eine Schrittmacherrolle zu in der Erforschung der kommunalen Auslandsbeziehungen in Europa insgesamt. Nach einer Abfolge von „wirkungsanalytischen" und „strukturanalytischen" Monographien zu den Städtepartner-

---

[100] Siehe dazu Bock, Defrance, Krebs, Pfeil, *Les jeunes dans les relations transnationales* (wie Anm. 95), S. 47 ff. u. 132 f.
[101] Zitiert in Maaß, Grenzenlos aktiv. Der Beitrag der Gemeinden, in: Maaß, *Kultur und Außenpolitik* (wie Anm. 35), S. 204.
[102] Ebd.
[103] Siehe dazu die Titel in Anm. 99 und die umfassende Bibliographie in Bautz, Ingo, *Die Auslandsbeziehungen der deutschen Kommunen im Rahmen der europäischen Kommunalbewegung in den 1950er und 1960er Jahren. Städtepartnerschaften, Integration, Ost-West-Konflikt*, Diss. Siegen 2002, S. 343-371.
[104] Rat der Gemeinden und Regionen Europas. Deutsche Sektion (Hg.), *Die Partnerschaften der Städte, Gemeinden und Kreise*, o.O. o.J., S. 10.
[105] U.a. neuerdings Fieber, Bettina, *Internationale Gemeindepartnerschaften. Kulturaustausch und seine Wirkungen in europäischen Landgemeinden*, Trier 1995; Wagner, Beate, *Partnerschaften deutscher Städte und Gemeinden. Transnationale Beiträge zur internationalen Sicherheit*, Diss. Münster 1994.

schaften, in denen die internationalen Lern- und Sicherheitseffekte dieser kommunalen Auslandsbeziehungen im Vordergrund standen,[106] fand das ihnen geltende Forschungsinteresse seit der Jahrhundertwende den expliziten Anschluss an die Transnationalisierungs-Diskussion. In dieser gegenwärtig sehr lebhaft geführten Debatte ist die Verbindung zwischen Transnationalisierungs-Paradigma und zeithistorischer Forschung bereits teilweise hergestellt, die mit Bezug auf die Mittlerorganisationen erst noch geleistet werden muss.[107] In der in Frankreich wie in Deutschland laufenden Forschungsdebatte zur *diplomatie des villes* bzw. zu den „kommunalen Auslandsbeziehungen" steht nicht mehr nur die Arbeits- und Wirkungsweise der Städte- und Gemeindepartnerschaften im Vordergrund des Interesses, sondern die Leistungsfähigkeit ihrer transnationalen Aktivitäten im Kontext mit denen anderer subnationaler Akteure, die eine nicht zu übersehende Transformation der staatlichen Außenpolitik zur Folge hat. Es geht in der Tat in der gegenwärtigen Phase der Erforschung der transnationalen Außenbeziehungen der Gemeinden zum einen darum, die *diplomatie des villes* zu konzeptualisieren („conceptualiser la diplomatie des villes") und zum anderen darum, die transformativen Potentiale der nicht gouvernementalen Akteure in den durch verkehrs- und informationstechnologische Neuerungen in Bewegung geratenen internationalen Beziehungen zu ergründen.[108] Zur Klärung solch weitreichender Fragen bedarf es noch vieler (konzeptuell angereicherter) Fallstudien, die sich nicht allein auf die Kommunen verschiedener Größenklassen, sondern auch auf die Kreise und Länder beziehen müssen. Dazu tragen die im vorliegenden Bande versammelten monographischen Skizzen ein Stück weit bei.[109] In diesem Forschungsbilanzierungsversuch zum deutsch-französischen Transnationalismus müssen schließlich noch einige transversale Fragestellungen angeführt werden, die quer durch alle drei Interaktionsmuster hindurchreichen und zu deren Diskussion ebenfalls mehrere Aufsätze des Bandes beitragen.[110] Da in allen Teilbereichen des deutsch-französischen Transnationalismus historisch definierte Grenzen überschritten werden, stellt sich nicht allein die Frage nach den Antrieben, dem Modus und der Technik der Grenzüberschreitung, son-

---

[106] Ein sehr guter Abriss der Forschungsgeschichte findet sich bei Bautz, *Auslandsbeziehungen* (wie Anm. 103), S. 14 ff.

[107] Neben der Arbeit von Bautz, *Auslandsbeziehungen* (wie Anm. 103), siehe dazu auch Vion, Antoine, *La construction des enjeux internationaux dans le gouvernement des villes françaises*, Diss. Rennes 1 2001.

[108] Siehe dazu die transnationalisierungstheoretischen Diskussionsbeiträge Viltard, Yves, Conceptualiser la "diplomatie des villes" ou L'obligation faite aux relations internationales de penser l'action extérieure des gouvernements locaux, in: *Revue française de science politique*, 3 (2008), S. 511-533; Vion, Antoine, L'invention de la tradition des jumelages (1951-1956). Mobilisation pour un droit, in: *Revue française de science politique*, 4 (2003), S. 559-582.

[109] Siehe dazu die Aufsätze von Barbara Dümmer, Ulrich Pfeil, Florence Pacchiano, Hélène Simoneau, Jürgen Dierkes und Christian Sebeke in diesem Band.

[110] Diese Aspekte werden explizit und implizit angesprochen in den Beiträgen von Sandra Petermann, Pia Nordblom und Silvia Keiser.

Transnationalisierung als Kennwort und Konzept 377

dern auch die Frage nach dem Grund, aus dem diese Grenzen ihre Beharrungskraft oder Legitimität ableiten. In der von der Transnationalisierungsforschung bevorzugten Sicht sind die nationalen Grenzen nicht zuletzt Konstrukte, die durch erinnerungs- und symbolpolitische Strategien hervorgebracht wurden und deren Kenntnis theoretisch wie praktisch von vorrangigem Interesse ist. Unter eben diesen Aspekten wäre auch zu fragen, ob die hier unterschiedenen zivilgesellschaftlichen Interaktionsmuster des deutsch-französischen Transnationalismus in der aktuellen Stufe der beschleunigten sozialräumlichen Entgrenzungen auf Dauer die privilegierten Vektoren der Gesellschafts- und Kulturverflechtung zu bleiben vermögen oder ob sie ihrerseits transformiert werden.

ANHANG

Zusammenfassungen / Résumés

Autorennamen in alphabetischer Ordnung

Hans Manfred Bock

Transnationalismus in der Zwischenkriegszeit. Die Berliner Deutsch-Französische Gesellschaft als Beispiel einer folgenreichen zivilgesellschaftlichen Erfindung / *Le transnationalisme dans l'entre-deux-guerres. La Deutsch-Französische Gesellschaft de Berlin comme exemple d'invention de la société civile porteuse d'avenir* (p. 33-53)

Die verschiedenen Formen des Transnationalismus zwischen Deutschland und Frankreich, die eine neue Komponente in den Prozess der beiderseitigen außenpolitischen Meinungsbildung und Entscheidungsfindung einführten, entstanden teilweise schon in den 1920er Jahren. Vor allem die Deutsch-Französischen Gesellschaften, denen auf französischer Seite die Ligue d'études germaniques entsprach, stellten während der Locarno-Ära ein bildungsbürgerliches Versuchsfeld bilateraler Verständigung dar. In ihm wurde das Ziel der wechselseitigen besseren Kenntnis als Voraussetzung für die Verständigung formuliert und es wurden teilweise neue Wege erprobt, die in der Zivilgesellschaft beider Nationen die Grundlagen für die Annäherung an dieses Ziel herstellen sollten. Dazu gehörte u.a. die Herausgabe von je einer auf das Nachbarland bezogenen Monatsschrift, der Austausch von Intellektuellen und Künstlern, die Organisierung von Gruppenreisen und die Durchführung von Enqueten zu den Verbesserungsmöglichkeiten der Gesellschafts- und Kulturbeziehungen zwischen beiden Nationen.

Les différentes formes de transnationalisme entre la France et l'Allemagne, qui induisent de part et d'autre une nouvelle composante dans le processus de formation de l'opinion en matière de politique extérieure et de prise de décision, se sont constituées en partie dès les années 1920. Ce furent surtout les Sociétés franco-allemandes, auxquelles, côté français, correspondait la Ligue d'études germaniques, qui représentèrent pendant l'ère de Locarno un champ d'expérimentation relatif à la compréhension mutuelle dans les sphères bourgeoises et cultivées. C'est en leur sein que fut formulé l'objectif d'une meilleure compréhension mutuelle comme condition de l'entente. De nouvelles voies furent en partie expérimentées, qui devaient établir les bases nécessaires pour atteindre cet objectif dans les sociétés civiles de chacune des deux nations. C'est ainsi, entre autres, que de chaque côté du Rhin furent éditée une revue mensuelle centrée sur le voisin, organisés des échanges d'intellectuels, d'artistes, et des voyages de groupes et menées des enquêtes relatives aux possibilités d'améliorer les relations sociétales et culturelles entre les deux nations.

Hans Manfred Bock

Transnationalisierung als zeitdiagnostisches Kennwort und zeitgeschichtliches Konzept für die deutsch-französischen Beziehungen / *La transnationalisation comme mot de passe du diagnostic contemporain et concept pour les relations franco-allemandes dans le temps présent* (p. 349-377)

Zeitgleich mit dem Begriff der Zivilgesellschaft ist in den letzten zwanzig Jahren das Stichwort der Transnationalisierung ein unentbehrliches Konzept der zeitgeschichtlichen, politikwissenschaftlichen und soziologischen Forschung geworden, das die Genese neuartiger Strukturen in Politik und Gesellschaft, Wirtschaft und Kultur im Zeichen der Globalisierung zu fassen versucht. Das in diesem Rahmen gebräuchliche Konzept der "transnationalen Vergesellschaftung" bezieht sich auf einen Sachverhalt, der (schon vor der Globalisierungsdebatte) in der zweiten Hälfte des 20. Jahrhunderts zu einem Merkmal der bilateralen Beziehungen zwischen Deutschland und Frankreich wurde. Nämlich die Entstehung zivilgesellschaftlicher grenzüberschreitender Interaktionsmuster unterhalb der Ebene gouvernementalen Handelns, die nicht nur eine Hilfsfunktion für die Auswärtige Kulturpolitik, sondern eine gewisse Eigendynamik haben. Es wird dargestellt, dass die „Mittlerorganisationen" zwischen beiden Nationen einerseits im Rahmen der Auswärtigen Kulturpolitik institutionell eingebunden, andererseits aber auch ohne institutionelle Anbindung an diesen gouvernementalen Handlungsrahmen wirken. Im Diskurs dieser zivilgesellschaftlichen Akteure (transnationale Austauschvereinigungen, Deutsch-Französische Gesellschaften und deutsch-französische Gemeindepartnerschaften) sind in Deutschland Konzeptionen transnationalen Handelns zu erkennen, die teils auf die Elitenkommunikation, teils auf die Multiplikatorenkommunikation zwischen beiden Ländern zielen, in jedem Fall aber primär den Charakter dieser Organisationen als Agenturen transnationaler Interaktion und Sozialisation geltend machen. Es gibt erste Versuche, diese Kernstruktur des deutsch-französischen Transnationalismus der Nachkriegszeit mit den Kategorien der Transnationalisierungsforschung zu analysieren, die vielversprechend sind und die geeignet erscheinen, die Einheit in der dispersen Vielfalt der zivilgesellschaftlichen Interaktionsformen zu erhellen.

En même temps que le concept de société civile, celui de transnationalisation est devenu au cours de ces vingt dernières années un terme indispensable de la recherche historienne, politiste et sociologique, cherchant à appréhender la genèse de nouvelles structures dans la politique et la société, l'économie et la culture, sous le signe de la globalisation. Dans ce cadre, l'emploi du concept d'« intégration sociétale transnationale » renvoie à une constellation devenue (avant même les débats sur la globalisation), au cours de la seconde moitié du XXe siècle, une caractéristique des relations bilatérales entre l'Allemagne et la France : à savoir l'émergence de formes d'interaction transfrontalière entre les sociétés civiles en deça du niveau des négocia-

tions gouvernementales, et qui n'ont pas seulement une fonction d'auxiliaire pour la politique culturelle extérieure, mais qui disposent d'une dynamique propre certaine. Nous montrerons que les « organisations de médiation » entre les deux nations sont d'une part reliées institutionnellement au cadre de la politique culturelle extérieure, d'autre part qu'elles agissent aussi sans relation institutionnelle à ce cadre d'action gouvernementale. Dans le discours de ces acteurs de la société civile (les associations transnationales d'échanges ; les sociétés franco-allemandes et les jumelages franco-allemands de communes) se reconnaissent en Allemagne des conceptions de l'action transnationale, visant pour partie la communication des élites, et pour une autre partie la communication des multiplicateurs entre les deux pays et qui, en tous cas, confèrent à ces organisations le caractère primaire d'agences d'interaction et de socialisation transnationales. De premières tentatives ont été faites pour analyser les structures nodales du transnationalisme franco-allemand de l'après-guerre selon les catégories de la recherche sur la transnationalisation. Elles sont prometteuses et paraissent appropriées pour éclairer l'unité dans la diversité des formes d'interaction au niveau de la société civile.

Corine Defrance

Société civile et relations franco-allemandes / *Zivilgesellschaft und deutsch-französische Beziehungen (p. 17-32)*

La notion de société civile est un concept très ancien qui a été remis en usage depuis les années 1980. Il a donné et donne toujours lieu à de nouvelles études, notamment dans une perspective comparée entre les sociétés civiles de différents pays ou espaces géographiques. Le concept s'impose aussi toujours plus dans l'étude des relations internationales, en mettant l'accent sur le fait que les États et les gouvernements ne sont pas les acteurs exclusifs de ces relations et que le poids des sociétés ne doit aucunement être mésestimé. Dans les relations bilatérales franco-allemandes, ces contacts et échanges entre sociétés civiles ont déjà fait l'objet de nombreux travaux depuis les années 1990, mais il reste encore bien des zones d'ombre. Aussi, après avoir rappelé la notion de société civile, et l'importance de la société civile dans les relations internationales et franco-allemandes, il s'agira de proposer quelques pistes de recherche qu'il reste encore à explorer pour mieux cerner le rôle du milieu sociétal franco-allemand dans les relations bilatérales.

Der Begriff Zivilgesellschaft ist bereits sehr alt und wird seit den 1980er Jahre wieder verstärkt verwendet. Er war und ist immer wieder Gegenstand neuer Untersuchungen, insbesondere in Vergleichsstudien über Zivilgesellschaften verschiedener Länder oder verschiedener geografischer Räume. Der Begriff findet immer mehr Eingang auch in die Analyse der internationalen Beziehungen, was unterstreicht, dass die Staaten und Regierungen nicht die alleinigen Akteure dieser Beziehungen sind und dass die Bedeutung der sozio-kulturellen Beziehungen in keiner Weise unterschätzt werden darf. Die Kontakte und der Austausch zwischen den Zivilge-

sellschaften in den bilateralen deutsch-französischen Beziehungen nach 1945 waren bereits seit den 1990er Jahren Gegenstand zahlreicher Arbeiten, doch bestehen weiterhin Desiderata. Nach einer kurzen Erläuterung des Begriffes Zivilgesellschaft und der Bedeutung der Zivilgesellschaft in den internationalen und insbesondere in den deutsch-französischen Beziehungen, werden zukünftige Forschungsfelder aufzuzeigen sein, um die Rolle der gesellschaftlichen Milieus für die bilateralen deutsch-französischen Beziehungen besser zu erfassen.

Jürgen Dierkes

Freundschaft ohne Grenzen? Die Städtepartnerschaft Borgentreich – Rue (1986) / Amitié sans frontière ? Le jumelage Borgentreich – Rue (1986) (p. 237-253)

Im Jahr 1986 gingen die beiden ländlich geprägten Kleinstädte Borgentreich und Rue eine Städtepartnerschaft ein. Mit ihrem Bündnis waren die deutsche Stadt in Ostwestfalen und die französische Stadt nahe der Somme-Mündung keine Pioniere, denn als sie ihre Partnerschaft besiegelten, gab es bereits über tausend deutsch-französische Städtepartnerschaften. Von Beginn an wurden Begegnung und Austausch der Bürger in den Fokus gerückt und verschiedene Austauschprogramme geschaffen. Die Beispiele aus Borgentreich und Rue zeigen, auch im Vergleich mit anderen Verbindungen zwischen Landgemeinden, dass sich einer Städtepartnerschaft im ländlichen Raum Möglichkeiten, jedoch auch Grenzen bieten. Die Barrieren ergeben sich durch begrenzte Teilnehmerzahlen, überschaubare finanzielle Mittel und ein rückläufiges Interesse. Partnerschaften im ländlichen Raum haben ihre eigenen Spezifika. In einem Ausblick am Ende werden die Unterschiede zu Städtepartnerschaften zwischen Großstädten umrissen.

En 1986, les deux petites communes de Borgentreich et Rue, situées en milieu rural, conclurent un jumelage. En se liant ainsi, ces deux villes allemande, de l'est de la Westphalie, et française, près de l'embouchure de la Somme, ne faisait pas œuvre pionnière, car, lorsqu'elles scellèrent leur partenariat, on comptait déjà plus de mille jumelages franco-allemands. Depuis le début, les rencontres et échanges de citoyens étaient au centre des activités et de nombreux programmes d'échanges ont été créés. Les exemples issus de Borgentreich et de Rue, comparés aux autres partenariats entre des communes rurales, montrent que les jumelages en milieu rural offrent des possibilités, mais aussi se heurtent à des limites. Ces limites résultent du nombre restreint de participants, de moyens financiers réduits, et d'un intérêt en régression. Les partenariats en milieux ruraux ont leurs propres spécificités. En conclusion est donné un aperçu des différences avec les jumelages de villes de taille importante.

Barbara Dümmer

Die Städtepartnerschaft Frankenthal – Colombes (1958) und die Bedeutung transnationaler Kommunalverbände / *Le jumelage Frankenthal – Colombes (1958) et l'importance des associations communales transnationales (p. 189-203)*

Die Anfänge der Städtepartnerschaft Frankenthal – Colombes sind eng mit der Arbeit der 1948 in der Schweiz gegründeten Internationalen Bürgermeister-Union für deutsch-französische Verständigung und europäische Zusammenarbeit (IBU) verbunden. Der Frankenthaler Oberbürgermeister Dr. Emil Kraus, Gründungsmitglied und Vizepräsident der Union, kannte seinen französischen Amtskollegen, Paul Bouchu, aus der gemeinsamen Verbandsarbeit. Nachdem bereits 1955 ein Jugendaustausch zwischen Frankenthal und Colombes stattgefunden hatte, fassten Kraus und Bouchu, wahrscheinlich auf dem Bürgermeister-Kongress im September 1956, die Verschwisterung ihrer Städte ins Auge. Der offizielle Partnerschaftsabschluss erfolgte jedoch erst im Oktober 1958. Kraus, der schon bei der Organisation der Jugendlager mehr Engagement gezeigt hatte, erwies sich auch bei der Anbahnung der Städtepartnerschaft als treibende Kraft. Obgleich man sich im Kleinen darüber einig war, dass eine Partnerschaft die durch die Jugendlager begonnene Freundschaft beider Städte festigen und die Kontakte zwischen den Bevölkerungen vertiefen sollte, gingen die übergeordneten Zielvorstellungen z.T. weit auseinander. Während Kraus die Verbindung zur IBU betonte, deren Hauptziel – die Verständigung zwischen Deutschland und Frankreich – auch mit der Partnerschaft Frankenthal – Colombes verfolgt werden sollte, legte Bouchu den Akzent auf die Einigung Europas und den Einsatz für kommunale Autonomie. Ende 1961 kam es, angeregt von den Nachfolgern Kraus' und Bouchus, zu den ersten Begegnungen zwischen Vereinen beider Städte. Damit begann eine schrittweise Loslösung der Partnerschaft von den Stadtverwaltungen.

Les débuts du jumelage Frankenthal – Colombes sont étroitement liés au travail mené par l'Union internationale des Maires pour la compréhension franco-allemande et la coopération en Europe (UIM) fondée en Suisse en 1948. Le maire de Frankenthal, le Dr. Emil Kraus, membre fondateur et vice-président de l'UIM, connaissait son collègue français Paul Bouchu en raison de leur travail commun au sein de cette association. Après qu'eut lieu un premier échange de jeunes entre Frankenthal et Colombes en 1955 déjà, Kraus et Bouchu envisagèrent le jumelage de leurs villes, sans doute lors du congrès des Maires de septembre 1956. Mais la conclusion officielle du jumelage n'eut lieu qu'en octobre 1958. Kraus, qui avait déjà montré plus d'engagement lors de l'organisation du camp de jeunes, s'avéra être l'élément moteur dans la mise en place de ce jumelage. Alors que l'on s'était entendu sur le fait qu'un partenariat devait consolider l'amitié nouée lors du camp de jeunes et approfondir les contacts entre les deux populations, les objectifs supérieurs des deux parties divergeaient partiellement. Alors que Kraus mettait l'accent sur le lien avec l'UIM, dont le principal objectif – l'entente entre la France et l'Allemagne – devait être aussi celui de Frankenthal et de Colombes, Bouchu mettait l'accent sur l'union de l'Europe et la mise en place de l'autonomie communale. En 1961, sur l'impulsion des successeurs de Kraus et de Bouchu, eurent lieu les premières rencontres entre associations des deux villes. C'est ainsi que le jumelage commença progressivement à s'émanciper de l'administration communale.

Katharine Florin

Zivilgesellschaftliche Initiativen der deutsch-französischen Annäherung in Nordhessen (1945-1963): Le Cercle Français de Kassel / *Les initiatives sociétales du rapprochement franco-allemand en Hesse du Nord (1945-1963) : Le Cercle Français de Kassel* **(p. 175-186)**

Heute erscheinen die Verbindungen zwischen Deutschen und Franzosen auf zivilgesellschaftlicher Ebene selbstverständlich. Städtepartnerschaften, Schüleraustausche und deutsch-französische Gesellschaften haben dazu beigetragen, dass sich Menschen beider Länder kennen gelernt haben und Freundschaften zwischen ihnen entstanden sind. Der Blick zurück in die Zeit nach dem Zweiten Weltkrieg bis Anfang der 1960er Jahre zeigt, dass die deutsch-französische Versöhnung nicht nur auf politischer Ebene vorangetrieben wurde, sondern dass der Erfolg der Annäherung beider Nachbarn maßgeblich auf zivilgesellschaftlichen Initiativen basiert. Der Vortrag konzentriert sich auf die Region Nordhessen und stellt den Cercle Français de Kassel ins Zentrum des Interesses. Diese deutsch-französische Gesellschaft wurde bereits 1949 gegründet und ist somit eine der ersten Stunde nach dem Zweiten Weltkrieg.

Aujourd'hui, les relations sociétales entre Français et Allemands paraissent aller de soi. Les jumelages, les échanges d'élèves et les sociétés franco-allemandes ont contribué à ce que des personnes des deux pays se connaissent et qu'entre elles naissent des amitiés. L'observation de ce qui s'est passé dans l'après Deuxième Guerre mondiale jusque dans les années 1960 montre que la réconciliation franco-allemande n'a pas seulement été engagée au niveau politique, mais que la réussite de ce rapprochement entre les deux voisins s'est largement fondée sur des initiatives venues de la société civile. Cette communication se concentre sur la région de la Hesse du nord et présente le cas du Cercle Français de Kassel. Cette société franco-allemande fut fondée dès 1949 et fut ainsi l'une des premières de l'après-guerre.

Beate Gödde-Baumanns

Bürgerschaftliche Basis der Annäherung: Die Deutsch-Französischen Gesellschaften. Einblicke in die Praxis / La base citoyenne du rapprochement : Les sociétés franco-allemandes. Regards sur la pratique (p. 137-157)

Die Deutsch-Französischen Gesellschaften sind aus vielen einzelnen privaten Initiativen entstanden und voneinander unabhängig. Das erklärt die bunte Vielfalt ihrer Namensgebungen und Veranstaltungsprogramme. Sie hatten und haben jedoch ein gemeinsames Ziel. Nach Kriegsende zunächst bemüht, in ihrem – meist lokalen – Wirkungsbereich einen Beitrag zur Aussöhnung zwischen Deutschen und Franzosen zu leisten, suchen sie seitdem, die deutsch-französische Partnerschaft auf der Ebene der Zivilgesellschaft zu pflegen. Weder die einzelnen Gesellschaften noch die Vereinigung Deutsch-Französischer Gesellschaften (VDFG) bzw. die Fédération des Associations Franco-Allemandes erhalten eine institutionelle Förderung. Sie existieren dank der Beiträge ihrer Mitglieder, der ehrenamtlichen Tätigkeit der Vorstände und gelegentlicher Spenden. In ihrer Gesamtheit bilden sie eine locker strukturierte, in den Ausdrucksformen variable, im Kern beständige Bürgerbewegung für deutsch-französische Verständigung.

Les sociétés franco-allemandes sont nées d'un grand nombre d'initiatives privées et sont indépendantes les unes des autres. Ceci explique la grande diversité de leurs intitulés et de leurs programmes de manifestation. Cependant, elles ont eu et ont toujours un objectif commun. D'abord soucieuses, dans l'après-guerre, de contribuer à leur échelon – le plus souvent local – à la réconciliation entre Français et Allemands, elles cherchent désormais à entretenir le partenariat franco-allemand au niveau de la société civile. Ni les sociétés, considérées individuellement, ni la Vereinigung Deutsch-Französischer Gesellschaften (VDFG) ou la Fédération des Associations Franco-Allemandes ne reçoivent de soutien institutionnel. Elles existent grâce aux cotisations de leurs membres, à l'activité bénévole des membres de leurs instances directrices et à des dons occasionnels. Dans leur ensemble, avec leurs structures légères et la diversité de leurs modes d'expression, elles constituent un mouvement citoyen profondément stable, œuvrant à la compréhension franco-allemande.

Silvia Keiser

Peter Altmeiers Europapolitik. Handlungsrahmen – Konzeption – Maßnahmen / La politique européenne de Peter Altmeier : cadre d'action – conception – mesures (p. 327-345)

Für Peter Altmeier, Ministerpräsident von Rheinland-Pfalz in den Jahren von 1947 bis 1969, stand die deutsch-französische Aussöhnung im Mittelpunkt des europäischen Integrationsprozesses. Wenn sich die Beziehung zwischen Deutschland und Frankreich zu einer festen Freundschaft entwickeln würde, die von Vertrauen geprägt und „keinem Stachel" vergiftet sei, dann sei die Zukunft Europas in Frieden gesichert. Patriotismus und das Eintreten für ein geeintes Europa waren für ihn kein Widerspruch. Vielmehr machten diese beiden Säulen wesentlich den Erfolg der europäischen Idee aus, ihr Gleichgewicht konnte den erfolgreichen Wiederaufbau Europas garantieren. Im Rahmen seiner Handlungsmöglichkeiten setzte sich Peter Altmeier aktiv für die deutsch-französische Annäherung ein. So förderte er zwischengesellschaftliche Projekte wie die Partnerschaft zwischen Rheinland-Pfalz und Burgund oder grenzübergreifende wirtschaftliche Kooperationen. Die Verständigung von Mensch zu Mensch war ihm dabei besonders wichtig.

Pour Peter Altmeier, ministre-président de Rhénanie-Palatinat de 1947 à 1969, la réconciliation franco-allemande était au cœur du processus de construction européenne. Si les relations entre la France et l'Allemagne devenait une solide amitié fondée sur la confiance et qu'« aucune épine » ne venait empoisonner, alors la paix en Europe serait assurée pour l'avenir. Patriotisme et engagement pour une Europe unie n'étaient à ces yeux aucunement contradictoires. Au contraire, ils constituaient les deux piliers fondamentaux sur lesquels reposait le succès de l'idée européenne, et cet équilibre devait garantir la réussite de la reconstruction de l'Europe. Dans la mesure de sa liberté de manœuvre, Peter Altmeier s'engagea activement pour le rapprochement franco-allemand. Ainsi, il encouragea des projets à caractère sociétal comme le jumelage entre la Rhénanie-Palatinat et la Bourgogne et les coopérations économiques transfrontalières. La compréhension directe entre individus était pour lui une donnée incontournable.

Michael Kißener

Der Katholizismus und die deutsch-französische Annäherung in den 1950er Jahren / *Le catholicisme et le rapprochement franco-allemand dans les années 1950 (p. 89-98)*

Die Studie beschäftigt sich mit der bilateralen Annäherung im katholischen Milieu. Sie untersucht einige der zahlreichen von der katholischen Kirche in der französischen Besatzungszone angestoßenen Versöhnungsaktionen. Insbesondere beleuchtet sie die Aktivitäten der 1945 von Bischof Théas gegründeten Pax Christi-Bewegung, mit der sich der Geistliche für die deutsch-französische Annäherung einsetzte, obwohl er selber Gestapo-Opfer gewesen war. Des Weiteren thematisiert der Beitrag die Errichtung eines „Friedenskreuzes" im grenznahen Bühl 1952, die Priestertreffen von Maria Rosenberg, die Hilfsaktion Contact Abbé für bedürftige Priester und schließlich den besonders symbolträchtigen Bau einer Friedenskirche in Speyer. Diese Kirche wurde auf Veranlassung von Bischof Isidor Emmanuel erbaut als Emblem des

Abendlandes und des christlichen Europas. Seit der Zwischenkriegszeit diente es deutschen Intellektuellen als moralischer Orientierungspunkt.

Cette étude prend pour objet le rapprochement bilatéral dans le milieu catholique. Elle examine quelques-unes des innombrables actions de réconciliation entreprises par l'Église catholique en zone française d'occupation. Elle met notamment en lumière les activités du mouvement Pax Christi fondé en 1945 par l'évêque Théas, par lesquelles le clerc s'engagea pour le rapprochement franco-allemand, bien qu'il ait été lui-même victime de la Gestapo. Puis cette contribution analyse l'édification d'une croix de la paix près de la frontière, à Bühl, en 1952, les rencontres de prêtres de Maria Rosenberg, l'action de secours – Contact Abbé – pour les prêtres indigents et enfin la construction, particulièrement symbolique, d'une Église de la paix à Spire. Cette Église fut édifiée à l'initiative de l'évêque Isidor Emmanuel comme emblème de l'Occident et de l'Europe chrétienne. Depuis l'entre-deux-guerres, cet Occident chrétien servait de point de repère moral à un certain nombre d'intellectuels allemands.

Margarete Mehdorn

Deutsch-Französische Gesellschaften in Deutschland (1947-1955): Schnittstelle zwischen Zivilgesellschaft und amtlicher französischer Kulturpolitik in Deutschland / *Les sociétés franco-allemandes en Allemagne de 1947 à 1955 : au croisement entre société civile et politique culturelle officielle française en Allemagne (p. 159-174)*

Unmittelbar nach dem Zweiten Weltkrieg waren nach der geistigen Aushungerung der Jahre davor französische Kulturangebote sehr gefragt - auch oder gerade auch außerhalb der französischen Besatzungszone, wo die französische Besatzungsverwaltung bis 1949 keine kulturellen Aktivitäten entfalten konnte. Dort wurden in einigen großen Städten die ersten Initiativen zur Gründungen so genannter Deutsch-Französischer Clubs oder Vereine von deutschen Privatpersonen ergriffen, deren Bestreben es war, französischen Kulturveranstaltungen in ihren Orten ein Forum zu geben und sich über diese kulturelle Aktivität für eine deutsch-französische Annäherung und Verständigung einzusetzen. Den Anfang machte Hamburg im November 1947. In den Folgejahren kam es in ganz Westdeutschland zu solchen Vereinsgründungen. Der Beitrag stellt Hintergründe, Beweggründe, Umstände, Zielsetzungen, geografische Verteilung und zeitliche Abfolge dieser Vereinsgründungen sowie die Beziehungen der Vereine zu den französischen Kulturbehörden im Zeitraum zwischen 1947 und 1955, d.h. während der Zeit der Besatzung und der Alliierten Hohen Kommission, dar.

Au lendemain immédiat de la Seconde Guerre mondiale, après les années de famine intellectuelle des années précédentes, l'offre culturelle française était très recherchée – aussi et peut-être surtout en dehors de la zone française d'occupation, là où les autorités françaises d'occupation n'avaient pas pu développer d'activités culturelles jusqu'en 1949. Dans quelques grandes villes, des personnalités privées allemandes prirent les premières initiatives pour créer les soi disants « clubs » ou « associations » franco-allemands. Leur objectif était d'offrir en ces lieux un forum pour les manifestations culturelles françaises et, par le biais de ces activités culturelles, de s'engager pour la compréhension et le rapprochement franco-allemand. Hambourg commença en novembre 1947. Dans les années suivantes, de telles associations furent fondées dans toute l'Allemagne de l'Ouest. Cette contribution expose les arrières plans, les motifs, les circonstances, les objectifs de ces fondations, présente leur répartition géographique et temporelle et analyse les relations de ces associations aux autorités culturelles françaises dans la période allant de 1947 à 1955, c'est-à-dire pendant l'époque de l'occupation et de la haute commission alliée.

Pia Nordblom

Zur Rolle der Grenzgebiete im Prozess der bilateralen Annäherung. Das Beispiel der literarischen Vereinigungen (seit 1945) / *Du rôle des régions frontières dans le processus de rapprochement bilatéral. L'exemple des associations littéraires (depuis 1945)* (p. 291-309)

„Hier an der Grenze fällt die Verständigung am schwersten. Hier muss sich zeigen, wie tief sie geht." Dieses Diktum des elsässischen Schriftstellers René Schickeles lässt vermuten, die Verständigung in den Grenzgebieten und Übergangsräumen zwischen Deutschland und Frankreich sei nach dem Zweiten Weltkrieg von besonderer Natur gewesen ist. Der Beitrag möchte daher am Beispiel der literarischen Vereinigungen prüfen, ob die Grenzlage und die historische Erfahrung der Nähe die Annäherung eher begünstigt oder behindert hat. Kam den literarisch interessierten Menschen und den Schriftstellern in den Grenzgebieten eine besondere Mittlerfunktion zu? Lassen sich Spezifika für den Annäherungsprozess in diesen Übergangsräumen ausmachen? Diese Fragen werden an den Beispielen der René-Schickele-Gesellschaft in Badenweiler, des Oberrheinischen Dichtermuseums Karlsruhe sowie des Literarischen Vereins der Pfalz und des Künstlerhauses Edenkoben untersucht.

« C'est ici, à la frontière, que la compréhension est la plus difficile. C'est ici qu'il lui faut montrer sa profondeur ». Cette injonction de l'écrivain alsacien René Schickelé laissait présager que la compréhension dans les régions frontières et les espaces de transition entre la France et l'Allemagne devait être d'une nature particulière dans l'après Deuxième Guerre mondiale. Cette contribution se propose d'examiner, à l'exemple des associations littéraires, si la proximité de la frontière et les expériences historiques de ce voisinage ont plutôt facilité ou entravé le rapprochement. Les amateurs de littérature et les écrivains ont-ils joué un rôle particulier de médiateurs dans les régions frontières ? Observe-t-on des spécificités du processus de rapprochement dans ces espaces de transition ? Pour répondre à ces questions, ont été

examinés les cas de la Société René-Schickelé de Badenweiler, du musée des poètes du Rhin supérieur de Karlsruhe, du Cercle littéraire du Palatinat et de la « maison des artistes » à Edenkoben.

Florence Pacchiano

Le jumelage Bordeaux – Munich (1964) : liens historiques et poids des intérêts économiques / Die Städtepartnerschaft Bordeaux – München (1964): Historische Verbindungen und Bedeutung der wirtschaftlichen Interessen (p. 223-235)

Alors que Bordeaux et Munich, « capitales » de l'Aquitaine et du Land de Bavière, ont chacune leurs spécificités historiques, économiques et politiques marquées, la volonté de leurs maires respectifs en 1964, Jacques Chaban-Delmas et Hans Jochen Vogel, de sceller par un jumelage l'amitié communale présupposait une certaine complémentarité entre les deux villes. Il s'agira de rechercher ce qui les liait ou rapprochait, mais aussi ce qui les différenciait tant l'une de l'autre (notamment du point de vue du dynamisme économique) afin de cerner leurs motivations dans la conclusion du jumelage et aussi le rôle des différents acteurs impliqués sur la scène locale.

Bordeaux und München, die Hauptstädte der Region Aquitanien und Bayerns, haben ihre je eigenen historischen, wirtschaftlichen und politischen Besonderheiten. Der Wunsch der jeweiligen Bürgermeister im Jahr 1964, Jacques Chaban-Delmas und Hans Jochen Vogel, die Freundschaft der beiden Städte durch eine Städtepartnerschaft zu besiegeln, lässt jedoch darauf schließen, dass sich die beiden Städte auch gegenseitig ergänzten. Untersucht wird, was die beiden Städte verband und einander annäherte, aber auch was sie voneinander unterschied (insbesondere in Bezug auf die wirtschaftliche Dynamik), um sowohl die Motive für den Abschluss der Partnerschaft als auch die Rolle der verschiedenen auf der lokalen Ebene beteiligten Akteure zu umreißen.

Sandra Petermann

Orte des Triumphes oder Stätten der Versöhnung? Gedenkräume der Schlacht von Verdun / Lieux du triomphe ou de la réconciliation ? Les espaces mémoriaux de la bataille de Verdun (p. 273-289)

Verdun – dieser in das kollektive Gedächtnis der Franzosen und Deutschen eingravierte Name steht symbolisch für den Ersten Weltkrieg und stellt für beide Nationen einen, wenn nicht den Referenzort des Gedenkens an den „Grande Guerre" dar. Wie am Beispiel des Gedenkens an die Schlacht von Verdun gezeigt wird, verankern Gedenkrituale – also öffentlich vollzogene, sich wiederholende und massenmedial vermittelte Handlungen – Bedeutungszuschreibungen im kollektiven Gedächtnis und tragen zu einem permanenten (Re)Interpretationsprozess historischer Fakten bei. Basierend auf der Annahme, dass Räume durch Handlungen entstehen, werden im Kriegsgedenken drei unterschiedliche Raumbedeutungen erzeugt, die sich auf die Sphären der Ideologie, des Glaubens und des Wissens stützen. Idealtypisch vermischen sich die so entstandenen politischen, sakralen und historischen Räume an dem Ort des „Grande Guerre" und verwandeln seit Kriegsende die Stadt des Triumphes von Frankreich über Deutschland in den Ort des Friedens, der deutsch-französischen Freundschaft und des versöhnten Europas.

Verdun, ce nom gravé dans la mémoire collective des Français et des Allemands, est le symbole de la Première Guerre mondiale et représente pour les deux nations un des – voire le – le lieu de référence de la mémoire de la « Grande Guerre ». Comme le montre l'exemple de la commémoration de la bataille de Verdun, les rituels mémoriaux – c'est-à-dire des actions accomplies en public, renouvelées, avec un fort impact médiatique – ancrent les significations qu'on leur attribue dans la mémoire collective et contribuent à un processus de (ré)interprétation permanente des faits historiques. En se fondant sur le principe que les espaces naissent d'actions, les commémorations des guerres produisent trois différentes catégories d'espace, dans les domaines de l'idéologie, de la foi et du savoir. Selon l'idéal type, les trois espaces, politique, sacré et historique, s'interpénètrent dans le lieu de la « Grande Guerre » et, depuis la fin de la Guerre, transforment la ville du triomphe de la France sur l'Allemagne en un lieu de la paix, de l'amitié franco-allemande et de l'Europe réconciliée.

Ulrich Pfeil

„Alles begann mit der Jugend": Die Städtepartnerschaft zwischen Saint-Étienne und Wuppertal (1960) / « Tout commence avec la jeunesse » : le jumelage entre Saint-Étienne et Wuppertal (1960) (p. 205-222)

Die Städtepartnerschaft zwischen Wuppertal und Saint-Étienne feiert im Jahre 2010 ihr 50jähriges Jubiläum. Sie gehörte damit nicht zu den ersten, doch wurde sie noch vor der Unterzeichnung des Élysée-Vertrages vom 22. Januar 1963 geschlossen, was auf ein Verständigungspotential hindeutet, das nicht der politisch inszenierten Versöhnung durch die „Lichtgestalten" de Gaulle und Adenauer bedurfte. Zugleich hatte das uns hier interessierende Beispiel in der Vergangenheit bereits die Aufmerksamkeit der Historiker gefunden, galt es doch ein Beispiel für den Versöhnungswillen ehemaliger Kriegsgefangener beiderseits des Rheins, die immer wieder als Gründungsväter genannt werden. Von besonderem Interesse ist weiterhin, dass die Städtepartnerschaft Anfang der 1960er Jahre in die Mühlen des Kalten Krieges geriet bzw. zu einem Spielball im deutschen Sonderkonflikt zu werden drohte, als die ostdeutsche Stadt Zwickau Saint-Étienne das Angebot zu einer Städtepartnerschaft machte, was den Unmut der westdeutschen Partner zur Folge hatte und den Fortbestand der Kontakte in Frage stellte. Beiden Aspekten soll daher in diesem Beitrag in besonderem Maße nachgegangen werden, der sich auf das erste Jahrzehnt dieser Städtepartnerschaft konzentriert.

Le jumelage entre Wuppertal et Saint-Étienne fêtera en 2010 son cinquantième anniversaire. Il ne fait donc pas partie des premiers appariements, bien qu'il ait été conclu avant la signature du traité de l'Élysée le 22 janvier 1963, ce qui indique l'existence d'un potentiel de compréhension qui n'avait pas besoin de la réconciliation, politiquement mise en scène par les figures de proue que furent de Gaulle et Adenauer. Par ailleurs, le cas de jumelage ici étudié a déjà retenu l'attention des historiens par le passé, car il est considéré comme un exemple de la volonté de réconciliation des anciens prisonniers de guerre de part et d'autre du Rhin, qualifiés de pères fondateurs du rapprochement. Ce qui est aussi particulièrement intéressant, c'est que ce jumelage tombé dans l'engrenage de la guerre froide au début des années 1960, et qui faillit même être le jouet du conflit inter-allemand quand la ville est-allemande de Zwickau proposa à Saint-Étienne de se jumeler avec elle, ce qui provoqua la grogne du partenaire ouest-allemand et mit même en cause le maintien des contacts. Ces deux aspects seront analysés dans cette contribution, que se concentre sur la première décennie de ce jumelage.

Ulrich Pfeil

Das Schicksal der Frankreichemigranten in der DDR am Beispiel von Franz Dahlem (1892–1981) / *Le destin en RDA des anciens résistants allemands en France : l'exemple de Franz Dahlem (1892–1981)* (p. 101-117)

„Was ist im Sozialismus am schwersten vorauszusehen? Die Vergangenheit." Dieser kurz nach Nikita Chruschtschows Moskauer Geheimrede im Frühjahr 1956 in der DDR kursierende Flüsterwitz wurde für viele ehemalige West- bzw. Frankreich-Emigranten ab Ende der 1940er Jahre zur bitteren Realität. Ihre im Exil geknüpften Verbindungen ließen sich in dieser Phase leicht als „parteilich" deklarieren und machten sie zu „Geiseln im Dienst der SED-Stalinisierung und der Transmission wechselnder sowjetischer außenpolitischer [...] Interessen während der Entfaltung des Kalten Krieges." Ihr Schicksal in der DDR gehört damit im Bereich der Elitenforschung zur Geschichte der Disziplinierung, Repression und Opposition im SED-Herrschaftsapparat, wirft jedoch zugleich die Frage nach den Möglichkeiten und Grenzen ihres Mittlerpotentials zwischen der DDR und Frankreich auf, dem immer wieder eine Brückenfunktion zwischen den Kommunisten westlich des Rheins bzw. östlich der Elbe zugeschrieben wird. Besaßen die ehemaligen Frankreich-Emigranten in der DDR die Gelegenheit, sich als „Virtuosen der kulturellen Übersetzungsarbeit, Artisten in der Verschmelzung ganzer Werthorizonte" zu betätigen? Welche Voraussetzungen fanden sie vor, um ihre in der Emigration erworbenen Werte und Normen sowie ihre transnationale Sensibilität einsetzen zu können?

« Qu'est-ce qui est le plus difficile à prévoir dans le socialisme ? Le passé ». Ce bon mot qui circulait en RDA, emprunté au discours secret de Nikita Khrouchtchev à Moscou, au printemps 1956 devint à partir de la fin des années 1940 une amère réalité pour un grand nombre d'anciens émigrés de l'Ouest et en particulier pour beaucoup d'anciens résistants allemands émigrés en France. Les contacts qu'ils avaient noués en exil furent souvent considérés comme une affaire du parti et firent d'eux des « otages au service de la stalinisation opérée par la SED et de la transmission des intérêts d'une politique extérieure sociétale changeante [...] pendant le développement de la Guerre froide ». Leur destin en RDA relève ainsi du champ de la recherche sur les élites, de l'histoire de la soumission, de la répression et de l'opposition dans le système de domination de la SED, tout en posant en même temps la question des possibilités et des limites de leur de médiation entre la RDA et la France, car il leur fut toujours et encore assigné une fonction de liaison entre les communistes de l'Ouest du Rhin et de l'Est de l'Elbe. Les Est-Allemands anciens émigrés en France eurent-ils l'occasion d'agir en tant que « virtuoses du travail de traduction culturelle, artistes dans la fusion d'horizons de valeur » ? Quelles conditions trouvèrent-ils pour mobiliser les valeurs et les normes acquises pendant l'émigration ainsi que leur sensibilité transnationale ?

Andreas Roessner

Les anciens combattants et le rapprochement franco-allemand / *Die ehemaligen Kriegsteilnehmer und die deutsch-französische Annäherung* (p. 73-88)

Par leur poids numérique et leur influence morale, les anciens prisonniers de guerre ainsi que les anciens déportés français et allemands représentent un facteur non négligeable dans leurs sociétés d'après-guerre respectives et ont tenu une place particulière dans le rapprochement sociétal franco-allemand après 1945. Contrairement à l'après Première Guerre mondiale, les efforts entrepris par leurs associations et fédérations ont conduit à des résultats concrets impliquant une grande partie de leurs adhérents. Après une période de rancœur et de méfiance mutuelles dans l'immédiat après-guerre, suivie par une prise de contact entre dirigeants au début des années 1950, les rencontres se multiplient dès 1954 sans se réduire aux instances directrices des différentes organisations. Cela s'explique notamment par les jumelages conclus entre de nombreuses sections locales et régionales au début des années 1960. Dans certains cas, le contexte historique local semble déterminer la réussite ou l'échec de ces partenariats binationaux. Mais le poids du contexte global reste déterminant : Si la guerre froide ne crée guère de rivalités directes entre les différentes fédérations, elle détermine d'une part le choix que font les fédérations françaises entre les deux Allemagnes et d'autre part les partenaires dans la coopération avec d'autres structures de la société civile telles que le Conseil de Communes d'Europe ou la Fédération Mondiale des Villes Jumelées. La position face au communisme, comme aimant ou de repoussoir, semble être un élément déterminant différentes formes de coopération.

Durch ihre große Zahl und ihren moralischen Einfluss stellten die ehemaligen Kriegsgefangenen und die ehemaligen französischen und deutschen Deportierten einen nicht zu vernachlässigenden Faktor in ihren jeweiligen Nachkriegsgesellschaften dar und nahmen einen besonderen Platz in der gesellschaftlichen Annäherung zwischen Frankreich und Deutschland nach 1945 ein. Im Gegensatz zu der Zeit nach dem Ersten Weltkrieg erbrachten die von Vereinen und Verbänden unternommenen Bemühungen konkrete Resultate, die einen Großteil ihrer Mitglieder mit einbezogen. Nach einer Zeit des gegenseitigen Grolls und Misstrauens in der unmittelbaren Nachkriegszeit, erfolgten erste Kontaktaufnahmen der Führungsebene Anfang der 1950er Jahre, ab 1954 nahm die Zahl der Begegnungen zu und beschränkte sich nicht mehr nur auf die Leitungsgremien der verschiedenen Organisationen. Dies erklärt sich insbesondere durch die Partnerschaften, die zu Beginn der 1960er Jahre zwischen zahlreichen lokalen und regionalen Sektionen geschlossen wurden. In einigen Fällen schien der lokale historische Kontext über Erfolg oder Misserfolg dieser binationalen Partnerschaften zu entscheiden. Doch der Gesamtkontext behielt entscheidende Bedeutung: Der kalte Krieg verursachte zwar kaum direkte Rivalitäten zwischen den verschiedenen Verbänden, er beeinflusste jedoch einerseits die Entscheidung der französischen Verbände für einen der beiden deutschen Staaten und andererseits die Wahl ihrer Partner in der Zusammenarbeit mit anderen zivilgesellschaftlichen Organisationen wie etwa dem Rat der Gemeinden Europas oder der Fédération Mondiale des Villes Jumelées. Die Einschätzung des Kommunismus als Magnet oder Schreckgespenst scheint ein für die verschiedenen Formen der Kooperation determinierendes Element gewesen zu sein.

Christian Sebeke

„Wir müssen Brücken bauen von Mensch zu Mensch". Die Partnerschaft Rheinland-Pfalz – Burgund als regionales Annäherungsmodell (1953–1969) / « *Il nous faut construire des ponts d'homme à homme*». *Le jumelage Rhénanie-Palatinat – Bourgogne comme modèle de rapprochement régional (1953–1969)* (p. 311-326)

Der Beitrag beschäftigt sich mit einem bedeutenden Kapitel der deutschfranzösischen Beziehungen nach 1945, der Verständigung über den Weg lokaler und regionaler Partnerschaften. Als Fallbeispiel dient hier die Partnerschaft zwischen Rheinland-Pfalz und Burgund, deren Initiatoren die Herstellung direkter Kontakte „von Mensch zu Mensch" als ihre wichtigste Aufgabe bezeichneten. Stets wurden dabei die historischen und strukturellen Gemeinsamkeiten beider Regionen sowie die Wesensverwandtschaft ihrer Bewohner betont. Trotz dieser auf den ersten Blick recht günstigen Bedingungen waren jedoch auf beiden Seiten tief sitzende Vorbehalte zu überwinden, die vor allem aus historischen Erfahrungen resultierten. Die Entwicklung der Partnerschaft während der 1950er und 1960er Jahre kann als prägnantes Beispiel dafür dienen, wie die gegenseitige Annäherung konkret verwirklicht wurde.

La contribution traite d'un chapitre important des relations franco-allemandes depuis 1945, celui de la compréhension par le biais des jumelages locaux et régionaux. L'exemple pris ici est celui du partenariat entre la Rhénanie-Palatinat et la Bourgogne, dont les initiateurs considérèrent l'établissement de contacts directs « d'homme à homme » comme leur tâche principale. Les points communs historiques et structurels des deux régions et les affinités fondamentales de leurs habitants furent sans cesse soulignés. Malgré ces conditions apparemment très favorables, il fallut surmonter de part et d'autre des réserves profondément ancrées, résultant pour l'essentiel des expériences historiques. Le développement de ce partenariat durant les années 1950 et 1960 est un exemple marquant de la manière dont le rapprochement mutuel s'est déroulé de manière concrète.

Hélène Simoneau

Les jumelages entre villes françaises et est-allemandes (1959-1973) / *Die ostdeutsch-französischen Städtepartnerschaften (1959-1973)* **(p. 255-269)**

En 1955 le jumelage est érigé en exemple au nom de la coexistence pacifique avec l'Europe de l'Est et depuis 1959, son instauration entre la France et la RDA illustre la logique de guerre froide dans le conflit interallemand. Comme scène locale, le jumelage devient le théâtre de la rivalité diplomatique RFA/RDA et, en tant qu'enjeu idéologique, il reflète une opposition plus large entre socialisme et capitalisme. La bipolarisation des jumelages témoigne d'une situation de crise en Allemagne et en Europe. Elle permet aussi à la RDA d'en faire un instrument de propagande communiste. L'exemple de villes françaises communistes jumelées avec celles de RDA, comme Argenteuil/Dessau (octobre 1959) et Châtillon-sous-Bagneux/Merseburg (mars 1963), permet d'analyser l'histoire de la coexistence pacifique à travers le prisme des réseaux qui les ont soutenues et d'étudier les polémiques suscitées par leur extension à l'Est entre l'État qui soutient les organismes ouest-européens pour qui le jumelage est un outil en faveur de la construction européenne et les collectivités locales communistes. La multilatéralité des jumelages est source de tensions entre les EFA soutenant leur développement avec la RDA et la FMVJ entre l'Est et l'Ouest. Le jumelage est un modèle spécifique du jeu diplomatique et international, qui a prouvé sa finalité politique en permettant d'établir des contacts avec la RDA du temps de la non reconnaissance diplomatique et malgré la « doctrine Hallstein ». Le jumelage, nouvelle forme « municipale » de diplomatie révèle le polycentrisme de la politique internationale, corollaire d'une décentralisation, et l'interdépendance du gouvernement et des élus locaux non reconnus comme acteurs internationaux.

1955 wird Städtepartnerschaften für die friedliche Koexistenz mit Osteuropa Beispielcharakter zugesprochen und seit 1959 haben die ersten Städtepartnerschaften zwischen Frankreich und der DDR die Logik des kalten Krieges im innerdeutschen Konflikt beleuchtet. Die Städtepartnerschaft als lokale Bühne wird zum Ort, an dem die diplomatische Rivalität BRD/DDR ausgetragen wird und als ideologischer Prüfstein spiegelt sie einen weiterreichenden Gegensatz zwischen Sozialismus und Kapitalismus wider. Die Bipolarisierung der Städtepartnerschaften zeugt einerseits von einer Krisensituation in Deutschland und in Europa und gibt andererseits der DDR die Möglichkeit, sie zu einem Instrument kommunistischer Propaganda zu machen. Am Beispiel der kommunistischen französischen Städte, die eine Partnerschaft mit Städten in der DDR hatten, nämlich Argenteuil/Dessau (Oktober 1959) und Châtillon-sous-Bagneux/Merseburg (März 1963), war es möglich, die Geschichte der friedlichen Koexistenz anhand der die Partnerschaften unterstützenden Netzwerke und deren Bedeutung zu untersuchen. Ebenso konnten die Polemiken analysiert werden, die aufgrund der Ausdehnung der Städtepartnerschaften nach Osten zwischen dem französischen Staat, der die westeuropäischen Institutionen unterstützte und die Städtepartnerschaften als ein Instrument des europäischen Aufbaus betrachtete, und den kommunistischen Kommunalverwaltungen aufkamen. Die Multilateralität der Städtepartnerschaften ist Anlass für Spannungen zwischen der Vereinigung Échanges Franco-Allemands (EFA), die ihre Entwicklung mit der DDR unterstützt, und der Fédération Mondiale des Villes Jumelées, die sie zwischen Ost und West befürwortet. Trotz der Hallstein-Doktrin von 1955 beweist die Städtepartnerschaft als spezifisches Modell des diplomatischen und internationalen Geschehens ihre politische Zweckdienlichkeit beim Aufbau von Kontakten mit der DDR, die bis 1973 nicht anerkannt war. Die Städtepartnerschaft als neue Form der „kommunalen" Diplomatie zeigt den Polyzentrismus der internationalen Politik als Folge der Dezentralisierung, sowie die Interdependenz zwischen der Regierung und den nicht als internationale Akteure anerkannten Kommunalpolitikern.

Fabien Théofilakis

D'un après-guerre à un avant-paix : le rapprochement franco-allemand face à l'expérience des prisonniers de guerre allemands en mains françaises (1945-1948) / *Von der Nachkriegs- zur Vorfriedenszeit: Die deutsch-französische Annäherung und die Erfahrungen der deutschen Kriegsgefangenen in Frankreich (1945-1948)* **(p. 57-72)**

« Le serment d'amitié franco-allemande fait aujourd'hui partie, de part et d'autre du Rhin, du rituel des discours du dimanche et des déclarations gouvernementales » écrit Gilbert Ziebura en 1970, appelant de ses vœux à tirer „eine kritische Bilanz jener Erfahrungen". Le cas extrême des prisonniers de guerre allemands (PGA) en France offre sans doute l'opportunité d'y contribuer. Partant du refus d'une lecture téléologique des relations franco-allemandes depuis 1945, la contribution se propose donc d'interroger le rôle des quelque 900 000 PGA en mains françaises entre 1945 et 1948 dans les relations entre les deux peuples sous l'angle de la question du maintien ou de l'évolution de l' « identité sociale » (Michael Pollak). Revendiqués comme trophée de la victoire, employés dans tous les secteurs de l'économie française, placés le plus souvent au contact des populations civiles locales, les PGA ont pu vivre leur captivité comme une expérience particulière de sortie de guerre au pays de l'« ennemi héréditaire ». Les représentations réciproques des Français et des Allemands, les modalités des relations interpersonnelles lors de la mise au travail des PG, mais également la perception que le prisonnier a eue de sa captivité et la réception de ces rapatriés par la société civile allemande d'après-guerre permettent de mieux savoir dans quelle mesure ces Allemands peuvent être considérés comme de premiers médiateurs dans le rapprochement entre les deux pays après 1945.

„Die Beschwörung der deutsch-französischen Freundschaft gehört heute, diesseits wie jenseits des Rheins, zum Ritual von Sonntagsreden und Regierungserklärungen" schrieb Gilbert Ziebura 1970, der „eine kritische Bilanz jener Erfahrungen" für wünschenswert hielt. Der Extremfall der deutschen Kriegsgefangenen (PGA) in Frankreich bietet sicher eine Möglichkeit dazu einen Beitrag zu leisten. Eine teleologische Lesart der deutsch-französischen Beziehungen seit 1945 ablehnend hinterfragt der Beitrag die Rolle von ca. 900.000 deutschen Kriegsgefangenen in französischer Hand zwischen 1945 und 1948 für die Beziehungen zwischen den beiden Völkern aus dem Blickwinkel der Frage des Erhalts oder der Weiterentwicklung der „sozialen Identität" (Michael Pollak). Als Siegestrophäen betrachtet, in allen Bereichen der französischen Wirtschaft eingesetzt, meist dem Kontakt mit der lokalen Zivilbevölkerung ausgesetzt, erlebten die deutschen Kriegsgefangenen ihre Gefangenschaft zum Ende des Krieges im Land des „Erbfeindes" als eine ganz eigene Erfahrung. Die jeweiligen Darstellungen von Franzosen und Deutschen, die Modalitäten der zwischenmenschlichen Beziehungen beim Arbeitseinsatz der Kriegsgefangenen, aber auch die Wahrnehmung, die der Kriegsgefangene von seiner Gefangenschaft hatte, sowie die Aufnahme der Heimkehrer durch die deutsche Nachkriegszivilgesellschaft geben Aufschluss darüber, in welchem Maße diese Deutschen zu den ersten Mittlern in der Annäherung zwischen beiden Ländern nach 1945 gehörten.

Hélène Yèche

Les Échanges Franco-Allemands et le rapprochement avec « l'Autre Allemagne » (depuis 1958) / *Die Échanges Franco-Allemands und die Annäherung mit dem „Anderen Deutschland" (seit 1958) (p. 117-133)*

L'exemple de l'association Échanges Franco-Allemands (EFA), créée à Paris en 1958 à l'initiative de citoyens français, représente un canal particulier de rapprochement entre la France et la RDA, par le biais d'une société d'amitié entre les peuples, fondée sur les échanges culturels et des valeurs humanistes. Hormis les récents travaux publiés par Ulrich Pfeil, il n'existe en France pratiquement aucune recherche sur cette association. L'association EFA a publié dès 1977 sa propre histoire, sous la plume de Georges Castellan et Roland Lenoir, à l'occasion du vingtième anniversaire de l'association : *France – République démocratique allemande. 30 ans de relations* (Paris, 1978). Mais le caractère « hagiographique » de l'ouvrage et surtout la distance historique depuis sa publication incitent à poursuivre les recherches, d'autant que plusieurs monographies ont récemment été consacrées à l'histoire de certaines de ces *Freundschaftsgesellschaften*. Après un bref aperçu historique du contexte qui a présidé à la création de l'association dans les années cinquante, la naissance des EFA sera analysée en quelques dates-clés, avant de tenter un bilan des actions engagées par l'association en faveur des relations franco-allemande depuis leur création. La question fondamentale est de savoir dans quelle mesure on peut envisager l'activité d'une association comme les EFA du point de vue de la société civile stricto sensu, tant les présupposés idéologiques et politiques, qui ont présidé à la destinée de ces échanges, ont été prégnants tout au long de son histoire.

Das Beispiel der Vereinigung Échanges Franco-Allemands (EFA), die auf Initiative französischer Bürger 1958 in Paris gegründet wurde, stellt einen besonderen Kanal der Annäherung zwischen Frankreich und der DDR dar, auf der Grundlage von Kulturaustausch und humanistischen Werten in einer Gesellschaft für Völkerfreundschaft. Außer den kürzlich veröffentlichten Arbeiten von Ulrich Pfeil gibt es in Frankreich praktisch keine Untersuchung über diese Vereinigung. Die Vereinigung EFA publizierte ihre eigene Geschichte bereits 1977 anlässlich des 20jährigen Bestehens der Vereinigung – die Autoren waren Georges Castellan und Roland Lenoir: France – République démocratique allemande. 30 ans de relations (30 Jahre Beziehungen Frankreich – Deutsche Demokratische Republik), (Paris, 1978). Doch der „hagiografische" Charakter des Werkes und vor allem die historische Distanz, die uns vom Zeitpunkt seiner Veröffentlichung trennt, regen dazu an, die Forschungen fortzusetzen, zumal in jüngerer Zeit mehrere Monographien erschienen, die sich mit der Geschichte einiger dieser Freundschaftsgesellschaften befassen. Nach einer kurzen Darstellung des historischen Kontextes zur Zeit der Gründung der Vereinigung in den 1950er Jahren wird die Entstehung der ÉFA an Hand einiger Schlüsseldaten dargestellt. Danach wird der Versuch unternommen, eine Bilanz der von der Vereinigung seit ihrer Gründung zu Gunsten der deutsch-französischen Beziehungen unternommenen Aktionen zu erstellen, wobei die grundlegende Frage beantwortet werden soll, inwieweit die Aktivität einer Vereinigung wie der EFA stricto sensu vom Standpunkt der Zivilgesellschaft aus gesehen werden kann, wo doch die ideologischen und politischen Vorgaben, die die Geschicke dieser Kontakte während der gesamten Zeit bestimmten, stark ausgeprägt waren.

Abkürzungen

AA	Auswärtiges Amt
AC	Anciens combattants
ACICR	Archives du Comité international de la Croix-Rouge
ACPG	Association des anciens combattants prisonniers de guerre
ADBR	Archives départementales du Bas-Rhin
ADEL	Archives départementale d'Eure-et-Loir
ADFG	Arbeitskreis Deutsch-Französischer Gesellschaften
AffC	Affaires culturelles
AMC	Archives municipales de Colombes
AMSE	Archives municipales de Saint-Étienne
ANF	Archives nationales de France
APRPB	Archivs des Partnerschaftsverbands Rheinland-Pfalz – Burgund
APIIBB	Arbeitskreis der privaten Institutionen für internationale Begegnung und Bildungsarbeit
BA-MA	Bundesarchiv-Militärarchiv
BA-SAPMO	Stiftung Archiv der Parteien und Massenorganisationen der DDR im Bundesarchiv
BILD	Bureau international de Liaison et de Documentation
BRD	Bundesrepublik Deutschland (= RFA)
BStU	Bundesauftragte für die Unterlagen des Staatssicherheitsdienstes der ehemaligen Deutschen Demokratischen Republik
CALPO	Comité Allemagne libre pour l'Ouest
CCE	Conseil des Communes d'Europe
CCRE	Conseil des Communes et Régions d'Europe (= RGRE)
CDU	Christlich Demokratische Union
CEA	Comité d'Expansion Aquitaine
CEBSO	Centre d'Expansion Bordeaux – Sud Ouest
CED	Communauté européenne de défense
CEE	Communauté économique européenne
CEG	Centre d'Études germaniques
CFA	Comité France-Allemagne
CGT	Confédération générale du Travail
CIAPG	Confédération internationale des anciens Prisonniers de Guerre
CP	Conseiller politique
CSSR	Tschechoslowakische Sozialistische Republik

DDR	Deutsche Demokratische Republik (= RDA)
Deufra	Deutsch-Französische Gesellschaft [Ost]
DFG	1. Deutsch-Französische Gesellschaft [West] 2. deutsch-französische Gesellschaften
DFI	Deutsch-Französisches Institut
DFJW	Deutsch-Französisches Jugendwerk (= OFAJ)
DFR	Deutsch-Französische Rundschau
DGAC	Direction générale des Affaires culturelles
DGAP	Deutsche Gesellschaft für Auswärtige Politik
DGRC	Direction générale des Relations culturelles
DLA	Deutsches Literaturarchiv Marbach
DPA	Deutsche Presseagentur
DRK	Deutsches Rotes Kreuz
ECOSOC	Economic and Social Council
EFA	Échanges Franco-Allemands
EVG	Europäische Verteidigungsgemeinschaft
EWG	Europäische Wirtschaftsgemeinschaft
FAFA	Fédération des Associations Franco-Allemandes en France et en Allemagne (seit 1984) Fédération des Associations Franco-Allemandes pour l'Europe (seit 1993)
FDGB	Freier Deutscher Gewerkschaftsbund
FDJ	Freie Deutsche Jugend
FDP	Freie Demokratische Partei
FFI	Forces françaises de l'Intérieur
FIAPP	Fédération internationale des anciens Prisonniers politiques
FIR	Fédération internationale des Résistants
FMVJ	Fédération mondiale des villes jumelées
FNCPG	Fédération nationale des Combattants Prisonniers de Guerre
FNDIRP	Fédération nationale des Déportés Internés Résistants Patriotes
FTP	Francs-tireurs et Partisans
GAW	Generalanzeiger Wuppertal
GA	Gemeindearchiv
GDFR	Gesellschaft Deutsch-Französische Rundschau
GfkVA	Gesellschaft für kulturelle Verbindungen mit dem Ausland
GMFB	Gouvernement militaire français de Berlin
GÜZ	Gesellschaft für übernationale Zusammenarbeit
HCRFA	Haut-Commissariat de la République française en Allemagne
HNA	Hessisch-Niedersächsische Allgemeine
IAE	Institut d'Administration des Entreprises

Abkürzungen

IBU	Internationale Bürgermeister-Union für deutsch-französische Verständigung und europäische Zusammenarbeit (=UIM)
IERSO	Institut d'Économie régionale du Sud-Ouest
IHK	Industrie- und Handelskammer
INGO	International Non-Governmental Organization
IO	Internationale Organisationen
KPD	Kommunistische Partei Deutschlands
KPdSU	Kommunistische Partei der Sowjetunion
KPTsch	Kommunistische Partei der Tschechoslowakei
KZ	Konzentrationslager
L.E.G.	Ligue d'études germaniques
LHAKO	Landeshauptarchiv Koblenz
MAE	Ministère des Affaires étrangères
MRP	Mouvement Républican Populaire
NATO	North Atlantic Treaty Organization (= OTAN)
ND	Neues Deutschland
NGO	Non-Governmental Organization
NS-DFG	Nationalsozialistische Deutsch-Französische Gesellschaft
NSDAP	Nationalsozialistische Deutsche Arbeiterpartei
OFAJ	Office franco-allemand pour la Jeunesse (= DFJW)
OTAN	Organisation du Traité de l'Atlantique Nord (= NATO)
PA-AA	Politisches Archiv, Auswärtiges Amt
PCF	Parti communiste français
PCUS	Parti communiste d'Union soviétique
PG	prisonniers de guerre
PGA	prisonniers de guerre allemands
PSU	Parti socialiste unifié
RDA	République démocratique allemande (= DDR)
RFA	République fédérale d'Allemagne (= BRD)
RGE	Rat der Gemeinden Europas (bis 1984)
RGRE	Rat der Gemeinden und Regionen Europas (seit 1984) (= CCRE)
RPF	Rassemblement du Peuple français
SBZ	Sowjetische Besatzungszone
SED	Sozialistische Einheitspartei Deutschlands
SFIO	Section française de l'Internationale Ouvrière
SHD-AT	Service historique de la Défense, Armée de terre
SPD	Sozialdemokratische Partei Deutschlands
StAF	Stadtarchiv Frankenthal
StAMz	Stadtarchiv Mainz
StAS	Stadtarchiv Stuttgart
StAW	Stadtarchiv Wuppertal

UIM	Union internationale des Maires pour la compréhension franco-allemande et la coopération en Europe (= IBU)
UIRD	Union Internationale de la Résistance et de la Déportation
UIV	Union der internationalen Verbände
UN	United Nations
UNADIF	Union nationale des Associations de Déportés Internés et Familles de Disparus
UNO	United Nations Organization
URAFA	Union Régionale des Associations Franco-Allemandes
VDFG	1. Vereinigung Deutsch-Französischer Gesellschaften in Deutschland und Frankreich 2. Vereinigung Deutsch-Französischer Gesellschaften für Europa
VdH	Verband der Heimkehrer
VIZ	Vereinigung für Internationale Zusammenarbeit
VVN	Vereinigung der Verfolgten des Naziregimes
ZFO	Zone française d'occupation
ZK	Zentralkomitee
ZPKK	Zentrale Parteikontrollkommission

Personenregister

Der Index listet die Personennamen der Autorenbeiträge dieses Bandes auf. Namensnennungen in den Fußnoten sind nicht erfasst.

Abetz, Otto 44, 224
Abraham, Pierre 124
Ackermann, Anton 108
Adenauer, Konrad 24, 26, 45-47, 50-51, 89, 96-97, 120, 128, 140-141, 176, 206, 265, 321, 325-326, 332, 345, 361
Allred, Randal 283
Altmeier, Peter 96-97, 314-315, 317, 324-325, 327-345
André, Pierre 147-148
Antelme, Robert 61
Antzke, Paul 278
Assmann, Aleida 116, 279
Badia, Gilbert 120, 123-124, 132
Bailleux, Lucien 259, 261, 265
Barbe, Jean-Paul 241
Bartscherer, Heinz 232
Bauer, E. 169
Bauert, Rudolf 300
Bautz, Ingo 190
Beaudoin, Louis 82
Beethoven, Ludwig van 195
Benda, Julien 116
Bertololy, Paul 303
Bethmann (Familie) 224
Bidault, André 312
Bizer, Emil 294-295, 297
Blits, André 317, 341
Bloch, Jean-Richard 125
Blum, Léon 224
Bock, Hans Manfred 23, 102, 160-161, 174, 182, 293
Bollinger, Heino 167
Bottigelli, Emile 123-124
Boucher, Maurice 39
Bouchu, Paul 190, 193-194, 196-200
Brandt, Willy 22
Branner, Karl 184
Brecht, Bertolt 130
Brentano, Heinrich von 96
Briand, Aristide 24
Brozen-Favereau, André 96
Bugeaud, Pierre 80
Castellan, Georges 120, 124-125, 130, 132
Cauchoy, Henry 313, 315, 317
Chaban-Delmas, Jacques 223, 225-235
Charle, Christoph 293
Charmasse 317
Chatelet, Albert 120, 124, 126
Chauchoy, Henry 339-340
Chirac, Jacques 286
Chruschtschow, Nikita 101
Cochet, François 74, 79, 85
Colette, Gabrielle 40-41
Colomban, Philippe 222
Couëdic, Julien le 96
Couvreur, Jean 72
Cresson, Édith 286
D'Huart, Pierre 164
Dahlem, Franz 101, 103-105, 107-117, 128
Dahlem, Käthe 107
Dahrendorf, Ralf 22
Daladier, Édouard 110, 112-113
Dalaunay, Alice 234
Dangschat, Jens, 276
Daub, Philip 123
Defrance, Corine 81, 176, 251
Dégornet, Roger 201-202
Delaunay, Gabriel 229, 232, 234
Deloge, Charles 238
Delors, Jacques 147-148
Deschamps, Serge 241

Deutsch, Karl W. 367
Devaud, Marcelle 201-202
Dirks, Walter 293
Doch, Elmar 225
Dupond, Rosy 233
Dupouy, Victor 260-261
Durafour, Michel 216, 218-220
Durkheim, Emile 274, 281
Corbethau 95
Emanuel, Isidor Markus 94-96
Ende, Lex 107, 110
Engels, Friedrich 124
Erhard, Ludwig 321
Faure, Edgar 262
Fauvet, Jacques 59
Feltin, Maurice 91-92, 96
Fichte, Johann Gottlieb 195
Field, Hermann 106
Field, Noel H. 106-107
Finck, Adrien 307
Fischer, Eugen 93
Flechtheim, Alfred 40
Focillon, Henri 43
Foucault, Michel 64
Fraissinette, Alexandre de 207-209, 212, 216-219
François-Poncet, André 40,43, 96, 159, 172, 312
Fricke, Willi 232
Fuchs, Jakob („Jockel") 324
Fulda, Ludwig 40
Gabriel, Adolf 239
Gaillard, Félix 230
Gasser, Adolf 191
Gaulle, Charles de 24, 120, 128, 141, 176, 194, 206, 213, 229-230, 263, 265, 321, 325-326
Gebauer, Gunter 274
Geiler, Karl 164
Genscher, Hans-Dietrich 147-148
Giraudel, Otti, geb. Petersen 234
Giraudoux, Jean 38
Giscard d'Estaing, Valéry 147-148; 285
Goethe, Johann Wolfgang von 195, 224
Goetz, Curt 299

Gorse, Georges 262
Götz, Wolfgang 312-313, 316
Goussebaire, Jean 232
Gramsci, Antonio 19
Grappin, Pierre 125
Grautoff, Christiane 37, 43
Grautoff, Erna 36, 43
Grautoff, Otto 35-43, 46, 160
Graveline, Daniel 239, 241
Grosser, Alfred 30, 48, 125
Grotewohl, Otto 114
Gruber, Karl 232
Grunert, Thomas 246, 250, 252
Gutting, Ernst 95
Haberl 235
Häger, Wilhelm 181
Hahn, Jürgen 201
Hahn, Torsten 280
Hallstein, Walter 256
Hauriou, André 129, 262
Hausenstein, Wilhelm 292, 295-298
Haußner, Philipp Jakob 94
Haut Barsac, Carl 235
Heck, Bruno 322
Hegel, Georg Wilhelm Friedrich 19
Heidegger, Martin 296, 302
Heintz, Joesph-Jean 96
Heiß, Kurt 122
Hell, Victor 173
Heller, Gerhard 303, 307
Herberts, Hermann 207-210, 212
Hernu, Charles 125
Hesse, Hermann 297
Heuss, Theodor 25, 48, 140, 141
Hoffmann, Wolfgang 173
Hölderlin, Friedrich 224
Hörhammer, Manfred 93
Huba 94
Hubermann, Albert 212
Jacobs, Monty 40
Jahnke, Walter 218
Jaloux, Edmond 39, 41
Jammier, Josiane 133
Jean Paul 195
Jospin, Lionel 286
Juncker, Jean-Claude 147-148
Kaelble, Hartmut 19, 22

Personenregister

Keller, Hans 227, 231-232
Kesten, Hermann 299
Kiessling, Werner 82-83, 87
Kir, Félix 316, 322, 324-325, 343
Klée-Gobert, Ascan 163
Koch, Manfred 252
Kocka, Jürgen 25
Kohl, Andreas 232
Kohl, Helmut 147-148, 323, 325
Kolb, Annette, 295-298
Kolb, Walter 193
Kölsch, Kurt 304-305
Korrodi, Eduard 297
Kraft, Else 164
Kraus, Emil 189-191, 193-201
Kraus, Ursula 214
Kreikemeyer, Willy 107, 110
Kresse, Walter 217
Kretzschmann, Max 211
Krohn, Bernhard 297
Krumreich, Gerd 288
Krutina, Edwin 296
Kühn-Leitz, Elsie 26, 51, 140, 147, 177, 183-184
Kuntz, Jean 296-297
Laffon, Émile 162
Lambek, Michael 278
Langenstein, Gottfried 147
Langgässer, Elisabeth 305
Larat, Fabrice 280
Leitermann, Walter 247
Leitz, Ernst 140
Lenoir, Roland 124, 128-129, 219
Leo, Gerhard („Paul") 103
Lepeltier, Georges 78, 80, 87
Lévi-Strauss, Claude 116
Lewin, Erwin 111
Lichtenberger, Henri 39, 41, 46
Lind, Emil 304
Loiseau 228
London, Arthur 107
Lusset, Felix 162
Lüth, Erich 163
Mallmann, Klaus-Michael 115
Mann, Heinrich 297
Mann, Thomas 35, 297-299
Margerie, Roland de 321

Margerie, Pierre de 40
Margueritte, Victor 41
Marquet, Adrien 224-225
Marx, Karl 18-19, 124
Matern, Hermann 109, 111-113, 115
Mauriac, François 305
Mayer, Hans 124
Mendès France, Pierre 230
Merker, Paul 103, 107, 110-111
Millot 179
Minder, Robert 298, 302-303
Mistler, Jean 38
Mollet, Guy 230, 258, 262
Molo, Walter von 297
Monnet, Jean 67
Montbéliard, Henriette de 226
Monzie, Antole de 37, 41
Morsey, Rudolf 330
Mounier, Emmanuel 25, 48, 125
Mozart, Wolfgang Amadeus 195
Muller, Emil 184
Muntzke, Hans 82
Neumann, Alfred 299
Neuwirth, Lucien 213
Nicolini, Walter 212
Noeil 232
Nora, Pierre 278-279
Norden, Albert 102
Ohlmeyer, Albert 96
Onken-Joswich, Gerda 164
Pange, Comte de 46
Paulssen 173
Pelletret, Camille 324
Périllier, Louis 131
Petersen, Otti → Giraudel
Petitjean, Albert 313
Pfeil, Ulrich 174, 176
Pflimlin, Pierre 30, 147, 151
Picht, Robert 366
Pieck, Wilhelm 104, 108
Piepenbrink, Wilhelm 210
Pinthus, Kurt 40
Poincaré, Raymond 105, 285
Poussin, Nicolas 37
Prell, Robert M. 239, 242
Premauer, Werner 232
Rangeon, François 18-19

Rastouil, Louis 92
Rauhaus, Hans 209
Rehbein, Georg 207
Reifenberg, Benno 295
Reinhard, Karl-Friedrich 224
Rey, Joseph 300
Richter, Hans Werner 293, 299
Rivau, Jean du 25, 94, 293
Rivière, Claude 280
Roche, Paul 207
Rodhain, Jean 94
Rodin, Auguste 37
Rolland, Romain 37, 128, 164, 302
Romains, Jules 41
Rovan, Joseph 27, 30, 143, 147-148, 171, 293
Rozel-Häger, Andrée 177-178, 180-182, 184
Saalfeld, Martha 305
Saint-Exupéry, Antoine de 179
Sarcinelli, Ulrich 281
Schaeffer, Louis-Edouard, 294, 296-297
Scheffel, Viktor von 301
Schenk, Fritz 25, 51, 225
Scheuermayer, Rudolf 232
Schickele, Anna 294, 298
Schickele, René 291, 294, 295, 297-300
Schirdewan, Karl 114
Schmid, Carlo 25, 48
Schmidt, Johannes 93
Schmitt, Walter 318-319
Schmittlein, Raymond 165, 171
Schmitz, Adolf 206-207
Schneider, Reinhold 296
Scholdt, Günter 308
Scholl-Latour, Peter 147
Scholz, Ernst 103
Schopenhauer, Arthur 224
Schopenhauer, Johanna 224
Schosteck, Jean-Pierre 269
Schröder, Max 317, 322-323, 342-343
Schröffer, Joseph 92, 96
Schumacher, Kurt 76
Schuman, Robert 77, 89, 96-97, 120, 154, 325

Schweitzer, Albert 297, 302, 304
Seghers, Anna 124
Seifried, Gustav 216-217, 220
Sembel, Guillaume-Marius 96
Seydoux, François 232
Siemens, Ernst von 235
Siemens, Peter von 231, 235
Sivan, Emmanuel 276
Slansky, Rudolf 107, 110-111
Smotkine, Henri 130
Soeffner, Hans-Georg 274
Speer, Julius 232
Spies, Werner 147-148
Spitzmüller, Henri 165, 168-169
Stahlberg, Ingeborg 303
Staiber, Maryse 307
Stalin, Josef 104, 109
Steil-Beuerle, Elisabeth 324
Stein, Franz 316, 324-325
Stercken, Hans 147-148
Stern-Rubarth, Edgar 39
Sticker, Johannes 71-72, 238
Stock, Franz 90, 148
Stresemann, Gustav 24, 39
Stübinger, Oskar 340
Tharradin, Lucien 225
Théas, Pierre Marie 90-92
Theißmann, Anne 312
Thieß, Frank 297
Thorez, Maurice 111, 124
Tucholsky, Kurt 40
Turner, Edith 282
Turner, Victor 282
Uhl, Wilhelm 259
Ulbricht, Walter 104, 108-109, 114-115
Vacquerie, Picard de la 94
Veillet, Jean 325
Velden, Johannes Joseph van der 91-92
Vermeil, Edmond 298
Vieth, Hans-Josef 24
Vogel, Hans Jochen 223, 226, 231-232, 235
Walter, Bruno 299
Walter, Hans-Albert 111
Weber, Fritz 318

Weckmann, André 303, 306
Wendel, Joseph 94, 96
Werlen, Benno 275
Wieczoreck, Reinhardt 226-227
Wilhelm, Hans 57
Wilhelm, Ingo 306
Willim, Bernhard 238
Willis, F. Roy 180
Windisch, Lisbeth 220
Winter, Jay 276
Wischermann, Clemens 276
Wöhler, Karlheinz 179
Wulf, Christoph 274
Zaisser, Wilhelm 109
Zeuner, August 323
Zorn, Edith 113
Zukin, Sharon 288
Zweig, Arnold 40
Zweig, Stefan 37, 42

Die Autoren

Bock, Hans Manfred
Univ.-Prof. Dr. em., Politikwissenschaftler an der Universität Kassel.

Defrance, Corine
Dr. phil., Historienne au CNRS depuis 1995 (unité mixte de recherche IRICE/Paris) et collaboratrice scientifique à la Commission de Publication des Documents Diplomatiques Français du ministère des Affaires étrangères. Ancienne boursière de l'Institut für Europäische Geschichte de Mayence et de l'Alexander von Humboldt-Stiftung (Bonn).

Dierkes, Jürgen
Staatlich geprüfter Betriebswirt und Diplom-Romanist, Diplom 2008. Studium in Kassel und Montpellier.

Dümmer, Barbara
Studium der Fächer Französisch und Geschichte im Rahmen des Integrierten Lehramtsstudiums der Deutsch-Französischen Hochschule an der Johannes Gutenberg-Universität Mainz und der Université de Bourgogne, Dijon. Seit September 2008 Referendariat.

Florin, Katharine
Studium der Romanistik im Fachbereich Sprach- und Literaturwissenschaft der Universität Kassel, Diplom 2008.

Gödde-Baumanns, Beate
Dr. phil., Historikerin. 1986-2003 Vorsitzende der Deutsch-Französischen Gesellschaft Duisburg e.V., 1995-2002 Präsidentin der Vereinigung Deutsch-Französischer Gesellschaften in Deutschland und Frankreich e.V., seither deren Ehrenpräsidentin.

Keiser, Silvia
M.A., Studium der Mittleren und Neueren Geschichte, Politikwissenschaften und Katholischen Theologie an der Johannes Gutenberg-Universität Mainz und an der Universidad Complutense in Madrid, Examen 2007.

Kißener, Michael
Univ.-Prof. Dr. phil., Historiker, seit 2002 Lehrstuhl für Zeitgeschichte an der Johannes Gutenberg-Universität Mainz.

Mehdorn, Margarete
Dr. phil., Konferenzdolmetscherin Deutsch, Französisch, Spanisch. Seit 1995 Vorsitzende bzw. Stellvertretende Vorsitzende der Deutsch-Französischen Gesellschaft Schleswig-Holstein e.V., seit 2005 Vorstandsmitglied der Vereinigung Deutsch-Französischer Gesellschaften für Europa e.V.

Nordblom, Pia
Dr. phil., Historikerin, seit 2003 Wissenschaftliche Angestellte am Historischen Seminar der Johannes Gutenberg-Universität Mainz.

Pacchiano, Florence
Studium an der Université Michel de Montaigne Bordeaux 3, Master Recherche Etudes Germaniques.

Petermann, Sandra
Dr. phil., Diplom-Geographin, seit 2005 Wissenschaftliche Mitarbeiterin am Geographischen Institut der Johannes Gutenberg-Universität Mainz; 2006 Internationale Friedensmedaille von Verdun und Dissertationspreis der Johannes Gutenberg-Universität Mainz.

Pfeil, Ulrich
Univ. Prof. Dr., depuis 2002 chercheur associé à l'Institut Historique Allemand de PARIS, depuis 2005 Professeur de civilisation allemande à l'Université Jean Monnet, Saint-Ètienne.

Rössner, Andreas
Enseignant d'allemand et chargé de mission à l'Institut d'Etudes Politiques de Paris.

Sebeke, Christian
M.A., Studium der Fächer Geschichte und Politikwissenschaft an der Universität Trier, Doktorand am Historischen Seminar der Universität Trier bei Prof. Dr. Lutz Raphael.

Simoneau, Hélène
Master 2 (Histoire des Relations Internationales) 2006/2007, Studium an der Universität Paris I.

Théofilakis, Fabien
Doctorant en histoire (Paris X/Augsburg), ATER (Paris X).

Yèche, Hélène
Dr. phil., Maîtresse de conférences à l'université de Poitiers, Agrégée d'allemand, Ancienne élève de l'ENS Fontenay-St. Cloud.